И.Ф. Жданов, Г.В. Мясникова, Н.Н. Мясников

РУССКО-НЕМЕЦКИЙ ВНЕШНЕТОРГОВЫЙ И ВНЕШНЕЭКОНОМИЧЕСКИЙ СЛОВАРЬ

•

RUSSISCH-DEUTSCHES WÖRTERBUCH AUßENHANDEL AUßENWIRTSCHAFT

Более 45 000 слов и словосочетаний

2-е издание

Москва • Издательство «Русский язык» • 1999

УДК 808.2-3=30:65
ББК 65.5+81.2.Нем.
Ж42

Жданова И. Ф., Мясникова Г. В., Мясников Н. Н.
Ж42   Русско-немецкий внешнеторговый и внешнеэкономический словарь. — М.: Рус. яз., 1999. — 304 с.
ISBN 5—200—02259—2

Словарь предназначен для российских и иностранных деловых людей, переводчиков, журналистов, работников издательств, преподавателей и студентов. Содержит более 45 000 слов, устойчивых и свободных словосочетаний. Словарь составлен на основе современной специальной литературы, справочных и лексикографических изданий, коммерческой документации, периодики и корреспонденции. В нем нашли отражение основные вопросы организации и практического осуществления внешнеторговой и внешнеэкономической деятельности.

УДК 808.2-3=30:65
ББК 65.5+81.2.Нем.

Справочное издание

ЖДАНОВА
Ирина Федоровна

МЯСНИКОВА
Галина Витольдовна

МЯСНИКОВ
Никита Николаевич

РУССКО-НЕМЕЦКИЙ ВНЕШНЕТОРГОВЫЙ И ВНЕШНЕЭКОНОМИЧЕСКИЙ СЛОВАРЬ

Редакторы
М. В. Маришина
М. Ю. Килосанидзе
Л. С. Блинова

Художник
И. Г. Сальникова

Художественный редактор
Н. И. Терехов

Технический редактор
Е. А. Пучкова

Издание осуществлено при участии Издательского дома «Дрофа»

Изд. лиц. № 010155 от 09.04.97.
Подписано в печать 10.08.98. Формат 60×90 $^1/_{16}$. Бумага офсетная. Гарнитура «Таймс». Печать офсетная (фотоофсет). Усл. печ. л. 19,0. Усл. кр.-отт. 19,0. Уч.-изд. л. 40,0. Тираж 5000 экз. Заказ № 660. С044.
Издательство «Русский язык» Государственного комитета Российской Федерации по печати. 113303, Москва, М. Юшуньская ул., 1.
Отпечатано в полном соответствии с качеством предоставленных диапозитивов в ОАО «Можайский полиграфический комбинат».
143200, Можайск, ул. Мира, 93.

ISBN 5-200-02259-2

© Издательство «Русский язык», 1999
© Художественное оформление. Издательский дом «Дрофа», 1999
Репродуцирование (воспроизведение) данного издания любым способом без договора с издательством запрещается.

ПРЕДИСЛОВИЕ

Предлагаемый русско-немецкий внешнеторговый словарь является словарем нового поколения. Он предназначается для российских и иностранных деловых людей, переводчиков, журналистов, работников издательств, преподавателей и студентов. В нем нашли отражение такие вопросы организации и практического осуществления внешнеторговой и внешнеэкономической деятельности, как развитие внешнеэкономических связей, оформление внешнеторговых сделок, торгово-посреднические операции, финансирование и кредитование, рекламации, арбитраж, патентование и лицензирование, продажа услуг, рекламная деятельность, организация выставок, ярмарок, создание и деятельность совместных предприятий, таможенный режим.

Словарь составлен на основе современной специальной литературы, справочных и лексикографических изданий, коммерческой документации, периодики и корреспонденции.

В основу организации словарной статьи положен принцип сочетаемости слов, т. е. в гнездо словарной единицы включены свободные и устойчивые словосочетания, связанные с внешнеторговой и внешнеэкономической тематикой. Учитывая, что наибольшую трудность при пользовании двуязычным словарем представляет выбор корректных словосочетаний, отражающих существующие в данное время нормы употребления языковых единиц (узус), авторы стремились облегчить работу со Словарем соответствующей его организацией:

1. систематизированный тематический материал дается в алфавитном порядке;
2. сочетания, входящие в словарную статью, даются в определенной структурной последовательности. Внутри каждой структурной подгруппы словосочетания даны в алфавитном порядке.

Русская часть настоящего словаря составлена И. Ф. Ждановой, немецкая часть — Г.В. Мясниковой и Н. Н. Мясниковым. Авторы будут благодарны за любые замечания относительно подбора лексики и оформления словаря.

Все пожелания и замечания просим направлять в издательство «Русский язык» по адресу: 113303, Москва, Малая Юшуньская ул., 1.

О ПОЛЬЗОВАНИИ СЛОВАРЕМ

В качестве заголовочных слов в Словаре выступают различные части речи.
В словаре выдерживается строгая система организации словарной статьи.

1. Словарная статья существительного включает заголовочное слово и свободные и устойчивые словосочетания в следующем порядке:

1.1 устойчивые словосочетания и глагольно-именные словосочетания, в которых заголовочное слово является главным. Например:

ПАРИТЕ́Т *m* **Parität** *f*
вы́ше ~а über Parität
ни́же парите́та über Parität
по парите́ту al pari, zu pari, zum Nennwert
отклоня́ться от парите́та von Parität abweichen

1.2. атрибутивные, именные и предложные словосочетания, в которых заголовочное слово является главным, при этом внутри структурной группы соблюдается алфавитный принцип

А́КЦИЯ *f* **Aktie** *f*
~, ба́нковская Bankaktie *f*

2. Все заголовочные слова выделены полужирным шрифтом.

3. В словосочетаниях заголовочное слово заменяется тильдой (~), если оно употреблено в заголовочной форме. В измененной форме заголовочное слово дается полностью, иногда с наращением. Например:

АРБИТРА́Ж *m* ...
посре́дством арбитра́жа durch Arbitrage

4. Существительные даются в форме именительного падежа единственного числа. Но отдельные значения заголовочного слова могут быть реализованы в форме множественного числа и, они включаются в ту же словарную статью. Например:

ПА́РТИЯ *f* (*количество товара*) Partie *f*, Posten *m*, Menge *f*
грузи́ть па́ртиями partienweise verladen

В некоторых случаях существительные во множественном числе даются в отдельной статье. Например:

БУМА́ГА *f* (*материал для упаковки*) Papier *n*
БУМА́ГИ *pl* (*документы*) Papiere *n pl*, Dokumente *n pl*

5. Прилагательные даются в форме единственного числа мужского рода.
6. Глаголы, как правило, представлены в форме несовершенного вида.

7. Различные значения русского заголовочного слова обозначаются арабскими цифрами. Эти значения могут иметь пояснения или специальные пометы, выделенные курсивом. Например:

ПЕРЕНО́С *m* **1.** (*о сроках*) Verlegung *f*, Vertragung *f*, Aufschub *m* **2.** *бухг.* Übertrag *m*, Vortrag *m*, Transport *m*

8. В заголовочных русских словах указывается ударение.

Немецкая часть словаря организована следующим образом:

1. Близкие по значению (синонимичные) переводы разделяются запятой. Например:

ПЕРЕПЛА́ТА *f* Überbezahlung *f*, Überzahlung *f*

2. При наличии более существенных различий между эквивалентами ставится точка с запятой. Например:

ПЕРЕПРОДА́ЖА *f* Weiterverkauf *m*; Zwischenhandel *m*

3. Факультативные элементы даются в квадратных скобках. Например:

ПЛАТЁЖ *m* Zahlung *f*
~, после́дующий [nach]folgende Zahlung

4. Варианты словосочетаний и переводов приводятся в круглых скобках. Например:

ПЛОЩА́ДКА *f* Platz *m* ...
~, закры́тая geschlossene (zugedeckte) Bühne (Fläche)
ПЕРЕПИ́СКА *f* Briefwechsel *m* ...
вести́ перепи́ску Briefwechsel *m* führen (besorgen)

5. Существительные в словосочетаниях даются, как правило, без артиклей, с родовой пометой.

6. При русских и немецких существительных указан род: *m* — мужской род, *f* — женский род, *n* — средний род. При существительных употребляющихся только в форме множественного числа, стоит помета *pl*.

7. При субстантивированных прилагательных и причастиях стоит помета *sub*. Например:

АКЦЕПТА́НТ *m* Akzeptant *m*, Annehmende *sub m*

8. Русское прилагательное часто передается в немецком языке первым компонентом сложного слова. Такое слово изображается в словаре с дефисом на конце. Например:

АРБИТРА́ЖНЫЙ Arbitrage-, Schieds-, schiedsgerichtlich

УСЛОВНЫЕ СОКРАЩЕНИЯ

Русские

банк. — банковское дело
бирж. — биржевой термин
бухг. — бухгалтерский термин
какой-л. — какой-либо
кого-л. — кого-либо
кто-л. — кто-либо
мор. — морское дело
см. — смотри
страх. — страховой термин
с.-х. — сельское хозяйство
тех. — технический термин
трансп. — транспорт
фин. — финансовый термин
что-л. — что-либо
юр. — юридический термин

Немецкие

Akk. — Akkusativ, винительный падеж
Dat. — Dativ, дательный падеж
f — Femininum, женский род
Gen. — Genitiv, родительный падеж
m — Masculinum, мужской род
n — Neutrum, средний род
pl — Plural, множественное число
sub — substantiviertes Adjektiv, субстантивированное прилагательное

РУССКИЙ АЛФАВИТ

А а	К к	Х х
Б б	Л л	Ц ц
В в	М м	Ч ч
Г г	Н н	Ш ш
Д д	О о	Щ щ
Е е	П п	Ъ ъ
Ё ё	Р р	Ы ы
Ж ж	С с	Ь ь
З з	Т т	Э э
И и	У у	Ю ю
Й й	Ф ф	Я я

А

АБАНДО́Н *m* (*отказ страхователя от прав на застрахованное имущество*) Abandon *m*

АВАЛИ́СТ *m* Avalist *m*, Avalgeber *m*, Wechselbürge *m*

АВА́ЛЬ *m* Aval *m*, Wechselbürgschaft *f*

АВА́НС *m* Vorschuß *m*, Abschlag *m*, Abschlagszahlung *f*, Vorauszahlung *f*, Vorleistung *f*

в ви́де ава́нса, ава́нсом vorschußweise

вноси́ть ~ etwas auf Abschlag zahlen

выдава́ть ~ Vorschuß zahlen (leisten)

выпла́чивать ~ Vorschuß zahlen

плати́ть ~ Vorschuß zahlen (bezahlen)

плати́ть ава́нсом vorschußweise zahlen

погаша́ть ~ Vorschuß tilgen (begleichen, abgelten, löschen)

получа́ть ~ Vorschuß bekommen

предоставля́ть ~ Vorschuß gewähren (bewilligen, einräumen)

~, ба́нковский Bankvorschuß *m*

~ в ...% Prozentsatz des Vorschusses

~ в счёт платеже́й conto der Zahlungen, Dokumentenvorschuß *m*

~, де́нежный Geldvorschuß *m*

~ нали́чными Barvorschuß *m*

~ на су́мму Vorschuß im Werte von...

~, полу́ченный от зака́зчика der vom Besteller erhaltene Vorschuß

~ поставщика́м Vorschuß für den Lieferanten

~ при вы́даче зака́за Vorschuß bei der Auftragserteilung

~, согласо́ванный vereinbarter Vorschuß

~ фра́хта Frachtvorschuß *m*

~, целево́й zweckbestimmter (zweckgebundener) Vorschuß

под ~ gegen Vorschuß

АВАНСИ́РОВАНИЕ *n* Vorschußzahlung *f*, Bevorschussung *f*, Bevorschussen *n*

~, долгосро́чное langfristige Vorschußzahlung

АВАНСИ́РОВАТЬ bevorschussen, vorschießen, Vorschuß zahlen (leisten), vorauszahlen, avansieren

АВА́РИЯ *f* 1. (*несчастный случай*) Unfall *m*; (*судна, самолёта*) Havarie *f*; (*поломка, повреждение*) Bruch *m*; Beschädigung *f*; (*автомобиля*) Panne *f*; (*судна*) Seeschaden *m* 2. *страх.* (*убытки, причинённые судну или грузу*) Schäden, die dem Schiff oder der Ladung zugefügt sind

в слу́чае ава́рии im Havariefall

нести́ расхо́ды по о́бщей ава́рии Kosten *pl* für große Havarie tragen

опла́чивать расхо́ды по о́бщей ава́рии и спасе́нию Kosten *pl* für große Havarie und Rettung bezahlen

предотвраща́ть ава́рию Havarie verhindern

распределя́ть о́бщую ава́рию ме́жду су́дном, гру́зом и фра́хтом große Havarie zwischen Schiff und Frachtgut verteilen

свобо́дно от вся́кой ава́рии frei von jeder Havarie

свобо́дно от ча́стной ава́рии frei von besonderer (kleiner) Havarie

с отве́тственностью за по́лную ава́рию mit Verantwortung für die ganze (große) Havarie

с отве́тственностью за ча́стную ава́рию mit Verantwortung für besondere (kleine) Havarie

терпе́ть ава́рию havarieren, zusammenstoßen

~, о́бщая allgemeine (gemeinsame, große) Havarie

~, ча́стная besondere (kleine) Havarie

АВИАЛИ́НИЯ *f* 1. (*организация*) Fluggesellschaft *f* 2. (*маршрут*) Flugstrecke *f*, Fluglinie *f*

~, регуля́рная reguläre Fluglinie

АВИАНАКЛАДНА́Я *f* Luftfrachtbrief *m*

АВИАПЕРЕВО́ЗКИ *f pl* Luftverkehrstransport *m*
АВИАПО́ЧТА *f* Flugpost *f*, Luftpost *f*
доставля́ть авиапо́чтой per Luftpost bringen
посыла́ть авиапо́чтой per Luftpost senden (schicken)
АВИАТРА́НСПОРТ *m* Luftverkehr *m*, Lufttransport *m*
перевози́ть авиатра́нспортом auf dem Luftwege befördern
АВИАФРА́ХТ *m* Luftfracht *f*
АВИ́ЗО *m* (*извеще́ние*) Avis *m* (*n*), Aviso *n*, Versandanzeige *f*, Anzeigebrief *m*
высыла́ть ~ Avis abschicken (absenden)
получи́ть ~ Avis bekommen (erhalten)
~, ба́нковское Bankavis *m* (*n*), Bankanzeige *f*
~, входя́щее einlaufender [eingehender] Avis
~, дебето́вое Belastungsavis *m* (*n*), Belastungsanzeige *f*
~, инка́ссовое Inkassoanzeige *f*, Inkassoavis *m* (*n*)
~, исходя́щее ausgehende Anzeige
~, креди́товое Gutschriftanzeige *f*, Gutschriftavis *m* (*n*)
~ об акце́пте Akzeptanzeige *f*
~ об откры́тии аккредити́ва Akkreditivanzeige *f*
~ о выставле́нии тра́тты Avis über das Ziehen einer Tratte; Trattenziehungsanzeige *f*
~ о начисле́нии проце́нтов Avis über Verzinsung, Zinsvergütung *f*, Verzinsungsanzeige *f*, Verzinsungsavis *m* (*n*)
~ о неакце́пте Nichtakzeptavis *m* (*n*)
~ о неплатеже́ Nichtzahlungsanzeige *f*
~ о платеже́ Zahlungsanzeige *f*
~ о страхова́нии Versicherungsanzeige *f*
~, сро́чное Eilavis *m* (*n*)
~, това́рное Warenavis *m* (*n*)
~, торго́вое Handelsavis *m* (*n*), Geschäftsavis *m* (*n*)
АВИЗОВА́НИЕ *n* Avisierung *f*
~ аккредити́ва Avisierung eines Akkreditivs
~ бенефициа́ру Avisierung dem Begünstigten
АВИЗОВА́ТЬ avisieren, benachrichtigen
АВТОМА́Т *m* Automat *m*, automatische Werkzeugmaschine *f*
~, упако́вочный Verpackungsautomat *m*
АВТОМАТИЗА́ЦИЯ *f* Automatisierung *f*, Automation *f*

внедря́ть автоматиза́цию Automatisierung einführen (durchsetzen)
~, по́лная volle Automatisierung, Vollautomatisierung *f*
~ произво́дства Automatisierung der Produktion
~ учёта Automatisierung des Rechnungswesens, der Rechnungsführung
~, части́чная Teilautomatisierung *f*
АВТОМОБИ́ЛЬ *m* Kraftfahrzeug *n*, Kraftwagen *m*, Auto *n*, Automobil *n*
грузи́ть на автомоби́ль Kraftfahrzeug beladen, auf den Kraftwagen laden
перевози́ть на автомоби́ле mit dem Auto befördern, transportieren
разгружа́ть ~ Kraftwagen entleeren (entladen)
~, грузово́й Lastkraftwagen *m*, Lkw *m*, Lastwagen *m*
~, легково́й Personenkraftwagen *m*, Pkw *m*, Personenwagen *m*
~, поде́ржанный gebrauchtes (benutztes) Auto
~ техни́ческой по́мощи Reparaturwagen *m*, Abschleppwagen *m*
АВТОНАКЛАДНА́Я *f* Autofrachtbrief *m*, Frachtbrief im Straßengüterverkehr
АВТООТВЕ́Т *m* (*в телексной связи*) Anrufbeantworter *m*
АВТОПА́РК *m* Kraftfahrzeugpark *m*, Fahrzeugpark *m*, Fuhrpark *m*, Wagenpark *m*
АВТОПЕРЕВО́ЗКИ *f pl* Kraftverkehr *m*, Kraftverkehrstransport *m*
АВТОПОГРУ́ЗЧИК *m* Autohebebühne *f*
АВТОПРИЦЕ́П *m* Anhänger *m*, Anhängerwagen *m*, Autoanhänger *m*
АВТОТРА́НСПОРТ *m* Autoverkehr *m*, Autotransport *m*, Kraftwagenverkehr *m*
АВУА́РЫ *pl* Guthaben *n pl* (*иностранных кредито́ров*)
заморо́зить ~ Guthaben einfrieren
разморо́зить ~ Guthaben flüssig machen
~, блоки́рованные gesperrte Guthaben, Sperrguthaben *n pl*
~ в иностра́нной валю́те Guthaben in ausländischer (fremder) Währung
~, иностра́нные ausländische (fremde) Guthaben
~, ликви́дные liquide (flüssige) Guthaben
~, свобо́дные freie [ungebundene] Guthaben
АГЕ́НТ *m* Agent *m*, Handelsvertreter *m*, Vertreter *m*

выступа́ть в ка́честве аге́нта als Agent auftreten
назнача́ть аге́нта einen Agenten ernennen (berufen)
нанима́ть аге́нта einen Agenten einstellen (in den Dienst nehmen)
предоставля́ть пра́во аге́нту einem Agenten Recht gewähren (einräumen, geben)
торгова́ть че́рез аге́нта über einen Agenten handeln
~ арендода́теля Agent des Verpächters
~ ба́нка Vertreter einer Bank, Bankvertreter m
~ бюро́ путеше́ствий Vertreter des Reisebüros
~, генера́льный Generalvertreter m
~, еди́нственный Alleinvertreter m
~, комме́рческий Handelsvertreter m, kommerzieller Agent
~, консигнацио́нный Konsignationsagent m, Konsignationsvertreter m; Kommissionär m
~, ме́стный Lokalvertreter m, Vertreter am Platze
~, монопо́льный Exklusivvertreter m, Monopolagent m
~, морско́й Schiffsmakler m, Schiffsagent m
~ опто́вой торго́вли Großhandelsvertreter m, Großhandelsagent m
~, официа́льный offizieller (amtlicher) Vertreter
~ по автоперево́зкам Kraftverkersagent m, Spediteur m
~ по заку́пкам Ankaufsagent m, Einkaufsvertreter m
~ по и́мпорту Einfuhragent m, Importvertreter m
~ по погру́зке и отпра́вке това́ров Agent für Verladung und Versand der Waren
~ по прода́же Verkaufsagent m
~ по прода́же недви́жимости Agent für Verkauf des unbeweglichen Vermögens
~ по прода́же пате́нтов Agent für Verkauf von Patenten
~ по рекла́ме Agent für Werbung, Werbungsagent m
~ по сбы́ту Agent für Absatz, Absatzagent m
~ по снабже́нию Agent für Versorgung, Versorgungsagent m
~ по тра́нспортной обрабо́тке гру́зов Agent für Güterabfertigung
~ по э́кспорту Exportagent m, Exportvertreter m
~ с исключи́тельными права́ми Agent mit ausschließlichen Rechten
~, страхово́й Versicherungsagent m
~ судовладе́льца Agent (Vertreter) des Schiffseigentümers; Schiffsmakler m
~, судово́й Schiffsagent m, Schiffsvertreter m
~, тамо́женный Zollagent m, zollamtlicher Vertreter
~, торго́вый Handelsvertreter m, Handelsagent m
~, тра́нспортный Spediteur m
~ фрахтова́теля Agent (Vertreter) des Befrachters, Befrachtungsmakler m
~, фрахто́вый Frachtagent m
~, э́кспортный Exportagent m, Exportvertreter m, Ausfuhragent m
АГЕНТИ́РОВАНИЕ n (*морское*) Übernahme f der Agentur für ein Schiff; Agenturübernahme f, Klarierung f
АГЕ́НТСКИЙ Vertreter-
АГЕ́НТСТВО n Agentur f, Vertretung f, Geschäftsvertretung f, Vertreterfirma f, Nebenstelle f
создава́ть ~ Agentur gründen
~, госуда́рственное Staatsagentur f, Staatsvertretung f, Regierungsstelle f
~, информацио́нное Informationsagentur f
~, монопо́льное Monopolagentur f, Alleinvertretung f
~ по свя́зи с обще́ственностью Agentur für Öffentlichkeitsarbeit
~, рекла́мное Werbeagentur f
~ с исключи́тельными права́ми Agentur mit Exklusivrechten
~ с по́лным ци́клом услу́г Agentur mit vollem Dienstleistungszyklus
~, страхово́е Versicherungsagentur f
~, судово́е Schiffsagentur f
~, тамо́женное Zollagentur f
~, телегра́фное Nachrichtenagentur f, Telegrafenagentur f
~, торго́вое Handelsagentur f, Handelsvertretung f, Vertreterfirma f
~, тра́нспортное Verkehrsagentur f, Transportagentur f, Spedition f
~, тра́нспортно-экспедицио́нное Speditionsagentur f, Speditionsbetrieb m
~, тури́стическое Reisebüro n, Reiseverkehrsagentur f, Touristenagentur f
~, экспеди́торское Speditionsfirma f

АД ВАЛО́РЕМ *лат.* (*в соответствии со стоимостью*) ad valorem, vom Wert
АДВАЛО́РНЫЙ (*стоимостный*) wertmäßig, Wert-; kostenmäßig, Kosten-
АДВОКА́Т *m* Anwalt *m*, Rechtsanwalt *m*
консульти́роваться у адвока́та sich mit dem Advokaten über *etwas* beraten
АДДЕ́НДУМ *m* (*дополнение*) Addenda *pl lat.*; Ergänzung *f*; Zusatz *m*, Nachtrag *m*, Anhang *m*
АДМИНИСТРА́ЦИЯ *f* Verwaltung *f*, Leitung *f*, Administration *f*, Verwaltungsbehörde *f*
~ вы́ставки Verwaltung (Leitung) der Ausstellung
~ гости́ницы Verwaltung (Administration) des Hotels
~ по́рта Verwaltung (Administration) des Hafens
~, тамо́женная Zollverwaltung *f*, Zolladministration *f*
~ я́рмарки Verwaltung (Leitung, Administration) der Messe
А́ДРЕС *m* Adresse *f*, Anschrift *f*
направля́ть по а́дресу an die Adresse richten
посыла́ть по а́дресу an die Adresse senden (schicken)
~, вну́тренний Innenadresse *f*
~, обра́тный Rückadresse *f*
~, по́лный volle Adresse
~, почто́вый Postadresse *f*, Postanschrift *f*
~ предприя́тия Adresse (Anschrift) eines Betriebes [eines Unternehmens]
~, телегра́фный Drahtanschrift *f*, Telegrammadresse *f*
~, те́лексный Telexadresse *f*
~, то́чный genaue Adresse (Anschrift)
~, юриди́ческий juristische Adresse (Anschrift)
АДРЕСА́НТ *m* (*отправитель*) Adressant *m*, Absender *m*
АДРЕСА́Т *m* (*получатель*) Adressat *m*, Empfänger *m*
АДРЕСО́ВЫВАТЬ adressieren an *Akk.*, richten an *Akk.*
~ су́дно ein Schiff adressieren
А́ЖИО *n* *um.* (*приплата к установленному курсу или цене*) Agio *n*, Aufgeld *n*
АККРЕДИТА́ЦИЯ *f* Akkreditierung *f*
~ организа́ции Akkreditierung einer Organisation (einer Struktur)

АККРЕДИТИ́В *m* Akkreditiv *n*, Kreditbrief *m*
авизова́ть ~ Akkreditiv avisieren
аннули́ровать ~ Akkreditiv annullieren (stornieren, rückgängig machen)
вноси́ть измене́ния в ~ Akkreditiv korrigieren
возобновля́ть ~ Akkreditiv erneuern (auffüllen)
выдава́ть ~ Akkreditiv ausstellen
выставля́ть ~ Akkreditiv ausstellen (ausfertigen)
изменя́ть ~ Akkreditiv ändern (verändern)
испо́льзовать ~ Akkreditiv verwenden
осуществля́ть платежи́ с аккредити́ва aus dem Akkreditiv zahlen
отзыва́ть ~ Akkreditiv widerrufen
открыва́ть ~ Akkreditiv eröffnen
открыва́ть ~ в по́льзу *кого-л.* Akkreditiv zu *jemandes* Gunsten eröffnen
открыва́ть ~ в устано́вленный срок Akkreditiv zum vereinbarten Termin eröffnen
открыва́ть ~ прика́зу *кого-л.* Akkreditiv an Order *jemandes* eröffnen
оформля́ть ~ Akkreditiv ausstellen (ausfertigen)
переводи́ть ~ Akkreditiv überweisen
переводи́ть де́ньги с аккредити́ва Geld vom Akkreditiv überweisen, übertragen
плати́ть с аккредити́ва durch (aus) Akkreditiv zahlen
подтвержда́ть ~ Akkreditiv bestätigen
получа́ть де́ньги с аккредити́ва Geld vom Akkreditiv abheben
пролонги́ровать ~ Akkreditiv prolongieren
увели́чивать ~ Akkreditiv erhöhen
~, авизо́ванный Spezialkreditbrief *m*
~, автомати́чески возобновля́емый sich automatisch erneuerndes Akkreditiv
~, ба́нковский Bankakkreditiv *n*
~, безотзы́вный unwiderrufliches Akkreditiv
~, бессро́чный unbefristetes Akkreditiv
~, бла́нковый Blankoakkreditiv *n*, Leerakkreditiv *n*
~, вы́ставленный на *кого-л.* auf *jemanden* ausgestelltes Akkreditiv
~, вы́ставленный *кем-л.* von *jemandem* ausgestelltes Akkreditiv
~, действи́тельный gültiges (wirksames) Akkreditiv

~, дели́мый teilbares Akkreditiv, Teilakkreditiv n
~, де́нежный Barakkreditiv n
~, документа́рный Dokumentenakkreditiv n
~, долгосро́чный langfristiges Akkreditiv
~, дро́бный aufgeteiltes, aufgegliedertes Akkreditiv
~, и́мпортный Importakkreditiv n, Einfuhrakkreditiv n
~, компенсацио́нный Kompensationsakkreditiv n, Ausgleichsakkreditiv n
~ на и́мя... Akkreditiv auf *jemandes* Namen
~ на по́лную сто́имость контра́кта Akkreditiv für den vollen Wert des Vertrages
~ на су́мму Akkreditiv für (auf) die Summe
~, недели́мый unteilbares Akkreditiv
~, неперево́дный nicht übertragbares Akkreditiv
~, неподтверждённый unbestätigtes Akkreditiv
~, непокры́тый ungedecktes Akkreditiv
~, отзывно́й widerrufliches Akkreditiv
~, перево́дный übertragbares Akkreditiv
~, подтверждённый bestätigtes Akkreditiv
~, покры́тый gedecktes Akkreditiv
~, просро́ченный abgelaufenes (ungültiges) Akkreditiv
~, ра́зовый einmalig gestelltes Akkreditiv
~, резе́рвный Reserveakkreditiv n, Ergänzungsakkreditiv n
~ с гара́нтией опла́ты Akkreditiv mit (der) Garantiezahlung
~ с опла́той тра́ттами на предъяви́теля Akkreditiv mit (der) Inhabertrattenbezahlung
~ с платежо́м в рассро́чку Akkreditiv mit [der] Ratenzahlung (Teilzahlung)
~ с платежо́м в свобо́дно конверти́руемой валю́те Akkreditiv mit [der] Zahlung in frei konvertierbarer Währung
~ сро́ком де́йствия на ... Akkreditiv mit [der] Gültigkeitsdauer für... (mit Laufzeit für...)
~, това́рный Warenakkreditiv n
~, трансфера́бельный Transferakkreditiv n, übertragbares Akkreditiv
~, циркуля́рный Zirkularakkreditiv n, Rundreisekreditbrief m

~, чи́стый Barakkreditiv n
~, экспортный Exportakkreditiv n, Ausfuhrakkreditiv n
АККУМУЛИ́РОВАННЫЙ akkumuliert
АККУМУЛИ́РОВАТЬ akkumulieren, anhäufen
АКТ m 1. (*документ*) Akte f, Urkunde f, Protokoll n 2. (*закон*) Akt m 3. (*действие*) Handlung f, Aktion f
оформля́ть ~ испыта́ний Prüfungsprotokoll ausstellen
подпи́сывать ~ Protokoll unterschreiben (unterzeichnen)
составля́ть ~ Protokoll aufnehmen (aufsetzen)
удостоверя́ть ~ Protokoll beglaubigen (bescheinigen)
~, авари́йный Havarieakte f, Havarieprotokoll n
~, администрати́вный Verwaltungsakt m
~, генера́льный Generalakt m
~ дефекта́ции Defektenakte f, Schadenakte f, Schadensprotokoll n
~, заводско́й Betriebsakte f
~, законода́тельный Gesetzgebungsakt m, Rechtsvorschrift f
~ инвентариза́ции Inventarprotokoll n
~, ипоте́чный Hypothekenprotokoll n
~ испыта́ний Prüfungsprotokoll n, Prüfprotokoll n
~, комме́рческий Geschäftsakt m, Schadensprotokoll n, kommerzieller Akt
~ ку́пли Kaufakte f
~, незако́нный gesetzwidrige Akte
~, неправоме́рный rechtswidriger Akt
~, нормати́вный Normativakt m, Ordnungsvorschrift f
~ обсле́дования Überprüfungsprotokoll n
~ об усту́пке Abtretungsurkunde f
~ об учрежде́нии компа́нии Protokoll über Gründung (Stiftung) einer Gesellschaft
~ о внедре́нии Einführungsakte f
~ о конфиска́ции гру́за тамо́жней Akte (Protokoll) über Beschlagnahme der Ladung vom Zollamt
~ оконча́тельных испыта́ний Akte (Protokoll) über Prüfungsabschluß
~ о недоста́че (*в весе*) Akte (Protokoll) über Massenmanko; (*денег в кассе*) Kassenmanko; (*товаров*) Warenmanko
~ о переда́че Übertragungsurkunde f

АКТ

~ о передаче правового титула Urkunde über Übertragung des Rechtstitels; Übertragungsurkunde *f*
~ о поломке Akte (Protokoll) über Bruch, Bruchprotokoll *n*
~ о протесте Akte (Urkunde) über Protest, Protesturkunde *f*
~ осмотра (*количества и качества товара*) Besichtigungsprotokoll *n*
~ о суброгации Subrogationsakt *m*
~ о цессии Zessionsakt *m*
~ парламента Parlamentsakt *m*
~, передаточный Übergabeprotokoll *n*
~ передачи на хранение или в опеку Übergabeprotokoll zur Lagerung oder zur Treuhandschaft
~, правовой Rechtsakt *m*
~ приёмки (*товара*) Annahmeprotokoll *n*, Abnahmeprotokoll *n*
~, приёмо-сдаточный Übernahme--Übergabeprotokoll *n*
~ ревизии Überprüfungsprotokoll *n*
~, рекламационный Reklamationsprotokoll *n*
~ сдачи-приёмки Übergabe-Übernahmeprotokoll *n*
~, страховой Versicherungsakte *f*
~ сюрвейера *мор. страх.* Akte des Surveyors (des Havariekommissars)
~ таможенного досмотра Akte (Protokoll) der Zollkontrolle; Zollabfertigungsschein *m*
~ экспертизы Sachverständigengutachten *n*; Akte des Gutachtens
~, юридический Rechtsakt *m*

АКТИВ *m* Aktivbestand *m*
иметь на активе in (auf) Aktiva haben
~ баланса Aktivbestand der Bilanz
~ и пассив (*баланса*) Aktiva und Passiva

АКТИВНОСТЬ *f* Aktivität *f*
~, деловая geschäftliche Aktivität, Geschäftstätigkeit *f*

АКТИВЫ *m pl* Aktiva *n pl*, Aktiven *pl*, Guthaben *n*, Bilanzsumme *f*, Vermögenswerte *m pl*, Soll *n*
~, амортизируемые Amortisationsaktiven *pl*
~, быстрореализуемые schnellrealisierbare Aktiven
~, государственные за границей Staatsaktiven im Ausland
~, заложенные verpfändete (versetzte) Aktiven

АКЦ

~, замороженные eingefrorene (gebundene) Aktiven
~, зарубежные ausländische (fremde) Aktiven
~ коммерческих предприятий Aktiven (Guthaben) der Handelsunternehmen
~, легкореализуемые leicht realisierbare Aktiven
~, ликвидные liquide (flüssige, frei verfügbare) Aktiven
~, материальные materielle Aktiven
~, мёртвые totes Kapital, nicht realisierbare (brachliegende) Aktiven
~, неликвидные fixes Kapital, nicht liquide (nicht flüssige, festliegende) Aktiven, Anlagevermögen *n*
~ предприятия Aktiven (Guthaben) eines Betriebes
~, резервные Währungsreserven
~, свободные freie (ungebundene) Aktiven
~, текущие laufende (ungebundene) Aktiven
~, труднореализуемые nicht liquide (schwerabsetzbare) Aktiven
~, чистые reine Aktiven

АКТ-ИЗВЕЩЕНИЕ *m* Benachrichtigungsakt *m*

АКТ-РЕКЛАМАЦИЯ *m* Reklamationsakte *f*, Reklamationsprotokoll *n*

АКЦЕПТ *m* 1. (*принятие предложения заключить сделку*) Annahme *f* (Akzept *n*) des Angebots, einen Vertrag abzuschließen 2. (*вексель, принятый к оплате*) der zur Einlösung akzeptierte Wechsel 3. (*согласие на оплату денежных и товарных документов*) Bewilligung *f* der Bezahlung der Geld- und Warendokumente
давать ~ Akzept genehmigen; akzeptieren
запрашивать ~ Akzept anfragen [anfordern]
отказать в акцепте Akzept verweigern
оформлять ~ Akzept abwickeln
получать ~ Akzept bekommen (erhalten)
представлять документы к акцепту Dokumente zum Akzept vorlegen
против акцепта gegen Akzept
совершать акцепт векселя Wechsel akzeptieren
учитывать банковский акцепт Bankakzept diskontieren

~, ба́нковский Bankakzept n
~, безусло́вный bedingunsloses Akzept
~, бла́нковый Blankoakzept n
~ ве́кселя Wechselakzept n
~, гаранти́йный Garantieakzept n, Bürgschaftsakzept n
~, дру́жеский freundschaftliches Akzept
~, коллатера́льный (с боково́й на́дписью тре́тьего лица́, руча́ющегося за платёж) Kollateralakzept n
~, креди́тный Kreditakzept n, Finanzakzept n
~, непо́лный Teilakzept n, Teilannahme f
~, о́бщий allgemeines (bedingungsloses) Akzept
~, ограни́ченный bedingtes Akzept
~, официа́льный offizielles (amtliches) Akzept
~ платёжных докуме́нтов Akzept der Zahlungsdokumente (der Zahlungspapiere)
~, по́лный volles Akzept
~, после́дующий Nachakzept n
~, предвари́тельный Vorakzept n
~ про́тив докуме́нтов Akzept gegen Dokumente
~ счёта Rechnungsakzept n
~ тра́тты Handelsakzept n, Kundenakzept n, Trattenakzept n
~, усло́вный bedingtes Akzept, bedingte Annahme, Annahme unter Vorbehalt
~, части́чный teilweises Akzept, Teilakzept
~ чека Annahme (Akzept) eines Schecks
АКЦЕПТА́НТ m Akzeptant m, Annehmende sub m
АКЦЕ́ПТНО-ГАРАНТИ́ЙНЫЙ Akzept--Garantie-
АКЦЕ́ПТНО-РА́МБУРСНЫЙ Akzept--Rembours-
АКЦЕ́ПТНЫЙ Akzept-, Annahme-
АКЦЕПТОВА́НИЕ n Akzept n, Annahme f
отказа́ться от акцептова́ния ве́кселя Wechselakzept (Wechselannahme) verweigern
по акцепто́вании auf (nach) Akzept
представля́ть к акцептова́нию zum Akzept vorzeigen, Akzept einholen
АКЦЕПТОВА́ТЬ akzeptieren, annehmen
АКЦИ́З m (ко́свенный нало́г на това́ры, реализу́емые на вну́треннем ры́нке) Akzise f, Verbrauchsabgabe f, Haushaltsaufschlag m

взима́ть ~ Akzise eintreiben (beitreiben)
А́КЦИИ f pl Aktien f pl
владе́ть а́кциями Aktien besitzen, im Besitz der Aktien sein
выпуска́ть ~ Aktien ausgeben (begeben)
изыма́ть ~ Aktien entziehen (herausziehen), Aktien aus dem Umlauf [aus dem Verkehr] ziehen
опла́чивать ~ Aktien bezahlen
погаша́ть ~ Aktien begleichen (tilgen)
подпи́сываться на ~ Aktien zeichnen
покупа́ть Aktien kaufen (abkaufen)
получа́ть дивиде́нды с а́кций Dividenden von Aktien bekommen (erhalten)
продава́ть ~ Aktien verkaufen
размеща́ть ~ Aktien anlegen (unterbringen, placieren)
распределя́ть ~ (по подпи́ске) Aktien verteilen
скупа́ть ~ Aktien aufkaufen
~, коти́рующиеся в ежедне́вных газе́тах die in den täglichen Zeitungen notierenden Aktien
~, коти́рующиеся на би́рже die an der Börse notierenden Aktien
~, кумуляти́вные kumulative Aktien
~, некумуляти́вные unkumulative Aktien
~ промы́шленных предприя́тий Aktien der Industrieunternehmen
~ страховы́х компа́ний Aktien der Versicherungsgesellschaften
~, учреди́тельские Gründeraktien f pl
~ фи́рмы Aktien der Firma
~, части́чно опла́ченные teilweise bezahlte Aktien
АКЦИОНЕ́Р m Aktionär m, Aktienbesitzer m, Aktieninhaber m, Aktienhalter m
~, иностра́нный ausländischer (fremder) Aktionär, Auslandsaktionär m
~, кру́пный bedeutender (wichtiger) Aktionär
АКЦИОНЕ́РНЫЙ Aktien-
А́КЦИЯ f Aktie f
~ акционе́рного о́бщества Aktie der Aktiengesellschaft (AG)
~, ба́нковская Bankaktie f
~ без нарица́тельной цены́ Aktie ohne Nominalpreis
~ без номина́ла Aktie ohne Nennwert, ohne Nominal
~, беспла́тная kostenlose Aktie, Aktie ohne Bezahlung
~, «голосу́ющая» «Aktie mit Stimmrecht»

~, государственная staatliche Aktie, Staatsaktie *f*
~, директорская Aktie des Direktors, Direktoraktie *f*
~, именная Namensaktie *f*
~, иностранная ausländische (fremde) Aktie
~, «многоголосая» «Mehrstimmrechtsaktie» *f*
~ на предъявителя Inhaberaktie *f*
~, «не голосующая» «Aktie ohne Stimmrecht»
~, обыкновенная Stammaktie *f*
~, полностью оплаченная vollbezahlte Aktie
~ предприятия Aktie eines Betriebes (eines Unternehmens)
~, предъявительская Inhaberaktie *f*
~, привилегированная Vorzugsaktie *f*, Prioritätsaktie *f*
АЛЛОНЖ *m* Allonge *f*
АЛЬПАРИ *неизм. ит. бирж.* («*по номинальной стоимости*») al pari; zum Nennwert
АМОРТИЗАЦИОННЫЙ Amortisations-, Tilgungs-
АМОРТИЗАЦИЯ *f* Amortisation *f*, Abschreibung *f*, Tilgung *f*
списывать по амортизации Schuld in Raten tilgen; den Verschleiß abschreiben
~ долга Tilgung einer Schuld
~ оборудования Amortisation der Ausrüstung
~ основных фондов Amortisation der Grundmittel in der Produktion
~, ускоренная beschleunigte Amortisation
АМОРТИЗИРОВАТЬ amortisieren, abschreiben, tilgen
АНАЛИЗ *m* Analyse *f*, Untersuchung *f*, Zergliederung *f*, Zerlegung *f*
производить ~ Analyse ausführen (durchführen, vornehmen); analysieren
~ безубыточности Analyse der verlustlosen Arbeit
~ возможностей производства и сбыта Analyse der Produktions- und Absatzmöglichkeiten
~ возможностей сбыта Analyse der Absatzmöglichkeiten
~, выборочный Stichanalyse *f*
~ деятельности конкурентов Analyse der Konkurrententätigkeit
~ деятельности предприятия Analyse der Betriebstätigkeit

~, долгосрочный langfristige Analyse
~ доходов и расходов Aufwand-Nutzen-Analyse *f*, Analyse der Einnahmen und Ausgaben
~ доходов от продажи товара Analyse der Warenverkaufseinkünfte *pl*
~ издержек Kostenanalyse *f*
~ издержек обращения Analyse der Zirkulationskosten
~ изменения затрат Analyse der Kostenaufwandsänderung
~ изменения надёжности Analyse der Änderung der Zuverlässigkeit
~ исполнения финансового плана analytische Überprüfung der Erfüllung des Finanzplanes
~ итогов Analyse der Ergebnisse (der Resultate)
~ качества Qualitätsanalyse *f*
~, классификационный Klassifikationsanalyse *f*
~, количественный Quantitätsanalyse *f*
~ конечных результатов Analyse der Endergebnisse (der Endresultate)
~, контрольный Kontrollanalyse *f*, Prüfanalyse *f*
~, лабораторный Laboranalyse *f*, Laboratoriumsanalyse *f*
~ маркетинговых затрат Analyse der Marketingausgaben
~ надёжности Analyse der Sicherheit (der Zuverlässigkeit)
~ накладных расходов Analyse der Gemeinkosten
~, нормативный normative Analyse, Normativanalyse *f*
~, общий gesamte Analyse, Gesamtanalyse *f*
~ осуществимости Analyse der Durchführbarkeit [der Realisierbarkeit]
~ партии Analyse einer Partie (eines Postens)
~, полный volle [ganze] Analyse
~ потребностей Analyse des Bedarfs (der Bedürfnisse)
~, предварительный einleitende Analyse
~ прибыльности Analyse der Ertragskraft (der Rentabilität)
~ приоритета Analyse der Priorität (des Vorrechts)
~ результатов финансово-хозяйственной деятельности Analyse der Finanz- und Betriebstätigkeit

~ ремонтопригодности Analyse der Reparaturtauglichkeit (der Reparatureignung)
~ рентабельности Analyse der Rentabilität (der Wirtschaftlichkeit)
~ рынка Marktanalyse f, Marktuntersuchung f
~ себестоимости Analyse der Selbstkosten
~, сопоставительный vergleichbare Analyse
~ состояния запасов Analyse der Vorratsbestände (der Reserven)
~ спроса Bedarfsanalyse f, Bedarfsermittlung f
~, сравнительный Vergleichsanalyse f
~ средств рекламы Analyse der Werbungsmittel
~, статистический statistische Analyse
~ стоимости Analyse des Wertes
~, структурный Strukturanalyse f
~, субъективный subjektive Analyse
~ тенденций рынка Analyse der Markttendenzen
~, технико-экономический technisch-ökonomische Analyse
~ убытков Analyse der Verluste
~ условий окружающей среды Analyse der Bedingungen der Umwelt (der Umweltbedingungen)
~ ухудшения технических характеристик Analyse der Verschlechterung der technischen Charakteristiken
~ финансового состояния Finanzanalyse f, Analyse der Finanzlage
~, функционально-стоимостный funktional-kostenmäßige Analyse
~ хозяйственной деятельности Analyse der Wirtschaftstätigkeit (der Geschäftstätigkeit)
~, ценностно-стоимостный Wert(kosten)analyse f
~, частичный Teilanalyse f
~, экономический Wirtschaftsanalyse f
~ экономической эффективности Effektivitätsanalyse f
~ эксплуатационной безопасности Analyse der Betriebssicherheit
~ эксплуатационных рекламаций Analyse der Betriebsreklamationen
АНАЛОГИ m pl Analoga n pl
~, международные internationale Analoga, Standards m pl
~, мировые Weltstandards m pl

АНДИНОВАНИЕ n (уведомление о сроке поставки товара) Andienung f
АННУИТЕТ m (заём, погашаемый равными годовыми долями) Annuität f
~, вечный unkündbare Annuität
~, терминированный kündbare Annuität
АННУЛИРОВАНИЕ n Annullierung f, Stornierung f, Abbestellung f, Zurückziehung f, Aufhebung f
~ авторского свидетельства на изобретение Widerrufung f des Urheberscheines (des Erfinderzeugnisses)
~ аккредитива Akkreditivzurückziehung f
~ договора Aufhebung (Stornierung) eines Vertrages
~ заказа Abbestellung (Stornierung, Zurückziehung) eines Auftrages
~ контракта Aufhebung (Stornierung) eines Kontrakts
~ кредита Kreditzurückziehung f
~ лицензии Lizenzentzug m
~ регистрации Annullierung einer Registrierung (einer Eintragung)
~ товарного знака Annullierung eines Warenzeichens
~, частичное Teilannullierung f, Teilstornierung f
АННУЛИРОВАТЬ annullieren, stornieren, abbestellen, zurückziehen, für ungültig erklären
АНОНС m Anzeige f, Inserat n
АНОНСИРОВАТЬ annoncieren, anzeigen, inserieren
АНТИДЕМПИНГОВЫЙ Antidumping(s)-
АНТИИНФЛЯЦИОННЫЙ antiinflationär
АПЕЛЛЯНТ m Appellant m, Berufungskläger m
АПЕЛЛЯЦИЯ f Appellation f, Berufung f
отклонять апелляцию Appellation ablehnen (zurückweisen)
подавать апелляцию Appellation einlegen (einreichen); appellieren
рассматривать апелляцию Appellation einer Prüfung unterziehen
удовлетворять апелляцию Appellation zufriedenstellen
~, обоснованная begründete (motivierte) Appellation
АППАРАТ m 1. (прибор) Apparat m, Gerät n, Vorrichtung f 2. (штат) Apparat m, Personal n, Personalbestand m

~, административно-управленческий Leitungsapparat m, Leitung f, Verwaltung f
~, вычислительный Rechenapparat m, Computer m
~, государственный Staatsapparat m
~, управленческий Leitungsapparat m, Verwaltungsapparat m
АПРОБАЦИЯ f (*обследование*) Approbation f, Nachprüfung f, Untersuchung f
пройти апробацию approbieren, überprüfen, untersuchen, billigen
АПРОБИРОВАТЬ Billigung bekommen
АРБИТР m Schiedsrichter m, Arbiter m
выступать в роли арбитра als Arbiter auftreten
заменять арбитра Schiedsrichter ersetzen (vertreten)
избирать арбитра Schiedsrichter wählen (erwählen)
нанимать арбитра Arbiter einstellen (anstellen, in den Dienst nehmen)
на усмотрение арбитра nach Belieben (nach Ermessen) des Arbiters
отводить арбитра den Arbiter ablehnen (zurückweisen)
согласовывать кандидатуру арбитра Kandidatur eines Arbiters abstimmen (vereinbaren)
~, беспристрастный unparteiischer (unvoreingenommener) Arbiter
~, единоличный Einzelarbiter m
~, запасной Ersatzarbiter m
~, избранный erwählter (gewählter) Arbiter
~, квалифицированный qualifizierter (fachlich ausgebildeter) Arbiter
~, нейтральный neutraler Arbiter, Neutralarbiter m
~, председательствующий vorsitzender Arbiter
АРБИТРАЖ m 1. (*третейский суд*) Arbitrage f, Schiedsgericht n 2. (*операции по покупке и продаже валюты с целью получения прибыли*) Arbitragegeschäft n
избирать ~ Arbitrage wählen (erwählen)
обращаться в ~ sich an die Arbitrage (ans Schiedsgericht) wenden
передавать дело в ~ Sachverfahren an das Schiedsgericht übergeben
подавать заявление в ~ Antrag an das Schiedsgericht einreichen
посредством арбитража durch Arbitrage

прибегать к арбитражу sich an die Arbitrage wenden
проводить ~ Arbitrage abhalten
рассматривать иск в арбитраже Klage (Forderung f) in der Arbitrage erörtern (verhandeln)
урегулировать спор через ~ Streit m über Arbitrage regeln (beilegen)
~, биржевой Börsenarbitrage f
~, валютный Devisenarbitrage f
~, вексельный Wechselarbitrage f
~, внешнеторговый Außenhandelsarbitrage f, Außenhandelsschiedsgericht n
~, государственный staatliche Arbitrage, staatliches Schiedsgericht
~, двусторонний валютный zweiseitige (bilaterale) Devisenarbitrage
~, закрытый geschlossene Arbitrage
~, международный internationale Arbitrage
~, международный торговый internationale Handelsarbitrage
~, многосторонний валютный Mehrfachdevisenarbitrage f
~, открытый offene Arbitrage
~, принудительный Zwangsarbitrage f
~, промышленный Industriearbitrage f
~, простой валютный direkte Devisenarbitrage
~, смешанный Gemischtarbitrage f
~, специальный Spezialarbitrage f
~, товарный Warenarbitrage f
~, трёхсторонний dreiseitige Arbitrage
~, фондовый Effektenarbitrage f, Fondsarbitrage f
АРБИТРАЖНЫЙ Arbitrage-, Schieds-, schiedsgerichtlich
АРЕНДА f (*о помещении*) Miete f; (*о земле*) Pacht f; Mietpreis m; Pachtpreis m
брать в аренду mieten; pachten
возобновлять аренду den Mietvertrag erneuern
на условиях аренды zu den Mietbedingungen
платить аренду Miete (Pacht) zahlen
продлевать аренду Mietdauer prolongieren
сдавать в аренду vermieten; verpachten
~ выставочного помещения Miete der Ausstellungshalle (des Ausstellungsraums)
~, долгосрочная langfristige Miete
~ земли Bodenpacht f, Landpacht f
~, краткосрочная kurzfristige Miete

~ оборудования Ausrüstungsmiete *f*
~ основных фондов Miete der Grundfonds
~ площади Vermietung von Flächen; Verpachtung von Gebäuden
АРЕНДА́ТОР *m* (*помещения*) Mieter *m*; (*земли*) Pächter *m*
~, крупный Großmieter *m*; Großpächter *m*
~, мелкий Kleinmieter *m*; Kleinpächter *m*
~, основной Grundmieter *m*; Grundpächter *m*
~ площади Flächenmieter *m*; Flächenpächter *m*
~, пожизненный Mieter (Pächter) auf Lebenszeit, lebenslänglicher Mieter (Pächter)
~ стенда Mieter des Stands, Standmieter *m*
АРЕ́НДНЫЙ Pacht-; Miet-
АРЕНДОВА́ТЬ (*оборудование*, *помещение*) mieten; (*землю*) pachten; (*судно*) befrachten, chartern
АРЕНДОДА́ТЕЛЬ *m* Vermieter *m*, Verpächter *m*
~ стенда Vermieter des Stands, Standvermieter *m*
АРЕ́СТ *m* Arrest *m*, Beschlag *m*, Beschlagnahme *f*
наложи́ть ~ beschlagnahmen, in Beschlag nehmen, mit Beschlag belegen
снять ~ Arrest aufheben
~ на груз Beschlagnahme einer Fracht
~ на имущество dinglicher Arrest, Vermögensbeschlagnahme *f*
~ на судно Schiffsbeschlagnahme *f*, Beschlagnahme eines Schiffes
~ счёта Kostensperre *f*, Kostensperrung *f*
АРЕСТО́ВЫВАТЬ beschlagnahmen
АРМА́ТОР *m* (*судовладелец*) Reeder *m*, Schiffseigentümer *m*
АРТИ́КУЛ *m* Warenartikel *m*
АРХИ́В *m* Archiv *n*
АССИГНОВА́НИЕ *n* Assignierung *f*; Zuwendung *f*; Bewilligung *f*, Anweisung *f*
~ средств Zuwendung finanzieller Mittel
АССИГНОВА́НИЯ *n pl* bewilligte Mittel (Summen)
ограни́чивать ~ Assignierung beschränken
сокраща́ть ~ Bewilligung verringern (vermindern)
увели́чивать ~ Assignierung mehren (vermehren)

~, бюджетные Haushaltszuweisungen *f pl*
~, государственные staatliche Bereitstellungen
~, дополнительные zusätzliche Bereitstellung, Dotationen *f pl*
~ на капиталовложения Bereitstellung von Mitteln für Kapitalanlagen
~ на рекламу Werbebudget *n*; Bereitstellung von Geldmitteln für Werbung
~, неиспользованные unausgenutzte Bewilligungen
~, общие Globalzuweisungen *f pl*
~, отсроченные на будущее verlängerte Zuweisungen
~, первоначальные Anfangszuweisungen *f pl*
~, разовые einmalige Zuweisungen
~, специальные Sonderbereitstellung *f*
~, целевые zweckbestimmte (zweckgebundene) Zuweisungen
~, централизованные zentralisierte Zuweisungen
АССИГНО́ВЫВАТЬ assignieren, bewilligen, anweisen, bereitstellen
АССОРТИМЕ́НТ *m* Sortiment *n*, Auswahl *f*
в широком ассортименте im breiten (reichhaltigen) Sortiment
изменя́ть ~ Auswahl ändern (verändern)
име́ть большо́й ~ großes (breites) Sortiment haben
расширя́ть ~ Sortiment erweitern
согласо́вывать ~ Sortiment abstimmen (vereinbaren)
улучша́ть ~ Sortiment verbessern (aufbessern)
~, богатый reiches (großes) Sortiment
~, весенний Frühlingssortiment *n*
~, выпускаемый Sortiment, das hergestellt (erzeugt) wird
~ изделий Sortiment der Erzeugnisse
~, многообразный mannigfaltiges (vielfältiges) Sortiment
~, ограниченный beschränktes Sortiment
~, полный volles Sortiment
~, предлагаемый angebotenes Sortiment
~ продукции Sortiment der Erzeugnisse
~, промышленный Industriesortiment *n*
~, товарный Warensortiment *n*
~, торговый Handelssortiment *n*
~, универсальный Universalsortiment *n*
~, широкий reiches (reichhaltiges) Sortiment

~ экспонáтов Sortiment der Exponate (der Ausstellungsstücke)
~, экспортный Exportsortiment n
АССОРТИМÉНТНЫЙ Sortiments-, sortimentsmäßig
АССОЦИÁЦИЯ f Assoziation f, Vereinigung f, Verband m, Verbindung f
~, арбитрáжная Arbitrageassoziation f
~, бáнковская Bankassoziation f
~, биржевáя Börsenassoziation f
~, внешнеэкономи́ческая außenwirtschaftliche Assoziation
~ мáркетинга Assoziation des Marketings
~, произвóдственная Industrieassoziation f
~, торгóвая Handelsverband m, Handelsvereiningung f
~, экономи́ческая ökonomische (wirtschaftliche) Assoziation
АССОЦИЙРОВАННЫЙ assoziiert, vereinigt
АТТАШÉ m Attaché m
~, торгóвый Handelsattaché m
АТТЕСТÁТ m Zeugnis n, Bescheinigung f
~, выпускнóй Abschlußzeugnis n
~ кáчества Qualitätszeugnis
АТТЕСТÁЦИЯ f Attestierung f, Eignungsprüfung f, Bescheinigung f
пройти́ аттестáцию attestiert (bescheinigt) werden
~, госудáрственная Staatsattestierung f
~ оборýдования Attestierung der Ausrüstung, Ausrüstungsattestierung f
~ продýкции Attestierung der Erzeugnisse, Erzeugnisattestierung
АУДИ́ТОР m Auditor m, Wirtschaftsprüfer m, Buchprüfer m
АУКЦИÓН m Auktion f, Versteigerung f
выставля́ть на аукциóне auf der Auktion ausstellen
закрывáть ~ Auktion schließen
объявля́ть ~ Auktion annoncieren (anzeigen)
открывáть ~ Auktion eröffnen
покупáть на аукциóне (с аукциóна) auf der Auktion kaufen (erstehen)
проводи́ть ~ Auktion abhalten
продавáть с аукциóна auf der Auktion verkaufen (versteigern), unter den Hammer bringen
учáствовать в аукциóне an der Auktion teilnehmen
~, валю́тный Devisenauktion f
~, «голлáндский» (*публичная продажа, при которой первоначальная цена постепенно снижается, пока не найдётся покупатель*) holländische Auktion
~, ежегóдный jährliche Auktion
~, леснóй Holzauktion f
~, междунарóдный Weltauktion f
~, откры́тый offene Auktion
~, пушнóй Rauchwarenauktion f, Pelzauktion f
~, товáрный Warenauktion f
~, фикти́вный Scheinauktion f
АУКЦИОНИ́СТ m Auktionator m, Versteigerer m
АУКЦИÓННЫЙ Auktions-, Versteigerungs-
АУТРÁЙТ m *англ.* (*срочная валютная операция*) Outrightgeschäft n, dringende Devisenoperation
АУТСÁЙДЕР m 1. (*предприятие, не входящее в монополистическое объединение*) Außenseiter m, Outsider m, Außenseiterbetrieb m 2. (*компания в торговом мореплавании, не являющаяся членом конференции*) Außenseiterfirma f
АЭРОПÓРТ m Flughafen m
~, внýтренний Innenflughafen m
~, запаснóй Reserveflughafen m
~, междунарóдный internationaler Flughafen
~ назначéния Bestimmungsflughafen m
~, пассажи́рский Passagierflughafen m, Personenflughafen m
~, транзи́тный Transitflughafen m, Durchgangsflughafen m

Б

БА́ЗА f 1. (*склад*) Zentralstelle f, Station f, Depot n 2. (*основа*) Basis f, Grundlage f
на ба́зе контра́кта auf Grund (auf der Grundlage) des Vertrages
на ба́зе твёрдой цены́ auf Grund des Festpreises
создава́ть ба́зу Basis [Grundlage] schaffen
укрепля́ть произво́дственную ба́зу Produktionsbasis festigen
~, вое́нная Stützpunkt m
~, вы́ставочная Ausstellungsbasis f
~, заводска́я Betriebsbasis f
~, конте́йнерная Behälterbasis f
~, материа́льная materielle Basis (Grundlage)
~, материа́льно-техни́ческая materiell-technische Basis
~, нау́чная wissenschaftliche Basis
~, опто́вая Großhandelsniederlassung f
~, о́пытно-эксперимента́льная versuchs-experimentelle Basis
~, перева́лочная Umschlagplatz m
~, плаву́чая schwimmendes Lager
~, прое́ктно-констру́кторская Projekt-Konstruktionsbasis f
~, произво́дственная Produktionsbasis f
~, произво́дственно-техни́ческая produktions-technische Basis
~, ремо́нтная Reparaturbasis f
~, сбытова́я Absatzlager n
~, складска́я Lagerstelle f, Depot n
~, сырьева́я Rohstoffbasis f
~, тамо́женная Zollbasis f
~, торго́вая Handelsniederlassung f
~, фина́нсовая finanzielle Basis (Grundlage)
~, экономи́ческая ökonomische Basis
~, экспо́ртная Exportbasis f
БА́ЗИС m Basis f, Grundlage f
~ поста́вки Lieferungsbasis f
~ расчётный Berechnungsbasis f
~ цены́ Preisbasis f

БА́ЗИСНЫЙ Basis-
БАЛА́НС m Bilanz f; Abrechnung f
анализи́ровать ~ Bilanz analysieren (zergliedern, auflösen)
на бала́нсе предприя́тия in der Bilanz des Betriebes
подводи́ть ~ Bilanz ziehen, bilanzieren; Bilanz abschließen
своди́ть ~ Bilanz zusammenziehen (ausgleichen)
составля́ть ~ Bilanz aufstellen (abfassen, ableiten)
~, акти́вный aktive Bilanz
~, ба́нковский Bankbilanz f
~, бухга́лтерский Buchhaltungsbilanz f, Bilanz f
~, бюдже́тный Haushaltsbilanz f
~, валю́тный Devisenbilanz f
~, внешнеторго́вый Außenhandelsbilanz f
~, годово́й Jahresbilanz f, Jahresabschluß f
~, дебе́товый Sollbilanz f
~, де́нежный Geldbilanz f
~, дохо́дов и расхо́дов Bilanz der Einnahmen und Ausgaben
~, заключи́тельный Schlußbilanz f, Abschlußlilanz f
~, ито́говый Schlußbilanz f
~ капита́льных вложе́ний Investitionsbilanz f
~, кварта́льный Quartalsbilanz f
~, консолиди́рованный Konsolidierungsbilanz f
~, креди́товый Kreditbilanz f
~, ликвидацио́нный Liquidationsbilanz f
~, материа́льный Materialbilanz f
~, межотраслево́й Verflechtungsbilanz f
~, ме́сячный Monatsbilanz f
~ наро́дного хозя́йства Bilanz der Volkswirtschaft
~ национа́льного дохо́да Bilanz des Nationaleinkommens

БАЛ

~ «невидимой торговли» Bilanz des «unsichtbaren Handels»
~ оборотных средств Summenbilanz f, Umsatzbilanz f
~, отрицательный negative Bilanz
~, отчётный Berichtsbilanz f
~, пассивный passive Bilanz
~, платёжный Zahlungsbilanz f
~, подробный ausführliche Bilanz
~, предварительный vorläufige Bilanz f, Vorbilanz f
~ предприятия Betriebsbilanz f
~, пробный Probebilanz f, Versuchsbilanz f
~, расчётный Verrechnungsbilanz f
~, сальдовый Saldenbilanz f
~, сводный zusammengefaßte (zusammengezogene) Bilanz
~ текущих расчётов laufende Zahlungsbilanz
~ товарооборота Bilanz des Warenumsatzes
~, торговый Handelsbilanz f
~, убыточный Verlustbilanz f
~ услуг и некоммерческих платежей Bilanz der Dienstleistungen und nicht gewinnorientierter Zahlungen
~, финансовый Finanzbilanz f
БАЛАНСИРОВАНИЕ n Ausgleich m
~ платежей Ausgleich der Zahlungen
~, финансовое Finanzausgleich m
БАЛАНСОВЫЙ Bilanz-, bilanzmäßig
БАЛКЕР m (судно для перевозки массовых грузов) Massengutfrachter m
БАЛЛАСТ m Ballast m, tote Last, Schwergut n
брать ~ Ballast aufnehmen (mitnehmen)
идти в балласте im Ballast sein
БАНДЕРОЛЬ f Kreuzband n
посылать бандеролью per (unter) Kreuzband schicken
~, заказная eingeschriebenes Kreuzband
~, почтовая Postkreuzband n
~, простая einfaches (uneingeschriebenes) Kreuzband
БАНК m 1. Bank f 2. (об информации) Datenbank f
брать деньги из банка Geld n von der Bank abheben
вносить деньги в ~ Geld in die Bank legen
держать деньги в банке Bankkonto n haben; Konto bei der Bank haben
заморозить счета в банке Konto bei der Bank einfrieren (festlegen)

БАН

иметь счёт в банке Konto (Geld) bei der Bank haben
открывать аккредитив в банке Akkreditiv bei der Bank eröffnen
открывать счёт в банке Konto bei der Bank eröffnen
платить через ~ Bankinkasso durchführen (realisieren)
помещать (сумму, ценные бумаги) в ~ (Summe f, Wertpapiere n pl) auf einer Bank deponieren (anlegen, investieren)
поручать банку die Bank beauftragen
управлять банком die Bank verwalten
учредить ~ eine Bank gründen (stiften)
~, авизующий avisierende Bank
~, акцептный Akzeptbank f
~, акционерный Aktienbank f, Bank AG
~, ассоциированный assoziierte Bank
~, внешнеторговый Außenhandelsbank f
~, государственный Staatsbank f
~ данных Datenbank f
~, депозитный Depositenbank f
~ импортёра Bank des Importeurs
~, инвестиционный Investitionsbank f
~, иностранный Auslandsbank f
~, ипотечный Hypothekenbank f
~, клиринговый Clearingbank f
~, коммандитный Kommanditbank f
~, коммерческий Geschäftsbank f, Kommerzbank f
~, кооперативный Genossenschaftsbank f
~, кредитный Kreditbank f
~, кредитоспособный kreditfähige Bank
~, крупный Großbank f
~, международный internationale Bank
~ международных расчётов Bank für internationalen Zahlungsausgleich
~, местный Lokalbank f
~, национальный Nationalbank f
~, обанкротившийся Bankrottbank f
~, основной Grundbank f
~, открывающий (открывший) аккредитив anweisende Bank
~, первоклассный erstklassige Bank
~, промышленный Industriebank f
~, резервный Reservebank f
~, сберегательный Sparbank f
~, ссудный Kreditbank f
~, торговый Handelsbank f
~ третьей страны Bank eines Drittlandes
~, учётный Diskontbank f

~, центра́льный Zentralbank f
~, ча́стный Privatbank f, Bankhaus n
~, э́кспортно-и́мпортный Außenhandelsbank f
~, эмиссио́нный Notenbank f, Emissionsbank f
БАНК-АКЦЕПТА́НТ m Akzeptbank f
БАНК-ГАРА́НТ m Garantbank f
БАНК-ИНКАССА́ТОР m Inkassobank f
БАНК-КОРРЕСПОНДЕ́НТ m Korrespondenzbank f, korrespondierende Bank
БАНК-КРЕДИТО́Р m Gläubigerbank f
БАНКНО́ТА f Banknote f, Bankbillett n, Geldschein m, Note f
выпуска́ть банкно́ты в обраще́ние Banknoten in Umlauf bringen
~, госуда́рственная Staatsnote f, Staatspapiergeld n
~ досто́инством... Banknote im Wert von...
~, иностра́нная ausländische Banknote
~, неразме́нная nicht einlösbare Banknote
~, резе́рвная Reservebanknote f, Vorratsbanknote f
~, фальши́вая gefälschte (falsche) Banknote
БА́НКОВСКИЙ Bank-, bankmäßig
БАНК-ПЛАТЕ́ЛЬЩИК m die zu der Zahlung verpflichtete Bank
БАНК-РЕМИТЕ́НТ m Remittentbank f
БАНКРО́Т m Bankrotteur m, Bankrottierer m, Zahlungsunfähige sub m
объявля́ть банкро́том für zahlungsunfähig erklären
оказа́ться банкро́том bankrott werden
стать банкро́том bankrott sein
БАНКРО́ТСТВО n Fallissement n, Zahlungseinstellung f, Geschäftszusammenbruch m
доводи́ть до банкро́тства bankrott machen
объявля́ть ~ Zahlungseinstellung erklären; [den] Bankrott ansagen (erklären)
~ ба́нка Geschäftszusammenbruch der Bank
~ фи́рмы Zahlungseinstellung der Firma
БАНК-УЧРЕДИ́ТЕЛЬ m Gründerbank f, Stifterbank f, konstituierende Bank
БАНК-ЭМИТЕ́НТ m Emittentbank f, Ausgeberbank f
БАРАТРИ́Я f (*действия капитана судна или команды в ущерб грузовладельцу или судовладельцу*) Barratterie f

БА́РЖА f Schleppkahn m, Lastkahn m, Prahm m
грузи́ть на ба́ржу Schleppkahn beladen (befrachten)
доставля́ть на ба́рже mit einem Schleppkahn befördern
разгружа́ть ба́ржу den Schleppkahn entladen (löschen)
разгружа́ть на ба́ржу (*с корабля́*) Schiffsladung in einen Lastkahn umladen
~, грузова́я Lastkahn m
~, наливна́я Tankprahm m
~, несамохо́дная Schleppkahn m ohne eigenen Antrieb
~, океа́нская Überseeschleppkahn m
~, портова́я Hafenkahn m
~, речна́я Flußschleppkahn m, Binnenschleppkahn m
~, самохо́дная selbstfahrender Schleppkahn
БА́РТЕР m Baratt m, Warenaustausch m
БА́РТЕРНЫЙ Baratt-, Tausch-
БАРЬЕ́Р m Barriere f, Schranke f, Hindernis n
обходи́ть тамо́женные барье́ры Zollschranken vermeiden
снима́ть торго́вые барье́ры Handelsschranken abschaffen (aufheben)
создава́ть барье́ры Handelsschranken bilden (schaffen)
устраня́ть барье́ры Handelsschranken abbauen
~, дискриминацио́нный diskriminierende Barriere
~, нетари́фный nicht tarifäres Hindernis
~, протекциони́стский protektionistische Barriere
~, тамо́женный Zollschranke f, Zollmauer f
~, тари́фный tarifäres Hindernis
~, торго́вый Handelsschranke f, Handelssperre f
БЕЗАВАРИ́ЙНЫЙ ohne Havarie
БЕЗВОЗМЕ́ЗДНЫЙ unentgeltlich, kostenfrei, kostenlos
БЕЗЛИЦЕНЗИО́ННЫЙ lizenzlos, ohne Lizenz
БЕЗНАЛИ́ЧНЫЙ bargeldlos; unbar
БЕЗОБОРО́ТНЫЙ ohne Umsatz
БЕЗОТЗЫ́ВНЫЙ unwiderruflich
БЕЗУБЫ́ТОЧНЫЙ verlustlos, ohne Verlust
БЕНЕФИЦИА́Р m (*получатель денег по аккредитиву или страховому полису*) Begünstigte sub m, Angewiesene sub m

БЕСКОНКУРЕ́НТНЫЙ konkurrenzunfähig, ohne Konkurrenz
БЕСПАТЕ́НТНЫЙ unpatentiert, patentlos
БЕСПЛА́ТНО gratis, umsonst; kostenfrei; unentgeltlich, kostenlos
поставля́ть ~ umsonst liefern
БЕСПЛА́ТНЫЙ kostenfrei, kostenlos; gratis, unentgeltlich; umsonst
БЕСПО́ШЛИННЫЙ zollfrei, unverzollt
БЕСПРИ́БЫЛЬНЫЙ gewinnlos, ertraglos, unrentabel
БЕСПРОЦЕ́НТНЫЙ zinsfrei, zinslos; prozentlos
БЕССРО́ЧНЫЙ fristlos, unbefristet
БЕСЦЕ́НОК *m* Schleuderpreis *m*, Spottpreis *m*
за ~ spottbillig, zu einem Spottpreis
БИ́ЗНЕС *m* Busineß *n engl.*; Geschäft *n*
~, большо́й big business *engl.*, großes Geschäft
~, ма́лый kleines Geschäft
~, мирово́й Weltbusineß *n*
~, при́быльный gewinnbringendes (profitables, einträgliches) Busineß
~, ча́стный privates Busineß
БИЗНЕСМЕ́Н *m* Busineßman *m*, Geschäftsmann *m*
~, иностра́нный ausländischer Busineßman
~, начина́ющий angehender Geschäftsmann
~, преуспева́ющий vorwärtskommender Geschäftsmann
БИ́ЗНЕС-ЦЕ́НТР *m* Busineßzentrum *n*
организова́ть ~ Busineßzentrum gründen (stiften)
БИЛЕ́Т *m* 1. (*финансовый*) Note *f*, Schein *m* 2. (*проездной*) Fahrkarte *f*; Fahrschein *m*, Fahrausweis *m* 3. Karte *f*
~, ба́нковский Banknote *f*, Geldschein *m*
~, вкладно́й Depositenschein *m*
~ би́знес-кла́сса (*на авиали́ниях*) Flugkarte *f* für die Busineß-Klasse
~ второ́го кла́сса Fahrkarte zweiter Klasse
~, депози́тный Depositenschein *m*
~, железнодоро́жный Eisenbahnfahrkarte *f*, Eisenbahnfahrschein *m*
~, казначе́йский Schatzanweisung *f*
~, креди́тный Banknote *f*, Geldschein *m*
~ на по́езд Eisenbahnfahrkarte *f*
~ на самолёт Flugkarte *f*

~, обра́тный Rückfahrkarte *f*
~, пригласи́тельный Einladungskarte *f*
БИ́РЖА *f* Börse *f*
заключи́ть сде́лку на би́рже Geschäft *n* an der Börse abschließen
зарегистри́ровать би́ржу Börse registrieren
игра́ть на би́рже an der Börse spielen
покупа́ть това́р на би́рже Ware *f* an der Börse kaufen
при закры́тии би́ржи beim Börsenschluß
при откры́тии би́ржи bei Eröffnung der Börse; bei Börsenbeginn
проводи́ть опера́цию на би́рже Börsengeschäft *n* (Börsenoperation *f*) (durchführen)
продава́ть това́р на би́рже Ware *f* an der Börse verkaufen
торгова́ть на би́рже an der Börse handeln (Handel treiben)
~, валю́тная Währungsbörse *f*, Valutabörse *f*, Devisenbörse *f*
~, де́нежная Geldbörse *f*
~, закры́тая geschlossene (gesperrte) Börse
~, зернова́я Getreidebörse *f*
~, иностра́нная ausländische Börse
~, лесна́я Waldbörse *f*, Forstbörse *f*
~, междунаро́дная internationale Börse
~ мета́лла Metallbörse *f*
~, неофициа́льная inoffizielle Börse, schwarze Börse *f*
~, официа́льная offizielle Börse
~ по ше́рсти Wollbörse *f*
~, региона́льная Regionalbörse *f*
~, сельскохозя́йственных това́ров Landwirtschaftswarenbörse *f*; Agrarbörse *f*
~, специализи́рованная spezialisierte Börse
~, това́рная Warenbörse *f*; Produktenbörse *f*
~, това́рно-сырьева́я Waren- und Rohstoffbörse *f*
~, фо́ндовая Effektenbörse *f*, Wertpapierbörse *f*, Fondsbörse *f*
~, фрахто́вая Frachtenbörse *f*, Schifferbörse *f*
~, фью́черсная Terminbörse *f*
~, хле́бная Getreidebörse *f*, Kornbörse *f*
~, хло́пковая Baumwollbörse *f*
~ це́нных бума́г Wertpapierbörse *f*, Fondsbörse *f*

БИРЖЕВИК *m* Börsenspekulant *m*, Börsenspieler *m*
БИРЖЕВОЙ Börsen-; börsengängig
БИРКА *f* Anhänger *m*; Kofferanhänger *m*
прикреплять бирку Anhänger anbinden (festmachen)
~, багажная Gepäckanhänger *m*
~, металлическая Anhänger aus Metall
~ с указанием цены Anhänger mit Preisangabe
БЛАГОПРИЯТСТВОВАНИЕ *n* Begünstigung *f*
предоставлять режим наибольшего благоприятствования Prinzip *n* der Meistbegünstigung gewähren
~, наибольшее Meistbegünstigung *f*
БЛАНК *m* Vordruck *m*, Formblatt *n*, Formular *n*
заполнять ~ Formular ausfüllen
~, банковский Bankformular *n*
~, вексельный Wechselformular *n*
~ декларации Formular für eine Deklaration
~ денежного перевода Geldpostanweisung *f*
~ для вклада Formular für eine Einlage
~ документа Blankourkunde *f*
~ заказа Bestellschein *m*, Bestellzettel *m*
~ заявки Bestellzettel *m*, Formular eines Kassenplans
~ заявления Antragsformular *n*
~ квитанции Quittungsschein *m*
~ контракта Formular des Vertrages
~ перевода Anweisungsformular *n*
~ почтового перевода Postanweisungsformular *n*
~ телеграммы telegrafische Postanweisung *f*, Telegrammformular *n*
~, типографский Buchdruckerformular *n*
~, фирменный Firmenbriefbogen *m*, Firmenbogen *m*
~ чека Scheckvordruck *m*, Scheckformular *n*
~, чистый Leerformular *n*, unausgefülltes Formular
~, штемпельный Stempelformular *n*
БЛАНКО-ВЕКСЕЛЬ *m* Blankowechsel *m*
выставить ~ Blankowechsel ausstellen (ziehen)
БЛАНКОВЫЙ (*незаполненный*) Blanko-, blanko
БЛОК *m* Block *m*
~, валютный Währungsblock *m*

~, долларовый Dollarblock *m*
БЛОКАДА *f* Blockade *f*, Sperre *f*
ввести блокаду eine Blockade verhängen
снять блокаду eine Blockade aufheben
установить блокаду blockieren
~, кредитная Kreditsperre *f*, Kreditblokkade *f*
~, морская Seesperre *f*, Seeblockade *f*
~, таможенная Zollblockade *f*, Zollsperre *f*
~, торговая Handelsblockade *f*, Handelssperre *f*
~, экономическая Wirtschaftsblockade *f*, wirtschaftliche Blockade
БЛОКИРОВАННЫЙ 1. (*изолированный*) blockiert; gesperrt 2. (*замороженный*) eingefroren
БЛОКИРОВАТЬ 1. (*изолировать*) blokkieren, sperren, isolieren, absondern 2. (*заморозить счёт, кредиты, вклады*) einfrieren, festlegen
БЛОК-ПОЛИС *m* (*стандартный полис*) Blockpolice *f*
БОДМЕРЕЯ *f* (*ссуда под залог судна или судна с грузом*) Bodmerei *f*
БОЙ *m* (*стекла*) Bruch *m*
~ при перевалке Bruch beim Umschlag
~ при транспортировке Bruch beim Transport
БОЙКОТ *m* Boykott *m*
объявить ~ Boykott erklären
отменить ~ Boykott aufheben (annullieren)
~, финансовый Finanzboykott *m*
~, экономический Wirtschaftsboykott *m*
БОЙКОТИРОВАТЬ boykottieren, mit Boykott belegen
БОНА *f* (*процентная облигация*) Bon *m*, Gutschein *m*
БОНА ФИДЕ *лат.* (*добросовестный*) bona fide, in gutem Glauben
БОНД *m* (*залог, гарантия*) Bond *m*
~, аварийный страх. Havarie-Bond *m*, Versicherungsschein *m*
БОНИТЕТ *m* (*платёжеспособность*) Bonität *f*, Zahlungsfähigkeit *f*
БОНИФИКАЦИЯ *f* (*надбавка к цене за повышенное качество*) Bonifikation *f*, Vergütung *f*
~, обратная Rückvergütung *f*
~, экспортная Exportbonifikation *f*, Exportvergütung *f*
БОНУС *m* (*премия*) Bonus *m*; Gewinnanteil *m*, Prämie *f*

БОР

БОРТ m Bord m; Schiffsseite f
вдоль бо́рта frei Längsseite
выбра́сывать за́ ~ über Bord werfen
доставля́ть това́р к бо́рту Ware f zur Schiffsseite (zum Bord) liefern
за бо́ртом außenbords
на борту́ an Bord
погрузи́ть на ~ frei an Bord, fob
принима́ть на ~ an Bord nehmen
размеща́ть на борту́ an Bord aufstellen (verteilen)
разгружа́ть че́рез ~ über Bord löschen (ausladen)
свобо́дно вдоль бо́рта су́дна frei längsseits Schiff (fas), frei Längsseite Schiff
свобо́дно на борту́ frei an Bord, fob
у бо́рта längsschiffs, längsseits
че́рез ~ über Bord
БОРЬБА́ f Kampf m
~ за ры́нки Kampf um Märkte
~, конкуре́нтная Konkurrenzkampf m
БРАК m 1. (испорченная продукция) Ausschuß m 2. (дефект в продукции) defekte (mangelhafte) Produktion
обнару́жить ~ Ausschuß entdecken
~, вну́тренний Innenausschuß m
~, неисправи́мый endgültiger (nicht ausbesserungsfähiger) Ausschuß
~, произво́дственный Produktionsausschuß m
БРАКЕРА́Ж m (товарный контроль) Brackierung f, Warenkontrolle f
БРАКО́ВАННЫЙ brackiert, Brack-
БРАКОВА́ТЬ Ausschuß feststellen, brakkieren, ausschießen
БРАКО́ВКА f 1. (товара) Warenkontrolle f 2. (в лесоматериалах) Brackierung f 3. (сортировка) Sortierung f
~ това́ра Warenkontrolle f
БРАКО́ВЩИК m Bracker m, Brackierer m
БРИГА́ДА f Brigade f; Gruppe f; Mannschaft f, Besatzung f
~, авари́йная Havariebrigade f
~ гру́зчиков Brigade der Ladearbeiter
~, ремо́нтная Reparaturbrigade f
~ техни́ческого обслу́живания Brigade der technischen Wartung
БРО́КЕР m Broker m, Makler m, Agent m
~, аукцио́нный Auktionsmakler m
~, биржево́й Börsenmakler m
~, ве́ксельный Wechselmakler m
~ делькре́дере Delkredereagent m, Delkrederekommissionär m

БУК

~ по поку́пкам buying broker engl.; Einkaufsagent m
~, по прода́жам selling broker engl., auctioneer engl., Verkaufsagent m
~ по фрахтова́нию Frachtmakler m, Befrachtungsmakler m
~, страхово́й Versicherungsmakler m
~ судовладе́льца Broker des Reeders (des Schiffseigentümers)
~, судово́й Schiffsmakler m
~ фо́ндовой би́ржи Makler der Fondsbörse
~ фрахтова́теля Makler des Befrachters
~, фра́хтовый Frachtmakler m
БРОКЕРА́Ж m (комиссионное вознаграждение брокеру) Maklergebühr f
БРО́КЕР-КОМИССИОНЕ́Р m Geschäftsvermittler m
БРО́КЕРСКИЙ Broker-, Makler-
БРОНИ́РОВАНИЕ n Aussonderung f
БРОНИ́РОВАТЬ 1. (на специальный счёт) aussondern 2. (место в поезде) reservieren
БРОШЮ́РА f Broschüre f, Heft n
~, рекла́мная Werbeschrift f
БРУ́ТТО brutto, Brutto-
~ бала́нс Bruttobilanz f, Summenbilanz f
~ за не́тто brutto für netto, bfn
~ реги́стровый тонна́ж Bruttoregistertonne f, brt
~ то́нна long ton, l.tn.; Bruttotonne f
~ тонна́ж Bruttofrachtraum m, Bruttotonnage f
~ фрахт Bruttofracht f
БРУ́ТТО-СТА́ВКА f Bruttosatz m
БУКИНГЛИ́СТ m (перечень забукированных грузов) Buchungsliste f, booking list engl.
БУ́КИНГ-НО́Т m (документ, подтверждающий фрахтование судна) booking-note (letter) engl., Frachtbrief m
БУКИ́РОВАТЬ book engl., Frachtraum m (Schiffsraum m) befrachten
БУКИРО́ВКА f booking engl., Befrachtung f, Charter m
~ гру́за booking (Befrachtung) von Ladung, Frachtraumbelegung f
БУКЛЕ́Т m Faltblatt n, Broschüre f
~, иллюстри́рованный illustrierter Prospekt
~, рекла́мный Werbebroschüre f, Werbeschrift f

~, фи́рменный Werbeschrift einer Firma
БУКСИ́Р m Schlepper m, Schleppschiff n
~, портóвый Hafenschlepper m
БУКСИ́РОВАТЬ schleppen, abschleppen
БУКСИРÓВКА f Schleppen n, Bugsieren n
опла́чивать буксирóвку Schleppen bezahlen
~, морска́я Schleppen von Schiffen
БУМ m Boom m engl.; Aufschwung m
~, биржевóй Börsenboom m, Hausse f
~, инфляциóнный Inflationsboom m
~ капиталовложéний Investitionsboom m
~, спекуляти́вный spekulativer Boom, Aufschwung m, Schieberboom m
~, экономи́ческий wirtschaftlicher Aufschwung, Wirtschaftsboom m
БУМА́ГА f (материал для упаковки) Papier n
~, водонепроница́емая wasserdichtes Papier
~, газéтная Zeitungsdruckpapier n
~, гéрбовая Stempelpapier n
~, упакóвочная Packpapier n
БУМА́ГИ f pl (документы) Papiere n pl, Dokumente n pl, Akten n pl, Unterlagen f pl
~, аннули́рованные außer Kurs gesetzte Wertpapiere
~, деловы́е geschäftliche Papiere
~, именны́е Namenspapiere n pl, Rektapapiere n pl
~, коммéрческие kommerzielle Papiere, Handelsunterlagen f pl
~, легкореализу́емые leicht realisierbare Papiere
~, цéнные Wertpapiere n pl, Anlagepapiere n pl, Effekten pl
БУ́НКЕР m 1. (цистерна для топлива) Bunker m für Brennstoff 2. (топливо) Brennstoff m
~, запаснóй Reservebunker m
~, нефтянóй Petroleumbunker m
~ ни́зкого ка́чества Bunker niedriger Qualität
БУНКЕРОВА́ТЬ (уголь, нефть) bunkern; (суда) bebunkern
БУНКЕРÓВКА f Bunkerung f
БУХГА́ЛТЕР m Buchhalter m
~, гла́вный Hauptbuchhalter m
~, ста́рший Oberbuchhalter m
БУХГАЛТÉРИЯ f Buchhaltung f; Buchführung f

~, двойна́я doppelte Buchführung (Buchhaltung)
~, проста́я einfache Buchführung (Buchhaltung)
~, това́рная Warenrechnung f
~, фина́нсовая Finanzbuchführung f
БУХГА́ЛТЕР-АНАЛИ́ТИК m Buchhalter-Analytiker m
БУХГА́ЛТЕР-АУДИ́ТОР m Buchhalter-Auditor m
БУХГА́ЛТЕР-КАЛЬКУЛЯ́ТОР m Buchhalter-Kalkulator m, Rechner m
БУХГА́ЛТЕР-КОНТРОЛЁР m Buchhalter-Kontrolleur m
БУХГА́ЛТЕР-РЕВИЗÓР m Bücherrevisor m, Buchprüfer m
БУХГА́ЛТЕРСКИЙ buchhalterisch; Buchhaltungs-; Buchführungs-
БУ́ХТА f Bucht f
входи́ть в бу́хту in die Bucht einlaufen
выходи́ть из бу́хты aus der Bucht auslaufen
БЫСТРОРЕАЛИЗУ́ЕМЫЙ leichtverkäuflich, schnellverkäuflich
БЭРБÓУТ m (судно, зафрахтованное без экипажа) bare-boat engl.
БЮДЖÉТ m Haushalt m, Haushaltsplan m, Budget n, Etat m
вноси́ть в ~ an den Haushalt abführen
одобря́ть ~ Budget billigen
отчисля́ть в ~ an den Haushalt abführen
перечисля́ть су́мму в ~ Summe an den Haushalt überweisen (umbuchen)
поступа́ть в ~ an den Haushalt eingehen
предусма́тривать в бюдже́те im Haushalt vorsehen
сокраща́ть ~ Haushalt abkürzen (reduzieren)
увели́чивать ~ Haushalt vergrößern
утвержда́ть ~ Haushalt bewilligen
~, бездефици́тный defizitloses Budget, defizitloser Haushalt
~, годовóй Jahreshaushalt m, Jahresbudget n
~, госуда́рственный Staatshaushalt m, Staatsbudget n
~, дополни́тельный Nachtragshaushalt m, Zusatzhaushalt m
~, дохóдный Einnahmehaushalt m
~ капиталовложéний Haushalt der Investitionen
~, мéстный örtlicher Haushalt
~, национа́льный Nationalbudget n, Nationalhaushalt m

БЮД

~, расхо́дный Ausgabenhaushalt *m*, Ausgabenbudget *n*
~, сво́дный zusammengefaßter Haushaltsplan
~, теку́щий laufender Haushalt
БЮДЖЁТНЫЙ Haushalts-, Budget-; haushaltsmäßig
БЮЛЛЕТЁНЬ *m* Bekanntmachung *f*, Bericht *m*; Bulletin *n*, Blatt *n* ; Zettel *m*, Schein *m*
издава́ть ~ Bulletin (Blatt) herausgeben
~, биржево́й Börsenbericht *m*, Börsenblatt *n*
~, ежего́дный Jahresblatt *n*, Jahresbulletin *n*
~, ежеме́сячный Monatsblatt *n*, Monatsbulletin *n*
~, информацио́нный Informationsblatt *n*, Nachrichtenblatt *n*
~, комме́рческий Handelszettel *m*, Handelsbulletin *n*
~, курсово́й Kurszettel *m*, Kursblatt *n*
~, пате́нтный Patentbulletin *n*
~, прейскура́нтный Preisverzeichnisblatt *n*
~, торго́вый Handelsbulletin *n*
~, экономи́ческий Wirtschaftsbulletin *n*
БЮРО́ *n* 1. *(руководящий орган)* Büro *n;* Komitee *n* 2. *(учреждение)* Büro *n;* Amt *n*
~ диспашёров Büro der Dispacheur; Dispacheurbüro *n*
~ зака́зов Auftragsbüro *n*

БЮР

~ изобрете́ний Büro der Erfindungen
~, инжене́рно-консультати́вное Ingenieurberatungsbüro *n*
~, информацио́нное Informationsbüro *n*
~, констру́кторское Konstruktionsbüro *n*
~ обслу́живания Dienstleistungsbüro *n*, Kundendienstbüro *n*
~ объявле́ний Anzeigenbüro *n*, Annoncenbüro *n*
~, пате́нтное Patentamt *n*
~ по свя́зи с обще́ственностью Büro für Verbindung mit der Öffentlichkeit
~ прока́та Mietsbüro *n*
~ путеше́ствий Reisebüro *n*
~ регистра́ции а́вторских прав Büро für die Registrierung von Urheberrechten
~, регистрацио́нное Registrierungsbüro *n*
~, рекла́мное Annoncenbüro *n*, Werbebüro *n*
~, спра́вочное Auskunftsbüro *n*
~ техни́ческого надзо́ра Buro der technischen Überwachung
~, техни́ческое technisches Büro
~, тра́нспортно-экспеди́торское Speditionsbüro *n*, Spedition *f*
~, тури́стическое Touristenbüro *n*, Reisebüro *n*
~ услу́г Dienstleistungsbüro *n*, Büro der Dienstleistungen
~, экспедицио́нное Frachtbüro *n*, Frachtkontor *n*

В

ВАГО́Н *m* Wagen *m*, Waggon *m*
грузи́ть в ~ Wagen beladen, *etwas* auf einen Wagen laden
разгружа́ть ~ *etwas* vom Wagen laden; Wagen entleeren (entladen)
~, бага́жный Packwagen *m*, Gepäckwagen *m*
~, балла́стный Ballastwagen *m*
~, большегру́зный Großgüterwagen *m*, Großraumwagen *m*
~, грузово́й Güterwagen *m*
~, железнодоро́жный Eisenbahnwagen *m*
~, закры́тый geschlossener Wagen
~, кры́тый gedeckter Wagen, G-Wagen *m*
~, недогру́женный nicht voll belasteter Wagen
~, пассажи́рский Reisezugwagen *m*, Passagierwagen *m*
~, поро́жний Leerwagen *m*
~, почто́вый Postwagen *m*
~, прицепно́й Anhänger *m*
~ прямо́го сообще́ния Kurswagen *m*, durchgehender Wagen, Durchgangswagen *m*
~, рефрижера́торный Kühlwagen *m*
~, саморазгружа́ющийся Selbstentlader *m*
~ с боково́й разгру́зкой Seitenentlader *m*
~, сбо́рный Umladewagen *m*
~, служе́бный Dienstwagen *m*
~, това́рный Güterwagen *m*
ВАГО́Н-ВЕСЫ́ *m* Bunkerwaage *f*
ВАГО́Н-ЛЕСОВО́З *m* Holzladerampe *f*
ВАГО́Н-МАСТЕРСКА́Я *m* Werkstattwagen *m*
ВАГО́Н-ПЛАТФО́РМА *m* Flachwagen *m*, Plattformwagen *m*, offener Wagen
ВАГО́Н-ХОЛОДИ́ЛЬНИК *m* Eiswagen *m*, Kühlwagen *m*
ВАГО́Н-ЦИСТЕ́РНА *m* Kesselwagen *m*, Tankwagen *m*

ВАЛОВО́Й Brutto-, Roh-, Gesamt-
ВАЛОРИЗА́ЦИЯ *f* Valorisation *f*
ВАЛЮ́ТА *f* Währung *f*; Devisen *pl*, Valuta *f*
девальви́ровать валю́ту Währung devalvieren
конверти́ровать валю́ту Währung konvertieren
обесце́нивать валю́ту Währung (Valuta) entwerten
обме́нивать валю́ту Währung (Valuta) umtauschen
переводи́ть (*пересыла́ть*) валю́ту Valuta (Währung) überweisen
переводи́ть (*обме́нивать*) валю́ту Valuta (Währung) umtauschen
плати́ть в тёрдой валю́те in harter Valuta zahlen
покупа́ть валю́ту Valuta kaufen
покупа́ть на валю́ту für Valuta kaufen
продава́ть валю́ту Valuta verkaufen
~, блоки́рованная blockierte (eingefrorene) Devisen, gesperrte Devisenguthaben
~, бума́жная Papierwährung *f*
~, веду́щая Leitwährung *f*
~ ве́кселя Wechselvaluta *f*
~, дефици́тная harte Währung; feste Valuta
~ догово́ра Währung des Vertrages
~, двойна́я Doppelwährung *f*
~, еди́ная einheitliche Valuta
~, за́мкнутая nicht konvertierbare (geschlossene) Währung, unkonvertierbare Valuta
~, иностра́нная ausländische Währung, Auslandswährung *f*; fremde Währung
~, кли́ринговая Clearingswährung *f*, weiche Währung
~, ключева́я Leitwährung *f*
~, конверти́руемая konvertierbare Währung
~ контра́кта Währung des Kontrakts
~ креди́та Kreditvaluta *f*, Kreditwährung *f*

~, междунаро́дная internationale Währung
~, ме́стная Landeswährung f
~, нали́чная иностра́нная ausländisches Bargeld
~, национа́льная nationale Währung, Nationalwährung f, Landeswährung f
~, неконверти́руемая nicht konvertierbare (unkonvertierbare) Währung
~, необрати́мая nicht auswechselbare (nicht konvertierbare) Währung
~, неусто́йчивая weiche (veränderliche, unbeständige) Währung
~, обесце́ненная entwertete (notleidende) Währung
~, обрати́мая konvertierbare Währung
~ платежа́ Valuta der Zahlung
~ расчёта Währung der Verrechnung, Verrechnungswährung f
~, расчётная Verrechnungswährung f
~, регули́руемая manipulierte (gesteuerte) Währung
~, резе́рвная Reservewährung f
~, свобо́дно конверти́руемая frei konvertierbare Währung
~ сде́лки Vertragswährung f
~ страны́ импортёра Währung des Importlandes (des Einfuhrlandes)
~ страны́ экспортёра Währung des Exportlandes (des Ausfuhrlandes)
~, твёрдая harte (feste, stabile) Währung
~ тре́тьей страны́ Währung des dritten Landes
~, усто́йчивая stabile (harte, feste) Währung
~ цены́ Währung des Preises
~, части́чно конверти́руемая beschränkt konvertierbare Währung, teilkonvertierbare Währung
ВАЛЮТИ́РОВАНИЕ n Valutierung f, Wertstellung f
ВАЛЮ́ТНЫЙ Währungs-, Valuta-, Devisen-
ВАРРА́НТ m Warrant m, Pfandschein m
~, до́ковый Dockwarrant m
~, складско́й Lagerschein m, Lagerwarrant m
~, тамо́женный Zollwarrant m
ВА́УЧЕР m Belegstück n, Auszahlungsbeleg m, Rechnungsbeleg m, Rechnungszettel m
ВВОД m Einführung f, Einführen n
~ в де́йствие Inbetriebnahme f
~ в эксплуата́цию Ingangsetzung f

ВВОЗ m Einfuhr f, Import m
запреща́ть ~ Einfuhr verbieten
ограни́чивать ~ Einfuhr beschränken
разреша́ть ~ Import erlauben
свобо́дно для вво́за freie (ungehinderte) Einfuhr; einfuhrfrei
~, беспо́шлинный zollfreie Einfuhr
~ валю́ты Währungseinfuhr f
~, вре́менный zeitweilige (vorübergehende) Einfuhr
~ капита́ла Kapitaleinfuhr f
~, свобо́дный freie Einfuhr
~ това́ров Import (Einfuhr) der Waren, Wareneinfuhr f
ВВОЗИ́ТЬ einführen, importieren
ВЕ́ДОМОСТЬ f Verzeichnis n, Liste f
составля́ть ~ Liste (Verzeichnis) anfertigen (aufstellen)
~, грузова́я Lastliste f, Frachtschein m
~, дефе́ктная Schadensliste f, Schadensmeldung f
~ зака́зов Bestellbogen m
~ запасны́х часте́й Ersatzteilliste f
~ затра́т Aufwandverzeichnis n
~ изде́ржек Kostenaufstellung f, Kostenverzeichnis n, Ausgabenverzeichnis n
~, инвента́рная Grundmittelliste f
~, комплекто́вочная Komplettierungsliste f
~, контро́льная Kontrolliste f
~ материа́лов Aufstellung f von Materialien
~, переда́точная Übergabezettel m
~, платёжная Lohnliste f
~, погру́зочная Ladeliste f
~, расцено́чная Verrechnungsnachweis m, Tarifliste f
~, расчётная Lohnabrechnungsliste f
~, расчётно-платёжная Lohnliste f, Lohnabrechnungsliste f
~, са́льдовая Saldoverzeichnis n, Saldozusammenstellung f
~, сво́дная Sammelnachweis m
~ учёта вре́мени Kontrollblatt n, (Kontrolliste f) der Arbeitszeit
~ учёта затра́т на произво́дство Rechnungsliste f der Produktionsaufwände
~, учётная Berechnungsliste f, Kontrolliste f
ВЕ́ДОМСТВО n Amt n, Behörde f, Dienststelle f
ВЕКСЕЛЕДА́ТЕЛЬ m Wechselaussteller m, Aussteller m eines Wechsels
ВЕКСЕЛЕДЕРЖА́ТЕЛЬ m Wechselinhaber m

ВЕКСЕЛЕОБЯ́ЗАННЫЙ *m* Wechselschuldner *m*
ВЕКСЕЛЕПОЛУЧА́ТЕЛЬ *m* Bezogene sub *m*, Wechselnehmer *m*, Akzeptant *m*
ВЕКСЕЛЕПРЕДЪЯВИ́ТЕЛЬ *m* Wechselinhaber *m*; Präsentant *m*
ВЕ́КСЕЛЬ *m* Wechsel *m*
 акцептова́ть ~ Wechsel akzeptieren (annehmen)
 аннули́ровать ~ Wechsel annullieren (für ungültig erklären)
 выдава́ть ~ Wechsel ausstellen
 выпи́сывать ~ Wechsel ziehen
 выставля́ть ~ Wechsel ausstellen (ziehen)
 домицили́ровать ~ Wechsel domizilieren
 индосси́ровать ~ Wechsel indossieren (begeben, girieren)
 инкасси́ровать ~ Wechsel einkassieren (einziehen)
 не опла́чивать ~ Wechsel nicht bezahlen (nicht einlösen, nicht honorieren)
 опла́чивать ~ Wechsel einlösen (honorieren, bezahlen)
 опротесто́вывать ~ Wechsel zu Protest gehen lassen
 передава́ть ~ путём переда́точной на́дписи Wechsel indossieren (begeben)
 переучи́тывать ~ Wechsel rediskontieren
 плати́ть ве́кселем mit Wechsel zahlen
 плати́ть по ве́кселю Wechsel einlösen
 подде́лывать ~ Wechsel fälschen (verfälschen)
 подпи́сывать ~ Wechsel unterschreiben (unterzeichnen)
 получа́ть де́ньги по ве́кселю Wechsel einlösen
 предъявля́ть ~ для опла́ты Wechsel zur Zahlung einreichen (vorlegen); Wechsel zahlbar stellen; Wechsel bezahlen lassen
 предъявля́ть ~ к взыска́нию Wechsel zur Beitreibung vorlegen (präsentieren)
 предъявля́ть ~ к опла́те Wechsel zur Zahlung einreichen (vorlegen)
 предъявля́ть ~ к проте́сту Wechsel zu Protest gehen lassen
 принима́ть ~ к опла́те Wechsel in Zahlung nehmen
 принима́ть ~ к учёту Wechsel in Diskont nehmen (diskontieren)
 пролонги́ровать ~ Wechsel prolongieren
 просро́чить ~ Wechsel verfallen lassen
 трасси́ровать ~ Wechsel trassieren (begeben, ziehen)
 учи́тывать ~ Wechsel diskontieren
 ~, ава́нсовый Vorschußwechsel *m*
 ~, акцепто́ванный akzeptierter Wechsel
 ~, ба́нковский bankfähiger Wechsel
 ~, безоборо́тный unbegebbarer Wechsel
 ~, бла́нковый Blankowechsel *m*
 ~, бодмере́йный Bodmereiwechsel *m*
 ~, бро́нзовый Reitwechsel *m*; Kellerwechsel *m*
 ~, встре́чный Gegenwechsel *m*
 ~, вы́ставленный в одно́м экземпля́ре in einem Exemplar ausgestellter Wechsel
 ~, депони́рованный Depotwechsel *m*
 ~, долгосро́чный langfristiger Wechsel, Wechsel auf lange Sicht
 ~, домицили́рованный Domizilwechsel *m*, domizilierter Wechsel
 ~, дру́жеский Gefälligkeitswechsel *m*, Freundschaftswechsel *m*, Proformawechsel *m*
 ~, именно́й Namenswechsel *m*, Rektawechsel *m*
 ~, индосси́рованный indossierter Wechsel
 ~, иностра́нный Auslandswechsel *m*, ausländischer Wechsel
 ~, комме́рческий Handelswechsel *m*, Warenwechsel *m*
 ~ к получе́нию annehmbarer Wechsel
 ~, краткосро́чный kurzfristiger Wechsel
 ~ на и́мя Wechsel auf den Namen...
 ~ на предъяви́теля Sichtwechsel *m*, Inhaberwechsel *m*
 ~, необеспе́ченный ungesicherter Wechsel
 ~, неопла́ченный notleidender (unbezahlter, protestierter) Wechsel
 ~, обеспе́ченный Garantiewechsel *m*
 ~, оборо́тный begebbarer Wechsel
 ~, опла́ченный eingelöster (bezahlter) Wechsel
 ~, опроте́стованный «geplatzter» Wechsel; protestierter (zu Protest gegangener) Wechsel
 ~, первокла́ссный erstklassiger (sicherer) Wechsel
 ~, перево́дный gezogener (trassierter) Wechsel, Tratte *f*
 ~, переучтённый rediskontierbarer Wechsel
 ~, погаша́емый частя́ми in Raten getilgter (beglichener) Wechsel
 ~, пога́шенный eingelöster (bezahlter) Wechsel
 ~, подде́льный unechter Wechsel

ВЕР   **ВЗА**

~, подлежа́щий опла́те в определённый срок по́сле предъявле́ния Nachsichtwechsel *m*
~, подлежа́щий опла́те в середи́не ме́сяца der in der Mitte des Monats einzulösende Wechsel
~, подтова́рный Warenwechsel *m*
~, пролонги́рованный Prolongationswechsel *m*, Verlängerungswechsel *m*
~, просро́ченный abgelaufener (überfälliger) Wechsel
~, просто́й Solawechsel *m*, Eigenwechsel *m*; eigener (trockener) Wechsel
~ со́бственному прика́зу Wechsel an eigene Order
~ со сро́ком платежа́ на определённый день Tagwechsel *m*
~ с переда́точной на́дписью indossierter Wechsel, Wechsel mit Indossament
~ с платежо́м через ... дней по́сле предъявле́ния Nachsichtwechsel *m*, Zeitsichtwechsel *m*
~, срок опла́ты по кото́рому наступи́л fälliger Wechsel
~, сро́чный präzisierter Wechsel, Präziswechsel *m*
~, учтённый diskontierter Wechsel, Diskontwechsel *m*
~ чужо́му прика́зу Wechsel an fremde Order
ВЕРФЬ *f* Werft *f*, Schiffswerft *f*, Schiffsbaubetrieb *m*
ВЕС *m* Gewicht *n*, Masse *f*
на ~ nach Gewicht
покупа́ть по ве́су nach Gewicht kaufen
продава́ть на ~ nach Gewicht verkaufen
~ бру́тто Bruttogewicht *n*
~ бру́тто за не́тто brutto für netto, bfn
~, вы́груженный Entladegewicht *n*, Entlademasse *f*
~ гру́за Lastgewicht *n*, Lastmasse *f*
~ гру́за с упако́вкой Lastmasse (Lastgewicht) mit Verpackung
~, живо́й Lebendgewicht *n*, Lebendmasse *f*
~, избы́точный Mehrgewicht *n*, Mehrmasse *f*
~, лега́льный gesetzliches Gewicht, gesetzliche Masse
~, нату́рный Naturalgewicht *n*, Naturalmasse *f*
~, недостаю́щий Fehlgewicht *n*, Fehlmasse *f*, Gewichtsmanko *n*
~ не́тто Nettogewicht *n*, Nettomasse *f*

~, о́бщий Gesamtgewicht *n*, Totalgewicht *n*, Gesamtmasse *f*
~, объёмный Dichte *f*
~, отгру́женный Abladegewicht *n*, Ablademasse *f*
~ отде́льного ме́ста Stückgewicht *n*, Masse eines Kollos
~ по коносаме́нту Konnossementgewicht *n*, Konnossementmasse *f*
~, поле́зный Nutzmasse *f*
~ порожняка́ Leergewicht *n*, Leermasse *f*
~ при разгру́зке Entladungsgewicht *n*, ausgeladenes Gewicht, Entladungsmasse *f*
~ та́ры Taragewicht *n*
~, уде́льный spezifisches Gewicht
~ упако́вки Leergewicht *n*, Tara *f*, Gewicht der Verpackung, Leermasse *f*
~, факти́ческий wirkliches (effektives) Gewicht, wirkliche (effektive) Masse
~, факту́рный Fakturagewicht *n*, Masse laut Faktura
~, чи́стый Nettogewicht *n*, Reingewicht *n*, Reinmasse *f*
ВЕ́СИТЬ wägen, wiegen
ВЕСОВЩИ́К *m* Wäger *m*, Wägemeister *m*
ВЕСЫ́ *pl* Waage *f*
~, ваго́нные Waggonwaage *f*
~, грузовы́е Lastwaage *f*, Gewichtswaage *f*
~, контро́льные Kontrollwaage *f*
ВЕСЫ́-АВТОМА́Т *pl* automatische Waage, Automatenwaage *f*
ВЕ́ТО *n* Veto *n*; Verbot *n*; Einspruch *m*
налага́ть ~ Veto einlegen, Einspruch erheben
ВЗАИ́МНОСТЬ *f* Gegenseitigkeit *f*
на осно́ве взаи́мности auf Grund der Gegenseitigkeit
ВЗАИМОВЫ́ГОДНЫЙ gegenseitig vorteilhaft
ВЗАИМОДЕ́ЙСТВИЕ *n* Zusammenarbeit *f*, Zusammenwirken *n*
~, инвестицио́нное Investitionszusammenarbeit *f*
~ ме́жду стра́нами Zusammenarbeit zwischen den Ländern
~ спро́са и предложе́ния Zusammenwirken der Nachfrage und des Angebots
~, хозя́йственное wirtschaftliche Zusammenarbeit
ВЗАИМОДЕ́ЙСТВОВАТЬ zusammenarbeiten, zusammenwirken
ВЗАИМОЗАМЕНЯ́ЕМОСТЬ *f* Austauschbarkeit *f*, Austauschfähigkeit *f*

ВЗАИМООБМЕ́Н *m* gegenseitiger Austausch

ВЗАИМООТНОШЕ́НИЯ *n pl* Wechselbeziehungen *pl*, gegenseitiges Verhalten
~, догово́рные vertragliche Beziehungen
~, межгосуда́рственные zwischenstaatliche Beziehungen
~ сторо́н Beziehungen der Partner
~, юриди́ческие juristische Beziehungen

ВЗАИМОПОСТАВЛЯ́ЕМЫЙ gegenseitig lieferbar

ВЗАИМОПРИЕ́МЛЕМЫЙ gegenseitig annehmbar

ВЗАИМОСОГЛАСО́ВАННЫЙ gegenseitig koordiniert

ВЗАЙМЫ́ auf Borg, auf Kredit, borgweise
брать ~ leihen, borgen; auf Borg nehmen
дава́ть ~ beleihen, borgen, auf Borg geben

ВЗВЕ́ШИВАНИЕ *n* Wiegen *n*, Abwägen *n*
производи́ть ~ wiegen; abwägen
~, контро́льное Kontrollwägen *n*

ВЗВЕ́ШИВАТЬ wiegen; abwägen
~ в пусто́м ви́де Leergut abwägen; leer abwägen
~ повто́рно nachwägen

ВЗВИ́НЧИВАНИЕ *n* Hochtreiben *n*
~ ку́рсов а́кций Hochtreiben des Aktienkurses
~ цен Preistreiberei *f*, Hochschrauben *n* der Preise

ВЗВИ́НЧИВАТЬ (*цены*) hochschrauben, hochtreiben, hinauftreiben

ВЗДОРОЖА́НИЕ *n* Verteuerung *f*, Teuerung *f*

ВЗДОРОЖА́ТЬ teuer werden; sich verteuern

ВЗИМА́НИЕ *n* Erhebung *f*, Einziehung *f*, Beitreibung *f*
~ аре́нды Erhebung der Pacht (der Miete)
~ нало́гов Erhebung von Steuern, Steuereintreibung *f*
~ пла́ты Erhebung von Gebühren, Einzahlung *f*
~ по́шлины Zollerhebung *f*
~ проце́нтов Erhebung von Zinsen, Verzinsung *f*, Zinsnehmen *n*
~ ро́ялти Erhebung der Gebühren (der Tantieme, von Royalty)
~ сбо́ров Gebührenerhebung *f*

ВЗИМА́ТЬ erheben, einziehen, beitreiben

ВЗНОС *m* 1. (*внесение платы*) Zahlung *f*, Einzahlung *f* 2. (*уплаченные деньги*) Beitrag *m*; Einlage *f*, Abführung *f*
внести́ ~ Beitrag entrichten (bezahlen)
де́лать ~ Beitrag entrichten (bezahlen)
плати́ть взно́сами Teilzahlung leisten, in Raten zahlen
свобо́дный от упла́ты взно́сов beitragsfrei
упла́чивать ~ Beitrag leisten
~, ава́нсовый Vorschußbeitrag *m*
~ в бюдже́т Abführung an den Haushalt
~ в срок termingemäßer Beitrag
~, вступи́тельный Eintrittsbeitrag *m*, Beitrittsgeld *n*
~ в счёт погаше́ния до́лга Tilgungsrate *f*
~ в уста́вный фонд Einzahlung in das Stammkapital
~ в фонд социа́льного страхова́ния Zahlung in den sozialen Versicherungsfonds
~, гаранти́йный Garantiezahlung *f*
~, де́нежный Geldbeitrag *m*, finanzieller Beitrag
~, доброво́льный freiwilliger Beitrag
~, дополни́тельный Ergänzungszahlung *f*
~, единовре́менный einmalige Zahlung, einmaliger Beitrag
~, ежего́дный Jahresbeitrag *m*
~, ежеме́сячный Monatsbeitrag *m*
~ нали́чными Bareinlage *f*
~, обяза́тельный Pflichtbeitrag *m*
~, очередно́й nächstfolgender (folgender) Beitrag
~, паево́й Inventarbeitrag *m*
~, первонача́льный erster Pauschalbeitrag
~, после́дний Endbeitrag *m*
~, после́дующий Nachzahlung *f*
~, предвари́тельный Anzahlung *f*, Vorschuß *m*
~, просро́ченный abgelaufener Beitrag
~, проце́нтный zinstragender Beitrag
~, регистрацио́нный Registrierungsgebühr *f*
~, страхово́й Versicherungsbeitrag *m*, Versicherungsprämie *f*
~, части́чный Teilzahlung *f*
~, чле́нский Mitgliedsbeitrag *m*

ВЗЫСКА́НИЕ *n* 1. (*получение оплаты принудительным путём*) Beitreibung *f*, Einziehung *f*, Einzug *m*, Eintrei-

bung f 2. (*наказание*) Strafe f, Maßregelung f
налага́ть ~ Strafe verhängen, mit einer Strafe belegen
определя́ть су́мму взыска́ния Einzugssumme f bestimmen
подлежа́ть взыска́нию dem Einzug unterliegen
~ задо́лженности Einziehung (Beitreibung) der Schulden
~ нало́гов Steuerbeitreibung f
~ неусто́йки Einzug einer Konventionalstrafe
~ пе́ни Einziehung des Bußgeldes
~ по ве́кселю Wechselbeitreibung f
~ тамо́женных по́шлин Zollbehebung f, Zolleintreibung f
ВЗЫ́СКИВАТЬ 1. (*су́мму принуди́тельно*) einziehen, beitreiben 2. (*нака́зывать, штрафова́ть*) strafen, bestrafen
в бесспо́рном поря́дке durch Abbuchung einziehen
в суде́бном поря́дке gerichtlich (auf gerichtlichem Wege) einziehen
ВЗЯ́ТКА f Bestechung f, Bestechungsgelder n pl
брать взя́тку sich bestechen (korrumpieren) lassen
дава́ть взя́тку bestechen, korrumpieren
ВИД m Art f; Form f
~ платежа́ Zahlungsart f
~ това́ра Warenart f, Warensorte f
~ транспортиро́вки Transportart f
~ упако́вки Verpackungsart f
~ хране́ния Aufbewahrungsart f, Verwahrungsart f
ВИ́ЗА f 1. (*разрешение на въезд в страну или выезд из страны*) Visum n 2. (*пометка на документе*) Sichtvermerk m
выдава́ть ви́зу Visum erteilen (ausstellen)
запра́шивать ви́зу Visum anfordern
отка́зывать в ви́зе Visum verweigern
наложи́ть ви́зу visieren
получа́ть ви́зу Visum bekommen
~, ввозна́я Einfuhrvisum n, Importvisum n, Einfuhrerlaubnis f
~, въездна́я Einreisevisum n, Einreisevisum n
~, вывозна́я Ausfuhrvisum n, Exportvisum m, Ausfuhrerlaubnis f

~, выездна́я Ausreisebewilligung f, Ausreisevisum n
~, гостева́я Gastvisum n, Kurzvisum n
~, дипломати́ческая diplomatisches Visum
~, многокра́тная Mehrfachvisum n, mehrmaliges Visum
~, постоя́нная Dauervisum n, ständiges Visum
~, транзи́тная Transitvisum n
~, тури́стская Touristenvisum n, Reisevisum n
ВИ́ЗА-ПРИГЛАШЕ́НИЕ f Einladungsvisum n
ВИЗИ́РОВАТЬ visieren, mit einem Visum versehen
ВИЗИ́Т m Besuch m, Visite f
договори́ться о визи́те sich von einem Besuch verabreden
заплани́ровать ~ Besuch planen
наноси́ть ~ Besuch machen (abstatten)
откла́дывать ~ Besuch (Visite) aufschieben
отменя́ть ~ Besuch absagen
прибыва́ть с визи́том mit einer Visite (mit einem Besuch) ankommen
~ ве́жливости Höflichkeitsbesuch m
~, делово́й sachlicher Besuch, Geschäftsvisite f
~ для установле́ния конта́ктов Besuch zur Aufnahme der Kontakte
~, дру́жеский freundschaftlicher Besuch, freundschaftliche Visite
~, заплани́рованный geplanter Besuch, geplante Visite
~, инспекцио́нный Inspektionsbesuch m
~, ознакоми́тельный Besuch zum Kennenlernen
~, отве́тный Gegenbesuch m
~, официа́льный offizieller Besuch, offizielle Visite
~, очередно́й folgender (nächster, fälliger, aktueller) Besuch
~, после́дующий nachfolgende Visite, nachfolgender Besuch
~, предстоя́щий bevorstehende Visite, bevorstehender Besuch
~, ча́стный Privatbesuch m, Privatvisite f
ВИТРИ́НА f Vitrine f, Schaufenster n
выставля́ть в витри́не im Schaufenster auslegen
оформля́ть витри́ну Vitrine ausgestalten (gestalten)

ВИ́ЦЕ-КО́НСУЛ m Vizekonsul m
ВИ́ЦЕ-ПРЕЗИДЕ́НТ m Vizepräsident m
~ ба́нка Vizepräsident der Bank
~ компа́нии Vizepräsident der Gesellschaft
ВКЛАД m 1. (в сбербанке) Einlage f, Guthaben n, Depositum n 2. (доля, напр. в акционерном обществе) Anteil m, Teil m, Quote f
брать ~ из ба́нка Einlage von einem Konto abheben
вноси́ть ~ einen Betrag einzahlen
де́лать ~ eine Einzahlung leisten
име́ть ~ Einlage haben (besitzen)
име́ть на вкла́де Einlage bei der Bank haben
отзыва́ть ~ Einlage abheben
принима́ть ~ под проце́нт Einlage auf Zinsen annehmen (übernehmen)
~, ба́нковский Bankeinlage f, Bankdepositum n, Bankguthaben n
~, безвозме́здный unentgeltliche Einlage
~, беспроце́нтный zinslose Einlage
~, бессро́чный feste Spareinlage, festes Sparguthaben; fristlose Einlage
~, благотвори́тельный wohltätige Einlage
~ в ба́нке Einlage bei der Bank
~, возвра́тный rückzahlbare Einlage
~ в де́нежной фо́рме Geldeinlage f
~ в това́рной фо́рме Wareneinlage f
~ в уста́вный фонд Beitrag zum Stammkapital, Einlage in den Satzungsfonds
~, де́нежный Geldeinlage f
~, доброво́льный freiwillige Einlage
~ до востре́бования Sichteinlage f; Guthaben mit täglicher Kündigung
~, долгосро́чный feste Spareinlage, Festgeld n, langfristige Einlage
~, долево́й anteilmäßige Einlage
~, дополни́тельный Nacheinlage f, zusätzliche Einlage
~, именно́й Namensguthaben n
~, иму́щественный Sacheinlage f
~ капита́ла Kapitaleinlage f
~, краткосро́чный kurzfristige Einlage
~, кру́пный Großeinlage f
~ на предъяви́теля Inhabersparguthaben n, durch namenloses Sparen gebildetes Guthaben
~ на срок Einlage auf die Dauer
~ на теку́щем счёте kündbare Einlage

~, натура́льно-веще́ственный natural-materielle Einlage
~, первонача́льный Anfangseinlage f
~, проце́нтный Prozenteinlage f, verzinsliche Einlage
~, сберега́тельный Spareinlage f, Sparguthaben n
~ с дли́тельным уведомле́нием Einlage mit Dauerbenachrichtigung (mit Daueranzeige)
~ с краткосро́чным уведомле́нием Einlage mit kurzfristiger Benachrichtigung
~, специа́льный spezielle Einlage
~, сро́чный befristete Einlage, Termineinlage f
~ с уведомле́нием Einlage mit Benachrichtigung (mit Anzeige)
~, целево́й Zweckspareinlage f
ВКЛА́ДЧИК m 1. (владелец вклада) Einleger m, Deponent m 2. (инвестор) Einleger m, Geldgeber m, Investor m
~, иностра́нный ausländischer Einleger; ausländischer Investor
~ капита́ла Einleger des Kapitals
~, кру́пный Großeinleger m
ВКЛА́ДЫВАТЬ (о деньгах) einlegen, investieren, deponieren
ВЛАГОНЕПРОНИЦА́ЕМЫЙ feuchtigkeitsdicht
ВЛАГОСТО́ЙКИЙ feuchtigkeitsbeständig
ВЛАДЕ́ЛЕЦ m Besitzer m, Inhaber m
~ а́вторского пра́ва Besitzer des Urheberrechts
~ аккредити́ва Besitzer des Akkreditivs, Akkreditivinhaber m
~ а́кций Aktienbesitzer m, Aktionär m
~ биржево́го ме́ста Besitzer der Stelle an der Börse
~ вкла́да Einlagebesitzer m
~ гру́за Frachteigner m
~, доброс́овестный gutgläubiger Besitzer
~ долгово́го обяза́тельства Besitzer des Schuldbriefes
~, единоли́чный Einzelbesitzer m
~ заво́да Betriebsbesitzer m, Betriebsinhaber m
~, зако́нный gesetzmäßiger Besitzer
~ иму́щества Vermögensinhaber m
~ лице́нзии Lizenzinhaber m, Besitzer der Lizenz
~ но́у-ха́у Besitzer des Know-hows, Know-howsbesitzer m
~ пате́нта Patentinhaber m

ВЛА

~, послéдующий nachfolgender Inhaber
~ предприя́тия Betriebsinhaber *m*, Betriebsunternehmer *m*
~ склáда Besitzer des Lagers, Lagerinhaber *m*
~ сóбственности Eigentumsbesitzer *m*
~, совмéстный Mitbesitzinhaber *m*
~ стéнда Besitzer des Standes
~ сýдна Schiffseigentümer *m*, Reeder *m*
~ счёта Kontoinhaber *m*
~ товáра Warenbesitzer *m*
~ товáрного знáка Besitzer des Warenzeichens
~ товáрной при́стани Besitzer der Warenanlegestelle
~ фóндовых цéнностей Inhaber von Wertpapieren
~ цéнных бумáг Inhaber der Anlagepapiere
~, чáстный Privatinhaber *m*

ВЛАДÉНИЕ *n* 1. (*обладание*) Besitz *m* 2. (*собственность*) Besitztum *n*, Eigentum *n*, Gut *n*
вводи́ть во ~ in Besitz einweisen
вступáть во ~ den Besitz antreten
находи́ться во владéнии im Besitz sein
передавáть во ~ in Besitz übergeben, übereignen
переходи́ть во ~ in Besitz übergehen
поступáть во ~ in Besitz einlaufen
~ áкциями Aktienbesitz *m*
~, бессрóчное fristloser (unbefristeter) Besitz
~, долевóе anteiliger Besitz
~, единоли́чное Einzelbesitz *m*
~, инострáнное ausländisches Besitztum
~ на правáх арéнды Besitz *m* nach (laut) Pachtvertrag (Mietvertrag)
~ недви́жимостью Immobilienbesitz *m*
~, совмéстное Mitbesitz *m*

ВЛАДÉТЬ besitzen, im Besitz sein
~ совмéстно mitbesitzen, im Mitbesitz sein

ВЛÁЖНОСТЬ *f* Feuchtigkeit *f*
предохрани́ть от влáжности vor Feuchtigkeit schützen
~, повы́шенная erhöhte Feuchtigkeit

ВЛÁСТИ *f pl* Behörden *f pl*
~, компетéнтные zuständige (befugte) Behörden
~, мéстные lokale Behörden
~, муниципáльные Munizipalbehörden *f pl*

ВНЕ

~, официáльные offizielle Behörden
~, портóвые Hafenbehörden *f pl*
~, тамóженные Zollbehörden *f pl*

ВЛАСТЬ *f* Macht *f*, Gewalt *f*; (*правление*) Regierung *f*; (*администрация*) Behörde *f*
быть в чьей-л. влáсти in jemandes Macht stehen
имéть ~ Macht haben
осуществля́ть ~ Macht ausüben
~, воéнная Militärbehörden *pl*
~, госудáрственная Staatsgewalt *f*
~, граждáнская Zivilbehörde *f*
~, закóнная gesetzliche Macht
~, законодáтельная gesetzgebende Gewalt, Legislative *f*
~, исполни́тельная vollziehende Gewalt, Exekutive *f*
~, монопóльная Monopolmacht *f*
~, судéбная Gerichtsgewalt *f*

ВМЕСТИ́МОСТЬ *f* Rauminhalt *m*, Raumgehalt *m*
~ бýнкера Schiffskohlenraum *m*
~ вагóна Wagenladeraum *m*, Wagenraum *m*
~, валовáя Bruttoraumgehalt *m*
~, грузовáя Lastumfang *m*
~, объёмная Volumen *n*
~, реги́стровая Registerumfang *m*
~ складски́х помещéний Raumgehalt der Lagerräume
~ сýдна Raumgehalt eines Schiffes; Tonnage *f*
~ трю́ма Schiffsraumgehalt *m*
~, чи́стая Nettoraumgehalt *m*

ВНАЁМ, ВНАЙМЫ́ zur Miete, in Pacht
брать ~ mieten
брать ~ квартúру Wohnung mieten
брать ~ сýдно по чáртеру Schiff chartern
сдавáть ~ vermieten, verpachten

ВНЕДОГОВОРНЫЙ außervertraglich; Pflicht-

ВНЕДРÉНИЕ *n* Einführung *f*; Durchsetzung *f*
~ в нарóдное хозя́йство Einführung in die Volkswirtschaft
~ изобретéния Einführung der Erfindung
~ маши́н Durchsetzung der Maschinen
~ нóвой тéхники и технолóгии Durchsetzung neuer Technik und neuer Technologie
~ нóвых ви́дов продýкции Einführung neuer Arten von Erzeugnissen

~ нормати́вов Einführung der Normativbestimmungen
~, промы́шленное industrielle Einführung
~ техноло́гии Einführung der Technologie
ВНЕДРЯ́ТЬ einführen, durchsetzen
ВНЕШНЕТОРГО́ВЫЙ Außenhandels-
ВНЕШНЕЭКОНОМИ́ЧЕСКИЙ außenwirtschaftlich, Außenwirtschafts-
ВНЕ́ШНИЙ 1. (нару́жный) äußerer, Außen- 2. (иностра́нный) auswärtig; Außen-
ВНУТРИЗАВОДСКО́Й Betriebs-, innerbetrieblich
ВНУТРИОТРАСЛЕВО́Й innerzweiglich, innerhalb des Zweiges befindlich
ВОДА́ f 1. (жи́дкость) Wasser n 2. (речно́е, морско́е простра́нство) Gewässer n, Wassermassen pl
быть повреждённым морско́й водо́й durch Seewasser beschädigt sein
~ для промы́шленного потребле́ния Wasser für industriellen Verbrauch
~, откры́тая offenes Wasser
~, по́лая Hochwasser n
ВОДОИЗМЕЩЕ́НИЕ n Wasserverdrängung f, Deplacement n
су́дно, водоизмеще́нием в ... тонн Schiff mit ... Tonnen Rauminhalt (Wasserverdrängung)
~, весово́е Gewichtswasserverdrängung f, Gewichtsdeplacement n
~ при по́лном гру́зе Wasserverdrängung mit voller Ladung
~, станда́ртное Standardwasserverdrängung f
~ су́дна Wasserverdrängung des Schiffes
ВОДОНЕПРОНИЦА́ЕМЫЙ wasserdicht, wasserundurchlässig
ВОДООТТА́ЛКИВАЮЩИЙ wasserabstoßend
ВОДОПРОНИЦА́ЕМЫЙ wasserdurchlässig
ВОДОСТО́ЙКИЙ wasserbeständig
ВОДОУПО́РНЫЙ wasserdicht
ВО́ДЫ f pl (во́дные простра́нства) Gewässer n pl, Wassermassen f pl
~, вну́тренние Binnengewässer n pl
~, нейтра́льные Neutralgewässer n pl
~, пограни́чные Grenzgewässer n pl
~, прибре́жные Küstengewässer n pl
~, территориа́льные Territorialgewässer n pl, Hoheitsgewässer n pl

ВОЗБУЖДА́ТЬ (предлага́ть для реше́ния, обсужде́ния) anregen
~ вопро́с eine Frage aufwerfen
~ иск (де́ло) einen Prozeß anstrengen
ВОЗВРА́Т m Rückerstattung f, Rückgabe f, Rücksendung f; Rückzahlung f; Retournierung f
осуществля́ть ~ Rückzahlung durchführen (verwirklichen)
подлежа́ть возвра́ту по пе́рвому тре́бованию (einer) Rückgabe nach erster Forderung unterliegen
тре́бовать возвра́та Rückzahlung fordern
~ ава́нса Rückzahlung eines Vorschusses
~ брако́ванного това́ра Retournierung der Ausschußware
~ вы́плаченного вознагражде́ния Zurückzahlung der ausgezahlten Belohnung
~ гаранти́йной су́ммы Zurückzahlung der garantierten Summe
~ гру́за Rücksendung der Ladung (der Fracht)
~ де́нег Zurückzahlung des Geldes
~ докуме́нтов Rückgabe der Dokumente
~ до́лга Rückgabe einer Schuld
~ за́йма Rückgabe (Rückzahlung) einer Anleihe
~ зафрахто́ванного су́дна Rücksendung des befrachteten Schiffes
~ из депози́та Zurückzahlung aus dem Depositum
~ креди́та Zurückzahlung eines Kredits
~ нало́га Steuerrückvergütung f
~ обеспе́чения Zurückzahlung der Versorgung
~ перепла́ты Rückgabe der Überzahlung
~ поста́вки Retournierung der Lieferung
~ по́шлины Zurückzahlung der Gebühr
~ сбо́ров Zurückzahlung der Einnahmen
~ ссу́ды Zurückzahlung eines Darlehens
~ страхово́го взно́са Zurückzahlung einer Versicherungseinzahlung
~ су́ммы Zurückzahlung einer Summe
~ това́ра Rücksendung der Waren
~, части́чный Teilrückzahlung f
ВОЗДУХОНЕПРОНИЦА́ЕМЫЙ luftdicht
ВОЗМЕЩА́ТЬ (уще́рб, убы́тки, су́мму) ersetzen, entschädigen, vergüten, decken
ВОЗМЕЩЕ́НИЕ n Ersatz m, Ersetzen n, Vergütung f, Kompensation f; Entschädigung f

в ~ als Entschädigung, als Ersatz
в поря́дке возмеще́ния als Entschädigung
гаранти́ровать ~ Vergütung garantieren
наста́ивать на возмеще́нии auf einer Vergütung bestehen
определя́ть су́мму де́нежного возмеще́ния Summe der Geldvergütung bestimmen
получа́ть ~ за убы́тки Verlustentschädigung erhalten
получа́ть ~ платеже́й Vergütung für Zahlungen erhalten
получа́ть ~ расхо́дов Kostenerstattung erhalten
предоставля́ть ~ Entschädigung (Vergütung) bereitstellen (gewähren)
тре́бовать возмеще́ния Entschädigung fordern
~ ассигнова́ний Entschädigung der Bewilligungen
~ в нату́ре Vergütung in natura (in Naturalien)
~, де́нежное Geldvergütung f
~ до́лга Schuldrückzahlung f
~ за заде́ржку су́дна сверх сро́ка Rückzahlung für überfristige Festnahme des Schiffes
~ за поло́мку Bruchentschädigung f, Schadenersatz m
~ затра́т Vergütung der Ausgaben
~ изде́ржек Kostenerstattung f
~ капита́ла Kapitalersatz m
~ креди́та Vergütung (Tilgung) eines Kredits
~ недоста́чи Vergütung der Fehlmenge
~, по́лное volle Erstattung, voller Ersatz
~ поте́рь Ausgleich m von Verlusten; Vergütung der Verluste
~ расхо́дов Kostenerstattung f
~ сто́имости Wertersatz m
~ , страхово́е Versicherungsentschädigung f
~ су́ммы Zurückzahlung einer Summe
~ убы́тков Schadenersatz m, Schadenvergütung f
~ уще́рба Schadenersatz m; Schadenersatzleistung f
~, части́чное teilweise Erstattung (Entschädigung)
ВОЗНАГРАЖДЕ́НИЕ n 1. (гонора́р) Honorar n, Vergütung f 2. (комиссио́нные) Kommissionsgebühr f, Entgelt n 3. (пла́та за пра́во по́льзования пате́нтом и т. п.) Bezahlung f, Entlohnung f
в ви́де вознагражде́ния als Honorar, als Bezahlung
выпла́чивать ~ vergüten, bezahlen, honorieren
за ~ gegen Bezahlung
име́ть пра́во на ~ Recht auf Vergütung haben
исчисля́ть ~ Honorar (Vergütung) kalkulieren
на ба́зе комиссио́нного вознагражде́ния auf Grund der Kommissionsgebühr
отка́зывать в вознагражде́нии Bezahlung absagen (abschlagen)
получа́ть ~ Honorar bekommen (erhalten)
~, а́вторское Autorenhonorar n
~, аге́нтское Vertreterhonorar n, Provision f
~, бро́керское Maklergebühren f pl, Maklerprovision f
~, де́нежное Geldvergütung f, Entgelt n
~, дополни́тельное zusätzliche Vergütung
~, единовре́менное (де́нежное) Gratifikation f, einmalige Vergütung
~ за вы́дачу лице́нзии Entgelt für Lizenzerteilung
~ за делькре́дере Delkredereprovision f
~ за досро́чное заверше́ние рабо́ты Vergütung für den vorfristigen Arbeitsabschluß
~ за инка́ссо Inkassogebühren f pl, Einzugsgebühren f pl
~ за консультацио́нные услу́ги Beratungsdienstgebühren f pl
~ за прово́дку су́дна Lotsengebühr f
~ за сверхуро́чную рабо́ту Überstundenentgelt n, Überstundenentlohnung f
~ за спасе́ние су́дна Schiffsbergungsvergütung f
~ капита́ну с фра́хта Primage f, Primgeld n
~, комиссио́нное Komissionsgebühr f, Provision f
~, лицензио́нное Lizenzgebühr f
~, материа́льное Materialvergütung f, materielle Anerkennung
~ нату́рой Naturvergütung f, Naturentgelt n
~, ожида́емое erwartete Vergütung
~ подря́дчику Vergütung dem Auftragnehmer (dem Hersteller)

~, поощрительное aufmunternde Vergütung
~, премиальное Prämienvergütung f, Prämie f
~, чистое Reinvergütung f
ВОЗОБНОВЛЕНИЕ n Erneuerung f, Wiederaufnahme f
~ аккредитива Auffüllen n eines Akkreditivs
~ аренды Wiederaufnahme der Miete (der Pacht)
~ деятельности Wiederaufnahme der Tätigkeit
~ договора Erneuerung des Vertrages
~ запасов Erneuerung der Vorräte
~ иска Erneuerung der Klage
~ контракта Erneuerung des Kontrakts
~ переговоров Wiederaufnahme der Verhandlungen
~ поставок Wiederaufnahme der Lieferungen
~ соглашения Wiederaufnahme der Vereinbarung
~ сотрудничества Wiederaufnahme der Zusammenarbeit
~ страхового полиса Erneuerung der Versicherungspolice
ВОЙНА f Krieg m
вести войну Krieg führen
начать войну Krieg beginnen
~, валютная Währungskrieg m
~, кредитная Kreditkrieg m
~, таможенная Zollkrieg m
~, торговая Handelskrieg m
~ цен Preiskrieg m
~, экономическая Wirtschaftskrieg m
ВОПРОС m Frage f
поднимать ~ Frage anschneiden (aufwerfen)
рассматривать ~ Frage erörtern
решать ~ Frage lösen
~, деловой sachliche Frage, Geschäftsfrage f
~, принципиальный prinzipielle Frage
ВОССТАНАВЛИВАТЬ 1. (*приводить в прежнее состояние*) wiederherstellen, wiederaufbauen 2. (*возобновлять*) wiederaufnehmen
ВОССТАНОВЛЕНИЕ n 1. (*приведение в прежнее состояние*) Wiederherstellung f, Wiederaufbau m; Wiedereinsetzung f; Renovierung f 2. (*возобновление*) Wiederaufnahme f
~ в правах Rehabilitierung f; Wiederherstellung in Rechten

~ заявки Wiederaufnahme der Anforderung
~ патента, срок действия которого истёк Wiederaufnahme des Patents, dessen Gültigkeitsdauer abgelaufen ist
~ производства Wiederherstellung der Produktion
~ торговли Wiederaufnahme des Handels
~ уровня запасов Auffüllen des Lagerbestandes
ВОСТРЕБОВАНИЕ n Forderung f, Anforderung f
до востребования postlagernd
~ груза Forderung der Ladung
ВРЕМЯ n Zeit f, Dauer f; Zeitraum m, Frist f, Periode f
в назначенное ~ zur verabredeten Zeit
занимать ~ Zeit in Anspruch nehmen
терять ~ Zeit verlieren
экономить ~ Zeit sparen
~ вступления в силу Datum n des Inkrafttretens; Gültigkeitsdatum n
~ выполнения Erledigungszeit f, Ausführungszeit f
~ доставки Lieferungszeit f
~, контрсталийное Überliegezeit f, Stillliegezeit f
~, местное Ortszeit f
~ оборота судна в порту Umschlagszeit des Schiffes im Hafen
~ отправления Zeit der Abfahrt (des Abtransports, des Versands), Abfahrtszeit f
~ перехода к выпуску новой продукции Übergangszeit zum Ausstoß neuer Produktion
~, погрузочное Ladezeit f, Ladedauer f
~ прибытия Ankunftszeit f
~ проведения выставки Zeit der Durchführung der Ausstellung
~ простоя 1. (*оборудования*) Stillstandzeit f 2. (*судна*) Schiffsliegezeit f
~, рабочее Arbeitszeit f, Arbeitsdauer f
~, расчётное Abrechnungszeit f
~, сверхсталийное Überliegezeit f
~, сверхурочное Überstundenzeit f
~, сталийное Liegezeit f, Liegetage m pl
~ стоянки судна Liegezeit f, Liegestunden f pl
~, стояночное Standzeit f
~ транспортировки Zeit der Beförderung (des Transportierens)
~, фактическое tatsächliche (wirkliche) Zeit

~ эксплуатации Betriebszeit *f*, Nutzungsdauer *f*
ВРУЧЕ́НИЕ *n* Einhändigung *f*, Übergabe *f*, Überreichung *f*
~ докуме́нта Einhändigung des Dokuments
~ но́тиса Übergabe der Ladebereitschaftsmeldung
ВСКРЫВА́ТЬ 1. (*распечатывать*) öffnen 2. (*обнаруживать*) aufdecken
ВСТРЕ́ЧНЫЙ Gegen-, entgegenkommend
ВСТУПА́ТЬ treten, eintreten
~ в де́йствие Gültigkeit haben, gültig sein
~ в си́лу in Kraft treten
~ в соглаше́ние Vereinbarung aufnehmen
~ в строй in Betrieb genommen werden (gesetzt werden)
ВСТУПИ́ТЕЛЬНЫЙ Eintritts-; Eröffnungs-; einleitend
ВЪЕЗД *m* Einfahrt *f*; Einreise *f*
запреща́ть ~ Einreise verbieten
разреша́ть ~ Einreise erlauben
ВЫ́БОР *m* 1. (*отбор*) Wahl *f*, Auswahl *f* 2. (*право выбора*) Optionsrecht *n*, Wahlrecht *n*
име́ть ~ Auswahl haben
име́ть пра́во вы́бора Optionsrecht (Wahlrecht) haben
на ~ zur Auswahl
не име́ть вы́бора keine Auswahl haben
по вы́бору nach Auswahl, nach Wahl
по вы́бору зака́зчика nach Wahl (nach Auswahl) des Bestellers
предоставля́ть ~ *jemandem* die Wahl lassen (überlassen)
предоставля́ть пра́во вы́бора *jemandem das Wahlrecht lassen (überlassen)*
~ аге́нта Wahl des Agenten
~, бе́дный geringe Auswahl
~, большо́й (бога́тый) reiche Auswahl
~, оптима́льный optimale Wahl
~ покупа́теля Wahl des Käufers
~ по образца́м Auswahl nach Mustern
~, предвари́тельный Vorauswahl *f*
~ продавца́ Wahl des Verkäufers
~ реше́ния Auswahl eines Beschlusses
~, случа́йный zufällige Wahl (Auswahl)
~ това́ра Auswahl an Ware
~, широ́кий große Auswahl
ВЫБРАКО́ВЫВАТЬ aussondern, aussortieren

ВЫБРА́СЫВАНИЕ *n* Hinauswerfen *n*, Werfen *n*
~ гру́за за́ борт Überbordwerfen *n*
~ това́ра на ры́нок Werfen *n* der Waren auf den Markt
ВЫБРА́СЫВАТЬ hinauswerfen, werfen
ВЫБЫВА́ТЬ ausscheiden; austreten, verlassen
~ из стро́я aus den Reihen scheiden
ВЫ́ВОД *m* 1. (*удаление*) Beseitigung *f*, Entfernung *f*; Entzug *m* 2. (*заключение*) Schluß *m*, Folgerung *f*, Schlußfolgerung *f*, Konsequenz *f*
де́лать ~ Schluß ziehen
поспеши́ть с вы́водом mit Abschluß eilen, dringend abschließen
прийти́ к вы́воду zum Schluß kommen
~ из эксплуата́ции Außerbetriebsetzung *f*
~ коми́ссии Schlußfolgerung der Kommission
~, необосно́ванный unbegründeter Schluß
~, обосно́ванный begründeter Schluß
~, оконча́тельный endgültiger Schluß
ВЫ́ВОЗ *m* 1. (*удаление*) Abfuhr *f*; Abtransport *m* 2. (*экспорт*) Ausfuhr *f*, Export *m*
ввоз и ~ Import und Export
запреща́ть ~ Ausfuhr verbieten (sperren)
оформля́ть ~ Formalitäten zur Ausfuhr erledigen
получа́ть разреше́ние на ~ Ausfuhrbewilligung bekommen
сокраща́ть ~ Ausfuhr (Export) verringern (vermindern)
увели́чивать ~ Ausfuhr (Export) erhöhen
~, беспо́шлинный zollfreie Ausfuhr, zollfreier Export
~, бро́совый Schleuderausfuhr *f*, Schleuderexport *m*
~, вре́менный zeitbedingte (zeitweilige) Ausfuhr
~ капита́ла Kapitalausfuhr *f*, Kapitalexport *m*
~ продово́льствия Ausfuhr (Export) von Lebensmitteln
~ проду́кции се́льского хозя́йства Export der landwirtschaftlichen Produktion
~ со скла́да Ausfuhr ab Lager
~ с пи́рса Ausfuhr ab Kai (ab Quai)
~ това́ров Warenexport *m*, Warenausfuhr *f*

~ экспонатов Ausfuhr der Exponate
ВЫВОЗИТЬ ausführen, exportieren
ВЫГОДА *f* 1. (*преимущество*) Vorteil *m*, Nutzen *m* 2. (*прибыль*) Gewinn *m*, Profit *m* 3. (*интерес*) Interesse *n*
извлекать выгоду Gewinn (Vorteil) ziehen; Geschäft machen
иметь выгоду Nutzen haben
использовать с выгодой nutzbringend (profitabel) verwenden
к взаимной выгоде zum gegenseitigen Vorteil
получать выгоду Nutzen (Gewinn) ziehen
предоставлять взаимную выгоду gegenseitigen Vorteil gewähren
признавать выгоду Vorteil (Nutzen) anerkennen
приносить выгоду Gewinn (Nutzen) bringen
ради выгоды um eines Vorteils willen
с выгодой nutzbringend, profitabel
~, взаимная beiderseitiger (gegenseitiger) Vorteil
~, личная persönliches Interesse, persönlicher Vorteil
~, максимальная Höchstgewinn *m*
~, общая Gesamtgewinn *m*
~, общественная gesellschaftliches Interesse
~, побочная Nebengewinn *m*
~, равная gleicher Gewinn, gleiche Interessen
~, упущенная entgangener Vorteil (Gewinn)
~, финансовая Finanzgewinn *m*, finanzieller Vorteil
~, хозяйственная wirtschaftlicher Gewinn
~, экономическая ökonomischer (wirtschaftlicher) Gewinn
~, явная offenbarer Vorteil
ВЫГОДНЫЙ nützlich, vorteilhaft, günstig, profitabel
ВЫГРУЖАТЬ ausladen, entladen; (*судно*) löschen
ВЫГРУЗКА *f* Abladen *n*, Ausladen *n*, Entladung *f*; (*судна*) Löschung *f*
задерживать выгрузку Ausladen verzögern
заканчивать выгрузку Ausladen beenden
производить выгрузку Ausladen durchführen

свободно от расходов по выгрузке frei von Entladekosten (von Löschkosten)
~, бесплатная kostenloses (freies) Ausladen
~, вынужденная Notentladung *f*
~, грейферная Entladung mit Greifern
~ из трюма за счёт фрахтователя Ausladen aus dem Schiffsraum auf Kosten des Verfrachters; frei aus dem Schiffsraum
~ на склад Abladen auf Lager
~ с судна Löschung ab Schiff
ВЫДАЧА *f* Aushändigung *f*; Auslieferung *f*; Erteilung *f*; Ausstellung *f*; Auszahlung *f*
задерживать выдачу документов Ausstellung der Dokumente verzögern
отказывать в выдаче лицензии Lizenz verweigern
при выдаче заказа bei der Auftragserteilung
против выдачи документов gegen Auslieferung der Dokumente
~ аванса Vorschußzahlung *f*, Vorauszahlung *f*
~ авторского свидетельства Aushändigung eines Urheberscheins
~ аккредитива Akkreditiverteilung *f*
~ акций Ausstellung der Aktien
~ векселя Wechselausstellung *f*
~ визы Visumerteilung *f*
~ гарантии Gewährung *f* der Garantie
~ груза Ausgabe (Ablieferung) eines Gutes
~ денег Auszahlung des Geldes
~ денег наличными Auszahlung des Bargeldes
~ документа Ausgabe *f* (Aushändigung) eines Dokuments
~ документов против акцепта или платежа Ausgabe (Aushändigung) der Dokumente gegen Akzept oder gegen Zahlung
~ заказа Auftragserteilung *f*
~ кредита Kreditgewährung *f*, Kreditausreichung *f*
~ лицензии Lizenzgewährung *f*, Lizenzerteilung *f*
~ накладной Aushändigung eines Frachtbriefes
~ ноу-хау Aushändigung des Know-hows
~ патента Patenterteilung *f*
~ свидетельства Aushändigung der Bescheinigung (des Zeugnisses)
~ ссуды Auszahlung des Darlehens

ВЫД

~ субподря́да Erteilung des Nachauftrages
~ това́ра Warenauslieferung *f*, Warenausgabe *f*
ВЫДЕЛЕ́НИЕ *n* Bereitstellung *f*, Zuweisung *f*
~ ассигнова́ний Bereitstellung bewilligter Summe; Zuweisung von Geldmitteln
~ пло́щади Bereitstellung der Fläche (der Stelle)
~ средств Zuweisung von Mitteln
ВЫДЕЛЯ́ТЬ 1. (*сре́дства*) bereitstellen, freigeben, zuweisen 2. (*отбира́ть для чего́-л.*) ausgliedern, aussondern 3. (*отлича́ть*) auszeichnen; hervorheben
ВЫ́ДЕРЖКА *f* (*това́ра на скла́де*) 1. (*для достиже́ния определённого ка́чества*) Lagerung *f*; Lagern *n*, Ablagern *n*, Auslagern *n* 2. (*до подходя́щей конъюнкту́ры ры́нка*) Zurückhaltung *f* bis zur günstigen Marktlage
ВЫ́ЕЗД *m* Ausreise *f*; Abfahrt *f*
ВЫ́ИГРЫШ *m* Gewinn *m*, Vorteil *m*
~, возмо́жный möglicher (etwaiger) Gewinn
~, ожида́емый erwarteter Gewinn
~, ощути́мый fühlbarer (merklicher) Gewinn
ВЫ́КЛАДКА *f* Auslage *f*
~ в магази́не Auslage im Geschäft
~, откры́тая freie (offene) Auslage
~ това́ра Warenauslage *f*
ВЫ́КУП *m* Loskauf *m*, Rückkauf *m*, Wiederkauf *m*; (*заложенного иму́щества*) Einlösung *f*; (*погаше́ние*) Tilgung *f*, Begleichung *f*; (*изъя́тие из обраще́ния*) Einziehung *f* aus dem Umlauf (aus dem Verkehr)
вноси́ть ~ Lösegeld zahlen
~ а́кций Loskauf von Aktien
~ в рассро́чку Ratenzahlung *f*
~ закладно́й Loskauf eines Pfandbriefes
~ облига́ций Loskauf von Obligationen
~ фо́ндов Loskauf von Fonds
~ це́нных бума́г Loskauf von Wertpapieren
ВЫКУПА́ТЬ auskaufen, loskaufen; einlösen, kaufen
~ в рассро́чку in Raten auskaufen
ВЫ́ПИСКА *f* 1. Auszug *m* 2. Ausschreiben *n*
де́лать вы́писку из счёта Kontoauszug vornehmen

ВЫП

предоставля́ть вы́писку из счёта Kontoauszug vorlegen
~, заве́ренная beglaubigter Auszug
~ из контра́кта Auszug aus dem Vertrag
~ из протоко́ла Auszug aus dem Protokoll
~ из реше́ния Auszug aus dem Beschluß
~ из счёта Auszug aus der Rechnung, Kontoauszug *m*
~ квита́нции Ausschreiben einer Quittung
~ тра́тты Ausschreiben einer Tratte
ВЫПИ́СЫВАТЬ (*тра́тту, чек*) ausschreiben, ausstellen
ВЫ́ПЛАТА *f* Auszahlung *f*, Zahlung *f*; (*дивиде́ндов*) Ausschüttung *f*
подлежа́ть вы́плате einer Auszahlung unterliegen
производи́ть вы́плату Auszahlung leisten (vornehmen)
разреши́ть вы́плату Auszahlung erlauben
тре́бовать вы́плату Auszahlung fordern (verlangen)
утвержда́ть вы́плату Auszahlung bestätigen (sanktionieren)
~ ава́нса Lohnabschlag *m*
~ ава́нсом Vorauszahlung *f*, Vorschußzahlung *f*
~, безвозме́здная unentgeltliche Auszahlung
~ возмеще́ния Schadenersatzleistung *f*
~ вознагражде́ния Auszahlung der Belohnung
~ в рассро́чку Ratenzahlung *f*, Abschlagszahlung *f*
~, гаранти́йная garantierte Auszahlung
~ гаранти́йной су́ммы Auszahlung der garantierten Summe (der Garantiesumme)
~, де́нежная Geldauszahlung *f*
~ дивиде́ндов Ausschüttung von Dividenden
~ до́лга Schuldenauszahlung *f*
~, единовре́менная einmalige Abfindung
~ за́йма Auszahlung der Anleihe
~ зарабо́тной пла́ты Lohnzahlung *f*
~ за сверхуро́чную рабо́ту Auszahlung für Überstundenarbeit
~, кварта́льная Quartalauszahlung *f*
~ комиссио́нного вознагражде́ния Auszahlung der Kommissionsbelohnung
~, компенсацио́нная Kompensationszahlung *f*, Ausgleichszahlung *f*

~ кредитов Kreditauszahlung *f*
~ наличными Barauszahlung *f*
~ основной суммы займа Auszahlung der Grundsumme der Anleihe
~ по банковским вкладам Guthabeneinlösung *f*
~ по векселю Wechselzahlung *f*
~ по депозиту Depositenzahlung *f*
~ по доверенности Auszahlung in (laut) Vollmacht, Auszahlung durch Bevollmächtigung
~ по долговым обязательствам Auslösung *f* der Schuldverpflichtungen
~ по контракту Vertragszahlung *f*
~ по кредиту Abdeckung *f* (Tilgung *f*, Rückzahlung *f*) eines Kredits
~ по патентной лицензии Patentlizenzzahlung *f*
~ по социальному обеспечению Sozialversicherungszahlung *f*
~ по чеку Scheckeinlösung *f*
~, поэтапная Zahlung in Zeitabschnitten; etappenweise Zahlung
~, премиальная Auszahlung der Prämiengelder
~ премии Auszahlung einer Prämie
~ прибыли Gewinnauszahlung *f*, Auszahlung eines Gewinns
~ процентов Zinsenzahlung *f*, Zahlung von Zinsen
~ роялти Auszahlung der Tantieme (des Gewinnanteils, der Gebühren; des Royalties)
~ с аккредитива Abwicklung *f* eines Akkreditivs; Zahlung durch ein Akkreditiv
~ страхового возмещения Auszahlung der Versicherungsentschädigung
~ страховой премии Auszahlung der Versicherungsprämie
~ субсидии Auszahlung des Subsidiums (des Hilfsgeldes)
~ суммы Auszahlung einer Summe (eines Betrages)
~ частями Zahlung in Teilbeträgen
ВЫПЛАЧИВАТЬ zahlen, auszahlen; (*дивиденды*) ausschütten
~ в валюте in Valuta zahlen
~ в рублях in Rubeln zahlen
~ ежемесячно monatlich zahlen
~ полностью völlig (ganz) zahlen; vollzählig zahlen
~ частями in Raten zahlen
ВЫПОЛНЕНИЕ *n* Erfüllung *f*, Ausführung *f*, Erledigung *f*, Vollziehung *f*

во время выполнения während der Erfüllung (der Erledigung)
задерживать ~ Erfüllung verhindern (hemmen, verzögern)
обеспечивать ~ Erfüllung sicherstellen (garantieren, gewährleisten)
помешать выполнению Erfüllung verhindern (hindern)
по ходу выполнения während der Erfüllung (der Ausführung)
~, высококачественное Ausführung von hoher Qualität
~ договора Ausführung des Vertrages, Vertragserfüllung *f*
~, досрочное vorfristige Erfüllung
~ заказа Ausführung des Auftrages (der Bestellung)
~ инструкций Erfüllung (Einhaltung *f*) der Instruktionen (der Vorschriften)
~ контракта Ausführung (Erledigung *f*) des Kontrakts
~ обязанностей Erfüllung der Pflichten (der Verpflichtungen)
~ обязательств Erfüllung der Verpflichtungen
~ плана Planerfüllung *f*, Planrealisierung *f*
~ производственной программы Erfüllung des Produktionsprogramms
~ работ Erfüllung der Arbeiten
~, своевременное rechtzeitige Erfüllung
~ соглашения Ausführung eines Abkommens
~ таможенных формальностей Erledigung der Zollformalitäten
~ требований Erfüllung der Forderungen
~ указаний Erfüllung der Anweisungen
~ формальностей Erfüllung (Erledigung *f*) der Formalitäten
~, частичное Teilerfüllung *f*
ВЫПУСК *m* 1. (*о деньгах*) Ausgabe *f*, Emission *f* 2. (*о продукции*) Herstellung *f*, Ausstoß *m*, Produktion *f* 3. (*о публикации*) Auflage *f*, Herausgabe *f*
наращивать ~ продукции Produktionsausstoß steigern
начинать ~ продукции Produktionsausstoß (Produktionsherstellung) beginnen
осваивать ~ продукции Produktionsausstoß meistern
сокращать ~ продукции Produktionsausstoß drosseln (schrumpfen)
увеличивать ~ продукции Produktionsausstoß erweitern (vergrößern)

ВЫП

ускоря́ть ~ Produktionsausstoß beschleunigen
~ а́кций Aktienausgabe *f*, Aktienemission *f*
~ банкно́т Notenausgabe *f*, Notenemission *f*
~ в прода́жу Belieferung *f* des Marktes; Freigabe *f* zum Verkauf
~ де́нег в обраще́ние Geldemission *f*
~ за́йма Auflegung *f* einer Anleihe
~ облига́ций Ausgabe von Obligationen
~, повто́рный nochmalige (erneute) Ausgabe
~ проду́кции Produktionsausstoß *m*
~, сери́йный Serienproduktion *f*, Serienherstellung *f*, Serienfertigung *f*
~, специа́льный Sonderausgabe *f*
~ това́ра на ры́нок Belieferung *f* des Marktes
ВЫПУСКА́ТЬ 1. (*о деньга́х, а́кциях и т. п.*) ausgeben, emittieren 2. (*производи́ть*) erzeugen, herstellen, produzieren
ВЫРАЖЕ́НИЕ *n* Ausdruck *m*, Äußerung *f*
в натура́льном выраже́нии im Naturalausdruck
в реа́льном выраже́нии im Realausdruck
в сто́имостном выраже́нии im Wertausdruck
в це́нностном выраже́нии wertmäßig
в цифрово́м выраже́нии im zahlenmäßigen Ausdruck
ВЫРУЧА́ТЬ (*получать прибыль*) Gewinn haben (machen)
ВЫРУЧКА *f* Erlös *m*, Ertrag *m*, Einnahme *f*
пересчи́тывать вы́ручку в рубли́ Erlös in Rubeln umrechnen
получа́ть вы́ручку от прода́жи Verkaufserlös erhalten
~, валова́я Rohertrag *m*, Bruttoerlös *m*
~, валю́тная Devisenerlös *m*
~ в инвалю́те Valutaerlös *m*, Deviseneerlös *m*
~ в рубля́х Rubelerlös *m*
~, годова́я Jahreserlös *m*
~, де́нежная Gelderlös *m*, Geldeinnahme *f*
~, дневна́я Tageserlös *m*
~ не́тто Nettoerlös *m*
~, о́бщая Gesamterlös *m*
~ от прода́жи Verkaufserlös *m*
~ от реализа́ции Absatzerlös *m*, Verkaufserlös *m*
~ от торго́вли Handelserlös *m*

ВЫС

~ от э́кспорта Exporterlös *m*
~, предполага́емая Planerlös *m*, voraussichtlicher (vermutlicher) Erlös
~, чи́стая Reinertrag *m*, Reinerlös *m*
~, э́кспортная Exporterlös *m*, Ausfuhrerlös *m*
ВЫСОКОДОХО́ДНЫЙ einträglich, gewinnbringend, profitabel
ВЫСОКОКА́ЧЕСТВЕННЫЙ hochwertig, von hoher Qualität
ВЫСОКОКВАЛИФИЦИ́РОВАННЫЙ hochqualifiziert; von hoher Qualifikation
ВЫСОКОРЕНТА́БЕЛЬНЫЙ hochrentabel, hocheinträglich
ВЫСОКОСО́РТНЫЙ Qualitäts-
ВЫСОКОСПЕЦИАЛИЗИ́РОВАННЫЙ hochspezialisiert
ВЫСОКОТЕХНОЛОГИ́ЧНЫЙ hochtechnologisch
ВЫ́СТАВКА *f* Ausstellung *f*; Schau *f*; (*в витри́не*) Auslage *f*
демонстри́ровать на вы́ставке auf der Ausstellung demonstrieren
закрыва́ть вы́ставку Ausstellung schließen
организо́вывать вы́ставку Ausstellung veranstalten (organisieren)
осма́тривать вы́ставку Ausstellung besichtigen
открыва́ть вы́ставку Ausstellung eröffnen
оформля́ть вы́ставку Ausstellung gestalten (dekorieren)
посеща́ть вы́ставку Ausstellung besuchen
проводи́ть вы́ставку Ausstellung durchführen
устра́ивать вы́ставку Ausstellung veranstalten (organisieren)
уча́ствовать в вы́ставке an der Ausstellung teilnehmen (sich beteiligen, Anteil nehmen)
финанси́ровать вы́ставку Ausstellung finanzieren
экспони́ровать на вы́ставке auf der Ausstellung exponieren (zeigen)
~, всеми́рная Weltausstellung *f*
~ достиже́ний нау́ки и те́хники Ausstellung der Errungenschaften der Wissenschaft und Technik
~, ежего́дная Jahresausstellung *f*
~ за грани́цей Ausstellung im Auslande
~, закры́тая geschlossene Ausstellung
~, коллекти́вная Kollektivausstellung *f*

~, кру́пная bedeutende (wichtige, große) Ausstellung
~, междунаро́дная internationale Ausstellung
~, ме́стная Lokalausstellung *f*
~ на откры́том во́здухе Ausstellung im Freien
~, национа́льная Nationalausstellung *f*, Landesausstellung *f*, nationale Ausstellung
~ нови́нок Neuheitenschau *f*
~ образцо́в Mustermesse *f*, Musterausstellung *f*, Musterschau *f*
~, отраслева́я Fachausstellung *f*, Branchenausstellung *f*
~, передвижна́я Wanderausstellung *f*
~, постоя́нная Dauerausstellung *f*
~, промы́шленная Industrieausstellung *f*
~, сельскохозя́йственная landwirtschaftliche Ausstellung, Landwirtschaftsausstellung *f*
~, совме́стная gemeinsame Ausstellung, Gemeinschaftsausstellung *f*, Kollektivausstellung *f*
~, специализи́рованная spezialisierte Ausstellung, Fachausstellung *f*
~, техни́ческая technische Ausstellung
~, това́рная Warenausstellung *f*
~, торго́вая Handelsausstellung *f*
~, торго́во-промы́шленная Industrie- und Handelsausstellung *f*
~, универса́льная Universalausstellung *f*
~, юбиле́йная Jubiläumsausstellung *f*, Festausstellung *f*
ВЫ́СТАВКА-ПРОДА́ЖА *f* Verkaufsausstellung *f*

ВЫ́СТАВКА-Я́РМАРКА *f* Messe *f*, Mustermesse *f*
ВЫСТАВЛЯ́ТЬ ausstellen
~ тре́бование Forderung *f* stellen
~ това́р Waren *f pl* auslegen
~ тра́тту (ве́ксель) Tratte *f* (Wechsel *m*) ziehen
~ экспона́ты на вы́ставке Exponate auf der Ausstellung auslegen
ВЫ́ЧЕТ *m* Abzug *m;* Absetzen *n*
без вы́четов ohne Abzug
до вы́чета нало́га bis zum Steuerabzug
за вы́четом nach (unter) Abzug, abzüglich
подлежа́щий вы́чету (dem) Abzug unterliegend; abzugsbar
производи́ть ~ in Abzug bringen
~, еди́ный einheitlicher Abzug, Einheitsabzug *m*
~ из зарпла́ты Lohnabzug *m*, Gehaltsabzug *m*
~ из при́были Gewinnabzug *m*, Gewinnabführung *f*
~, нало́говый Steuerabzug *m*
~, принуди́тельный zwangsläufiger Abzug; Zwangsabzug *m*
~ проце́нтов Zinsenabzug *m*
~ расхо́дов Kostenabzug *m*, Gebührenabzug *m*
ВЫЧИТА́ТЬ *(удерживать)* abziehen, absetzen, in Abzug bringen
ВЯ́ЛОСТЬ *f (в конъюнктуре)* Flaute *f*
~ ры́нка Marktflaute *f*
~ хозя́йственной де́ятельности Flaute der wirtschaftlichen Tätigkeit

Г

ГАБАРИ́Т *m* Außenabmessungen *f pl*, Ladeprofil *n*, Lademaß *n*, Größe *f*
~ гру́за Ladeprofil *n*, Lademaß *n*
~, нестанда́ртный nicht genormtes (nicht standardisiertes) Ladeprofil
~ обору́дования Außenabmessungen der Ausrüstung
~, о́бщий gesamtes Ladeprofil
~, станда́ртный genormtes (standardes) Ladeprofil
~ та́ры Außenabmessungen der Tara (der Verpackung)
ГА́ВАНЬ *f* Hafen *m*, Hafenplatz *m*; Hafenort *m*
входи́ть в ~ in einen Hafen einlaufen
~, во́льная Freihafen *m*
~, нало́говая Steuerhafen *m*
ГАЗОВО́З *m* Gaswagen *m*
ГАРА́НТ *m* Garant *m*, Bürge *m*, Gewährsmann *m*
~ за́йма Garant (Bürge) für Anleihe
~ по ве́кселю Garant (Bürge) für Wechsel
~ по долговы́м обяза́тельствам Garant (Bürge) für Schuldverpflichtungen
~, совме́стный Mitgarant *m*, Mitbürge *m*
ГАРАНТИ́ЙНЫЙ Garantie-, Bürgschafts-
ГАРАНТИ́РОВАНИЕ *n* Garantierung *f*, Garantieverpflichtung *f*
ГАРАНТИ́РОВАННЫЙ garantiert, gesichert, gewährleistet
ГАРАНТИ́РОВАТЬ garantieren, gewährleisten; haften, bürgen *für Akk.*
ГАРА́НТИЯ *f* 1. Garantie *f*, Bürgschaft *f*, Gewähr *f*, Gewährleistung *f* 2. (*документ*) Garantieschein *m*
аннули́ровать гара́нтию Garantie annullieren (für ungültig erklären)
в ви́де гара́нтии in Garantieform
в ка́честве гара́нтии als Garantie
дава́ть гара́нтию Garantie geben, Garantie für *etwas* leisten
име́ть гара́нтию Garantie haben

находи́ться на гара́нтии garantiert sein
ограни́чивать гара́нтию Garantie beschränken
оформля́ть гара́нтию Garantie ausstellen (hinterlegen)
по гара́нтии unter Garantie
по истече́нии сро́ка гара́нтии nach Ablauf der Garantiezeit
покрыва́ться гара́нтией sich mit Garantie decken
получа́ть гара́нтию Garantie erhalten (bekommen)
предоставля́ть гара́нтию Garantie stellen, Sicherheit gewähren
продлева́ть срок гара́нтии Garantiezeit *f* verlängern
с гара́нтией на ... (*срок*) mit Garantie für... *Akk.*
соотве́тствовать усло́виям гара́нтии den Bedingungen der Garantie (den Garantiebestimmungen) entsprechen
~, авари́йная Havarieschein *m*
~, ба́нковская Bankgarantie *f*, Bankbürgschaft *f*
~, безусло́вная bedingungslose Garantie
~, вывозна́я Ausfuhrgarantie *f*, Exportgarantie *f*
~, действи́тельная до ... или на ... Garantie gilt bis ...
~, догово́рная Vertragsgarantie *f*
~, долгосро́чная langfristige Garantie
~, иму́щественная Vermögensbürgschaft *f*
~ ка́чества Qualitätsgarantie *f*, Beschaffenheitsgarantie *f*
~, краткосро́чная kurzfristige Garantie
~ креди́та Kreditsicherung *f*, Kreditgarantie *f*
~ кредитоспосо́бности Garantie der Kreditfähigkeit (der Kreditwürdigkeit)
~, ли́чная persönliche Garantie
~, надёжная zuverlässige Garantie, Sicherheitsgarantie *f*
~ опла́ты Zahlungsgarantie *f*

~ от убытков Garantie gegen Verluste
~, письменная schriftliche Garantie
~ платежа́ Garantie der Zahlung (der Bazahlung)
гара́нтии, правовы́е Rechtsgarantien *f pl*
~, произво́дственная Betriebsgarantie *f*, Produktionsgarantie *f*
~ работы (*оборудования*) Garantie der Arbeitsleistung
~, совме́стная gemeinsame Garantie, Mitgarantie *f*
~, страхова́я Versicherungsgarantie *f*
~ страхо́вщика Garantie des Versicherers
~, усло́вная bedingte Garantie
~ цены́ Preisgarantie *f*
~ э́кспортного ри́ска Garantie des Exportrisikos
~ э́кспортных креди́тов Exportkreditgarantie *f*
ГА́РВАРДСКИЙ БАРО́МЕТР (*модель изучения конъюнктуры*) Harvard-Barometer *m*
ГЕНЕРА́ЛЬНЫЙ General-, Haupt-, allgemein; Gesamt-
ГИ́БЕЛЬ *f* Untergang *m;* Verlust *m;* Zerstörung *f*, Verfall *m*
~, абсолю́тная по́лная *страх.* absoluter Totalverlust, Totalschaden *m*
~ гру́за Lastverlust *m*
~, действи́тельная по́лная *страх.* wirklicher (tatsächlicher) Totalverlust
~, конструкти́вная по́лная *страх.* konstruktiver Totalverlust
~ корабля́ Verlust (Untergang) eines Schiffes
~, по́лная *страх.* Totalverlust *m*
~ това́ра Warenverlust *m*, Güterverlust *m*
~, факти́ческая tatsächlicher (wirklicher) Verlust
~, части́чная teilweiser Verlust, Teilverlust *m*
ГЛОБА́ЛЬНЫЙ 1. (*всемирный*) Global-, global 2. (*комплексный, аккордный*) Komplex-, Akkord-
ГОД *m* Jahr *n*
~, бала́нсовый Bilanzjahr *n*
~, бюдже́тный Haushaltsjahr *n*, Rechnungsjahr *n*, Finanzjahr *n*
~, догово́рный Vertragsjahr *n*, vertragliches Jahr
~, календа́рный Kalenderjahr *n*
~, отчётный Berichtsjahr *n*, Abrechnungsjahr *n*

~, теку́щий laufendes Jahr
~, фина́нсовый Finanzjahr *n*, Fiskaljahr *n*, Etatjahr *n*, Rechnungsjahr *n*
~, хозя́йственный Wirtschaftsjahr *n*, Geschäftsjahr *n*
ГОДОВО́Й jährlich, Jahres-
ГО́ДНЫЙ 1. (*подходящий*) brauchbar, geeignet 2. (*действительный*) gültig, tauglich
ГО́ЛОД *m* (*нехватка чего-л.*) Mangel *m*, Verknappung *f*, Hunger *m*
~, валю́тный Valutamangel *m*, Devisenknappheit *f*, Devisenarmut *f*
~, де́нежный Geldnot *f*, Geldmangel *m*
~, това́рный Warenhunger *m*
ГОНОРА́Р *m* Honorar *n*
взима́ть ~ Honorar erheben (fordern)
плати́ть ~ Honorar zahlen
получа́ть ~ Honorar bekommen (erhalten)
~ аге́нта Agentengebühr *f*
~, аге́нтский Agenturgebühr *f*, Vertretungsgebühr *f*
~ арби́тра Arbitergebühr *f*, Schiedsrichtergebühr *f*
~ ревизо́ра Revisorhonorar *n*, Revisorgebühr *f*, Prüferhonorar *n*, Prüfergebühr *f*
ГОСУДА́РСТВЕННЫЙ Staats-, staatlich
ГОТО́ВНОСТЬ *f* Bereitschaft *f*
~ к отгру́зке Versandbereitschaft *f*
~ к приёмке Abnahmebereitschaft *f*
~ обору́дования к испыта́ниям Prüfbereitschaft *f* der Ausrüstung, Bereitschaft der Ausrüstung zur Prüfung
~ обору́дования к пу́ску в эксплуата́цию Betriebsbereitschaft *f*, Einsatzfähigkeit *f*, Einsatzbereitschaft *f*
~ су́дна к вы́грузке Lösch(ungs)bereitschaft *f*
~ су́дна к погру́зке Verschiffungsbereitschaft *f*, Ladebereitschaft *f*
~ това́ра к осмо́тру Bereitschaft der Ware zur Besichtigung
ГРАНИ́ЦА *f* Grenze *f*; Schranke *f*
доставля́ть това́р до грани́цы Ware *f* bis zur Grenze liefern
пересека́ть грани́цу die Grenze überschreiten
~, госуда́рственная Staatsgrenze *f*
~ страны́ покупа́теля Grenze des Käuferlandes
~ страны́ продавца́ Grenze des Verkäuferlandes
ГРА́ФИК *m* graphischer Plan; Zeitplan *m*, Plan *m*

вне гра́фика außerplanmäßig
в соотве́тствии с гра́фиком in Übereinstimmung mit dem Plan
выде́рживать ~ Plan einhalten, sich an den Plan halten
наруша́ть ~ vom Plan abweichen, Plan nicht erfüllen
опережа́ть ~ Zeitplan überholen
отстава́ть от гра́фика vom Zeitplan zurückbleiben
пересма́тривать ~ Zeitplan überprüfen
по гра́фику planmäßig
подгота́вливать ~ Zeitplan vorbereiten
приде́рживаться гра́фика sich an den Zeitplan halten, Zeitplan einhalten
рабо́тать по гра́фику planmäßig arbeiten
рабо́тать с опереже́нием гра́фика mit Vorlauf des Zeitplans arbeiten
соблюда́ть ~ Plan einhalten
согласова́ть ~ Plan vereinbaren
составля́ть ~ Plan aufstellen (ausarbeiten); planen
утвержда́ть ~ Plan bestätigen (bewilligen)
~ выполне́ния рабо́т Plan der Arbeitsausführung
~ вы́ставок Plan der Ausstellungen
~, календа́рный Zeitplan m, Kalenderplan m
~ мероприя́тий Plan der Maßnahmen
~, ме́сячный Monatsplan m, monatlicher Plan
~ монтажа́ Montageplan m
~, о́бщий Gesamtplan m
~, оконча́тельный endgültiger Plan
~ отгру́зок Versandplan m, Plan der Verladungen, Verschiffungsplan m
~ платеже́й Zahlungsplan m
~ поста́вок Lieferplan m
~, произво́дственный Produktionsplan m
~ рабо́т Arbeitsplan m, Arbeitsablaufplan m
~, расчётный Nomogramm n; Abrechnungsplan m, Verrechnungsplan m
~, сво́дный zusammengestellter (gesamter) Plan
~, согласо́ванный abgestimmter Plan, vereinbarter Plan
~ услу́г Plan der Dienstleistungen, Kundendienstplan m
ГРУЗ m Ladung f, Fracht f, Frachtgut n; Last f; Gewicht n, Masse f; Gut n

без гру́за ohne Ladung, ohne Ballast, ohne Fracht
брать ~ Last (Fracht) nehmen
взве́шивать ~ Ladung wägen (abwägen, auswägen)
востре́бовать ~ Ladung fordern
выбра́сывать ~ за́ борт Ladung über Bord werfen
вывози́ть ~ Ladung ausführen (exportieren)
выгружа́ть ~ Last abladen (entladen, ausladen); (с судна́) löschen
выдава́ть ~ Ladung abliefern (ausliefern)
доставля́ть ~ Ladung ausliefern (liefern, zustellen)
забира́ть ~ Last (Fracht) nehmen
заде́рживать ~ Last beschlagnahmen (zurückhalten)
засыла́ть ~ Last fehlleiten (falsch adressieren)
зацепля́ть ~ стро́пом Last mit Stropp anhaken
защища́ть ~ Last schützen
крепи́ть ~ Last befestigen (festigen)
маркирова́ть ~ Last markieren (beschriften, signieren)
направля́ть ~ Last richten
осма́тривать ~ Last besichtigen (prüfen, kontrollieren)
отгружа́ть ~ Last verladen (zur Verladung bringen)
отправля́ть ~ Güter abfertigen (senden)
очи́стить ~ от по́шлины Güter von Zoll befreien; Güter klarieren (verzollen, bereinigen)
переадресо́вывать ~ Güter umadressieren (neuadressieren)
перева́ливать ~ на грани́це Güter an der Grenze umladen (umschlagen)
передава́ть ~ Last übergeben (überreichen, überbringen)
перемеща́ть ~ Ladung umlagern (umstellen, verlegen)
получа́ть ~ Last bekommen (erhalten, in Empfang nehmen)
предохраня́ть ~ Ladung schützen (vorbeugen, verhüten)
принима́ть ~ Last annehmen
производи́ть тра́нспортную обрабо́тку гру́за Tpansportbearbeitung f des Gutes durchführen (vornehmen)
разгружа́ть ~ Last ausladen (entladen, abladen); (с судна́) löschen

размещáть ~ в трю́ме Ladung unter Deck verstauen
размещáть ~ на склáде Gut (Last) lagern
размещáть ~ на су́дне Frachtgut auf dem Schiff verstauen
рассортирóвывать ~ Frachtgut aussortieren (sortieren)
с больши́м гру́зом mit Sperrgut, mit großer Last
спасáть ~ Frachtgut retten
с пóлным гру́зом mit voller Last
уклáдывать ~ Frachtgut einpacken (verpacken, einlagern)
упакóвывать ~ Frachtgut einpacken (zusammenpacken)
храни́ть ~ Frachtgut aufbewahren (verwahren)
штабели́ровать ~ Frachtgut stapeln
~, адресóванный adressiertes Frachtgut
~, автотрáнспортный Kraftverkehrsladung f
~, бездокумéнтный Ladung ohne Begleitpapiere
~ без марки́ровки Ladung ohne Markierung (Signierung)
~ без упакóвки Ladung ohne Verpackung, unverpackte Ladung
~, бестáрный lose (unverpackte) Ladung, Ladung ohne Verpackung
~ большóй скóрости Eilfracht f
~, бочкóвый faßweise (fässerweise) Ladung
~, бью́щийся brüchige (zerbrechliche) Last
~, взрывчáтый Sprengladung f
~ в ки́пах ballenweise Ladung
~ в корóбках Ladung in Schachteln (in Kartons)
~ в мешкáх sackweise abgepacktes Gut
~ в обрешётке Last in Verschlag (in Bretterverschlag, in Lattenkisten)
~, возду́шный Luftladung f, Luftgut n, Ladung auf dem Luftwege
~ в пакéтах Ladung in Paketen, paketenweise Ladung
~ в упакóвке verpackte Ladung, Ladung in Verpackung
~, вы́брошенный зá борт überbordgeworfenes Gut
~, вы́ставочный Ausstellungsgut n
~ в я́щиках Ladung in Kasten (in Kisten, in Fächern)
~, габари́тный lademaßgerechtes Gut, Gabaritgut n

~, генерáльный Generalcargo m, Generalladung f
~, гóдный к транспортирóвке transportfähiges Gut
~, громóздкий Sperrgut n
~, длинномéрный Langmaßgut n, Langgut n
~, достáвленный zugelieferte (zugestellte) Last
~, железнодорóжный Eisenbahngut n, Eisenbahnlast f
~, жи́дкий flüssiges Gut, flüssige Ladung
~, зáсланный durchgelaufenes Gut
~, застрахóванный versichertes Gut, versicherte Ladung
~, и́мпортный Importgut n, Einfuhrgut n
~, испóрченный verdorbenes (faules; schadhaftes) Gut
~, коммéрческий Nutzladung f
~, конвенционáльный Konventionalgut n
~, контéйнерный Gut in Behältern (in Containern)
~, контрáктный Vertragsladung f
~, легковоспламеня́ющийся leichtentflammbares (leichtentflammtes) Gut
~, лёгкий leichte Ladung
~, малогабари́тный Gut von kleinem Ausmaß
~ мáлой скóрости Frachtgut n
~, маркирóванный markiertes (signiertes) Gut
~, мешкóвый sackweise Ladung
~, морскóй Schiffsladung f
~, навáлочный Freiladegut n, loses Gut, Massengut n
~, наливнóй flüssige Fracht, flüssiges Gut
~ на паллéтах (на поддóнах) Gut auf (in) Paletten
~ на плаву́ schwimmendes Gut
~, насыпнóй Schüttgut n, Stürzgut n
~, неадресóванный nicht adressiertes Gut
~, невострéбованный nicht abgeholtes (nicht in Empfang genommenes) Gut
~, невы́груженный nicht ausgeladenes Gut
~, негабари́тный Außergabaritgut n, Außerlademaßgut n, sperriges Gut
~, недостаю́щий fehlendes Gut
~, незакреплённый lose Ladung
~, незастрахóванный nicht versichertes (unversichertes) Gut

ГРУ

~, незата́ренный unverpacktes (loses) Gut
~, незая́вленный nicht deklarierte Ladung, nicht angemeldetes Gut, Gut ohne Anmeldung
~, не облага́емый по́шлиной nicht verzollbares Gut, nicht mit Zoll erhobenes Gut, zollfreies Gut
~, не опла́ченный по́шлиной unverzolltes Gut
~, непоста́вленный nicht geliefertes Gut
~, неупако́ванный nicht verpacktes Gut, loses Gut
~, обме́рный gemessene Ladung, Raumladung f
~, обра́тный umkehrbares Gut
~, объёмный Volumengut n, volumetrisches Gut
~, огнеопа́сный feuergefährliches Gut
~, одноро́дный gleichartiges Gut
~, опа́сный gefährliches (gefahrvolles) Gut
~, опцио́нный Optionsgut n
~, пакети́рованный packetierte Ladung
~, па́лубный Deckladung f, Decklast f
~, парце́льный Parzellengut n, Gut in Kleinpackungen
~, перевози́мый автотра́нспортом Kraftverkehrlast f, Autotransportladung f
~, перевози́мый на су́дне Dampferladung f, Dampferlast f, Dampferfracht f
~, перевози́мый самолётом Flugzeugsladung f, Flugzeuggut n
~, перемеша́вшийся vermischtes Gut
~, поваго́нный Wagenladung f
~, повреждённый beschädigtes (defektes) Gut, beschädigte Ladung
~, по́лный ganzes (vollständiges) Gut
~, полу́ченный erhaltenes Gut
~, попу́тный Unterwegsladung f
~, поста́вленный geliefertes Gut, gelieferte Ladung (Last)
~, почто́вый Postgut n, Postladung f
~, при́нятый на склад Einlagerungsgut n
~, разноро́дный verschiedensartiges (ungleichartiges) Gut
~, рефрижера́торный Kühlladung f, Kühlgut n
гру́зы, ро́дственные verwandte Lasten
~ ро́ссыпью loses (unverpacktes) Gut; Schüttgut f
~, сбо́рный Sammelgut n, Sammelladung f

ГРУ

~, складско́й Speichergut n, Depotgut n, Lagergut n
~, скоропо́ртящийся leichtverderbliches Gut
~, сме́шанный Mischladung f, gemischte Fracht
~, спасённый gerettete Ladung, gerettetes Gut
~, сро́чный eiliges (dringendes, dringliches) Gut
~, судово́й Schiffsladung f, Schiffsfracht f
~, сухо́й Trockengut n, Trockenfracht f
~, сыпу́чий Schüttgut n
~, та́рный Stückgut n, verpacktes Gut
~, торго́вый Handelsgut n
~, транзи́тный Transitgut n, Durchfuhrgut n, Durchgangsgut n
~, трю́мный Last unter Deck; Gut im Schiffsraum
~, тяжелове́сный Schwer(gewicht)gut n, Schwerlast f
~, упако́ванный verpacktes Gut
~, це́нный wertvolles Gut; Wertfracht f
~, штабели́рованный gestapeltes Gut
~, шту́чный Stückgut n, stückiges Gut
~, экспортный Ausfuhrgut n, Exportgut n
~, я́щичный Kistenware f

ГРУЗИ́ТЬ laden, beladen; verladen; (су́дно) befrachten

ГРУЗОВИ́К m Lastauto n, Lastkraftwagen m, LKW, Lastwagen m
грузи́ть на ~ auf das Lastauto laden (aufladen)
перевози́ть на грузовика́х mit Lastwagen befördern (transportieren)
перегружа́ть на ~ auf den Lastwagen überladen
разгружа́ть ~ Lastwagen entladen (entleeren)
~ большо́й грузоподъёмности Lastkraftwagen von großer Lademasse
~ ма́лой грузоподъёмности Lastkraftwagen von kleiner Lademasse
~ с прице́пом Lastkraftwagen mit Anhänger
~, тяжёлый Schwerlastwagen m

ГРУЗОВЛАДЕ́ЛЕЦ m Guteigentümer m, Frachteigentümer m

ГРУЗОВМЕСТИ́МОСТЬ f Ladefähigkeit f; Laderaum m

~, максимáльная maximale Ladefähigkeit
~, пóлная volle Ladefähigkeit
~ сýдна Laderaum des Schiffes
~, чи́стая Nettoladefähigkeit *f*
ГРУЗОВÓЙ Last-; Fracht-
ГРУЗООБОРÓТ *m* Frachtumsatz *m*, Güterumsatz *m*, Güterumschlag *m*, Güterbeförderungsleistung *f*
ГРУЗООТПРАВИ́ТЕЛЬ *m* Frachtabsender *m*, Ablader *m*; Befrachter *m*
ГРУЗОПЕРЕВÓЗКИ *f pl* Lastentransport *m*, Gütertransport *m*, Güterverkehr *m*

ГРУЗОПОДЪЁМНОСТЬ *f* Tragfähigkeit *f*; *(вагона)* Lademasse *f*; *(судна)* Ladefähigkeit *f*
~ в ... тонн Tragfähigkeit in ... Tonnen
~, полéзная Nutzlast *f*
~ сýдна Tragfähigkeit des Schiffes
ГРУЗОПОДЪЁМНЫЙ Hebe-
ГРУЗОПОЛУЧÁТЕЛЬ *m* Frachtempfänger *m*
ГРУ́ППА *f* Gruppe *f*
~, экспéртная Sachverständigengruppe *f*, Expertengruppe *f*

Д

ДАВА́ЛЬЧЕСКИЙ Lohnveredelungs-
ДАВЛЕ́НИЕ n Druck m
  выде́рживать ~ Druck standhalten
  испы́тывать ~ Druck spüren
  ока́зывать ~ на ... и́ли че́рез ... Druck ausüben auf (durch)...
  под давле́нием unter Druck
  ~, инфляцио́нное Inflationsdruck m
  ~ конкуре́нции Konkurrenzdruck m
  ~ цен Preisdruck m
ДА́ВНОСТЬ f (жалобы) Verjährung f; (векселя) Verfall m, Verjährungsfrist f
  ~, исковая Verjährung f, Klageverjährung f
  ~, приобрета́тельная юр. Ersitzung f
ДА́ННЫЕ pl Daten pl, Angaben f pl; Werte m pl
  выдава́ть ~ Daten ausgeben
  изуча́ть ~ Angaben studieren
  обме́ниваться да́нными Daten austauschen
  обновля́ть ~ Angaben erneuern
  обраба́тывать ~ Daten verarbeiten
  по непо́лным да́нным nach Teilergebnissen
  по предвари́тельным да́нным nach vorläufigen Angaben
  представля́ть ~ Angaben vorlegen
  проверя́ть ~ Angaben prüfen (kontrollieren)
  собира́ть ~ Angaben beschaffen
  ~, анке́тные Fragebogenangaben f pl
  ~, бухга́лтерские Buchangaben f pl
  ~, вы́борочные Angaben nach Wahl
  ~, гаранти́йные Garantieangaben f pl, Garantiedaten pl
  ~, дополни́тельные zusätzliche Angaben
  ~ испыта́ний Angaben der Prüfungen
  ~, исхо́дные Ausgangsdaten pl, Anfangswerte m pl
  ~, ито́говые Gesamtangaben f pl, zusammenfassende (summarische) Angaben
  ~, недостаю́щие fehlende Angaben
  ~, необходи́мые notwendige (erforderliche) Angaben
  ~, непо́лные unvollständige Angaben (Daten)
  ~, непра́вильные falsche Angaben
  ~, о́бщие allgemeine Angaben
  ~, оконча́тельные endgültige Angaben; Endangaben f pl
  ~, основны́е Hauptdaten pl, Hauptwerte m pl
  ~, официа́льные offizielle Angaben
  ~, первонача́льные (перви́чные) Primärdaten f pl
  ~, по́лные volle Angaben
  ~, полу́ченные erfaßte Daten (Angaben)
  ~, предвари́тельные vorläufige Angaben
  ~, прилага́емые beigelegte Angaben
  ~, прогнози́руемые prognosierte Angaben
  ~, прое́ктные Entwurfsdaten pl, Projektdaten pl
  ~, протоко́льные protokollarische Angaben
  ~, рабо́чие Arbeitsdaten pl, Arbeitsangaben f pl
  ~, расчётные Berechnungsdaten pl, Berechnungswerte m pl
  ~, сво́дные gesamte (zusammengefaßte) Angaben; Sammelangaben f pl
  ~, сме́тные kalkulatorische Daten, Kalkulationswerte m pl
  ~, спра́вочные Nachschlagedaten pl, Auskunftsangaben f pl
  ~, сравни́тельные Vergleichsdaten pl, Vergleichsangaben f pl; Vergleichswerte m pl
  ~, статисти́ческие statistische Angaben
  ~, сто́имостные Wertangaben f pl, Wertdaten pl
  ~, техни́ческие technische Daten
  ~, факти́ческие tatsächliche (faktische) Angaben

~, цифровы́е Zahlenangaben *pl*, Zahlenwerte *m pl*
~, эксплуатацио́нные Betriebsdaten *pl*
ДА́ТА *f* Datum *n*; Zeitpunkt *m*
в тече́ние ... дней с да́ты получе́ния или отгру́зки im Laufe von... Tagen ab dato des Erhalts oder der Verladung
определя́ть да́ту Datum bestimmen (festsetzen)
помеча́ть да́той Datum setzen
ука́зывать да́ту Datum angeben (bestimmen)
~ аккредити́ва Datum des Akkreditivs
~ акце́пта Datum des Akzepts (der Annahme)
~ аннули́рования Datum der Annullierung (der Ungültigkeit)
~ вступле́ния в си́лу Datum des Inkrafttretens
~ вы́дачи (*документа*) Ausstellungsdatum *n*
~ вы́езда Datum der Ausreise
~ вы́писки (*векселя, счёта*) Datum des Ausschreibens (der Ausstellung)
~ вы́пуска (*продукции*) Datum des Produktionsausstoßes
~ вы́хода су́дна в мо́ре Datum des Auslaufens des Schiffes
~ гото́вности к отгру́зке (к испыта́ниям, к пу́ску в эксплуата́цию) Datum der Versandbereitschaft (der Prüfungsbereitschaft, der Inbetriebnahme)
~ зая́вки Datum der Forderung (des Antrags)
~ изготовле́ния Herstellungsdatum *n*
~ испыта́ния Prüfungsdatum *n*
~ наступле́ния сро́ка Verfalltag *m*
~ нача́ла рабо́т Datum des Arbeitsbeginns (des Arbeitsanfangs)
~ оконча́ния рабо́т Datum des Arbeitsschlusses
~ оконча́ния сро́ка Datum des Fristablaufs
~ опубликова́ния Datum der Veröffentlichung
~ отгру́зки Verladedatum *n*, Verschiffungsdatum *n*
~ отпра́вки Abgangsdatum *n*
~ отправле́ния су́дна Datum der Abfertigung des Schiffes
~ перехо́да грани́цы Datum der Grenzüberschreitung
~ письма́ Datum des Briefes
~ платежа́ Datum der Zahlung
~ погру́зки Verladedatum *n*, Ladezeit *f*
~ подписа́ния Datum der Unterzeichnung
~ получе́ния Empfangsdatum *n*
~ поста́вки Lieferdatum *n*, Liefertag *m*
~ поступле́ния Eingangsdatum *n*, Eingehensdatum *n*
~ почто́вого штемпеля Datum des Poststempels (des Postsiegels)
~ предложе́ния Datum des Angebots (der Offerte)
~, предполага́емая voraussichtliches (vermutliches) Datum
~ предъявле́ния и́ска Datum des Erhebens der Klage
~ прекраще́ния де́йствия Datum des Aussetzens (der Aussetzung)
~ прете́нзии Datum des Anspruchs (der Forderung, der Beanstandung)
~ прибы́тия (*груза, су́дна*) Ankunftsdatum *n*, Datum des Einlaufens
~ приёмки Datum der Abnahme (der Annahme)
~ прове́рки Datum der Prüfung (der Kontrolle)
~ пу́ска в эксплуата́цию Datum der Inbetriebnahme
~ расторже́ния контра́кта Datum der Annullierung des Kontrakts (der Stornierung des Vertrages, der Kündigung eines Abkommens)
~, устано́вленная festgelegtes (festgesetztes, festgestelltes) Datum
ДАТИ́РОВАННЫЙ datiert
~ бо́лее по́здним число́м datiert mit späterem Datum
~ за́дним число́м nachdatiert
ДАТИ́РОВАТЬ datieren, Datum (Zeitpunkt) angeben
ДАТОВЕ́КСЕЛЬ *m* Datowechsel *m*
ДВИЖЕ́НИЕ *n* Bewegung *f*; (*транспорта*) Verkehr *m*
подде́рживать регуля́рное ~ regelmäßigen Verkehr unterstützen
~, возду́шное Luftverkehr *m*
~, грузово́е Güterverkehr *m*; Lastverkehr *m*
~ де́нег Geldbewegung *f*, Bewegung des Geldes
~, железнодоро́жное Eisenbahnverkehr *m*
~, интенси́вное intensiver Verkehr
~ капита́ла Kapitalbewegung *f*, Bewegung des Kapitals
~, това́рное Warenbewegung *f*

~, транзитное Transitverkehr m, Durchgangsverkehr m
~ фондов Fondsbewegung f
~ цен Preisbewegung f, Preisverlauf m

ДВОЙНОЙ doppelt, zweifach

ДВУСТОРОННИЙ zweiseitig, doppelseitig; bilateral

ДЕБЕНТУРА f (*удостоверение таможни на возврат таможенной пошлины*) Schuldschein m

ДЕБЕТ m Soll n, Sollseite f, Debet n, Debetposten m
записать в ~ in das Soll buchen
~ и кредит Soll und Haben n
~ счёта Soll n; Debetseite f eines Kontos

ДЕБЕТ-НОТА f Debetnote f, Belastungsanzeige f, Lastschriftanzeige f
~ за услуги Debetnote für Dienstleistungen (für Kundendienst)
~ на сумму... Debetnote für die Summe...

ДЕБЕТОВАНИЕ n Belastung f

ДЕБЕТОВАТЬ belasten, in Soll eintragen, debetieren

ДЕБЕТОВЫЙ Soll-, Last-

ДЕБИТОР m Debitor m, Schuldner m

ДЕВАЛЬВАЦИЯ f Abwertung f, Devalvation f (Herabsetzung f) des Geldwertes
проводить девальвацию devalvieren, abwerten
~ валюты Währungsverfall m

ДЕВАЛЬВИРОВАННЫЙ abgewertet, devalviert

ДЕВАЛЬВИРОВАТЬ devalvieren, abwerten, den Geldwert herabsetzen

ДЕВИЗЫ pl (*платёжные средства, выраженные в иностранной валюте*) Devisen pl

ДЕДВЕЙТ m (*полная грузоподъёмность судна*) Deadweight engl.

ДЕЕСПОСОБНОСТЬ f *юр.* Geschäftsfähigkeit f; Arbeitsfähigkeit f
~, ограниченная beschränkte Arbeitsfähigkeit
~ сторон Geschäftsfähigkeit der Seiten

ДЕЕСПОСОБНЫЙ *юр.* geschäftsfähig, handlungsfähig; rechtsfähig

ДЕЙСТВЕННЫЙ wirksam, effektiv; aktiv

ДЕЙСТВИЕ n 1. (*функционирование*) Funktionieren n, Betrieb m, Lauf m 2. (*о документе*) Gültigkeit f, Geltung f, Kraft f; Gültigkeitsdauer f 3. Aktion f, Handlung f
вводить в ~ in Gang bringen (setzen)

возбуждать ~ Verfahren n einleiten
оказывать ~ Wirkung ausüben
прекращать ~ *чего-л.* Gültigkeit einstellen
приводить в ~ in Betrieb (in Gang) setzen, in Gang bringen
продлевать ~ Gültigkeit verlängern
~ аккредитива Gültigkeitsdauer des Akkreditivs
срок действия Gültigkeitsdauer f
~, законное gesetzmäßige (gesetzliche) Aktion
~, незаконное ungesetzliche Handlung
~ обстоятельств Gültigkeit der Umstände einstellen
~, одностороннее einseitige Handlung
~, оспоримое streitig gemachte (abgesprochene, in Abrede gestellte) Aktion
~ патента Gültigkeit des Patents
~, правомерное rechtmäßige Aktion
~, санкционированное sanktionierte (genehmigte) Aktion
~, юридическое juristisches (rechtliches) Verfahren, Rechtsverfahren n

ДЕЙСТВИТЕЛЬНОСТЬ f 1. (*реальность*) Wirklichkeit f, Realität f 2. (*юридическая сила*) Gültigkeit f, Rechtsgültigkeit f
в действительности in der Wirklichkeit
оспаривать ~ (*документа*) Wirksamkeit bestreiten
признавать ~ (*лицензии, патента, прав*) Wirksamkeit anerkennen
проверять ~ патента Wirksamkeit eines Patents prüfen (kontrollieren)
~ документа Wirksamkeit eines Dokuments
~, объективная objektive Wirklichkeit
~ прав Rechtsgültigkeit f

ДЕЙСТВИТЕЛЬНЫЙ 1. (*имеющий силу*) gültig 2. (*реальный*) tatsächlich; wirklich

ДЕЙСТВИЯ n pl Handlungen f pl; Aktionen f pl; Tätigkeit f
предпринимать ~ Aktionen vornehmen
предупреждать ~ Aktionen vorbeugen
~, предварительные einleitende (vorläufige) Handlungen
~, принудительные erzwungene (zwangsläufige) Handlungen
~, совместные gemeinsame Handlungen

ДЕЙСТВОВАТЬ handeln, verfahren, funktionieren; gelten

ДЕЙСТВУЮЩИЙ geltend; aktiv

ДЕКЛАРА́ЦИЯ f Deklaration f, Erklärung f
заполня́ть деклара́цию Deklaration ausfüllen
~, валю́тная Valutaerklärung f, Devisenerklärung f
~ грузоотправи́теля Deklaration des Versenders (des Absenders)
~ капита́на Seeprotest m, Verklarung f
~, нало́говая Steuererklärung f
~ о гру́зах, не облага́емых по́шлиной Deklaration der unverzollbaren Güter
~ продавца́ *бирж.* Deklaration des Verkäufers
~ судово́го гру́за Warendeklaration f
~, тамо́женная Zolldeklaration f, Zollerklärung f
~, тари́фная Tarifdeklaration f, Gebührendeklaration f
~, экспортная Exportdeklaration f, Ausfuhrerklärung f
ДЕКЛАРИ́РОВАТЬ deklarieren; erklären
ДЕКО́РТ m (*скидка на некачественный поставленный товар*) Dekort m
ДЕЛЕГА́ЦИЯ f Delegation f, Abordnung f
возглавля́ть делега́цию Delegation leiten, an der Spitze der Delegation sein
принима́ть делега́цию Delegation empfangen
~, иностра́нная ausländische Delegation
~, прави́тельственная Regierungsdelegation f
~, представи́тельная Repräsentativdelegation f, Vertretungsdelegation f
~, торго́вая Handelsdelegation f
ДЕЛИ́ВЕРИ-О́РДЕР m (*распоряжение о выдаче товара*) Lieferschein m; Auslieferungsauftrag m, delivery order *engl.*
ДЕ́ЛО n 1. (*занятие*) Handwerk n 2. (*судебное*) Prozeß m, Verfahren n, Sache f 3. (*подшивка документов*) Акте f, Aktenstück n 4. (*предприятие*) Unternehmen n, Geschäft n 5. Sache f, Angelegenheit f
вести́ дела́ Geschäfte führen
возбужда́ть ~ Prozeß anstrengen (einleiten, eröffnen)
выи́грывать ~ Prozeß gewinnen
име́ть ~ с *кем-л.* mit jemandem zu tun haben
ликвиди́ровать ~ Geschäft auflösen (abwickeln, liquidieren)
на де́ле in der Wirklichkeit
начать ~ Geschäft beginnen (einleiten)
передава́ть ~ в суд Sache dem Gericht übergeben
по де́лу in Angelegenheit
преуспева́ть в дела́х prosperieren, florieren; vorwärtskommen, Erfolg haben
принима́ть ~ для реше́ния в поря́дке арбитра́жа Angelegenheit zur Lösung im Schiedsgericht annehmen
приступа́ть к де́лу zur Sache übergehen
рассма́тривать ~ Sache verhandeln
расширя́ть ~ Geschäft ausdehnen (erweitern)
реши́ть ~ в чью-л. по́льзу Sache zu jemandes Gunsten entscheiden
слу́шать ~ Sache gerichtlich verhandeln
создава́ть ~ Geschäft gründen (stiften)
ула́живать ~ Konflikt m schlichten; Angelegenheit regeln (erledigen)
урегули́ровать ~ Angelegenheit regeln
учрежда́ть ~ Geschäft gründen (stiften, errichten)
финанси́ровать ~ Geschäft finanzieren
~, арбитра́жное Arbitragefall m, schiedsgerichtliche Sache (Angelegenheit)
~, ба́нковское Bankwesen n, Bankgeschäft n
~, бро́керское Brokergeschäft n, Maklergeschäft n
~, вы́годное nützliches (nutzbringendes, vorteilhaftes, lohnendes, gewinnbringendes) Geschäft
~, конфли́ктное Streitfall m, Konflikt m
~, ма́клерское Maklerangelegenheit f
~, неотло́жное dringende (dringliche, unaufschiebbare) Angelegenheit
~, при́быльное vorteilhaftes (nutzbringendes, lohnendes) Geschäft
~, спо́рное strittige Sache (Angelegenheit); Streitfall m
~, сро́чное dringende Angelegenheit
~, тра́нспортное Transportwesen n, Verkehrswesen n
ДЕЛА́ n pl Angelegenheiten f pl
~, теку́щие laufende Angelegenheiten
~, торго́вые Geschäfte n pl, Handelsgeschäfte n pl
~, фина́нсовые Finanzangelegenheiten f pl
ДЕЛЬКРЕ́ДЕРЕ *неизм. ит.* (*поручительство комиссионера за выполнение покупателем финансовых обязательств*) Delkredere n
ДЕМА́РКЕТИНГ m De-Marketing *engl.*

ДЕМ

ДЕ́МЕРРЕДЖ *m* (*для судов*) Überliegegeld *n*, Standgeld *n*; (*для вагонов*) Liegegebühr *f*
  взима́ть ~ Liegegebühr erheben
  выпла́чивать ~ Liegegebühr auszahlen
ДЕМЗА́Л *m* Demonstrationssaal *m*
ДЕМОНСТРАЦИО́ННЫЙ Demonstrations-
ДЕМОНСТРА́ЦИЯ *f* Demonstrierung *f*, Vorführung *f*
  ~ изобрете́ния Demonstrierung der Erfindung
  ~ моде́лей Demonstrierung der Modelle
  ~ обору́дования Demonstrierung der Ausrüstung
  ~ образцо́в Demonstrierung der Muster
  ~, публи́чная öffentliche Demonstrierung
ДЕМОНСТРИ́РОВАТЬ demonstrieren, vorführen
ДЕМОНТА́Ж *m* Demontage *f*, Demontierung *f*, Abbau *m*
  ~ вы́ставки Demontage der Ausstellung
  ~ обору́дования Demontage der Ausrüstung
  ~ сте́ндов Demontage der Stände
ДЕМОНТИ́РОВАТЬ demontieren, abbauen
ДЕ́МПИНГ *m* Dumping *n*, Preisschleuderei *f*, gezielte Preisunterbietung
  ~, валю́тный Valutadumping *n*
  ~, това́рный Warendumping *n*
ДЕНАЦИОНАЛИЗА́ЦИЯ *f* Reprivatisierung *f*
  проводи́ть денационализа́цию Reprivatisierung vornehmen
ДЕНАЦИОНАЛИЗИ́РОВАТЬ reprivatisieren
ДЕ́НЕЖНЫЙ geldlich, Geld-, pekuniär
ДЕНОМИНА́ЦИЯ *f* Denomination *f*
ДЕНЬ *m* Tag *m*
  в тече́ние... дней со дня (*напр. получе́ния, отпра́вки и т. п.*) im Laufe von... Tagen ab dato
  за ~ einen Tag zuvor
  назнача́ть ~ Tag bestimmen (festsetzen)
  по цене́ дня nach dem Tagespreis
  приходи́ться на ~ auf... Tag fallen
  со дня вы́дачи vom Tage ab dato der Ausgabe (der Aushändigung)
  через... дней после (*акцептова́ния, предъявле́ния*) in (nach) ... Tagen
  ~ валюти́рования (*записи в дебет или кредит*) Tag der Valutierung (der Wertstellung)

ДЕН

  ~ закры́тия вы́ставки Tag des Ausstellungsschlusses (der Ausstellungsschließung)
  ~, календа́рный Kalendertag *m*
  ~, неполный рабо́чий gekürzter Arbeitstag, Kurzarbeitstag *m*
  ~, нерабо́чий arbeitsfreier Tag, Ruhetag *m*
  ~ откры́тия вы́ставки Tag der Eröffnung der Ausstellung
  ~ отправле́ния Absendetag *m*
  ~ отхо́да су́дна Abfahrtstag *m*, Abfahrtsdatum *n*
  ~ платежа́ Zahltag *m*, Lohntag *m*, Gehaltstag *m*
  ~, пого́жий рабо́чий wettererlaubender Arbeitstag
  ~, по́лный рабо́чий voller Arbeitstag
  ~, пра́здничный Feiertag *m*
  ~ прибы́тия Ankunftstag *m*
  ~ прие́мки Tag der Abnahme (*der Ware*)
  ~, рабо́чий Arbeitstag *m*, Werktag *m*
  ~ расчёта Tag der Abrechnung (der Verrechnung)
ДЕ́НЬГИ *pl* Geld *n*
  ассигно́вывать ~ Geld bewilligen (zuweisen, zuwenden)
  брать ~ (*со счёта*) Geld abheben
  вкла́дывать ~ в банк Geld bei der Bank einlegen
  вноси́ть ~ в депози́т Geld deponieren (hinterlegen)
  вноси́ть ~ на счёт Geld auf das Konto anlegen
  возвраща́ть ~ Geld zurückzahlen
  возмеща́ть ~ Geld ersetzen
  выпла́чивать ~ Geld zahlen (auszahlen)
  выпуска́ть ~ Geld in Umlauf setzen (emittieren)
  держа́ть ~ в ба́нке Geld auf der Bank haben
  занима́ть ~ Geld borgen (leihen)
  занима́ть ~ под закладну́ю Geld gegen Pfandbrief borgen (leihen)
  занима́ть ~ под проце́нты Geld gegen Prozente (Zinsen) borgen
  запи́сывать (зачисля́ть) ~ в резе́рв Geld der Reserve zuführen
  зараба́тывать ~ Geld verdienen
  изыма́ть ~ из обраще́ния Geld aus dem Umlauf (aus dem Verkehr) ziehen
  класть ~ в банк Geld deponieren (hinterlegen)
  класть ~ на сро́чный вклад Termingeld *n* einlegen

копи́ть ~ Geld sparen
меня́ть ~ Geld wechseln
переводи́ть (пересыла́ть) ~ по по́чте (по телегра́фу) Geld per Post (telegraphisch) anweisen (überweisen)
получа́ть ~ Geld bekommen (erhalten, einnehmen, einkassieren)
получа́ть ~ в ба́нке Geld bei der Bank bekommen (erhalten; einnehmen)
получа́ть ~ по ве́кселю Wechsel m einlösen
получа́ть ~ по че́ку Geld gegen Scheck bekommen (einnehmen)
принима́ть ~ на вклад Geld zur Einlage annehmen
разме́нивать ~ Geld wechseln (eintauschen)
расхо́довать ~ Geld ausgeben (verausgaben)
снима́ть ~ со счёта Geld vom Konto abheben
ссужа́ть ~ под проце́нты Geld gegen Zinsen borgen (leihen)
тра́тить ~ Geld ausgeben (verbrauchen)
храни́ть ~ в ба́нке Geld auf der Bank deponieren (halten)
эконо́мить ~ Geld sparen (einsparen)
~, бума́жные Papiergeld n
~, взя́тые взаймы́ geliehenes (geborgenes, auf Borg genommenes) Geld
~ в обраще́нии Geldverkehr m
~, «горя́чие» «heißes» Geld, fluktuierendes Geld
~, комиссио́нные Provision f
~, контрсталли́йные (на жел. доро́ге) Überliegegeld n, Liegegebühr f; (в судохо́дстве) Standgeld n
~, креди́тные Kreditgeld n
~, ме́лкие Kleingeld n
~, нали́чные Bargeld n, bares Geld; верфю́гбаре Gelder
~ на теку́щем счету́ Buchgeld n, Bankguthaben n
~, неизрасхо́дованные nicht ausgegebenes (nicht verausgabtes) Geld
~, неразме́нные nicht konvertierbares (nicht einlösbares) Geld
~, обесце́ненные entwertetes Geld
~, оста́вшиеся Restgeld n
~, отступны́е Entschädigungssumme f; Abstandssumme f
~, подъёмные Umzugsgeld n
~, полу́ченные eingenommenes (einkassiertes) Geld
~, премиа́льные Prämiengelder n pl

~, разме́нные Wechselgeld n
~, реа́льные reelles Geld
~, сверхконтрсталли́йные Überliegegeld n
~, су́точные Tagegeld n; Diäten pl
~, фальши́вые Falschgeld n, gefälschtes (falsches) Geld
ДЕПОЗИ́Т m Depositum n, Einlage f, Depot n
вноси́ть де́ньги в ~ Geld deponieren (hinterlegen)
выпла́чивать де́ньги по депози́ту Geld gegen Depositenschein zahlen
переводи́ть де́ньги на ~ Geld auf Depositenkonto überweisen
перечисля́ть де́ньги с депози́та Geld vom Depositenkonto überweisen
разблоки́ровать ~ Depositenkonto n freigeben
уде́рживать ~ Depositum einbehalten
~, ба́нковский Bankdepot n, Bankeinlage f
~, бессро́чный Sichteinlage f
~, гаранти́йный Garantiehinterlegung f, Garantiedepot n
~ до востре́бования Depositum auf Abruf; Sichtdepositum n; postlagerndes Depositum
~, краткосро́чный Depositum auf kurze Sicht
~, обы́чный gewöhnliches (übliches) Depositum
~, резе́рвный Reservedepositum n, Ergänzungsdepositum n
~, специа́льный Spezialdepot n
~, сро́чный Temindepositum n, befristetes Depositum; Zeitanlage f
~ с фикси́рованным сро́ком Depositum mit fixirter Laufzeit
~, усло́вный bedingtes (konventionelles) Depositum
ДЕПОЗИТА́РИЙ m Depositar m; Depositär m, Verwahrer m
ДЕПОНЕ́НТ m Deponent m, Hinterleger m, Einzahler m
ДЕПОНИ́РОВАНИЕ n Deponierung f, Deponieren n, Hinterlegung f, Hinterlegen n
~ де́нежной су́ммы Deponierung einer Geldsumme
ДЕПОНИ́РОВАТЬ deponieren, hinterlegen, ein Depot hinterlegen
ДЕПО́РТ m бирж. (ски́дка с усло́вленного ку́рса) Deport m, Deportgeschäft n

ДЕП

ДЕПРЕ́ССИЯ *f* Depression *f;* Flaute *f*
~, экономи́ческая ökonomische (wirtschaftliche) Depression
ДЕРЖА́ТЕЛЬ *m* Halter *m,* Besitzer *m,* Inhaber *m*
~ аккредити́ва Akkreditivhalter *m,* Akkreditivbesitzer *m*
~ а́кций Aktienbesitzer *m,* Aktienhalter *m,* Aktionär *m*
~ ве́кселя Wechselinhaber *m*
~, доброcо́вестный gewissenhafter (gutgläubiger) Besitzer
~ докуме́нтов Dokumentenbesitzer *m,* Besitzer der Unterlagen
~, зако́нный Rechtsbesitzer *m,* rechtlicher Inhaber
~ зало́га Pfandbesitzer *m*
~ ипоте́ки Hypothekengläubiger *m*
~ коносаме́нта Konnossementsbesitzer *m*
~ лице́нзии Lizenzbesitzer *m*
~ облига́ций Obligationeninhaber *m,* Obligationär *m*
~, после́дующий folgender (nachfolgender) Inhaber
~, предыду́щий vorheriger (vorhergehender) Inhaber
~ страхово́го по́лиса Besitzer der Versicherungspolice
~ тра́тты Tratteninhaber *m*
ДЕТА́ЛИ *f pl* Details *n pl;* Werkstücke *n pl,* Teile *m pl*
заменя́ть ~ Details (Werkstücke) ersetzen
име́ть ~ на скла́де Details auf dem Lager haben
~, взаимозаменя́емые Austauschteile *m pl*
~, комплекту́ющие Komplettierungsteile *m pl*
~, расхо́дуемые verbrauchende Details
ДЕТА́ЛЬ *f* Detail *n,* Einzelteil *n,* Teil *n,* Werkstück *n*
~, брако́ванная Ausschußdetail *n*
~, быстроизна́шивающаяся Verschleißteil *n*
~, гото́вая Fertigteil *n*
~, запасна́я Ersatzteil *n,* Reserveteil *n*
~, неиспра́вная defektes (nicht intaktes, fehlerhaftes) Detail
~, основна́я Hauptdetail *n,* wesentliches Detail
~, ремо́нтная Reparaturdetail *n*
~, сме́нная Austauschteil *n*
~, станда́ртная Standardteil *n*

ДЕФ

ДЕТЕ́НШЕН *m* 1. (*задержка, простой судна*) Liegetage *m pl* eines Schiffes; Liegezeit *f* 2. (*возмещение за задержку судна сверх срока*) detention *engl.,* Schadenersatz *m* (Schadenvergütung *f*) für Liegetage (Liegezeit *f*)
ДЕФЕ́КТ *m* Mangel *m;* Fehler *m;* Defekt *m,* Schaden *m,* Störung *f*
име́ть ~ Defekt haben
исправля́ть ~ Defekt ausbessern (reparieren, instandsetzen; beheben)
не име́ть дефе́кта keinen Defekt haben
обнару́живать ~ Defekt (Mangel, Fehler) entdecken
скрыва́ть ~ Defekt verheimlichen (geheimhalten)
устраня́ть ~ Defekt beseitigen (beheben)
~ в констру́кции Mangel in der Konstruktion
~, вне́шний Außenmangel *m,* äußerlicher Fehler
~, вну́тренний innerer Defekt (Fehler)
~, вы́званный *чем-л.* von *etwas* verursachter (hervorgerufener) Mangel
~ завóда-изготови́теля Defekt (Fehler) des Herstellerwerkes
~, кру́пный großer Fehler
~, ме́лкий kleiner Fehler
~, незначи́тельный unwesentlicher Fehler
~, обнару́женный festgestellter (aufgefundener) Mangel
~, опа́сный gefährlicher Fehler
~, пове́рхностный oberflächlicher Fehler
~, предполага́емый vermutlicher (wahrscheinlicher) Fehler
~ произво́дства Mangel der Produktion (des Produktionsbetriebes)
~, серьёзный ernster (wichtiger, schwerwiegender) Mangel
~, скры́тый verdeckter Mangel
~ товáра Defekt der Ware
~ упако́вки Defekt der Verpackung
~, устрани́мый ausbesserungsfähiger Fehler
~, я́вный offensichtlicher Fehler (Schaden)
ДЕФЕ́КТНЫЙ defekt, fehlerhaft; beschädigt; mangelhaft
ДЕФИЦИ́Т *m* Defizit *n,* Fehlbetrag *m,* Fehlmenge *f,* Manko *n,* Velust *m,* Lücke *f*
име́ть ~ Defizit (Fehlmenge) haben
компенси́ровать ~ Defizit kompensieren (ausgleichen)

покрывать ~ Defizit decken
сократить ~ Defizit einschränken
~, бюджетный Haushaltsdefizit n
~, валютный Devisenmangel m; Devisenlücke f, Devisenknappheit f
~, внешнеторговый Außenhandelsdefizit n
~, кассовый Kassendefizit n, Rechnungsdefizit n
~, непокрытый ungedecktes Defizit
~ платёжного баланса Zahlungsbilanzdefizit n, Zahlungsmitteldefizit n
~ рабочей силы Mangel an der Arbeitskraft, Arbeitskräftemangel m
~ текущего счёта Defizit laufender Rechnung (laufenden Kontos); Fehlbetrag im laufenden Konto
~ товаров Warenmangel m, Warenverknappung f
~ торгового баланса Defizit der Handelsbilanz; negativer Saldo der Handelsbilanz
~, финансовый betrieblicher Verlust, Betriebsgeschäftsverlust m; Finanzdefizit n; Haushaltsdefizit n
~, хронический chronisches Defizit
ДЕФИЦИТНЫЙ Defizit-, defizitär; verlustbringend
ДЕФЛЯЦИОННЫЙ Deflations-, deflatorisch, deflationistisch
ДЕФЛЯЦИЯ f Deflation f
ДЕШЕВИЗНА f Billigkeit f, Wohlfeilheit f; niedrige Preise
ДЕШЁВЫЙ billig, wohlfeil; niedrig im Preis; preiswert
ДЕЯТЕЛЬНОСТЬ f Tätigkeit f, Aktivität f, Leistung f; Betätigung f, Beschäftigung f, Wirken n
возобновлять ~ Aktivität (Tätigkeit) erneuern (wiederaufnehmen)
координировать ~ Tätigkeit koordinieren
обсуждать ~ Aktivität besprechen
приостанавливать ~ Aktivität unterbrechen (aufhalten)
расширять ~ Aktivität erweitern (ausweiten)
~, активная aktive Tätigkeit
~, банковская Bankverkehr m, Bankbetrieb m
~, внешнеторговая Außenhandelstätigkeit f
~, внешнеэкономическая Außenwirtschaftstätigkeit f, außenwirtschaftliche Tätigkeit

~, деловая Geschäftstätigkeit f, geschäftliche Tätigkeit
~, заготовительная Beschaffungstätigkeit f, Erfassungstätigkeit f
~, закупочная Kauftätigkeit f
~, коммерческая Handelstätigkeit f, kommerzielle (kaufmännische) Tätigkeit
~ компании Tätigkeit der Gesellschaft (der Kompanie)
~, лицензионная Lizenztätigkeit f; lizenzierte Tätigkeit
~, направленная на стимулирование сбыта die zur Förderung des Absatzes gerichtete Tätigkeit
~, научно-производственная betriebswissenschaftliche Tätigkeit
~, оперативная Operativtätigkeit f, operative Tätigkeit
~, оптовая Großhandelstätigkeit f
~, основная Grundtätigkeit f, grundlegende Tätigkeit
~, практическая praktische Tätigkeit
~, производственная Produktionstätigkeit f
~, рационализаторская Rationalisierungstätigkeit f, Verbesserungstätigkeit f
~, рекламная Werbetätigkeit f
~, снабженческая Belieferungstätigkeit f
~, совместная Gemeinschaftstätigkeit f, gemeinsame (gemeinschaftliche) Tätigkeit
~, творческая schöpferische Tätigkeit
~, торговая Handelstätigkeit f
~, торгово-сбытовая Handels- und Absatztätigkeit f
~, трудовая Arbeitstätigkeit f
~, финансовая Finanztätigkeit f
~, хозяйственная Wirtschaftstätigkeit f, Geschäftstätigkeit f
~, экономическая Wirtschaftstätigkeit f, wirtschaftliche Tätigkeit
ДИВЕРСИФИКАЦИЯ f Diversifikation f; Diversifizierung f
~ внешнеэкономических связей Diversifikation der wirtschaftlichen Beziehungen
~ деятельности Diversifikation der Tätigkeit
~ продукта Diversifikation des Produkts (des Erzeugnisses)
~ промышленного производства Diversifikation der Industrieproduktion
~ торговли Diversifikation des Handels (im Handel)
~ экономики Diversifikation der Wirtschaft; ökonomische Diversifikation

~ э́кспорта Diversifikation der Ausfuhr (des Exports)
ДИВИДЕ́НД m Dividende f, Gewinnanteil m
выпла́чивать ~ Devidende ausschütten
приноси́ть ~ Dividende abwerfen (bringen)
~, годово́й Jahresdividende f
~, заключи́тельный Abschlußdividende f
~, кварта́льный Quartaldividende f
~, объя́вленный deklarierte (erklärte) Dividende
~, предвари́тельный Abschlagsdividende f
ДИВИДЕ́НДЫ pl Dividenden f pl
~, нако́пленные angelaufene Dividenden
~, отсро́ченные hinausgeschobene (prolongierte) Dividenden
ДИЗА́ЖИО n (вычет из установленного курса или нарицательной цены) Disagio n, Abschlag m
ДИ́ЛЕР m Dealer m, Jobber m; Händler m
~, биржево́й Börsendealer m; Börsenmakler m, Broker m
~ по опера́циям с це́нными бума́гами Effektenhändler m, Wertpapierhändler m
~ по сде́лкам с пре́мией Dealer für Prämiengeschäfte
ДИМА́ЙЗ-ЧА́РТЕР m (договор фрахтования судна на срок, в течение которого фрахтователь становится фактическим владельцем судна) demise-charter engl.
ДИРЕКТИ́ВА f Direktive f, Richtlinie f; Weisung f
сле́довать директи́вам Direktiven befolgen (einhalten)
устана́вливать директи́вы Direktiven geben
ДИРЕ́КТОР m Direktor m; Leiter m
~ вы́ставки Direktor der Ausstellung
~, генера́льный Generaldirektor m
~ заво́да Werksdirektor m
~, исполни́тельный Exekutivdirektor m
~, комме́рческий Kommerzdirektor m, Geschäftsführer m; kaufmännischer Direktor
~ павильо́на Direktor des Pavillions
~ предприя́тия Werksleiter m
~, техни́ческий technischer Direktor
~, фина́нсовый Finanzdirektor m, Direktor für Finanzen

ДИРЕ́КТОР-АДМИНИСТРА́ТОР m Verwalter m, Manager m, Geschäftsführer m
ДИРЕ́КТОР-ИСПОЛНИ́ТЕЛЬ m Exekutivdirektor m
ДИРЕ́КТОР-РАСПОРЯДИ́ТЕЛЬ m geschäftsführender Direktor
ДИРЕ́КЦИЯ f Direktion f, Leitung f
~ по́рта Direktion (Verwaltung f) des Hafens
~ предприя́тия Betriebsdirektion f
~ я́рмарки Direktion der Messe
ДИСБАЛА́НС m Disbilanz f
~ во вне́шней торго́вле Disbilanz im Außenhandel
~ во вне́шних расчётах Disbilanz in Außenhandelsverrechnungen
ДИСКО́НТ m Diskont m; Zinsabzug m
~, ба́нковский Bankdiskont m
~ векселе́й Wechseldiskont m
ДИСКОНТИ́РОВАНИЕ n Diskontierung f
ДИСКОНТИ́РОВАТЬ diskontieren
ДИСКО́НТНЫЙ Diskont-
ДИСКРИМИНАЦИО́ННЫЙ diskriminierend, Diskriminierungs-
ДИСКРИМИНА́ЦИЯ f Diskriminierung f
ликвиди́ровать дискримина́цию Diskriminierung beseitigen (liquidieren)
~ в торго́вле Handelsdiskriminierung f, Diskriminierung im Handel
~ в экономи́ческих отноше́ниях Diskriminierung in den wirtschaftlichen Beziehungen (in den ökonomischen Verhältnissen)
~, креди́тная Kreditdiskriminierung f
~, торго́вая Handelsdiskriminierung f
~, ценова́я Preisdiskriminierung f
~, экономи́ческая wirtschaftliche Diskriminierung
ДИ́СПАЧ m (премия за более быструю погрузку или разгрузку) Eilgeld n, Despatschgeld n
выпла́чивать ~ Eilgeld auszahlen
получа́ть ~ Eilgeld bekommen (erhalten)
свобо́дно от ди́спача frei vom Eilgeld
~ то́лько за досро́чную погру́зку Eilgeld nur für vorfristiges Entladen
ДИСПА́ША f страх. (расчёт убытков по общей аварии и их распределение между участниками рейса) Dispache f, Schadensaufmachung f
оспа́ривать диспа́шу Dispache bestreiten

подготáвливать диспáшу Dispache vorbereiten
регистрировать диспáшу Dispache registrieren
составлять диспáшу Dispache aufmachen
~, аварийная Havariedispache *f*
~ по óбщей авáрии Dispache über große Havarie

ДИСПАШЁР *m страх. (специалист по оценке убытков по общей аварии и составлению диспаши)* Dispacheur *m*

ДИСТРИБЬЮТЕР *m (посредник, занимающийся распространением товара)* Distribuent *m*

ДИФФЕРЕНЦИÁЦИЯ *f* Differenzierung *f*
~ зарабóтной плáты Differenzierung des Arbeitslohns (des Gehalts); Lohndifferenzierung *f*
~ продýкции Differenzierung der Produktion
~ цен Differenzierung der Preise; Preisdifferenzierung *f*

ДИФФЕРЕНЦИРОВАТЬ differenzieren, staffeln

ДЛИНÁ *f* Länge *f*
~, габаритная Baulänge *f*, größte Länge

ДЛИТЕЛЬНОСТЬ *f* Dauer *f*, Zeit *f*
~ просрóчки Verzugsdauer *f*; Terminversäumniszeit *f*
~ реклáмы Werbungsdauer *f*, Reklamezeit *f*
~ хранéния Lagerdauer *f*, Lagerzeit *f*
~ эксплуатáции Dauerbetrieb *m*

ДЛИТЕЛЬНЫЙ dauerhaft, dauernd

ДНИ *m pl* Tage *m pl*
~ демерреджа Überliegezeit *f*
~ диспáча Dispachetage *m pl*
~, контрсталийные Liegetage *m pl*
~, льгóтные Respekttage *m pl*, Diskretionstage *m pl*; Fristtage *m pl*
~ на разгрýзку Tage für das Entladen
~, послéдовательные aufeinanderfolgende Tage
~ простóя сýдна Liegetage *m pl*
~, сталийные (стояночные) Liegetage *m pl*

ДОБРОКÁЧЕСТВЕННОСТЬ *f* Güte *f*, gute (hohe) Qualität, einwandfreie (fehlerfreie) Beschaffenheit

ДОБРОКÁЧЕСТВЕННЫЙ von guter Qualität

ДОВÉРЕННОСТЬ *f* Vollmacht *f*; Bevollmächtigung *f*

аннулировать ~ Vollmacht annullieren (für ungültig erklären)
выдавáть ~ Vollmacht ausstellen
имéть ~ Vollmacht haben (besitzen)
оформлять ~ Vollmacht abfassen
по довéренности in (laut) Vollmacht; gemäß Bevollmächtigung
подписывать по довéренности in Vollmacht unterschreiben
предъявлять ~ Vollmacht vorzeigen
~ на имя Vollmacht auf (für) den Namen
~ на получéние Empfangsberechtigungsschein *m*
~, óбщая Blankovollmacht *f*, Generalvollmacht *f*
~, письменная schriftliche Bevollmächtigung

ДОВЕРИТЕЛЬ *m* Vollmachtgeber *m*

ДОГОВÁРИВАТЬСЯ sich vereinbaren; übereinkommen, abmachen, sich verabreden

ДОГОВÓР *m* Vertrag *m*; Kontrakt *m*
аннулировать ~ Vertrag annullieren (stornieren; für ungültig erklären)
возобновлять ~ Vertrag wiederaufnehmen (erneuern)
вступáть в ~ Vertrag schließen, kontrahieren
выполнять ~ Vertrag ausführen
заключáть ~ Vertrag abschließen (tätigen)
исполнять ~ Vertrag ausführen (erfüllen)
нарушáть ~ Vertrag brechen (verletzen)
обуслóвливать договóром durch Vertrag bedingen; vertragsbedingt sein
отказываться от договóра vom Vertrag zurücktreten; vom Vertrag Abstand nehmen
оформлять ~ Vertrag abfassen
парафировать ~ Vertrag paraphieren (unterzeichnen)
по договóру laut Vertrag; vertragsmäßig, vertragsgemäß, vertraglich
прекратить дéйствие договóра Gültigkeit *f* des Vertrages abbrechen (erlöschen)
продлевáть ~ Vertrag prolongieren (verlängern)
расторгáть ~ Vertrag auflösen (annullieren, kündigen)
соблюдáть ~ Vertrag einhalten
соглáсно договóру laut Vertrag
составлять ~ Vertrag aufstellen (aufnehmen)

ДОГ

~, аге́нтский Agenturvertrag *m*
~, аре́ндный Pachtvertrag *m*
~, ба́ртерный Tauschabkommen *n*
~, бессро́чный unbefristeter Vertrag
~, бодмере́йный Bodmereivertrag *m*
~, внешнеторго́вый Außenhandelsvertrag *m*
~, внешнеэкономи́ческий Außenwirtschaftsvertrag *m*, außenwirtschaftlicher Vertrag
~ возду́шной перево́зки (*грузов*) Luftfrachtvertrag *m*
~, гаранти́йный Garantievertrag *m*
~, генера́льный Generalvertrag *m*
~, двусторо́нний zweiseitiger (bilateraler) Vertrag
~, долгосро́чный langfristiger Vertrag
~, индивидуа́льный Einzelvertrag *m*, individueller Vertrag
~, коллекти́вный Kollektivvertrag *m*, Betriebskollektivvertrag *m*
~ консигна́ции Konsignationsvertrag *m*
~ ку́пли-прода́жи Kaufvertrag *m*
~, лицензио́нный Lizenzvertrag *m*
~, ма́клерский Maklervertrag *m*
~, многосторо́нний mehrseitiger (multilateraler) Vertrag
~, монопо́льный Alleinvertretervertrag *m*
~ морско́го страхова́ния Vertrag der Seefahrtsversicherung
~ морско́й перево́зки Seefrachtvertrag *m*, Schiffsbefrachtungskontrakt *m*
~ на́йма Mietvertrag *m*, Heuervertrag *m*
~ на отгру́зку Verladenvertrag *m*, Versandvertrag *m*
~ на перево́зку Beförderungsvertrag *m*, Frachtvertrag *m*; Chartervertrag *m*
~ на переда́чу но́у-ха́у Know-how-Vertrag *m*
~ на поста́вку Liefervertrag *m*, Lieferungsvertrag *m*
~ на реа́льный това́р бирж. Effekivgeschäft *n*, Effektivvertrag *m*
~ на эксплуата́цию Nutzungsvertrag *m*
~, недействи́тельный ungültiger (nichtiger) Vertrag
~, неравнопра́вный ungleichberechtigter Vertrag
~ об агенти́ровании су́дна Schiffsversorgungsvertrag *m*
~ об аре́нде Pachtvertrag *m*, Pachtkontrakt *m*
~ об исключи́тельном пра́ве на прода́жу Alleinverkaufsvertrag *m*

~ о переда́че иму́щества Treuhandvertrag *m*
~ о переда́че това́ров на консигна́цию Konsignationsvertrag *m*
~ о переусту́пке прав Vertrag über Weiterabtretung der Rechte
~ о поку́пке Kaufvertrag *m*
~ о поручи́тельстве Haftungsvertrag *m*
~ о сда́че в аре́нду Mietvertrag *m*; Pachtvertrag *m*
~ о сотру́дничестве Vertrag über Zusammenarbeit
~ о спасе́нии Vertrag über die Rettung
~ о строи́тельстве Bauvertrag *m*
~ о това́рных зна́ках Vertrag über Warenzeichen (über Handelsmarken)
~ о фрахтова́нии су́дна Frachtvertrag *m*
~ о фрахтова́нии су́дна без экипа́жа Frachtvertrag ohne Bemannung
~, пате́нтный Patentenvertrag *m*
~ перестрахова́ния Rückversicherungsvertrag *m*
~ подря́да Werkvertrag *m*
~ поруче́ния Geschäftsausführungsvertrag *m*
~ прода́жи Verkaufsvertrag *m*
~, произво́дственный Produktionsvertrag *m*, Fertigungsvertrag *m*
~, прямо́й хозя́йственный Direktvertrag *m*
~, равнопра́вный gleichberechtigter Vertrag
~, ра́зовый einmaliger Vertrag
~ с пра́вом продле́ния Vertrag mit Recht der Prolongierung
~ страхова́ния Versicherungsvertrag *m*
~ субфрахтова́ния Subfrachtvertrag *m*
~, типово́й Standardvertrag *m*, Mustervertrag *m*
~, торго́вый Handelsvertrag *m*
~, трудово́й Arbeitsvertrag *m*, Arbeitskontrakt *m*
~, хозя́йственный Wirtschaftsvertrag *m*

ДОГОВОРЁННОСТЬ *f* Abmachung *f*; Vereinbarung *f*, Verabredung *f*
дости́чь договорённости Abmachung treffen
по договорённости laut Vereinbarung
согла́сно договорённости laut Vereinbarung
~, оконча́тельная endgültige Vereinbарung
~ по контра́кту Vereinbarung laut Vertrag

~, предварительная vorläufige Vereinbarung
~, устная mündliche Vereinbarung
~, финансовая Finanzvereinbarung *f*, finanzielle Vereinbarung

ДОГОВОРИ́ТЬСЯ sich vereinbaren; übereinkommen, abmachen

ДОГОВО́РНЫЙ vertraglich, Vertrags-, vertragsmäßig

ДОГРУ́ЗКА *f* Zuladung *f*

ДОДЕ́ЛКА *f* Nacharbeit *f*

ДОК *m* Dock *n*
входи́ть в ~ ins Dock einlaufen
выходи́ть из до́ка aus dem Dock auslaufen
ста́вить су́дно в ~ Schiff *n* ins Dock bringen, Schiff *n* docken
стоя́ть в до́ке im Dock liegen

ДОКАЗА́ТЕЛЬСТВО *n* Beweis *m*, Beweismittel *n*; Beleg *m*
предоставля́ть доказа́тельства Beweise vorlegen (vorweisen)
~, документа́льное dokumentarischer Beweis
~, дополни́тельное Zusatzbeweis *m*, zusätzicher Beweis
~ ка́чества Beweis der Qualität
~ новизны́ Beweis der Neuheit (der Neuerung)
~, пи́сьменное schiftlicher Beweis
~ уще́рба Beweis des Schadens (des Verlustes)

ДО́КЕР *m* Hafenarbeiter *m*, Schauermann *m*

ДОКУМЕ́НТ *m* Dokument *n*, Urkunde *f*, Schriftfück *n*; Beleg *m*; Akte *f*
визи́ровать ~ Dokument visieren (beglaubigen)
вноси́ть в ~ ins Dokument eintragen
вруча́ть ~ Dokument aushändigen
выдава́ть ~ Urkunde ausgeben (ausstellen)
выдава́ть докуме́нты про́тив распи́ски Dokumente *n pl* gegen Bescheinigung (Quittung) erteilen
выпи́сывать ~ Dokument ausstellen (ausfertigen)
заверя́ть ~ Dokument beglaubigen (beteuern)
направля́ть ~ Dokument richten (adressieren)
не принима́ть ~ Dokument nicht aufnehmen
опла́чивать ~ Dokument bezahlen (begleichen)
оформля́ть ~ Dokument ausfertigen
передава́ть ~ по индоссаме́нту Dokument durch Indossament überweisen
рассма́тривать ~ Dokument prüfen (untersuchen)
регистри́ровать ~ Dokument registrieren
тре́бовать ~ Dokument fordern (verlangen)
удостоверя́ть ~ Dokument bescheinigen (beurkunden, beglaubigen)
~, ба́нковский Bankdokument *n*
~, ве́домственный amtliches (behördliches) Papier, Amtspapier *n*, Verwaltungspapier *n*
грузовы́е докуме́нты Frachtpapiere *n pl*
~, директи́вный Direktivdokument *n*, richtungweisendes Dokument
~ для опла́ты Zahlungsdokument *n*
~, догово́рно-правово́й vertragsrechtliches Dokument
~, зало́говый Pfandschein *m*
~, зая́вочный Bestelldokument *n*, Antragsdokument *n*
~, ито́говый Abschlußdokument *n*, zusammenfassendes Dokument
~ на предъяви́теля Abholerausweis *m*
~, норматив́но-правово́й normativrechtliches Dokument, Normativakte *f*, Ordnungsvorschriften *f pl*
~, норматив́но-техни́ческий normativtechnisches Dokument
~, нормати́вный Normativakte *f*
~, оборо́тный übertragbare Urkunde; gekorenes (gewillkürtes) Orderpapier
~, обусло́вленный ausbedungenes Dokument
~, оправда́тельный Abrechnungsbeleg *m*, Rechnungsbeleg *m*
~, о́рдерный Orderpapier *n*
~, основно́й Grundpapier *n*
~, отчётный Rechenschaftsbeleg *m*
~, оце́ночный Bewertungsbeleg *m*, Abschätzungsbeleg *m*
~, пате́нтный Patentbeleg *m*
~, перево́зочный Beförderungsdokument *n*, Beförderungspapier *n*
~, погру́зочный Verladedokument *n*
~, подде́льный gefälschtes (falsches) Dokument
~, по́длинный Originalurkunde *f*, echte Urkunde
~, подпи́санный unterschriebenes (unterzeichnetes) Dokument

~, подтверждáющий Beleg *m*, Nachweis *m*
~, правовóй juristisches Dokument, Rechtsdokument *n*
~, препроводи́тельный Begleitpapier *n*
~, прилагáемый beigefügtes (beigelegtes) Dokument
~, рабóчий Arbeitsdokument *n*
~, расхóдный Ausgabedokument *n*; Solldokument *n*
~, расчётный Verrechnungsdokument *n*
~, складскóй Lagerdokument *n*, Lagerschein *m*
~, сопроводи́тельный Begleitschein *m*, Warenbegleitschein *m*
~, страховóй Versicherungsdokument *n*, Versicherungsurkunde *f*
~, трáнспортный Transportdokument *n*
~, уставнóй Statutendokument *n*
~, учреди́тельный konstituierendes Dokument, Gründungsurkunde *f*
~, фина́нсовый Finanzdokument *n*
~, экспортный Ausfuhrdokument *n*, Exportdokument *n*
~, юриди́ческий juristisches Dokument, Rechtsdokument *n*
ДОКУМЕНТА́ЦИЯ *f* Dokumentation *f*, Unterlagen *f pl*
оформля́ть документáцию Dokumentation anfertigen (ausfertigen)
подготáвливать документáцию Dokumentation vorbereiten
представля́ть документáцию Dokumentation vorlegen (einreichen)
разрабáтывать документáцию Dokumentation ausarbeiten
~, монтáжная Montagedokumentation *f*, Montageunterlagen *f pl*
~, окончáтельная endgültige Dokumentation
~, патéнтная Patentdokumentation *f*
~, платёжная Zahlungsdokumentation *f*, Zahlungsunterlagen *f pl*
~, проéктная Entwurfsdokumentation *f*
~, проéктно-смéтная Voranschlagsdokumentation *f*
~, проéктно-техни́ческая technische Projektierungsunterlagen *f pl*, technische Projektierungsdokumentation *f*
~, расчётная Berechnungsdokumentation *f*
~, смéтная Anschlagsdokumentation *f*; veranschlagte Dokumentation
~, тамóженная Zolldokumentation *f*

~, техни́ческая technische Dokumentation
~, товарораспредели́тельная Warenverteilungsdokumentation *f*; Besitzurkunde *f*; Dispositionspapiere *n pl*
~, товаросопроводи́тельная Warenbegleitdokumentation *f*
~, трáнспортная Transportdokumentation *f*, Transportunterlagen *f pl*, Beförderungspapiere *n pl*
~, учётно-регистрациóнная Registrierungsdokumentation *f*
ДОКУМÉНТЫ *m pl* Dokumente *n pl*; Schriftgut *n*, Schriftstücke *n pl*; schriftliche Unterlagen; Papiere *n pl*
передавáть ~ Papiere übergeben (überreichen)
передавáть ~ прóтив акцéпта или платежá Dokumente gegen Akzept oder Zahlungen übergeben (überreichen)
пересылáть ~ Papiere übersenden (übermitteln)
подготáвливать ~ Dokumente vorbereiten
поддéлывать ~ Dokumente fälschen (nachahmen)
подпи́сывать ~ Papiere unterschreiben (unterzeichnen)
посылáть ~ Dokumente senden (schicken, zukommen lassen)
представля́ть ~ Dokumente vorlegen (vorweisen, vorzeigen)
представля́ть ~ в банк на инкáссо Dokumente bei der Bank zum Inkasso vorlegen
представля́ть ~ к акцептовáнию или платежý Dokumente zum Akzept oder zur Zahlung vorlegen
представля́ть ~ чéрез банк Dokumente über eine Bank vorlegen
предъявля́ть ~ Papiere vorweisen (vorzeigen)
прилагáть ~ Dokumente beilegen
принимáть ~ Dokumente annehmen (übernehmen)
проверя́ть ~ Dokumente prüfen
прóтив докумéнтов gegen Dokumente
противорéчить докумéнтам den Dokumenten widersprechen
прóтив представлéния докумéнтов gegen Vorlage der Dokumente
~ за нали́чный расчёт Dokumente gegen Barzahlung
~ на инкáссо Dokumente zum Inkasso
~ на отгрýзку Dokumente zur Verladung

~ на отпра́вленный това́р Dokumente für verladene Ware
~, отгру́зочные Verladedokumente *n pl*
~ про́тив акце́пта или платежа́ Dokumente gegen Akzept (gegen Zahlung)
~, судовы́е Schiffspapiere *n pl*
~, тамо́женные Zollpapiere *n pl*
~, техни́ческие technische Dokumente
~, товарораспоряди́тельные Dispositionspapiere *n pl*, Warenverteilungsdokumente *n pl*
~, товаросопроводи́тельные Warenbegleitdokumente *n pl*

ДОЛГ *m* Schuld *f*, Geldschuld *f*
аннули́ровать ~ Schuld annullieren (für ungültig erklären; stornieren)
брать в ~ borgen, leihen
быть в долгу́ schulden, Schulden haben
взы́скивать ~ Schuld einziehen, Rückstand eintreiben
возвраща́ть долги́ Schulden zurückerstatten (zurückzahlen)
выпла́чивать ~ Schuld auszahlen (zahlen)
дава́ть в ~ leihen, ausleihen
де́лать долги́ in Schulden geraten
засчи́тывать в упла́ту до́лга als Schuldbegleichung anrechnen
име́ть ~ Schuld haben
инкасси́ровать ~ Schuld einkassieren (einziehen)
ликвиди́ровать ~ Schuld begleichen (tilgen)
опла́чивать ~ Schuld bezahlen
освобожда́ть от упла́ты до́лга *jemandem* die Schuld erlassen (schenken)
переводи́ть ~ Schuld überweisen
погаша́ть ~ Schuld abtragen (tilgen)
погаша́ть ~ в рассро́чку Schuld auf Raten (in Raten, ratenweise) tilgen
покрыва́ть ~ Schuld decken (abdecken, abtragen, tilgen)
проща́ть ~ Schuld erlassen
распла́чиваться с долга́ми Schuld begleichen (bezahlen, tilgen)
спи́сывать ~ Schuld abschreiben (ausbuchen)
тре́бовать упла́ты до́лга Deckung *f* (Begleichung *f*) einer Schuld fordern
уде́рживать ~ Schuld einbehalten
~, безвозвра́тный unwiderrufliche (nicht eintreibende, nicht rückzahlbare) Schuld
~, безнадёжный uneinbringliche Forderung

~, большо́й große Schuld
~, вне́шний äußere Schuld
~, госуда́рственный Staatsschuld *f*
~, де́нежный Geldschuld *f*
~, долгосро́чный langfristige Schuld
~, заморо́женный eingefrorene (festgelegte) Schuld
~, консолиди́рованный konsolidierte Schuld
~, краткосро́чный kurzfristige Schuld
~, нако́пленный akkumulierte Schuld
~, непога́шенный ausstehende (ungetilgte, unbezahlte) Schuld
~, неупла́ченный schwebende Schuld
~, обеспе́ченный gesicherte (sichergestellte) Schuld
~, о́бщий gesamte Schuld, Gesamtschuld *f*
~, отсро́ченный aufgeschobene (hinausgeschobene) Schuld
~, погаша́емый взно́сами die durch Zahlungen ablösbare Schuld
~, пога́шенный abgelöste (gedeckte, getilgte, gelöschte, abgetragene) Schuld
~, подлежа́щий опла́те zahlbare (fällige, zahlungspflichtige) Schuld
~, просро́ченный verfallene (verjährte, überfällige) Schuld
~, сомни́тельный unsichere Schuld
~, теку́щий laufende Schuld
~, упла́ченный bezahlte (gezahlte) Schuld
~, усло́вный bedingte (fiktive) Schuld

ДОЛГОСРО́ЧНЫЙ langfristig
ДОЛЕВО́Й anteilmäßig, anteilig; Anteil-
ДОЛЖНИ́К *m* Schuldner *m*, Debitor *m*
~, гла́вный Hauptschuldner *m*
~, несостоя́тельный insolventer (zahlungsunfähiger) Schuldner; Bankrottier *m*
~, основно́й Primärschuldner *m*
~ по ве́кселю Wechselschuldner *m*, Wechseldebitor *m*
~ по закладно́й Pfandschuldner *m*
~ по и́ску Klageschuldner *m*

ДО́ЛЛАР *m* Dollar *m*
обме́нивать до́ллары Dollars wechseln
плати́ть в до́лларах in Dollars zahlen
~, расчётный Verrechnungsdollar *m*

ДО́ЛЯ *f* Anteil *m*, Teil *m*; Quote *f*; Rate *f*, Beitrag *m*
вноси́ть до́лю Beitrag zahlen, beitragen
определя́ть до́лю Anteil festsetzen (anlegen)

ра́вными до́лями in gleichen Raten, zu gleichen Anteilen
~ в акционе́рной компа́нии Anteil an der Aktiengesellschaft (AG)
~ в капита́ле Kapitalanteil *m*
~ в уста́вном фо́нде Anteil am Statutenfonds
~, комиссио́нная Kommissionsanteil *m*, Kommissionsquote *f*
~, максима́льная Maximalanteil *m*, Maximalquote *f*
~, минима́льная Minimalanteil *m*, Minimalquote *f*
~ мирово́го ры́нка Teil des Weltmarktes
~, оговорённая vereinbarter Teil
~ поста́вок Lieferanteil *m*
~ при́были Gewinnrate *f*, Gewinnsatz *m*, Gewinnquote *f*, Gewinnanteil *m*
~, причита́ющаяся по о́бщей ава́рии die von der Gesamthavarie zustehende Quote
~, пропорциона́льная propotionaler Teil
~, ра́вная gleicher Teil
~ уча́стия Beteiligungsquote *f*; Geschäftsanteil *m*
ДОМ *m* Haus *n*; Geschäft *n*, Firma *f*
~, торго́вый Geschäftshaus *n*; Handelshaus *n*, Handelsfirma *f*
~, учётный Registrierungshaus *n*
ДОМИЦИ́ЛИЙ *m* Domizil *n*
ДОМИЦИЛИ́РОВАННЫЙ domiziliert
ДОМИЦИЛИ́РОВАТЬ domizilieren
ДОПЛА́ТА *f* Nachzahlung *f*; Zuschlag *m*, Nachleistung *f*
без допла́ты ohne Zuschlag
за осо́бую допла́ту gegen Mehrberechnung
~ за рабо́ту в ночно́е вре́мя Nachtzuschlag *m*, Lohnzuschlag *m* für Nachtarbeit
~ за сверхуро́чную рабо́ту Überstundenzuschlag *m*
~ за трудоёмкие рабо́ты Zuschlag für einen hohen Arbeitsaufwand
~ к фра́хту Primgeld *n*, Frachtzuschlag *m*
ДОПЛА́ЧИВАТЬ nachzahlen, zuzahlen; zusätzlich bezahlen
ДОПОЛНЕ́НИЕ *n* Ergänzung *f*, Nachtrag *m*; Zusatz *m*
в ви́де дополне́ния als Zusatz, als Ergänzung, als Nachtrag; ergänzend
в ~ к письму́ als Nachtrag zum Brief; in Ergänzung zum Brief; nachträglich

подпи́сывать ~ Ergänzung unterschreiben (unterzeichnen)
~ к контра́кту Zusatzvertrag *m*, Nachvertrag *m*
~ к протоко́лу Zusatz zum Protokoll, Protokollzusatz *m*, Protokollergänzung *f*
ДОПОСТА́ВКА *f* Nachlieferung *f*
ДО́ПУСК *m* 1. (*пра́во вхо́да или до́ступа*) Einlaß *m*, Zulassung *f*; Zutritt *m* 2. (*допустимое отклонение от нормы*) Toleranz *f*
име́ть ~ Zutritt haben
получи́ть ~ к *чему́-л.* Zutritt zu *etwas* erlangen (erhalten)
~ к регистра́ции на би́рже Zulassung zur Börsennotierung
~ к уча́стию на вы́ставке Zulassung zur Teilnahme an der Ausstellung
~ на изготовле́ние Herstellungstoleranz *f*, Fertigungstoleranz *f*
~ на изно́с Verschleißtoleranz *f*
~ проду́кции на ры́нок Zutritt der Erzeugnisse auf den Markt
ДОПУСКА́ТЬ zulassen, gestatten; erlauben
~ к перево́зке zum Transport erlauben
~ овердра́фт Überziehung *f* zulassen (gestatten)
ДОРАБО́ТКА *f* Endfertigung *f*, Endbearbeitung *f*
ДОРОГОВИ́ЗНА *f* Teuerung *f*, Preissteigerungen *f pl*
ДОРОГО́Й teuer, hoch im Preis; kostspielig; wertvoll; kostbar
ДОРОГОСТО́ЯЩИЙ kostspieleg
ДОСМА́ТРИВАТЬ inspizieren, kontrollieren, durchsuchen, besichtigen
ДОСМО́ТР *m* Inspektion *f*; Kontrolle *f*; Besichtigung *f*; Durchsuchung *f*
проводи́ть ~ Kontrolle durchführen (verwirklichen, machen)
проходи́ть тамо́женный ~ einer Zollkontrolle unterworfen werden
~ багажа́ Kontrolle des Gepäcks; Gepäckkontrolle *f*
~ гру́зов Kontrolle der Güter (der Last)
~ иму́щества Kontrolle des Eigentums (des Vermögens, des Besitzes)
~, санита́рно-каранти́нный Sanitäts-Quarantänekontrolle *f*
~ су́дна Kontrolle (Prüfung) eines Schiffes
~, тамо́женный Zollkontrolle *f*, Zollbeschau *f*
ДОСРО́ЧНО vorfristig

ДОСРОЧНЫЙ vorfristig
ДОСТАВКА *f* Anlieferung *f*, Zustellung *f*; Beschaffung *f*; Lieferung *f*
  задерживать доставку Anlieferung verzögern
  оплачивать доставку Anlieferung bezahlen
  осуществлять доставку Anlieferung durchführen (realisieren, erfüllen)
  отсрочить доставку Zustellung aufschieben
  платить при доставке bei der Zustellung zahlen
  производить доставку Anlieferung durchführen (realisieren, erfüllen)
  с уплатой при доставке mit der Bezahlung bei der Zustellung
  ~, бесплатная kostenlose (unentgeltliche) Zustellung
  ~, быстрая schnelle Zustellung
  ~ в срок termingemäße (termingerechte) Zustellung, Zustellung zur Frist; Lieferung auf Zeit
  ~ груза Lieferung der Last; Frachtzustellung *f*
  ~ грузовиком Lieferung mit dem Lastkraftwagen
  ~, досрочная vorfristige Lieferung
  ~ железной дорогой Bahnlieferung *f*, Lieferung mit der Eisenbahn
  ~, запоздавшая verzögerte Lieferung
  ~, немедленная sofortige (prompte) Lieferung, Lieferung ohne Verzug
  ~, неполного количества Lieferung nicht voller Quantität
  ~, оплаченная bezahlte (vergütete) Lieferung
  ~, сохранная unversehrte (unverletzte, vollzählige) Lieferung
  ~, срочная dringende (eilige, dringliche) Lieferung
  ~ товаров Warenzustellung *f*, Warenlieferung *f*
ДОСТАВЛЯТЬ anliefern, liefern, zustellen
ДОСТАТОЧНОСТЬ *f* Zulänglichkeit *f*
  ~ средств Zulänglichkeit von Mitteln
ДОСТАТОЧНЫЙ hinreichend, ausreichend
ДОСТИЖЕНИЯ *n pl* Erfolge *m pl*, Leistungen *f pl*, Errungenschaften *f pl*
  ~ в области технологии Errungenschaften auf dem Gebiet der Technologie
  ~ в области науки и техники Errungenschaften auf dem Gebiet der Wissenschaft und Technik
  ~, новейшие die neuesten Errungenschaften
  ~, технические technische Errungenschaften
  ~, экономические wirtschaftliche Errungenschaften
ДОСТУП *m* Zugang *m*, Zutritt *m*
  иметь ~ Zugang haben (besitzen)
  получать ~ Zugang bekommen
  ~, беспрепятственный ungehinderter (freier) Zutritt
  ~ в павильон Zutritt in den Pavillon
  ~ к рынкам Zugang zu den Märkten
  ~, свободный freier Zugang
ДОСЬЕ *n* Dossier *m*; Aktenheft *n*
  составлять ~ Dossier aufstellen
  ~, заявочное Bestelldossier *m*; Ausstellungsunterlagen *pl*
ДОСЫЛАТЬ nachsenden
ДОСЫЛКА *f* Nachsendung *f*
ДОТАЦИЯ *f* Dotation *f*, Zuwendung *f*, Subvention *f*
  давать дотацию dotieren
  ~, бюджетная Haushaltsdotation *f*
ДОХОД *m* Einkommen *n*; Ertrag *m*, Gewinn *m*, Einnahme *f*, Einkünfte *f pl*
  гарантировать ~ Einkommen garantieren (gewährleisten)
  извлекать ~ Gewinn ziehen (herausholen, herausschlagen)
  обеспечивать ~ Gewinn sichern (sicherstellen)
  получать ~ Einnahmen *f pl* beziehen
  приносить ~ Gewinn (Ertrag) (ein)bringen, Gewinn abwerfen
  репатриировать ~ Einkünfte *pl* repatriieren
  ~, бюджетный Haushaltseinnahme *f*
  ~, валовой Bruttoeinnahme *f*, Bruttoeinkommen *n*, Bruttoertrag *m*
  ~, валовой национальный Nationalbruttoeinkommen *n*
  ~ в валюте Einkommen in Valuta (in Devisen, in ausländischer Währung)
  ~ в натуральной форме Naturaleinkünfte *pl*, Einkünfte *pl* in Naturalform
  ~, годовой Jahreseinkommen *n*, Jahreseinkünfte *pl*
  ~, государственный Staatseinkünfte *pl*, Staatseinnahmen *pl*
  ~, денежный Geldeinkommen *n*, Bareinkommen *n*, Gelderlös *m*, Geldertrag *m*

~, дополнительный Zusatzeinkommen *n*, zusätzliches Einkommen, Nacheinkommen *n*
~ до уплаты налогов Einkommen vor der Entrichtung der Steuern
~, ежегодный Jahreseinkommen *n*, jährliches Einkommen
~ на акцию Aktienrendite *f*
~ на душу населения Einkommen pro (je) Kopf der Bevölkerung
~, накопленный aufgelaufene (angesammelte) Einküfte
~, начисленный angerechnetes (angewachsenes) Einkommen
~, непроизводственный betriebsfremder Ertrag
~, облагаемый налогами steuerpflichtiges (steuerbares) Einkommen
~, общий Gesamteinkommen *n*, gemeinsames Einkommen
~, ожидаемый voraussichtliches Einkommen
~ от внешней торговли Außenhandelseinkommen *n*, Einkommen aus dem Außenhandel
~ от запродаж Einkommen aus dem Vorverkauf (aus den Abgaben)
~ от капиталовложений Einkommen aus [den] Investitionen (aus [den] Kapitalanlagen)
~ от коммерческой деятельности Einkommen aus der Handelstätigkeit
~ от налогов Einkommen aus Steuern
~ от невидимых статей экспорта и импорта unsichtbarer Gewinn, unsichtbares Einkommen
~ от непроизводственной деятельности betriebsfremder Ertrag
~ от роялти Einkommen aus Royaltie, Royaltieeinkommen *n*, Royaltieertrag *m*
~ от фрахта Frachtertrag *m*

~ от экспорта Exporteinkommen *n*, Exportertrag *m*
~, побочный Nebeneinkünfte *pl*
~, постоянный ständiges (gleichbleibendes, unveränderliches) Einkommen
~, предельный Höchsteinkommen *n*
~, предпринимательский unternehmerisches Einkommen, Unternehmergewinn *m*
~ предприятия Einkommen des Betriebes, Betriebseinnahmen *f pl*, Betriebseinkünfte *pl*
~, процентный Prozentertrag *m*, Zinsertrag *m*
~, реальный Realeinkommen *n*
~, рентный Renteneinkommen *n*
~, среднегодовой Jahresdurchschnittseinkommen *n*
~, твёрдый festes (hartes) Einkommen
~, текущий laufendes (fließendes) Einkommen
~, торговый Geschäftseinkommen *n*
~, фактический tatsächliches (wirkliches) Einkommen
~, чистый Nettoeinkommen *n*, reines Einkommen
~, экспортный Exporteinkommen *n*
ДОХОДНОСТЬ *f* Rentabilität *f*, Ertragsfähigkeit *f*
ДОХОДНЫЙ rentabel, ertragsfähig, einträglich, Einnahme-, Gewinn-
ДОЧЕРНИЙ Tochter-
ДУБЛИКАТ *m* Duplikat *n*, Doppel *n*, Zweitschrift *f*
выдавать ~ Duplikat ausstellen
оформлять ~ Duplikat ausfertigen (abfassen)
~ векселя Duplikat des Wechsels
~ лицензии Duplikat der Lizenz
~ сертификата Duplikat des Zertifikats (der Bescheinigung)
~ транспортной накладной Duplikat des Transport-Frachtbriefes

Е

ЕВРОВАЛЮТА f Eurovaluta f, Eurowährung f
ЕВРОДО́ЛЛАР m Eurodollar m
ЕВРОКРЕДИ́Т m Eurokredit m
ЕВРООБЛИГА́ЦИЯ f Euroanleiheschein m, Euroobligation f
ЕВРОРЫ́НОК m Euromarkt m
ЕВРОЧЕ́К m Euroscheck m
ЕДИНИ́ЦА f (*величина измерения*) Einheit f
на единицу je Einheit
~, валю́тная Valutaeinheit f, Währungseinheit f
~, весова́я Gewichtseinheit f, Masseeinheit f
~, де́нежная Geldeinheit f, Valutaeinheit f, Währungseinheit f
~ измере́ния Maßeinheit f
~, междунаро́дная internationale Einheit, I. E.
~, метри́ческая metrische Einheit
~ обору́дования Ausrüstungseinheit f
~ проду́кции Erzeugniseinheit f, Fertigungseinheit f, einzelnes Erzeugnis
~, произво́дственная warenproduzierende Einheit

~, расчётная Verrechnungseinheit f
~ сто́имости Kosteneinheit f, Werteinheit f
~ това́ра Wareneinheit f
~, тра́нспортная Verkehrseinheit f, Transporteinheit f
~, усло́вная Bezugseinheit f, Bezugsmaß n
ЕДИНОВРЕ́МЕННЫЙ einmalig, einmal
ЕЖЕГО́ДНЫЙ jährlich
ЕЖЕКВАРТА́ЛЬНЫЙ vierteljährig
ЕЖЕМЕ́СЯЧНЫЙ monatlich
ЁМКОСТЬ f 1. (*вместимость*) Aufnahmefähigkeit f, Fassungsvermögen n, Kapazität f 2. (*объём*) Volumen n, Inhalt m 3. (*сосуд*) Behälter m, Gefäß n
~ для перево́зки жи́дких гру́зов Kesselwagen m, Tankschiff n, Tankwagen m; Tanker m
~ ры́нка Aufnahmefähigkeit des Marktes
~, складска́я Lagerkapazität f, Speicherkapazität f, Fassungsvermögen des Lagers
~, тра́нспортная Inhalt (Volumen) eines Transportgefäßes
~ холоди́льника Kapazität eines Kühlschrankes (Kühlers, Kühlwagens)

Ж

ЖА́ЛОБА *f* Beschwerde *f*, Klage *f*
  име́ть жа́лобу Beschwerde (Klage) haben
  обраща́ться с жа́лобой к *кому-л.* на *кого-л.* sich bei *jemandem* über *jemanden* beschweren
  подава́ть жа́лобу Klage (Beschwerde) einreichen
  получа́ть жа́лобу Beschwerde bekommen (erhalten)
  рассма́тривать жа́лобу Beschwerde prüfen
  ~ заяви́теля Beschwerde des Anmeldenden
  ~ на *что-л.* Beschwerde über *etwas Akk.*
  ~, пи́сьменная schriftliche Beschwerde
ЖА́ЛОВАТЬСЯ sich beschweren, Beschwerde führen (einlegen)
ЖЕЛЕЗНОДОРО́ЖНЫЙ Eisenbahn-, Bahn-
ЖИРА́НТ *m* Girant *m*, Indossant *m*
ЖИРА́Т *m* Giratar *m*, Indossatar *m*
ЖИ́РО *n* (*индоссамент, передаточная надпись*) Giro *n*, Indossament *n;* Giroverkehr *m*
ЖИРОВЕ́КСЕЛЬ *m* Girowechsel *m*
ЖИРО́ВКА *f* Girozettel *m*
ЖИРООБОРО́Т *m* Giroverkehr *m*, Girogeschäft *n*, Scheckverkehr *m*
ЖИРОПРИКА́З *m* Giroanweisung *f;* Überweisungsauftrag *m*
ЖИРОРАСЧЁТЫ Giroberechnungen *f pl*
ЖИРОСЧЁТ *m* Girokonto *n*
ЖИРОЦЕНТРА́ЛЬ *f* Girozentrale *f*, Verrechnungsstelle *f*
ЖИРОЧЕ́К *m* Verrechnungsscheck *m*
ЖУРНА́Л *m* 1. (*печатное периодическое издание*) Zeitschrift *f*, Magazin *n* 2. (*книга для записи*) Buch *n*, Tagebuch *n;* Journal *n*
  вести́ ~ Journal führen
  заноси́ть (запи́сывать) в ~ ins Journal (ins Tagebuch) eintragen
  ~, иллюстри́рованный Magazin *n;* illustrierte Zeitschrift
  ~, информацио́нный Informationszeitschrift *f*
  ~, ка́ссовый Kassenjournal *n*
  ~, комме́рческий Kommerzjournal *n*
  ~, контро́льный Prüfjournal *n*
  ~, монта́жный Montagejournal *n*, Montagebuch *n*
  ~, отраслево́й Branchenjournal *n*, Zweigjournal *n*
  ~, регистрацио́нный Registrierjournal *n*, Registrierungsjournal *n*
  ~, специализи́рованный spezialisiertes Journal
  ~, судово́й Schiffstagebuch *n*, Logbuch *n*
  ~ учёта Berechnungsbuch *n*

З

ЗАБАСТО́ВКА f Streik m; Ausstand m, Arbeitseinstellung f
объявля́ть забасто́вку Streik ausrufen; in den Streik (in den Ausstand) treten
прекраща́ть забасто́вку Streik einstellen (abbrechen)
~, всео́бщая Generalstreik m
~, дли́тельная Dauerstreik m
~, кратковре́менная Streik von kurzer Dauer
~, экономи́ческая wirtschaftlicher Streik, Wirtschaftsstreik m

ЗАБРАКО́ВАННЫЙ ausgesondert (aussortiert)

ЗАБРАКОВА́ТЬ als untauglich abweisen; für untauglich erklären; beanstanden; aussondern

ЗАБРОНИ́РОВАТЬ 1. (*на специа́льный счет*) aussondern 2. (*место в поезде*) reservieren

ЗАБУКИ́РОВАТЬ befrachten, chartern

ЗАВЕ́ДУЮЩИЙ m Leiter m , Chef m; Geschäftsführer m; Verwalter m
~ отделе́нием Leiter der Abteilung (der Filiale, des Zweiggeschäftes)
~ отде́лом Abteilungsleiter m

ЗАВЕРШЕ́НИЕ n Abschluß m
~ выполне́ния зака́за Abschluß der Auftragsausführung (der Auftragserfüllung)
~ заку́пок Abschluß der Einkäufe (der Ankäufe)
~ контра́кта Vertragsabschluß m
~ монтажа́ Montageabschluß m
~ перегово́ров Abschluß der Verhandlungen
~ поста́вки Lieferungsabschluß m
~ рабо́т Arbeitsschluß m
~, успе́шное erfolgreicher Abschluß
~ шефмонтажа́ Abschluß der Chefmontage

ЗАВЕРЯ́ТЬ (*удостоверя́ть по́дпись*) beglaubigen, bescheinigen

ЗАВЕ́С m (*контрольный*) Gewichtskontrolle f

ЗАВЁРТЫВАТЬ einwickeln, einpacken, einhüllen

ЗАВО́Д m Werk n, Fabrik f, Betrieb m
вводи́ть ~ в строй Werk (Fabrik) in Betrieb setzen
закрыва́ть ~ Betrieb stillegen
посеща́ть ~ Werk besuchen
расширя́ть ~ Betrieb ausbauen (erweitern, ausdehnen)
реконструи́ровать ~ Werk modernisieren (neugestalten, rekonstruieren)
руководи́ть заво́дом Betrieb leiten
с заво́да (*условие поставки*) ab Werk
~, о́пытный Versuchswerk n, Experimentalwerk n
~, перераба́тывающий Verarbeitungswerk n
~ подря́дчика Betrieb des Unternehmers (des Vertragslieferanten)
~ поставщика́ Betrieb des Lieferanten
~, совреме́нный modernes (gegenwärtiges, zeitgemäßes, heutiges) Werk
~ субподря́дчика Werk des Unterlieferanten
~, эксперимента́льный Experimentalwerk n

ЗАВО́Д-ИЗГОТОВИ́ТЕЛЬ m Herstellerbetrieb m, Herstellerwerk n

ЗАВО́Д-ПОСТАВЩИ́К m Lieferbetrieb m, Lieferwerk n, Herstellerwerk n

ЗАВОДСКО́Й Betriebs-, Werks-, Fabrik-; werkseigen; industriell

ЗАВОЗИ́ТЬ zuführen, zustellen, hinbringen; beliefern

ЗАВЫША́ТЬ (*о цене́*) überhöhen, zu hoch festsetzen

ЗАВЫШЕ́НИЕ n Preiserhöhung f, Preisüberhöhung f

ЗАГОТА́ВЛИВАТЬ aufkaufen, beschaffen, Vorräte m pl machen (anlegen)

ЗАГОТО́ВКА f Beschaffung f; Anschaffung f; Aufbereitung f, Bereitstellung f

ЗАГ　　　　　　ЗАД

~ това́ров Warenbeschaffung f
ЗАГРУЖА́ТЬ füllen, (be)laden; auslasten, belasten
ЗАГРУ́ЗКА f 1. (*действие*) Beladung f, Ladung f 2. (*загруженность*) Beladung f, Ladung f, Auslastung f 3. (*обеспеченность работой*) Beschäftigung f
~, непо́лная nicht volle (unvollständige) Beladung
~ обору́дования Auslastung der Ausrüstung (der Anlagen), Maschinenauslastung f
~, по́лная Vollauslastung f
~ предприя́тия зака́зами Auslastung des Betrieb(e)s mit Aufträgen
~ тра́нспорта в обра́тном направле́нии Beladung des Transports bei der Rückkehr
~, части́чная Teilbeladung f
~ через борт су́дна Beladung über Schiffsseite
ЗАГРЯЗНЕ́НИЕ n Verschmutzung f
~ атмосфе́ры Verschmutzung der Atmosphäre
~ воды́ Verschmutzung des Wassers
~ во́здуха Verschmutzung der Luft
~ образцо́в Verschmutzung der Muster; Kontamination f von Proben
~ окружа́ющей среды́ Verschmutzung der Umwelt, Umweltverschmutzung f
~, промы́шленное industrielle Verschmutzung; Verschmutzung durch Industrie
~ рек Verschmutzung der Flüsse
ЗАДА́НИЕ n Aufgabe f; Auftrag m; Aufgabenstellung f
выполня́ть ~ Aufgabe erfüllen (ausführen; erledigen)
дава́ть ~ Aufgabe geben (aufgeben)
~, госуда́рственное staatliche Auflage f
~, командиро́вочное Dienstreiseaufgabe f
~ на проекти́рование Aufgabenstellung f bei der Projektierung
~ на техни́ческое обслу́живание Aufgabenstellung f bei der technischen Bedienung
~, произво́дственное Produktionsauflage f, Produktionsaufgabe f, Produktionssoll n
~, техни́ческое technische Produktionsauflage f
ЗАДА́ТОК m Anzahlung f, Akontozahlung f, Aufgeld n, Vorschuß m, Handgeld n; Vorauszahlung f

вноси́ть ~ Anzahlung leisten (machen)
возвраща́ть ~ Vorschuß rückzahlen
дава́ть ~ anzahlen
дава́ть в ~ (в ка́честве зада́тка) anzahlen; Anzahlung vornehmen
ЗАДЕРЖА́НИЕ n Arrest m; Beschlagnahme f
~ гру́за Ladungsbeschlagnahme f
~ су́дна Schiffsbeschlagnahme f
~ това́ра Anhalten n der Ware, Beschlagnahme der Ware
ЗАДЕ́РЖИВАТЬ 1. (*конфискова́ть*) beschlagnahmen, mit Beschlag belegen 2. (*остана́вливать*) aufhalten; (*замедля́ть*) verzögern
ЗАДЕ́РЖКА f Verzögerung f, Verzug m; Hindernis n, Stockung f
без заде́ржки ohne Verzug, ohne Verzögerung; hemmungslos, reibungslos
всле́дствие заде́ржки infolge der Verzögerung
в слу́чае заде́ржки im Falle der Verzögerung
вызыва́ть заде́ржку Verzögerung hervorrufen (verursachen, herbeiführen)
предотвраща́ть заде́ржку Verzögerung abwenden (verhindern)
с минима́льной заде́ржкой mit Minimalverzögerung, mit Mindestverzug
сокраща́ть заде́ржку Verzögerung kürzen (verkürzen)
устраня́ть заде́ржку Verzögerung beseitigen
~ в исполне́нии контра́кта verzögerte Vertragsausführung
~ в отгру́зке Verladeverzögerung f
~ в откры́тии аккредити́ва verzögerte Akkreditiveröffnung
~ в перево́зке Transportverzug m
~ в погру́зке Ladenverzögerung f, Beladenverzögerung f
~ в поста́вке Lieferverzug m, Lieferrückstand m
~ в пу́ске в эксплуата́цию Verzögerung in der Inbetriebnahme
~ в разгру́зке Entladenverzug m, Ausladungsverzug m; Löschungsverzug m
~, дли́тельная Dauerverzug f; dauernde Verzögerung
~, кратковре́менная kurze Verzögerung, Verzögerung von kurzer Dauer
~ платежа́ Zahlungsverzug m, Zahlungsrückstand m
~ по чьей-л. вине́ Verzug durch jemandes Schuld

ЗАД ЗАЁ

~ рейса Reiseverzögerung *f*, Fahrtverzögerung *f*
~ судна сверх срока Aufenthalt *m* des Schiffes über die Zeit hinaus
~, частичная partielle Verzögerung (Zurückhaltung *f*)
~, фактическая tatsächliche (wirkliche) Verzögerung

ЗАДОЛЖЕННОСТЬ *f* Schuld *f*; Schulden *f pl*, Verschuldung *f*
иметь ~ Schuld haben
ликвидировать ~ Schuld begleichen (tilgen)
погашать ~ Schuld begleichen (ausgleichen, tilgen, löschen, zurückzahlen)
покрывать ~ Schuld decken (abdecken, abtragen, tilgen)
~, банковская Bankschuld *f*
~, внешняя äußere Verschuldung, Außenschuld *f*
~, внутренняя innere Verschuldung, Inlandsverschuldung *f*, Inlandsschuld *f*
~, внутрифирменная Schulden *f pl* innerhalb einer Firma
~, государственная öffentliche Schulden *f pl*; Staatsschuld *f*
~, дебиторская Außenstände *m pl*, Forderung *f*
~, кредиторская Kreditschulden *f pl*; Verbindlichkeit *f*
~, ликвидная liquide (flüssige, verfügbare) Schulden *f pl*
~, накопившаяся akkumulierte (aufgehäufte, angehäufte, aufgelaufene) Schulden
~, необеспеченная ungedeckte Verbindlichkeit
~, общая Gesamtverschuldung *f*
~ по банковской ссуде Bankkreditschuld *f*, Bankdarlehenschuld *f*
~ по векселю Wechselschuld *f*
~ по кредиту Kreditverschuldung *f*, Kreditschuld *f*
~ по плану Planrückstand *m*, Planschulden *f pl*
~ по поставкам Lieferrückstand *m*
~ по счёту Rechnungsschuld *f*, Zahlungsrückstände *m pl*
~ по торговым операциям Handelsoperationsschulden *f pl*
~ по траттам Trattenschuld *f*
~ предприятия Verschuldung eines Betriebs
~, просроченная abgelaufene (betagte, überfällige) Schuld

~, текущая laufende (fließende) Schuld
~ фирмы Schuld der Firma
~, чистая Reinschuld *f*, reine Schuld

ЗАЁМ *m* Anleihe *f*, Darlehen *n*; Darleihe *f*
выплачивать ~ Anleihe [zurück]zahlen
выпускать ~ Anleihe auflegen
оформлять ~ Anleihe ausstellen (fertigstellen)
погашать ~ Anleihe begleichen (tilgen, zahlen)
подписываться на ~ Anleihe zeichnen
получать ~ Anleihe aufnehmen
предоставлять ~ beleihen; Anleihe gewähren
размещать ~ Anleihe ausschreiben (auflegen; unterbringen)
~, банковский Bankanleihe *f*, Bankdarlehen *n*, Bankkredit *m*
~, беспроцентный unverzinsliche (zinslose) Anleihe
~, бодмерейный Seedarlehen *n*; Bodmerei *f*
~, валютный Valutaanleihe *f*
~, внешний Auslandsanleihe *f*, Außenanleihe *f*, äußere Anleihe
~, внутренний Inlandsanleihe *f*, innere Anleihe
~, государственный Staatsanleihe *f*
~, денежный Geldanleihe *f*
~, долгосрочный langfristige Anleihe, Anleihe mit langer Laufzeit
~, иностранный Auslandsanleihe *f*
~, ипотечный Hypothekendarlehen *n*
~, коммерческий Kommerzanleihe *f*
~, компенсационный Kompensationsanleihe *f*, Entschädigungsanleihe *f*
~, краткосрочный kurzfristige Anleihe, Anleihe mit kurzer Laufzeit
~, льготный Vorzugsanleihe *f*, privilegierte Anleihe
~, необеспеченный ungesicherte (ungedeckte) Anleihe
~, обеспеченный gesicherte (garantierte) Anleihe
~, облигационный Obligationsanleihe *f*
~ под двойное обеспечение Lombardanleihe *f*, Pfandkredit *m* auf Wertpapiere
~ под залог Anleihe (Darlehen) gegen Pfand
~ под низкие проценты Darlehen zu niedrigem Zinssatz
~, правительственный Regierungsanleihe *f*
~, просроченный überfällige Anleihe

~, процентный verzinsliche Anleihe
~, размещённый ausgeschriebene Anleihe
~, среднесрочный mittelfristige Anleihe
~, срочный befristete Anleihe
~, стабилизационный Stabilisierungsanleihe *f*
~ с фиксированной ставкой Anleihe mit festem Satz (mit Fixum)
ЗАЁМЩИК *m* Anleihenehmer *m*, Anleihezeichner *m*, Kreditnehmer *m*, Darlehensnehmer *m*
ЗАИМОДАТЕЛЬ *m* Darlehensgeber *m*, Darlehensgläubiger *m;* Kreditor *m*, Kreditgeber *m;* Geldverleiher *m*
ЗАЙМСТВОВАНИЕ *n* Entlehnung *f*, Entlehnen *n*, Entleihen *n*
ЗАИНТЕРЕСОВАННОСТЬ *f* Interessiertheit *f*, Interesse *n*
~, взаимная gegenseitige (beiderseitige) Interessiertheit
~ в покупке Interessiertheit an dem Einkauf (an der Besorgung)
~, материальная materielle Interessiertheit
~, экономическая ökonomische (wirtschaftliche) Interessiertheit
ЗАИНТЕРЕСОВАННЫЙ interessiert
заинтересованное лицо Interes-sent *m*, Beteiligter *m*
ЗАИНТЕРЕСОВАТЬ interessieren; Interesse wecken (auslösen, hervorrufen)
ЗАИНТЕРЕСОВАТЬСЯ Interesse *f* bekommen, sich interessieren
ЗАКАЗ *m* Auftrag *m*, Bestellung *f*, Order *f*
~, большой großer Auftrag
~, государственный Staatsauftrag *m*, staatlicher Auftrag
~, дополнительный Nachauftrag *m*, Zusatzauftrag *m*, Zusatzorder *f;* zusätzlicher Auftrag
~, импортный Importauftrag *m*
~, минимальный Minimalauftrag *m*, minimaler Auftrag
~ на выполнение проектных работ Auftrag über Erfüllung der Projektarbeiten
~ на конкурсной основе Auftrag auf Konkursgrundlage
~ на оборудование Auftrag (Bestellung) über Ausrüstung
~ на покупку или продажу ценных бумаг Auftrag über Einkauf oder Verkauf der Wertpapiere
~ на поставку Lieferauftrag *m*

~ на работы Auftrag über Arbeit
~ на товар Warenbestellung *f*
~, невыполненный ausstehender Auftrag
~, оформленный ausgestellter (ausgefertigter) Auftrag
~, первоначальный Anfangsauftrag *m*
~, повторный Nachbestellung *f*
~ по образцу Auftrag nach Muster
~, правительственный Regierungsauftrag *m*
~, предварительный Vorbestellung *f*
~, пробный Probeauftrag *m*
~, размещённый aufgegebener (untergebrachter) Auftrag
~, разовый einmaliger Auftrag, Einzelauftrag *m*
~ со склада Auftrag ab Lager
~, специальный Sonderauftrag *m*
~, срочный Eilauftrag *m*, Eilbestellung *f*
~ стоимостью ... Auftrag im Werte von ...
~, твёрдый fester (verbindlicher) Auftrag
~ фирмы Auftrag der Firma
~, экспортный Exportauftrag *m*
ЗАКАЗЧИК *m* Auftraggeber *m*, Besteller *m*, Kunde *m*
ЗАКАЗЫВАТЬ bestellen, in Auftrag geben
ЗАКЛАД Pfand *n*, Bürgschaft *f;* Verpfändung *f*
ЗАКЛАДНАЯ *f* Pfandbrief *m*; Hypothek *f*
брать деньги под закладную Geld *n* gegen Pfandbrief leihen
выкупать закладную Pfandbrief einlösen (rückkaufen)
~, именная Namenspfandbrief *m*, indossabler Pfandbrief
~, ипотечная Hypothekenbrief *m*, Hypothekenkontrakt *m*
~ на товар Warenpfandbrief *m*
~, не ограниченная суммой unbeschränkte (unbegrenzte, unlimitierte) Hypothek
~, непогашенная в срок ausstehender (nicht bezahlter) Pfandbrief
~, ограниченная суммой beschränkte (begrenzte, limitierte) Hypothek
~ с изменяющейся ставкой процента Hypothek mit unfestem Zinssatz
~, складская Lagerhypothek *f*, Speicherhypothek *f*
~, таможенная Zollhypothek *f*, Zollpfandbrief *m*

ЗАКЛАДОДЕРЖА́ТЕЛЬ *m* Pfandnehmer *m*, Pfandleiher *m*
ЗАКЛА́ДЧИК *m* Verpfänder *m*, Pfandgeber *m*
ЗАКЛА́ДЫВАТЬ (*отдавать в залог*) versetzen, verpfänden, lombardieren
ЗАКЛЮЧА́ТЬ (*договор, контракт*) abschließen, schließen
ЗАКЛЮЧЕ́НИЕ *n* 1. (*договора*) Abschluß *m*, Abschließen *n* 2. (*завершение*) Schluß *m* 3. (*вывод*) Schluß *m*; Beschluß *m*
в ~ zum Schluß, zum Abschluß
~ аге́нтского соглаше́ния Abschluß der Agenturvereinbarung
~ догово́ра Vertragsabschluß *m*
~ контра́кта Kontraktabschluß *m*
~, оконча́тельное Endabschluß *m*
~, предвари́тельное Vorabschluß *m*
~ сде́лки Geschäftsabschluß *m*
~ счето́в Jahresabschluß *m*
~ экспе́рта Sachverständigengutachten *n*, Gutachten *n*
~ эксперти́зы Gutachten *n*
ЗАКО́Н *m* Gesetz *n*
вводи́ть ~ в де́йствие Gesetz einsetzen (in Kraft setzen)
в соотве́тствии с зако́ном in Übereinstimmung mit dem Gesetz; laut Gesetz
наруша́ть ~ Gesetz übertreten (verletzen); gegen Gesetz verstoßen
обходи́ть ~ Gesetz umgehen
отменя́ть ~ Gesetz außer Kraft setzen
подпада́ть под де́йствие зако́на der Kraft (der Gültigkeit) des Gesetzes unterliegen
по зако́ну dem Gesetz nach, laut Gesetz; gesetzmäßig
применя́ть ~ Gesetz gebrauchen; vom Gesetz Gebrauch machen; Gesetz anwenden
приобрета́ть си́лу зако́на rechtskräftig (rechtswirksam) werden
руково́дствоваться зако́ном sich vom Gesetz leiten lassen
соблюда́ть ~ sich an das Gesetz halten, das Gesetz befolgen
устана́вливать ~ Gesetz einführen, Gesetz treten lassen
~, де́йствующий geltendes Recht (Gesetz)
~, запрети́тельный Verbotsgesetz *n*, verbietendes Gesetz, Sperrgesetz *n*
~ об арбитра́же Arbitragegesetz *n*
~ о би́ржах Börsengesetz *n*
~ об исково́й да́вности Verjährungsgesetz *n*
~ о компа́ниях Gesetz über Gesellschaften
~ о нало́говом обложе́нии Besteuerungsgesetz *n*
~ о предприя́тии Betriebsgesetz *n*, Unternehmungsgesetz *n*
~ о промы́шленных образца́х Industriemustergesetz *n*
~ о това́рных зна́ках Warenzeichengesetz *n*
~, пате́нтный Patentgesetz *n*
~ спро́са и предложе́ния Gesetz über Angebot und Nachfrage
~, тамо́женный Zollgesetz *n*; zollamtliches Gesetz
~, тари́фный Tarifgesetz *n*, Gebührengesetz *n*
ЗАКО́ННЫЙ gesetzlich, Gesetz(es)-; rechtlich, Rechts-,
ЗАКОНОДА́ТЕЛЬНЫЙ gesetzgebend; legislativ
ЗАКОНОДА́ТЕЛЬСТВО *n* Gesetzgebung *f*; gesetzliche Bestimmungen; Gesetze *n pl*
в соотве́тствии с законода́тельством in Übereinstimmung mit der Gesetzgebung, laut Gesetzgebung
~, администрати́вное administrative Gesetzgebung *f*, Verwaltungsgesetzgebung *f*
~, антиде́мпинговое Antidumpingsgesetzgebung *f*
~, ба́нковское Bankengesetzgebung *f*
~, валю́тное Devisengesetzgebung *f*, Valutagesetzgebung *f*
~, ве́ксельное Wechselgesetzgebung *f*
~, гражда́нское Zivilgesetzgebung *f*
~, де́йствующее geltendes Recht
~, морско́е Seegesetzgebung *f*
~, нало́говое Steuergesetzgebung *f*
~, пате́нтное Patentgesetzgebung *f*
~ по охра́не интере́сов потреби́теля Verbrauchergesetzgebung *f*
~, промы́шленное Industriegesetzgebung *f*; industrielle Gesetzgebung
~, тамо́женное Zollgesetzgebung *f*
~, торго́вое Handelsgesetzgebung *f*
~, трудово́е Arbeitsgesetzgebung *f*
~, хозя́йственное Wirtschaftsgesetzgebung *f*, wirtschaftliche Gesetzgebung
ЗАКРЫ́ТИЕ *n* Abschluß *m*, Schließung *f*; Löschung *f*, Aufhebung *f*, Sperrung *f*, Absperrung *f*

ЗАК

~ аукцио́на Auktionsabschluß m
~ бухга́лтерских книг Abschluß der Geschäftsbücher
~ вы́ставки Ausstellungsschluß m
~ задо́лженности по счета́м Kontoverschuldungsabschluß m, Abschluß der Kontoverschuldung
~ опера́ций на би́рже Börsenoperationsschluß m
~ предприя́тия Stillegung f eines Betrieb[e]s; Betriebsabbruch m
~ счето́в Abschluß der Rechnungen, Löschung der Konten
~ я́рмарки Messeschluß m, Jahrmarktschluß m

ЗАКУПА́ТЬ aufkaufen, ankaufen, kaufen; beziehen; anschaffen; einkaufen, besorgen

ЗАКУ́ПКА f Ankauf m, Aufkauf m, Kauf m; Bezug m; Einkauf m, Besorgung f
одобря́ть заку́пку Ankauf billigen (anerkennen)
организо́вывать заку́пку Ankauf organisieren (durchführen)
финанси́ровать заку́пку Ankauf finanzieren
~, опто́вая Engroskauf m, Kauf in großen Mengen
~, пряма́я direkter (unmittelbarer) Ankauf

ЗАКУ́ПКИ f pl Käufe m pl, Aufkäufe f pl
занима́ться заку́пками Aufkäufe (Einkäufe m pl) betreiben
прекраща́ть заку́пки Käufe einstellen (stoppen)
~, встре́чные Gegenkäufe m pl
~, госуда́рственные staatliche Aufkäufe
~ за грани́цей Aufkäufe im Auslande; ausländische Aufkäufe
~ и́мпортных това́ров Aufkäufe der Importwaren
~, ма́ссовые Massenaufkäufe m pl, Großeinkäufe m pl

ЗАКУ́ПОЧНЫЙ Ankaufs-, Aufkauf-, Einkaufs-, Kauf-

ЗАКУ́ПЩИК m Einkäufer m, Aufkäufer m, Ankäufer m

ЗАЛ m Saal m, Raum m; Halle f
~, вы́ставочный Ausstellungsraum m, Ausstellungshalle f
~, демонстрацио́нный Ausstellungsraum m
~, транзи́тный Transitsaal m, Transitraum m

ЗАМ

ЗАЛЁЖИВАТЬСЯ (о товаре) keinen Absatz finden

ЗАЛО́Г m Sicherheit f, Pfand n, Bürgschaft f
быть в зало́ге in Pfand sein
в ~ in Pfand
вноси́ть ~ Kaution leisten (stellen)
выкупа́ть из зало́га Pfand einlösen (auslösen)
выпла́чивать ~ Kaution bezahlen (entlasten, löschen)
отдава́ть в ~ verpfänden
под ~ gegen Pfand
получа́ть де́ньги под ~ Geld n gegen Kaution bekommen
уде́рживать в ка́честве зало́га als Unterpfand einbehalten (abziehen)
~ в ви́де докуме́нтов Pfand als Dokumente; Dokumentenpfand n
~ иму́щества Verpfändung f des Vermögens
~, ипоте́чный Hypothekenpfand n, hypothekarisches Pfand
~, невы́купленный nicht eingelöstes Pfand

ЗАМЕ́НА f Ersatz m, Ersetzen n, Ersetzung f; Umtausch m, Auswechs[e]lung f
обеспе́чивать заме́ну Ersatz sichern, (garantieren, versorgen)
производи́ть заме́ну Ersatz durchführen (realisieren, vornehmen)
~ арби́тра Ersetzen des Arbiters (des Schiedsrichters)
~ гру́за Ersatz der Last
~ дефе́ктного обору́дования Umtausch der unqualitativen (unkonditionellen) Ausrüstung
~ некачественных изде́лий Umtausch der unqualitativen (unkonditionellen) Erzeugnisse
~ пате́нта Umtausch des Patents
~ по гара́нтии Ersatz nach der Garantie
~ това́ра Warenersatz m, Warenumtausch m
~ устаре́вшего обору́дования Ersatz der veralteten (unmodernen) Ausrüstung

ЗАМЕНИ́ТЕЛЬ m Ersatz m, Ersatzstoff m, Ersatzmittel n, Austauschstoff m
~ де́нег Geldersatz m
~ това́ра nachfrageverwandte Ware, Ersatzware f

ЗАМЕНЯ́ТЬ austauschen; auswechseln, ersetzen; vertreten

ЗАМЕ́Р *m* Messung *f*, Messen *n*, Abmessung *f*, Vermessung *f*
производи́ть замéры Messung vornehmen
ЗАМЕСТИ́ТЕЛЬ *m* Vertreter *m*, Stellvertreter *m*
~ дирéктора Stellvertreter des Direktors, stellvertretender Direktor
~ председáтеля правлéния Stellvertreter des Vorsitzenden der Leitung
ЗАМОРА́ЖИВАНИЕ *n* Einfrieren *n*, Festlegen *n*
~ капитáла Einfrieren von Kapital
~ патéнта Einfrieren des Patents
~ срéдств Festlegen von Mitteln
~ цен Preisstopp *m*
ЗАМОРА́ЖИВАТЬ einfrieren, festlegen
ЗАНИЖА́ТЬ drosseln; zu niedrig ansetzen
ЗАНИЖЕ́НИЕ *n* Ermäßigung *f*, Herabsetzung *f*, Senkung *f*
~ дохóдов Senkung der Einkünfte
~ стáвки Senkung des Satzes (der Rate)
~ цены́ Preissenkung *f*
ЗАНОСИ́ТЬ (*включáть в спи́сок, в счёт*) eintragen, einschreiben; [ver]buchen
ЗАПА́С *m* Vorrat *m*; Bestand *m*; Reserve *f*
держáть ~ товáра Warenbestand *m* (Warenvorrat *m*) halten
имéть ~ Vorrat haben
имéть в запáсе *etwas* im Vorrat haben; *etwas* vorrätig halten
сокращáть золотóй ~ Goldbestand *m* (Goldreserve *f*, Goldschatz *m*) abbauen
~, авари́йный Notvorrat *m*, Notbestand *m*
~ готóвой продýкции Reserve (Vorrat) an Fertigerzeugnissen
~ дéнег Geldvorrat *m*
~, дополни́тельный zusätzlicher Vorrat
~, заводскóй Betriebsvorrat *m*
~ запчастéй Vorrat an Ersatzteilen
~ золотóй Goldbestand *m*, Goldreserve *f*, Goldschatz *m*
~, начáльный Anfangsbestand *m*
~, неиспóльзованный unausgenutzte Reserve
~, неприкосновéнный eiserner Bestand; Reserveration *f*
~, нормати́вный richtsatzgebundener Vorrat (Bestand), Normativvorrat *m*, Normativbestand *m*

~, остáточный restlicher Bestand, Restbestand *m*
~, резéрвный Hilfsvorrat *m*, Ergänzungsreserve *f*
~, страховóй Sicherheitsbestand *m*, Sicherheitsvorrat *m*, Sicherungsvorrat *m*; Störreserve *f*
~, текýщий laufender Bestand, Bestand für den laufenden Bedarf
ЗАПА́СЫ *m pl* Vorräte *m pl*; Reserven *f pl*, Bestände *m pl*
дéлать ~ Vorräte anschaffen
истощáть ~ Bestände (Vorräte) aufbrauchen (aufzehren, versiegen)
пополня́ть ~ Bestände auffüllen (ergänzen, erweitern)
распродавáть ~ Vorräte (Reserven) ausverkaufen
реализовáть ~ Vorräte (Reserven) realisieren (absetzen)
создавáть ~ Vorräte (Reserven) anlegen
~, бýферные Pufferstock *m*, Marktreserven *f pl*
~, валю́тные Valutavorräte *m pl*, Währungsvorräte *m pl*, Devisenvorräte *m pl*
~, госудáрственные Staatsvorräte *m pl*, staatliche Vorräte
~, материáльные Materialvorräte *m pl*, materielle Vorräte
~, нали́чные vorhandene (zur Verfügung stehende, disponible, verfügbare) Vorräte
~, неизрасхóдованные nicht verbrauchte Vorräte
~, óбщие Gesamtvorräte *m pl*, gesamte Vorräte
~, произвóдственные produktionsbedingte Vorräte
~, товáрно-материáльные Lagerbestände *m pl*
~ товáров Warenvorräte *m pl*
ЗАПАТЕНТО́ВАННЫЙ patentiert, patentamtlich, patentgeschützt
ЗАПИ́СКА *f* Zettel *m*; Vermerk *m*
подготóвить запи́ску Zettel vorbereiten
составля́ть запи́ску Zettel aufstellen (ausarbeiten, abfassen)
~, брóкерская Brokerzettel *m*, Schlußschein *m*
~, брóкерская, о совершённой сдéлке, посылáемая покупáтелю Kaufrechnung *f*

~, брокерская, о совершённой сделке, посылаемая продавцу Verkaufsmitteilung f
~, договорная vertraglicher (vertragsmäßiger) Zettel, Vertragszettel m
~, маклерская Schlußnote f, Schlußschein m
~, объяснительная Erläuterung f, Aktennotiz f
~ о заключении сделки, биржевая Schlußnote f
~, служебная Dienstschreiben n, Dienstzettel m
~, сопроводительная Begleitschein m
ЗАПИ́СЫВАТЬ aufschreiben
ЗАПИСЬ f Aufzeichnung f, Notiz f, Notizen f pl; Eintragung f, Buchung f
аннулировать ~ Eintragung annullieren
вести ~ Notizen führen (eintragen)
делать ~ Eintragung machen
исправлять ~ Eintragung korrigieren
проверять записи Aufzeichnungen (Notizen) prüfen
проводить ~ бухг. eintragen; [ver]buchen
~, бухгалтерская Buchung f; Umbuchung f
~ в бухгалтерской книге Buchung f; Umbuchung f
~ в счёте Rechnungsvermerk m
~, двойная doppelte Buchführung
~, дебетовая Lastschrift f
~, сторнирующая berichtigte (gelöschte, durch Gegenbuchung ausgeglichene) Eintragung
ЗАПЛАТИТЬ bezahlen; einzahlen
ЗАПОЛНЯТЬ (о документе) ausfüllen, ausfertigen
ЗАПРАШИВАТЬ 1. (осведомляться) anfragen; eine Anfrage richten 2. (называть высокую цену) einen überhöhten Preis verlangen
ЗАПРЕТ m Verbot n, Untersagung f, Sperre f, Arrest m, Embargo n
налагать ~ mit Beschlag belegen; Verbot erlassen; verbieten
снимать ~ с чего-л. etwas freigeben; Verbot aufheben
~ ввоза Importverbot n, Einfuhrverbot n, Einfuhrsperre f
~, временный vorübergehendes (zeitweiliges) Verbot
~ вывоза Exportverbot n, Ausfuhrverbot n, Ausfuhrsperre f
~ на импорт Importverbot n
~ на отгрузку Verladeverbot n
~ на экспорт Exportverbot n
~, правительственный Regierungsverbot n
~ реэкспорта Reexportverbot n, Wiederausfuhrverbot n
~ торговли Handelsembargo n
ЗАПРЕТИТЕЛЬНЫЙ verbietend, Verbots-, Prohibitiv-; Sperr-
ЗАПРЕЩАТЬ verbieten, untersagen; Einhalt gebieten
ЗАПРОДАЖА f Vorverkauf m, Verkauf m auf Lieferung, Abgabe f
ЗАПРОС m Anfrage f
направлять ~ кому-л. Anfrage an jemanden richten
отвечать на ~ auf Anfrage antworten; Anfrage beantworten
подтверждать ~ Anfrage bestätigen
получать ~ Anfrage bekommen (erhalten)
посылать ~ Anfrage senden (schicken)
рассматривать ~ Anfrage bearbeiten (prüfen)
~ на проведение экспертизы Anfrage auf (über) das Sachverständigengutachten
~ о местонахождении груза Anfrage zum Verbleib der Ladung
~ о финансовом положении фирмы Anfrage zur Finanzlage der Firma
~, официальный offizielle (amtliche) Anfrage
~, письменный schriftliche Anfrage, Anfrage in schriftlicher Form
~ по телексу Telexanfrage f, Fernschreiberanfrage f
~ по телефону Telefonanfrage f, Fernsprecheranfrage f
~, срочный eilige (dringende, dringliche, umgehende) Anfrage
ЗАПЧАСТИ f pl Ersatzteile n pl
держать ~ на складе Ersatzteile auf dem Lager haben
иметь склад запчастей Ersatzteillager n haben
пополнять ~ Ersatzteile ergänzen (komplettieren)
снабжать запчастями mit Ersatzteilen versehen (versorgen)
~, быстроизнашивающиеся kurzlebige (schnellverschleißende) Ersatzteile
~, взаимозаменяемые gegenseitig austauschbare (ersetzbare) Ersatzteile

~, гарантийные Garantieersatzteile *n pl*
~, поставляемые после истечения гарантийного периода die nach dem Ablauf der Garantiefrist zu liefernden Ersatzteile
~, рекомендуемые die zu empfehlenden Ersatzteile
ЗАРАБАТЫВАТЬ verdienen; erarbeiten
ЗАРАБОТОК *m* Einkommen *n;* Verdienst *m*, Lohn *m*, Gehalt *n*
~, средний Durchschnittsverdienst *m*, Durchschnittslohn *m*
ЗАРЕГИСТРИРОВАТЬ registrieren, eintragen; einschreiben; verzeichnen
ЗАРЕЗЕРВИРОВАТЬ reservieren, bevorraten, aufbewahren; in Reserve halten; zurücklegen
ЗАРПЛАТА *f* Arbeitslohn *m*, Lohn *m;* Gehalt *n*
выплачивать зарплату *кому-л. jemandem* Lohn auszahlen
замораживать зарплату Arbeitslohn einfrieren
повышать зарплату Lohn erhöhen (steigern, heraufsetzen)
получать зарплату Arbeitslohn bekommen (erhalten)
~, аккордная Akkordlohn *m*, Stücklohn *m*, Leistungslohn *m*, Pauschallohn *m*
~ в денежном выражении Geldlohn *m*
~, гарантированная garantierter Lohn
~, дополнительная Zuschlagszahlung *f*, Zuschlag *m*
~, максимальная maximaler (höchster, größter) Lohn
~, номинальная Nominallohn *m*, nomineller Arbeitslohn *m*
~, основная Grundlohn *m*
~, повременная Zeitlohn *m*
~, реальная Reallohn *m*, reeller Lohn, Realverdienst *m;* Realgehalt *n*
~, сдельная Stücklohn *m*
~, сдельно-прогрессивная progressiver Stücklohn, Leistungslohn *m*
~, среднегодовая Jahresdurchschnittslohn *m*
~, среднемесячная Monatsdurchschnittslohn *m*
~, твёрдая fester Lohn
~, чистая Reinlohn *m*, Nettolohn *m*
ЗАРУБЕЖНЫЙ ausländisch
ЗАСВИДЕТЕЛЬСТВОВАТЬ bescheinigen; beglaubigen; beweisen; bezeugen

~ нотариально notariell beglaubigen, beurkunden
~ подлинность Echtheit *f* (Authentizität *f*) beglaubigen
~ подпись Unterschrift *f* beglaubigen
ЗАСЕДАНИЕ *n* Sitzung *f*, Versammlung *f;* Verhandlung *f*
закрывать ~ Sitzung schließen
открывать ~ Sitzung eröffnen
переносить ~ Sitzung verlegen (vertagen)
прерывать ~ Sitzung unterbrechen
проводить ~ Sitzung abhalten (durchführen)
участвовать в заседании an der Sitzung teilnehmen (sich beteiligen)
~, закрытое geschlossene Sitzung, Sitzung unter Ausschluß der Öffentlichkeit
~ комиссии Sitzung der Kommission
~, открытое öffentliche (offene) Sitzung
~, очередное ordentliche Sitzung
~ правления Sitzung der Leitung (des Vorstandes)
~ совета Sitzung des Rates
~, совместное gemeinsame Sitzung, Gemeinschaftssitzung *f*
ЗАСТОЙ *m* Stillstand *m*, Stagnation *f*, Flaute *f;* Stockung *f*, Lähmung *f*
~ в деловой активности Lähmung der Geschäftstätigkeit
~ в торговле Handelsflaute *f;* Lähmung des Handels
ЗАСТОЙНЫЙ stagnierend
ЗАСТРАХОВАННЫЙ versichert
ЗАСТРАХОВАТЬ versichern
ЗАСЧИТЫВАТЬ anrechnen, in Anrechnung bringen; aufrechnen, verrechnen
ЗАСЫЛАТЬ (*направлять по неправильному адресу*) fehlleiten
ЗАТАРИВАНИЕ *n* Abfüllen *n*, Abpakken *n*
~ груза Abfüllen der Ladung
ЗАТАРИВАТЬ abfüllen, abpacken
ЗАТОВАРИВАНИЕ *n* Überfüllung *f* des Marktes mit Waren, übermäßige Warenvorräte
ЗАТОВАРИВАТЬ(СЯ) liegenbleiben, keinen Absatz finden; überfüllte Warenlager haben; die Ware nicht absetzen können
ЗАТРАТЫ *f pl* Aufwand *m;* Kosten *pl;* Ausgaben *f pl*, Auslagen *f pl;* Aufwendungen *f pl*
возмещать ~ Aufwand entschädigen

ЗАТ

подсчи́тывать ~ Ausgaben berechnen (kalkulieren)
~, авари́йные Havarieausgaben *f pl*; Havariefdlkosten *pl*
~, администрати́вные Verwaltungskosten *pl*
~, дополни́тельные Mehraufwand *m*, zusätzliche Aufwände
~ инвестицио́нных средств verausgabte Investitionsmittel
~, капита́льные Investitionsaufwand *m*, verausgabte Investitionsmittel; Investitionskosten *pl*
~, ко́мплексные Komplexausgaben *f pl*
~, ко́свенные indirekte (indirekt zurechenbare) Kosten
~ нали́чных средств Ausgaben der Barmittel
~ на материа́льно-техни́ческое снабже́ние material-technische Versorgungskosten
~ на монта́жные рабо́ты Kosten für Montagearbeiten
~ на нау́чно-иссле́довательские и о́пытно-констру́кторские рабо́ты Ausgaben für Forschung und Entwicklung
~ на приобрете́ние Erwerbskosten *pl*, Anschaffungskosten *pl*
~ на разрабо́тку но́вого проду́кта Ausgaben für Ausarbeitung eines neuen Produktes
~ на рекла́му Kosten für Werbung
~ на стимули́рование сбы́та Kosten für Absatzförderung
~ на строи́тельство Baukosten *pl*
~ на транспортиро́вку Transportkosten *pl*, Transportspesen *pl*, Beförderungskosten *pl*
~ на хране́ние Lagerkosten *pl*
~, нача́льные Anfangskosten *pl*, Ausgangskosten *pl*
~, непроизводи́тельные unproduktiver Aufwand; unproduktiver Verbrauch; unproduktive Ausgaben; Unkosten *pl*
~, неэффекти́вные uneffektive (unnutzbringende) Kosten
~, о́бщие Gemeinkosten *pl*, Gesamtkosten *pl*, Gesamtausgaben *pl*
~ основно́го капита́ла Grundkapitalaufwand *m*; Grundkapitalauslagen *f pl*
~, переме́нные variable Kosten, veränderliche Kosten
~ по реализа́ции проду́кции Kosten für Realisierung der Produktion
~, постоя́нные konstante Kosten

ЗАЩ

~, произво́дственные Produktionsaufwand *m*, Produktionskosten *pl*, Betriebskosten *pl*
~, прямы́е direkte Kosten, direkte Aufwendungen *f pl*
~, теку́щие laufender Aufwand; laufende Ausgaben (Kosten)
~ труда́ Arbeitsaufwand *m*
~, факти́ческие tatsächlicher Aufwand; tatsächliche (effektive) Kosten; Ist-Ausgaben *f pl*
~, целевы́е Zweckausgaben *f pl*
~, эксплуатацио́нные Betriebsaufwand *m*, Betriebskosten *pl*
~, эффекти́вные effektive (nutzbringende) Ausgaben
ЗАТРУДНЕ́НИЕ *n* Schwierigkeit *f*; Hindernis *n*, Hemmung *f*, Hemmnis *n*
испы́тывать затрудне́ния Schwierigkeiten haben
~ в поста́вках Lieferungsschwierigkeit *f*
~ в сбы́те Absatzschwierigkeit *f*
затрудне́ния, де́нежные finanzielle Schwierigkeiten; Geldverlegenheit *f*
затрудне́ния, материа́льные materielle Schwierigkeiten
затрудне́ния, фина́нсовые finanzielle Schwierigkeiten
затрудне́ния, экономи́ческие wirtschaftliche Schwierigkeiten
ЗАФРАХТОВА́ТЬ (be)frachten, chartern, in Fracht nehmen
ЗАХО́Д *m* Anlaufen *n*
~ в порт Anlaufen *n* eines Hafens
ЗАЧЁТ *m* Anrechnung *f*, Aufrechnung *f*
в ~ чего́-л. a conto, auf Konto, auf Rechnung; abschläglich, auf Abschlag
~ встре́чного и́ска Anrechnung der Gegenklage
~ встре́чного тре́бования Anrechnung der Gegenforderung
ЗАЧИСЛЕ́НИЕ *n* Anrechnung *f*, Eintragung *f*, Buchung *f*
~ в креди́т счёта Betrag *m* dem Konto kreditieren, Kreditieren *n* eines Betrages dem Konto
~ на счёт Anrechnung (Buchung) auf ein Konto
~ средств Anrechnung (Buchung) der Mittel
ЗАЧИСЛЯ́ТЬ anrechnen, in Anrechnung bringen
ЗАЩИ́ТА *f* Verteidigung *f*, Schutz *m*; Verfechtung *f*, Sicherung *f*

ЗАЩ   ЗАЯ

обеспе́чивать защи́ту Verteidigung garantieren (gewährleisten)
предоставля́ть защи́ту Schutz gewähren (verschaffen)
~, арбитра́жная Arbitrageschutz *m*, Schiedsschutz *m*
~ гру́за Lastschutz *m*
~ зако́ном gesetzlicher Schutz
~ интере́сов Interessenvertretung *f*, Interessenverfechtung *f*
~ лицензио́нного пра́ва Verteidigung des Lizenzrechtes
~ от неблагоприя́тных пого́дных усло́вий Schutz gegen ungünstige Wetterbedingungen
~ от поврежде́ния Schutz gegen (vor) Schaden (Beschädigung)
~ от притяза́ний Verteidigung gegen Ansprüche
~, правова́я Rechtsschutz *m*
~ това́ра Warenschutz *m*
~ торго́вой ма́рки Schutz der Handelsmarke
~, эффекти́вная effektiver Schutz

ЗАЩИ́ТНИК *m* (*в суде́*) Verteidiger *m*; Rechtsanwalt *m*

ЗАЩИЩА́ТЬ schützen; einstehen; verteidigen; sichern

ЗАЯВИ́ТЕЛЬ *m* Antragsteller *m*; Anmelder *m*
~ пате́нта Patentanmelder *m*
~ с бо́лее по́здним приорите́том Antragsteller mit früherem Vorrecht
~ с бо́лее ра́нним приорите́том Antragsteller mit späterem Vorrecht

ЗАЯ́ВКА *f* 1. (*тре́бование*) Anforderung *f* 2. (*про́сьба о чём-л.*) Antrag *m*; Gesuch *n* 3. (*пате́нт*) Anmeldung *f* 4. (*на торга́х, аукцио́не*) Ausschreibung *f*
де́лать зая́вку на *что-л.* Anforderung auf etwas stellen
заполня́ть зая́вку Anforderung ausfüllen
изменя́ть зая́вку Anforderung ändern (verändern)
изуча́ть зая́вку Anforderung studieren (prüfen)
отзыва́ть зая́вку Anforderung widerrufen
отклоня́ть зая́вку Anforderung ablehnen (zurückweisen)
оформля́ть зая́вку Anforderung abfassen (formulieren)
подава́ть зая́вку Anforderung stellen
подтвержда́ть зая́вку Anforderung bestätigen

по зая́вке laut Anforderung
рассма́тривать зая́вку Anforderung prüfen (untersuchen)
~, дополни́тельная zusätzliche Anforderung, Zusatzanforderung *f*
~, зарегистри́рованная eingetragene (registrierte) Anforderung
~, конкуре́нтная Konkurrenzanforderung *f*
~ на аре́нду сте́нда Gesuch um einen Stand
~ на ви́зу Gesuch um ein Visum
~ на вы́ставочное ме́сто Gesuch um einen Ausstellungsraum
~ на изобрете́ние Gesuch um eine Erfindung, Erfindungsanmeldung *f*
~ на креди́т Kreditplan *m*, Kreditantrag *m*, Kreditgesuch *n*
~ на пате́нт Patentanmeldung *f*
~ на перево́зку гру́зов Transportraumanmeldung *f*; Gesuch um Frachttransport
~ на получе́ние ссу́ды Kreditantrag *m*, Gesuch um eine Anleihe (um ein Darlehen)
~ на поста́вку това́ра Gesuch um Warenlieferung
~ на регистра́цию това́рного зна́ка Gesuch um Registrierung der Warenmarke, Warenzeichenanmeldung *f*
~ на страхова́ние Gesuch um Versicherung
~ на уча́стие Gesuch um Teilnahme; Teilnahmeanmeldung *f*
~ на эксперти́зу Gesuch um ein Gutachten (um eine Expertise)
~ на э́кспорт Exportantrag *m*, Ausfuhrantrag *m*
~, перви́чная primärer Antrag, Primärantrag *m*, Erstantrag *m*
~, пи́сьменная schriftliche Anforderung; Anforderung in schriftlicher Form
~, предвари́тельная vorläufiger Antrag; einleitender Vorantrag
~, ро́дственная verwandter Antrag
~ с бо́лее по́здним приорите́том Antrag mit jüngerem (früherem) Vorrecht
~ с бо́лее ра́нним приорите́том Antrag mit älterem (späterem) Vorrecht
~, совме́стная gemeinsamer (gemeinschaftlicher) Antrag

ЗАЯВЛЕ́НИЕ *n* 1. (*сообще́ние*) Anmeldung *f*, Erklärung *f* 2. (*про́сьба, зая́вка*) Eingabe *f*, Gesuch *n*, Antrag *m*

ЗАЯ

оформля́ть ~ Erklärung abfassen (formulieren)
подава́ть ~ Eingabe einreichen
принима́ть ~ Eingabe annehmen
рассма́тривать ~ Eingabe prüfen (untersuchen)
составля́ть исково́е ~ eine Klageschrift aufstellen
~ в арбитра́ж Antrag vor Schiedsgericht
~, исково́е Klageschrift *f*, Klageantrag *m*
~ морско́го проте́ста Seeprotesterklärung *f*
~ на откры́тие аккредити́ва Akkreditiveröffnungsantrag *m*
~ на откры́тие счёта Antrag auf Eröffnung eines Kontos
~ на получе́ние разреше́ния на ввоз Gesuch um Importerlaubnis
~ об аннули́ровании Erklärung der Annullierung
~ об убы́тках Mitteilung *f* über Verluste
~ об установле́нии приорите́та Prioritätsanspruch *m*, Vorrechtsanspruch *m*
~ о вы́плате страхово́го возмеще́ния Versicherungsanspruch *m*
~ о перено́се сро́ков погаше́ния до́лга Ersuchen *n* um Verschiebung der Termine der Schuldentilgung
~ о предоставле́нии ви́зы Gesuch um das Visum
~ о предоставле́нии разреше́ния Gesuch um Erlaubnis
~ о прете́нзии Anspruchsmeldung *f*
~ о продле́нии сро́ка Gesuch um Fristverlängerung
~, официа́льное offizielle (amtliche) Mitteilung
~, пи́сьменное schriftliche Meldung, Meldung *f* in schriftlicher Form
~, совме́стное gemeinsame Mitteilung
ЗАЯВЛЯ́ТЬ 1. erklären 2. anmelden
ЗЛОУПОТРЕБЛЕ́НИЕ *n* Mißbrauch *m*; Übergriff *m*
~ дове́рием Vertrauensmißbrauch *m*
~ исключи́тельным пра́вом Mißbrauch des Exklusivrechts
~ креди́том Kreditmißbrauch *m*
~ пра́вом на пате́нт Mißbrauch des Patentrechts
~ това́рным зна́ком Mißbrauch des Warenzeichens
ЗЛОУПОТРЕБЛЯ́ТЬ mißbrauchen

ЗОН

«ЗМЕЯ́», ВАЛЮ́ТНАЯ «Währungsschlange» *f*
ЗНАК *m* Zeichen *n*, Anzeichen *n*, Merkmal *n*, Index *m*, Marke *f*
~, бу́квенный ко́довый Buchstabenzeichen *n*, Codezeichen *n*
~ гара́нтии Garantiemarke *f*
~, действи́тельный gültiges Zeichen
~, зарегистри́рованный eingetragenes Zeichen
~, идентификацио́нный Identifikationsmarke *f*
~, незарегистри́рованный uneingetragenes Zeichen, nicht registrierte Marke
~, отличи́тельный Kennzeichen *n*
~ отправи́теля Diktatzeichen *n*
~, подде́льный gefälschtes (nachgeahmtes) Zeichen
~ получа́теля Zeichen des Empfängers
~, сертификацио́нный Zertifikatszeichen *n*
~, това́рный Warenzeichen *n*
~, торго́вый Handelszeichen *n*
~, фабри́чный Fabrikmarke *f*, Fabrikzeichen *n*
~, фи́рменный Firmenzeichen *n*, Handelsmarke *f*
~, утра́тивший си́лу außer Kraft getretenes Zeichen
ЗО́ЛОТО *n* Gold *n*
обме́нивать на ~ gegen Gold tauschen
плати́ть зо́лотом mit (in) Gold zahlen
продава́ть на ~ für Gold verkaufen
~ в моне́тах Gold in Münzen
~ в сли́тках Barrengold *n*, Gold in Barren
~, высокопро́бное Gold von echter Währung
~, платёжное Zahlungsgold *n*
~, техни́ческое technisches Gold
~ устано́вленной про́бы festgesetzte Goldprobe
~, ювели́рное Juweliergold *n*, Juwelengold *n*
ЗО́ЛОТО-ВАЛЮ́ТНЫЙ Währungsgold-
ЗО́НА *f* Zone *f*, Gürtel *m*; Raum *m*; Гeбиет *n*; Bereich *m*
~, беспо́шлинная zollfreie (unverzollte; abgabenfreie) Zone, Zone frei von Abgaben
~, валю́тная Währungszone *f*, Währungsgebiet *n*
~ де́йствия това́рного зна́ка Wirkungsbereich *m* der Handelsmarke

~, до́лларовая Dollarzone *f*
~ исключи́тельного пра́ва Zone des ausschließlichen Rechts
~ обслу́живания Einzugsbereich *m*, Versorgungsbereich *m*
~, пограни́чная Grenzzone *f*, Grenzgebiet *n*
~ преференциа́льных тари́фов Zone (Gebiet) der Präferenztarife; Vorzugstarifzone *f*
~, прибре́жная Küstenzone *f*; Uferzone *f*
~, порто́вая Hafenzone *f*
~; рублёвая Rubelzone *f*
~ сбы́та Absatzzone *f*, Verkaufszone *f*
~, свобо́дная экономи́ческая freie Wirtschaftszone
~ свобо́дного предпринима́тельства freie Unternehmertumszone
~ свобо́дной торго́вли Freihandelszone *f*
~, сте́рлинговая Sterlingzone *f*, Sterlingblock *m*
~, тамо́женная Zollgebiet *n*
~, тари́фная Tarifzone *f*; Gebührenzone *f*
~ фра́нко Zollfreizone *f*; Freihafengebiet *n*
~, экономи́ческая ökonomische (wirtschaftliche) Zone; Wirtschaftszone *f*
~ э́кспорта Ausfuhrzone *f*, Exportzone *f*

И

ИГРА f Spiel n
~ на бирже Spiel an der Börse
~ на курсах акций Aktienspekulation f
~ на повышение (курса) Haussespekulation f, Kurstreiberei f
~ на понижение (курса) Flaumacherei f, Baissespekulation f
~ на разнице Differenzgeschäft n

ИДЕНТИФИКАЦИОННЫЙ Identifikations-; gleichgesetzt

ИДЕНТИФИКАЦИЯ f Identifizierung f
~ товара Identifizierung der Ware
~ ящиков Identifizierung der Kisten

ИЗБЫТОК m Überschuß m, Überfluß m; Rest m
быть в избытке im Überfluß vorhanden sein
~ капитала Kapitalüberschuß m
~ кредита Kreditüberschuß m
~ предложения товара на рынке Überangebot n (Warenüberfluß m) auf dem Markt
~ рабочей силы Überfluß der Arbeitskraft
~ спроса Nachfrageüberfluß m
~ товара Warenüberfluß m; Warenüberhang m

ИЗБЫТОЧНЫЙ überflüssig, überschüssig; Über-, Mehr-

ИЗВЕЩАТЬ benachrichtigen, Nachricht geben, mitteilen, in Kenntnis setzen

ИЗВЕЩЕНИЕ n Benachrichtigung f, Anzeige f, Bescheid m; Avis m (n); Meldung f, Mitteilung f
получать ~ Mitteilung bekommen (erhalten)
посылать ~ Mitteilung senden (schicken)
~ банка Bankanzeige f, Bankbenachrichtigung f
~, заблаговременное frühzeitige Mitteilung
~ капитана Kapitänsbenachrichtigung f
~ об акцепте Akzeptanzeige f
~ об аннулировании контракта Benachrichtigung über Vetragsstornierung
~ об инкассо Inkassobenachrichtigung f, Inkassoanzeige f
~ об отгрузке Verladeanzeige f, Verladeavis m (n), Verladungsanzeige f
~ об отправке Versandanzeige f, Versandavis m (n)
~ о выставлении тратты Trattenavis m (n)
~ о готовности оборудования к испытаниям Benachrichtigung über Prüfbereitschaft der Ausrüstung
~ о готовности судна к выгрузке Benachrichtigung über Löschbereitschaft des Schiffes
~ о готовности товара к осмотру Meldung über Bereitschaft zur Wareinspektion, Warenversandbereitschaftsmeldung f
~ о доставке Bestellbarkeitsmeldung f
~ о платеже Zahlungsankündigung f, Zahlungsavis m (n)
~ о погрузке Verladeanzeige f
~ о предполагаемом подходе судна Benachrichtigung über den vermutlichen Einlauf des Schiffes
~ о претензии Anspruchsmeldung f
~ о прибытии судна Mitteilung über Ankunft des Schiffes
~ о регистрации заявки Mitteilung über Registrierung des Gesuches
~ о торгах Handelsanzeige f, Auktionsanzeige f
~, официальное offizielle Mitteilung
~ о фрахтовании Frachtbenachrichtigung f
~, письменное schriftliche Benachrichtigung
~, срочное dringende Benachrichtigung

ИЗГОТОВИТЕЛЬ m Hersteller m, Erzeuger m, Produzent m

ИЗГОТОВИТЕЛЬ-ЛИЦЕНЗИАР m Hersteller-Lizenzgeber m

ИЗГОТОВЛЕ́НИЕ n Herstellung f, Erzeugung f, Fertigung f, Produktion f
~, ма́ссовое Massenfertigung f
~ образца́ Musterausfertigung f
~ по лице́нзии Herstellung (Fertigung) unter Lizenz
~, промы́шленное Industrieherstellung f
~, сери́йное Serienproduktion f, Serienfertigung f

ИЗДА́НИЕ n Auflage f; Ausgabe f; Herausgabe f; Erlaß m
~, беспла́тное unentgeltliche (kostenlose) Ausgabe; Ausgabe ohne Bezahlung
~, делово́е geschäftliche (fachliche) Ausgabe, Geschäftsausgabe f
~, ма́ссовое Massenauflage f
~, отраслево́е Branchenausgabe f
~, официа́льное offizielle (amtliche) Ausgabe, Amtsausgabe f
~, периоди́ческое periodische Druckschrift, Periodikum n
~, печа́тное Druckausgabe f
~, пла́тное entgeltliche Ausgabe
~, подписно́е Abonnementsausgabe f, im Abonnement erhältliche Ausgabe
~, спра́вочное Nachschlagewerk n; Nachschlagebuch n
~, фи́рменное Betriebszeitschrift f

ИЗДЕ́ЛИЕ n Erzeugnis n, Produkt n; Fabrikat n; Werkstück n
~, брако́ванное Ausschuß m, Fehlstück n
~, высокока́чественное Spitzenerzeugnis n
~, гото́вое Fertigerzeugnis n, Fertigprodukt n, Fertigware f
~, изгото́вленное по зака́зу nach Bestellung gefertigtes Erzeugnis (Produkt)
~, некондицио́нное nicht vertragsgemäßes Erzeugnis
~, непатентоспосо́бное patentunfähiges Erzeugnis
~, нестанда́ртное nicht standardisiertes Erzeugnis
~ однора́зового по́льзования Erzeugnis für einmalige Benutzug (für einmaligen Gebrauch)
~, патентоспосо́бное patentfähiges Erzeugnis
~, труднореализу́емое schwer absetzbares (verkäufliches) Erzeugnis
~, фабри́чное fabrikmäßig (industriell) hergestelltes Erzeugnis, Fabrikat n

ИЗДЕ́ЛИЯ n pl Erzeugnisse n pl, Продукте n pl; Fabrikate n pl; Artikel m pl

~, комплекту́ющие komplettierende Erzeugnisse, Komplettierungsteile n pl
~, ма́рочные Markenerzeugnisse n pl
~, ма́ссового произво́дства Massenartikel m pl, Massenbedarfsartikel m pl
~, повы́шенного спро́са Erzeugnisse der gesteigerten Nachfrage
~, поставля́емые по контра́ктам die nach Vertrag zu liefernden Erzeugnisse
~, сери́йные Serienerzeugnisse n pl
~, станда́ртные standardisierte (genormte) Erzeugnisse

ИЗДЕ́РЖКИ f pl Aufwand m, Aufwendungen pl, Kosten pl, Ausgaben f pl, Spesen pl
возмеща́ть ~ Kosten ersetzen (vergüten)
за вы́четом изде́ржек ab Unkosten, abzüglich der Kosten
избега́ть изде́ржек Kosten vermeiden (meiden)
исчисля́ть ~ Kosten berechnen (ausrechnen; kalkulieren)
нести́ ~ Kosten tragen
предусмотре́ть ~ Kosten vorsehen (voraussehen)
сокраща́ть ~ Kosten verringern (vermindern, herabsetzen, reduzieren)
~, авари́йные Havariekosten pl, Schadenkosten pl
~, больши́е große Kosten
~, дополни́тельные Zusatzkosten pl, zusätzliche Kosten, Mehrkosten pl
~, ко́свенные indirekte (mittelbare) Kosten
~, материа́льные Materialkosten pl
~, непроизво́дственные nichtproduktive (nichtproduzierende, unproduktive) Kosten
~, нормати́вные normative Kosten
~ обраще́ния Zirkulationskosten pl
~, о́бщие Unkosten pl
~ по арбитра́жу Arbitragekosten pl, Schiedsgerichtskosten pl
~ по доста́вке Bezugskosten pl, Bezugsspesen pl
~, произво́дственные Produktionskosten pl, Herstellungskosten pl
~ проте́ста Protestkosten pl, Einspruchskosten pl
~, прямы́е direkte (unmittelbare) Kosten
~ сбы́та Vertriebskosten pl
~, сме́тные Budgetkosten pl, Haushaltskosten pl; veranschlagte Kosten
~ сторо́н Ausgaben der Vertragspartner

ИЗЛ   ИЗУ

~, суде́бные Prozeßkosten *pl*, Gerichtsgebühren *f pl*
~, торго́вые Geschäftskosten *pl*, Handelskosten *pl*, Handelsunkosten *pl*
~, тра́нспортные Transportkosten *pl*, Beförderungskosten *pl*, Frachtkosten *pl*, Frachtspesen *pl*
~, фина́нсовые Finanzkosten *pl*, Finanzgebühren *f pl*
ИЗЛИ́ШКИ *m pl* Überschüsse *m pl*
нака́пливать ~ Überschüsse akkumulieren (bilden)
~ валю́ты Devisenüberschüsse *m pl*
~ средств Mittelüberschüsse *m pl*
~, това́рные Warenüberstände *m pl*, Überstände *m pl* an Waren
ИЗМЕНЕ́НИЕ *n* Änderung *f*, Veränderung *f*, Wandel *m*; Umgestaltung *f*
без измене́ния ohne Änderung
подлежа́ть измене́нию einer Änderung unterliegen
~ аккредити́ва Akkreditivänderung *f*, Abänderung *f* eines Akkreditivs
~ в цене́ Preisveränderung *f*
~ ка́чества Qualitätsänderung *f*, qualitative Veränderung
~ конъюнкту́ры konjunkturelle Änderung, Konjunkturänderung *f*
~ настрое́ния ры́нка Änderung der Marktstimmung
~ обстоя́тельств Änderung der Umstände
~ пла́на Planänderung *f*, Plankorrektur *f*
~, пропорциона́льное proportionale Änderung
~ сто́имости Wertänderung *f*, Wertwechsel *m*
~, суще́ственное bedeutende (wesentliche) Änderung
~ усло́вий Änderung der Bedingungen
~ цен Preisveränderung *f*, Preisänderung *f*
ИЗМЕНЕ́НИЯ *n pl* Veränderungen *f pl*, Änderungen *f pl*
без суще́ственных измене́ний ohne wesentliche Änderungen
вноси́ть ~ Veränderungen vornehmen (treffen, anbringen)
оставля́ть без измене́ний ohne Änderungen lassen
рассма́тривать ~ Veränderungen beurteilen
тре́бовать измене́ний Veränderungen fordern (verlangen)

~ в валю́тных ку́рсах Veränderungen in den Währungskursen, Wechselkursveränderungen *f pl*
~, коли́чественные Quantitätsänderungen *pl*, quantitative Veränderungen
~ на ры́нке Änderungen auf dem Markt
~ нормати́вов Normativänderungen *f pl*
ИЗМЕНЯ́ТЬ ändern, verändern
ИЗМЕРЕ́НИЕ *n* Messung *f*, Messen *n*, Ausmessung *f*, Abmessung *f*
производи́ть ~ Messung (Abmessung) durchfüren
~ разме́ров Abmessung *f*
~ техни́ческих характери́стик Messung der technischen Daten
ИЗМЕРЯ́ТЬ abmessen, bemessen
ИЗНО́С *m* Verschleiß *m*, Abnutzen *n*, Abnützung *f*, Abnutzung *f*, Verbrauchen *n*
~, есте́ственный natürlicher Verschleiß
~, мора́льный (*оборудования*) moralischer Verschleiß der Ausrüstung, Überalterung *f* der Ausrüstung
~, физи́ческий physischer Verschleiß
~, эксплуатацио́нный technischer Verschleiß
ИЗОБРЕТА́ТЕЛЬ *m* Erfinder *m*
ИЗОБРЕТЕ́НИЕ *n* Erfindung *f*
внедря́ть ~ Erfindung einführen (durchsetzen)
демонстри́ровать ~ Erfindung demonstrieren (vorführen)
запатентова́ть ~ Erfindung patentieren (patentieren lassen)
опи́сывать ~ Erfindung beschreiben
охраня́ть ~ Erfindung schützen (bewachen; wahren)
реклами́ровать ~ Erfindung werben
~, запатенто́ванное patentierte (patentamtliche, patentgeschützte) Erfindung
~, зарегистри́рованное registrierte (eingetragene) Erfindung
~, непатентоспосо́бное nicht patentfähige Erfindung
~, патентоспосо́бное patentfähige Erfindung
ИЗОЛИ́РОВАТЬ isolieren, absondern
ИЗОЛЯ́ЦИЯ *f* Isolation *f*, Isolierung *f*, Absonderung *f*
ИЗРАСХО́ДОВАТЬ ausgeben, verausgaben; aufwenden; verbrauchen
ИЗУЧЕ́НИЕ *n* Studium *n*, Forschung *f*; Ermittlung *f*; Erlernen *f*, Erlernung *f*
~ зарубе́жного о́пыта ausländischer Erfahrungsaustausch; Studium der ausländischen Erfahrung

~ методов рекламы Studium der Werbemethoden
~ потребительского спроса Studium der Verbrauchernachfrage, Forschung der Käufernachfrage
~ рынка Marktforschung *f*, Bedarfsforschung *f*, Bedarfsermittlung *f*
~ торговой конъюнктуры Konjunkturforschung *f*

ИЗЪЯ́ТИЕ *n* Entnahme *f*, Entziehung *f*, Entzug *m*; Abhebung *f*; Beschlagnahme *f*
~ вклада Entziehung der Einlage
~ депозитов Entziehung der Depositen, Abhebung von Einlagen
~ из банка Entziehung (Abberufung *f*) aus der Bank
~ контрабанды Beschlagnahme der Schmuggelware
~ средств Mittelabberufung *f*

И́МИДЖ *m* Image *engl.*

И́МПОРТ *m* 1. (*ввоз*) Import *m*, Einfuhr *f* 2. (*стоимость ввозимых товаров*) Einfuhrwert *m*; Importwert *m*
заниматься импортом товаров importieren, einführen, aus dem Ausland beziehen; im Ausland kaufen
запрещать ~ Import verbieten
ограничивать ~ Import beschränken (sperren)
прекращать ~ Import einstellen (stoppen)
расширять ~ Import erweitern (vergrößern)
регулировать ~ Import regeln (regulieren)
сокращать ~ Import kürzen (verkürzen)
финансировать ~ Import finanzieren
~, запрещённый verbotener Import
~ лицензий Import der Lizenzen, Einfuhr der Lizenzen
~ машин и оборудования Import der Maschinen und der Ausrüstung
~, невидимый unsichtbarer Import
~, нерациональный unrationeller (unzweckmäßiger) Import
~ продовольственных товаров Import der Lebensmittel
~ сырья Rohstoffeinfuhr *f*, Rohstoffimport *m*
~ товаров Wareneinfuhr *f*, Warenimport *m*

ИМПОРТЁР *m* Importeur *m*, Einfuhrhändler *m*

ИМПОРТИ́РОВАТЬ einführen, importieren

И́МПОРТНЫЙ Import-, Einfuhr-

ИМУ́ЩЕСТВО *n* Besitz *m*; Eigentum *n*; Vermögen *n*; Gut *n*
владеть имуществом zum Eigentum haben, besitzen, im Besitz sein
закладывать ~ Gut verpfänden
~, арендное Mietsache *f*
~, выставочное Ausstellungsgut *n*
~, движимое bewegliche Sache, bewegliches Gut, Mobiliarvermögen *n*
~, заложенное verpfändete Sache, verpfändetes Gut
~, недвижимое Immobilien *pl*, Liegenschaften *f pl*, unbewegliches Vermögen
~, списанное verworfene (abgeschriebene) Sache

И́МЯ *n* 1. Name *m*, Vorname *m* 2. Name *m*, Ruf *m*
на ~ auf den Namen
от имени im Namen
~, фирменное Firmenbesitz *m*

ИНВЕНТАРИЗА́ЦИЯ *f* Invertarisation *f*, Inventur *f*; Aufnahme *f*
~, текущая laufende (fließende) Inventarisation

ИНВЕНТА́РНЫЙ Inventar-

ИНВЕСТИ́ЦИИ *f pl* Kapitalanlagen *f pl*; Investitionen *f pl*, Kapitaleinlagen *f pl*, Anlagemittel *n pl*
~, валютные Währungsinvestitionen *f pl*
~, долгосрочные langfristige Investitionen
~, зарубежные Auslandsinvestitionen *f pl*, Kapitalanlagen im Ausland
~, интеллектуальные intellektuelle (geistige) Investitionen
~, краткосрочные kurzfristige Investitionen
~, первоклассные erstklassige Investitionen
~, прямые Direktinvestitionen *f pl*, direkte Kapitalanlagen
~, реальные reale (wirkliche) Investitionen, Realinvestitionen *f pl*
~, совместные gemeinsame (gemeinschaftliche) Investitionen, Gemeinschaftsinvestitionen *f pl*
~, финансовые finanzielle Investitionen, Finanzinvestitionen *f pl*
~, частные private Investitionen, private Anlagen

ИНВЕ́СТОР *m* Investor *m*, Investitionsträger *m*, Investträger *m*; Kapitalgeber *m*; Geldgeber *m*

87

ИНДЕКС *m* Index *m;* Kennzahl *f,* Kennziffer *f*
~ áкций Aktienindex *m*
~, биржевóй Börsenindex *m*
~ биржевы́х котирóвок Börsenindex *m*
~ Дóу-Джóнса Dow-Jones-Index *m*
~ и́мпорта Importpreisindex *m*
~ колебáний стóимости Index der Wertschwankung
~ кýрсов цéнных бумáг Index der Kurse von Wertpapieren
~ покупáтельной спосóбности Kaufkraftindex *m*
~ потреби́тельских цен Verbraucherpreisindex *m*
~ промы́шленного произвóдства Industrieproduktionsindex *m*
~ рóзничных цен Kleinhandelsindex *m;* Einzelhandelspreisindex *m*
~ ры́нка Marktindex *m*
~ стóимости Kostenindex *m;* Lebenskostenindex *m*
~ товарооборóта Warenumsatzindex *m*
~ фóндовой би́ржи Fondbörseindex *m*
~, фрахтóвый Frachtenindex *m,* Frachtratenindex *m*
ИНДЕКСÁЦИЯ *f* Indexbezeichnung *f;* Festlegen *n* von Postleitzahlen; Indexierung *f*
ИНДÉНТ *m* (*заказ на товар, посылаемый комиссионеру из-за границы*) Indent *n,* Indentgeschäft *n,* Auslandsauftrag *m*
ИНДОССАМÉНТ *m* Indossament *n;* Giro *n*
оформля́ть ~ Indossament abfassen (formulieren)
совершáть ~ girieren, gegenzeichnen; Indossament leisten
~, безоборóтный Indossament ohne Rückgriff
~ без указáния лицá Indossament ohne Personangabe (ohne Adresse)
~, блáнковый Blankoindossament *n,* Blankogiro *n*
~, вéксельный Wechselindossament *n,* Wechselgiro *n*
~ в пóльзу бáнка Indossament zugunsten der Bank
~ в пóльзу трéтьего лицá Indossament zugunsten der dritten Person
~, дрýжеский Gefälligkeitsindossament *n,* Gefälligkeitsgiro *n*
~, именнóй Vollindossament *n,* volles Wechselgiro

~, инкáссовый Inkassoindossament *n,* Prokuraindossament *n*
~ на и́мя Indossament auf den Namen
~ на предъяви́теля Indossament auf den Überbringer (auf den Präsentanten)
~, ограни́ченный beschränktes Indossament, Rektaindossament *n,* Rektagiro *n*
~, пóлный Vollindossament *n,* vollständiges Indossament, Vollgiro *n*
~, послéдующий Nachindossament *n,* Nachgiro *n*
~, препоручи́тельный übertragbares Indossament
~, совмéстный gemeinsames (gemeinschaftliches) Indossament, Gemeinschaftsindossament *n*
~, специáльный vollständiges (volles) Wechselgiro, Vollindossament *n;* Spezialindossament *n*
~, услóвный bedingtes (spezifisches, relatives) Indossament
ИНДОССÁНТ *m* (*лицо, сделавшее передаточную надпись*) Indossant *m,* Girant *m,* Zedent *m*
~ по вéкселю Wechselzedent *m*
~, послéдующий nachfolgender Indossant, späterer Girant; Nachmann *m*
ИНДОССÁТ *m* (*лицо, в пользу которого сделана передаточная надпись*) Indossator *m,* Indossat *m,* Girat *m*
ИНДОССИ́РОВАТЬ (*делать передаточную надпись*) indossieren, gerieren, mit Giro versehen
ИНЖИНИ́РИНГ *m* Engineering *m,* Maschinenkunde *f,* Maschinenlehre *f,* Maschinenbau *m*
~, договóрный Vertragsengineering *m*
~, кóмплексный Komplexengineering *m*
~, консультати́вный konsultativer Engineering
ИНКАССÁТОР *m* Inkassobeauftragte *sub m;* Inkassobeamte *sub m,* Inkassant *m*
ИНКАССÁЦИЯ *f* Einkassierung *f,* Einlösung *f;* Inkasso *n;* Einzug *m*
~ вéкселя Einkassierung eines Wechsels, Wechselinkasso *n*
~ долгóв Forderungseinziehung *f,* Forderungsbetreibung *f;* Inkasso von Schulden
~ коммéрческих докумéнтов Inkasso von Kommerzdokumenten (von Handelspapieren)
~ платежéй Einzug von Zahlungen, Inkasso von Zahlungen
~ счёта Einzug (Inkasso) von Rechnung

ИНК

~ чéка Einzug (Inkasso) von Scheck
ИНКАССИ́РОВАТЬ einkassieren, inkassieren; Gelder n pl einziehen
ИНКА́ССО n Inkasso n, Inkassogeschäft n, Inkassoverkehr m, Einzug m, Einkassierung f
на инкáссо zum Inkasso, zur Einkassierung, zur Einziehung
направля́ть ~ бáнку zum Inkasso an die Bank richten
посылáть докумéнты на ~ Dokumente n pl zum Inkasso übersenden
предъявля́ть ~ к платежý Inkasso zur Zahlung präsentieren (vorweisen)
принимáть платёжные трéбования на ~ Einzugsaufträge m pl einkassieren (zum Inkasso annehmen)
производи́ть расчёт в фóрме ~ Zahlung f (Begleichung f) auf dem Inkassowege leisten
~, документáрное dokumentäres (belegmäßiges, beurkundetes) Inkasso
~ коммéрческих докумéнтов Inkasso (Einzug) der Handelspapiere
~, простóе einfaches Inkasso
~ прóтив докумéнтов Dokumenteninkasso n, dokumentäres Inkasso
~ с немéдленной оплáтой Sofortbezahlungsverfahren n; Sofortinkasso n
~ с послéдующим акцéптом Inkasso mit Nachakzept
~ с предвари́тельным акцéптом Inkasso mit Vorakzept
~, срóчное dringendes Inkasso
~ товáрных докумéнтов Inkasso von Warenpapieren
~ трáтты Inkasso von einer Tratte
ИНСПЕКТИ́РОВАНИЕ n Inspektion f, Inspizierung f, Aufsicht f
осуществля́ть ~ inspizieren, Inspektion durchführen
~ в процéссе изготовлéния товáра Inspektion im Produktionsvorgang der Waren
~ на мéсте Inspektion an Ort und Stelle
~ по окончáнии изготовлéния товáра Inspektion nach Beendigung der Warenfertigung
ИНСПЕКТИ́РОВАТЬ inspizieren
ИНСПÉКТОР m Inspektor m
назначáть инспéктора jemanden zum Inspektor ernennen
направля́ть инспéктора Inspektor schicken (senden)
~, налóговый Steuerinspektor m

ИНС

~, портóвый Hafeninspektor m, Hafenaufseher m
~, страховóй Vesicherungsinspektor m
~, тамóженный Zollinspektor m
~, финáнсовый Finanzinspektor m
ИНСПÉКЦИЯ f Inspektion f; Inspizierung f; Überwachung f
готóвый к инспéкции inspizierungsbereit, überwachungsbereit
проводи́ть инспéкцию inspizieren, überwachen, Inspizierung durchführen
~ на завóде-изготови́теле Inspizierung im Herstellerbetrieb
~ на строи́тельной площáдке Bauplatzaufsicht f
~ по кáчеству Qualitätsinspektion f
ИНСТРУ́КЦИИ f pl Vorschriften f pl, Bestimmungen f pl
~, безотзы́вные unwiderufliche Bestimmungen
~, дéйствующие geltende Bestimmungen
~, пи́сьменные schriftliche Vorschriften (Instruktionen)
~, погрýзочные Verladevorschriften f pl
~ по монтажý Montageanweisungen f pl
~ по обслýживанию Bedienungsvorschriften f pl
~ по постáвке Lieferungsbestimmungen f pl, Lieferungsvorschriften f pl
~ по приёмке Abfertigungsvorschriften f pl
~ по применéнию Gebrauchsanweisungen f pl
~ по ремóнту Reparaturanweisungen f pl
~ по сбóрке Zusammenbauvorschriften f pl, Montierungsvorschriften f pl
~ по тéхнике безопáсности Vorschriften für Technik des Arbeitsschutzes
~ по техни́ческому ухóду Wartungsvorschriften f pl
~ по уклáдке грýза на сýдне Vorschriften für Lastverstauung des Schiffes
~ по упакóвке Verpackungsanweisungen f pl
~ по ухóду и ремóнту Instandhaltungs- und Reparaturvorschriften f pl
~ по ухóду и эксплуатáции Instandhaltungs- und Gebrauchsanweisungen f pl
~, рабóчие Arbeitsanweisungen f pl
~, тамóженные Zollvorschriften f pl
ИНСТРУ́КЦИЯ f Instruktion f, Anweisung f, Vorschrift f
в соотвéтствии с инстрýкцией entsprechend der Anweisung; instruktionsgemäß

ИНТ

выполня́ть инстру́кцию Instruktion ausführen
дава́ть инстру́кцию Anweisung geben
де́йствовать согла́сно инстру́кции instruktionsgemäß handeln
наруша́ть инстру́кцию Instruktion verletzen
пересма́тривать инстру́кцию Instruktion (Anweisung) überprüfen
получа́ть инстру́кцию Instruktion erhalten (bekommen)
представля́ть инстру́кцию Instruktion vorlegen
сле́довать инстру́кции einer Anweisung folgen
соблюда́ть инстру́кцию Anweisung (Instruktion) befolgen
согла́сно инстру́кции instruktionsgemäß
~ ба́нку Bankvorschift f
~, должностна́я Dienstvorschrift f
~, заводска́я Betriebsinstruktion f
~, непо́лная unvollständige Instruktion
~ об акце́пте Akzeptanweisung f
~ о платеже́ Zahlungsvorschrift f
~, по́лная vollständige (volle) Instruktion

ИНТЕРВЕ́НЦИЯ f Intervention f, Ehrenzahlung f
~, ба́нковская Bankintervention f
~, валю́тная Valutaintervention f, staatliche Regulierung der Devisenkurse
~, до́лларовая Dollarintervention f
~, экономи́ческая ökonomische Intervention

ИНТЕРВЬЮ́ n Interview n, Unterredung f
брать ~ Interview nehmen
дава́ть ~ Interview geben

ИНТЕРВЬЮИ́РОВАТЬ interviewen

ИНФЛЯ́ЦИЯ f Inflation f
замедля́ть инфля́цию Inflation hemmen
ограни́чивать инфля́цию Inflation begrenzen (beschränken)
предотврати́ть инфля́цию Inflation rechtzeitig abwenden (verhindern)
приостанови́ть инфля́цию Inflation anhalten (aufhalten)
~, ползу́чая schleichende Inflation
~, скры́тая schleichende Inflation
~, усто́йчивая stabile Inflation

ИНФОРМА́ЦИЯ f Information f, Nachricht f
в поря́дке информа́ции auf dem Wege der Information
запра́шивать информа́цию Information einholen

ИНФ

иска́ть информа́цию Information suchen
обме́ниваться информа́цией Information wechseln (austauschen)
обобща́ть информа́цию Information zusammenfassen (verallgemeinern)
обраба́тывать информа́цию Information bearbeiten (behandeln)
обсужда́ть информа́цию Information besprechen
передава́ть информа́цию Information übergeben (überreichen)
пересыла́ть информа́цию Information übermitteln (übersenden)
подгота́вливать информа́цию Information vorbereiten
получа́ть информа́цию Information bekommen (erhalten)
предоставля́ть информа́цию Information zur Verfügung stellen (bereitstellen)
разглаша́ть информа́цию Information verbreiten
распространя́ть информа́цию Information verbreiten (ausbreiten)
собира́ть информа́цию Information sammeln
~, ва́жная wichtige Information
~, вну́тренняя Inneninformation f, innere Information
~, делова́я Geschäftsinformation f, geschäftliche (sachliche) Information
~, дополни́тельная zusätzliche Information
~, достове́рная richtige (echte, glaubwürdige) Information
~, запра́шиваемая erbetene Information
~, исче́рпывающая volle (erschöpfende) Information
~, комме́рческая Handelsinformation f
~, конфиденциа́льная vertrauliche Information
~, нау́чно-техни́ческая wissenschaftlich-technische Information
~, непо́лная unvollständige Information
~, нето́чная ungenaue Information
~ о кредитоспосо́бности Information über die Kreditfähigkeit
~ о но́у-ха́у Information über das Knowhow
~ о покупа́тельском спро́се Information über die Käufernachfrage
~ о ры́нке Information über den Markt
~ о това́ре Information über die Ware
~ о хо́де выполне́ния контра́кта Information über die Vertragsausfüh-

rung (über die Erfüllung des Vertrages)
~, патéнтная Patentinformation *f*
~, полéзная nützliche Information
~, пóлная vollständige Information
~ по постáвке Information über die Lieferung
~, предвари́тельная Vorinformation *f*; vorhergehende Information
~, секрéтная geheime (vertrauliche) Information, Geheiminformation *f*
~, текýщая laufende Information
~, техни́ческая technische Information
~, торгóвая Handelsinformtion *f*
~, тóчная genaue Information
~, трéбуемая erforderliche Information
~, факти́ческая tatsächliche (faktische) Information
~, экономи́ческая ökonomische (wirtschaftliche) Information
ИНФОРМИ́РОВАТЬ informieren; benachrichtigen
ИНФРАСТРУКТУ́РА *f* Infrastruktur *f*
~, произвóдственная Betriebsinfrastruktur *f*, Produktionsinfrastruktur *f*
~, разви́тая entwickelte Infrastruktur
ИПОТÉКА *f* 1. (*залог недвижимого имущества*) Hypothek *f* 2. (*закладная*) Hypothekenbrief *m*, Grundpfand *n*
ИПОТÉЧНЫЙ hypothekarisch, Hypotheken-
ИСК *m* Klage *f*, Klageanspruch *m*; Forderung *f*; Beschwerde *f*
возбуждáть ~ Klage erheben (anstellen); Klage anhängig machen
заявля́ть встрéчный ~ Gegenforderung *f* geltend machen
обоснóвывать ~ Klage begründen (motivieren)
обращáться с и́ском sich mit einer Forderung wenden an *Akk.*
определя́ть сýмму и́ска Streitwert *m* bestimmen
оспáривать ~ Klage (Forderung) bestreiten
отзывáть ~ Klage widerrufen
отказáть в и́ске Klage abweisen (zurückweisen)
отказываться от и́ска von der Forderung abstehen (Abstand nehmen); auf Forderung (Klage) verzichten
отклоня́ть ~ Klage ablehnen (abschlagen)
подавáть ~ Beschwerde erheben; Forderung einklagen

предъявля́ть ~ Beschwerde (Klage) führen gegen *Akk.*; sich beklagen über *Akk.*; gegen *Akk.* Klage anhängig machen
признавáть ~ Beschwerde (Klage) anerkennen
рассмáтривать ~ Beschwerde (Klage) bearbeiten
удовлетворя́ть ~ (*jemandes*) Forderung stattgeben, (*jemandes*) Forderung nachkommen
~, вéщный dingliche Klage
~, встрéчный Gegenklage *f*, Gegenanspruch *m*, Gegenforderung *f*
~, гаранти́йный Garantieforderung *f*
~, граждáнский Zivilklage *f*, zivilrechtliche Klage
~ грузополучáтеля Klage des Frachtempfängers
~ за причинённый ущéрб Klage auf zugefügten Schaden
~, имýщественный Vermögensklage *f*, Eigentumsklage *f*
~ к покупáтелю Klage gegen den Käufer
~ к продавцý Klage gegen den Verkäufer
~ об убы́тках, причинённых несдáчей товáра Klage auf Schäden, die durch Nichtablieferung der Ware zugefügt wurden
~ об уплáте мёртвого фрáхта Klage auf Bezahlung der toten Fracht
~ о возмещéнии убы́тков Entschädigungsklage *f*, Klage auf Schadenersatz
~ о нарушéнии патéнта Klage auf Patentüberschreitung
~ о ненадлежáщем исполнéнии Klage auf unangemessene Ausführung
~ о пересмóтре решéния судá Klage auf Überprüfung des Gerichtsbeschlusses
~ о признáнии недействи́тельным Nichtigkeitsklage *f*
~ о признáнии прáва Anerkennungsklage *f*
~ по вéкселю Wechselklage *f*
~ по долговóму обязáтельству Forderungsklage *f*
~ по исполнéнию обязáтельства Leistungsklage *f*
~, предъя́вленный erhobene Klage
~, регрéссный Regreßklage *f*; Regreßforderung *f*
~, судéбный gerichtliche Forderung
ИСКЛЮЧÁТЬ ausschließen; streichen (*из списка*)

ИСКЛЮЧЕ́НИЕ n 1. (*удаление*) Ausschluß m; Streichung f (*из списка*) 2. (*из правил*) Ausnahme f
ИСКЛЮЧИ́ТЕЛЬНЫЙ ausschließlich; Ausnahme-, äußerst
ИСПОЛНЕ́НИЕ n Erfüllung f; Verwirklichung f; Erledigung f; Ausführung f
во вре́мя исполне́ния контра́кта während der Ausführung des Kontrakts
в специа́льном исполне́нии in spezieller Ausführung
приводи́ть в ~ ausführen
~ бюдже́та Budgetvollzug m; Haushaltsdurchführung f
~ догово́ра Ausführung (Erfüllung) des Vertrages
~, досро́чное vorfristige Ausführung (Erfüllung)
~ зака́за Ausführung (Erfüllung) des Auftrages
~ контра́кта Ausführung (Erfüllung) des Kontrakt[e]s
~, ненадлежа́щее unpassende (nicht entsprechende, nicht gehörige) Ausführung
~ обяза́тельства Erfüllung einer Verbindlichkeit; Pflichterfüllung f
~ платеже́й Erfüllung der Zahlungen, Zahlungsleistung f
~ прое́кта Erfüllung des Projekts
~ реше́ния Erfüllung des Beschlusses
~, э́кспортное Exportausführung f
ИСПОЛНИ́ТЕЛЬ m Ausführende sub m; Abwickler m; Vollzieher m
ИСПО́ЛЬЗОВАНИЕ n Ausnutzung f; Nutzung f; Verwendung f; Gebrauch m
запреща́ть ~ Ausnutzung verbieten
при норма́льном испо́льзовании unter (bei) normaler Ausnutzung
при пра́вильном испо́льзовании unter (bei) richtiger Ausnutzung
разреша́ть ~ Ausnutzung erlauben
~ аккредити́ва Verwertung f des Akkreditivs
~ валю́тных средств Verwertung f der Währung
~, вну́треннее Innenverwendung f, Innengebrauch m
~, вре́менное zeitweilige (vorübergehende) Verwendung
~ капиталовложе́ний Ausnutzung der Kapitalinvestitionen
~, комме́рческое Kommerznutzung f
~ креди́та Ausnutzung (Gebrauch) des Kredits

~ материа́льных ресу́рсов Ausnutzung der materiellen Ressoursen
~ маши́н Maschineneinsatz m
~, многокра́тное wiederholte (mehrmalige, vielfache) Verwendung
~, нерациона́льное unrationelle (unzweckmäßige) Verwendung
~ обору́дования Ausnutzung der Ausrüstung
~ о́пыта Ausnutzung der Erfahrung
~ основны́х средств Ausnutzung der Grundmittel
~ пате́нта Patentgebrauch m
~ произво́дственных мо́щностей Auslastung f der Produktionsanlagen
~, промы́шленное industrieller Gebrauch, Industriegebrauch m
~, рациона́льное rationelle (zweckmäßige) Verwendung
~ резе́рвов Erschließung f (Ausnutzung) von Reserven
~ фина́нсовых ресу́рсов Ausnutzung (Gebrauch) der Finanzreserven
~, целево́е zweckgebundene (zielgerichtete) Ausnutzung
~, эконо́мное sparsamer Gebrauch
~, эффекти́вное effektive (wirksame, rentable) Verwendung
ИСПО́ЛЬЗОВАТЬ ausnutzen, nutzen, benutzen; verwenden, verbrauchen
~ по́лностью völlig (ganz) ausnutzen, (verwenden)
~ эффекти́вно effektiv (rentabel) ausnutzen (verwenden)
ИСПРАВЛЕ́НИЕ n Verbesserung f, Berichtigung f, Korrektur f
вноси́ть ~ Korrektur vornehmen
~ дефе́кта Ausbesserung f schadhafter Stellen
~, незначи́тельное unbedeutende (unwesentliche) Verbesserung
~ счёта Berichtigung einer Rechnung
ИСПРАВЛЯ́ТЬ verbessern, korrigieren, berichtigen
ИСПЫТА́НИЕ n Prüfung f, Untersuchung f, Versuch m; Probe f; Test m
выде́рживать ~ Probe (Prüfung) bestehen
заверша́ть ~ Probe beenden ([ab]schließen, vollenden)
начина́ть ~ Probe beginnen (anfangen)
не вы́держать испыта́ния Prüfung nicht bestehen
отказа́ться от испыта́ния auf die Probe (Prüfung) verzichten

переноси́ть ~ Prüfung verlegen (verschieben, vertagen)
проводи́ть ~ Probe (Test) durchführen
проходи́ть ~ einer Prüfung (einem Test) unterziehen; geprüft werden
~, вы́борочное Stichprobe *f*, Prozentualprüfung *f*
~ в усло́виях ры́нка Prüfung unter Marktbedingungen (unter Marktverhältnissen)
~, контро́льное Kontrollprüfung *f*, Gegenprüfung *f*, Gegenprobe *f*, Abnahmeprüfung *f*
~, лаборато́рное Laborprüfung *f*, Laboratoriumsprüfung *f*
~ обору́дования Prüfung der Ausrüstung
~ образцо́в Prüfung der Muster
~, оконча́тельное Endprüfung *f*
~, повто́рное Nachprüfung *f*
~, предвари́тельное Vorprüfung *f*
~, предпусково́е Vorprüfung vor der Inbetriebnahme
~, произво́дственное Betriebsprüfung *f*, Betriebsprobe *f*
~, пусково́е Prüfung vor der Inbetriebnahme; Anlaufprüfung *f*
~, техни́ческое technische Prüfung
ИСПЫТА́НИЯ *n pl* Prüfungen *f pl*, Tests *m pl*, Proben *f pl*
на осно́ве испыта́ний an Hand der Prüfungen
~, аттестацио́нные Attestprüfungen *pl*
~ в рабо́чих усло́виях Prüfungen unter Arbeitsbedingungen; Betriebsproben *f pl*, Betriebsprüfungen *f pl*
~, гаранти́йные Garantieprüfungen *f pl*
~, заводски́е Betriebsproben *f pl*, Betriebsprüfungen *f pl*
~, приёмо-сда́точные Annahme-Ablieferungsprüfungen *f pl*
~, приёмочные Abnahmeprüfungen *f pl*
~, эксплуатацио́нные Funktionsproben, Betriebsprüfungen *f pl*
ИССЛЕ́ДОВАНИЕ *n* Erforschung *f*, Forschung *f*, Untersuchung *f*; Prüfung *f*, Analyse *f*
проводи́ть ~ Forschung durchführen
~ в о́бласти ма́ркетинга Forschung auf dem Gebiet des Marketings; Marketingerforschung *f*
~, всесторо́ннее allseitige (gründliche) Analyse
~ кана́лов сбы́та Erforschung der Absatzwege (der Vertriebswege)

~ конъюнкту́ры ры́нка Forschung der Marktkonjunktur
~ ма́ркетинга Erforschung des Marketings
~, предвари́тельное vorläufige (einleitende) Untersuchung
~, совме́стное gemeinsame Analyse (Forschung)
~, эксперимента́льное experimentelle Untersuchung
ИСТЕКА́ТЬ (*о сроке*) ablaufen, verfallen, erlöschen
ИСТЕ́Ц *m* Kläger *m*
ИСТЕЧЕ́НИЕ *n* (*о сроке*) Ablauf *m*, Erlöschen *n*
до истече́ния vor Ablauf
по́сле истече́ния nach Ablauf
~ сро́ка Ablauf der Frist; Fristablauf *m*, Erlöschen der Frist
ИСТО́ЧНИК *m* Quelle *f*
~ де́нежных средств Quelle der Geldfonds
~ дохо́да Einkommensquelle *f*, Erwerbsquelle *f*
~ информа́ции Informationsquelle *f*
~ креди́та Kreditquelle *f*
~ сырья́ Rohstoffquelle *f*
~ финанси́рования Finanzierungsquelle *f*
~, ча́стный Privatquelle *f*
ИСЧИСЛЕ́НИЕ *n* Kalkulation *f*, Rechnen *n*, Berechnung *f*
в до́лларовом исчисле́нии in Dollarberechnung
в проце́нтном исчисле́нии in Zinsberechnung
в реа́льном исчисле́нии in realer Berechnung
~ проце́нтов Prozentberechnung *f*; Zinsberechnung *f*
~ убы́тков Verlustberechnung *f*
~ фра́хта Frachtberechnung *f*
~ цен Preisberechnung *f*, Preiskalkulation *f*
ИТО́Г *m* Ergebnis *n*, Resultat *n*; Bilanz *f*
подводи́ть ~ Bilanz ziehen; Ergebnisse *n pl* zusammenfassen
соста́вить в ито́ге im Endergebnis betragen
~, коне́чный Endergebnis *n*, Endresultat *n*
~, о́бщий Gesamtergebnis *n*
~ перегово́ров Resultate *n pl* der Verhandlungen
~, промежу́точный Zwischenergebnis *n*

К

КАБОТА́Ж m Kabotage f, Küstenschiffahrt f
КАЗНА́ f Staatsschatz m, Staatskasse f
КАЗНАЧЕ́Й m Kassierer m, Kassenwart m; Schatzmeister m
КАЛЕНДА́РЬ m Kalender m
КАЛЬКУЛИ́РОВАТЬ kalkulieren (berechnen, veranschlagen)
КАЛЬКУЛЯ́ЦИЯ f Kalkulation f, Berechnung f; Voranschlag m
~ изде́ржек произво́дства Kostenkalkulation f, Kostenberechnung f
~ расхо́дов Ausgabenkalkulation f
~ себесто́имости Selbstkostenkalkulation f
~, сме́тная Kostenvoranschlag m, Vorkalkulation f
~ цен Preiskalkulation f
КАМПА́НИЯ f Kampagne f; Aktion f
вести́ кампа́нию Kampagne durchführen
нача́ть кампа́нию Kampagne beginnen (anfangen)
организова́ть кампа́нию Kampagne organisieren
плани́ровать кампа́нию Aktion (Kampagne) planen
подде́рживать кампа́нию Kampagne unterstützen
проводи́ть кампа́нию Kampagne durchführen (ausführen)
~ по организа́ции и стимули́рованию сбы́та Aktion (Kampagne) zur Organisierung und Förderung des Absatzes
~ по продвиже́нию това́ра на ры́нок Kampagne zur Einführung der Ware auf den Markt
~, рекла́мная Werbefeldzug m
~, совме́стная gemeinsame Kampagne
~, широ́кая großangelegte Kampagne
КАНА́ЛЫ m pl Kanäle m pl; Wege m pl
де́йствовать по каким-л. кана́лам durch (über) Kanäle handeln

установи́ть ~ Kanäle festlegen (bestimmen)
~, ба́нковские Bankkanäle m pl, Bankwege m pl
~, неофициа́льные nicht offizielle (nicht amtliche) Kanäle
~, официа́льные offizielle (amtliche) Kanäle
~ распределе́ния Verteilungswege m pl
~ сбы́та Absatzwege m pl, Vertriebswege m pl
~ товародвиже́ния Kanäle der Warenbewegung
~, торго́вые Vertriebswege m pl
КА́НЦЕЛЛИНГ m Cancelling engl.; Ladeschluß m; Annullierung f
КАПИТА́Л m Kapital n; Geldvermögen n, Geldmittel n pl
вкла́дывать ~ Kapital anlegen (investieren)
изыма́ть ~ Kapital abberufen
инвести́ровать ~ Kapital investieren; Geld anlegen
испо́льзовать ~ Kapital verwerten
подде́рживать капита́лом mit dem Kapital unterstützen
помеща́ть ~ Kapital anlegen (investieren)
предоставля́ть ~ Kapital bereitstellen (zur Verfügung stellen)
привлека́ть ~ Kapital beschaffen
расхо́довать ~ Kapital ausgeben (verausgaben)
~, акционе́рный Aktienkapital n, Grundkapital n
~, ба́нковский Bankkapital n
~, ве́нчурный riskantes Kapital, venture capital engl.
~, де́нежный Geldkapital n
~, заёмный Fremdkapital n
~, заморо́женный eingefrorenes (festgelegtes) Kapital
~, запа́сный Reservekapital n

~, инвести́рованный investiertes (angelegtes) Kapital, Anlagevermögen n
~, инвестицио́нный Investitionskapital n, Anlagekapital n
~, иностра́нный Auslandskapital n, ausländisches Kapital
~, ликви́дный flüssiges (liquides, verfügbares) Kapital
~, нали́чный verfügbares Kapital, Kapitalstock m
~, оборо́тный zirkulierendes Kapital, Zirkulationskapital n, Umlaufkapital n
~, основно́й Grundkapital n, Sachanlagevermögen n
~, первонача́льный Stammkapital n
~, переме́нный variables Kapital
~, постоя́нный konstantes Kapital
~ предприя́тия Betriebskapital n
~, привлечённый Fremdkapital n
~, резе́рвный Reservekapital n, Ergänzungskapital n, Rücklagen f pl
~, свобо́дный disponibles Kapital
~, со́бственный Eigenkapital n, eigenes Kapital
~, совоку́пный Gesamtkapital n
~, ссу́дный Leihkapital n, zinstragendes Kapital
~, това́рный Warenkapital n
~, торго́вый Handelskapital n
~, уста́вный Grundkapital n, Stammkapital n
~, фина́нсовый Finanzkapital n
~, ча́стный Privatkapital n

КАПИТАЛОВЛОЖЕ́НИЯ n pl Investitionen f pl; Anlagekosten pl; Kapitalanlagen f pl
осуществля́ть ~ Investitionen ausüben (zustande bringen)
сокраща́ть ~ Investitionen verringern (vermindern, reduzieren)
увели́чивать ~ Investitionen aufstocken (vermehren)
~ в прое́кт Investitionen ins Projekt
~ в произво́дство Produktionsanlagekosten f pl, Produktionsinvestitionen f pl
~ в строи́тельство Bauinvestitionen f pl
~, госуда́рственные Staatsinvestitionen f pl, staatliche Investitionen
~, заграни́чные ausländische Investitionen, Auslandsinvestitionen f pl
~, кру́пные große Investitionen
~, первонача́льные Anfangsinvestitionen f pl

~, совме́стные gemeinsame (gemeinschaftliche) Investitionen

КАРАНТИ́Н m Quarantäne f
вводи́ть ~ Quarantäne einführen
в каранти́не in Quarantäne
заде́рживать в каранти́не in Quarantäne zurückhalten
объяви́ть ~ Quarantäne erklären
снима́ть ~ Quarantäne aufheben

КАРА́ТЕЛЬНЫЙ Straf-,

КА́РГО n (груз) Schiffsladung f, Ladung f; Kargo m

КАРГОПЛА́Н m Ladeplan m

КАРТЕ́ЛЬ m Kartell n
~, сбытово́й Verkaufskartell n
~, экспортный Exportkartell n

КАРТЕ́ЛЬНЫЙ Kartell-

КА́РТОЧКА f Karte f, Karteikarte f, Kostenblatt n
~, визи́тная Visitenkarte f
~, дебето́вая Lastschriftzettel m
~, инвента́рная Grundmittelblatt n
~, креди́тная Gutschriftzettel m, Kreditkarte f
~ образцо́в Musterkarte f; Musterbuch n
~ опро́са потреби́телей Karte der Käuferbefragung
~, регистрацио́нная Registrierungskarte f
~, че́ковая Scheckkarte f

КА́ССА f Kasse f; Kassenbestand m; Schalter m
~, биле́тная Fahrkartenschalter m
~, ликвидацио́нная бирж. Liquidationskasse f
~, расхо́дная Auszahlugskasse f
~, сберега́тельная Sparkasse f
~, страхова́я Versicherungskasse f

КАССА́ЦИЯ f юр. 1. (аннулирование) Appellation f, Berufung f 2. (жалоба) Kassation f, Beschwerde f
отклоня́ть касса́цию Kassation ablehnen (abweisen)
подава́ть касса́цию Kassation erheben (einlegen, einbringen)
подава́ть на касса́цию um Kassation einkommen; Berufung einlegen
удовлетворя́ть касса́цию Kassation stattgeben
~ в арбитра́ж Appellation an die Arbitrage; Berufung bei einer Arbitrage
~ в кассацио́нный суд Appellation an das Kassationsgericht

КАС

~ судébного решéния Appellation gegen Gerichtsurteil, Berufung gegen eine Gerichtsentscheidung
КАССИ́Р *m* Kassierer *m*
~, второ́й der zweite Kassierer
~, пе́рвый der erste Kassierer
~ прихо́дной ка́ссы Kassierer der Einzahlungskasse
~ расхо́дной ка́ссы Kassierer der Auszahlungskasse
КА́ССОВЫЙ Kasse-, Kassen-
КАТАЛО́Г *m* Katalog *m*
вноси́ть в ~ in den Katalog eintragen
выпуска́ть ~ Katalog herausgeben
получа́ть ~ Katalog bekommen (erhalten)
составля́ть ~ Katalog zusammenstellen
~ аукцио́на Auktionskatalog *m*, Auktionsliste *f*
~, вы́ставочный Ausstellungskatalog *m*, Katalog der Ausstellung
~ запчасте́й Katalog der Ersatzteile
~, иллюстри́рованный illustrierter Katalog
~ образцо́в това́ра Katalog der Warenmuster
~, о́бщий Gesamtkatalog *m*
~, по́лный vollständiger Katalog
~, после́дний letzter Katalog
~ посы́лочной торго́вли Katalog des Versandhandels
~ проду́кции Katalog der Produktion
~ с це́нами Preiskatalog *m*
~, фи́рменный Firmenkatalog *m*
КА́ЧЕСТВА *n pl* Eigenschaften *f pl*
~, делов́ые Geschäftseigenschaften *f pl*, geschäftliche Eigenschaften
~, эксплуатацио́нные Betriebseigenschaften *f pl*
КА́ЧЕСТВЕННЫЙ qualitativ; Qualitäts-, Güte-
КА́ЧЕСТВО *n* Qualität *f*, Beschaffenheit *f*, Eigenschaft *f*; Güte *f*; Sorte *f*; Bonität *f*
в ка́честве *кого-л., чего-л.* als *Nom.*
в ка́честве возмеще́ния als Vergütung
в ка́честве гара́нтии als Garantie
в ка́честве обеспе́чения als Sicherung
в ка́честве покры́тия als Deckung; als Tilgung
высо́кого (ни́зкого) ка́чества von hoher, guter (niedriger, minderwertiger) Qualität
вы́сшего ка́чества Spitzenqualität *f*, erster Güte

КАЧ

гаранти́ровать ~ Qualität garantieren (gewährleisten)
обусло́вливать ~ Qualität bedingen
одобря́ть ~ Qualität billigen (gutheißen)
определя́ть ~ Qualität bestimmen (feststellen)
отлича́ться по ка́честву sich durch die Qualität unterscheiden
оце́нивать ~ Qualität bewerten
повыша́ть ~ Qualität erhöhen
подтвержда́ть ~ Qualität bestätigen
принима́ть това́р по ка́честву Ware *f* der Qualität nach annehmen
проверя́ть ~ Qualität kontrollieren (prüfen)
снижа́ть ~ Qualität mindern
соотве́тствовать ка́честву der Qualität entsprechen
удостоверя́ть ~ Qualität bestätigen (bescheinigen)
улучша́ть ~ Qualität verbessern
ухудша́ть ~ Qualität verschlechtern
~, ба́зисное Basisqualität *f*, Grundqualität *f*
~, высо́кое hohe (gute, hochwertige) Qualität
~, гаранти́рованное Garantiequalität *f*, garantierte Qualität
~, жела́емое erwünschte Qualität
~ изготовле́ния Qualität der Fertigung, Herstellungsqualität *f*
~ изде́лия Qualität des Erzeugnisses (des Продукта)
~, комме́рческое Verkaufsqualität *f*; handelsübliche Qualität
~, надлежа́щее entsprechende (angemessene) Qualität
~, ненадлежа́щее nicht entsprechende (nicht angemessene) Qualität
~, неудовлетвори́тельное ungenügende Qualität
~, ни́зкое niedrige (minderwertige) Qualität
~, нормати́вное normative (maßgebende) Qualität, Normativqualität *f*
~ обору́дования Qualität der Ausrüstung
~ обслу́живания Bedienungsqualität *f*; Qualität des Kundendienstes
~, огово́ренное контра́ктом vertraglich vorbehaltene Qualität
~, одноро́дное gleichartige Qualität
~, отли́чное ausgezeichnete (erstklassige) Qualität

~, плохо́е schlechte (niedrige) Qualität
~, пони́женное verschlechterte Qualität
~, приго́дное для торго́вли verkaufsfähige (zum Handel taugliche) Qualität
~, прие́млемое annehmbare (passende) Qualität
~ при погру́зке Ladequalität *f*
~ проду́кции Qualität der Erzeugnisse (der Produktion)
~ рабо́ты Qualität der Arbeit, Arbeitsqualität *f*; Arbeitsgüte *f*
~, равноце́нное gleichwertige (äquivalente) Qualität
~, сре́днее mittlere Qualität
~, сре́днее справедли́вое Durchschnittsqualität *f*, gute mittlere Qualität
~, станда́ртное Standardqualität *f*; handelsübliche Qualität
~ това́ра Qualität der Ware; Warenqualität *f*
~, торго́вое Handelsgüte *f*, handelsübliche Qualität
~, удовлетвори́тельное genügende (befriedigende) Qualität
~, хоро́шее gute Qualität (Bonität); Güte
~, экспортное Exportqualität *f*
КВАЛИФИКАЦИО́ННЫЙ Qualifikations-
КВАЛИФИКА́ЦИЯ *f* Qualifikation *f*
повыша́ть квалифика́цию Qualifikation steigern
КВАЛИФИЦИ́РОВАННЫЙ qualifiziert, fachlich ausgebildet
КВАЛИФИЦИ́РОВАТЬ 1. (*оце́нивать*) qualifizieren 2. (*проверять подгото́вку*) die Qualifikation überprüfen
КВАРТА́Л *m* Quartal *n*, Vierteljahr *n*
КВАРТА́ЛЬНЫЙ Quartal-; vierteljährlich
КВИТА́НЦИЯ *f* Quittung *f*, Beleg *m*; Empfangsschein *m*, Empfangsanzeige *f*; Rückschein *m*; Zahlungsbescheinigung *f*
выпи́сывать квита́нцию Quittung ausschreiben
оформля́ть квита́нцию Quittung vorweisen (vorzeigen, vorlegen)
предъявля́ть квита́нцию Quittung vorzeigen
~, бага́жная Gepäckschein *m*
~ ба́нка Bankquittung *f*
~ возду́шного тра́нспорта Lufttransportquittung *f*
~, грузова́я Frachtbrief *m*, Frachtempfangsschein *m*

~ де́нежного перево́да Geldüberweisungsquittung *f*
~, депози́тная Depositenschein *m*, Einzahlungsschein *m*
~, железнодоро́жная Eisenbahnquittung *f*, Eisenbahnempfangsbescheinigung *f*
~, зало́говая Pfandschein *m*; Versatzschein *m*
~ на ме́лкие па́ртии гру́за Quittung für kleine Pakete
~ об упла́те страхово́го взно́са Versicherungsbeitragsquittung *f*
~ об упла́те тамо́женной по́шлины Zollquittung *f*; Warrant *m*
~ о подпи́ске Quittung für Zeitungsabonnement
~, прихо́дная Einnahmequittung *f*
~, складска́я Lagerschein *m*
~, сохра́нная Hinterlegungsschein *m*
~, товарораспоряди́тельная Orderwarendokument *n*, Warenbegleitschein *m*
КВО́ТА *f* Quote *f*; Anteil *m*; Satz *m*
устана́вливать кво́ту eine Quote festlegen
~, и́мпортная Importquote *f*, Einfuhrquote *f*
~, коли́чественная Quantitätsquote *f*
~, нало́говая Steuersatz *m*
~, ры́ночная Marktquote *f*
~, тари́фная Tarifquote *f*
~, экспортная Exportquote *f*, Ausfuhrquote *f*
КВОТИ́РОВАНИЕ *n* Quotierung *f*
~ валю́ты Quotierung der Währung, Devisenzuteilung *f*
КЛАРИ́РОВАНИЕ *n* (*очистка судна на тамо́жне*) Klarierung *f*, Verzollung *f*; (*су́дна*) Abfertigung *f*
~ су́дна пе́ред вы́ходом из по́рта Abfertigung eines Schiffes vor dem Auslaufen
КЛАРИ́РОВАТЬ klarieren, bereinigen, verzollen
КЛАССИФИКА́ЦИЯ *f* Klassifizierung *f*, Klassifikation *f*; Gliederung *f*
~ гру́зов Gütereinteilung *f*
~ изобрете́ний, междунаро́дная internationale Klassifizierung der Erfindungen
~, тамо́женная Zollklassifizierung *f*
~ това́ров Warenklassifikation *f*, Klassizierung von Waren
~ услу́г Klassifizierung von Dienstleistungen
КЛАССИФИЦИ́РОВАТЬ klassifizieren; systematisieren; gliedern

КЛЕЙМИ́ТЬ markieren, signieren, beschriften; stempeln
КЛЕЙМО́ *n* Marke *f*, Stempel *m*, Zeichen *n*
ста́вить ~ stempeln
~, заводско́е Fabrikstempel *m;* Stempelzeichen *n;* Hammerzeichen *n*
~ изготови́теля Stempel des Herstellers
~, марки́ровочное Markierungszeichen *n*
~, приёмочное Annahmestempel *m*
~, прове́рочное Kontrollstempel *m*
~, тамо́женное Zollverschluß *m*
~, фабри́чное Fabrikmarke *f*, Fabrikzeichen *n*
КЛЕТЬ *f* Grubenkorb *m*
КЛИЕ́НТ *m* Kunde *m;* Klient *m*
КЛИЕНТУ́РА *f* Kundschaft *f*, Kunden *m pl;* *юр.* Klientel *f*
~ ба́нка Bankkundschaft *f*
~, биржева́я Börseninteressenten *pl*
~, постоя́нная Stammkundschaft *f*, feste Kundschaft
~ торго́вого до́ма Abnehmerkreis *m*, Abnehmer *m pl*
КЛИ́МАТ *m* (*обстано́вка*) Klima *n*, Lage *f*, Situation *f*
~, делово́й Geschäftsklima *n*
~, междунаро́дный internationales Klima
КЛИ́РИНГ *m* Clearing *n*, Verrechnungsverfahren *n;* Verrechnungsverkehr *m*
производи́ть расчёт по кли́рингу eine Clearingberechnung machen
~, ба́нковский Bankclearing *n*, Bankverrechnung *f*
~, валю́тный Währungsclearing *n*, Devisenclearing *n*
~, вну́тренний Innenclearing *n*
~, двусторо́нний bilaterales Clearing, zweiseitiges Clearing
~, междунаро́дный internationales Clearing
~, многосторо́нний vielseitiges (mehrseitiges, multilaterales) Clearing
~ по систе́ме двух счето́в Clearing nach Zweikontensystem
~ по систе́ме одного́ счёта Clearing nach Einkontensystem
~, принуди́тельный Zwangsclearing *n*
~ с безусло́вной конве́рсией Clearing mit bedingungsloser Konvertierung (Konversion)
~ с конверти́руемым са́льдо Clearing mit konvertierbarem Saldo

~ с ограни́ченной конве́рсией Clearing mit beschränkter Konversion
~ с усло́вной конве́рсией Clearing mit bedingter Konversion
КЛИ́РИНГ-БАНК *m* Clearingbank *f*
КЛИ́РИНГОВЫЙ Clearing-
КНИ́ГА *f* Buch *n*
вести́ бухга́лтерские кни́ги Geschäftsbücher *n pl* (Rechnungsbücher *n pl*) führen
вноси́ть в кни́гу buchen, verbuchen; ins Buch eintragen
проверя́ть бухга́лтерские кни́ги Geschäftsbücher *n pl* kontrollieren (prüfen)
проводи́ть по кни́гам за́дним число́м nachträglich buchen
~, ба́нковская Bankbuch *n*
~, бухга́лтерская Geschäftsbuch *n*, Buchführungsunterlage *f*
~ векселе́й Wechselbuch *n*
~, гла́вная Hauptbuch *n*, Großbuch *n*
~, грузова́я Ladebuch *n;* (*на судне*) Frachtbuch *n*
~ зака́зов Auftragsbuch *n*, Bestellbuch *n*, Orderbuch *n*
~, ка́ссовая Kassenbuch *n*, Kassabuch *n*
~ образцо́в Musterbuch *n*
~ о́тзывов Gästebuch *n*
~ платеже́й Auszahlungsbuch *n*
~, прихо́дная Einnahmebuch *n*
~, прихо́дно-расхо́дная Einnahmen- und Ausgabenbuch *n;* Wirtschaftsbuch *n*
~, расхо́дная Ausgabenbuch *n*
~, расчётная Kontogegenbuch *n*, Kontobuch *n*
~, спра́вочная Handbuch *n*
~, торго́вая Geschäftsbuch *n*, Handelsbuch *n*
КНИ́ЖКА *f* Buch *n*, Büchlein *n*, Heft *n*
~, расчётная Lohnbuch *n;* Dienstbuch *n;* Verrechnungsbuch *n*
~, че́ковая Scheckbuch *n*, Scheckheft *n*
КОВЕРНО́Т *m* (*свиде́тельство о страхова́нии*) Covernote *f*, Deckungszusage *f*
выпи́сывать ~ Covernote ausschreiben (ausstellen)
КОД *m* Code *m;* Kode *m*
~, междунаро́дный internationaler Code
~, почто́вый Postcode *m*
~ това́ра в катало́ге Code der Ware im Katalog
~, универса́льный това́рный universaler Warencode
~, шифро́ванный chiffrierter (signierter) Code

КОДЕКС *m* Kodex *m*, Gesetzbuch *n*
~ международного права Völkerrechtskodex *m*
~ поведения по передаче технологии Verhaltenskodex *m* zur Technologieüberweisung
~ торгового мореплавания Kodex der Handelsschiffahrt
~, торговый Handelsgesetzbuch *n*
КОЛЕБАНИЕ *n* Schwankung *f*, Fluktuation *f*; Abweichung *f*
~ курса Kursschwankung *f*
~ оборота Umsatzschwankung *f*, Umschlagschwankung *f*
~ платёжного баланса Schwankung der Zahlungsbilanz
~ сбыта Absatzschwankung *f*
КОЛЕБАНИЯ *n pl* Schwankungen *f pl*, Fluktuationen *f pl*; Abweichungen *f pl*
выравнивать ~ (рынка) Absatzschwankungen *f pl* ausgleichen
с поправкой на сезонные ~ saisonmäßig bedingte Schwankungen
с устранением сезонных колебаний mit Beseitigung saisonmäßig bedingter Schwankungen
~, валютные Währungsschwankungen *f pl*
~, конъюнктурные Konjunkturschwankungen *f pl*
~ рынка Marktschwankungen *f pl*
~, сезонные Saisonschwankungen *f pl*
~ спроса Bedarfsschwankungen *f pl*
~ спроса и предложения Angebots- und Nachfrageschwankungen *f pl*
~ стоимости Wertschwankungen *f pl*
~ цен Preisschwankungen *f pl*
~ экономической активности Schwankungen der Wirtschaftstätigkeit
КОЛЕБАТЬСЯ (*о ценах, спросе*) schwanken, fluktieren
КОЛИЧЕСТВЕННЫЙ quantitativ, mengenmäßig
КОЛИЧЕСТВО *n* Quantität *f*, Menge *f*; Anzahl *f*; Stückzahl *f*
~, большое große Anzahl
~, выгруженное ausgeladene (gelöschte) Menge
~ груза Gütermenge *f*
~ груза, принятое к перевозке die zum Transport angenommene Gütermenge
~, дополнительное zusätzliche Menge
~, заказное bestellte Menge, Bestellmenge *f*
~, имеющееся в наличии vorhandene Menge
~, контрактное Kontraktmenge *f*, kontraktmäßige Anzahl
~, максимальное Höchstmenge *f*
~ мест груза Kollianzahl *f*
~, минимальное Mindestmenge *f*
~, недостаточное fehlende Menge
~, недостающее Fehlmenge *f*
~, необходимое Bedarf *m*
~ непроданных товаров unverkaufte Warenmenge
~, обусловленное bedingte Menge (Zahl)
~, общее Gesamtmenge *f*, Gesamtzahl *f*
~, ограниченное beschränkte (eingeschränkte, knappe) Zahl
~, отгруженное verladene (zum Versand gebrachte) Menge
~, погруженное beladene (verladene, verschiffte) Menge
~ продукции Produkionsmasse *f*
~, согласованное vereinbarte Menge (Zahl)
~ товара Warenmasse *f*, Warenmenge *f*
~, установленное Pflichtmenge *f*
КОЛЛЕГИЯ *f* Kollegium *n*
~, апелляционная Appellationskollegium *n*, Berufungskollegium *n*
~, арбитражная Arbitragekollegium *n*
~, судебная Gerichtskollegium *n*
КОЛЛЕКЦИЯ *f* Kollektion *f*, Sammlung *f*
осматривать коллекцию Sammlung besichtigen
~ образцов Musterkollektion *f*, Mustersammlung *f*
«КОЛЬЦО», БИРЖЕВОЕ Börsenring *m*
КОМАНДИРОВКА *f* Dienstreise *f*
быть в командировке auf Dienstreise sein
ездить в командировку auf Dienstreise fahren
~, длительная langfristige Dienstreise
~, зарубежная Auslandsdienstreise *f*
~, краткосрочная kurzfristige Dienstreise
~, служебная Dienstreise *f*, Geschäftsreise *f*
КОМАНДИРОВОЧНЫЕ *pl* Reisegelder *n pl*, Reisekosten *pl*
КОМБИНАТ *m* Kombinat *n*, Betriebsvereinigung *f*
~, производственный Produktionskombinat *n*
~, промышленный Industriekombinat *n*

КОМИССА́Р m Kommissar m
~, авари́йный Havariekommissar m
КОМИССИОНЕ́Р m Kommissionär m, Vermittler m; Agent m
~, беру́щий на себя́ делькре́дере Delkrederagent m; Agent, der Delkredere auf sich nimmt
~, осуществля́ющий опера́ции за свой счёт Agent, der Geschäfte auf eigene Kosten ausführt
~ по заку́пкам Einkaufskommissionär m
~ по прода́же Verkaufskommissionär m
~ по сбы́ту Verkaufskommissionär m
КОМИССИО́ННЫЕ pl Provision f, Kommissionsgebühr f, Vermittlergebühr f, Maklergebühr f
взима́ть ~ Provision erheben
взима́ть ... % комиссио́нных ... % Provision nehmen
плати́ть ~ Kommisionsgebühr zahlen
получа́ть ~ Provision bekommen (erhalten)
рассчи́тывать ~ Kommisionsgebühr ausrechnen (berechnen)
с начисле́нием комиссио́нных mit Anrechnung (mit Zuschlag) der Provision
~ ба́нку (за осуществле́ние ба́нковских опера́ций) Kommissionsgebühren der Bank (für Ausführung der Bankoperationen)
~ за перестрахо́вку Provision für die Rückversicherung
~ за поку́пку Provision für den Einkauf
~ за прода́жу Provision für den Verkauf
КОМИССИО́ННЫЙ Kommissions-, kommissionsweise
КОМИ́ССИЯ f 1. (гру́ппа лиц и́ли о́рган) Kommission f, Ausschuß m 2. (поруче́ние, выполня́емое за определённое вознагражде́ние) Kommission f 3. (комиссио́нное вознагражде́ние) Kommissionsgebühr f, Provision f
брать това́р на коми́ссию Ware f in Kommission nehmen
взима́ть коми́ссию Kommission (Provision) erheben
выпла́чивать коми́ссию Kommission (Provision) zahlen
за вы́четом коми́ссии mit Kommissionsabzug
назнача́ть коми́ссию Kommission bestimmen (einsetzen), Provision zugestehen
начисля́ть коми́ссию Kommission anrechnen (berechnen)

образо́вывать коми́ссию Kommission bilden (einsetzen)
опла́чивать коми́ссию Kommission bezahlen
предоставля́ть коми́ссию Kommission gewähren
создава́ть коми́ссию Kommission bilden (einsetzen)
~, арбитра́жная Arbitragekommission f
~, аттестацио́нная Attestatskommission f
~, ба́нковская Bankprovision f
~, биржева́я Börsenkommission f
~, бро́керская Maklerkommission f, Maklerprovision f, Maklergebür f
~, бюдже́тная Haushaltsausschuß m
~, госуда́рственная Staatskommission f, staatliche Kommission
~ за авизова́ние Avisokommission f, Avisoprovision f
~ за аккредити́в Akkreditivprovision f
~ за акце́пт Akzeptprovision f
~ за гара́нтию Provision für Garantie, Bürgschaftsprovision f
~ за делькре́дере Delkredereprovision f
~ за заку́пку Einkaufskommission f, Einkaufsprovision f
~ за инка́ссо Inkassoprovision f
~, заку́почная Einkaufsprovision f
~ за обме́н валю́ты Provision für Valutaaustausch
~ за обяза́тельство Provision für Verpflichtung, Bereitstellungsprovision f
~ за овердра́фт Überziehungsprovision f
~ за оформле́ние проте́ста Provision für Protestausfertigung
~ за перево́д по по́чте Postgebühren für Postüberweisung
~ за перепрода́жу Provision für Weiterverkauf
~ за платёж Zahlungsprovision f
~ за прода́жу Verkaufsprovision f
~ за услу́ги Provision für Dienstleistungen
~, консультати́вная beratende Kommission, Beraterkommission f
~, контро́льная Kontrollausschuß m
~, координацио́нная Koordinationskommission f
~, котиро́вочная Notierungskommission f
~, ликвидацио́нная Liquidationskommission f
~, оце́ночная Bewertungsausschuß m, Taxierungskommission f
~, постоя́нная ständige Kommission

~, прави́тельственная Regierungskommission *f*
~, проце́нтная Zinsenkommission *f*
~, рабо́чая Arbeitsausschuß *m*
~, ревизио́нная Revisionskommission *f*
~, сме́шанная gemischte Kommission
~, согласи́тельная Schlichtungskommission *f*
~, согласо́ванная vereinbarte Kommissionsgebühr
~, твёрдая festgesetzte Kommission
~, торго́вая Handelsausschuß *m*
~, тра́нспортно-экспеди́торская Speditionskommission *f*
~, фрахто́вая Frachtkommission *f*
~, экономи́ческая Wirtschaftskommission *f*
~, эксп́ертная Sachverständigenausschuß *m*

КОМИТЕ́НТ *m* Kommittent *m*, Auftraggeber *m*

КОМИТЕ́Т *m* Komitee *n*, Ausschuß *m*
учрежда́ть ~ ein Komitee gründen (stiften)
~, биржево́й Börsenausschuß *m*
~, вы́ставочный Ausstellungsauschuß *m*
~, координацио́нный Koordinierungsausschuß *m*
~, межправи́тельственный zwischenstaatliches Komitee
~, организацио́нный Organisationskomitee *n*
~, подготови́тельный Vorbereitungsausschuß *m*
~, постоя́нный ständiges Komitee
~, те́ндерный Tenderausschuß *m*
~, фина́нсовый Finanzkomitee *n*
~, я́рмарочный Messeamt *n*, Messeausschuß *m*

КОММЕРСА́НТ *m* Kaufmann *m*, Geschäftsmann *m*, Händler *m*

КОММЕРЦИАЛИЗА́ЦИЯ *f* Kommerzialisierung *f*

КОММЕ́РЦИЯ *f* Handel *m*; Kommerz *m*
занима́ться комме́рцией Geschäft betreiben

КОММЕ́РЧЕСКИЙ Handels-, Kommerz-, kommerziell

КОММИВОЯЖЁР *m* Handelsreisende *sub m*, Geschäftsreisende *sub m*

КОМПА́НИЯ *f* Gesellschaft *f*, Kompanie *f*
ликвиди́ровать компа́нию Gesellschaft liquidieren (auflösen)
осно́вывать компа́нию Kompanie gründen

представля́ть компа́нию Gesellschaft vertreten
создава́ть компа́нию Gesellschaft gründen (begründen)
учрежда́ть компа́нию Kompanie gründen (stiften)
~, авиацио́нная Luftfahrtgesellschaft *f*
~, акционе́рная Aktiengesellschaft *f*
~, ассоции́рованнная vereinigte Gesellschaft
~, веду́щая führende Kompanie
~, госуда́рственная staatliche Gesellschaft
~, доче́рняя Tochtergesellschaft *f*
~, железнодоро́жная Eisenbahngesellschaft *f*
~, иностра́нная ausländische Gesellschaft
~, конкури́рующая konkurrierende Kompanie, Konkurrenzkompanie *f*
~, кру́пная große (bedeutende, wichtige) Kompanie
~, ли́зинговая Leasingkompanie *f*
~, междунаро́дная internationale Kompanie
~, национализи́рованная nationalisierte Kompanie
~, объединённая vereinigte (vereinte) Kompanie
~, подконтро́льная abhängige Gesellschaft
~, посы́лочная Versandgesellschaft *f*, Versandhandelsfirma *f*
~, промы́шленная industrielle Gesellschaft, Industriekompanie *f*
~, сме́шанная gemischte Gesellschaft
~ с неограни́ченной отве́тственностью Gesellschaft mit unbeschränkter Haftung
~ с ограни́ченной отве́тственностью Gesellschaft mit beschränkter Haftung, GmbH
~, специализи́рованная spezialisierte Gesellschaft
~, стивидо́рная Stauergesellschaft *f*, Stauerfirma *f*
~, страхова́я Versicherungsgesellschaft *f*
~, строи́тельная Baugesellschaft *f*
~, судохо́дная Reederei *f*, Schiffahrtsgesellschaft *f*
~, торго́вая Handelsgesellschaft *f*
~, тра́нспортная Transportgesellschaft *f*
~, тра́нспортно-экспеди́торская Speditionsgesellschaft *f*
~, фина́нсовая Finanzgesellschaft *f*

КОМ

~, хо́лдинговая Holdingsgesellschaft *f*, Investitionsgesellschaft *f*
~, ча́стная Privatgesellschaft *f*
КОМПАНЬО́Н *m* Anteilhaber *m*, Teilhaber *m*, Mitinhaber *m*, Kompagnon *m*, Partner *m*
~, гла́вный Hauptteilhaber *m*
~, иностра́нный ausländischer Teilhaber
~, мла́дший Juniorteilhaber *m*
~, негла́сный stiller Teilhaber
~ с ограни́ченной отве́тственностью Teilhaber mit beschränkter Haftung
~ с солида́рной отве́тственностью Teilhaber mit Solidarhaftung
КОМПЕНСАЦИО́ННЫЙ Kompensations-; Ausgleichs-
КОМПЕНСА́ЦИЯ *f* Kompensation *f*, Entschädigung *f*, Ausgleich *m*
в ка́честве компенса́ции als Kompensation
выпла́чивать компенса́цию Kompensation auszahlen
дава́ть компенса́цию Kompensation geben (gewähren)
име́ть пра́во на компенса́цию Recht *n* auf eine Kompensation haben
назнача́ть компенса́цию Kompensation bestimmen (festsetzen)
получа́ть компенса́цию Kompensation bekommen (erhalten)
предлага́ть компенса́цию Kompensation anbieten
предусма́тривать компенса́цию Kompensation vorsehen
тре́бовать компенса́цию Kompensation fordern (verlangen)
~, де́нежная Gegenwert *m*, finanzielle Entschädigung
~ за повреждéние Ersatz *m* für Beschädigung
~ креди́та поста́вками проду́кции Entschädigung des Kredits durch Lieferungen von Produkten
~, по́лная volle Kompensation
~ поте́рь Kompensation für Verluste; Verlustausgleich *m*
~, причита́ющаяся zustehende Kompensation
~ расхо́дов Kompensation, Ausgleichung, Entschädigung der Kosten; Kostenausgleich *m*

КОМ

~, страхова́я Entschädigung durch Versicherung; Versicherungsentschädigung *f*
~, това́рная Ersatz *m* durch (mit) Waren; Warenersatz *m;* Entschädigung in natura
~ убы́тков Schadenersatz *m*
~ уще́рба Schadenersatz *m*, Entschädigung *f*
~, части́чная Teilkompensation *f*
КОМПЕНСИ́РОВАТЬ entschädigen, kompensieren, ausgleichen
КОМПЕТЕ́НТНЫЙ 1. (*о челове́ке*) kompetent, sachkundig **2.** (*об учрежде́нии*) zuständig, befugt
КОМПЕТЕ́НЦИЯ *f* Kompetenz *f*, Zuständigkeit *f*, Befugnis *f*
быть вне чьей-л. компете́нции außer *jemandes* Befugnis liegen
быть в преде́лах компете́нции innerhalb der Kompetenz liegen
входи́ть в чью-л. компете́нцию in *jemandes* Kompetenz fallen
выходи́ть за преде́лы компете́нции aus *jemandes* Zuständigkeitsbereich fallen
~ арбитра́жной коми́ссии Zuständigkeit der Arbitragekommission
~ суда́ Zuständigkeit des Gerichtes
КО́МПЛЕКС *m* Komplex *m*; Zusammenfassung *f*; Gesamtheit *f*
~, агропромы́шленный agroindustrieller Komplex
~, внешнеэкономи́ческий Außenwirtschaftskomplex *m*
~, выставочный Ausstellungskomplex *m*
~, демонстрацио́нно-торго́вый Ausstellungs- und Handelsgelände *n*
~ ма́ркетинга Marketingkomplex *m*, Vertriebskomplex *m*
~, произво́дственный Produktionskomplex *m*
~, промы́шленный Wirtschaftskomplex *m*, Industriekomplex *m*
~ услу́г Dienstleistungskomplex *m*
КО́МПЛЕКСНЫЙ komplex, komplexmäßig; Komplex-
КОМПЛЕ́КТ *m* Satz *m*, Sammlung *f*; Set *n*
поставля́ть в компле́кте komplett liefern
предоставля́ть по́лный ~ einen vollständigen Satz gewähren
~ докуме́нтов Satz der Dokumente
~ запчасте́й Satz der Ersatzteile

~ коносаме́нтов, по́лный voller Satz der Konnossemente
~ образцо́в Mustersatz m
~ упако́вочных листо́в Satz der Verpackungslisten
~ экземпля́ров тра́тты Trattensatz m
КОМПЛЕКТА́ЦИЯ f 1. (*де́йствие*) Zusammenstellen n 2. (*пе́речень*) Komplettierung f, Vervollständigung f
КОМПЛЕ́КТНОСТЬ f Vollständigkeit f, Komplexität f
~ обору́дования Vollständigkeit der Ausrüstung
~ техни́ческой документа́ции Vollständigkeit der technischen Dokumentation
КОМПЛЕ́КТНЫЙ komplett, vollständig, vollzählig
КОМПЛЕКТОВА́ТЬ komplettieren, vervollständigen
КОНВЕНЦИО́ННЫЙ Konventions-
КОНВЕ́НЦИЯ f Konvention f, Abkommen n, Abmachung f, Vereinbarung f
заключа́ть конве́нцию Konvention abschließen
подпи́сывать конве́нцию Konvention unterzeichnen (unterschreiben)
ратифици́ровать конве́нцию Konvention ratifizieren
~, междунаро́дная internationale Konvention
~ по возду́шным перево́зкам Lufttransportkonvention f
~, тамо́женная Zollkonvention f, Zollvertrag m
КОНВЕ́РСИЯ f Konvertierung f, Konversion f, Umtausch m, Umwandlung f
~ а́кций Umwandlung der Aktien
~ за́йма Anleihekonvertierung f, Konversion der Anleihe
~ облига́ций Konversion der Obligationen
КОНВЕРТИ́РОВАТЬ konvertieren, umwandeln
КОНВЕРТИ́РУЕМОСТЬ f Konvertierung f, Konvertibilität f
~ валю́ты Devisenkonvertibilität f, Konvertibilität der Währung
КОНВЕРТИ́РУЕМЫЙ konvertierbar
свобо́дно ~ frei konvertierbar
КОНКУРЕ́НТ m Konkurrent m, Mitbewerber m
КОНКУРЕ́НТНЫЙ Konkurrenz-

КОНКУРЕНТОСПОСО́БНОСТЬ f Konkurrenzfähigkeit f, Wettbewerbsfähigkeit f
повыша́ть ~ това́ров Konkurrenzfähigkeit der Waren erhöhen
КОНКУРЕНТОСПОСО́БНЫЙ konkurrenzfähig, wettbewerbsfähig
КОНКУРЕ́НЦИЯ f Konkurrenz f, Wettbewerb m
выде́рживать конкуре́нцию sich gegen die Konkurrenz behaupten, der Konkurrenz standhalten
ограни́чивать конкуре́нцию Konkurrenz beschränken
смягча́ть конкуре́нцию Konkurrenz abschwächen (mäßigen)
ста́лкиваться с конкуре́нцией mit der Konkurrenz zusammenstoßen
~ на мировы́х ры́нках Konkurrenz auf den Weltmärkten
~, недобросо́вестная unlauterer Wettbewerb
~, о́страя harte (scharfe) Konkurrenz
~, ры́ночная Marktkonkurrenz f
~, свобо́дная freier Wettbewerb
~, скры́тая geheimer (latenter, verborgener, versteckter) Wettbewerb
~, торго́вая Handelskonkurrenz f
~, ценова́я Preiskonkurrenz f
~, че́стная lauterer Wettbewerb
КОНКУРИ́РОВАТЬ konkurrieren
КО́НКУРС m Konkurs m; Wettbewerb m
объявля́ть ~ Wettbewerb anmelden (erklären)
уча́ствовать в ко́нкурсе am Wettbewerb teilnehmen (sich beteiligen)
~, междунаро́дный internationaler Wettbewerb
~, откры́тый offener Wettbewerb
КОНОСАМЕ́НТ m Konnossement n, Frachtbrief m
в соотве́тствии с коносаме́нтом dem Konnossement entsprechend; in Übereinstimmung mit dem Konnossement
выдава́ть ~ Konnossement ausstellen
выпи́сывать ~ Konnossement ausschreiben
подпи́сывать ~ Konnossement unterzeichnen (unterschreiben)
по коносаме́нту laut Konnossement
предъявля́ть ~ Konnossement vorweisen (vorzeigen)
составля́ть ~ Konnossement aufstellen
~ без пра́ва переда́чи nicht übertragbares Konnossement

~, бортовóй Bordkonnossement n, Anbordkonnossement n
~, внéшний Außenkonnossement n
~, внýтренний Innenkonnossement n, inneres Konnossement
~, именнóй Rektakonnossement n
~, запóлненный ausgefülltes Konnossement
~, линéйный Linienkonnossement n
~, морскóй See-Konnossement n
~ на груз, ввозимый на выставку Übernahmekonnossement n in die Ausstellung
~ на груз, вывозимый с выставки Übernahmekonnossement n aus der Ausstellung
~ на груз, принятый для погрузки Übernahmekonnossement n
~ на предъявителя Inhaberkonnossement n
~, óрдерный Orderkonnossement n
~, пóдлинный Original-Konnossement n
~ при воздýшных перевóзках Luftverkehrskonnossement n
~ «принято на борт» Konnossement «empfangen an Bord», «Anbordnahme»; «An Bord angenommen»; Bordempfangsschein m
~, прямóй direktes (durchgehendes) Konnossement; Durchgangskonnossement n
~, сбóрный Sammelkonnossement n
~, складскóй Lagerhalter-Konnossement n
~ с оговóрками unreines Konnossement
~ с отмéткой «фрахт подлежит уплáте грузополучáтелем» Konnossement mit Vermerk «unfrei» (Fracht bezahlt Empfänger)
~ с отмéткой «фрахт уплáчен» Konnossement mit Vermerk «frachtfrei»
~, трáнспортный Transportbrief m, Frachtbrief m; Lieferschein m
~, чистый reines Konnossement
КОНСÁЛТИНГ Consulting n
КОНСИГНÁНТ m (отправитель груза) Konsignant m, Auftraggeber m
КОНСИГНÁТОР m (грузополучáтель) Konsignator m, Auftragnehmer m
КОНСИГНАЦИÓННЫЙ Konsignations-
КОНСИГНÁЦИЯ f Konsignation f
на услóвиях консигнáции zu den Bedingungen der Konsignation
находиться на консигнáции auf (in) Konsignation sein

поставлять товáр на консигнáцию Ware f in Konsignation liefern
посылáть товáр на консигнáцию Ware f in Konsignation schicken (senden)
КОНСОЛИДÁЦИЯ f Konsolidierung f, Befestigung f
КОНСОЛИДИ́РОВАННЫЙ konsolidiert, vereinigt
КОНСÓРЦИУМ m Konsortium n
вступáть в ~ ins Konsortium eintreten
образóвывать ~ Konsortium bilden (gründen)
~, бáнковский Bankenkonsortium n
~, междунарóдный internationales Konsortium
КОНСТРУ́КЦИЯ f 1. (сооружение) Konstruktion f, Aufbau m 2. (способ) Bauform f, Bauweise f; Ausführung f
послéдней конструкции in der letzten Konstruktion (Bauform)
~, надёжная zuverlässige (sichere) Konstruktion
~, ненадёжная unsichere Konstruktion
~, нóвая neue Kostruktion
~ оборýдования Bauart f (Konstruktion) der Ausrüstung
~, совремéнная moderne Konstruktion
~, типовáя typische (typisierte) Konstruktion, Musterkonstruktion f
КÓНСУЛ m Konsul m
КОНСУЛЬТÁНТ m Konsulent m, Konsultant m, Berater m
~, глáвный Hauptkonsultant m
~ по дизáйну Designberater m
~ по инженéрно-техни́ческим вопрóсам Berater in ingenieurtechnischen Fragen
~ по мéнеджменту Managementberater m
~ по монтажý Montagekonsultant m
~ по налóгам Steuerberater m
~ по организáции сбы́та Berater in Absatzfragen; Marketingkonsultant m
~ по реклáме Werbeberater m
~ по финáнсовым вопрóсам Berater in Finanzfragen
~ по юриди́ческим вопрóсам Berater in Rechtsfragen
~ по экономи́ческим вопрóсам Wirtschaftsberater m, Berater in Wirtschaftsfragen
КОНСУЛЬТАТИ́ВНЫЙ Berater-, beratend
КОНСУЛЬТАЦИÓННЫЙ Konsultations-, beratend

КОНСУЛЬТА́ЦИЯ f Konsultation f, Beratung f
дава́ть консульта́цию Konsultation erteilen
~ по произво́дственным вопро́сам Konsultation in Produktionsfragen
~ по торго́во-экономи́ческим вопро́сам Konsultation in handelswirtschaftlichen Fragen
~, техни́ческая technische Konsultation
~, юриди́ческая juristische Konsultation
КОНСУЛЬТИ́РОВАТЬ jemandem eine Konsultation erteilen; jemanden konsultieren
КОНСУЛЬТИ́РОВАТЬСЯ sich beraten über Akk.
КОНТА́НГО n бирж. (надбавка к цене товара при заключении сделки на отдалённый срок) Report m, Kontango n (Börse)
КОНТЕ́ЙНЕР m Behälter m, Container m
загружа́ть ~ Behälter füllen (beladen, stauen)
опеча́тывать ~ Container versiegeln (plombieren, mit einer Bleiplombe verschließen)
разгружа́ть ~ Container ausladen (entladen)
укла́дывать в ~ in Container einpacken
~, большегру́зный Schwergutbehälter m
~, грузово́й Frachtcontainer m
~ для морско́й транспортиро́вки Seefrachtcontainer m, Seetransportbehälter m
~ для перево́зки сыпу́чих гру́зов Container für Transport von Schüttgut
~ для прямы́х перево́зок Container für direkten (unmittelbaren) Transport
~ для сме́шанных перево́зок Container für kombinierten Transport
~, железнодоро́жный Eisenbahncontainer m
~, крупнотонна́жный Großcontainer m, Großbehälter m
~, полногру́зный Container voll geladen
~, рефрижера́торный Kühlcontainer m, Kühltransportbehälter m
~ с непо́лной загру́зкой Container mit geringer (nicht voller) Ladung
~, 40-фу́товый 40-foot (40-Fuß)Container m; 40-footer (40-Fußer) Container
~, специализи́рованный Spezialbehälter m, Spezialcontainer m
~, тра́нспортный Frachtcontainer m, Transportcontainer m
~, универса́льный Universalbehälter m

КОНТЕЙНЕРИЗА́ЦИЯ f Einführung f des Behältertransports; Umstellung f des Transports auf Container
КОНТЕЙНЕРИЗО́ВАННЫЙ auf Container umgestellt
КОНТЕ́ЙНЕРНЫЙ Behälter-, Container-
КОНТЕ́ЙНЕР-ПРИЦЕ́П m Container-Anhänger m
КОНТЕ́ЙНЕР-ХОЛОДИ́ЛЬНИК m Kühlcontainer m
КОНТЕ́ЙНЕР-ЦИСТЕ́РНА m Tankcontainer m, Großbehälter m
КОНТИНГЕНТИ́РОВАНИЕ n Kontingentierung f
~ вво́за и вы́воза това́ров Import- und Exportkontingentierung f
~ и́мпорта Importkontingentierung f
~ товарооборо́та Kontingentierung des Warenumsatzes
КОНТИНГЕ́НТЫ m pl (кво́ты) Kontingente n pl, Quoten f pl
~, и́мпортные Importkontingente n pl
~, экспортные Exportkontingente n pl
КОНТОКОРРЕ́НТ m (теку́щий счёт) Kontokorrent n
КОНТОКОРРЕ́НТНЫЙ Kontokorrent-
КОНТО́РА f Büro n, Amt n, Geschäft n, Kontor n
откры́ть конто́ру Büro eröffnen
~ банки́рская Bankkontor n, Bankgeschäft n
~, гла́вная Hauptkontor n, Hauptbüro n
~, грузова́я Frachtkontor n
~, ма́клерская Brokerfirma f
~, нотариа́льная Notariat n, Notariatsбюро́ n
~, снабже́нческая Versorgungskontor n
~, страхова́я Versicherungsbüro n
~, тра́нспортная Transportgeschäft n, Speditionsgeschäft n
~, фрахто́вая Frachtfirma f
КОНТРАБА́НДА f Schmuggel m, Schleichhandel m; Konterbande f
занима́ться контраба́ндой schmuggeln, Schmuggel treiben
конфискова́ть контраба́нду Schmuggelware beschlagnahmen
провози́ть контраба́ндой ins Land (aus dem Land) schmuggeln
КОНТРАБА́НДНЫЙ eingeschmuggelt, Schmuggel-; unerlaubt
КОНТРАГЕ́НТ m Kontrahent m, Vertragspartner m
КОНТРА́КТ m Kontrakt m; Vertrag m

аннули́ровать ~ den Vertrag annullieren (für ungültig erklären, stornieren)
в исполне́ние контра́кта in Erfüllung des Vertrages
вноси́ть измене́ния в ~ in den Kontrakt Änderungen *f pl* eintragen
во вре́мя выполне́ния контра́кта während der Ausführung des Kontraktes (des Vertrages)
возобновля́ть ~ den Vertrag erneuern
в преде́лах контра́кта innerhalb des Kontrakts; im Rahmen des Kontrakts (des Vertrages)
в соотве́тствии с контра́ктом laut Kontrakt, dem Kontrakt gemäß, kontraktgemäß; vertragsgemäß
в счёт контра́кта a conto des Kontrakts, a conto des Vertrages
в хо́де выполне́ния контра́кта im Laufe der Erfüllung des Kontrakts
выполня́ть ~ den Vertrag ausführen (erfüllen)
до подписа́ния контра́кта bis zur Kontraktunterzeichnung
заключа́ть ~ den Vertrag abschließen
изменя́ть усло́вия контра́кта Kontraktbedingungen *f pl* (Vertragsbedingungen *f pl*) ändern
исключа́ть из контра́кта aus dem Kontrakt streichen
исполня́ть обяза́тельства по контра́кту Kontraktbedingungen *f pl* erfüllen
на ба́зе контра́кта auf Grund des Kontrakts, auf Grund des Vertrages
направля́ть ~ den Vertrag richten (adressieren) an *Akk.*
наруша́ть ~ den Vertrag brechen (verletzen)
обсужда́ть ~ den Vertrag besprechen
отвеча́ть усло́виям контра́кта den Kontraktbedingungen entsprechen
отступа́ть от усло́вий контра́кта von den Kontraktbedingungen zurücktreten
оформля́ть ~ den Vertrag ausstellen (anfertigen)
парафи́ровать ~ den Vertrag parafieren (unterzeichnen)
пересма́тривать ~ den Vertrag überarbeiten (überprüfen, korrigieren)
подгота́вливать ~ den Vertrag vorbereiten
подпи́сывать ~ den Vertrag unterzeichnen (unterschreiben)

получа́ть ~ den Kontrakt bekommen (erhalten)
поставля́ть по контра́кту laut Kontrakt (Vertrag) liefern
по усло́виям контра́кта nach den Kontraktbedingungen; laut den Vertragsbedingungen
предусма́тривать контра́ктом im Kontrakt (Vertrag) vorsehen
прекраща́ть де́йствие контра́кта Gültigkeit *f* des Kontrakts abbrechen (erlöschen)
противоре́чить усло́виям контра́кта den Kontraktbedingungen widersprechen
расторга́ть ~ den Kontrakt (Vertrag) annullieren (auflösen, kündigen)
соблюда́ть усло́вия контра́кта Kontraktbedingungen einhalten
согла́сно контра́кту laut Kontrakt, laut Vertrag
согласо́вывать ~ den Vertrag vereinbaren
соотве́тствовать усло́виям контра́кта den Kontraktbedingungen entsprechen
составля́ть ~ den Vertrag aufstellen (aufnehmen)
финанси́ровать ~ den Vertrag finanzieren
~, акко́рдный Akkordkontrakt *m*, Akkordvertrag *m*
~ «амбре́лла» «Umbrella»-Vertrag *m*
~, ба́ртерный Tauschkontrakt *m*, Tauschvertrag *m*
~, взаимовы́годный gegenseitig vorteilhafter Vertrag *m*
~, генера́льный Generalkontrakt *m*, Generalvertrag *m*
~, глоба́льный Globalkontrakt *m*, globaler Vertrag
~, де́йствующий aktiver Kontrakt
~, долгосро́чный langfristiger Vertrag
~, заключённый abgeschlossener Vertrag
~, краткосро́чный kurzfristiger Kontrakt
~ ку́пли-прода́жи Kaufkontrakt *m*, Kaufvertrag *m*
~ на аре́нду вы́ставочной пло́щади Pachtvertrag *m* über den Ausstellungsraum
~ на выполне́ние прое́ктно-изыска́тельских рабо́т Vertrag über Projektierungs- und Entwicklungsarbeiten
~ на командирова́ние специали́стов Vertrag über Entsendung (Abkommandierung) von Fachleuten

~ на компенсационных условиях Entschädigungsvertrag *m*; Kontrakt auf der Kompensationsbasis
~ на обслуживание Dienstleistungsvertrag *m*
~ на перевозку Beförderungskontrakt *m*, Beförderungsvertrag *m*, Frachtvertrag *m*
~ на поставку Lieferungsvertrag *m*, Liefervertrag *m*
~ на продажу Verkaufsvertrag *m*
~ на разовую поставку Vertrag über einmalige Lieferung
~ на разработку Ausarbeitungsvertrag *m*, Entwicklungsvertrag *m*
~ на реальный товар *бирж.* Realwarenvertrag *m*
~ на строительство «под ключ» Vertrag über die Baudurchführung bis zur «schlüsselfertigen» Übergabe
~ на техническое обслуживание Vertrag über Wartung (Kundendienst)
~ на товар Warenvertrag *m*
~ на упаковку товара Vertrag über Warenverpackung
~ на условиях риска Risikovertrag *m*
~ на фрахтование судна Frachtvertrag *m*; Vertrag über Befrachtung des Schiffes
~, невыполненный unerfüllter (nicht erfüllter) Vertrag
~, недействительный ungültiger (nichtiger) Vertrag
~, открытый offener (ungedeckter) Vertrag
~, оформленный ausgestellter (abgefaßter) Vertrag
~, первоначальный Anfangsvertrag *m*
~, подписанный unterzeichneter Vertrag
~ подряда Werkvertrag *m*
~ «полу-под-ключ» «halbschlüsselfertiger» Vertrag
~, предыдущий vorheriger (vorhergehender) Vertrag
~ «продакшн шэринг» «Production sharing»-Kontrakt *m*; Vertrag über Warenaustausch
~ с оплатой в денежной форме Vertrag mit Zahlung in Geldform
~ с оплатой в смешанной форме Vertrag mit Zahlung in gemischter Form
~ с оплатой в товарной форме Vertrag mit Zahlung in Warenform
~, срочный befristeter Vertrag
~, типовой Mustervertrag *m*
~, торговый Handelsvertrag *m*
~, фьючерсный *бирж.* Terminkontrakt *m*, Terminvertrag *m*
КОНТРАКТАЦИЯ *f* 1. Vertragssystem *n*, Kontraktsystem *n* 2. Kontrahierung *f*
КОНТРАКТНЫЙ Kontrakt[s]-, Vertrags-
КОНТРАССИГНАНТ *m* *юр.* Gegenzeichner *m*
КОНТРАССИГНАЦИЯ *f* *юр.* Gegenzeichnung *f*
КОНТРАССИГНОВАТЬ *юр.* gegenzeichnen
КОНТРЕЙЛЕР *m* Anhänger *m* (Behälter *m*) an einem Flachwagen
КОНТРОЛЁР *m* Kontrolleur *m*, Prüfer *m*
~, заводской Betriebskontrolleur *m*
~ качества Gütekontrolleur *m*
~ отчётности Rechenschaftskontrolleur *m*
~ при погрузке и выгрузке Kontrolleur bei der Be- und Entladung
~, таможенный Zollkontrolleur *m*
~ товаров Warenkontrolleur *m*
КОНТРОЛИРОВАТЬ kontrollieren, prüfen
КОНТРОЛЬ *m* Kontrolle *f*, Prüfung *f*; Überwachung *f*; Revision *f*
брать под ~ unter Kontrolle stellen
вводить ~ Kontrolle einführen
обеспечивать ~ Kontrolle sichern
осуществлять ~ Aufsicht haben (führen) über *Akk.*
отменять ~ Kontrolle aufheben
передавать под ~ der Kontrolle übergeben
проходить паспортный ~ Paßkontrolle passieren; durch Paßkontrolle gehen
усиливать ~ Kontrolle verschärfen
устанавливать ~ Kontrolle errichten
~, бухгалтерский Kontrolle durch die Buchhaltung
~, бюджетный Kontrolle durch den Haushalt
~, валютный Devisenkontrolle *f*, Valutakontrolle *f*
~, выборочный Prüfung (Kontrolle) mittels Stichproben; Stichprobenprüfung *f*
~, государственный Staatskontrolle *f*, staatliche Kontrolle
~, жёсткий verschärfte Prüfung (Kontrolle)
~ за движением заказов Auftragsbewegungskontrolle *f*
~ за погрузкой Verladekontrolle *f*
~ за поставками Lieferungskontrolle *f*
~ за работой Arbeitskontrolle *f*

~ ка́чества и коли́чества Qualitäts- und Quantitätskontrolle f
~, креди́тный Kreditkontrolle f
~, операти́вный mitlaufende (operative) Kontrolle
~, па́спортный Paßkontrolle f
~, пограни́чный Grenzkontrolle f
~ при приёмке Annahmekontrolle f, Annahmeprüfung f
~, рабо́чий Arbeiterkontrolle f
~, регуля́рный regelmäßige (reguläre) Kontrolle
~, специа́льный Sonderkontrolle f
~, тамо́женный Zollkontrolle f
~, теку́щий permanente (laufende) Kontrolle
~, фина́нсовый Finanzkontrolle f
~ цен Preiskontrolle f, Preisüberwachung f
~, эксплуатацио́нный Betriebskontrolle f
~, экспо́ртный Exportkontrolle f, Ausfuhrkontrolle f
КОНТРО́ЛЬНЫЙ Kontroll-, Prüf-; Aufsichts-
КОНТРПРЕДЛОЖЕ́НИЕ n Gegenvorschlag m Gegenangebot n; Gegenofferte f
КОНТРСТАЛИ́ЙНЫЙ Überliege-; Stilliege-
КОНТРСТАЛИ́Я f 1. (*просто́й су́дна или ваго́на*) Überliegezeit f, Stilliegetage pl 2. (*пла́та за просто́й*) Liegegeld n, Schiffsliegegeld n
опла́чивать контрстали́ю Überliegezeit bezahlen
перейти́ на контрстали́ю zur Überliegezeit übergehen
КОНТРТРЕ́БОВАНИЕ n Gegenanspruch m, Gegenforderung f
выдвига́ть ~ Gegenanspruch (Gegenforderung) erheben
отклоня́ть ~ Gegenanspruch ablehnen
предъявля́ть ~ Gegenforderung stellen
удовлетворя́ть ~ Gegenanspruch zufriedenstellen (erfüllen)
КОНФЕРЕНЦИА́ЛЬНЫЙ Konferenz-
КОНФЕРЕ́НЦИЯ f 1. (*совеща́ние*) Konferenz f 2. (*карте́льное соглаше́ние ме́жду судовладе́льцами*) Konferenz f
~, лине́йная Frachtkonferenz f, Leitungskonferenz f
~, региона́льная Regionalkonferenz f
~ специали́стов Konferenz der Fachleute

~, торго́вая Handelskonferenz f
КОНФИСКА́ЦИЯ f Konfiskation f, Beschlagnahme f, Einzug m
подлежа́ть конфиска́ции der Konfiskation unterliegen; konfiszierbar sein
КОНФИСКОВА́ТЬ konfiszieren, beschlagnahmen, einziehen, mit Beschlag belegen
КОНЦЕНТРА́ЦИЯ f Konzentration f, Konzentrierung f, Zusammenballung f
~ капита́ла Kapitalkonzentration f, Konzentration des Kapitals
~ материа́льных ресу́рсов Konzentration der materiellen Ressourcen
~, ры́ночная Marktkonzentration f
~ фина́нсовых ресу́рсов Konzentration der Finanzressourcen (der finanziellen Mittel)
КОНЦЕ́ПЦИЯ f Konzeption f
разраба́тывать конце́пцию Konzeption ausarbeiten (entwickeln)
~ ма́ркетинга Marketingkonzeption f, Konzeption des Marketings
~ рекла́мы Werbungskonzeption f, Konzeption der Werbung
~ совершенствования произво́дства Konzeption der Produktionsvervollkommnung
~ совершенствования това́ра Konzeption der Warenvervollkommnung
КОНЦЕ́РН m Konzern m
~, ба́нковский Bankenkonzern m
~, междунаро́дный internationaler Konzern
~, промы́шленный Industriekonzern m
КОНЦЕССИОНЕ́Р m Konzessionär m, Konzessionsinhaber m
КОНЦЕ́ССИЯ f 1. Konzession f 2. Konzessionsunternehmen n
получа́ть конце́ссию Konzession bekommen
предоставля́ть конце́ссию Konzession erteilen, konzessionieren
сдава́ть в конце́ссию *etwas* konzessionieren
КОНЪЮНКТУ́РА f Konjunktur f, Situation f, Lage f
изуча́ть конъюнкту́ру Konjunktur studieren (untersuchen)
~, высо́кая Hochkonjunktur f
~, делова́я geschäftliche Konjunktur, Geschäftskonjunktur f
~, засто́йная stagnierende (stockende, flaue) Konjunktur
~, инфляцио́нная Inflationskonjunktur f

~, неустойчивая labile Konjunktur
~ отраслевых рынков Konjunktur der Branchenmärkte
~ региональных рынков Konjunktur der Regionalmärkte
~ спроса на мировых рынках Konjunktur der Nachfrage auf den Weltmärkten, Weltmarktnachfrage *f*
~, товарная Warenlage *f*, Warenkonjunktur *f*
~ товарных рынков Konjunktur der Warenmärkte
~, торговая Geschäftskonjunktur *f*
~, устойчивая stabile Konjunktur
~, экономическая Wirtschaftskonjunktur *f*

КООПЕРАТИВ *m* Genossenschaft *f*, Kooperative *f*
учредить ~ Kooperative gründen (stiften)
~, потребительский Konsumgenossenschaft *f*, Verbrauchergenossenschaft *f*, Konsumverein *m*
~, производственный Produktionsgenossenschaft *f*

КООПЕРАТИВНЫЙ Kooperativ-, genossenschaftlich, Genossenschafts-

КООПЕРАЦИЯ *f* 1. (*сотрудничество*) Kooperation *f*, Zusammenarbeit *f* 2. (*организация*) Genossenschaft *f*
~, внутриотраслевая innerzweigliche (branchegebundene) Kooperation
~, международная internationale Kooperation
~, межфирменная Zwischenfirmenkooperation *f*
~, научно-производственная wissenschaftliche Produktionsgenossenschaft
~, потребительская Konsumgenossenschaft *f*, Konsumverein *m*
~, производственная Produktionsgenossenschaft *f*
~, промысловая Gewerbegenossenschaft *f*, gewerbliche Genossenschaft
~, промышленная industrielle Genossenschaft
~, снабженческо-сбытовая Einkaufs- und Absatzgenossenschaft *f*
~, экономическая ökonomische Kooperation, Wirtschaftskooperation *f*

КООПЕРИРОВАНИЕ *n* Genossenschaftsbildung *f*, Kooperierung *f*

КООПЕРИРОВАННЫЙ Kooperierungs-

КОПИЯ *f* Kopie *f*, Abschrift *f*, Duplikat *n*; Pause *f*, Durchschlag *m*
делать копию kopieren
заверять копию Kopie beglaubigen
прилагать копию Kopie beilegen
снимать копию Kopie machen, kopieren
~ документа Kopie des Dokuments
~, заверенная beglaubigtes Duplikat
~ заявки Kopie der Forderung
~ квитанции Kopie der Quittung
~ коносамента Kopie des Konnossements
~ контракта Kopie des Kontrakts
~, официальная offizielle Kopie
~ патента Kopie des Patents
~ счёта Rechnungskopie *f*

КОРЗИНА *f* Korb *m*
~ валют Währungskorb *m*
~, вторая zweiter Korb
~ СДР SDR (Special Drawing Rights) basket *engl.*, Korb der Sonderziehungsrechte, SZR-Korb *m*
~, упаковочная Packkorb *m*, Verpakkungskorb *m*

КОРНЕР *m* бирж. (*группа биржевых спекулянтов, скупающих акции*) Korner *m*

КОРПОРАЦИЯ *f* Korporation *f*; Vereinigung *f*, Gesellschaft *f*
создавать корпорацию Gesellschaft gründen (begründen)
учреждать корпорацию Korporation gründen (stiften)
~, акционерная Aktienkorporation *f*, Aktiengesellschaft *f*
~, государственная staatliche Korporation, Staatskorporation *f*
~, иностранная ausländische Korporation, Auslandskorporation *f*
~ маклеров Maklerkorporation *f*, Maklerkammer *f*
~, международная internationale Korporation, Weltkorporation *f*
~, промышленная industrielle Korporation, Industriekorporation *f*
~, торговая Handelskorporation *f*
~, транснациональная, ТНК multinationale Korporation, MNK
~, частная Privatkorporation *f*, Privatgesellschaft *f*

КОРРЕКТИРОВАТЬ korrigieren; berichtigen, verbessern

КОРРЕКТИРОВКА *f* Korrektur *f*, Berichtigung *f*; Anpassung *f*

~ на сезо́нные колеба́ния Anpassung an saisonbedingte Schwankungen
~ счёта Rechnungsberichtigung *f*
~ цен Preiskorrektur *f*, Preisberichtigung *f*

КОРРЕСПОНДЕ́НТСКИЙ Korrespondent(en)-

КОРРЕСПОНДЕ́НЦИЯ *f* Korrespondenz *f*, Briefwechsel *m*
вести́ корреспонде́нцию Korrespondenz führen; im Briefwechsel stehen
отправля́ть корреспонде́нцию Korrespondenz schicken (senden)
получа́ть корреспонде́нцию Korrespondenz bekommen (erhalten)
~, входя́щая eingehende Korrespondenz
~, исходя́щая ausgehende Korrespondenz
~, комме́рческая Handelskorrespondenz *f*

КОРРУ́ПЦИЯ *f* Korruption *f*, Bestechung *f*

КОТИ́РОВАТЬ notieren, kotieren; bewerten

КОТИРО́ВКА *f* Notierung *f*, Kotierung *f*, Bewertung *f*; Kursfestsetzung *f*
дава́ть котиро́вку Notierung geben
подгото́вить котиро́вку Notierung vorbereiten
получа́ть котиро́вку Notierung bekommen (erhalten)
предоставля́ть котиро́вку Notierung gewähren (ausreichen)
скорректи́ровать котиро́вку Notierung berichtigen (korrigieren)
~ а́кций Aktiennotierung *f*
~, биржева́я Börsennotierung *f*
~, валю́тная Geldkurszettel *m*; Devisennotierung *f*
~ ку́рсов Kursnotierung *f*, Kursmeldung *f*, Kursbericht *m*
~, ко́свенная indirekte Notierung
~, нача́льная Erstnotierung *f*
~, неофициа́льная nachbörsliche (unamtliche) Notierung
~, номина́льная Pari *n*, Parikurs *m*, Wechselpari *n*; Nominalnotierung *f*, Nominalpreis *m*
~ облига́ций Obligationennotierung *f*
~, официа́льная amtliche Börsennotierung, amtliche Notierung
~, предвари́тельная Vornotierung *f*, vorläufige (einleitende) Notierung
~ при закры́тии би́ржи Notierung beim Börsenschluß

~ при откры́тии би́ржи Notierung beim Börsenbeginn
~, пряма́я direkte Notierung
~, ры́ночная Marktnotierung *f*
~, теку́щая laufende (fließende) Notierung
~ цен Preisnotierung *f*

КОТИРО́ВОЧНЫЙ Kotierungs-; Bewertungs-, Kurs-

КОЭФФИЦИЕ́НТ *m* Koeffizient *m*; Kennzahl *f*, Kennziffer *f*; Faktor *m*
~ безопа́сности Sicherheitsfaktor *m*, Sicherheitsgrad *m*
~ валово́й при́были Bruttogewinnkoeffizient *m*, Gesamtgewinnkoeffizient *m*
~, весово́й Gewichtskoeffizient *m*
~ дохо́дности Ertragskoeffizient *m*
~ загру́зки Verladefaktor *m*, Ladekoeffizient *m*
~ затра́т Aufwandskoeffizient *m*
~ испо́льзования Benutzungsziffer *f*, Nutzfaktor *m*
~ ликви́дности Liquiditätskoeffizient *m*
~ мо́щности Leistungsfaktor *m*
~ надёжности Sicherheitsfaktor *m*, Sicherheitszahl *f*
~ обора́чиваемости оборо́тного капита́ла Umschlagskoeffizient *m* des Umlaufkapitals (des Betriebskapitals)
~ обора́чиваемости основно́го капита́ла Umschlagskoeffizient des Grundkapitals
~ окупа́емости Koeffizient der Rückflußdauer
~ отда́чи Koeffizient der Rückerstattung; Nutzenfaktor *m*
~ потерь Verlustfaktor *m*, Ausfallfaktor *m*
~ при́быльности Rentabilitätskoeffizient *m*
~ продукти́вности Produktivitätskoeffizient *m*
~ просто́я Koeffizient der Ausfallzeit (der Standzeit)
~, расчётный Rechnungskoeffizient *m*
~ рента́бельности Koeffizient der Rentabilität
~ эффекти́вности Nützlichkeitskoeffizient *m*

КРЕДИ́Т *m* (*правая сторона счёта*) Kredit *n*
заноси́ть в ~ gutschreiben, zur Gutschrift bringen
де́бет и ~ Soll und Haben

КРЕДИ́Т m Kredit m
брать в ~ auf Kredit einkaufen
возобновля́ть ~ Kredit erneuern (revolvieren)
в счёт креди́та auf Kredit, a conto des Kredits
гаранти́ровать ~ Kredit garantieren (gewährleisten)
договори́ться о креди́те sich über Kredit vereinbaren
закрыва́ть ~ Kredit kündigen
за счёт креди́та gegen Kredit
испо́льзовать ~ vom Kredit Gebrauch machen, Kredit ausnutzen
обраща́ться за креди́том um Kredit bitten
отказа́ть в креди́те den Kredit verweigern
открыва́ть ~ в ба́нке или в по́льзу кого-л. einen Kredit bei der Bank oder zu jemandes Gunsten eröffnen
погаша́ть ~ Kredit rückzahlen
покупа́ть в ~ auf Kredit kaufen
поставля́ть това́ры в ~ Waren f pl auf Kredit liefern
превыша́ть ~ (в ба́нке) Kredit überziehen
предоставля́ть ~ Kredit bereitstellen (einräumen, gewähren)
продава́ть в ~ auf Kredit verkaufen
продлева́ть ~ Kredit verlängern
пролонги́ровать ~ Kredit prolongieren
расширя́ть ~ Kredit ausweiten (vermehren, ausdehnen)
удорожа́ть ~ Kredit verteuern
~, автомати́чески возобновля́емый revolvierender (sich automatisch erneuernder) Kredit
~, акце́птно-ра́мбурсный Rembourskredit m
~, акце́птный Akzeptkredit m, Wechselkredit m
~, ба́нковский Bankkredit m, Bankenkredit m
~ без обеспе́чения ungedeckter (offener) Kredit, Blankokredit m
~, беспроце́нтный zinsloser Kredit
~, бессро́чный unbefristeter Kredit
~, бла́нковый Blankokredit m, ungedeckter (offener) Kredit
~, валю́тный Valutakredit m, Devisenkredit m
~, ве́ксельный Wechselkredit m
~, внешнеторго́вый Außenhandelskredit m
~, гаранти́йный Garantiekredit m, Bürgschaftskredit m
~, госуда́рственный Staatskredit m, staatlicher Kredit
~, де́нежный Geldkredit m
~, долгосро́чный langfristiger Kredit
~, заморо́женный eingefrorener (festgelegter, blockierter) Kredit
~ импортёра Kredit des Importeurs
~ импортёру Kredit dem Importeur
~, инвестицио́нный Investitionskredit m, Anlagekredit m
~, иностра́нный Auslandskredit m
~, ипоте́чный Hypothekenkredit m
~, комме́рческий Handelskredit m, kommerzieller Kredit
~, компенсацио́нный Kompensationskredit m
~, краткосро́чный kurzfristiger Kredit
~, ломба́рдный Lombardkredit m
~, льго́тный Vorzugskredit m
~, междунаро́дный Auslandskredit m
~ на поку́пку Einkaufskredit m
~ на су́мму... Kredit auf die Summe von...
~, неиспо́льзованный nichtverbrauchter Kredit
~, необеспе́ченный ungedeckter (ungesicherter) Kredit
~, неограни́ченный unbeschränkter Kredit
~, обеспе́ченный gesicherter (gedeckter) Kredit
~, онко́льный Kredit auf Abruf, on-call-Kredit m
~, отзывно́й widerruflicher Kredit
~, откры́тый offener (ungedeckter) Kredit
~ под зало́г Pfandkredit m
~, подтова́рный Kredit gegen Ware; warengesicherter Kredit
~ под це́нные бума́ги Kredit gegen Wertpapiere
~ покупа́телю Kredit dem Käufer
~ по откры́тому счёту Buchkredit m
~ поставщика́ Kredit des Lieferanten
~ поставщику́ Kredit dem Lieferanten
~, потреби́тельский Konsumentenkredit m, Käuferkredit m
~, прави́тельственный Regierungskredit m
~, предоставля́емый для соде́йствия и́мпорту Importförderungskredit m
~, предоставля́емый для соде́йствия э́кспорту Exportförderungskredit m

~, предоставляемый МВФ (Международным валютным фондом) Kredit, den der Internationale Währungsfonds (IWF) bereitstellt (gewährt)
~, промышленный Industriekredit m
~, просроченный überfälliger Kredit
~, разовый einmaliger Kredit
~, рамбурсный Rembourskredit m
~, револьверный revolvierender Kredit
~, резервный Reservekredit m
~, связанный gebundener Kredit
~ с погашением в рассрочку Teilzahlungskredit m
~, среднесрочный mittelfristiger Kredit
~, срочный fälliger Kredit
~, стеснённый Knappheitskredit m, Kredit mit Geldknappheit
~, товарный Warenkredit m
~, торговый Handelskredit m
~, финансовый Finanzkredit m
~, фирменный Firmenkredit m, Lieferantenkredit m
~ экспортёра Kredit des Exporteurs
~ экспортёру Kredit dem Exporteur
КРЕДИТ-АВИЗО m Gutschriftanzeige f, Gutschriftavis m (n)
КРЕДИТ-НОТА f Kreditnote f
КРЕДИТНО-ФИНАНСОВЫЙ Kredit- und Finanz-
КРЕДИТНЫЙ Kredit-
КРЕДИТОВАНИЕ n Kreditierung f, Kreditgewährung f, Finanzierung f
~, банковское Bankkreditierung f
~, валютное Valutakreditierung f; Gewährung f von Devisenkrediten
~, взаимное gegenseitige Kreditierung
~ внешней торговли Kreditierung des Außenhandels
~, долгосрочное langfristige Kreditierung
~, краткосрочное kurzfristige Kreditierung
~, льготное Vorzugskreditierung f
~ операций Kreditierung der Geschäftsoperationen
~ промышленности Industriekreditierung f
~, прямое direkte Kreditierung, Direktkreditierung f
~, среднесрочное mittelfristige Kreditierung
~, срочное dringende Kreditierung
~ торговли Handelskreditierung f
~, целевое zweckgebundene Kreditierung

~ экспорта Exportkreditierung f
КРЕДИТОВАТЬ kreditieren, Kredit gewähren (ausreichen, einräumen), finanzieren
КРЕДИТОР m Kreditor m, Kreditgeber m, Gläubiger m, Geldgeber m
рассчитываться с кредиторами Gläubiger m pl abfinden
~, главный Hauptgläubiger m
~, генеральный Generalkreditor m, Generalgläubiger m
~ по векселю Wechselgläubiger m
~ по долговому обязательству Schuldverpflichtungskreditor m
~ по закладной Hypothekengläubiger m
~, предоставляющий долгосрочный кредит Gläubiger, der einen langfristigen Kredit gewährt
~, предоставляющий коммерческий кредит Gläubiger, der einen kommerziellen Kredit gewährt
~, предоставляющий краткосрочный кредит Gläubiger, der einen kurzfristigen Kredit gewährt
~, привилегированный bevorrechtigter (begünstigter, bevorzugter) Gläubiger
~, частный Privatgläubiger m
КРЕДИТОСПОСОБНОСТЬ f Kreditfähigkeit f, Vertrauenswürdigkeit f
оценивать ~ Kreditfähigkeit bewerten
КРЕДИТОСПОСОБНЫЙ kreditfähig, kreditwürdig; solide
КРИЗИС m Krise f
вызывать ~ Krise hervorrufen
испытывать ~ Krise erleiden (fühlen)
предотвращать ~ Krise vorbeugen (verhindern)
~, валютно-финансовый Finanzvalutakrise f
~, валютный Valutakrise f, Währungskrise f
~, денежный Geldkrise f
~, долларовый Dollarkrise f
~, кредитный Kreditkrise f
~ сбыта Absatzkrise f
~, финансовый Finanzkrise f
~, экономический Wirtschaftskrise f
КРИТЕРИЙ m Kriterium n; Merkmal n; Test m; Gradmesser m
служить критерием als Kriterium dienen
~ качества Qualitätskriterium n
~ надёжности Sicherheitskriterium n
~, оценочный Beurteilungskriterium n

~ патентоспособности Kriterium der Patentfähigkeit
~ экономической эффективности Kriterium der ökonomischen Effektivität
КРИТИЧЕСКИЙ kritisch
КРОССИРОВАННЫЙ gekreuzt
КРОССИРОВАТЬ kreuzen
КРОСС-ЧЕК *m* Verrechnungsscheck *m*
КРУГИ *m pl* Kreise *m pl*
~, деловые Geschäftskreise *m pl*
~, коммерческие Kommerzkreise *m pl*, Handelskreise *m pl*
~, торговые Handelskreise *m pl*
~, финансовые Finanzkreise *m pl*
~, широкие breite (weite) Kreise
КРУПНОГАБАРИТНЫЙ Überaußenmaß-, Großpzofil-
КУМУЛЯТИВНЫЙ kumulativ
КУМУЛЯЦИЯ *f* Kumulation *f*
КУПЕЦ *m* Kaufmann *m*, Händler *m*
КУПИТЬ kaufen; beziehen
КУПЛЯ *f* Kauf *m*, Einkauf *m;* Ankauf *m;* Erwerbung *f*
~ в бланк *бирж.* Blankokauf *m*
~ на срок *бирж.* Fixkauf *m*
КУПЛЯ-ПРОДАЖА *f* Kauf *m* und Verkauf *m*, Kaufhandel *m*, Kaufgeschäft *n*
КУПОН *m* Kupon *m;* Abschnitt *m;* Zinsschein *m*
отрезать (отрывать) ~ Kupon abschneiden
~, дивидендный Dividendenschein *m*, Aktienabschnitt *m*
~, процентный Zinsabschnitt *m*, Zinsbogen *m*
КУПЧАЯ *f* Kaufbrief *m*, Handelsbrief *m*, Kaufvertrag *m*
КУПЮРА *f* Schein *m*, Anteilschein *m;* Banknote *f*
КУРС *m* 1. *фин.* Kurs *m* 2. *(направление)* Kurs *m*, Richtung *f* 3. *(обучения)* Kursus *m*, Lehrgang *m*
обменивать по курсу zum Kurs von... wechseln
отклоняться от курса vom Kurs abweichen
переводить по курсу zum Kurswert (zum Börsenkurs) umtauschen
повышать ~ Kurs erhöhen (heraufsetzen, steigern)
поддерживать ~ Kurs halten
по курсу zum Kurs von...
понижать ~ Kurs herabsetzen (herabdrücken, fallen lassen)
по номинальному курсу al pari, zu pari

проходить ~ обучения Lehrgang durchmachen
разница в курсе Kursdifferenz *f*
рассчитывать по курсу zum Kurs von... berechnen (ausrechen)
спекулировать на разнице в курсах auf Kursdifferenzen spekulieren
устанавливать ~ den Kurs feststellen
~ акций Aktienkurs *m*
~, базисный Stichkurs *m*
~, биржевой Börsenkurs *m*
~, валютный Valutakurs *m*, Devisenkurs *m*
~ валюты к рублю Währungskurs *m* zum Rubel, Wechselkurs *m* zum Rubel
~, вексельный Wechselkurs *m*, Devisenkurs *m*
~, двойной doppelter Kurs
~, действующий при наступлении срока платежа Kurs, der am Zahlungstag gültig ist
~, денежный Geldkurs *m*
~ для краткосрочных платежей Kurs für kurzfristige Zahlungen
~ дня Tageskurs *m*
~, единый Einheitskurs *m*
~, заключительный Schlußkurs *m*
~, интервалютарный intervalutarischer Kurs
~, колеблющийся schwankender Kurs
~, ликвидационный Liquidationskurs *m*
~, максимальный Höchstkurs *m*, Maximalkurs *m*
~, минимальный Niedrigstkurs *m*
~ы, множественные Kurse in großer Menge (in großer Anzahl)
~ на день закрытия биржи Schlußkurs *m*
~, обменный Wechselkurs *m;* Umtauschkurs *m*
~ обучения Lehrgang *m*
~, официальный amtlicher (offizieller) Kurs
~, паритетный Paritätskurs *m*
~ перевода Überweisungskurs *m*
~, перерасчётный Umrechnungskurs *m*
~ покупателей Geldkurs *m*, Kaufkurs *m*
~ по сделкам «спот» Kurs in «Spotgeschäften»
~ почтового перевода Kurs der Postüberweisung
~ премий *бирж.* Kurs des Preiszuschlages, Kurs des Bonus

~, привязанный к другой валюте an eine ausländische Währung gebundener (geknüpfter) Kurs
~ при открытии биржи Eröffnungskurs *m*
~ продавцов Briefkurs *m*, Verkaufskurs *m*
~, расчётный Abrechnungskurs *m*
~ рубля Rubelkurs *m*
~, рыночный Marktkurs *m*
~, свободный Freikurs *m*
~, справочный Nachweiskurs *m;* Nachschlagekurs *m*
~, текущий laufender Kurs
~ телеграфного перевода Kurs der telegrafischen Überweisung
~, устойчивый stabiler (fester) Kurs
~, учётный Diskontsatz *m*
~, фиксированный fixierter (festgelegter, bestimmter) Kurs
~ ценных бумаг Wertpapierkurs *m*
~, центральный Zentralkurs *m*
~ чеков Scheckkurs *m*
~ чёрного рынка Kurs des Schwarzmarktes, Schwarzmarktkurs *m*
~, эмиссионный Emissionskurs *m*
КУРТАЖ *m* (*маклерский сбор*) Courtage *f*, Maklergebühr *f*
КУРЬЕР *m* Kurier *m*, Eilbote *m*, Bote *m*

Л

ЛАЖ m (*приплата к установленному курсу или нарицательной цене*) Aufgeld n, Aufschlag m; Agio n
ЛЕГАЛИЗА́ЦИЯ f Legalisierung f, Legalisation f
~, ко́нсульская konsularische Legalisation; Konsulationsbestätigung f
ЛЕГКОВОСПЛАМЕНЯ́ЮЩИЙСЯ leichtentflammbar, leichtentzündlich
ЛЕГКОПО́РТЯЩИЙСЯ leicht verderblich
ЛЕГКОРЕАЛИЗУ́ЕМЫЙ marktfähig
ЛЕЖА́ЛЫЙ alt; abgelagert; zu lange gelegen
ЛЕ́ЙДЕЙС Ladezeit f; Liegetage m pl des Schiffes im Hafen
ЛИБЕРАЛИЗА́ЦИЯ f Liberalisierung f
~ и́мпорта Liberalisierung des Imports
~ торго́вли Liberalisierung des Handels
~ эконо́мики Liberalisierung der Wirtschaft
ЛИ́БОР m (*ставка лондонских банков по краткосрочным кредитам*) Libor f
ЛИДЗ ЭНД ЛЭГЗ *англ.* (*манипулирование сроками расчётов с целью получения определённых выгод*) leads and lags *engl.*
ЛИ́ЗИНГ m (*долгосрочная аренда*) leasing *engl.*; Leasing n
ЛИ́ЗИНГОВЫЙ leasing *engl.*, Miet-, Pacht-
ЛИКВИДАЦИО́ННЫЙ Liquidations-
ЛИКВИДА́ЦИЯ f 1. (*отмена*) Liquidation f, Auflösung f, Aufhebung f; Beseitigung f 2. *бирж.* Glattstellung f
~, вы́нужденная Zwangsliquidation f
~, доброво́льная freiwillige Liquidation
~ долго́в Entschuldung f; Abtragung f der Schulden; Schuldentilgung f
~ запа́сов Liquidation der Vorräte (der Reserven)
~ компа́нии Liquidation der Gesellschaft
~ предприя́тия Auflösung des Betriebs
~ сде́лки Abwicklung f eines Geschäfts
~ това́рищества Abwicklung f der Genossenschaft
~ убы́тков Liquidierung des Schadens (der Verluste)
~ фи́рмы Liquidierung der Firma
~, части́чная Teilbeseitigung f
ЛИКВИДИ́РОВАТЬ liquidieren, auflösen; begleichen; beseitigen
ЛИКВИ́ДНОСТЬ f Liquidität f, Zahlungsfähigkeit f
~ акти́вов Liquidität der Aktiven
~ ба́нков Bankenliquidität f
~, междунаро́дная internationale Zahlungsfähigkeit
~ фи́рмы Zahlungsfähigkeit der Firma
ЛИКВИ́ДНЫЙ (*легкореализуемый*) liquid, flüssig, verfügbar
ЛИКВИ́ДЫ m pl (*деньги и другие активы, которые могут быть использованы для погашения долговых обязательств*) Liquiden f pl
~, валю́тные Valutaliquiden f pl
~, междунаро́дные internationale Liquiden
ЛИМИ́Т m Limit n, Kontingent n; Grenze f
превыша́ть ~ Limit übersteigen
устана́вливать ~ Limit festsetzen (festlegen)
~, валю́тный Devisenkontingent n, Valutaanrecht n
~, гаранти́йный Garantielimit n
~ изде́ржек Kostenlimit n
~ капита́льных вложе́ний Investitionslimit n
~, креди́тный Kreditlimit n
~ расхо́дов Ausgabenlimit n, Ausgabengrenze f
~ скольже́ния Gleitlimit n, Kreditschwankungslimit n
~ финанси́рования Finanzierungslimit n
~ цен Preislimit n, Preisgrenze f
ЛИМИТИ́РОВАТЬ limitieren; Limit n festsetzen; beschränken

ЛИМИ́ТНЫЙ Limit-, Grenz-
ЛИ́НИЯ f 1. (*вид производства*) Reihe f, Straße f 2. (*вид связи*) Leitung f, Verbindung f
~, автомати́ческая automatische Fertigungsstraße f; Automatenstraße f
~, возду́шная Luftverkehrslinie f, Fluglinie f, Flugstrecke f
~, грузова́я Transportlinie f
~, железнодоро́жная Eisenbahnlinie f
~, конве́йерная Bandstraße f
~, конте́йнерная Containerlinie f
~, конференциа́льная Konferenzlinie f
~, креди́тная Kreditlinie f
~, магистра́льная Hauptverkehrslinie f
~, парохо́дная Schiffslinie f, Dampferlinie f
~, пото́чная Fließreihe f, Fließstraße f
~, регуля́рная feste Route
~ сбо́рки Fertigungsfließband n
~, судохо́дная Schiffahrtslinie f
~, телефо́нная Telefonleitung f, Fernsprechleitung f
~, тра́мповая Tramplinie f
~, транзи́тная Transitlinie f
~, тра́нспортная Transportkette f
~, эксперимента́льная experimentale Linie
ЛИСТ m Blatt n, Bogen m; Liste f, Zettel m
~, вкладно́й Einlageblatt n
~, закладно́й Pfandbrief m
~, калькуляцио́нный Abrechnungsbogen m für Kostenträger
~, расчётный Abrechnungszettel m, Abrechnungsbogen m
~, та́льманский Tallymannblatt n; Kontrolliste f
~, упако́вочный Packliste f, Packzettel m, Verpackungsliste f
~, учётный Kontenblatt n
ЛИСТО́ВКА f (*рекламная*) Werbezettel m, Reklameblatt n
ЛИ́ХТЕР m Leichter m, Leichterschiff n, Lichter m, Leichterboot n
выгружа́ть на ~ in Leichter umladen
на ли́хтере im Leichter
перевози́ть на ли́хтере mit Leichter befördern
с ли́хтера aus dem Leichter
ЛИХТЕРО́ВКА f 1. (*погрузка и разгрузка с помощью лихтеров*) Be- und Entladung mit Leichtern 2. (*плата за разгрузку судов лихтером*) Leichtergebühren pl

ЛИЦЕНЗИА́Р m (*фирма, выдающая лицензию*) Lizenzgeber m; Lizenzerteiler m
ЛИЦЕНЗИА́Т m (*владелец лицензии*) Lizenznehmer m, Lizenzinhaber m
ЛИЦЕНЗИО́ННЫЙ Lizenz-; lizenziert
ЛИЦЕНЗИ́РОВАНИЕ n Lizenzierung f; Erteilung f von Lizenzen
~, догово́рное Vertragslizenzierung f
~, паке́тное Paketlizenzierung f; Zusammenfassung f von Lizenzen
~, перекрёстное gegenseitiger (wechselnder) Austausch von (gegen) Lizenzen
ЛИЦЕНЗИ́РОВАТЬ lizenzieren, in Lizenz vergeben
ЛИЦЕ́НЗИЯ f Lizenz f; Bewilligung f, Genehmigung f
аннули́ровать лице́нзию Lizenz annullieren (für ungültig erklären)
выдава́ть лице́нзию Lizenz ausstellen (erteilen; vergeben)
име́ть лице́нзию Lizenz besitzen (haben)
отзыва́ть лице́нзию Lizenz widerrufen (entziehen, zurückziehen)
покупа́ть лице́нзию Lizenz kaufen
получа́ть лице́нзию Lizenz bekommen (erhalten)
предоставля́ть лице́нзию Lizenz gewähren
признава́ть лице́нзию недействи́тельной Lizenz entkräften
приобрета́ть лице́нзию Lizenz kaufen (erwerben)
производи́ть по лице́нзии in Lizenz herstellen
~ без пра́ва переда́чи Lizenz ohne Übergaberecht
~, беспате́нтная patentlose Lizenz
~, взаи́мная gegenseitige Lizenz
~, генера́льная Generallizenz f
~, глоба́льная Globallizenz f
~, действи́тельная gültige (taugliche) Lizenz
~, де́йствующая на определённой террито́рии die auf bestimmtem Territorium gültige Lizenz
~, догово́рная vereinbarte Lizenz, Vertragslizenz f
~, и́мпортная Importlizenz f, Einfuhrlizenz f
~, исключи́тельная ausschließliche Lizenz, Ausschließungslizenz f
~, ко́мплексная Komplexlizenz f

~ на ввоз Importlizenz f, Einfuhrlizenz f
~ на вывоз Exportlizenz f, Ausfuhrlizenz f
~ на зарубёжное патентовáние Lizenz für ausländische Patentierung
~ на изобретéние Erfindungslizenz f
~ на испóльзование Ausnutzungslizenz f, Gebrauchslizenz f
~ на нóу-хáу Know-how-Lizenz f
~ на прáво испóльзования технологи́ческого процéсса Lizenz für das Recht auf Ausnutzung des technologischen Prozesses
~ на прáво продáжи Verkaufsrechtslizenz f
~ на прáво произвóдства Fertigungslizenz f, Herstellungslizenz f
~ на процéсс Prozeßlizenz f
~ на сбыт Absatzlizenz f
~ на товáрный знак Warenzeichenlizenz f
~ на эксплуатáцию Ausnutzungslizenz f
~, неисключи́тельная einfache Lizenz
~, не подлежáщая передáче nicht übertragbare Lizenz
~, обрáтная Rücklizenz f
~, óбщая Gesamtlizenz f
~, ограни́ченная begrenzte (beschränkte) Lizenz
~, пакéтная Paketlizenz f
~, патéнтная Patentlizenz f
~, перекрёстная gegenseitige Lizenz, Überkreuzlizenz f
~, пóлная volle Lizenz
~, простáя einfache Lizenz
~ с прáвом передáчи Lizenz mit Übergaberecht
~, тамóженная Zollizenz f; Zollbewilligung f
~, экспóртная Exportlizenz f, Exportbewilligung f, Ausfuhrlizenz f
ЛИЦÓ n Person f; Persönlichkeit f
~, вáжное wichtige Person
~, довéренное Vertrauensmann m, Treuhänder m, Bevollmächtigte sub m, Prokurist m
~, должностнóе Dienstperson f, Amtsperson f
~, заинтересóванное Interessent m
~, наделённое правáми mit Rechten ausgestattete Person
~, отвéтственное Verantwortliche sub m; verantwortliche Person
~, официáльное offizielle (amtliche) Person

~, трéтье dritte Person
~, уполномóченное Bevollmächtigte sub m, bevollmächtigte Person, Vollmachtinhaber m
~, учáствующее Teilnehmer m, Beteiligte sub m
~, физи́ческое natürliche Person
~, юриди́ческое juristische Person
ЛИШÉНИЕ n Entziehung f, Entzug m
~ креди́та Kreditentzug m
~ экспóртных привилéгий Entziehung der Exportvorrechte
ЛÓКО m (на мéсте нахождéния) loco, ab
ЛÓРО-СЧЁТ m (счёт, открывáемый бáнком для своегó корреспондéнта) Lorokonto n
ЛОТ m Los n
~, непóлный unvollständiges Los
ЛОТÓК m Tragbrett n, Tablett n
ЛУ́МПСУМ-ФРАХТ m (сýмма фрáхта вне зави́симости от коли́чества грýза) Frachtpauschalsumme f
ЛУ́МПСУМ-ЧÁРТЕР m (чáртер с твёрдой сýммой фрáхта) Charterpauschalsumme f
ЛЬГÓТНЫЙ Vorzugs-, Sonder-, privilegiert
ЛЬГÓТЫ f pl Vergünstigungen f pl; Vorzugsrechte f pl
предоставля́ть ~ Vorzugsrechte einräumen
устанáвливать ~ Vergünstigungen festlegen (festsetzen)
~, дополни́тельные zusätzliche Vorzugsrechte
~, налóговые Steuererleichterungen f pl, Steuervorteile m pl, Steuervergünstigungen f pl
~, преференциáльные Präferenzbedingungen f pl, Vorzugsbedingungen f pl, Vorzugsrechte n pl
~, тамóженные Zollbegünstigungen f pl, Zollvergünstigungen f pl, zollmäßige Präferenzen
~, тари́фные Tarifermäßigungen f pl
~, транзи́тные Transitermäßigungen f pl
~, финáнсовые Finanzermäßigungen f pl, finanzielle Ermäßigungen
~, фрахтóвые Frachtbegünstigungen f pl, Frachtermäßigungen f pl
ЛЭ́НДИНГ m (стóимость выгрузки в портý) Löschkosten pl, Löschgebühren f pl
ЛЮК m Luk n, Luke f

М

МАГАЗИ́Н *m* Laden *m;* Geschäft *n*
держа́ть ~ Laden besitzen
открыва́ть ~ (*основывать*) Laden eröffnen (gründen)
~, автоно́мный autonomes (selbständiges) Geschäft
~ ро́зничной торго́вли Einzelhandelsgeschäft *n*
~ самообслу́живания Selbstbedienungsgeschäft *n*
~, семе́йный Familiengeschäft *n*
~ сни́женных цен Laden mit ermäßigten (gesenkten, herabgesetzten) Preisen
~, специализи́рованный Spezialgeschäft *n*, Fachgeschäft *n*
~, универса́льный Kaufhaus *n*, Warenhaus *n*, Supermarkt *m*
~, фи́рменный Firmenladen *m*

МА́КЛЕР *m* Makler *m*, Geschäftsvermittler *m;* Broker *m*
~, биржево́й Börsenmakler *m*, Kursmakler *m*
~, ве́ксельный Wechselmakler *m*, Wechselagent *m*
~, неофициа́льный freier Makler, Pfuschmakler *m*
~, официа́льный vereidigter Makler, Parkettmakler *m*
~ по опера́циям с це́нными бума́гами Effektenmakler *m*
~ по фрахтова́нию судо́в Frachtmakler *m*
~, страхово́й Versicherungsmakler *m*, Assekuranzmakler *m*

МАКРОМА́РКЕТИНГ *m* Makromarketing *n*

МАКСИМА́ЛЬНЫЙ maximal, Höchst-; Spitzen-

МАЛОДОХО́ДНЫЙ wenig rentabel (einträglich; profitabel)

МАЛОПРИ́БЫЛЬНЫЙ wenig gewinnbringend (profitabel)

МАЛОРЕНТА́БЕЛЬНЫЙ wenig rentabel

МАЛОЦЕ́ННЫЙ geringwertig; von geringem Wert

МАНИФЕ́СТ *m* (*акт*) Manifest *n;* Verzeichnis *n*
~, грузово́й Ladungsmanifest *n*
~, заве́ренный ко́нсулом vom Konsul beglaubigtes (bescheinigtes) Manifest
~, судово́й Schiffsmanifest *n*

МА́РЖА *f* (*разница между двумя показателями*) Marge *f*; Spanne *f*
~, ба́нковская Bankmarge *f*, Bankgewinnspanne *f*
~, обы́чная übliche (gewöhnliche) Marge
~, опто́вая Großhandelsspanne *f*
~ по креди́ту Kreditmarge *f*

МА́РКА *f* 1. (*сорт, качество*) Marke *f*, Sorte *f*, Qualität *f* 2. (*клеймо*) Stempel *m* 3. (*почтовая*) Marke *f*, Briefmarke *f*
име́ть фабри́чную ма́рку Fabrikmarke *f* (Fabrikzeichen *n*) haben
накле́ить ма́рку Marke aufkleben
~, вы́сшая beste Marke, beste Qualität
~, ге́рбовая Stempelmarke *f*
~, заводска́я Fabrikmarke *f*, Fabrikzeichen *n*
~ изде́лия Marke des Erzeugnisses (des Produkts)
~, отличи́тельная Unterscheidungsmarke *f*, Unterscheidungszeichen *n*
~, официа́льно зарегистри́рованная offiziell eingetragenes Warenzeichen
~ производи́теля Warenzeichen *n* des Herstellers, Herstellermarke *f*
~ това́ра Handelsmarke *f*, Warenzeichen *n*
~, фабри́чная Fabrikmarke *f*, Fabrikzeichen *n*
~, фи́рменная Firmenzeichen *n*
~ фи́рмы, торго́вая Handelsmarke *f* der Firma

МА́РКЕТИНГ *m* Marketing *n;* Marktversorgung *f*, Verkaufstätigkeit *f*

МАР   МАТ   M

заниматься маркетингом mit Marketing handeln, Handel *m* treiben
изучать ~ Marketing studieren (forschen)
~, глобальный Globalmarketing *n*
~, дифференцированный differenziertes Marketing
~, концентрированный konzentriertes Marketing
~, лицензионный lizenziertes Marketing, Lizenzmarketing *n*
~, массовый Massenmarketing *n*
~, прямой direktes Marketing
~, целевой zweckbestimmtes Marketing, ein bestimmtes Ziel verfolgendes Marketing
МА́РКЕТИНГ-ДИРЕ́КТОР *m* Marketing-Leiter *m*, Vertriebsdirektor *m*
МАРКИРО́ВКА *f* Markierung *f*, Beschriftung *f*, Signierung *f*, Kennzeichnung *f*
без маркировки ohne Markierung
выбивать маркировку на металлической пластине Markierung auf Metallplatte ausschlagen
наносить маркировку Markierung auftragen, markieren
наносить маркировку выжиганием durch Brandmarken markieren
наносить маркировку краской Markierung mit Farbe auftragen
наносить маркировку по трафарету Markierung durch Schablone auftragen
МАРКИРО́ВЩИК *m* Markierer *m*, Warenauszeichner *m*
МА́РОЧНЫЙ Marken-, Qualitäts-
МАРШРУ́Т *m* Linie *f*, Strecke *f*; Fahrstraße *f*; Reiseroute *f*; Tour *f*; Marschroute *f*
обычным маршрутом auf gewöhnlichem Wege
определять ~ Marschroute bestimmen
~, кратчайший die kürzeste Strecke
~, оптимальный optimale Strecke
~, прямой direkte (gerade) Strecke, Durchgangsstrecke *f*
~, регулярный regelmäßige (reguläre) Linie
~, сквозной Durchfahrtstraße *f*, Durchgangsstrecke *f*
~, торговый Handelsroute *f*, Handelsweg *m*
~, транзитный Transitlinie *f*
~, транспортный Transportstrecke *f*
МАРШРУ́ТНЫЙ Marschroute-
МА́ССА *f* Masse *f*; Menge *f*
~ брутто Bruttomasse *f*, Bruttomenge *f*
~ грузового места Masse des Frachtstückes (des Ballens)
~, денежная Geldmasse *f*, Geldmenge *f*
~ нетто Nettomasse *f*, Nettomenge *f*
~, общая Gesamtmasse *f*
~ прибыли Profitmasse *f*, Gewinnmasse *f*
~, стандартная Standardmasse *f*
~, товарная Warenmenge *f*
МА́ССОВЫЙ Massen-
МАСТЕРСКА́Я *f* Werkstatt *f*, Werkstätte *f*
оборудовать мастерскую Werkstatt ausrüsten (ausstatten)
открыть мастерскую Werkstatt eröffnen
~, ремонтная Reparaturwerkstatt *f*, Reparaturwerkstätte *f*
МАСШТА́Б *m* Maßstab *m*; Maß *n*; Ausmaß *n*; Umfang *m*
в большом масштабе im großen Maßstab
в масштабах всего рынка im Maßstab des ganzen Marktes
в международном масштабе im internationalen Maßstab, im Weltmaßstab
в мировом масштабе im Weltmaßstab
в ограниченных масштабах im beschränkten Maßstab (Umfang)
в промышленных масштабах in industriellem Umfang
~, большой großer Maßstab
~, глобальный globaler Maßstab
~, общенациональный gesamtstaatliche Ebene
~ операций Umfang der Operationen
~ производства Produktionsmaßstab *m*, Produktonsumfang *m*
~ работ Arbeitsumfang *m*, Arbeitsmaßstab *m*
~ цен Preismaßstab *m*
~, экономически эффективный ökonomisch effektiver (rentabler) Umfang
МАТЕРИА́Л *m* 1. (*вещество*) Material *n*; Stoff *m*; Werkstoff *m*; Zwischenprodukt *n* 2. (*данные*) Material *n*
браковать ~ Material (Stoff) aussortieren
ввозить ~ Werkstoff einführen (importieren)
использовать ~ Werkstoff benutzen (verwenden)
оценивать ~ Werkstoff bewerten (schätzen, einschätzen)
подбирать ~ Materialien wählen
поставлять ~ Werkstoff liefern (beliefern)

МАТ

приобретать ~ Werkstoff erwerben (kaufen)
проверять ~ Werkstoff kontrollieren (prüfen)
рассылать ~ Material verschicken (versenden)
хранить ~ Material aufbewahren (verwahren)
экономить ~ Material sparen (einsparen)
~, высококачественный Material von höchster Qualität, hochqualitatives Material
~, выставочный Ausstellungsmaterial *n*
~, демонстрационный Demonstrationsmaterial *n*
~, денежный Geldmaterial *n*
~, дефектный fehlerhaftes Material
~, документальный dokumentarisches Material
~, дополнительный zusätzliches Material
~ заказчика Material des Auftraggebers (des Bestellers)
~, информационный Informationsmaterial *n*
~, коммерческий Kommerzmaterial *n*, Geschäftsmaterial *n*
~, конкурентный Konkurrenzmaterial *n*, Konkurrenzunterlagen *f pl*
~, конъюнктурный Konjukturmaterial *n*
~, наличный vorhandenes Material
~, недоброкачественный defektes Material; Material (Stoff) von schlechter Qualität
~, неиспользованный nicht ausgenutztes (nicht verwertetes) Material
~, некондиционный unkonditionelles Material
~, нестандартный nichtstandardisiertes Material
~, описательный beschreibendes Material
~, печатный Druckmaterial *n*
~, письменный schriftliches Material
~, представленный vorgelegtes (vorgezeigtes) Material
~, прилагаемый beigelegtes Material
~, рабочий Arbeitsmaterial *n*
~, расходный Verbrauchsmaterial *n*
~, рекламный Werbematerial *n*
~, стандартный standardisiertes Material, Standardmaterial *n*
~, стратегический strategischer Stoff

МАШ

~, строительный Baumaterial *n*, Baustoff *m*
~, упаковочный Packmaterial *n*, Packstoff *m*
МАТЕРИАЛОЁМКИЙ materialintensiv, materialaufwendig
МАТЕРИАЛОЁМКОСТЬ *f* Materialintensität *f*, Materialaufwendigkeit *f*
снижать ~ Materialaufwendigkeit vermindern (verringern, reduzieren)
МАТЕРИАЛЫ Stoffe *m pl*
~, сырьевые Rohstoffe *m pl*, Rohmaterialien *pl*
МАТЕРИАЛЬНО-ТЕХНИЧЕСКИЙ materiell-technisch
МАТЕРИАЛЬНЫЙ materiell, Material-; stofflich
МАШИНА *f* 1. (*механическое устройство*) Maschine *f*; Gerät *n*; Аппарат *m* 2. (*автомобиль*) Wagen *m*, Kraftwagen *m*, Auto *n*
демонстрировать машину Maschine demonstrieren (vorführen)
изготовлять машину по лицензии Gerät in Lizenz herstellen
наблюдать за работой машины die Arbeit der Maschine beobachten (kontrollieren)
обслуживать машину Gerät (Auto) bedienen (pflegen)
управлять машиной Auto lenken (führen, steuern)
~, аварийная Havarieauto *n*, Notauto *n*, Reserveauto *n*
~, арендуемая gemietetes Auto
~, вычислительная Rechenmaschine *f*, Rechenanlage *f*
~, грузовая Lastkraftwagen *m*, LKW *m*
~, исправная einsatzfähiges (intaktes, betriebsbereites) Gerät
~, легковая Personenwagen *m*, PKW *m*
~, повреждённая beschädigtes (schadhaftes, defektes) Gerät
~, простая einfache Maschine, einfacher Аппарат
~, расфасовочная Füllmaschine *f*; Abpackautomat *m*
~, современная modernes Gerät
~, счётная Rechenmaschine *f*
~, устаревшая veraltete Maschine; veraltetes Kraftfahrzeug
МАШИНОСТРОЕНИЕ *n* Maschinenbau *m*
~, сельскохозяйственное Landmaschinenbau *m*

~, тра́нспортное Transportmaschinenbau *m*
~, тяжёлое Schwermaschinenbau *m*
~, хими́ческое Chemiemaschinenbau *m*
~, энергети́ческое Energiemaschinenbau *m*
МЕЖБА́НКОВСКИЙ Zwischenbanken-
МЕЖГОСУДА́РСТВЕННЫЙ zwischenstaatlich
МЕЖВЕ́ДОМСТВЕННЫЙ zwischenbehördlich
МЕЖДУНАРО́ДНЫЙ international; Welt-
МЕЖОТРАСЛЕВО́Й branchenübergreifend; zwischenzweiglich
МЕЖПРАВИ́ТЕЛЬСТВЕННЫЙ Regierungs-; zwischenstaatlich
МЕЖФИ́РМЕННЫЙ Zwischenfirmen-
МЕМОРА́НДУМ *m* Memorandum *n*
~, аукцио́нный Auktionsliste *f*
~, страхово́й Versicherungsmemorandum *n*
МЕ́НЕДЖЕР *m* Manager *m*; Veranstalter *m*, Leiter *m*, Geschäftsführer *m*
МЕ́НЕДЖМЕНТ *m* Management *n*; Leitung *f*, Geschäftsführung *f*
~ ма́ркетинга Management des Marketings (der Verkaufstätigkeit)
МЕ́РИТЬ messen
МЕ́РКА *f* Maß *n*
МЕРОПРИЯ́ТИЕ *n* 1. (*мера*) Maßnahme *f*, Maßregel *f* 2. (*предпринятое дело*) Veranstaltung *f*, Aktion *f*
~, протоко́льное Protokollveranstaltung *f*
~, рекла́мное Werbemaßnahme *f*
МЕРОПРИЯ́ТИЯ *n pl* Maßnahmen *f pl*
координи́ровать ~ Maßnahmen koordinieren
осуществля́ть ~ Maßnahmen verwirklichen (durchführen)
проводи́ть ~ Maßnahmen durchführen
разраба́тывать ~ Maßnahmen ausarbeiten
~, выставочные Ausstellungsmaßnahmen *f pl*, Ausstellungsdispositionen *f pl*
~ по контра́кту Kontraktmaßnahmen *f pl*
~ по ма́ркетингу Marketingmaßnahmen *f pl*
~ по спасе́нию гру́за Maßnahmen zur Rettung der Fracht; Bergungsmaßnahmen *f pl*
МЕ́РЫ *f pl* 1. (*единицы измерения*) Maßeinheiten *f pl*; Maße *n pl*; Ausmaße *n pl* 2. (*мероприятия*) Maßnahmen *f pl*, Maßregeln *f pl*

принима́ть ~ Maßnahmen treffen (ergreifen)
согласо́вывать ~ Maßnahmen abstimmen (koordinieren)
~, антиинфляцио́нные Antiinflationsmaßnahmen *f pl*
~ безопа́сности Sicherheitsmaßnahmen *f pl*
~, безотлага́тельные dringende (unverzügliche) Maßnahmen
~ ве́са Gewichtsmaße *n pl*
~, вре́менные provisorische (vorläufige) Maßnahmen
~, дискриминацио́нные diskriminierende Maßnahmen
~ длины́ Längenmaße *n pl*, Streckenmaße *n pl*
~ ёмкости Hohlmaß *n*
~ жи́дкости Flüssigkeitsmaße *n pl*
~, защи́тные Schutzmaßnahmen *f pl*
~, метри́ческие metrische Maße
~, неэффекти́вные nicht effektive Maßnahmen
~ объёма Hohlmaße *n pl*; Raummaße *n pl*
~, ограничи́тельные einschränkende Maßnahmen, Restriktionsmaßnahmen *f pl*
~ пло́щади Flächenmaße *n pl*
~ по организа́ции рекла́мы Maßnahmen zur Durchführung der Reklame
~ по реализа́ции това́ра Maßnahmen zur Warenrealisierung
~, предвари́тельные vorläufige (einstweilige) Maßnahmen
~, предупреди́тельные Vorbeugungsmaßnahmen *f pl*, Präventivmaßnahmen *f pl*
~, принуди́тельные Zwangsmaßnahmen *f pl*
~, протекциони́стские protektionistische Maßnahmen
~, сро́чные Sofortmaßnahmen *f pl*
~ сто́имости Wertmaße *n pl*
~ эконо́мии Ökonomiemaßnahmen *f pl*
~, экстренные außerordentliche (dringende, eilige) Maßnahmen, Eilmaßnahmen *f pl*
~, эффекти́вные wirksame Maßnahmen
МЕ́СТНЫЙ 1. örtlich, lokal 2. (*отечественный*) einheimisch, inländisch
МЕ́СТО *n* 1. (*пространство, участок*) Ort *m*, Stelle *f*; Platz *m*, Raum *m*, 2. (*отдельная часть груза*) Kollo *n*, Frachtstück *n*, Packstück *n*
арендова́ть ~ Stelle *f* (Platz *m*, Raum *m*) mieten

в ука́занном ме́сте am angegebenen Ort
выделя́ть ~ для *чего-л.* Raum (Platz) für *etwas* zur Verfügung stellen (bereitstellen)
доставля́ть до ме́ста назначе́ния zum Bestimmungsort bringen (liefern)
занима́ть ~ Platz einnehmen (besetzen)
зафрахтова́ть ~ Raum chartern (befrachten)
маркирова́ть ~ Stelle markieren
на ме́сте an Ort und Stelle
предоставля́ть ~ Raum bereitstellen (zur Verfügung stellen)
проверя́ть коли́чество мест Kollianzahl prüfen
проверя́ть на ме́сте an Ort und Stelle prüfen (kontrollieren)
сдава́ть ~ в аре́нду Stelle *f* (Platz *m*, Raum *m*) vermieten
транспорти́ровать до ме́ста назначе́ния bis zum Bestimmungsort befördern
ука́зывать ~ Ort bezeichnen (designieren)
ука́зывать коли́чество мест Kollianzahl *f* angeben
храни́ть в сухо́м ме́сте im trockenen Raum halten (aufbewahren)
эконо́мить ~ Raum sparen
~ арбитра́жа Arbitrageort *m*, Arbitragestelle *f*, Arbitragesitz *m*
~ большо́го разме́ра Kollo (Frachtstück) von großem Ausmaß
~, бро́керское Brokerplatz *m*, Maklerplatz *m*
~ вво́за Eingangsort *m*, Eingangsstelle *f*
~ вы́воза Ausfuhrort *m*, Ausfuhrstelle *f*
~ вы́грузки Entladeort *m*; Ausladeplatz *m*, Ausladeort *m*
~ вы́дачи Ausgabeort *m*
~ вы́пуска Ausgabeort *m*; Herausgabeort *m*
~ вы́ставки Ausstellungsplatz *m*, Ausstellungsgelände *n*; Ausstellungsort *m*
~, грузово́е Frachtstück *n*, Packstück *n*; Kollo *n*
~ для погру́зки Ladeplatz *m*
~ для строи́тельства Bauplatz *m*, Baustelle *f*
~ для хране́ния Lagerraum *m*
~ для экспона́тов Ausstellungsfläche *f*
~ доста́вки Lieferort *m*
~ жи́тельства Wohnort *m*, Wohnsitz *m*

~ заключе́ния контра́кта Vertragsabschlußort *m*
~ изготовле́ния Produktionsstätte *f*, Herstellungsort *m*
~ испыта́ния Prüfungsort *m*, Prüfungsstelle *f*
~, маркиро́ванное markiertes Stück (Kollo)
~ на вы́ставке Platz (Stelle) auf der Ausstellung
~ назначе́ния Bestimmungsort *m*
~ на су́дне Raum im Schiff, Platz auf dem Schiff
~ нахожде́ния фи́рмы Sitz *m* der Firma
~ отгру́зки Entladeplatz *m*
~, отде́льное Einzelstück *n*, Einzelkollo *n*
~ отправле́ния Versandort *m*
~ перева́лки гру́за Güterumschlagsort *m*
~ платежа́ Zahlungsort *m*; Zahlungsstelle *f*
~, повреждённое beschädigte Stelle
~ погру́зки Ladeplatz *m*
~ поста́вки Lieferort *m*
~ пребыва́ния Aufenthalt *m*, Aufenthaltsort *m*
~ прибы́тия Ankunftsort *m*
~ приёмки Abnahmeort *m*, Abnahmestelle *f*
~ прича́ла Anlegestelle *f*, Anlegeplatz *m*
~ происхожде́ния Ursprungsort *m*, Herkunftsort *m*
~ рабо́ты Arbeitsstätte *f*, Arbeitsstelle *f*
~ разгру́зки Ausladeort *m*; Löschungsort *m*
~ регистра́ции Registrierungsort *m*, Registrierungsstelle *f*
~ складирова́ния Lagerplatz *m*, Lagerort *m*; Ablagestelle *f*
~ стоя́нки Haltestelle *f*; Parkplatz *m*; Liegeplatz *m*
МЕСТОНАХОЖДЕ́НИЕ *n* Wohnort *m*, Wohnsitz *m*, Sitz *m*; Aufenthaltsort *m*
~ заво́да Betriebssitz *m*, Werksitz *m*; Sitz eines Betriebes (eines Werkes)
~ предприя́тия Betriebssitz *m*, Sitz eines Betriebes
~ фи́рмы Firmensitz *m*, Sitz einer Firma
МЕТАЛЛОЁМКОСТЬ *f* Metalleinsatz *m*, Metallverbrauch *m*, Metallintensität *f*
МЕ́ТКА *f* Marke *f*, Markierung *f*, Zeichen *n*, Kennzeichen *n*
ста́вить ме́тку Marke stempeln
МЕ́ТОД *m* Methode *f*, Verfahren *n*

вводи́ть но́вый ~ neue Methode einführen
внедря́ть ~ Methode einführen
испо́льзовать ~ Methode anwenden
осва́ивать ~ sich eine Methode aneignen (übernehmen)
приде́рживаться ме́тода sich an die Methode halten, Methode einhalten
применя́ть ~ Methode anwenden (verwenden)
разрабо́тать ~ Methode ausarbeiten
~, бала́нсовый Bilanzmethode *f*, Bilanzierungsmethode *f*
~, заводско́й Betriebsmethode *f*
~ изготовле́ния проду́кции Fertigungsverfahren *n*, Produktionsverfahren *n*
~ испыта́ний Prüfverfahren *n*, Prüfmethode *f*
~ исчисле́ния Rechnungsmethode *f*, Berechnungsverfahren *n*
~ калькуля́ции (калькули́рования) Kalkulationsverfahren *n*
~ контро́ля Prüfmethode *f*, Prüfverfahren *n*
~, нау́чный wissenschaftliche Methode
~, normативный Normativmethode *f*
~ обуче́ния Lehrmethode *f*
~ отбо́ра проб Methode der Probenentnahme
~ оце́нки Bewertungsmethode *f*
~ оце́нки по сре́дней сто́имости Bewertungsmethode *f* nach Durchschnittswert
~ оце́нки по факти́ческим затра́там Bewertungsmethode *f* nach wirklichen Kosten
~ перево́зки Transporttechnik *f*, Beförderungstechnik *f*
~ платежа́ Zahlungsmethode *f*
~ поста́вки Lieferungsmethode *f*
~ прове́рки Kontrollmethode *f*
~ прямо́го и́мпорта Methode des direkten Imports
~ прямо́го э́кспорта Methode des direkten Exports
~ распределе́ния Art *f* der Zuordnung
~ расчёта Berechnungsverfahren *n*
~ реклами́рования Werbemethode *f*
~ сбы́та Absatzmethode *f*
~ сниже́ния расхо́дов Methode der Kosteneinsparung (der Konstenherabsetzung)
~ сравне́ния Komparationsmethode *f*, Vergleichsverfahren *n*
~, станда́ртный Standardmethode *f*, Normmethode *f*

~, технологи́ческий technologische Methode
~ транспортиро́вки Beförderungsmethode *f*
~ упако́вки Verpackungsverfahren *n*
~ учёта (*бухга́лтерского*) Buchungsverfahren *n*
~ финанси́рования Finanzierungsmethode *f*
~, эконо́мичный ökonomische (sparsame) Methode
~ эксплуата́ции Ausbeutungsmethode *f*; Betriebsweise *f*
~, эффекти́вный wirkungsvolle Methode
МЕТО́ДИКА *f* Methodik *f*; Verfahren *n*
~ испыта́ний Prüfungsmethodik *f*, Untersuchungsmethodik *f*
~ контро́ля ка́чества Methodik der Qualitätskontrolle
~ оце́нки Abschätzungsverfahren *n*
~ прове́рки Methodik der Kontrolle, Prüfungsverfahren *n*
~ ценообразова́ния Preisbildungsmethodik *f*
МЕ́ТОДЫ *m pl* Methoden *f pl;* Verfahren *n*
~ прогнози́рования Prognoseverfahren *n*
~ управле́ния Leitungsmethoden *f pl*
МЕХАНИ́ЗМ *m* Mechanismus *m*, Vorrichtung *f*
~ валю́тных ку́рсов Mechanismus der Währungskurse
~ валю́тных отчисле́ний Mechanismus der Währungsabzüge
~ конкуре́нции Konkurrenzmechanismus *m*
~, ры́ночный Marktmechanismus *m*
~, хозя́йственный Wirtschaftsmechanismus *m*
~ цен Preismechanismus *m*
МИНИМА́ЛЬНЫЙ minimal, Minimal-, Mindest-
МИ́НИМУМ *m* Minimum *n*, Kleinwert *m*
МИНИСТЕ́РСТВО *n* Ministerium *n*
~ иностра́нных дел Ministerium für Auswärtige Angelegenheiten; Außenministerium *n*
~ торго́вли Ministerium für Handel, Handelsministerium *n*
~ фина́нсов Ministerium für Finanzwesen, Finanzministerium *n*
~ юсти́ции Ministerium für Justiz, Justizministerium *n*
МИНИ́СТР *m* Minister *m*

~ иностра́нных дел Minister für Auswärtige Angelegenheiten, Außenminister *m*
~ торго́вли Minister für Handel, Handelsminister *m*
~ фина́нсов Minister für Finanzwesen, Finanzminister *m*
~ юсти́ции Minister für Justiz, Justizminister *m*
МНОГОСТОРО́ННИЙ mehrseitig, multilateral
МОДЕ́ЛЬ *f* Modell *n*; Muster *n*
испы́тывать ~ Modell erproben (prüfen)
модифици́ровать ~ Modell modifizieren (abändern)
соверше́нствовать ~ Modell vervollkommnen (entwickeln)
~, де́йствующая aktives (gültiges) Modell
~, но́вая neues Modell
~ ры́ночной эконо́мики Modell der Marktwirtschaft
~, устаре́вшая veraltetes Modell
~ экономи́ческого ро́ста Modell des ökonomischen Wachstums
МОДИФИКА́ЦИЯ *f* Modifikation *f*, Modifizierung *f*
разраба́тывать модифика́цию Modifikation ausarbeiten (entwickeln)
~, запатенто́ванная patentierte (patentgeschützte) Modifikation
МОДИФИЦИ́РОВАТЬ modifizieren, abändern
МОМЕ́НТ *m* Moment *m*, Zeitpunkt *m*, Augenblick *m*
~ вступле́ния в си́лу Zeitpunkt des Inkrafttretens
~ пересече́ния грани́цы Zeitpunkt der Grenzüberschreitung (der Grenzüberfahrt)

~ перехо́да ри́ска случа́йной ги́бели или поврежде́ния това́ра Zeitpunkt des Gafahrübergangs des zufälligen Warenverlustes oder der Warenbeschädigung
МОНЕ́ТА *f* Münze *f*, Geldstück *n*, Hartgeld *n*
МОНОМЕТАЛЛИ́ЗМ *m* Monometallismus *m*
МОНОПОЛИЗА́ЦИЯ *f* Monopolisierung *f*
МОНОПОЛИЗИ́РОВАТЬ monopolisieren
МОНОПОЛИСТИ́ЧЕСКИЙ monopolistisch, Monopol-
МОНОПО́ЛИЯ *f* Monopol *n*; Alleinrecht *n*
облада́ть монопо́лией Monopol haben
~, ба́нковская Bank [en] monopol *n*
~, госуда́рственная Staatsmonopol *n*, staatliches Monopol
~, междунаро́дная internationales Monopol
~, пате́нтная Patentmonopol *n*
~, торго́вая Handelsmonopol *n*
~, фина́нсовая Finanzmonopol *n*
МОНОПО́ЛЬНЫЙ Monopol-, alleinig
МОРАТО́РИЙ *m* Moratorium *n*; Zahlungsaufschub *m*, Stundung *f*
вводи́ть ~ Moratorium einführen
объявля́ть ~ Moratorium erklären
продли́ть ~ Moratorium verlängern (prolongieren)
МОРЕПЛА́ВАНИЕ *n* Schiffahrt *f*, Seefahrt *f*
~, торго́вое Handelsschiffahrt *f*
МОРОЗОСТО́ЙКИЙ kältebeständig, frostbeständig
МОТИ́В *m* Motiv *n*, Beweggrund *m*
~ поку́пки Kaufmotiv *n*
МУЛЬТИВАЛЮ́ТНЫЙ multivalutarisch

Н

НАБЕРЕЖНАЯ f Kai m; Uferstraße f
~, разгрузочная Ausladekai m; Entladekai m, Löschkai m
НАБОР m (комплект) Satz m, Set n, Garnitur f; Sammlung f
~ валют Valutenkorb m
~ инструментов Instrumentenbesteck n, Instrumentensatz m
~ товаров Warenkorb m, Warensortiment n
НАВАЛОМ lose, unverpackt
грузить ~ unverpackt (lose) verladen
перевозить ~ als Massengut transportieren (befördern)
хранить ~ unverpackt aufbewahren
НАГРУЖАТЬ beladen; belasten; aufladen; befrachten
НАГРУЗКА f Beladen n, Beladung f, Laden n, Aufladen n, Verladen n; mex. Belastung f
под нагрузкой unter Ladung
~, дополнительная Beiladung f
~, испытательная Testlast f, Testladung f, Prüfungslast f, Prüfungsladung f
~, коммерческая Nutzfracht f
~, максимальная Höchstlast f, Belastungsspitze f
~, минимальная Mindestbelastung f, Mindestlast f
~, номинальная nominelle Belastung, Nominallast f
~, нормативная normative Belastung, Normativlast f
~, проектная projektierte Belastung, Projektlast f, Entwurfslast f
~, рабочая Arbeitsbelastung f; Betriebslast f
~, расчётная errechnete Belastung, Rechenbelastung f
НАДБАВКА f Aufschlag m, Zulage f, Erhöhung f, Zuschlag m, Mehrpreis m
делать надбавку Aufschlag machen
платить надбавку Zuschlag zahlen
продавать с надбавкой mit Zuschlag verkaufen
~, аккордная Akkordzuschlag m
~, денежная Preiszuschlag m, Aufpreis m
~, ежегодная jährlicher Aufschlag
~ за повышенное качество Aufschlag für verbesserte Qualität; Qualitätszuschlag m
~ за риск Risikoaufgeld n, Risikozuschlag m
~ за техническое обслуживание Zuschlag für Wartung
~ за тропическое исполнение Zuschlag für die tropische Ausführung
~ за экспортное исполнение Zuschlag für die Exportausführung
~ к заработной плате Lohnzuschlag m; Gehaltszulage f
~ к фрахту Frachtzusatz m
~ к цене Preisaufschlag m, Aufpreis m, Mehrpreis m
~, премиальная Mehrleistungsprämie f
~, процентная prozentualer (zinstragender) Aufschlag, Prozentzuschlag m
~, сезонная jahreszeitlicher (saisongebundener) Aufschlag, Saisonzuschlag m
НАДЁЖНОСТЬ f Zuverlässigkeit f, Sicherheit f, Verläßlichkeit f
НАДЗОР m Aufsicht f, Kontrolle f; Inspektion f
осуществлять ~ Kontrolle durchführen (ausüben)
~, государственный staatliche Kontrolle, Staatskontrolle f
~ за выполнением работ Kontrolle über Arbeitsausführung
~ за проведением испытаний Aufsicht über Durchführung der Prüfungen
~, карантинный Quarantäneaufsicht f
~, санитарный Hygieneaufsicht f
~, технический technische Aufsicht; Wartung f

НАД НАК

НАДЛЕЖА́ЩИЙ gehörig; ordnungsmäßig
надлежа́щим о́бразом entsprechend, sachgemäß; wie es sich gebührt (gehört)

НА́ДПИСЬ f (*на чеке, векселе*) Indossament n, Giro n; Vermerk m
де́лать переда́точную ~ girieren, indossieren
с бла́нковой переда́точной на́дписью mit [dem] Blankoindossament, mit [dem] Blankogiro
~, безоборо́тная Klausel f «ohne Regreß»
~, бла́нковая Blankoindossament n
~ для инка́ссо Übertragungsvermerk m, Indossament für [zum] Einzug
~, именна́я Namensindossament n
~ об акце́пте Annahmeindossament n
~ об упла́те Zahlungsindossament n
~, переда́точная Indossament n, Giro n, Giriervermerk m

НАЁМ m (*помещения*) Miete f, Mieten n; (*рабочей силы*) Einstellen n; (*судна*) Befrachtung f, Chartern n
~ персона́ла Einstellen (Anwerben n) des Personals
~ рабо́чих Einstellen von Arbeitskräften

НАЗВА́НИЕ n Benennung f, Bezeichnung f, Name m
~ моде́ли Bezeichnung eines Modells
~ су́дна Name des Schiffes, Schiffsname m
~ това́ра Warenbezeichnung f
~ фи́рмы Firmenname m

НАЗНАЧА́ТЬ 1. (*ассигновывать*) bewilligen, anweisen 2. (*на должность*) ernennen, einsetzen als... 3. (*о ценах, ставках*) festsetzen, festlegen 4. (*о судах*) bestimmen

НАЗНАЧЕ́НИЕ n 1. (*ассигнование*) Bewilligung f, Anweisung f 2. (*на должность*) Ernennung f zu *Dat.*, Einsetzung f, Einstellung f 3. (*о цене, ставке*) Festsetzung f, Festlegung f 4. (*о судне*) Bestimmung f
получи́ть ~ Ernennung bekommen
~ арби́тра Einsetzung als Arbiter (als Schiedsrichter)
~ на до́лжность Ernennung zu *Dat.*; Einstellung als...
~ су́дна Schiffsbestimmung f
~, целево́е Zweckbestimmung f
~ цены́ Preisfestsetzung f

~ цены́ на торга́х Festsetzung der Auktionspreise
~ цены́ не́тто Festsetzung des Nettopreises
~ цены́ с надба́вкой Festsetzung des Preises mit einem Zuschlag

НАИМЕНОВА́НИЕ n Benennung f, Bezeichnung f, Name m
~ бенефициа́ра Name des Benefiziars (des Begünstigten)
~ гру́за Güterbezeichnung f
~ заво́да-изготови́теля Name des Herstellerbetriebes
~ заяви́теля Name des Antragstellers
~ изде́лия Bezeichnung des Erzeugnisses
~ изобрете́ния Bezeichnung der Erfindung
~ су́дна Name des Schiffes
~ това́ра Warenbezeichnung f
~, торго́вое Handelsname m
~, фи́рменное Firmenbezeichnung f
~, фи́рмы, юриди́ческое Firmenname m

НАКА́ПЛИВАТЬ akkumulieren; anhäufen; sammeln; einsparen

НАКИ́ДКА f Zuschlag m; Aufgeld n

НАКЛАДНА́Я f Frachtbrief m, Frachtschein m; Begleitschein m; Lieferschein m
оформля́ть накладну́ю Frachtbrief ausstellen (abfassen)
по накладно́й laut Frachtbrief
предъявля́ть накладну́ю Frachtbrief vorweisen (vorzeigen)
~, авиагрузова́я Luftfrachtbrief m
~, автодоро́жная Straßenfrachtbrief m, Frachtbrief im Straßengüterverkehr
~, грузова́я Gutbegleitschein m, Frachtbrief m
~, железнодоро́жная Eisenbahnfrachtbrief m
~ на о́тпуск материа́ла или това́ров со скла́да Warenauslieferungsschein m
~, речна́я Flußfrachtbrief m
~, сквозна́я Durchgangsbegleitschein m, durchgehender (direkter) Begleitschein
~, товаросопроводи́тельная Warenbegleitschein m
~, тра́нспортная Frachtbrief m, Frachtschein m

НАКОПЛЕ́НИЕ n Akkumulation f; Anlegung f; Hortung f; Ansammlung f; Einsparung f
~ де́нежных средств Akkumulation von Geldmitteln

НАЛ

~ капитáла Kapitalakkumulation *f*, Kapitalanhäufung *f*
~ процéнтов Zinsenauflauf *m*
~ товáров Hortung, Anhäufung *f*
НАЛИ́ВОМ abgefüllt, gefüllt, getankt
грузи́ть ~ gefüllt laden (verladen; befrachten)
перевози́ть ~ gefüllt befördern (transportieren)
покупáть ~ gefüllt kaufen
продавáть ~ gefüllt verkaufen
НАЛИ́ЧИЕ *n* Vorhandensein *n*; Bestand *m*; Anwesenheit *f*
быть в нали́чии vorhanden sein
при усло́вии нали́чия unter Bedingung des Bestandes (des Vorhandenseins)
~ дéнег Bestand an Geld, Barbestand *m*
~ документáции Vorhandensein der Dokumentation
~ полномóчий Vorhandensein der Vollmacht
~ средств Mittelbestand *m*
~ товáров Bestand an Waren
НАЛИ́ЧНОСТЬ *f* Bestand; Barbestand *m*; Vorhandensein *n*
проверя́ть ~ Bestand (Barbestand) prüfen
ревизовáть ~ Bestand revidieren (durchsehen)
~, дéнежная Bargeld *n*, Bargeldvermögen *n*, Bestand an Bargeld
~, инвалю́тная Devisenbestand *m*
~, кáссовая Kassenbestand *m*
~, резéрвная Reservebestand *m*, Barreserve *f*, Hilfsbestand *m*
~, свобóдная disponible Summen
~, товáрная Warenbestand *m*
НАЛИ́ЧНЫЕ *pl* Bargeld *n*, bares Geld, Barschaft *f*
плати́ть нали́чными in bar zahlen; per Kasse zahlen
плати́ть % нали́чными Zinsen *pl* in bar zahlen
покупáть за ~ gegen bar (sofort Kasse) kaufen
продавáть за ~ gegen bar (Bargeld) verkaufen
НАЛИ́ЧНЫЙ bar; disponibel, verfügbar
НАЛО́Г *m* Steuer *f*; Abgabe *f*
вводи́ть ~ Steuer auferlegen, mit Steuer belegen
взимáть ~ Steuer erheben (einziehen)
выплáчивать ~ Steuer [be]zahlen (entrichten, abführen)
до вы́чета налóга vor Steuerabzug

НАЛ

за вы́четом налóга nach Steuerabzug
(не) подлежáщий обложéнию налóгом (nicht) steuerpflichtig, (nicht) besteuerbar
облагáть налóгом besteuern, mit Steuer belegen
освобождáть от налóга von Steuer (Steuerabgabe) befreien
отмени́ть ~ Steuer abschaffen (aufheben)
плати́ть ~ Steuer [be]zahlen (abführen, entrichten)
повышáть ~ Steuer erhöhen (erheben)
свобóдный от уплáты налóга steuerfrei
снижáть ~ Steuer harabsetzen (senken, ermäßigen)
собирáть налóги Steuern *f pl* einnehmen (einziehen, eintreiben)
удéрживать ~ Steuer abziehen (abrechnen)
уклоня́ться от уплáты налóга Steuer hinterziehen
~, адвалóрный Wertsteuer *f*
~, аккóрдный Pauschalsteuer *f*
~, высóкий hohe (schwere) Steuer
~, госудáрственный staatliche Steuer, Staatssteuer *f*
~, дéнежный Geldsteuer *f*
~, дискриминациóнный diskriminierende Steuer, Diskriminierungssteuer *f*
~, дополни́тельный Nachsteuer *f*, Nebensteuer *f*; zusätzliche Steuer
~, еди́ный Einheitssteuer *f*
~, кóсвенный indirekte Steuer
~, мéстный Lokalsteuer *f*; örtliche Steuer
~ на биржевóй оборóт Börsenumsatzsteuer *f*
~ на биржевы́е сдéлки Börsensteuer *f*
~ на добáвленную стóимость Mehrwertsteuer *f*
~ на зарабóтную плáту Lohnsteuer *f*
~ на и́мпорт Importsteuer *f*; Importabgabe *f*; Einfuhrsteuer *f*
~ на недви́жимость Immobiliensteuer *f*
~ на оборóт Umsatzsteuer *f*
~ на покýпку Kaufsteuer *f*
~ на при́быль Gewinnsteuer *f*, Gewinnabführung *f*
~ на продáжу Verkaufssteuer *f*, Umsatzsteuer *f*
~ на сверхпри́быль Steuer auf Mehrgewinn (auf Übergewinn), Mehrgewinnsteuer *f*

НАЛ НАР

~, натура́льный Naturalsteuer *f*, Naturalabgaben *f pl*
~ на фрахт Frachtsteuer *f*
~, подохо́дный Einkommensteuer *f*, Ertragsteuer *f*
~, прогресси́вный Progressivsteuer *f*
~, пропорциона́льный proportionale Steuer
~, прямо́й direkte Steuer
~ с дохо́дов корпора́ций Ertragsteuer *f* von Korporationen
~ с оборо́та Umsatzsteuer *f*
~ с прода́ж Absatzsteuer *f*, Verkaufssteuer *f*
~, уравни́тельный Ausgleichssteuer *f*
НАЛОГООБЛОЖЕ́НИЕ *n* Besteuerung *f*
~, двойно́е Doppelbesteuerung *f*
~, льго́тное Vorzugsbesteuerung *f*, vergünstigte (verbilligte) Besteuerung
~, прогресси́вное Progressivbesteuerung *f*, progressive (fortschrittliche) Besteuerung
~, пропорциона́льное proportionale Besteuerung
НАЛОГОПЛАТЕ́ЛЬЩИК *m* Steuerträger *m*, Steuerschuldner *m*, Steuerzahler *m*
НАЛОЖЕ́НИЕ *n* Auferlegung *f*; Auferlegen *n*
~ аре́ста на иму́щество или това́ры Beschlagnahme des Vermögens oder der Ware
~ штра́фа Auferlegung der Strafe
НАНИМА́ТЕЛЬ *m* 1. Arbeitgeber *m* 2. Mieter *m*
НАНИМА́ТЬ 1. (*рабочих*) anstellen, einstellen; anwerben; (*матросов на судно*) anheuern 2. (*арендовать*) mieten, pachten; (*судно*) chartern, befrachten
НАПЛЫ́В *m* Andrang *m*, Zustrom *m*; Auflauf *m*
~ зака́зов Auflauf (Ansammlung *f*) von Aufträgen
~ покупа́телей Käuferandrang *m*, Käuferansturm *m*
~ предложе́ний Zustrom von Angeboten (von Offerten)
НАПОМИНА́НИЕ *n* Mahnung *f*, mahnende Aufforderung; Mitteilung *f*, Benachrichtigung *f*
направля́ть ~ Mahnung richten (adressieren)
~ о платеже́ Mahnung (Aufforderung) zur Zahlung; Zahlungsaufforderung *f*

~, официа́льное offizielle (amtliche) Mahnung
~, повто́рное wiederholte (nochmalige) Mahnung
НАПРАВЛЯ́ТЬ 1. (*адресовать*) adressieren, richten 2. (*посылать*) schicken, senden, entsenden
НАПРОКА́Т leihweise, mietweise, gegen Miete
брать ~ entleihen, mieten
сдава́ть ~ verleihen; (*внаём*) vermieten
НАПРЯЖЁННОСТЬ *f* Intensität *f*, Spannung *f*
~ ры́нка Marktspannung *f*
~, экономи́ческая wirtschaftliche Spannung
НАРИЦА́ТЕЛЬНЫЙ Nenn-, Nominal-
НАРО́ЧНЫЙ *m* Eilbote *m*; Kurier *m*
НАРУША́ТЬ verletzen, brechen; zuwiderhandeln; nicht erfüllen
НАРУШЕ́НИЕ *n* Verletzung *f*; Bruch *m*; Zuwiderhandlung *f*; Nichterfüllung *f*
в ~ in Verletzung
~ а́вторского пра́ва Verletzung des Urheberrechts
~, валю́тное Währungsverletzung *f*
~ гара́нтии Garantieverletzung *f*
~ гра́фика Zeitplanverletzung *f*; Zeitplanverstoß *m*, Zeitplanabweichung *f*
~ догово́ра Vertragsbruch *m*, Vertragsverletzung *f*
~ зако́на Gesetzesverletzung *f*, Gesetzesübertretung *f*; Verstoß *m* gegen das Gesetz
~ контра́кта Kontraktverletzung *f*, Kontraktbruch *m*
~ обяза́тельства Bruch (Verletzung) der Verpflichtung
~ пате́нта Patentverletzung *f*
~ пра́ва Rechtsverletzung *f*
~ пра́вил Verletzung der Vorschriften
~ соглаше́ния Verletzung des Abkommens
~ сро́ков поста́вки Verletzung der Lieferfristen
~ това́рного зна́ка Bruch (Verletzung) der Warenmarke
~ усло́вий Verletzung der Bedingungen
НАРУШИ́ТЕЛЬ *m* Verletzer *m*, Übertreter *m*
НАРЯ́Д *m* 1. (*поручение*) Auftrag *m*, Anordnung *f* 2. (*документ*) Order *f*, Anweisung *f*
~ на вы́дачу това́ра Auslieferschein *m*
~ на погру́зку Verladeauftrag *m*

~ на рабо́ту Arbeitsauftrag *m*
НАСТРОЕ́НИЕ *n* Stimmung *f*
~ би́ржи Haltung *f* der Börse, Börsentendenz *f*
~ ры́нка Marktstimmung *f*
НАСТУПЛЕ́НИЕ *n* Anbruch *m*, Eintritt *m*, Eintreten *n*, Beginn *m*
при наступле́нии bei Anbruch
~ сро́ка платежа́ Beginn der Zahlungsfrist (Zahlungszeit)
НАСЧИ́ТЫВАТЬ zählen, aufzählen; umfassen
НА́СЫПЬЮ geschüttet, aufgeschüttet, als Schüttgut
грузи́ть ~ Schüttgut (Massengut *n*) laden
перевози́ть ~ Schüttgut befördern (transportieren)
покупа́ть ~ Schüttgut kaufen
продава́ть ~ Schüttgut verkaufen
НАСЫЩЕ́НИЕ *n* Sättigung *f*
~ ры́нка Marktsättigung *f*
~ спро́са Nachfragesättigung *f*, Bedarfssättigung *f*
НАТУРА́ЛЬНЫЙ natürlich; naturgemäß, Natural-
НАТУРОПЛА́ТА *f* Naturalvergütung *f*, Vergütung *f* in Naturalien
НАЦЕ́НКА *f* Aufschlag *m*, Zuschlag *m*; Spanne *f*
~, бюдже́тная Haushaltsaufschlag *m*
~, опто́вая Großhandelsspanne *f*
~, ро́зничная Einzelhandelsspanne *f*
~, това́рная Warenaufschlag *m*, Warenzuschlag *m*
~, торго́вая Handelsspanne *f*
~, тра́нспортная Transportzuschlag *m*
НАЦИОНАЛИЗА́ЦИЯ *f* Nationalisierung *f*; Verstaatlichung *f*
НАЦИОНАЛИЗИ́РОВАТЬ nationalisieren, verstaatlichen
НАЧА́ЛО *n* Anfang *m*, Beginn *m*; Start *m*, Anlauf *m*; Auftakt *m*; Ausbruch *m*; Eröffnung *f*
на догово́рных нача́лах zu den Vertragsbedigungen
на комиссио́нных нача́лах zu den Kommissionsbedingungen
на парите́тных нача́лах auf der paritätischen Grundlage
на ра́вных нача́лах auf gleicher Grundlage, zu gleichen Bedingungen
НАЧИСЛЕ́НИЕ *n* Anrechnen *n*, Anrechnung *f*, Zuschlag *m*
~ ... % годовы́х Anrechnung von... Jahreszinsen, Jahresverzinsung *f*

с начисле́нием проце́нтов mit Verzinsung, mit Zinsvergütung
~ нало́га Steueranrechnung *f*
~ проце́нтов Verzinsung *f*, Zinsvergütung *f*
~ штра́фа Strafeanrechnung *f*
НАЧИСЛЕ́НИЯ *n pl* Anrechnungen *f pl*
~, амортизацио́нные Amortisationsanrechnungen *f pl*
НАЧИСЛЯ́ТЬ anrechnen, zurechnen, zuschlagen
НЕАКЦЕПТОВА́НИЕ *n* Nichtakzept *n*, Nichtannahme *f*
НЕАКЦЕПТО́ВАННЫЙ unakzeptiert, nicht akzeptiert
НЕВЗЫ́СКАННЫЙ unerhoben
НЕВЫ́ГОДНЫЙ unvorteilhaft, ungünstig, unrentabel
НЕВЫПОЛНЕ́НИЕ *n* Nichterfüllung *f*, Nichtausführung *f*
в слу́чае невыполне́ния im Falle der Nicherfüllung (der Nichtausführung)
~ догово́ра Nichterfüllung des Vertrages
~ зака́за Nichterfüllung des Auftrags
~ контра́кта Nichterfüllung des Kontrakts
~ обяза́тельств Nichterfüllung der Verpflichtungen
~, части́чное teilweise (partielle) Nichterfüllung
НЕГАБАРИ́ТНЫЙ übergroß; das Lademaß überschreitend
НЕГАРАНТИ́РОВАННЫЙ nicht garantiert
НЕГО́ДНЫЙ untauglich, unbrauchbar
НЕГОЦИА́НТ *m* Negoziant *m*, Geschäftsmann *m*
НЕГОЦИА́ЦИЯ *f* Negoziation *f*; Verhandlung *f*; Geschäft *n*
производи́ть негоциа́цию unterhandeln; verhandeln; vermitteln
~ про́тив докуме́нтов Negoziation gegen Dokumente
~ тратт Ankauf *m* (Diskontierung *f*) von Tratten
НЕДВИ́ЖИМОСТЬ *f* Immobilien *pl*, unbewegliches Vermögen; Liegenschaft(en) *f pl*
НЕДЕЙСТВИ́ТЕЛЬНОСТЬ *f* Ungültigkeit *f*
~ докуме́нта Ungültigkeit des Dokuments
НЕДЕЙСТВИ́ТЕЛЬНЫЙ ungültig, nicht gültig, nichtig

НЕД   НЕД

объявля́ть недействи́тельным für nichtig (ungültig) erklären
признава́ть недействи́тельным für ungültig erklären
НЕДЕЛИ́МЫЙ unteilbar
НЕДОБРОКА́ЧЕСТВЕННОСТЬ *f* Fehlerhaftigkeit *f*, schlechte Qualität, Minderwertigkeit *f*
НЕДОБРОКА́ЧЕСТВЕННЫЙ von schlechter Qualität; defekt, fehlerhaft, minderwertig
НЕДОБРОСО́ВЕСТНЫЙ unzuverlässig; unlauter
НЕДОВЕ́С *m* Untermasse *f*; Massemanko *n*, Fehlgewicht *n*, Manko *n*; Untergewicht *n*
НЕДОГРУЖА́ТЬ unterbelasten; nicht voll auslasten
НЕДОГРУ́З *m* nicht volle Auslastung (Ladung)
~ ваго́нов Nichtauslastung der Wagen
~ су́дна Unterlastung *f* des Schiffes
НЕДОГРУ́ЗКА *f* Unterbelastung *f*, nicht volle Belastung
НЕДО́ЙМКА *f* Rückstand *m*; Defizit *n*; ausstehendes Geld
взы́скивать недо́ймку Rückstand *m* beitreiben (eintreiben, einziehen)
НЕДОКУМЕНТИ́РОВАННЫЙ nicht dokumentiert
НЕДООЦЕ́НИВАТЬ unterbewerten, zu niedrig bewerten; unterschätzen
НЕДООЦЕ́НКА *f* Unterbewertung *f*; Unterfakturierung *f*
НЕДОПЛА́ТА *f* Unterbezahlung *f*, unvollständige Zahlung
НЕДОПЛА́ЧИВАТЬ schuldig bleiben
НЕДОПОЛУ́ЧЕННЫЙ nicht vollständig geliefert, nicht alles erhaltend
НЕДОПОСТА́ВКА *f* unvollständige Lieferung, Minderlieferung *f*
НЕДОПОСТА́ВЛЕННЫЙ mindergeliefert, unvollständig geliefert
НЕДОРОГО́Й nicht teuer
НЕДОСТА́ВКА *f* Nichtzustellung *f*
~ гру́за Ausfall einer Lieferung
НЕДОСТА́ВЛЕННЫЙ nicht geliefert, nicht zugestellt
НЕДОСТА́ТКИ *m pl* Mängel *m pl*, Defekte *m pl*, Fehler *m pl*
исправля́ть ~ Mängel beseitigen
обнару́жить ~ Mängel entdecken
устраня́ть ~ Mängel beheben (abschaffen, abstellen)
~, произво́дственные Betriebsmängel *m pl*, Produktionsmängel *m pl*

~, скры́тые verdeckte (versteckte, verborgene) Mängel
НЕДОСТА́ТОК *m* 1. (*нехватка*) Mangel *m*; Fehlbestand *m* 2. (*дефект*) Mangel *m*; Defekt *m*; Fehler *m*
за недоста́тком mangels *Gen.*, aus Mangel an *Dat.*
испы́тывать ~ Mangel an *etwas Dat.* leiden
~ в ве́се Gewichtsmanko *n*, Fehlgewicht *n*
~, ви́димый sichtbarer Mangel
~ де́нег Geldmangel *m*, Geldnot *f*
~ зака́зов Auftragsmangel *m*
~ капита́ла Kapitalarmut *f*, Kapitalmangel *m*
~ креди́та Kreditmangel *m*, Kreditnot *f*
~, ме́лкий kleiner Mangel
~ нали́чных средств Barmittelmangel *m*, Barmittelarmut *f*
~ продово́льствия Mangel an [den] Lebensmitteln
~ складски́х помеще́ний Mangel an Lagerräumen
~ спро́са Mangel an [der] Nachfrage
~ това́ров Warenmangel *m*, Warenhunger *m*
НЕДОСТА́ТОЧНОСТЬ *f* Mangelhaftigkeit *f*; Mangel *m*; Unzulänglichkeit *f*
~ маркиро́вки Mangelhaftigkeit der Markierung
~ снабже́ния mangelnde Versorgung
~ спро́са mangelnde Nachfrage
НЕДОСТА́ТОЧНЫЙ ungenügend, mangelhaft
НЕДОСТА́ЧА *f* Fehlmenge *f*, Fehlbestand *m*, Manko *n*; Fehlbetrag *m*
возмести́ть недоста́чу Fehlbestand ersetzen
компенси́ровать недоста́чу Fehlbestand kompensieren (ersetzen)
обнару́живать недоста́чу Manko feststellen
покрыва́ть недоста́чу Fehlmenge ersetzen (decken, begleichen)
~ в ве́се Gewichtsmanko *n*, Gewichtsausfall *m*, Untergewicht *n*
~ в поста́вке unvollständige Lieferung
~ гру́за Frachtmangel *m*, Ladungsmangel *m*
~, де́нежная Geldmangel *m*, Geldknappheit *f*, Gelddefizit *n*
~, кру́пная Großmangel *m*, Großdefizit *n*
~ мест Fehlbestand an Frachtstücken

~ товаров Warenmanko n; Warenknappheit f, Warendefizit n
~, фактическая wirklicher (faktischer) Fehlbestand
НЕДОСТАЮЩИЙ fehlend
НЕДОЧЁТ m 1. (*недостача*) Fehlbetrag m, Manko n 2. (*недостаток*) Fehler m, Mangel m, Defekt m
НЕЗАВЕРЕННЫЙ unbeglaubigt, unbescheinigt
НЕЗАВЕРШЁННЫЙ unvollendet
НЕЗАДЕКЛАРИРОВАННЫЙ nicht deklariert, nicht erklärt
НЕЗАКОННЫЙ ungesetzlich; widerrechtlich
НЕЗАПАКОВАННЫЙ unverpackt; lose
НЕЗАПАТЕНТОВАННЫЙ unpatentiert, nicht patentgeschützt
НЕЗАПЕЧАТАННЫЙ offen, nicht versiegelt; (*о конверте*) nicht zugeklebt
НЕЗАПОЛНЕННЫЙ unausgefüllt; blanko
НЕЗАСТРАХОВАННЫЙ unversichert, nicht versichert
НЕЗАТАРЕННЫЙ unverpackt; lose
НЕИЗРАСХОДОВАННЫЙ unverbraucht
НЕИНДОССИРОВАННЫЙ nicht indossiert, nicht giriert
НЕИСКЛЮЧИТЕЛЬНЫЙ nicht außerordentlich, nicht außergewöhnlich, nicht ausschließlich
НЕИСПОЛНЕНИЕ n Nichterfüllung f
~ контракта Nichterfüllung eines Vertrages
~ обязательства Nichtleistung (Nichterfüllung) einer Verpflichtung
НЕИСПРАВНОСТЬ f Störung f, Defekt m, Schaden m
устранять ~ Störung beseitigen (beheben)
НЕИСПРАВНЫЙ defekt, gestört; nicht intakt
НЕКАРТЕЛЬНЫЙ nicht kartellgebunden, nicht kartelliert, außenseitig
НЕКАЧЕСТВЕННЫЙ von minderer Qualität, nicht qualitätsmäßig
НЕКОММЕРЧЕСКИЙ nicht gewinnorientiert, nicht kommerziell
НЕКОМПЛЕКТНОСТЬ f Unvollständigkeit f
НЕКОМПЛЕКТНЫЙ nicht komplett, unkomplett, unvollständig
НЕКОНВЕРТИРУЕМЫЙ nicht konvertierbar, unkonvertierbar

НЕКОНДИЦИОННЫЙ nicht vertragsgemäß, unkonditionell
НЕКОНКУРЕНТОСПОСОБНОСТЬ f Nichtkonkurrenzfähigkeit f
НЕКОНКУРЕНТОСПОСОБНЫЙ konkurrenzunfähig
НЕКОНТРОЛИРУЕМЫЙ unkontrollierbar
НЕКОТИРУЮЩИЙСЯ nicht kotierbar, unbewertbar
НЕКРЕДИТОСПОСОБНОСТЬ f Kreditunfähigkeit f, Kreditschwäche f
НЕКРЕДИТОСПОСОБНЫЙ nicht kreditfähig; kreditschwach; zahlungsunfähig, insolvent
НЕКРОССИРОВАННЫЙ (*о чеке*) ungekreuzt
НЕКУМУЛЯТИВНЫЙ nicht kumulativ, unkumulativ
НЕЛИКВИДНЫЙ nicht liquid, nicht flüssig, illiquid, nicht verfügbar
НЕЛИКВИДЫ m pl illiquide Bestände
НЕЛИМИТИРУЕМЫЙ unlimitiert
НЕЛИЦЕНЗИРОВАННЫЙ nicht lizenziert
НЕМЕДЛЕННЫЙ unverzüglich; sofort; prompt; ohne Verzug, ohne Aufschub
НЕМОРОЗОСТОЙКИЙ kälteempfindlich
НЕНАДЁЖНОСТЬ f Unzuverlässigkeit f, Funktionsunsicherheit f; Zerbrechlichkeit f
НЕНАДЁЖНЫЙ unzuverlässig, unverläßlich, unsicher; funktionsunsicher
НЕНАДЛЕЖАЩИЙ unpassend, nicht entsprechend
ненадлежащим образом auf ungehörige Weise
НЕНУМЕРОВАННЫЙ nicht numeriert
НЕОБЕСПЕЧЕННЫЙ nicht gesichert, ungedeckt, blanko
НЕОБЛАГАЕМЫЙ abgabenfrei; unbesteuerbar, steuerfrei
НЕОБРАТИМОСТЬ f Nichtkonvertierbarkeit f, Nichtkonvertibilität f
НЕОБРАТИМЫЙ nicht konvertierbar, nicht konvertibel
НЕОБЯЗАТЕЛЬНЫЙ unverbindlich
НЕОГРАНИЧЕННЫЙ unbegrenzt, unbeschränkt
НЕОПЛАТА f Nichtbezahlung f
НЕОПЛАЧЕННЫЙ nicht bezahlt, nicht beglichen, unbezahlt, unbeglichen
НЕОПРОТЕСТОВАННЫЙ ohne Protest

НЕО   НЕС

НЕОСУЩЕСТВИ́МЫЙ unerfüllbar, unrealisierbar
НЕОТКРЫ́ТИЕ *n* Nichteröffnung *f*
~ аккредити́ва в срок nicht fristgemäße Eröffnung des Akkreditivs
НЕОТЛО́ЖНОСТЬ *f* Dringlichkeit *f*
НЕОТЛО́ЖНЫЙ dringlich
НЕОТПРА́ВЛЕННЫЙ ungeschickt; nicht versandt, ungeliefert
НЕОТЪЕ́МЛЕМЫЙ unabdingbar, vollständig, ganz
НЕОФИЦИА́ЛЬНЫЙ nicht offiziell, inoffiziell, nicht amtlich
НЕОФО́РМЛЕННЫЙ nicht ausgestattet, nicht angefertigt, nicht erledigt, nicht abgefaßt
НЕПАТЕНТОСПОСО́БНЫЙ nicht patentfähig, patentunfähig
НЕПЕРЕДАВА́ЕМЫЙ nicht übertragbar, unübertragbar
НЕПЛАТЁЖ *m* Nichtbezahlung *f*, Nichtbegleichung *f*, Nichteinlösung *f*
в слу́чае неплатежа́ im Falle der Nichtbezahlung; bei Nichtbezahlung
НЕПЛАТЁЖЕСПОСО́БНОСТЬ *f* Zahlungsunfähigkeit *f*, Insolvenz *f*; Bankrott *m*
НЕПЛАТЁЖЕСПОСО́БНЫЙ nicht zahlungsfähig, zahlungsunfähig, insolvent
объяви́ть неплатёжеспосо́бным zahlungsunfähig erklären
оказа́ться неплатёжеспосо́бным zahlungsunfähig werden
НЕПЛАТЕ́ЛЬЩИК *m* Nichtzahler *m*; Schuldner *m*, Insolvent *m*
НЕПОВРЕЖДЁННЫЙ unbeschädigt, schadlos, unversehrt
НЕПОГА́ШЕННЫЙ ausstehend, nicht bezahlt, ungetilgt
НЕПОГРУ́ЖЕННЫЙ unbelastet
НЕПОДТВЕРЖДЁННЫЙ unbestätigt
НЕПОКРЫ́ТИЕ *n* Nichtbezahlung *f*; Nichtbegleichung *f*, Nichtdeckung *f*
~ фина́нсовых обяза́тельств Nichteinhaltung *f* der Deckung von Finanzverpflichtungen
НЕПОКРЫ́ТЫЙ unbeglichen, unbezahlt, offen, ungedeckt
НЕПОЛНОТА́ *f* Unvollständigkeit *f*, Unvollkommenheit *f*
НЕПОЛНОЦЕ́ННЫЙ minderwertig, nicht vollwertig
НЕПО́ЛНЫЙ unvollständig, nicht voll, nicht vollzählig
НЕПО́РТЯЩИЙСЯ lagerfähig

НЕПОСТА́ВКА *f* Nichtlieferung *f*, Lieferausfall *m*
НЕПОСТУПЛЕ́НИЕ *n* Ausbleiben *n*
~ платеже́й Ausbleiben der Zahlungen
НЕПРИ́БЫЛЬНЫЙ nicht gewinnbringend, unprofitabel, nicht lukrativ, nicht einträglich
НЕПРИБЫ́ТИЕ *n* Nichtankunft *f*, Nichtanlaufen *n*, Nichteingang *m*
НЕПРИГО́ДНЫЙ unbrauchbar, ungeeignet, untauglich
НЕПРИЕ́МЛЕМЫЙ unannehmbar, unstatthaft, unzulässig
НЕПРИНЯ́ТИЕ *n* Nichteinnahme *f*; Ablehnung *f*
~ това́ра Annahmeverweigerung *f* der Ware; Nichtannahme *f* der Ware
НЕПРОДА́ЖНЫЙ unverkäuflich
НЕПРО́ДАННЫЙ unverkauft
НЕПРОИЗВОДИ́ТЕЛЬНЫЙ unproduktiv, unnütz, nicht produktiv
НЕПРОИЗВО́ДСТВЕННЫЙ nicht produzierend, unproduktiv
НЕРАВНОМЕ́РНОСТЬ *f* Ungleichmäßigkeit *f*, Ungleichheit *f*
~ спро́са Nachfrageschwankung *f*
НЕРАВНОПРА́ВНЫЙ nicht gleichberechtigt
НЕРА́ВНЫЙ ungleich
НЕРАЗГРУ́ЖЕННЫЙ nicht ausgeladen
НЕРАЗМЕ́ННЫЙ inkonvertibel
НЕРАЗМЕЩЁННЫЙ nicht untergebracht
НЕРАСФАСО́ВАННЫЙ nicht abgewägt und nicht abgepackt; nicht verpackt, nicht abgefüllt
НЕРЕАЛИЗО́ВАННЫЙ unrealisiert, nicht abgesetzt
НЕРЕГУЛЯ́РНЫЙ unregelmäßig, nicht regulär
НЕРЕНТА́БЕЛЬНОСТЬ *f* Unrentabilität *f*
НЕРЕНТА́БЕЛЬНЫЙ unrentabel; nicht einträglich
НЕСБАЛАНСИ́РОВАННОСТЬ *f* Unausgeglichenheit *f*
~ платеже́й Unausgeglichenheit der Zahlungen
~ товарооборо́та Unausgeglichenheit des Warenumsatzes
НЕСБАЛАНСИ́РОВАННЫЙ unausgeglichen, nicht bilanziert
НЕСДА́ЧА *f* Nichtablieferung *f*, Nichtabgabe *f*
НЕСЕЗО́ННЫЙ nicht saisongebunden, nicht saisonbedingt

НЕСЕРИ́ЙНЫЙ nicht serienmäßig, nicht serienweise
НЕСМЫВА́ЕМЫЙ nicht wegzuwischend
НЕСОБЛЮДЕ́НИЕ n Nichteinhaltung f, Nichtbeachtung f
~ гра́фика Nichteinhaltung des Zeitplans
~ пра́вил Nichtbeachtung der Regeln
~ сро́ка Terminüberschreitung f, Fristüberschreitung f
~ сро́ка поста́вки Nichteinhaltung der Lieferfrist; Liefer[ungs]verzug m
~ усло́вий контра́кта Nichteinhaltung der Kontraktsbedingungen
~ форма́льностей Nichteinhaltung der Formalitäten
НЕСООТВЕ́ТСТВИЕ n Disproportion f; Nichtübereinstimmung f
~ усло́виям контра́кта Nichtentsprechen n den Vertragsbedigungen
НЕСОРТИРО́ВАННЫЙ nicht sortiert, nicht aussortiert, nicht ausgelesen; nicht gesichtet; nicht geordnet
НЕСОСТОЯ́ТЕЛЬНОСТЬ f Zahlungsunfähigkeit f, Insolvenz f; Bankrott m, Zahlungseinstellung f
объяви́ть о несостоя́тельности bankrott erklären
~ должника́ Zahlungsunfähigkeit des Schuldners
НЕСОСТОЯ́ТЕЛЬНЫЙ zahlungsunfähig, insolvent; bankrott
объяви́ть несостоя́тельным кого́-л. jemanden bankrott erklären
НЕСТАБИ́ЛЬНОСТЬ f Unbeständigkeit f, Instabilität f
НЕСТАНДА́РТНЫЙ nichtstandardisiert
НЕТАРИ́ФНЫЙ nicht tarifär
НЕТОРГО́ВЫЙ nichtkommerziell; nicht zum Handel gehörig
НЕ́ТТО netto
бру́тто за ~ brutto für netto, bfn; Brutto für Netto
на осно́ве ~ auf Grund von netto
НЕ́ТТО-БАЛА́НС m Nettobilanz f, Saldenbilanz f
НЕ́ТТО-ПРОЦЕ́НТ m Nettozins m
НЕ́ТТО-РЕГИ́СТРОВАЯ ТО́ННА Netto-Registertonne f
НЕ́ТТО-СТА́ВКА f Nettosatz m, Nettoprämie f
НЕ́ТТО-ТАРИ́Ф m Nettotarif m
НЕ́ТТО-ЭКСПОРТЁР ТОВА́РА Nettowarenexporteur m
НЕУПАКО́ВАННЫЙ nicht verpackt, unverpackt

НЕУПЛА́ТА f Nichtbezahlung f, Nichteinlösung f
ввиду́ неупла́ты in Anbetracht der Nichtbezahlung
в слу́чае неупла́ты im Falle der Nichtbezahlung
~ в срок verspätete Bezahlung, Zahlungsverzug m
~ задо́лженности Nichtbegleichung f von Schulden
~ нало́гов Steuerhinterziehung f; Nichtbezahlung der Steuern
~ проце́нтов Nichtzahlung f der Zinsen
НЕУПЛА́ЧЕННЫЙ unbezahlt; nicht eingelöst
НЕУСТО́ЙКА f Konventionalstrafe f; Reugeld n; Verzugszinsen pl
взима́ть неусто́йку Konventionalstrafe erheben
оплати́ть неусто́йку Konventionalstrafe bezahlen
~, догово́рная vereinbarte (vertragliche) Konventionalstrafe, Vertragsstrafe f
~, штрафна́я echte Vertragsstrafe
НЕУСТО́ЙЧИВОСТЬ f Labilität f, Unbeständigkeit f, Unsicherheit f, Instabilität f; Schwankungen f pl
~ ку́рса валю́ты Schwäche f des Währungskurses
~ ры́нков Unsicherheit der Märkte
НЕУСТО́ЙЧИВЫЙ labil, unsicher, unbeständig, schwankend
НЕФТЕДО́ЛЛАРЫ m pl Petrodollars pl
НЕХВА́ТКА f Mangel m, Fehlen n; Not f, Armut f; Knappheit f, Fehlbetrag m, Manko n
~ валю́ты Valutamangel m, Währungsmangel m
~ де́нег Geldmangel m, Geldnot f, Geldknappheit f
~ креди́та Kreditmangel m, Kreditknappheit f
~ рабо́чей си́лы Mangel an Arbeitskräften, Arbeitskräftemangel m
~ судо́в Mangel an Schiffen
~ това́ров Warenmangel m
~ тра́нспортных средств Transportmittelmangel m, Verkehrsmittelmangel m, Beförderungsmittelmangel m
НЕХОДОВО́Й nicht gängig, nicht absetzbar; schwer verkäuflich
НЕЭКОНОМИ́ЧНОСТЬ f Unwirtschaftlichkeit f, Unrentabilität f
НЕЭКОНОМИ́ЧНЫЙ unökonomisch, unrentabel

НЕЭ

НЕЭФФЕКТИ́ВНЫЙ ineffektiv, ohne Nutzeffekt
НИ́БОР *m* (*межбанковская ставка на основе операций на межбанковском рынке в Нью-Йорке*) Nibor *f*
НИЗКОКА́ЧЕСТВЕННЫЙ minderwertig
НИЗКОСО́РТНЫЙ geringwertig, minderwertig, von schlechter (niederer) Sorte
НОВА́ЦИЯ *f* Novation *f*; Erneuerung *f*; Neuerung *f*
~ догово́ра Erneuerung eines Vertrages
~ долгово́го обяза́тельства Erneuerung des Schuldbriefes
НОВИЗНА́ *f* Neuheit *f*; Neuartigkeit *f*
~, патентоспосо́бная patentfähige Neuheit
~ това́ра Neuartigkeit *f* der Ware
НОВИ́НКИ *f pl* Neuheiten *f pl*
реклами́ровать ~ Neuheiten werben (empfehlen)
~, экспортные Exportneuheiten *f pl*
НО́ВШЕСТВА *n pl* Neuerungen *f pl*, Neueinführungen *f pl*
вводи́ть ~ Neuerungen einführen
НО́ЖНИЦЫ *pl* Divergenz *f*
~ цен Preisschere *f*
НОМЕНКЛАТУ́РА *f* Nomenklatur *f*; Sortiment *n*
расширя́ть номенклату́ру това́ров Warennomenklatur *f* erweitern (vergrößern)
~, еди́ная einheitliche Nomenklatur, Einheitsnomenklatur *f*
~ изде́лий Erzeugnisnomenklatur *f*, Erzeugnissortiment *n*
~, това́рная Warennomenklatur *f*
~ това́ров и услу́г Nomenklatur der Waren- und Dienstleistungen
~, широ́кая weite Nomenklatur
НО́МЕР *m* Nummer *f*
~ аккредити́ва Nummer des Akkreditivs, Akkreditivnummer *f*
~ для ссы́лок Referenznummer *f*
~, заводско́й Betriebsnummer *f*, Werknummer *f*
~ зака́за Auftragsnummer *f*; Bestellzeichen *n*
~, инвента́рный Inventarnummer *f*
~ контра́кта Kontraktnummer *f*
~ ме́ста Kollonummer *f*
~ па́ртии Partienummer *f*
~ пате́нта Patentnummer *f*
~ пози́ции Positionsnummer *f*
~, поря́дковый laufende Nummer, Ordnungszahl *f*

НОР

~, регистрацио́нный Registriernummer *f*
~, сери́йный Sammelnummer *f*; Seriennummer *f*
~ телефо́на Telefonnummer *f*
НОМИНА́Л *m* Nennwert *m*, Nominalwert *m*
вы́ше номина́ла über Nominalwert
ни́же номина́ла unter Nominalwert
по номина́лу nach dem Nominalwert, nach dem Nominal, al pari
НОМИНА́ЛЬНЫЙ nominell; Nominal-, Nenn-
НО́РМА *f* Norm *f*; Rate *f*; Satz *m*, Quote *f*
вы́ше но́рмы über [die] Norm, über Satz
ни́же но́рмы unter Satz; unternormal
по но́рме zum Satz von *Dat.*
~ амортизацио́нных отчисле́ний Abschreibungssatz *m*, Amortisationsrate *f*; Tilgunsrate *f*
~ вре́мени Normzeit *f*, Zeitnorm *f*
~ вы́ручки Erlössatz *m*, Erlösnorm *f*, Ertragssatz *m*, Ertragsnorm *f*
~, дневна́я Tagesnorm *f*
~ запа́сов Vorratsnorm *f*
~ ка́чества Qualitätsnorm *f*
~ ма́ржи Margesatz *m*, Norm der Preisspanne
~ минима́льных разме́ров Mindestnorm *f*
~ нало́га Steuersatz *m*, Steuernorm *f*
~ опла́ты Zahlungsnorm *f*, Zahlungsplan *m*
~ поте́рь Verlustnorm *f*
~, почасова́я Stundensoll *n*, Stundenlohnsatz *m*
~ при́были Gewinnrate *f*, Profitrate *f*
~ проце́нта Zinssatz *m*, Zinsfuß *m*
~ расхо́да сырья́ и материа́лов Material- und Rohstoffverbrauchsnorm *f*
~ рента́бельности Rentabilitätsrate *f*
~, сре́дняя Durchschnittsrate *f*; Durchschnittsnorm *f*; Durchschnittsquote *f*
НО́РМЫ *f pl* Normen *f pl*; Sätze *m pl*; Raten *f pl*; Quoten *f pl*
вводи́ть ~ Normen einführen
наруша́ть ~ междунаро́дного пра́ва Völkerrechtsnormen *f pl* verletzen
пересма́тривать ~ Normen überprüfen
соотве́тствовать но́рмам den Normen entsprechen
устана́вливать ~ Normen festsetzen
~ грузовы́х рабо́т Normen der Ladearbeiten
~, де́йствующие aktive (gültige) Normen

~ естéственной ýбыли Schwundsatz *m*
~, заводскúе Betriebsnormen *f pl*
~, завы́шенные überhöhte Normen
~, занúженные herabgesetzte (niedrige) Normen
~ затрáт Aufwandsnormen *f pl*
~ международного прáва Normen des Völkerrechts
~ погрýзки Verladungsnormen *f pl*
~, правовы́е Rechtsnormen *f pl*
~ разгрýзки Löschungsnormen *f pl*; Entladenormen *f pl*
~, технúческие technische Normen
НОРМАЛИЗÁЦИЯ *f* Normalisierung *f*, Vereinheitlichung *f*; Normung *f*, Standardisierung *f*
НОРМАТÚВ *m* Normativ *n*, Richtwert *m*, Norm *f*
~ запáсов Vorratsnormativ *n*
~ издéржек Kostennormativ *n*, Aufwandsnorm *f*
~ расхóдов Verbrauchsnormung *f*, Ausgabennormativ *n*
~ рентáбельности Gewinnrate *f*, Gewinnquote *f*
НОРМАТÚВЫ *m pl* Normative *n pl*; Normen *f pl*
пересмáтривать ~ Normen (Normative) überprüfen
устанáвливать ~ Normen (Normative) festsetzen
~ валю́тных отчислéний Devisenabführungsnormative *n pl*
~, экономúческие Leistungsnormen *f pl*
НОРМАТÚВНЫЙ normativ, Normativ-
НОРМÚРОВАНИЕ *n* Bestimmung *f*; Normierung *f*, Normung *f*
~ рабóт Arbeitsnormung *f*, Normung der Arbeit

~ товáрных запáсов Normung der Warenvorräte
НОРМÚРОВАТЬ normieren, Normen *pl* festsetzen, regeln
«НÓСТРО» Nostro *n*, Nostroverpflichtung *f*
НОТАРИÁЛЬНЫЙ notariell, notarisch, Notariats-
НОТÁРИУС *m* Notar *m*
НÓТИС *m* Ladebereitschaftsmeldung *f*, Benachrichtigung *f*
послáть ~ Benachrichtigung senden (schicken)
~ капитáна Quittung *f* des Kapitäns, Kapitänsquittung *f*
~ о готóвности сýдна к вы́грузке Benachrichtigung über die Löschbereitschaft des Schiffes
~ о готóвности сýдна к погрýзке Benachrichtigung über die Ladebereitschaft des Schiffes
~ о предполагáемом подхóде сýдна Benachrichtigung über die voraussichtliche Ankunft des Schiffes
~ о прибы́тии Benachrichtigung über die Ankunft
НОТИФИКÁЦИЯ *f* Protesturkunde *f*; Anzeige *f*, Notifizierung *f*, Notifikation *f*
НÓУ-ХÁУ *англ.* Know-how *n*
предоставля́ть ~ Know-how gewähren (bereitstellen)
~ лицензиáра Know-how des Lizenzgebers
~, незапатентóванное unpatentiertes Know-how
~, технúческое technisches Know-how
~, технологúческое technologisches Know-how
НУМЕРÁЦИЯ *f* Numerierung *f*, Numerieren *n*, Beziffern *n*

О

ОБАНКРО́ТИВШИЙСЯ bankrott, bankrott gegangen; falliert, in Konkurs geraten, zahlungsunfähig geworden

ОБАНКРО́ТИТЬСЯ Bankrott machen (werden), fallieren, in Konkurs geraten, zahlungsunfähig werden

ОБЕСПЕ́ЧЕНИЕ *n* 1. (*денежное*) Sicherheit *f*, Sicherheitsleistung *f*, Deckung *f* 2. (*гарантия*) Garantie *f*, Gewährleistung *f*, Sicherung *f*, Sicherstellung *f* 3. (*снабжение*) Versorgung *f*

без обеспе́чения ohne Garantie; ohne Sicherung; ohne Versorgung

в ка́честве обеспе́чения als Gewährleistung, als Garantie

име́ть золото́е ~ Golddeckung *f* haben

под двойно́е обеспе́чение gegen akzessorische Sicherheit

под обеспе́чение gegen Sicherheit

предоставля́ть ~ mit Sicherung versorgen, Bürgschaft *f* verschaffen

служи́ть обеспе́чением als Bürgschaft (Sicherung) dienen

тре́бовать обеспе́чения Sicherung (Bürgschaft *f*) fordern

~, бесперебо́йное ununterbrochene Versorgung

~, валю́тное Devisendeckung *f*

~ валю́ты Sicherung der Währung

~ в фо́рме ба́нковской гара́нтии bankmäßige Sicherheit

~, двойно́е akzessorische Sicherheit

~, де́нежное Barsicherheit *f*, Bardeckung *f*, Gelddeckung *f*

~ до́лга Sicherheit für eine Schuld

~, дополни́тельное zusätzliche Sicherung (Deckung); Nebensicherung *f*

~ за́йма Darlehensgarantie *f*, Kreditsicherung *f*

~, зало́говое Pfandsicherheit *f*, Bürgschaftssicherheit *f*

~, золото́е Golddeckung *f*

~, иму́щественное Realkaution *f*; Vermögenssicherung *f*

~ иска́ Sicherheit für eine Klage, Klagesicherung *f*

~, комме́рческое Handelssicherung *f*, kommerzielle Sicherung

~ креди́та Kreditsicherung *f*

~, материа́льное materielle Versorgung (Sicherstellung, Sicherung)

~, материа́льно-техни́ческое materielltechnische Versorgung

~, пате́нтное Patentschutz *m*

~ перево́зки Beföderungsgarantie *f*, Transportgarantie *f*

~ сохра́нности това́ра Garantie für Warenaufbewahrung

~, социа́льное soziale Fürsorge, Sozialfürsorge *f*

~, страхово́е Versicherungsgarantie *f*, Versicherungsschutz *m*

~ това́рами Warendeckung *f*, Warenversorgung *f*

~, фина́нсовое finanzielle Deckung (Sicherung)

ОБЕСПЕ́ЧИВАТЬ 1. (*гарантировать*) garantieren, gewährleisten, sicherstellen, sichern 2. (*снабжать*) versorgen, versehen, ausstatten

ОБЕСЦЕ́НЕНИЕ *n* Entwertung *f*, Depreziation *f*, Abwertung *f*

~ валю́ты Währungsabwertung *f*, Abwertung der Währung

~ гру́за Lastentwertung *f*, Wertverminderung *f* der Last

~ де́нег Geldentwertung *f*, Entwertung des Geldes

~ зо́лота Goldentwertung *f*, Entwertung des Goldes

~ капита́ла Kapitalentwertung *f*, Entwertung des Kapitals

ОБЕСЦЕ́НЕННЫЙ entwertet

ОБЕСЦЕ́НИВАТЬ entwerten, wertlos machen; abwerten

ОБЕСЦЕ́НИВАТЬСЯ devalviert werden, abgewertet werden, entwertet werden
ОБЖА́ЛОВАНИЕ Berufung *f*, Appellation *f*, Beschwerde *f*
ОБЖА́ЛОВАТЬ appellieren, Berufung *f* (Beschwerde *f*) einlegen
ОБЗО́Р *m* Überblick *m*, Übersicht *f*; Rundschau *f*, Umschau *f*; Bericht *m*
де́лать ~ Übersicht machen
~, бюдже́тный Haushaltsübersicht *f*, Budgetübersicht *f*
~ иностра́нных ры́нков Auslandsmarktbericht *m*
~, конъюнкту́рный Konjunkturbericht *m*
~, статисти́ческий statistischer Bericht
~ това́рного движе́ния Übersicht über Warenbewegung
~ цен Preisübersicht *f*
~, экономи́ческий ökonomischer (wirtschaftlicher) Bericht, Wirtschaftsbericht *m*
ОБЛАГА́ЕМЫЙ (*налогом, пошлиной*) versteuerbar, steuerpflichtig, verzollbar
ОБЛАГА́ТЬ (*налогом, пошлиной*) besteuern, mit Steuern belegen; mit Zoll belegen, Zoll erheben
ОБЛИГА́ЦИИ *f pl* Obligationen *f pl*, Schuldverschreibungen *f pl*
выкупа́ть ~ Obligationen loskaufen
выпуска́ть ~ Obligationen ausgeben
погаша́ть ~ Obligationen tilgen
ОБЛИГАЦИО́ННЫЙ Obligations-
ОБЛИГА́ЦИЯ *f* Obligation *f*, Schuldverschreibung *f*; Anleiheschein *m*
~, бескупо́нная kuponlose Obligation
~, беспроце́нтная unverzinsliche Obligation
~, вы́игравшая ausgeloste Obligation
~, выходя́щая в тира́ж in der Tilgungsziehung herauskommende Obligation, Obligation, die gezogen wird
~, госуда́рственная Staatsobligation *f*, staatliche Schuldverschreibung
~, конверсио́нная Konvertierungsobligation *f*
~, ликвидацио́нная liquidierende (begleichende) Obligation
~ на предъяви́теля Inhaberobligation *f*, Inhaberpapier *n*
~, не пога́шенная в срок rechtzeitig nicht getilgte Obligation
~, подлежа́щая погаше́нию tilgbare (ablösliche, zahlbare, amortisierbare) Obligation

~, проце́нтная zinstragende Obligation
~ с отсро́ченным платежо́м Obligation mit Zahlungsaufschub
~, спекуляти́вная spekulative Obligation
~ с пра́вом досро́чного погаше́ния Obligation mit vorfristiger Tilgung (mit festem Rückzahlungstermin)
~ с пра́вом на уча́стие в при́былях Obligation mit Recht auf Gewinnbeteiligung
ОБЛОЖЕ́НИЕ *n* Besteuerung *f*, Veranlagung *f*; Belegung *f*
подлежа́ть обложе́нию нало́гом и́ли по́шлиной der Besteuerung oder Zollerhebung unterliegen
~ нало́гом Besteuerung *f*, Steuererhebung *f*
~ по́шлиной Gebührenauferlegung *f*, Verzollung *f*; Belegung mit Zoll
~, тамо́женное Verzollung *f*, Zollerhebung *f*, Erhebung *f* von Zöllen
~ штра́фом Belegung mit [einer] Strafe
ОБМЕ́Н *m* Austausch *m*, Eintausch *m*, Tausch *m*; Umtausch *m*; Wechsel *m*
производи́ть ~ umtauschen, eintauschen; austauschen
расширя́ть ~ Austausch erweitern (vergrößern)
~, ба́ртерный Bartergeschäft *n*
~ валю́ты Valutawechsel *m*
~, внешнеторго́вый Außenhandelsumsatz *m*, Warenumtausch *m* im Außenhandel
~ в обме́н на... im Austausch gegen *Akk.*
~ в поря́дке обме́на als Umtausch, mittels Umtausches
~, двусторо́нний bilateraler (zweiseitiger) Austausch
~ информа́цией Informationsaustausch *m*
~, неэквивале́нтный Nichtäquivalentenaustausch *m*
~ о́пытом Erfahrungsaustausch *m*
~ пате́нтами Patentumtausch *m*, Umtausch von Patenten
~ по ку́рсу Wechselkurs *m*
~ по парите́ту Parikurs *m*, Umtausch zum gleichen Wert
~ това́рами Warenaustausch *m*
~, торго́вый Warenverkehr *m*, Handelsumtausch *m*
~, эквивале́нтный Äquivalentenaustausch *m*

ОБМЕ́НИВАТЬ tauschen; eintauschen; austauschen; umtauschen; (*деньги*) wechseln
ОБМЕ́ННЫЙ Tausch-; Wechsel-
~ пункт (*валюты*) Wechselstelle *f*
~ курс Wechselkurs *m*
ОБНОВЛЕ́НИЕ *n* Erneuerung *f;* Wiederherstellung *f,* Restaurierung *f*
~ оборýдования Erneuerung der Ausrüstung
~ продýкции Erneuerung der Produktion (der Erzeugnisse)
~ произвóдства Erneuerung der Herstellung (der Produktion)
ОБНОВЛЯ́ТЬ erneuern, restaurieren
ОБОГАЩЕ́НИЕ *n* Bereicherung *f*
ОБОЗНАЧЕ́НИЕ *n* Bezeichnung *f,* Kennzeichnung *f;* Vermerk *m;* Benennung *f*
~, бýквенное Bezeichnung mit Buchstaben
~ грýза Markieren *n* der Last
~ на схе́ме graphische Bezeichnung
ОБОРА́ЧИВАЕМОСТЬ *f* Umschlagsfähigkeit *f,* Umlaufsfähigkeit *f*
~ готóвой продýкции Umschlagsfähigkeit der Fertigerzeugnisse
~ запа́сов Umlaufsfähigkeit der Vorräte
~ капита́ла Umschlagsfähigkeit des Kapitals
~ оборóтных средств Umlaufzeit *f* der Betriebsmittel; Umschlag *m* der Umlaufmittel
~ тра́нспортных средств Umlauf *m* der Transportmittel
ОБОРО́Т *m* 1. (*обращение*) Umsatz *m;* Umlauf *m;* Verkehr *m* 2. (*обратная сторона*) Rückseite *f*
без оборо́та ohne Umsatz, ohne Umlauf
изыма́ть из оборо́та dem Umlauf entziehen (entnehmen); vom Umlauf abheben
на оборо́те докуме́нта auf der Rückseite des Dokuments
пуска́ть в ~ in Umlauf bringen (setzen)
с оборо́том mit Umsatz, mit Umschlag
~, ба́нковский Bankverkehr *m*
~, безнали́чный unbarer (bargeldloser) Umsatz
~, валово́й Bruttoumsatz *m*
~, внешнеторго́вый Außenhandelsumsatz *m*
~, годово́й Jahresumsatz *m*
~ грýзов Frachtumsatz *m,* Lastumsatz *m*
~, де́нежный Geldumsatz *m*
~ и́мпорта Importumsatz *m*

~ капита́ла Kapitalumlauf *m*
~, платёжный Zahlungsverkehr *m,* Umsatz im Zahlungsverkehr
~ поддо́нов Palettenumlauf *m*
~, това́рный Warenumsatz *m*
~, торго́вый Handelsumsatz *m*
~ э́кспорта Exportumsatz *m*
ОБОРО́ТНЫЙ zirkulierend, Umlauf-, Umsatz-
ОБОРУ́ДОВАНИЕ *n* Ausrüstung *f,* Anlagen *f pl;* Ausstattung *f,* Einrichtung *f*
арендова́ть ~ Ausrüstung mieten
демонти́ровать ~ Aurüstung demontieren (ausbauen, abbauen)
закупа́ть ~ Ausrüstung einkaufen (beschaffen)
изготовля́ть ~ Ausrüstung herstellen (erzeugen)
испо́льзовать ~ Ausrüstung ausnutzen (einsetzen)
монти́ровать ~ Ausrüstung montieren (aufstellen)
обновля́ть ~ Ausrüstung erneuern (restaurieren)
отгружа́ть ~ Ausrüstung verladen (versenden, abladen; ausliefern)
поставля́ть ~ Ausrüstung liefern (anliefern)
проверя́ть ~ Ausrüstung prüfen (kontrollieren)
продава́ть ~ Ausrüstung verkaufen (abgeben)
производи́ть ~ Ausrüstung produzieren (erzeugen, herstellen)
ремонти́ровать ~ Ausrüstung reparieren (instand setzen)
сдава́ть ~ в аре́нду Ausrüstung vermieten
торгова́ть обору́дованием mit [der] Ausrüstung handeln
устана́вливать ~ Ausrüstung aufstellen
~, авари́йное Notausrüstung *f,* Reserveausrüstung *f*
~, быстроизна́шивающееся kurzlebige (schnellverschleißende) Ausrüstung
~, вспомога́тельное Hilfsausrüstung *f,* Hilfsanlagen *f pl*
~ в тропи́ческом исполне́нии Ausrüstung in tropischer Ausführung
~, высокока́чественное Ausrüstung von hoher Qualität
~, дефе́ктное defekte (fehlerhafte, mangelhafte) Ausrüstung
~, зака́занное bestellte Ausrüstung
~, и́мпортное Importausrüstung *f*

ОБО ОБР

~, капитáльное Investitionsgüter *n pl*
~, коммéрческое kommerzielle Ausrüstung *f*, Handelsausrüstung *f*
~, комплéктное komplette Ausrüstung (Anlagen)
~, крупногабарúтное Ausrüstung von großem Ausmaß
~, модифицúрованное modifizierte Ausrüstung
~, наукоёмкое hochtechnologische Ausrüstung
~, негабарúтное übergroße (das Lademaß überschreitende) Ausrüstung
~, некомплéктное unkomplette (nicht komplette, unvollständige) Ausrüstung
~ отéчественного производства Ausrüstung der einheimischen (nationalen) Produktion
~, патентóванное patentierte Ausrüstung
~, подéржанное gebrauchte (benutzte) Ausrüstung
~, сдавáемое в арéнду vermietete Ausrüstung
~ серúйного произвóдства Ausrüstung der Serienproduktion
~, слóжное komplizierte Ausrüstung
~, стандáртное standardisierte Ausrüstung
~, технологúческое technologische (verfahrenstechnische) Ausrüstung
~, уникáльное einzigartige (einmalige) Ausrüstung
~, устарéвшее veraltete (abgenutzte, unmoderne) Ausrüstung
~, экспонúруемое ausgestellte Ausrüstung
ОБОРУ́ДОВАТЬ ausrüsten, ausstatten; einrichten
ОБОСНОВА́НИЕ *n* Begründung *f*; Motivierung *f*
дать ~ Begründung darlegen
представлять тéхнико-экономúческое ~ technisch-ökonomische Begründung vorlegen
составлять тéхнико-экономúческое ~ technisch-ökonomische Begründung aufstellen
~, документáльное dokumentarische Begründung, Dokumentenbegründung *f*
~ претéнзии Begründung eines Anspruchs
~, тéхнико-экономúческое technisch-ökonomische Begründung
~, экономúческое ökonomische Begründung

ОБОСНО́ВАННОСТЬ *f* Beurkundung *f*, Motiviertheit *f*, Triftigkeit *f*
~ взыскáния Motiviertheit eines Einzugs (einer Einziehung)
~ вы́дачи ссýды Motiviertheit der Ausgabe eines Darlehens
~ жáлобы Motiviertheit einer Beschwerde (einer Klage)
~ изменéния ценý Motiviertheit der Preisänderung
~ претéнзии Motiviertheit eines Anspruchs
ОБОСНО́ВЫВАТЬ begründen, motivieren; den Nachweis erbringen
ОБРАБА́ТЫВАТЬ 1. (*подвергать изменению*) bearbeiten, verarbeiten 2. (*о грузе*) behandeln, abfertigen
ОБРАБО́ТКА *f* 1. (*изменение*) Bearbeitung *f*, Verarbeitung *f* 2. (*о грузе*) Behandlung *f*, Abfertigung *f*
производúть обрабóтку bearbeiten; behandeln
~ грýза Güterbehandlung *f*, Güterabfertigung *f*
~ дáнных Datenverarbeitung *f*, Aufbereitung *f* der Angaben
~, дополнúтельная Nachbearbeitung *f*, Nachabfertigung *f*
~ зая́вки Bestellungsbearbeitung *f*, Auftragsbearbeitung *f*
~ информáции Informationsverarbeitung *f*, Nachrichtenverarbeitung *f*
~ контéйнеров Abfertigung der Behälter (der Container)
~, пакéтная Abfertigung (Bearbeitung) der Pakete
~, первúчная Erstverarbeitung *f*
~, ручнáя manuelle Bearbeitung
~, статистúческая statistische Aufbereitung
~ счетóв Aufbereitung *f* (Auswertung *f*) der Rechnungen
~ чéков Aufbereitung *f* (Auswertung *f*) der Schecks
ОБРАЗЕ́Ц *m* Muster *n*; Probe *f*; Modell *n*
изготовля́ть образцы́ Muster herstellen (produzieren)
изготовля́ть по образцý nach Muster herstellen (produzieren)
осмáтривать ~ Muster besichtigen (prüfen)
отбирáть ~ Muster aussuchen (auswählen)
подготáвливать ~ Muster vorbereiten

ОБР

покупа́ть по образцу́ nach (auf) Muster kaufen
по образцу́ nach dem Muster
посыла́ть ~ Muster senden (schicken)
прилага́ть ~ Muster beilegen
продава́ть по образцу́ nach (auf) Muster verkaufen
согла́сно образцу́ laut Muster
соотве́тствовать образцу́ dem Muster entsprechen
~ без цены́ Muster ohne Preis
~, беспла́тный kostenloses Muster
~ в натура́льную величину́ Muster in Naturgröße
~, вы́ставочный Ausstellungsmuster n
~, демонстри́руемый ausgestelltes Muster
~, едини́чный einzelnes (seltenes) Muster
~, забрако́ванный aussortiertes (beanstandetes, ausgesondertes) Muster
~, запатенто́ванный patentiertes Muster
~ изде́лия Muster des Erzeugnisses (des Fabrikats)
~, испыта́тельный Testmuster n, Prüfungsmuster n
~, контро́льный Kontrollmuster n, Prüfmuster n
~, о́пытный Versuchsmuster n, Funktionsmuster n
~, пе́рвый das erste Muster
~, по́дписи Unterschriftenprobe f
~, промы́шленный Industriemuster n, Gebrauchsmuster n, industrielles Muster
~, станда́ртный Gattungsmuster n; Standardmodell n
~, типово́й Typenmuster n
~ това́ра Warenmuster n, Warenprobe f
~ упако́вки Verpackungsmuster n
~, эксперимента́льный Experimentalmuster n
ОБРАТИ́МОСТЬ f Konvertierbarkeit f, Konvertibilität f
~ валю́ты Devisenkonvertierbarkeit f, Devisenkonvertibilität f
~, ограни́ченная begrenzte (beschränkte) Konvertierbarkeit
~, по́лная volle Konvertierbarkeit
ОБРАТИ́МЫЙ konvertierbar, konvertibel
ОБРАЩЕ́НИЕ n 1. (*заявление*) Antrag m, Schreiben n 2. (*способ пользования*) Behandlung f, Handhabung f 3. (*циркуляция*) Zirkulation f, Umlauf m, Verkehr m

ОБС

изыма́ть из обраще́ния aus dem Verkehr ziehen; aus dem Umlauf ziehen
пуска́ть в ~ in Umlauf bringen
~ банкно́т Banknotenumlauf m, Banknotenzirkulation f
~ в арбитра́ж Inanspruchnahme f der Arbitrage
~, ве́ксельное Wechselverkehr m, Wechselumlauf m
~, де́нежное Geldumlauf m, Geldzirkulation f
~ капита́ла Kapitalzirkulation f, Zirkulation des Kapitals
~, небре́жное nachlässige Behandlung
~, непра́вильное unrichtige (falsche) Behandlung
~, това́рное Warenzirkulation f
~ че́ков Scheckverkehr m
ОБРЕШЁТКА f Lattenkiste f, Lattenverschlag m
ОБСЛЕ́ДОВАНИЕ n Überprüfung f, Nachprüfung f, Untersuchung f; Revision f
~, вы́борочное Stichprobenuntersuchung f
~, пане́льное Paneluntersuchung f
~ потреби́телей Überprufung der Konsumenten (der Käufer)
~ ры́нка Marktuntersuchung f
ОБСЛУ́ЖИВАНИЕ n Bedienung f; Betreuung f; Wartung f, Pflege f; Kundendienst m, Service m, Dienstleistung f
брать на себя́ ~ Bedienung übernehmen
обеспе́чивать ~ Bedienung gewährleisten (sichern)
предоставля́ть ~ Bedienung verschaffen (besorgen; zur Verfügung stellen)
~, аге́нтское Dienstleistung einer Agentur (einer Vertreterfirma), Betreuung durch einen Agenten (durch eine Vertreterfirma)
~, бро́керское Betreuung durch einen Broker
~, валю́тное Währungsservice m, Devisenservice m
~, гаранти́йное Garantiekundendienst m, Kundendienst m im Rahmen der Garantieverpflichtungen
~ до́лга Schuldendienst m
~, до́лжное gebührende (gehörige) Bedienung
~, информацио́нное Informationsversorgung f
~, ка́ссовое Abwicklung f (Führung f) der Kassengeschäfte

~, квалифици́рованное qualifizierte Bedienung, Fachbedienung *f*
~, контéйнерное Behälterversorgung *f*, Containerversorgung *f*
~, контрéйлерное Bedienung mit Spezialbehälterwagen
~, креди́тно-расчётное Kreditierungsverkehr *m*, Verrechnungsverkehr *m*
~, ли́зинговое Leasing *n*
~, материа́льно-техни́ческое materielltechnische Bedienung
~, медици́нское ärztliche (medizinische, gesundheitliche) Betreuung
~ на мéсте Service an Ort und Stelle
~ на строи́тельной площа́дке Service auf dem Bauplatz
~ по вы́зову Service auf Anruf
~ по договóрам Kontraktservice *m*
~ покупáтелей Kundendienst, Service (Dienst) an Kunden
~ посети́телей Kundendienst; Besucherservice *m*
~, послепродáжное Kundendienst nach dem Verkauf
~ потреби́телей Verbraucherdienst *m*
~ по трéбованию Service auf Forderung
~, предпродáжное Kundendienst vor dem Verkauf
~, профилакти́ческое Wartung *f*
~, расчётное Durchführung *f* des Zahlungsverkehrs (des Verrechnungsverkehrs)
~, специализи́рованное spezialisierte Bedienung
~, срóчное dringlicher Service
~, техни́ческое Wartung *f*
~, трáнспортно-экспеди́торское Güterbeförderung *f*, Güterspedition *f*, Güterversand *m*
~, тури́стское Touristenbetreuung *f*
~, финáнсовое Finanzbetreuung *f*
~, чáртерное Charterbedienung *f*
~, экспеди́торское Speditionsdienst *m*
ОБСЛУ́ЖИВАТЬ bedienen; betreuen; versorgen; warten, pflegen
ОБСТАНÓВКА *f* 1. (*окружение*) Umgebung *f*; Umwelt *f* 2. (*положение*) Lage *f*, Situation *f*
оцéнивать обстанóвку Lage (Situation) schätzen (einschätzen)
соотвéтствовать обстанóвке der Lage (der Situation) entsprechen
~, авари́йная Havariesituation *f*, Havarielage *f*
~, деловáя Geschäftsatmosphäre *f*

~, междунарóдная internationale Lage
~, экономи́ческая Wirtschaftslage *f*, ökonomische Lage
ОБСТОЯ́ТЕЛЬСТВА *n pl* Umstände *m pl*; Verhältnisse *n pl*
в си́лу обстоя́тельств kraft der Umstände
по незави́сящим от когó-л. обстоя́тельствам durch Umstände, die nicht in *jemandes* Gewalt stehen
при всех други́х обстоя́тельствах unter allen anderen Umständen
учи́тывать ~ Umstände berücksichtigen
~, дéнежные Geldverhältnisse *n pl*
~, непредви́денные unvorhergesehene Verhältnisse
~ непреодоли́мой си́лы Umstände höherer Gewalt
~, факти́ческие tatsächliche (wirkliche) Umstände
ОБУСЛÓВЛЕННЫЙ bedingt
ОБУСЛÓВЛИВАТЬ bedingen
ОБУЧÉНИЕ *n* Ausbildung *f*, Lehre *f*, Schulung *f*; Unterricht *m*; Qualifizierung *f*
~, бесплáтное unentgeltlicher Unterricht
~, индивидуáльное Einzelausbildung *f*
~ персонáла Qualifizierung des Personals (der Beschäftigten)
~ по мéсту рабóты Qualifizierung an der Arbeitsstätte
~, практи́ческое praktische Ausbildung
~, произвóдственное Qualifizierung in der Produktion
~ специали́стов закáзчика Qualifizierung der Fachleute des Auftraggebers
срок обучéния Ausbildunsfrist *f*
ОБХОДИ́ТЬСЯ 1. (*стоить*) kosten 2. (*обращаться*) behandeln, handhaben 3. (*без чего-л.*) auskommen
Ó́БЩЕСТВО *n* Gesellschaft *f*, Genossenschaft *f*, Vereinigung *f*, Verein *m*, Bund *m*
~, акционéрное Aktiengesellschaft *f*, AG
~, дочéрнее Tochtergesellschaft *f*
~, кооперати́вное Genossenschaft *f*, genossenschaftliche Vereinigung
~, реклáмное Werbegesellschaft *f*, Werbeverband *m*
~, смéшанное gemischte Gesellschaft, gemischtwirtschaftliche Gesellschaft
~ с неограни́ченной отвéтственностью Gesellschaft mit unbeschränkter Haftung

~, с ограни́ченной отве́тственностью Gesellschaft mit beschränkter Haftung
~, страхово́е Versicherungsgesellschaft *f*
~, торго́вое Handelsgesellschaft *f*
ОБЪЕДИНЕ́НИЕ *n* 1. (*союз*) Vereinigung *f*, Verbindung *f*, Verein *m*, Verband *m*, Bund *m* 2. (*слияние*) Vereinigung *f*; Zusammenziehung *f*, Zusammenlegung *f*; Zusammenschluß *m*
~ ба́нков Bankvereinigung *f*, Bankverein *m*
~, карте́льное Kartellvereinigung *f*, Kartellverband *m*
~ ма́клеров Maklervereinigung *f*
~, монополисти́ческое Monopolvereinigung *f*, Monopolverband *m*
~, нау́чно-произво́дственное Produktions- und Wissenschaftsverband
~, паево́е Anteilzusammenziehung *f*, Aktienzusammenschluß *m*
~ пате́нтов Patentkonsolidierung *f*
~ предпринима́телей Unternehmerverband *m*
~ предприя́тий Betriebsvereinigung *f*
~, торго́вое Handelsverband *m*, Handelsvereinigung *f*
~, фина́нсовое Finanzzusammenschluß *m*
ОБЪЕДИНЁННЫЙ vereinigt, vereint
ОБЪЕДИНЯ́ТЬ vereinigen, verbinden; zusammenfassen
ОБЪЕДИНЯ́ТЬСЯ sich vereinigen, sich zusammenschließen
ОБЪЕ́КТ *m* Objekt *n*; Gegenstand *m*
расширя́ть ~ Objekt erweitern
стро́ить ~ Objekt bauen (erbauen), ein Bauwerk errichten
~, вое́нный Militärobjekt *n*
~, крупномасшта́бный Objekt von großem Maßstab
~ патентова́ния Patentgegenstand *m*
~, патентоспосо́бный patentfähiges Objekt
~ страхова́ния Versicherungsgegenstand *m*, Versicherungsobjekt *n*
~, строи́тельный Bauobjekt *n*
~, стро́ящийся Objekt, das im Bau ist
ОБЪЁМ *m* Umfang *m*, Volumen *n*; Ausmaß *m*
по объёму dem Umfang (Volumen) nach; räumlich
~ вне́шней торго́вли Außenhandelsumfang *m*, Außenhandelsvolumen *n*
~ гаранти́йных обяза́тельств Umfang der Garantieverpflichtungen

~ гру́за Ladeumfang *m*, Ladungsumfang *m*
~ делов́ых опера́ций Umfang der Geschäftsoperationen
~ документа́ции Umfang der Dokumentation (der Unterlagen)
~ зака́за Auftragsumfang *m*
~ заку́пок Einkaufsumfang *m*, Einkaufsvolumen *n*
~ запа́сов Vorratsvolumen *n*
~ запрода́ж Umsatzvolumen *n*, Verkaufsvolumen *n*
~ и́мпорта Einfuhrmenge *f*, Importmenge *f*, Importumfang *m*
~ информа́ции Informationsvolumen *n*
~ капита́льных вложе́ний Investitionsvolumen *n*, Investitionsumfang *m*
~ креди́та Kreditvolumen *n*
~ ме́ста (*груза*) Größe *f* (Format *n*, Abmessung *f*, Maß *n*) des Frachtstückes
~, о́бщий Gesamtumfang *m*, Gesamtvolumen *n*
~ опера́ций Umfang (Volumen) von Operationen
~ отве́тственности Umfang der Haftung
~ па́ртии Losgröße *f*, Losumfang *m*
~ перево́зок Transportmenge *f*, Beförderungsvolumen *n*
~ перегру́зок Umfang des Umschlages
~, поле́зный Nutzinhalt *m*
~, по́лный voller Umfang
~ поста́вки Lieferhöhe *f*, Liefermenge *f*, Lieferumfang *m*
~ поступле́ний Eingangsvolumen *n*
~ проду́кции Produktionsumfang *m*, Leistungsvolumen *n*
~ промы́шленного произво́дства Produktionsvolumen *n*, Produktionsumfang *m*
~ рабо́ты Arbeitsumfang *m*, Arbeitspensum *n*
~ расхо́дов Umfang von Ausgaben, Ausgabenumfang *m*
~, среднегодово́й Umfang im Jahresdurchschnitt
~ страхова́ния Versicherungsumfang *m*
~ торго́вли Handelsvolumen *n*
~ услу́г Umfang der Leistungen
~ финанси́рования Umfang der Finanzierung
~ э́кспорта Exportumfang *m*, Exportmenge *f*, Ausfuhrmenge *f*
ОБЪЯВЛЕ́НИЕ *n* 1. (*сообщение*) Erklärung *f*, Bekanntmachung *f*; Bekanntgabe *f* 2. (*письменное*) Anzeige *f*, Veröffentlichung *f*, Bekanntmachung *f*, Annonce *f*

давáть ~ inserieren, annoncieren
помещáть ~ inserieren, annoncieren
~ бойкóта Boykotterklärung *f*
~, газéтное Zeitungsanzeige *f*, Zeitungsinserat *n*
~ о вы́плате дивидéндов Bekanntgabe der Ausschüttung der Dividenden
~ о недействи́тельности Erklärung der Ungültigkeit
~ о неплатежáх Erklärung der Nichtbezahlung
~ о неплатёжеспосóбности Erklärung der Zahlungsunfähigkeit
~ о погашéнии облигáций Bekanntgabe der Anleihetilgung
~ о торгáх Ausschreibung *f* der Auktionen
~, реклáмное Werbeanzeige *f*, Werbemitteilung *f*
ОБЪЯВЛЯ́ТЬ 1. erklären 2. (*сообщать*) bekanntmachen
~ недействи́тельным für ungültig erklären
~ неплатежеспосóбным für zahlungsunfähig erklären
~ несостоя́тельным für zahlungsunfähig (bankrott) erklären
ОБЫКНОВÉНИЕ *n* Brauch *m*, Gewohnheit *f*
~, торгóвое Handelsbrauch *m*, Handelsgewohnheit *f*, Handelssitte *f*
ОБЫ́ЧАИ *m pl* Bräuche *m pl*, Gewohnheiten *f pl*, Usancen *f pl*
по обы́чаям nach Sitten und Bräuchen
соблюдáть ~ Bräuche (Gewohnheiten) befolgen
соотвéтственно обы́чаям den Bräuchen (Sitten, Gewohnheiten) entsprechend
~, биржевы́е Börsenbräuche *m pl*, Börsenusancen *f pl*
~, иностра́нные ausländische Bräuche, Auslandsbräuche
~ покупáтелей Bräuche (Gewohnheiten) der Käufer
~ пóрта Hafenbräuche *m pl*, Hafengepflogenheiten *f pl*, Hafenusancen *f pl*
ОБЫ́ЧАЙ *m* Brauch *m*, Sitte *f*, Gewohnheit *f*, Usance *f*
~, междунарóдный internationale Gewohnheit (Usance); internationales Gewohnheitsrecht
~, мéстный lokale Gewohnheit; Ortsbrauch *m*
~, торгóвый Handelsbrauch *m*, Usance *f*, Handelsgewohnheit *f*, Handelssitte *f*

по установи́вшемуся обы́чаю hergebrachtermaßen; traditionsmäßig
ОБЯ́ЗАННОСТИ *f pl* Pflichten *f pl*, Aufgaben *f pl*, Obliegenheiten *f pl*; Verpflichtungen *f pl*
брать на себя́ ~ Pflichten (Aufgaben) übernehmen
выполня́ть ~ Pflichten erfüllen, seinen Pflichten nachkommen
исполня́ющий ~ amtierend; stellvertretend
определя́ть ~ сторóн Verpflichtungen der vertragschließenden Parteien bestimmen
распределя́ть ~ Aufgabenbereich *m* bestimmen; Verpflichtungen bestimmen
~ агéнта Pflichten des Agenten
~ принципáла Pflichten des Auftraggebers (des Agenturgebers)
~, служéбные Berufspflichten *f pl*, Dienstpflichten *f pl*
~ сторóн Verpflichtungen der vertragschließenden Seiten (Parteien)
ОБЯЗА́ТЕЛЬНЫЙ obligatorisch, verbindlich, bindend
ОБЯЗА́ТЕЛЬСТВА *n pl* Verpflichtungen *f pl*, Verbindlichkeiten *f pl*
брать на себя́ ~ Verpflichtungen übernehmen
выполня́ть ~ Verpflichtungen erfüllen, den Verpflichtungen nachkommen
налагáть ~ *jemanden* verpflichten; jemandem Verpflichtungen auferlegen
нарушáть ~ Verpflichtungen verletzen
не выполня́ть ~ Verpflichtungen nicht erfüllen
освобождáть от обязáтельств von den Verpflichtungen entbinden
отказáться от обязáтельств sich den Verpflichtungen entziehen
передавáть свои́ ~ seine Verpflichtungen übergeben
плати́ть по обязáтельствам gemäß [den] Verpflichtungen zahlen
покрывáть ~ Verpflichtungen decken (begleichen)
принимáть на себя́ ~ Verpflichtungen übernehmen
уклоня́ться от обязáтельств sich den Verpflichtungen entziehen
~ бáнка (*пассивы*) Verbindlichkeiten einer Bank
~, взаи́мные gegenseitige Verpflichtungen

ОБЯ

~, гарантийные Garantieverpflichtungen *f pl*
~, денежные Geldverpflichtungen *f pl*, Geldforderungen *f pl*
~, договорные Vertragsverpflichtungen *f pl*, Vertragspflichten *f pl*
~, долгосрочные langfristige Verpflichtungen
~, долевые Schuldverhältnisse *n pl* mit mehreren Gläubigern oder Schuldnern
~, дополнительные Nachverpflichtungen *f pl*; zusätzliche Verpflichtungen
~, инвестиционные Investitionsverpflichtungen *f pl*, Anlageverpflichtungen *f pl*
~, компенсационные Ausgleichsverpflichtungen *f pl*
~, контрактные Kontraktverpflichtungen *f pl*, vertragliche Verpflichtungen
~, краткосрочные kurzfristige (schwebende) Verpflichtungen
~, международные internationale Verpflichtungen
~, накопившиеся angesammelte (angehäufte) Verbindlichkeiten
~, невыполненные nicht erfüllte Verpflichtungen
~, непокрытые ausstehende (unbeglichene, offene) Verpflichtungen
~, отсроченные aufgeschobene Verpflichtungen
~ партнёров Verpflichtungen der Partner
~, платёжные Zahlungsverpflichtungen *f pl*
~ по акцептам Akzeptverpflichtungen *f pl*, Akzeptverbindlichkeiten *f pl*
~ по векселям Wechselverbindlichkeiten *f pl*
~ по заказам Auftragsverbindlichkeiten *f pl*
~ по погрузке Verladungsverbindlichkeiten *f pl*
~ по поставкам товаров Ablieferungspflichten *f pl*, Warenlieferungsverpflichtungen *f pl*
~ по расчётам Zahlungsverpflichtungen *f pl*; Begleichungsverbindlichkeiten *f pl*
~ по техническому обслуживанию Wartungsverpflichtungen *f pl*
~, совместные gemeinsame Verpflichtungen
~ сторон Verpflichtungen der Seiten
ОБЯЗАТЕЛЬСТВО *n* 1. Verpflichtung *f*; Verbindlichkeit *f* 2. Schuldschein *m*
без обязательства ohne Verbindlichkeit

ОГО

~, долговое Schuldverschreibung *f*, Schuldverpflichtung *f*; Schuldschein *m*, Schuldpapier *n*
~, твёрдое feste Verpflichtung *f*
~, условное Eventualverpflichtung *f*
~, финансовое finanzielle Verpflichtungen
ОВЕРДРАФТ *m* (*сумма, получаемая по чеку сверх остатка на текущем счёте*) Überziehung *f*, Überziehungskredit *m*
допустить ~ Überziehung zulassen
погасить ~ Überziehungskredit begleichen (löschen, tilgen)
ностро ~ Überziehung des Nostrokontes
ОГОВОРКА *f* Vorbehalt *m*, Klausel *f*
без оговорок ohne Vorbehalt, vorbehaltlos
вносить оговорку Klausel eintragen
иметь оговорки Klauseln *f pl* haben
применять оговорку Klausel anwenden (gebrauchen)
сделать оговорку о *чём-л.* sich *etwas* vorbehalten
согласовать оговорку Klausel vereinbaren
содержать оговорку Klausel enthalten
формулировать оговорку Kausel abfassen (formulieren)
~, арбитражная Schiedsgerichtsklausel *f*
~, безоборотная Klausel «ohne Regreß»
~, бункерная Bunkerklausel *f*
~, валютная Wertsicherungsklausel *f*, Währungsklausel *f*, Valutaklausel *f*
~, гарантийная Garantieklausel *f*
~, генеральная Generalklausel *f*
~, дополнительная nachträgliche (zusätzliche) Klausel
~, защитная Schutzklausel *f*
~, золотая Goldklausel *f*
~, курсовая Börsenkursklausel *f*
~, монопольная Alleinvertreterklausel *f*
~, мультивалютная Devisenverrechnungsklausel *f*
~ «не приказу» Klausel «nicht an Order»
~ об авариях Havarieklausel *f*
~ об аннулировании договора Klausel über Stornierung eines Vertrages; Vertragsstornierungsklausel *f*, Klausel: «Vertragsstornierung»
~ об арбитраже Arbitrageklausel *f*
~ об исключении конкуренции Konkurrenzklausel *f*, Wettbewerbsklausel *f*

~ об освобождении от ответственности Haftungsbefreiungsklausel *f*, Klausel «Haftungsfreilassung»
~ об ответственности за простой судна в ожидании причала Klausel «Verantwortung *f* für Wartezeit des Schiffes am Kai»
~ об участии страховщика в расходах по спасению Schiffsbergungsklausel *f*, Klausel «Teilnahme des Versicherers an Ausgaben für Bergung des Schiffes»
~, обычная üblicher Vorbehalt
~ о всех рисках Klausel der Versicherung gegen alle Gefahren; all risks clause *engl.*
~ о забастовках Streikklausel *f*
~ о замене товара Ersatzwarenklausel *f*
~ о канцеллинге Ladeschlußklausel *f*, Annullierungsklausel *f*
~ о минимальном обороте Mindestumsatzklausel *f*
~ о наибольшем благоприятствовании Meistbegünstigungsklausel *f*
~ о падении цен Baisseklausel *f*
~ о пересмотре цены Preisrevisionsklausel *f*
~ о повышении или понижении цены Hausse- oder Baisseklausel *f*
~ о праве замены судна другим Klausel «Recht *n* auf Schiffsersatz», Schiffsersatzrechtklausel *f*
~ о пролонгации Prolongationsklausel *f*
~ о расстройстве рейса Fahrtvereitelungsklausel *f*
~ о скользящей цене Gleitpreisklausel *f*
~ о смешанной ответственности Gemischthaftungsklausel *f*
~ о форс-мажоре Höhere-Gewalt-Klausel *f*
~ «приказу» Klausel «an Order»
~ СДР (*о специальных правах заимствования*) SDR-Klausel *f*, Klausel «Sonderziehungsrechte»
~, территориальная Territoriumsklausel *f*
~, транзитная Transitklausel *f*, Durchgangsverkehrsklausel *f*, Durchfuhrklausel *f*
~, штрафная Vertragsstrafeklausel *f*
ОГРАЖДЕНИЕ *n* Schutz *m*; Einhegung *f*
~ прав Wahrung *f* der Rechte
ОГРАНИЧЕНИЕ *n* Beschränkung *f*, Einschränkung *f*
~ ассортимента Beschränkung des Sortiments

~ ввоза Einfuhrbeschränkung *f*, Importrestriktion *f*
~ веса Gewichtseinschränkung *f*
~ импорта Einfuhrbeschränkung *f*, Importrestriktion *f*, Importbeschränkung *f*
~, кредитное Kreditbeschränkung *f*, Krediteinschränkung *f*, Kreditrestriktion *f*
~ ответственности Beschränkung der Verantwortlichkeit (Verantwortung)
~ права Rechtseinschränkung *f*
~ размера прибыли Beschränkung der Gewinnhöhe
~ срока Terminbeschränkung *f*, Fristbeschränkung *f*
~, территориальное territoriale Beschränkung, Gebietsbeschränkung *f*
~ торговли Handelsbeschränkung *f*, Handelsrestriktion *f*
~ цен Preiseinschränkung *f*
~ экспорта Ausfuhrbeschränkung *f*, Exportrestriktion *f*, Exporterschwerung *f*
ОГРАНИЧЕНИЯ *n pl* Beschränkungen *f pl*, Einschränkungen *f pl*
без ограничений ohne Beschränkungen, unbeschränkt, unumschränkt
вводить ~ Einschränkungen *f pl* einführen
освободить от ограничений von den Beschränkungen befreien
снимать ~ Beschränkungen freigeben (aufheben)
~, бюджетные Haushaltsbeschränkungen *pl*
~, валютные Währungsbeschränkungen *pl*, Valutabeschränkungen *pl*
~, дискриминационные diskriminierende Beschränkungen
~, количественные mengenmäßige Beschränkungen
~, нетарифные nicht tarifäre Beschränkungen
~, тарифные tarifäre Beschränkungen
ОГРАНИЧИВАТЬ begrenzen, beschränken
ОДНОСТОРОННИЙ einseitig
ОДОБРЕНИЕ *n* Anerkennung *f*, Billigung *f*, Zustimmung *f*; Bewilligung *f*, Genehmigung *f*
получать ~ Bewilligung erhalten
посылать товар для одобрения Ware *f* zur Genehmigung (Bewilligung) senden (schicken)
представлять на ~ zur Genehmigung (Bewilligung) vorlegen

при усло́вии одобре́ния unter der Bedingung der Zustimmung
~ ка́чества Billigung der Qualität
~, по́лное völlige Zustimmung
~, предвари́тельное vorläufige Zustimmung

ОДОБРЯ́ТЬ anerkennen, billigen, gutheißen; bewilligen, genehmigen

ОЖИВЛЕ́НИЕ n Belebung f; (*рынка*) Erholung f
~ ры́нка Erholung des Marktes, Marktbelebung f
~ торго́вли Belebung des Handels
~ хозя́йственной конъюнкту́ры Belebung der wirtschaftlichen Konjunktur
~ эконо́мики Belebung der Wirtschaft

ОЗДОРОВЛЕ́НИЕ n Sanierung f; Verbesserung f
~ эконо́мики Sanierung der Wirtschaft
~ экономи́ческих отноше́ний Sanierung der wirtschaftlichen Beziehungen

ОЗНАКОМЛЕ́НИЕ n Bekanntmachung f; Bekanntmachen n; Einführung f, Einsichtnahme f (*с чем-л.* in *Akk.*)
~ для ознакомле́ния zur Einführung (Einsicht)
~ с ассортиме́нтом Bekanntmachen mit Sortiment
~ с де́ятельностью Bekanntmachen mit Tätigkeit

ОКАЗА́ТЬСЯ sich erweisen
~ вы́годным (*о цене*) sich als vorteilhaft erweisen; (*о сделке*) sich als gewinnbringend erweisen
~ невы́годным (*о цене*) sich als unvorteilhaft erweisen; (*о сделке*) sich als nicht gewinnbringend erweisen
~ неплатёжеспосо́бным sich als zahlungsunfähig erweisen
~ при́быльным sich als einträglich erweisen

ОКОНЧА́НИЕ n Beendigung f, Abschluß m; Ende n, Schluß m, Erledigung f
~ вы́грузки Entladungsschluß m; Löschungsschluß m
~ испыта́ний Prüfungsschluß m
~ монтажа́ Montageschluß m
~ поста́вок Lieferungsschluß m
~ рабо́т Arbeitsende n, Arbeitsbeendigung f, Arbeitsschluß m
~ сро́ка гара́нтии Garantieablauf m

ОКРУГЛЕ́НИЕ n Abrundung f, Aufrundung f, Rundung f
~ цен Preisabrundung f, Preisaufrundung f

ОКРУГЛЯ́ТЬ abrunden, aufrunden
~ в бо́льшую сто́рону nach oben aufrunden
~ в ме́ньшую сто́рону nach unten aufrunden
~ до... abrunden (aufrunden) auf...

ОКУПА́ЕМОСТЬ f Rückfluß m, Rückflußdauer f; Deckung f
~ капита́льных вложе́ний Rückfluß (Rückflußdauer) der Investitionen; Kapitalrückflußdauer f

ОКУПА́ТЬСЯ zurückfließen; sich decken, sich rentieren, sich bezahlt machen

ОЛИГОПО́ЛИЯ f Oligopol n

ОМОЛОГА́ЦИЯ f Omologation f

ОНКО́ЛЬНЫЙ on-call-

ОПЕ́КА f Treuhandschaft f; Vormundschaft f; Bevormundung f
находи́ться под опе́кой unter Vormundschaft stehen; bevormundet werden
учреди́ть опе́ку над *кем-л.* jemanden unter Vormundschaft stellen
~, междунаро́дная internationale Treuhandschaft

ОПЕКУ́Н m Vormund m; Treuhänder m
назнача́ть опекуна́ einen Vormund einsetzen
~, совоку́пный Gesamtvormund m, Gesamttreuhänder m

ОПЕРА́ЦИИ f pl Geschäfte n pl, Transaktionen f pl, Operationen f pl, Verkehr m
выполня́ть ~ Operationen erfüllen
осуществля́ть ~ Operationen verwirklichen
~, погру́зочно-разгру́зочные Be- und Entladevorgänge m pl; Be- und Entladearbeiten f pl
~ с това́рно-материа́льными запа́сами Reserveinventuroperationen f pl, Bestandsaufnahmeoperationen f pl
~, товарообме́нные Warenaustauschgeschäfte pl, Warenaustauschoperationen pl
~, торго́во-посре́днические Handelsvermittlungsoperationen f pl
~, тра́нспортно-экспеди́торские Transport- und Speditionsvorgänge pl, Transport- und Speditionsarbeiten pl

ОПЕРА́ЦИЯ f Operation f, Geschäft n, Transaktion f
~, аккредити́вная Akkreditivgeschäft n, Akkreditivoperation f
~, акце́птная Akzeptoperation f

~, арбитра́жная Schiedsgerichtsoperation
~, ба́нковская Bankgeschäft n, Bankoperation f, Banktransaktion f
~, ба́ртерная Bartergeschäft n, Kompensationsgeschäft n, Tauschgeschäft n
~, биржева́я Börsengeschäft n
~, валю́тная Devisengeschäft n, Devisenoperation f, Valutageschäft n
~, ве́ксельная Wechseldiskontierung f
~, внешнеторго́вая Außenhandelsgeschäft n, Außenhandelsoperation f
~, внешнеэкономи́ческая Außenwirtschaftsgeschäft n, Außenwirtschaftsoperation f
~, грузова́я Ladearbeit f, Be- oder Entladen n; Güterabfertigung f
~, де́нежная Geldoperation f, Geldtransaktion f
~, депози́тная Depositengeschäft n
~, заку́почная Einkaufsgeschäft n
~, и́мпортная Importgeschäft n, Einfuhrgeschäft n
~, инка́ссовая Inkassogeschäft n
~, ипоте́чная Hypothekengeschäft n
~, ка́ссовая Kassengeschäft n, Kassenverkehr m
~, кли́ринговая Clearingoperation f, Verrechnungsgeschäft n
~, комиссио́нная Kommissionsgeschäft n
~, комме́рческая Geschäftsoperation f, Geschäftshandlung f, kommerzielle Transaktion
~, компенсацио́нная Kompensationsgeschäft n
~, консигнацио́нная Konsignationsgeschäft n
~, креди́тная Kreditgeschäft n, Kreditoperation f
~, лицензио́нная Lizenzgeschäft n
~, меновая Bartergeschäft n
~ на срок Geschäft auf Termin (auf [die] Dauer, auf Sicht)
~ на чёрном ры́нке Geschäft auf dem Schwarzmarkt
~, незавершённая unvollendetes Geschäft
~, онко́льная on-all-Geschäft
~, перева́лочная Umladevorgang m
~, перево́дная Überweisungsgeschäft n, Girogeschäft n
~, погру́зочная Beladevorgang m, Beladeabfertigung f
~ «под ключ» Geschäft (Operation) «schlüsselfertig»

~ по перепрода́же Wiederverkaufsgeschäft n
~ по перерабо́тке Verarbeitungsgeschäft n
~ по склади́рованию Lagerungsoperation f
~, посре́дническая Vermittlung f
~ по теку́щему счёту Operation nach dem laufenden Konto
~, разгру́зочная Entladearbeit f, Löscharbeit f
~, расчётная Verrechnungsgeschäft n, Verrechnungsoperation f
~, расчётно-ка́ссовая Verrechnungsoperation f, Zahlungs- und Kassenoperation f
~, реи́мпортная Reimportgeschäft n
~, реэ́кспортная Reexportgeschäft n
~ «своп» «Swapgeschäft» n
~ с иностра́нной валю́той Devisenhandel m, Devisengeschäft n
~, спекуляти́вная spekulative Operation
~, ссу́дная Darlehengeschäft n
~, торго́вая Handelsgeschäft n, kommerzielles Geschäft
~, транзи́тная Transitoperation f
~, трансфе́ртная Transfergeschäft n, Verrechnungsgeschäft n
~, учётная Diskontgeschäft n, Diskontoperation f
~, фина́нсовая Finanzgeschäft n, Finanzoperation f, finanzielle Transaktion
~ хеджи́рования Hedge-Geschäft n, Sicherungsarbitrage f
~, че́ковая Scheckgeschäftsvorgang m, Scheckverkehr m
~, э́кспортная Exportgeschäft n, Ausfuhrgeschäft n
~, эмиссио́нная Emissionsgeschäft n, Emissionstätigkeit f
ОПИСА́НИЕ n Beschreibung f; Schilderung f; Darstellung f
дава́ть ~ Beschreibung geben
согла́сно описа́нию laut der Beschreibung
соотве́тствовать описа́нию der Beschreibung (Schilderung) entsprechen
~ гру́за Beschreibung der Last (der Ladung)
~ дефе́ктов Beschreibung der Mängel (der Defekte)
~ изобрете́ния Beschreibung der Erfindung
~ обору́дования Beschreibung der Ausrüstung
~ образца́ Beschreibung des Musters

~ открытия Beschreibung der Entdeckung
~, полное volle (ganze) Beschreibung
~, рекламное Werbebeschreibung f
~ стандарта Beschreibung des Standards; Standardspezifizierung f
~ товара Warenbeschreibung f
ОПИСЫВАТЬ beschreiben, darstellen; umschreiben
ОПИСЬ f Liste f, Verzeichnis n
составлять ~ ein Verzeichnis aufnehmen
~, инвентарная Aufnahmeliste f, Inventarliste f
ОПЛАТА f Bezahlung f; Lohn m; (вознаграждение) Entlohnung f
без оплаты ohne Bezahlung
в оплату als Bezahlung
гарантировать оплату Bezahlung garantieren (gewährleisten)
задержать оплату Bezahlung verzögern (verschleppen)
за оплату für Bezahlung
отказаться от оплаты auf die Bezahlung verzichten
подлежать оплате zahlbar sein, fällig sein
предъявлять к оплате zur Bezahlung (Einlösung) vorlegen
производить оплату Bezahlung leisten (ausführen)
с оплатой mit Bezahlung
требовать оплаты Bezahlung fordern (verlangen)
~, аккредитивная Bezahlung durch Akkreditiv
~ векселя Einlösung f des Wechsels
~ в иностранной валюте Bezahlung in fremder Währung
~ в натуральной форме Bezahlung in der Naturalform
~ вперёд Vorauszahlung f
~, гарантированная garantierte Zahlung
~, денежная Geldvergütung f, Zahlung in (mit) Geld
~, дополнительная Nachzahlung f; Zuschlag m
~, досрочная vorfristige Zahlung
~ задним числом zurückdatierte (nachdatierte) Zahlung
~ за прошлый период Zahlung für verflossene (verlaufene) Periode
~ инкассо Inkassoverfahren n
~ наличными Barbezahlung f; Zahlung in Bargeld; Kassenzahlung f
~ натурой Naturvergütung f

~, немедленная Sofortbezahlung f, Sofortbezahlungsverfahren n
~ неустойки Bezahlung der Konventionalstrafe
~ перевозок Bezahlung für Beförderung (für Transport)
~, повременная Zeitlohn m
~ погрузочных работ Bezahlung für Beladearbeiten (für Ladearbeiten)
~, подённая Tageslohn m; Lohn m für Gelegenheitsarbeit
~, помесячная Monatslohn m
~, поощрительная stimulierende (fördernde) Bezahlung
~ по предъявлении Bezahlung beim Vorlegen (bei Vorweisung, bei Vorzeigung)
~, последующая nächste (folgende) Bezahlung
~ поставками товаров Bezahlung durch Warenlieferungen
~ поставок Bezahlung für Lieferungen
~, почасовая Stundenlohn m
~, поштучная Stücklohn m
~, поэтапная etappenweise Bezahlung
~, предварительная Zahlung durch vorausbestätigte Überweisung
~, просроченная in Verzug geratene Zahlung
~ против документов Bezahlung gegen Dokumente
~, своевременная rechtzeitige Bezahlung
~, сдельная Leistungslohn m, Stücklohn m
~, сдельно-премиальная Leistungs-Prämienlohn m; Prämienstücklohn m
~ счёта Begleichung f einer Rechnung
~, частичная teilweise (partielle) Bezahlung
~ чека Einlösung f des Schecks
~ чеком Zahlung mit Scheck
ОПЛАЧЕННЫЙ bezahlt; beglichen
ОПЛАЧИВАТЬ bezahlen; (счёт) begleichen
~ вперёд im voraus zahlen
~ задним числом zurückdatiert (nachdatiert) zahlen
~ заранее im voraus bezahlen (begleichen)
ОПЛОМБИРОВАНИЕ n Verplomben n, Plombenverschluß m
ОПЛОМБИРОВАТЬ verplomben

ОПРЕДЕЛЕ́НИЕ n 1. (*установление*) Bestimmung *f;* Ermittlung *f;* Feststellung *f*
2. (*арбитража*) Beschluß *m,* Rechtsspruch *m,* Schiedsspruch *m*
~ ассортиме́нта Sortimentsbestimmung *f*
~ ве́са Gewichtsbestimmung *f*
~ затра́т Festsetzung *f* der Kosten (der Aufwände)
~ изде́ржек Festsetzung *f* der Ausgaben (der Spesen, der Kosten)
~ ка́чества Qualitätsbestimmung *f*
~ коли́чества Quantitätsbestimmung *f*
~ но́рмы проце́нта Normenfestsetzung *f* der Zinsen
~ отве́тственности Bestimmung der Verantwortlichkeit (der Haftung)
~ разме́ра роя́лти Royaltiesbestimmung *f*
~ расхо́дов Ausgabenbestimmung *f,* Kostenbestimmung *f*
~ рента́бельности Rentabilitätsberechnung *f*
~ сто́имости Wertbestimmung *f*
~ страхово́го возмеще́ния Bestimmung (Ermittlung) der Versicherungsentschädigung
~ страхово́й отве́тственности Bestimmung der Versicherungshaftpflicht
~, суде́бное Rechtsspruch *m,* Schiedsspruch *m,* Beschluß *m*
~ убы́тков Schadenermittlung *f*
~ экономи́чности Bestimmung (Ermittlung) der Wirtschaftlichkeit (der Rentabilität)
ОПРЕДЕЛЯ́ТЬ bestimmen; festsetzen
ОПРИХО́ДОВАНИЕ n Aktivierung *f*
~ материа́льных це́нностей Aktivierung der materiellen Werte
ОПРИХО́ДОВАТЬ aktivieren
ОПРО́С *m* Befragung *f,* Umfrage *f*
проводи́ть ~ Umfrage durchführen (veranstalten)
~, втори́чный abermalige (nochmalige, wiederholte) Umfrage
~, вы́борочный auszugsweise Befragung
~ населе́ния Umfrage der Bevölkerung
~, пане́льный Paneelbefragung *f*
~ покупа́телей Umfrage der Käufer
~ потреби́телей Umfrage der Konsumenten (der Abnehmer; der Verbraucher)
~, репрезентати́вный repräsentative Umfrage
~, целево́й zielgerichtete (spezielle) Umfrage

ОПРОТЕСТОВА́НИЕ *n* Protesterhebung *f,* Protest *m*
~ ве́кселя Wechselprotest *m*
~ неакце́пта Protest eines Nichtakzeptes
~ неплатежа́ Protest einer Nichtbezahlung
ОПРОТЕСТО́ВЫВАТЬ protestieren
ОПТИМА́ЛЬНЫЙ optimal
ОПТОВИ́К-ПОКУПА́ТЕЛЬ *m* Grossist *m,* Großhändler *m*
ОПТО́ВО-РО́ЗНИЧНЫЙ Groß- und Einzelhandels-
ОПТО́ВЫЙ en groß, Großhandel-
О́ПТОМ en gros, im großen; im Großhandel
покупа́ть ~ Engroseinkäufe *pl* machen; im großen kaufen
продава́ть ~ im großen verkaufen
ОПЦИО́Н *m* Option *f;* Wahlrecht *n*
воспо́льзоваться опцио́ном Option ausnutzen (ergreifen)
испо́льзовать ~ Option ausnutzen
предоставля́ть ~ Option gewähren (einräumen)
~, валю́тный Währungsoption *f*
~ вы́грузки Option der Entladung (der Löschung)
~, географи́ческий geographische Option
~, грузово́й Ladungsoption *f,* Frachtoption *f,* Warenoption *f*
~, двойно́й Doppeloption *f,* Doppelprämie *f*
~ на заку́пку Kaufoption *f*
~ на прода́жу Verkaufsoption *f*
~ погру́зки Verladeoption *f*
~ покупа́теля Vorprämie *f;* Option des Käufers
~ продавца́ Rückprämie *f;* Option des Verkäufers
ОПЦИО́ННЫЙ Options-; wahlrechtlich, wahlfrei
О́ПЫТ *m* Erfahrung *f;* Versuch *m,* Experiment *n,* Probe *f*
дели́ться о́пытом Erfahrung austauschen
займствовать ~ Erfahrung übernehmen
име́ть ~ Erfahrung haben
испо́льзовать ~ *jemandes* Erfahrungen *pl* auswerten
передава́ть ~ sein Können vermitteln; Erfahrung übergeben
перенима́ть ~ Erfahrung übernehmen
проверя́ть на о́пыте erfahrungsgemäß testen (prüfen)

руково́дствоваться о́пытом sich von der Erfahrung leiten lassen; sich nach der Erfahrung richten
~, внедре́нческий fördernde (einführende) Erfahrung
~ в овладе́нии ры́нком Erfahrung in Marktbeherrschung, Marketing know-how
~ запрода́ж Vorverkaufserfahrung f
~, зарубе́жный ausländische (fremde) Erfahrung
~, произво́дственный Produktionserfahrung f
~, техни́ческий technische Erfahrung
~, управле́нческий Erfahrung in der Leitung; Erfahrung auf dem Gebiet der Leitungstätigkeit
~ эксплуата́ции Bedienungserfahrung f
О́ПЫТНЫЙ erfahren, Erfahrungs-; Versuchs-, experimentell
О́РГАН m (*учреждение*) Organ n, Stelle f; Behörde f
~, законода́тельный Gesetzgebungsorgan n, gesetzgebendes Organ
~, исполни́тельный Exekutivorgan n, vollziehendes Organ
~, компете́нтный zuständiges (kompetentes) Organ
~, консультати́вный Beraterorgan n, beratendes Organ
~, ме́стный Lokalorgan n, lokales (örtliches) Organ
~, нало́говый Steuerorgan n
~, правоохрани́тельный Rechtsschutzorgan n
~, фина́нсовый Finanzorgan n, finanzielles Organ
ОРГАНИЗА́ТОР m Organisator m
ОРГАНИЗА́ЦИЯ f 1. (*объединение, учреждение*) Organisation f, Unternehmen n, Vereinigung f 2. (*основание, учреждение чего-л.*) Organisierung f, Organisation f 3. (*устройство, организация*) Organisation f, Struktur f, Einrichtung f
~, аге́нтская Vertreterorganisation f; Agentur f
~, арбитра́жная Schiedsgerichtsorganisation f
~ би́знеса Organisation des Geschäftes; Busineβorganisation f
~, валю́тно-креди́тная Währungs- und Kreditorganisation f
~, валю́тно-фина́нсовая Währungs- und Finanzorganisation f

~, внешнеторго́вая Außenhandelsorganisation f
~ в систе́ме ма́ркетинга Marketingorganisation f, Marktwirtschaftsorganisation f
~, головна́я Hauptorganisation f
~, госуда́рственная staatliche Organisation
~, заготови́тельная Erfassungs- und Aufkaufsbetrieb m
~, заку́почная Einkaufsorganisation f
~, инспекцио́нная Insperktionsorganisation f
~, компете́нтная zuständige (befugte) Organisation
~, контроли́рующая Kontrollorganisation f
~, креди́тная Kreditorganisation f; Kreditinstitution f
~ ма́ркетинга Marketingorganisation f
~, междунаро́дная internationale Organisation
~, нау́чно-иссле́довательская wissenschaftliche Forschungsstelle (Forschungseinrichtung)
~, нейтра́льная neutrale Organisation
~, некомме́рческая nicht gewinnorientierte Organisation
~, обслу́живающая Dienstleistungsbetrieb m
~, обще́ственная Massenorganisation f
~, подря́дная Hauptauftragnehmer m
~ по ры́ночному при́нципу Organisation nach dem Marktprinzip
~ по това́рному при́нципу Organisation nach dem Warenprinzip
~, потреби́тельская Verbraucherorganisation f
~, прави́тельственная Regierungsorganisation f
~ произво́дства Organisation der Produktion; Fertigungsorganisation f
~, распредели́тельная Verteilungsorganisation f
~ рекла́мы Organisierung (Organisation) der Werbung
~ ро́зничной торго́вли Organisierung (Organisation) des Einzelhandels
~ ро́зничной торго́вли вблизи́ автомагистра́лей Organisation des Einzelhandels in der Nähe der Autohauptverkehrsadern
~, складска́я Depotorganisation f
~, сме́шанная gemischte (vermischte) Organisation

~, совме́стная gemeinsame Organisation, Gemeinschaftsorganisation f
~, специализи́рованная spezialisierte Organisation
~, строи́тельная Baubetrieb m
~, строи́тельно-монта́жная Bau- und Montageorganisation f
~, субподря́дная Nachauftragnehmer m
~, торго́вая Handelsorganisation f
~ торго́вли Organisation (Organisierung) des Handels
~, тра́нспортная Transportfirma f
~, тра́нспортно-экспеди́торская Speditionsfirma f
~ управле́ния Leitungsorganisation f
~ услу́г Dienstleistungseinrichtung f
~, финанси́рующая finanzierende Organisation
~, функциона́льная funktionale (funktionelle) Organisation
~, ча́стная Privatorganisation f, private Organisation
ОРГАНИЗА́ЦИЯ-СМЕ́ЖНИК f Zubringerbetrieb m, der kooperierende Betrieb
О́РГАНЫ m pl Organe n pl
~ вла́сти Machtorgane n pl
~ управле́ния Verwaltungsorgane n pl, Verwaltungskörperschaft f, Leitungsorgane n pl
О́РДЕР m Order f, Anweisung f; Berechtigungsschein m; Bezugsschein m
выдава́ть ~ Order ausstellen
заходи́ть в порт «на о́рдер» Hafen «an Order» anlaufen
«по о́рдеру» «an Order»
~, грузово́й Ladeorder f
~, ка́ссовый Kassenanweisung f
~ на вы́дачу Auslieferungsschein m
~ на погру́зку Ladungsorder f, Ladeorder f
~ на поку́пку Kaufbelegzettel m, Kaufbelegschein m
~ на получе́ние това́ра Warenbezugsschein m, Warengutschein m
~, платёжный Zahlungsorder f, Zahlungsanweisung f
~, погру́зочный Ladeorder f
~, прихо́дный Einnahmebeleg m; Eingangsmeldung f; Eingangsschein m
~, расхо́дный Ausgabebeleg m, Kassenausgabebeleg m
~, фрахто́вый Befrachtungsauftrag m, Charterauftrag m

О́РДЕРНЫЙ Order-
ОРИГИНА́Л m Original n, Vorlage f; Urschrift f
в оригина́ле im Original
снима́ть ко́пию с оригина́ла eine Kopie (Abschrift) vom Original machen
~ аккредити́ва Originalakkreditiv n
~ докуме́нта Originaldokument n
~ коносаме́нта Originalkonnossement n
~ переводно́го ве́кселя Originaltratte f, Original des trassierten Wechsels
~ факту́ры Originalfaktura f, Originalrechnung f
ОРИЕНТА́ЦИЯ f Orientierung f
~, э́кспортная Exportorientierung f
ОСВА́ИВАТЬ aneignen, beherrschen; in Betrieb nehmen; erschließen
ОСВОБОЖДА́ТЬ befreien; (от нало́гов, по́шлин, обяза́тельств) erlassen; entlasten von Dat.
ОСВОБОЖДЕ́НИЕ n Befreiung f, Erlösung f; Entbindung f
~ от нало́гов Steuererlaß m, Steuerfreiheit f
~ от обяза́тельств Entbindung von den Verpflichtungen
~ от отве́тственности Befreiung von Verantwortung
~ от пла́ты Erlassung f von der Zahlung
~ от по́шлин Erlassung f von Zollgebühren, Zollbefreiung f
ОСВОЕ́НИЕ n Aneignung f, Beherrschung f; Anlaufen n, Inbetriebnahme f; Erschließung f; Nutzung f
~ лице́нзии Meisterung f (Beherrschung) der Lizenz
~ но́вого обору́дования Meisterung f (Beherrschung) der neuen Ausrüstung
~ но́вой проду́кции Aufnahme f der neuen Produktion
~ но́вых ме́тодов Aneignung (Übernahme f) neuer Verfahren
~ о́пыта Auswertung f der Erfahrungen
~ произво́дства Anlaufen der neuen Produktion
~, промы́шленное industrielle Nutzbarmachung
~ ры́нка Erschließung des Marktes
~, сери́йное serienmäßige (serienweise) Aneignung, Serienaneignung f
ОСЛАБЛЕ́НИЕ n Schwächung f, Nachlassen n, Dämpfung f; Lockerung f
~ инфля́ции Abschwächung f der Inflation

~ конкурéнтных позиций Nachlassen (Lockerung) der Konkurrenzstellungen
~ ограничéний Lockerung von Beschränkungen
~ спрóса Schwächung der Nachfrage
ОСМÁТРИВАТЬ besichtigen; mustern; untersuchen, prüfen
«осмóтрено-одóбрено» «besichtigt-genehmigt»
ОСМÓТР m Besichtigung f; Prüfung f; Untersuchung f, Visitation f, Inspektion f, Kontrolle f
откáзываться от осмóтра sich auf die Besichtigung (die Prüfung) verzichten
покупáть с услóвием предварительного осмóтра и одобрéния mit Bedingung der Vorprüfung und der Bewilligung kaufen
проводить (производить) ~ besichtigen; untersuchen; kontrollieren
проходить ~ Besichtigung (Untersuchung) durchlaufen
~, ветеринáрный veterinäre (tierärztliche) Untersuchung
~, визуáльный visuelle (visuale) Prüfung
~, внéшний Beschauprüfung f
~, вторичный abermalige (nochmalige, wiederholte) Prüfung
~ выставки Besichtigung der Ausstellung
~ до постáвки Besichtigung (Kontrolle) vor Lieferung
~ оборýдования Prüfung (Kontrolle) der Ausrüstung
~ образцóв Prüfung (Kontrolle) der Muster
~, предварительный Vorprüfung f
~, профилактический vorbeugende Besichtigung (Durchsicht)
~, сюрвéйерный Schadensbesichtigung f
~, тамóженный Zollkontrolle f, zollamtliche Prüfung
~ территóрии Besichtigung (Inspektion) des Territoriums
~ товáра Warenprüfung f
ОСНÓВА f Basis f, Grundlage f; Fundament n
брать за оснóву als Basis nehmen
на арéндной оснóве auf Pachtgrundlage, auf Mietgrundlage
на взаимовыгодной оснóве auf der Grundlage des beiderseitigen Vorteils
на давальческой оснóве auf der Veredelungsgrundlage, auf der Lohnvered(e)lungsgrundlage

на договóрной оснóве auf vertraglicher Grundlage (Basis)
на долговрéменной оснóве auf langfristiger Grundlage
на комиссиóнной оснóве auf Kommissionsbasis
на компенсациóнной оснóве auf Kompensationsgrundlage
на конкурéнтной оснóве auf Konkurrenzgrundlage
на оснóве auf Grund; auf (der) Grundlage
на оснóве совмéстного предприятия auf Basis des Gemeinschaftsbetriebes
на оснóве товарообмéна auf [der] Grundlage des Warenaustausches
на паритéтной оснóве auf gleichberechtigter Grundlage
принимáть за оснóву als Basis nehmen
ОСНОВÁНИЕ n 1. (дéйствие) Gründung f, Stiftung f 2. (причина, повод) Grund m; Beweggrund m; Anlaß m
дéйствовать на основáнии чего-л. auf Grund Gen. handeln (wirken)
на закóнном основáнии auf gesetzlichem Grunde
на óбщих основáниях unter allgemeinen (üblichen) Bedingungen
на рáвных основáниях mit gleichem Recht
~ для откáза Recht n (Grund) für Absage
~ для предъявлéния иска Grund für Klageerhebung
~ для предъявлéния претéнзии Grund für Ansprucherhebung (für Beanstandung)
~, юридическое gesetzlicher (rechtmäßiger) Grund; Rechtsgrundlage f
ОСНÓВЫВАТЬ gründen, begründen, stiften; Grundstein m legen
ОСТÁТОК m 1. (остáвшаяся часть чего-л.) Rest m, Restbestand m 2. (бухг. — сáльдо) Restbetrag m, Restbestand m; Saldo m
переносить ~ Restbestand m vorverlegen (übertragen)
~ в вáшу пóльзу Bestand (Saldo) zu Ihren Gunsten
~, дебетóвый Sollsaldo m
~ дéнег Geldbestand m
~ дóлга Rest der Schuld
~ запáсов Rest der Vorräte
~, кáссовый Kassenrestbestand m
~, крéдитовый Habensaldo m

~ на бюджётном счету́ nicht ausgenutzte Haushaltsmittel
~ на вкла́де Restbestand in der Einlage (im Depositum)
~, нали́чный Kassenrestbestand *m*
~ на счету́ Kontorestbestand *m*, Restbestand auf dem Konto
~, неиспо́льзованный unausgenutzter (unverbrauchter) Restbestand
~ непога́шенной задо́лженности Restbestand ungetilgter Schuld
~, переходя́щий Endbestand *m*, transitorischer Bestand
~ проце́нтов Zinsenrest *m*
~ су́ммы Rest der Summe
~ това́рно-материа́льных це́нностей Restbestand der Waren und Sachwerte
~, чи́стый Nettorestbestand *m*

ОСУЩЕСТВЛЕ́НИЕ *n* Verwirklichung *f*, Ausführung *f*, Realisierung *f*; Erfüllung *f*
~ догово́ра Erfüllung des Vertrages
~ затра́т Realisierung der Aufwände
~ опера́ций Durchführung *f* (Realisierung) der Operationen
~ платеже́й Zahlungserledigung *f*
~ прое́кта Projektablauf *m*; Verwirklichung des Projekts
~ рабо́т Erfüllung der Arbeiten

ОТБО́Р *m* Auswahl *f*; Auslese *f*; Aussonderung *f*, Entnahme *f*
производи́ть ~ *чего-л.* auswählen, aussondern, aussortieren
~ образцо́в Musterentnahme *f*, Musterziehung *f*
~ проб Probenentnahme *f*, Probennahme *f*

ОТБРАКО́ВКА *f* Aussonderung *f*, Ausmusterung *f*; Beanstandung *f*
~ това́ра Beanstandung der Ware

ОТВЕ́С *m* 1. (*взве́шивание*) Abwiegen *n*, Wägen *n* 2. (*сертифика́т*) Gewichtsnota *f*, Gewichtsbescheinigung *f*
~, заве́ренный beglaubigtes (bescheinigtes) Abwiegen

ОТВЕ́ТСТВЕННОСТЬ *f* Verantwortung *f*; Verantwortlichkeit *f*; Haftbarkeit *f*, Haftung *f*
брать на себя́ ~ Haftung (Verantwortung) auf sich nehmen; Haftung übernehmen
на свою́ ~ für eigene Verantwortung (Haftung)
нести́ ~ Verantwortung tragen, verantwortlich sein; haften für *Akk.*

ограни́чивать ~ Verantwortung beschränken
освобожда́ть от отве́тственности von der Verantwortung (der Haftung) befreien
переклáдывать ~ на *кого-л.* die Verantwortung auf *jemanden* schieben (wälzen)
под чью-л. ~ auf *jemandes* Verantwortung
привлека́ть к отве́тственности zur Verantwortung ziehen
разделя́ть ~ mitverantwortlich sein
снима́ть ~ с себя́ Verantwortung ablehnen; sich der Verantwortung entledigen
«с отве́тственностью за ча́стную ава́рию» «besondere Havarie eingeschlossen»
уклоня́ться от отве́тственности der Verantwortung entgehen
~, администрати́вная administrative Verantwortung
~, внедогово́рная außervertragliche Hauptpflicht
~, де́нежная Geldhauptpflicht *f*; geldbetreffende Verantwortlichkeit
~ за нарушéние Verantwortung (Haftung) für Verletzung
~ за недоста́чу Verantwortung für Fehlmenge (für Manko)
~ за ненадлежа́щее исполне́ние обяза́тельств Verantwortung für ungenügende Pflichterfüllung
~ за перево́зку Verantwortung für Beförderung (für Transport)
~ за поста́вку Verantwortung für Lieferung
~ за убы́тки Verantwortung für Verluste (für Schäden)
~, иму́щественная Vermögenshaftung *f*, dingliche Haftung
~, ли́чная persönliche Verantwortung
~, материа́льная materielle Haftung
~, неограни́ченная unbeschränkte Haftung (Verantwortung)
~, ограни́ченная beschränkte Haftung (Verantwortung)
~, персона́льная persönliche Verantwortung
~ по гара́нтии Verantwortung auf Garantie
~ по долга́м Verantwortung auf Schulden
~ по и́ску Verantwortung auf Klage (auf Forderung)

ОТВ

~, пóлная volle (ganze) Verantwortung
~, солидáрная Solidarhaftung *f*; solidarische Haftung
~, финáнсовая finanzielle Verantwortung
~, экономи́ческая ökonomische (wirtschaftliche) Verantwortung
ОТВÉТСТВЕННЫЙ verantwortlich; haftbar
~ за *что-л.* verantwortlich für *Akk.*
счита́ть *кого-л.* отвéтственным за *что-л. jemanden* für *etwas* verantwortlich halten
ОТВÉТЧИК *m* Beklagte *sub m*
~ по и́ску Beklagter wegen der Entschädigung
ОТВÓД *m* (*отстранение*) Verwerfung *f*; Zurückweisung *f*, Ablehnung *f*
~ арби́тра Einspruch gegen Arbiter (Schiedsrichter)
ОТГРУЖА́ТЬ verladen, zur Verladung bringen; abladen; verschiffen
~ без упакóвки ohne Verpackung verladen
~ в вагóн in Wagen verladen
~ в упакóвке in Verpackung (verpackt) verladen
~ навáлом unverpackt (als Massengut) verladen
~ на самолёте mit (auf) Flugzeug verladen
~ на су́дне verschiffen
~ на́сыпью geschüttet verladen
~ на э́кспорт für Export verladen (verschiffen)
~ па́ртиями in Partien (in Posten) verladen (verschiffen)
~ по желéзной дорóге mit (auf) der Einsenbahn verladen
~ по накладнóй gegen Frachtbrief (Ladeschein, Begleitschein) verladen
ОТГРУ́ЗКА *f* Verladung *f*, Verladen *n*; Versand *m*; Abladung *f*; (*на пароход*) Verschiffung *f*
готóвый к отгру́зке versandbereit sein, abladebereit sein
до отгру́зки vor der Verladung (Abladung, Verschiffung); vor dem Verladen (Versand)
заде́рживать отгру́зку Verladung verzögern
осуществля́ть отгру́зку Verladung vornehmen (durchführen)
переноси́ть отгру́зку Verladung verlegen (verschieben)

ОТК

подготáвливать к отгру́зке zur Verladung bereiten
приостанáвливать отгру́зку Verladung einstellen (aufhalten)
производи́ть отгру́зку verladen, versenden, abladen; verschiffen
разреша́ть отгру́зку Verladung (Verschiffung) erlauben
с немéдленной отгру́зкой mit sofortiger Verladung (Verschiffung)
ускоря́ть отгру́зку Verladung beschleunigen
~ в контéйнерах Verladung in Behältern
~ в срок fristgemäße Verladung, Verladung zur Frist
~ в счёт погашéния задóлженности Verladung zur Schuldtilgung (zum Schuldausgleich)
~, досрóчная vorfristige Verladung
~, задéржанная verzögerte Verladung
~ навáлом lose (unverpackte) Verladung, Verladung als Massengut
~ на пáлубу Verladung an (auf) Deck; Deckverladung *f*
~ на́сыпью geschüttete Verladung
~, немéдленная soforte (prompte) Verladung
~ однóй пáртией Verladung in einer Partie
~ отдéльных пáртий Verladung einzelner Partien
~ по контрáкту Verladung laut Kontrakt (Vertrag); kontraktmäßige Verladung
~, просрóченная überfällige (ungültige) Verladung; Ladeversäumnis *n*
~ с завóда-изготови́теля Verladung ab Herstellerwerk
~ товáра Verladung der Ware
~, части́чная Teilverladung *f*
ОТГРУ́ЗОЧНЫЙ Verlade-; Verschiffungs-
ОТЗЫ́В *m* (*возврат*) Abruf *m*; Widerruf *m*
~ докумéнтов Widerruf der Dokumente
~ креди́та Rückverrechnung *f* des Kredits
~ товáра Abruf der Ware
~ чéка Rückverrechnung *f* des Schecks
ОТЗЫВА́ТЬ abrufen; widerrufen; rückverrechnen
ОТЗЫВНÓЙ widerruflich
ОТКÁЗ *m* Ablehnung *f*, Absage *f*; Verweigerung *f*; Verzicht *m*; Rücktritt *m*

заявля́ть об отка́зе über *Akk.* Ablehnung (Verweigerung) benachrichtigen
получа́ть ~ Ablehnung erhalten (bekommen)
~ в акце́пте Akzeptverweigerung *f*, Annahmeverweigerung *f*
~ в вы́даче пате́нта Ablehnung (Verweigerung) der Patenterteilung
~ в и́ске Abweisung *f* der Klage
~ в платеже́ Zahlungsverweigerung *f*, Verweigerung der Zahlung
~ в предоставле́нии лице́нзии Verweigerung der Lizenzgewährung
~ в предоставле́нии ссу́ды Beleihungsverweigerung *f*, Verweigerung der Beleihung
~ от возмеще́ния Verzicht auf Entschädigung
~ от выполне́ния обяза́тельств Verweigerung der Einlösung der Verpflichtungen
~ от догово́ра Rücktritt vom Vertrag
~ от зая́вки Antragsverweigerung *f*
~ от опла́ты Zahlungsverweigerung *f*
~ от опцио́на Optionsverweigerung *f*
~ от пате́нта Patentabsage *f*, Patentablehnung *f*
~ от прав Verzicht auf Rechte
~ от прете́нзии Verzicht auf eine Reklamation (auf einen Anspruch)
~ от приёмки Abnahmeverweigerung *f*
~ от проте́ста Verzicht auf einen Protest (auf einen Anspruch)
~ от това́ра Verweigerung der Ware
~ от това́рного зна́ка Ablehnung des Warenzeichens
~ от уча́стия в вы́ставке Verzicht auf die Teilnahme an der Ausstellung
ОТКА́ЗЫВАТЬ absagen, ablehnen; verweigern
ОТКА́ЗЫВАТЬСЯ ablehnen; versagen; zurücknehmen; verzichten
ОТКЛА́ДЫВАТЬ (*отсрочивать*) aufschieben, verlegen
~ до bis zu *Dat.* aufschieben
~ на aufschieben auf *Akk.*
ОТКЛОНЕ́НИЕ *n* 1. Abweichen *n*, Abweichung *f* 2. (*отказ*) Ablehnung *f*, Abschlagen *n*
~, допусти́мое zulässige Abweichung
~ зая́вки Ablehnung *f* der Bestellung
~ и́ска Zurückweisung *f* der Klage
~ ка́чества Qualitätsdifferenz *f*
~ коли́чества Quantitätsdifferenz *f*

~ от маршру́та Abweichung von [der] Marschroute
~ от но́рмы Normabweichung *f*
~ от парите́та Abweichung von der Parität
~ от станда́рта Abweichung vom Standard
~ предложе́ния Ablehnung der Offerte (des Angebots)
~ прете́нзии Ablehnung eines Anspruchs (einer Reklamation)
~ тре́бования Ablehnung einer Forderung
~ цен от сто́имости Preisabweichung *f* vom Wert
ОТКРЫ́ТИЕ *n* 1. (*действие*) Eröffnung *f*, Öffnen *n* 2. (*научное*) Entdeckung *f*
патентова́ть ~ Entdeckung patentieren lassen
сде́лать ~ Entdeckung machen
~ аккредити́ва Eröffnung des Akkreditivs
~ ба́нковского счёта Eröffnung des Bankkontos
~ би́ржи Börsenbeginn *m*
~ вы́ставки Eröffnung der Ausstellung
~ креди́та Eröffnung (Gewährung *f*) des Kredits
~, официа́льное offizielle Eröffnung
ОТЛИ́В *m* (*утечка*) Abfluß *m*, Abfließen *n*
~ де́нег Geldabfluß *m*
~ капита́ла Kapitalabfluß *m*
ОТЛИ́ЧИЕ *n* Unterschied *m*
~, патентоспосо́бное patentfähiger Unterschied
~ по ка́честву Unterschied in der (durch die) Qualität
~ по цве́ту Unterschied in Farbe
ОТМЕ́НА *f* Abschaffung *f*; Außerkraftsetzung *f*; Aufhebung *f*; Widerruf *m*
~ валю́тных ограниче́ний Aufhebung von Währungseinschränkungen
~ зака́за Abbestellung *f*; Auftragsannullierung *f*; Zurückziehung *f* des Auftrags
~ кво́ты Abschaffung der Quote (des Anteils)
~ нало́га Abschaffung der Steuer
~ по́шлины Abschaffung von Zoll; Aufhebung des Zolls
~ тари́фа Abschaffung des Tarifs; Aufhebung des Tarifs
~ торго́вых барье́ров Aufhebung der Handelsschranken (der Handelssperren)

ОТМЕНЯТЬ abschaffen, aufheben, beseitigen; außer Kraft setzen; zurückziehen; widerrufen

ОТМЕ́ТКА *f* (*знак, сделанный на чём-л.*) Vermerk *m;* Notiz *f;* Zeichen *n*
де́лать отме́тку Vermerk machen
содержа́ть отме́тку Vermerk enthalten
~ в коносаме́нте Konnossementsvermerk *m*
~, контро́льная Kontrollvermerk *m*
~ о ве́се Gewichtsvermerk *m*
~ о «всех ри́сках» Zeichen «Alle Risiken»; «all-in-all risks» *engl.*
~ о палу́бном гру́зе Decklastvermerk *m*, Deckfrachtvermerk *m*
~ о происхожде́нии Kennzeichen *n* des Ursprungslandes
~ отправи́теля Vermerk des Absenders

ОТНОСИ́ТЬ beziehen
~ на счёт Konto *n* belasten; auf die Rechnung setzen

ОТНОШЕ́НИЯ *n pl* Beziehungen *f pl;* Verhältnisse *n pl*
подде́рживать делов́ые ~ Geschäftsbeziehungen *f pl* unterhalten
развива́ть ~ Beziehungen erweitern (entwickeln)
разорва́ть ~ Beziehungen abbrechen
расширя́ть ~ Beziehungen erweitern
укрепля́ть ~ Beziehungen festigen
урегули́ровать ~ Beziehungen regeln (regulieren)
установи́ть ~ Beziehungen herstellen (aufnehmen)
~, валю́тно-фина́нсовые Währungs- und Finanzbeziehungen *f pl*
~, взаимовы́годные gegenseitig vorteilhafte Beziehungen
~, внешнеторго́вые Außenhandelsbeziehungen *f pl*
~, внешнеэкономи́ческие außenwirtschaftliche Beziehungen
~, делов́ые Geschäftsbeziehungen *f pl,* geschäftliche Beziehungen
~, догово́рные Vertragsbeziehungen *f pl*
~, креди́тно-де́нежные Geld-Kreditbeziehungen *f pl*
~, иму́щественные Vermögensverhältnisse *n pl;* Besitzverhältnisse *n pl*
~, междунаро́дные internationale Beziehungen
~, ме́новые Austauschverhältnisse *n pl,* Tauschverhältnisse *n pl*

~, плате́жные Zahlungsbeziehungen *f pl,* Zahlungsverkehr *m*
~, произво́дственные Produktionsverhältnisse *n pl*
~, расчётные Verrechnungsverkehr *m*
~, ры́ночные Marktverhältnisse *n pl*
~, това́рно-де́нежные Ware-Geld-Beziehungen *f pl*
~, това́рные Warenbeziehungen *f pl*
~, торго́вые Handelsbeziehungen *f pl*
~, фина́нсовые Finanzbeziehungen *f pl,* finanzielle Beziehungen
~, экономи́ческие Wirtschaftsbeziehungen *f pl,* wirtschaftliche Beziehungen; ökonomische Verhältnisse

ОТПРАВИ́ТЕЛЬ *m* Absender *m,* Versender *m,* Einsender *m*
~ гру́за Verlader *m,* Verfrachter *m,* Frachtaufgeber *m*
~ перево́да Absender des Anweisungsscheines; Absender der Geldanweisung
~ письма́ Briefabsender *m*

ОТПРА́ВКА *f* Versand *m;* Absendung *f;* Beförderung *f*
заде́рживать отпра́вку Versand verzögern
подгото́вить к отпра́вке versandfertig machen
разреши́ть отпра́вку това́ра Warenbeförderung *f* bewilligen (zulassen)
уве́домить об отпра́вке Versand anzeigen
~ большо́й ско́ростью Eilgutsendung *f*
~ в срок fristgemäße Absendung
~ гру́за Güterabfertigung *f;* Gutsendung *f*
~, дальне́йшая weitere Beförderung
~ мо́рем Verschiffung *f*
~ на консигна́цию Beförderung zur Konsignation
~, неме́дленная sofortige (prompte) Beförderung
~ па́ртии това́ра Versand der Warenpartie (des Warenpostens)
~ по желе́зной доро́ге Beförderung mit Eisenbahn
~ по́чтой Versand per Post
~ ра́вными па́ртиями Versand in gleichen Partien (Posten)
~ самолётом Versand mit dem Flugzeug (per Luft)
~ това́ра Warenbeförderung *f*
~ экспона́тов Sendung *f* der Ausstellungsstücke (der Exponate)

ОТПРАВЛЕ́НИЕ n 1. (*багажа, писем*) Absendung f; Beförderung f; Versand m 2. (*поезда, парохода*) Abfahrt f, Abgang m 3. (*почтовые*) Sendung f
до отправле́ния bis zur Absendung (Beförderung; Sendung; Abfahrt); bis zum Versand; vor Absendung, vor Versand
~, заказно́е eingeschriebene Sendung
~ нало́женным платежо́м Sendung mit Nachnahme
~, почто́вое Postsendung f

ОТПРАВЛЯ́ТЬ absenden, entsenden, versenden; abfertigen, abschicken; befördern; verschiffen; spedieren

ОТРАСЛЕВО́Й Zweig-; zweigbezogen; Branchen-; branchenbedingt

О́ТРАСЛИ f pl Zweige m pl
~ наро́дного хозя́йства Zweige der Volkswirtschaft
~, наукоёмкие wissenschaftsintensive Wirtschaftszweige
~, приорите́тные Prioritätszweige m pl, vorrangige Zweige
~ произво́дства Produktionszweige m pl
~ промы́шленности Industriezweige m pl
~ торго́вли Handelszweige m pl
~ эконо́мики Wirtschaftszweige m pl

ОТСРО́ЧЕННЫЙ aufgeschoben; verlängert; prolongiert; vertagt

ОТСРО́ЧИВАТЬ stunden, aufschieben; verlängern; prolongieren

ОТСРО́ЧКА f Aufschub m; Verlängerung f; Prolongierung f
дать отсро́чку Aufschub gewähren
получи́ть отсро́чку Aufschub bekommen
предоста́вить отсро́чку stunden; Aufschub gewähren
~ ассигнова́ний Aufschub der Zuweisung finanzieller Mittel
~ в предоставле́нии лице́нзий Aufschub der Lizenzgewährung
~ вы́платы Zahlungsaufschub m
~ нало́га Steueraufschub m
~ платежа́ Zahlungsstundung f; Zahlungsaufschub m
~ погаше́ния до́лга Aufschub der Tilgung einer Schuld
~ поста́вки Lieferungsaufschub m, Aufschub der Lieferung

ОТСТУПНЫ́Е pl Abstandsgeld n, Reugeld n

ОТСУ́ТСТВИЕ n Fehlen n, Nichtvorhandensein n, Mangel m; Abwesenheit f
в ~ in Abwesenheit

при отсу́тствии beim Fehlen; aus Mangel an *etwas Dat.*
при отсу́тствии ины́х указа́ний beim Fehlen anderer Anweisungen
~ вы́бора Fehlen an Auswahl, Mangel an Auswahl; Auswahlfehlen n
~ запа́сов Fehlen an Vorräten
~ информа́ции Fehlen der Information
~ нали́чия Mangel an Bestand (an Vorhandensein)
~ нали́чности Mangel an Bargeld
~ патентоспосо́бности mangelnde Patentfähigkeit
~ при́знаков изобрете́ния Fehlen an Erfindungsanzeichen
~ равнове́сия Fehlen an Gleichgewicht

ОТТО́К m Abfluß m
~ де́нег Geldabfluß m
~ при́были Gewinnabfluß m; Abfluß des Gewinns
~ фина́нсовых средств Abfluß des Kapitals (der Finanzmittel)

ОТФРАХТО́ВЫВАТЬ (*сдавать судно в наём*) verfrachten; chartern; vermieten

ОТХО́Д m (*о судне*) Abfahrt f; Abgang m
гото́вый к отхо́ду abfahrtbereit

ОТХО́ДЫ m pl Abfälle m pl, Abfallprodukte n pl
~, неиспо́льзуемые ungenutzte Abfälle

ОТЧЁТ m 1. (*сообщение*) Bericht m, Rechenschaftsbericht m 2. (*финансовый*) Abrechnung f, Rechnung f
дава́ть де́ньги под ~ Vorschuß m zur Verrechnung geben
составля́ть ~ Bericht aufstellen
утвержда́ть годово́й ~ Jahresbericht m bestätigen (bewilligen)
~ аге́нта Bericht des Agenten
~, бала́нсовый Bilanzbericht m
~, бухга́лтерский Buchführungsbericht m, Buchhaltungsbericht m, Jahresabschlußbericht m
~, годово́й Jahresbericht m
~, де́нежный Abrechnung; Geldabrechnung f
~, ежего́дный Jahresabrechnung f
~, ежеме́сячный Monatsbericht m
~, ито́говый Gesamtbericht m, zusammenfassender Bericht
~, ка́ссовый Kassenbericht m
~, кварта́льный Quartalbericht m
~, ликвидацио́нный Liquidationsbericht m
~ об исполне́нии сме́ты Bericht über die Erfüllung des Ausgabenplanes

~ об источниках и использовании средств Bericht über Einkommensquellen und Ausnutzung der Mittel (des Kapitals)
~ об источниках и освоении средств Bericht über Quellen der Geldmittel und deren Ausnutzung
~ об ущербе Bericht über Verlust (Schaden)
~ об эксплуатации Bericht über Betrieb
~, оперативный operativer Bericht, Operativbericht m
~ о прибылях и убытках Bericht über Gewinne und Verluste
~ о проверке Bericht über Prüfung (über Kontrolle)
~ о продаже Bericht über Verkauf (über Handel)
~ о расходах Bericht über Ausgaben (über Kosten)
~ о состоянии запасов Bericht über Vorratsstand
~ о состоянии работ Bericht über Arbeitsstand
~ о состоянии счетов Bericht über Kontostand
~ о ходе выполнения договора Bericht über den Verlauf der Vertragsausführung
~, периодический periodischer Bericht
~, полугодовой halbjähriger Bericht, Halbjahresbericht m
~, ревизионный Prüfungsbericht m
~, сводный (бухгалтерский) Kontrollbericht m; Gesamtbericht m
~, финансовый Finanzbericht m

ОТЧЁТНОСТЬ f Berichterstattung f, Rechnungsführung f; Rechenschaftslegung f; (система отчётности) Berichtswesen n; Rechnungswesen n

ревизовать ~ Rechnungsführung revidieren (nachprüfen)
~, бухгалтерская buchhalterische Berichterstattung
~, статистическая statistische Berichterstattung
~, финансовая finanzielle Berichterstattung

ОТЧЁТНЫЙ Rechnungs-, Rechenschafts-

ОТЧИСЛЕНИЕ n 1. (удержание) Abzug m; (в бюджет) Abführung f 2. (ассигнование) Anweisung f, Zuweisung f
производить отчисления Abführungen vornehmen (realisieren)
отчисления, амортизационные Abschreibungen f pl, Amortisationen f pl

~, валютное Währungsabführung f, Währungszuweisung f
~ в бюджет Haushaltsabführung f, Abführung an den Staatshaushalt
~ в резервный фонд Rückstellungen f pl
~ в фонд материального поощрения Zuweisung an den Fonds für materielle Stimulierung
~ в фонд предприятия Zuweisung an den Fonds des Betriebes (des Unternehmens)
~ от прибылей Gewinnabführung f
~, процентное prozentuale Abführung
~ средств Mittelabzug m
отчисления, текущие laufende Abführungen
отчисления, целевые zweckbestimmte Abführungen

ОТЧИСЛЯТЬ 1. (удерживать) abziehen, abführen 2. (ассигновать) anweisen, zuweisen

ОФЕРЕНТ m Anbieter m, Offerent m

ОФЕРТА f Offerte f, Angebot n; Antrag m

ОФОРМЛЕНИЕ n 1. (выписка, регистрация) Ausfertigung f; Abfassung f; Erledigung f 2. (художественное) Ausgestaltung f, Gestaltung f, Ausstattung f
~ витрины Schaufenstergestaltung f, Gestaltung der Auslage
~ выставки Gestaltung der Ausstellung
~ документов Ausstellen n (Ausfertigen n) der Dokumente (der Belege)
~ заказа Ausstellen n (Ausfertigung) des Auftrages
~ заявки Ausfertigung der Forderung
~ павильона Gestaltung (Ausstattung) des Pavillons
~ патента Ausfertigung des Patents, Patentausfertigung f
~, таможенное Zollabfertigung f
~ участия в выставке Erledigung der Formalitäten für die Ausstellungsteilnehmer
~, художественное Kunstausstattung f

ОФОРМЛЯТЬ 1. (выписывать, регистрировать) ausfertigen; erledigen 2. (выставку и т. п.) gestalten, ausgestalten, ausstatten

ОФФ-ШОР m off-shore

ОХРАНА f Bewachung f, Schutz m; Wache f
обеспечивать охрану Schutz sichern (garantieren)

~ изобретéния Schutz der Erfindung, Erfindungsschutz *m*
~ нóу-хáу Know-how-Schutz *m*
~ патéнтных прав Schutz der Patentrechte
~ прав изобретáтеля Schutz der Rechte des Erfinders
~ промы́шленных образцóв Schutz der Industriemuster
~ секрéтов произвóдства Schutz des Betriebsgeheimnisses (des Produktionsgeheimnisses)
~ трудá Arbeitsschutz *m*

ОЦÉНИВАТЬ bewerten; veranschlagen; abschätzen, schätzen

ОЦÉНКА *f* Bewertung *f*, Schätzung *f*; Einschätzung *f*
давáть оцéнку [ab]schätzen, [be]werten; taxieren
по оцéнке nach Bewertung
~ вклáдов Bewertung der Einlagen
~ грýза Einschätzung der Fracht (der Ladung)
~, дéнежная Geldbewertung *f*
~ дéятельности (*предприятия*) Einschätzung der betrieblichen Leistung
~ затрáт на произвóдство Einschätzung (Bewertung) der Produktionskosten (der Produktionsaufwände)
~ издéржек произвóдства Einschätzung (Bewertung) der Herstellungskosten (der Produktionskosten)
~ имýщества Vermögensbewertung *f*
~, инвентáрная Inventarbewertung *f*; inventarisierter Wert
~ кáчества Gütebewertung *f*, Bewertung der Qualität
~, колѝчественная Bewertung der Quantität
~ кредитоспосóбности Einschätzung (Bewertung) der Kreditfähigkeit
~, ликвидациóнная Liquidations-, Auflösungs-
~, ориентирóвочная Orientierungs-
~ осуществѝмости Bewertung der Durchführbarkeit (der Realisierbarkeit)
~ патентоспосóбности Einschätzung (Bewertung) der Patentfähigkeit
~ потрéбностей Bewertung der Bedürfnisse
~, предварѝтельная Vorschätzung *f*
~, приблизѝтельная annähernde (ungefähre) Bewertung
~ проéкта Einschätzung des Entwurfs (des Projekts)
~ расхóдов Einschätzung (Bewertung) der Ausgaben (der Kosten)
~ рентáбельности Einschätzung der Rentabilität (der Wirtschaftlichkeit)
~ рѝска Einschätzung des Risikos
~ стóимости Werteinschätzung *f*, Wertbemessung *f*
~, страховáя Versicherungsbewertung *f*
~, тамóженная Zollbemessung *f*
~ товáра Bewertung der Ware
~ товáрно-материáльных запáсов Bewertung der Waren- und Materialvorräte (des Lagerbestandes)
~ товáрно-материáльных цéнностей Bewertung der Waren- und Sachwerte
~ ущéрба Schadeneinschätzung *f*, Einschätzung des Schadens
~ финáнсового положéния Einschätzung der Finanzlage
~, экономѝческая ökonomische (wirtschaftliche) Einschätzung
~ эффектѝвности Einschätzung der Effektivität (der Rentabilität)

ОЦÉНОЧНЫЙ Bewertungs-, Abschätzungs-; bewertungsmäßig; Taxierungs-

ОЦÉНЩИК *m* Taxator *m*, Taxierer *m*, Schätzer *m*, Boniteur *m*

ОЧИ́СТКА *f* Bereinigung *f*; Klarierung *f* Reinigung *f*
~ грýза от пóшлины Abfertigung *f* (Verzollung *f*) der Ladung (der Fracht)
~, тамóженная Zollabfertigung *f*, Verzollung *f*; Klarierung *f*
~ товáра от пóшлины Klarierung der Ware
~, экспóртная Exportklarierung *f*

П

ПА́БЛИК РЕЛЕ́ЙШНЗ public relations *engl.*, öffentliche Verhältnisse, Öffentlichkeitsarbeit *f*

ПАВИЛЬО́Н *m* Pavillon *m*; Halle *f*
занима́ть ~ Pavillon besetzen
зарезерви́ровать ~ Halle reservieren
оформля́ть ~ Pavillon gestalten (ausstatten)
~, вы́ставочный Ausstellungshalle *f*, Ausstellungspavillon *m*; Messehalle *f*
~, демонстрацио́нный Vorführungshalle *f*, Vorführungspavillon *m*, Demonstrationshalle *f*
~, закры́тый geschlossener Pavillon; verdeckter Pavillon
~, откры́тый offener Pavillon; geöffneter Pavillon
~, отраслево́й Branchenpavillon *m*
~, специализи́рованный spezialisierter Pavillon

ПАДЕ́НИЕ *n* Fallen *n*, Sinken *n*, Nachgeben *n* (*цен*); Minderung *f* (*сбыта*); Abnahme *f*, Schrumpfung *f* (*покупательной способности*); Sturz *m*
~ делово́й акти́вности Rückgang *m* der Geschäftstätigkeit
~ конъюнкту́ры Abschwächung *f* (Fallen, Sinken) der Konjunktur
~ ку́рса Kursabfall *m*, Kursabschlag *m*, Kursrückgang *m*
~ сбы́та Absatzminderung *f*, Absatzrückgang *m*
~ спро́са Zurückgehen *n* der Nachfrage
~ цен Preisrückgang *m*, Preissenkung *f*, Fallen der Preise, Abnahme der Preise
~ э́кспорта Exportrückgang *m*

ПАЙ *m* Anteil *m*
на пая́х anteilig, anteilmäßig

ПА́ЙЩИК *m* Teilhaber *m*; Gesellschafter *m*; Aktionär *m*, Aktienbesitzer *m*; Anteilhaber *m*

ПАКГА́УЗ *m* Packhaus *n*, Lagerhaus *n*, Depot *n*; Packraum *m*

~, тамо́женный Zollager *n*, Zolldepot *n*, Zollniederlage *f*, Zollspeicher *m*

ПАКЕ́Т *m* 1. (*упаковка*) Verpackung *f* 2. (*почтовый*) Postpaket *n* 3. (*комплект документов*) Paket *n*
в отде́льном паке́те im einzelnen Paket, im Sonderpaket
вскрыва́ть ~ Verpackung aufmachen (öffnen)
предлага́ть ~ услу́г Dienstleistungspaket *n* anbieten
~ а́кций Aktienpaket *n*
~, контро́льный Aktienkontrollpaket *n*, Kontrollmajorität *f*
~ мероприя́тий Maßnahmenpaket *n*
~ предложе́ний Paket von Vorschlägen; Paket von Angeboten
~ услу́г Dienstleistungspaket *n*

ПАКЕТИ́РОВАНИЕ *n* Paketierung *f*; Packen *n*, Verpacken *n*

ПАКОВА́ТЬ packen, verpacken
~ вручну́ю manuell (von Hand) packen
~ в соотве́тствии со специфика́цией in Übereinstimmung mit der Spezifikation packen
~ для морско́й транспортиро́вки für Seebeförderung (Seetransportierung) packen
~ для сухопу́тной транспортиро́вки für Landbeförderung (Landtransportierung) packen
~ на э́кспорт für Export (Ausfuhr) packen

ПАЛА́ТА *f* Kammer *f*, Amt *n*
~, арбитра́жная Arbitragekommission *f*, Schiedskommission *f*
~, бро́керская Maklerkammer *f*
~, внешторго́вая Außenhandelskammer *f*, Kammer für Außenhandel
~, расчётная Abrechnungsbörse *f*, Abrechnungsstelle *f*, Abrechnungszentrale *f*
~, торго́вая Handelskammer *f*

ПАЛ   **ПАР**   **П**

ПАЛЛЕ́Т *m* (*транспортный стеллаж*) Warenträger *m*, Palette *f*; Warenregal *n*; Gestell *n*; Stellage *f*
   арендова́ть палле́ты Paletten mieten
   скла́дывать груз на палле́ты Last *f* auf Paletten legen

ПА́ЛУБА *f* Deck *n*, Verdeck *n*
   грузи́ть на па́лубу an Deck laden
   на па́лубе an (auf) Deck
   под па́лубой (*в трюме*) unter Deck
   с па́лубы vom Deck

ПАНЕ́ЛЬ *f* (*группа лиц, участвующих в опросе*) Panel ['pɛn(ə)l] *n engl.*
   ~, потреби́тельская Verbraucherpanel *n*, Konsumentenpanel *n*
   ~, торго́вая Geschäftspanel *n*, Handelspanel *n*

ПАРАФИ́РОВАТЬ paraphieren, unterzeichnen
   ~ догово́р Vertrag *m* unterzeichnen
   ~ страни́цы соглаше́ния Seiten *f pl* des Abkommens paraphieren

ПА́РИ pari
   аль па́ри (*соответствие биржевого курса ценных бумаг или валюты их номиналу*) al pari, zu pari, zum Nennwert

ПАРИТЕ́Т *m* Parität *f*, Gleichberechtigung *f*, Gleichstellung *f*
   вы́ше парите́та über Parität
   ни́же парите́та unter Parität
   отклоня́ться от парите́та von Parität abweichen
   по парите́ту al pari, zu pari, zum Nennwert
   сохраня́ть ~ Parität erhalten (wahren)
   фикси́ровать ~ валю́ты в зо́лоте или друго́й валю́те Parität der Währung in Gold oder in anderer Währung festsetzen (fixieren)
   ~, валю́тный Währungsparität *f*
   ~, ве́ксельный Wechselparität *f*
   ~, золото́й Goldparität *f*
   ~, интервалю́тный (интервалюта́рный) Wechselparität *f*, Parikurs *m*
   ~, обме́нный Kursparität *f*, Währungsparität *f*
   ~, официа́льный amtliche Parität
   ~, перекрёстный durchkreuzte Parität
   ~ покупа́тельной спосо́бности Kaufkraftparität *f*
   ~, скользя́щий gleitende Parität, schrittweise Wechselkursänderung
   ~, твёрдый fixe Wechselkursparität
   ~, фикси́рованный fixe Parität

ПАРИТЕ́ТНЫЙ paritätisch
   на парите́тных нача́лах auf gleichberechtigter Grundlage

ПАРК *m* Park *m*, Bestand *m*; Depot *n*
   ~, автомоби́льный Kraftfahrzeugpark *m*, Wagenpark *m*, Fahrzeugbestand *m*
   ~, тра́нспортный Transportpark *m*, Transportmittelpark *m*

ПАРО́М *m* Fähre *f*; Prahm *m*
   перевози́ть на паро́ме mit der Fähre befördern

ПАРОХО́Д *m* Dampfer *m*, Dampfschiff *n*
   отгрузи́ть на ~ verschiffen
   отправля́ть парохо́дом mit dem Dampfer (per Dampfer) befördern; verschiffen
   ~, бродя́чий Trampschiff *n*, Trampdampfer *m*
   ~, букси́рный Schleppdampfer *m*, Schlepper *m*
   ~, грузово́й Frachtdampfer *m*, Frachtschiff *n*, Frachter *m*
   ~, наливно́й Tankschiff *n*, Tanker *m*
   ~, прямо́й direkter Dampfer
   ~, речно́й Flußdampfer *m*

ПАРОХО́Д-КОНТЕ́ЙНЕР *m* Spezialbehälterschiff *n*, Containerschiff *n*

ПАРОХО́ДСТВО *n* Reederei *f*; Schiffahrtgesellschaft *f*
   ~, морско́е Seereederei *f*; Seefahrtgesellschaft *f*
   ~, речно́е Binnenreederei *f*, Binnenschiffahrtgesellschaft *f*

ПА́РТИЯ *f* (*количество товара*) Partie *f*, Posten *m*; Menge *f*; Los *n*
   грузи́ть па́ртиями partienweise verladen, in Partien (Posten) verladen (befrachten)
   зака́зывать про́бную па́ртию Probepartie *f* (Probesendung *f*) bestellen
   отгружа́ть па́ртию Partie (Posten) abladen (verladen)
   отгружа́ть па́ртиями in Partien (Posten) abladen
   отправля́ть па́ртию Partie (Posten) abliefern (absenden)
   покупа́ть па́ртиями in Partien (in Posten) kaufen (beziehen)
   принима́ть па́ртию това́ра Warenpartie *f* annehmen
   продава́ть па́ртиями in Partien (in Posten) verkaufen
   разбива́ть па́ртию Partie (Sendung *f*) aufteilen (aufgliedern)

ПАР

составля́ть па́ртию гру́за Güterpartie *f* vorbereiten
~, брако́ванная Ausschußpartie *f*
~ в разме́ре... Partie in Höhe von Dat. ...
~ гру́за Güterpartie *f*, Gütersendung *f*
~ из ... (*напр. ящиков*) Partie aus Dat. ...
~ изде́лий Sendung *f* (Partie *f*) von Erzeugnissen
~, конфиско́ванная beschlagnahmte Partie
~, о́пытная Versuchspartie *f*
~, отгру́женная verladene (verschiffte) Partie
~, отде́льная einzelne Partie
~, после́дующая [nach]folgende Partie
~, про́бная Probepartie *f*
~ това́ра Warenpartie *f*, Warensendung *f*, Warenposten *m*
~, экспо́ртная Exportsendung *f*, Exportpartie *f*

ПАРТНЁР *m* Partner *m*, Teilhaber *m*
~, возмо́жный möglicher Partner
~, гла́вный Hauptteilhaber *m*, leitender Partner
~, делово́й Geschäftspartner *m*, Geschäftsfreund *m*
~, зарубе́жный ausländischer Partner
~, надёжный zuverlässiger Partner
~, ненадёжный unzuverlässiger Partner
~, пасси́вный stiller (nicht tätiger) Partner (Teilhaber)
~ по догово́ру Vertragspartner *m*
~, потенциа́льный potentieller Partner
~, равнопра́вный rechtsgleicher (gleichberechtigter) Partner
~ с неограни́ченной отве́тственностью Teilhaber mit unbeschränkter Haftung
~ совме́стного предприя́тия Teilhaber des Gemeinschaftsunternehmens
~ с ограни́ченной отве́тственностью Teilhaber mit beschränkter Haftung
~, торго́вый Handelspartner *m*, Geschäftspartner *m*

ПАРТНЁРСТВО *n* Partnerschaft *f*; Gemeinschaft *f*
~, торго́вое Handelspartnerschaft *f*

ПА́РЦЕЛЬ *m* (*часть пароходного груза*) Warenpartie *f*, Warensendung *f*, Warenposten *m*

ПА́СПОРТ *m* Paß *m*; Personalausweis *m*; Zeugnis *n*
визи́ровать ~ Paß visieren (mit einem Visum versehen)

ПАТ

выдава́ть ~ Paß ausgeben (ausstellen)
получа́ть ~ Paß bekommen (erhalten)
~, действи́тельный gültiger Paß
~, заводско́й Betriebspaß *m*
~, заграни́чный Auslandspaß *m*
~, оте́чественный Inlandspaß *m*
~, пате́нтный Patentpaß *m*
~, служе́бный Dienstausweis *m*
~, техни́ческий Erzeugnispaß *m*

ПАССАЖИ́Р *m* Passagier *m*, Fahrgast *m*
~ би́знес-кла́сса Passagier der Busineßklasse
~ второ́го кла́сса Fahrgast zweiter Klasse

ПАССИ́В *m*, ПАССИ́ВЫ *pl* Passiva *n pl*, Schulden *f pl*; Passiven *pl*; Haben *n*, Habenseite *f*

ПАТЕ́НТ *m* Patent *n*; Beglaubigungsschreiben *n*; Gewerbeschein *m*, Gewerbeerlaubnis *f*
аннули́ровать ~ Patent annullieren
взять ~ на *что-л.* etwas patentieren lassen
возобновля́ть ~ Patent erneuern (wieder in Kraft setzen)
выдава́ть ~ Patent erteilen
име́ть пра́во на ~ Recht auf Patent haben
испо́льзовать ~ Patent ausnutzen; vom Patent Gebrauch machen
наруша́ть ~ Patent verletzen
оспа́ривать ~ Patent bestreiten (anfechten)
отка́зывать в вы́даче пате́нта Patenterteilung *f* absagen (vorenthalten)
отменя́ть ~ Patent annullieren (widerrufen)
оформля́ть ~ Patent ausfertigen
охраня́ться пате́нтом durch Patent geschützt sein
передава́ть ~ Patent übergeben
подава́ть зая́вку на ~ Patentanmeldung *f* einreichen
получа́ть ~ Patent erhalten
по́льзоваться пате́нтом vom Patent Gebrauch machen
признава́ть ~ недействи́тельным Patent für ungültig erklären
продава́ть пра́во на ~ Recht *n* auf Patent verkaufen
сохраня́ть ~ в си́ле Patent in Kraft halten
уступа́ть ~ vom Recht auf Patent abtreten

~, блоки́рующий blockierendes (sperrendes, hemmendes) Patent
~, возобновля́емый das zu erneuernde Patent
~, де́йствующий geltendes Patent
~, дополни́тельный zusätzliches Patent
~, иностра́нный ausländisches (fremdes) Patent
~ на изобрете́ние Patent auf eine Erfindung, Erfinderpatent n
~ на промы́шленный образе́ц Patent auf industrielles Muster
~ на технологи́ческий проце́сс Patent für (auf) einen Arbeitsvorgang (einen technologischen Vorgang)
~ на усовершенствование Verbesserungspatent n
~, недействи́тельный das ungültig erklärte Patent
~, ро́дственный verwandtes Patent
~, судово́й Schiffspatent n, Schiffszertifikat n
~, утра́тивший си́лу ungültiges (außer Kraft getretenes) Patent
ПАТЕ́НТ-АНА́ЛОГ m Analogpatent n
ПАТЕНТОВА́НИЕ n Patentierung f
~, дубли́рующее Doppelpatentierung f
~, зарубе́жное Auslandspatentierung f, ausländische Patentierung
~, многокра́тное vielfache (mehrfache, mehrmalige) Patentierung
~, совме́стное gemeinsame (gemeinschaftliche) Patentierung, Gemeinschaftspatentierung f
ПАТЕНТО́ВАННЫЙ patentiert; gesetzlich geschützt
ПАТЕНТОВА́ТЬ patentieren; patentieren lassen
ПАТЕНТОВЛАДЕ́ЛЕЦ m Patentinhaber m
~, индивидуа́льный individueller Patentinhaber, Individualpatentinhaber m
~, предше́ствующий früherer Patentinhaber
ПАТЕНТОСПОСО́БНОСТЬ f Patentfähigkeit f
оспа́ривать ~ Patentfähigkeit bestreiten (absprechen)
ПАТЕНТОСПОСО́БНЫЙ patentfähig
ПАУША́ЛЬНЫЙ Pauschal-
ПЕ́НЯ f Bußgeld n; Strafgebühr f; Verzugszinsen m pl
уплати́ть пе́ню Strafgebühr zahlen (bezahlen)

~ за просро́чку платежа́ Verzugszinsen m pl
ПЕРЕАДРЕСО́ВКА f Neuadressierung f, . Umadressierung f
~ гру́за Umadressierung der Ladung (der Fracht)
~ су́дна Umadressierung des Schiffes
ПЕРЕВА́ЛКА f Umschlag m, Umladung f, Umladen n
осуществля́ть перева́лку Umladung vornehmen (durchführen)
перевози́ть гру́зы с перева́лкой Güter n pl mit Umladung befördern (transportieren)
производи́ть перева́лку Umladung vornehmen (durchführen)
~, бортова́я Umschlag über Schiffsseite
~ в порту́ Umschlag im Hafen
~ в пути́ Umschlag im Durchfuhrverkehr (unterwegs)
~ гру́за Umladen von Gütern
ПЕРЕВА́ЛОЧНЫЙ Umschlags-, Umlade-
ПЕРЕВЕ́С m 1. (излишек веса) Übergewicht n, Übermasse f 2. (вторичное взвешивание) Nachwägen n 3. (избыток, превышение) Übergewicht n, Überschuß m
ПЕРЕВЕ́ШИВАТЬ 1. (весить больше) Übermasse f haben, schwerer sein 2. (взвешивать заново) nachwiegen, umwiegen
ПЕРЕВО́Д m 1. (пересылка денежных сумм) Anweisung f, Überweisung f, Übertragung f, Transfer m 2. (пересчёт) Umrechnung f, Konversion f 3. (с одного процесса или режима на другой) Überführung f, Umstellung f, Verlegung f, Versetzung f 4. (с одного языка на другой) Übersetzung f
в переводе на что-л. (напр. доллары) in etwas umgerechnet
де́лать ~ Überweisung machen
опла́чивать перево́дом на счёт durch Überweisung auf Konto zahlen
осуществля́ть ~ валю́ты Devisen pl (Währung f) umwechseln (konvertieren)
посыла́ть ~ Anweisung (Überweisung) senden
~ аккредити́ва Anweisung (Überweisung) des Akkreditivs
~, ба́нковский Bankanweisung f, Banküberweisung f, Anweisung auf eine Bank
~ валю́ты Währungsanweisung f, Währungsüberweisung f

~ в метри́ческую систе́му Umrechnung in metrisches System
~ в покры́тие Überweisung (Anweisung) als Deckung
~ в счёт контра́кта Anweisung (Überweisung) a conto des Vertrages
~ в счёт платеже́й Überweisung (Anweisung) a conto der Zahlungen
~ в фо́рме ба́нковской тра́тты Überweisung in Form einer Banktratte (eines Bankwechsels)
~ в фо́рме почто́вых или телегра́фных платёжных поруче́ний Überweisung in Form von Post- oder Drahtzahlungsaufträgen
~ в фо́рме че́ка Überweisung in Scheckform
~, де́нежный Geldanweisung f, Geldüberweisung f, Geldsendung f
~ за грани́цу Auslandsanweisung f; Transfer ins Ausland
~ из-за грани́цы Anweisung (Überweisung) aus dem Auslande
~ на счёт Überweisung auf das Konto
~ платежа́ Zahlungsanweisung f, Zahlungsüberweisung f
~, почто́вый Postanweisung f
~ при́были за грани́цу Gewinnüberweisung f ins Ausland
~, просро́ченный abgelaufene (überschrittene, überfällige) Überweisung
~ с одного́ счёта на друго́й Überweisung von einem Konto auf das andere; Kontoübertragung f
~ со счёта Überweisung vom Konto
~ с по́мощью индосса́мента Überweisung durch Indossament
~ су́ммы Anweisung (Überweisung) der Summe
~, телегра́фный Drahtanweisung f, telegrafische Anweisung
~ че́рез банк Überweisung über Bank
ПЕРЕВОДИ́ТЬ 1. (*пересылать денежные суммы*) anweisen, überweisen, übertragen, transferieren 2. (*пересчитывать*) umrechnen, konvertieren 3. (*с одного процесса или режима на другой*) überführen, umstellen 4. (*с одного языка на другой*) übersetzen
ПЕРЕВОДНО́Й Überweisungs-
ПЕРЕВОДООТПРАВИ́ТЕЛЬ m Absender m der Überweisung, Überweisungsabsender m
ПЕРЕВОДОПОЛУЧА́ТЕЛЬ m Begünstigte sub m [bei] einer Überweisung

ПЕРЕВОЗИ́ТЬ befördern, transportieren
~ авиатра́нспортом auf dem Luftwege befördern
~ автотра́нспортом auf dem Landwege befördern
~ морски́м тра́нспортом verschiffen, auf dem Seewege (auf dem Wasserwege) befördern, zu Wasser befördern
~ на паро́ме mit der Fähre (mit dem Prahm) befördern
ПЕРЕВО́ЗКА f Beförderung f, Transport m, Verkehr m
во вре́мя перево́зки während der Beförderung
выде́рживать перево́зку Beförderung durchhalten
обеспе́чивать перево́зку Beförderung sichern (garantieren)
опла́чивать перево́зку Beförderung bezahlen
осуществля́ть перево́зку Beförderung vornehmen (leisten)
принима́ть к перево́зке zum Transport annehmen
соверша́ть перево́зку Beförderung vornehmen (ausführen)
~, автомоби́льная Kraftfahrzeugtransport m, Kraftverkehr m
~, беспла́тная kostenlose Beförderung, Beförderung ohne Bezahlung
~, беста́рная Transport in losem (unverpacktem) Zustand
~, во́дная Transport zu Wasser (auf dem Wasserwege), Transport (Beförderung) per Schiff
~, возду́шная Lufttransport m, Beförderung auf dem Luftwege
~, встре́чная Gegenverkehr m, gegenläufige Beförderung
~ в трю́ме Beförderung im Raum[e] (unter Deck; im Stauraum, im Laderaum)
~, грузова́я Gütertransport m, Frachtbeförderung f
~, дальне́йшая weitere Beförderung, Weiterbeförderung f
~, железнодоро́жная Eisenbahntransport m, Bahntransport m, Transport per Schiene
~, комбини́рованная gebrochener Transport, gemischter (kombinierter) Verkehr
~, контра́ктная Kontraktverkehr m, Vertragstransport m
~ лихте́ром Leichterbeförderung f, Beförderung mit Leichter

~ на ба́рже Beförderung mit Schleppkahn
~ нава́лом lose (unverpackte) Beförderung, Beförderung in loser Schüttung
~ на грузовика́х Lkw-Transport *m*, Lkw-Verkehr *m*
~ нали́вом abgefüllter (gefüllter, getankter) Transport
~ на па́лубе Beförderung auf Deck
~ на паро́ме Beförderung mit Fähre (mit Prahm)
~ на поддо́нах Beförderung auf Paletten
~ на́сыпью geschüttete (aufgeschüttete) Beförderung
~ на усло́виях СИФ Beförderung zu den Bedingungen cif
~ на усло́виях с поста́вкой на грани́це Beförderung zu den Bedingungen franko Grenze
~ на усло́виях СФР Beförderung zu den Bedingungen cost and freight (Kosten und Fracht)
~ на усло́виях ФАС Beförderung zu den Bedingungen fas (frei Längsseite Schiff)
~ на усло́виях ФОБ Beförderung zu den Bedingungen fob (frei an Bord)
~ на усло́виях фра́нко-заво́д Beförderung zu den Bedingungen frei ab Werk
~ на усло́виях фра́нко-на́бережная Beförderung zu den Bedingungen ab Kai
~ на усло́виях фра́нко-порт назначе́ния Beförderung zu den Bedingungen frei (franko) Bestimmungshafen
~ на усло́виях «фрахт опла́чен до ...» (СПТ) Beförderung zu den Bedingungen «Fracht franko ... bis ...» («Fracht frei ...bis ...»; «Fracht bezahlt ... bis ...»)
~ на усло́виях «фрахт и страхова́ние опла́чены до...» (СИП) Beförderung zu den Bedingungen «Fracht und Versicherung franko ... bis ...» («frei ... bis ...»; «bezahlt bis ...»)
~, обра́тная Rückbeförderung *f*
~, опла́ченная bezahlte, franko frei Beförderung
~ по контра́кту Beförderung laut Vertrag (Kontrakt), Beförderung nach Vertrag (Kontrakt)
~ по ча́ртеру laut (nach) Frachtvertrag (Charter)
~, пряма́я direkter (unmittelbarer) Transport

~, речна́я Binnenschiffahrttransport *m*, Transport (Beförderung) durch die Binnenschiffahrt
~, сквозна́я Durchgangsbeförderung *f*
~ нало́женным платежо́м Beförderung (Transport) mit Nachnahme
~ сухопу́тным тра́нспортом Transport (Beförderung) auf dem Landwege, Landtransport *m*
~ та́ры Transport der Tara (der Eigenmasse)
~ това́ров Warenbeförderung *f*, Warentransport *m*
~ това́ров, не очи́щенных от по́шлины, со скла́да на склад Transport nicht zollklarierter Waren von Depot zu Depot
~, тра́мповая Trampbeförderung *f*
~ холоди́льным тра́нспортом Transport im Kühlwagen (Kühlschiff); Refrigeratortransport *m*

ПЕРЕВО́ЗКИ *f pl* Transport *m*, Transportwesen *n*; Frachtverkehr *m*; Spedition *f*
~, внешнеторго́вые Außenhandelsfrachtverkehr *m*, Außenhandelstransport *m*
~, вну́тренние Binnentransport *m*, Inlandstransport *m*
~, во́дные Transport per Schiff; Seetransport *m*, Seeverkehr *m*
~, возду́шные Luftfrachtverkehr *m*, Lufttransport *m*
~, встре́чные Gegenverkehr *m*, gegenläufige Beförderung
~ гру́зов Gütertransport *m*, Güterbeförderung *f*
~, да́льние Fernverkehr *m*, Überlandverkehr *m*
~, кабота́жные Küstenschiffahrt *f*
~, контейнерные Behälterverkehr *m*, Containerverkehr *m*
~, короткопробе́жные Beförderung (Transport) über kurze Entfernungen; Nahtransport *m*
~, лине́йные Beförderung in der Linienschiffahrt; Linienschiffahrtstransport *m*
~, междунаро́дные internationaler Verkehr
~, морски́е Seetransport *m*, Seefrachtverkehr *m*, Beförderung (Transport) auf dem Seewege
~ на больши́е расстоя́ния Ferntransport *m*, Fernverkehr *m*
~, паке́тные Transport (Beförderung) in Paketen

~, паро́мные Beförderung mit Fähre (mit Prahm)
~ по́лных конте́йнерных па́ртий Transport von vollen Containerpartien
~, почто́во-посы́лочные Postsendungsbeförderung *f*
~, регуля́рные regelmäßige (reguläre) Beförderung, Beförderung in bestimmten Abständen
~, сме́шанные gebrochener (gemischter) Transport
~, транзи́тные Transitverkehr *m*
~, трансконтинента́льные transkontinentaler Verkehr (Transport)
~, фи́дерные Zubringerverkehr *m*
~, экспо́ртно-и́мпортные Export-Importtransport *m*
ПЕРЕВО́ЗЧИК *m* Spediteur *m*; Beförderer *m*, Verfrachter *m*
~, авиацио́нный Luftfrachtspediteur *m*
~, вну́тренний Binnentransportspediteur *m*
~, генера́льный Generalspediteur *m*
~ гру́зов Frachtführer *m*
~, морско́й Verfrachter *m*
~, пе́рвый erster Spediteur
~, фи́дерный Zubringerspediteur *m*
ПЕРЕГОВО́РЫ *pl* Verhandlungen *pl*, Unterredungen *pl*, Gespräche *n pl;* Rücksprache *f*
вести́ ~ Verhandlungen führen; verhandeln; Rücksprache nehmen
во вре́мя перегово́ров während der Verhandlungen
возобновля́ть ~ Verhandlungen wiederaufnehmen
вступа́ть в ~ in die Verhandlungen eintreten
в хо́де перегово́ров im Verlauf der Verhandlungen
заверша́ть ~ Verhandlungen abschließen (beenden)
начина́ть ~ Verhandlungen einleiten
переноси́ть ~ Verhandlungen aufschieben (vertagen)
прекрати́ть ~ Verhandlungen abbrechen
прерыва́ть ~ Verhandlungen unterbrechen
приступи́ть к перегово́рам Verhandlungen aufnehmen
путём перегово́ров auf dem Wege der Verhandlungen
уча́ствовать в перегово́рах an den Verhandlungen teilnehmen (sich beteiligen)

~, двусторо́нние bilaterale (zweiseitige) Verhandlungen
~, закры́тые Verhandlungen unter Ausschluß der Öffentlichkeit
~, комме́рческие Handelsverhandlungen, Geschäftsverhandlungen
~, многосторо́нние multilaterale Verhandlungen
~, неофициа́льные nicht offizielle Verhandlungen
~ по контра́кту Verhandlungen über Kontrakt
~ по телефо́ну Telefongespräch *n*, Gespräch *n* per Telefon
~ по це́нам Verhandlungen über Preise
~, предвари́тельные Vorverhandlungen *pl*, Präliminarverhandlungen *pl*
~, техни́ческие technische Verhandlungen
~, торго́вые Geschäftsverhandlungen, Handelsgespräche *n pl*
ПЕРЕГО́Н *m* 1. (*транспортных средств*) Beförderung *f* eines Transportmittels 2. (*отрезок пути*) Landstraßenstrecke *f*
~ самолёта Beförderung eines Flugzeuges
~ тра́нспортного сре́дства (*с завода к получателю и т.п.*) Beförderung eines Transportmittels
ПЕРЕГРУЖА́ТЬ 1. (*с одного транспортного средства на другое*) umladen, überladen, umschlagen, umschiffen 2. (*превышать нагрузку*) überladen, überlasten, überfrachten
~ това́ры под тамо́женным контро́лем Waren *pl* unter der Zollkontrolle umladen (umstauen)
ПЕРЕГРУ́ЖЕННОСТЬ *f* Überlastung *f;* Überbeanspruchung *f*, übermäßige Beanspruchung
~ по́рта Überlastung eines Hafens
ПЕРЕГРУ́ЗКА *f* 1. (*с одного транспортного средства на другое*) Umladung *f*, Umladen *n*, Überladen *n*, Umschlag *m*, Umschiffung *f* 2. (*превышение нагрузки*) Überlastung *f*, Überladung *f*, Überfrachtung *f*
~ в ваго́н Überladen in den Wagen
~ гру́зов Güterumschlag *m*
~, кра́новая Überladen mit Kran
~ на автока́рах Überladen mit Elektrokarren
~ (*перенасыщение*) ры́нка това́рами Marktübersättigung *f* mit Waren, Markt-

überfluß m mit Waren, Überfluten n des Marktes mit Waren
~ товáров Warenumladung f
ПЕРЕДАВÁТЬ 1. (*отдавать*) übergeben, überreichen, aushändigen 2. (*переуступать*) weiter abtreten, zedieren 3. (*по радио, телевидению*) senden, übertragen
ПЕРЕДÁЧА f 1. (*отдача, вручение*) Übergabe f, Überreichung f, Aushändigung f 2. (*переуступка*) Abtretung f, Weiterzession f 3. (*по радио, телевидению*) Sendung f, Übertragung f
без прáва передáчи nicht übertragbar
прóтив передáчи gegen Übergabe
~ áвторского прáва Abtretung vom Urheberrecht
~ аккредитúва Übertragung des Akkreditivs
~ áкций Überweisung der Aktien, Aktienüberweisung f
~, безвозмéздная unentgeltliche Abtretung
~, безоговóрочная bedingungslose (vorbehaltlose) Überweisung, Überweisung ohne Vorbehalt
~ вéкселя Indossierung f eines Wechsels
~ в субарéнду Übergabe in Unterpacht
~ грýза в распоряжéние Güterübergabe f zur Verfügung, Übergabe des Gutes zur Verfügung
~ дéла в арбитрáж Übergabe der Angelegenheit an die Arbitrage
~ докумéнтов Übergabe der Dokumente
~ имýщества Eigentumsübertragung f
~ информáции Informationsübertragung f
~ нóу-хáу Vermittlung f von Know-how
~ оборýдования Ausrüstungsübergabe f
~ объéкта Übergabe des Objekts
~ óпыта Erfahrungsaustausch m, Erfahrungsweitergabe f, Weitergabe f von Erfahrungen
~ патéнта Patentübergabe f
~ пóлиса Policeübergabe f
~ полномóчий Übergabe der Vollmacht
~ прав Abtretung (Zession) der Rechte
~, рекламная Werbesendung f; Werbedurchsage f
~ рúска Abtretung (Zession) von Risiko
~ с пóмощью индоссамéнта Überweisung (Übertragung) durch Indossament
~ спóра в арбитрáж Übergabe des Streitfalls an die Arbitrage
~ технолóгии Übergabe von Know-how, Vermittlung f von Fertigungsverfahren

~ чéка Weitergabe f (Begebung f) eines Schecks
ПЕРЕЗАКÁЗЫВАТЬ Antrag m (Bestellung f) erneuern; neubestellen; wiederbestellen
ПЕРЕЗАКЛЮЧÁТЬ erneut abschließen
ПЕРЕКУПÁТЬ (*перебивать цену*) einen höheren Preis anbieten
ПЕРЕКÝПКА f (*предложение более высокой цены на аукционе*) Überbietung f
ПЕРЕКÝПЩИК m Aufkäufer m, Zwischenhändler m; Makler m
ПЕРЕМАРКИРÓВКА f Ummarkierung f
ПЕРЕМЕЩÉНИЕ n Bewegung f, Beförderung f
~ грýзов Versand m (Verlagerung f) der Last
ПЕРЕНАСЫЩÉНИЕ n Übersättigung f
~, дóлларовое Dollarübersättigung f, Dollarschwemme f
~ рýнка нéфти Übersättigung des Erdölmarktes
~ рýнка товáрами Marktübersättigung f mit Waren
ПЕРЕНÓС m 1. (*о сроках*) Verlegung f; Vertagung f; Aufschub m 2. (*бухг. — на другую страницу*) Übertrag m, Vortrag m, Transport m
дéлать ~ на другóй счёт auf eine andere Rechnung vortragen
~ в бухгáлтерскую кнúгу Übertrag ins Geschäftsbuch
~ на бóлее рáнний срок Vorverlegung f
~ сáльдо Saldoübertragung f
~ срóка постáвки Verlegung (Verschiebung) der Lieferfrist
~ сýммы Übertrag m
ПЕРЕНОСИ́ТЬ 1. (*сроки*) verlegen, aufschieben 2. (*бухг. — на другую страницу*) vortragen, übertragen
~ на *какой-л.* срок auf *irgendeine* Frist aufschieben (verlegen)
~ на *какое-л.* числó auf *irgendeinen* Termin aufschieben (verlegen)
~ с *какого-л.* числá на *какое-л.* числó von einem Termin auf einen anderen Termin aufschieben (verlegen)
ПЕРЕОБОРУ́ДОВАНИЕ n Neuausstattung f, Neuausrüstung f, Umrüstung f
ПЕРЕОТПРÁВКА f Weiterbeförderung f, Weitertransport m, Weiterleitung f
ПЕРЕОЦЕНЁННЫЙ umbewertet, neubewertet, umgewertet

ПЕРЕОЦЕ́НИВАТЬ 1. (*завыша́ть оце́нку*) überschätzen, überbewerten, zu hoch bewerten **2.** (*оце́нивать за́ново*) neu schätzen, neu bewerten, neu taxieren, umwerten

ПЕРЕОЦЕ́НКА *f* **1.** (*завы́шенная оце́нка*) Überschätzung *f*, Überbewertung *f*, zu hohe Bewertung **2.** (*пересмо́тренная оце́нка*) Neubewertung *f*, erneute Schätzung *f*, Umbewertung *f*

ПЕРЕПИ́СКА *f* Briefwechsel *m*; Briefverkehr *m*, Schriftverkehr *m*, Korrespondenz *f*

вести́ перепи́ску einen Schriftwechsel führen

вступа́ть в перепи́ску Briefwechsel anfangen, sich in Briefverkehr setzen

начина́ть перепи́ску mit *jemandem* in Korrespondenz treten

~, делова́я Geschäftskorrespondenz *f*

ПЕРЕПЛА́ТА *f* Überbezahlung *f*, Überzahlung *f*

ПЕРЕПЛА́ЧИВАТЬ überbezahlen, überzahlen, zu viel bezahlen

ПЕРЕПРОДАВА́ТЬ weiterverkaufen, wiederverkaufen

ПЕРЕПРОДА́ЖА *f* Weiterverkauf *m*, Wiederverkauf *m*; Zwischenhandel *m*

ПЕРЕПРОИЗВО́ДСТВО *n* Überproduktion *f*

ПЕРЕПРОФИЛИ́РОВАНИЕ *n* Umprofilierung *f*; Änderung *f* des Profils

ПЕРЕРАБО́ТКА *f* **1.** (*обрабо́тка*) Verarbeitung *f*, Vered[e]lung *f*, Überarbeitung *f* **2.** (*о гру́зах*) Bearbeitung *f*

~ гру́зов на поддо́нах Bearbeitung der Ladung auf Paletten

~, промы́шленная industrielle Verarbeitung

ПЕРЕРАСПРЕДЕЛЕ́НИЕ *n* Neuverteilung *f*, Umverteilung *f*

~ средств Neuverteilung der Mittel

ПЕРЕРАСХО́Д *m* Mehrausgaben *pl*; Mehrverbrauch *m*; Mehrkosten *pl*

~ средств сверх сме́ты Mehrausgabe *f* (Mehraufwand *m*) an Mitteln über den Plan hinaus

ПЕРЕРАСХО́ДОВАТЬ zu viel verbrauchen; zu viel verausgaben

ПЕРЕРАСЧЁТ *m* Umberechnung *f*, Umrechnung *f*, Verrechnung *f*

в перерасчёте на *что-л.* in *etwas* umgerechnet

де́лать ~ umrechnen, nachrechnen, durchrechnen

~, валю́тный Währungsumrechnung *f*, Devisenumwechseln *n*

ПЕРЕСМО́ТР *m* Überprüfung *f*, Prüfung *f*, Kontrolle *f*; Revision *f*; Durchsicht *f*

подлежа́ть пересмо́тру der Überprüfung unterliegen (unterworfen sein)

~ валю́тных парите́тов Überprüfung der Währungsparität

~ норм Normenüberprüfung *f*

~ програ́ммы Überprüfung eines Programms

~ цен Preisüberprüfung *f*; Preisreform *f*

ПЕРЕСОРТИРОВА́ТЬ umsortieren

ПЕРЕСОРТИРО́ВКА *f* Umsortierung *f*

ПЕРЕСТРАХОВА́НИЕ *n* Rückversicherung *f*; Überversicherung *f*

производи́ть ~ Rückversicherung leisten (vornehmen)

~ гру́за Güter[transport]rückversicherung *f*

~ иму́щества Sachüberversicherung *f*

~ су́дна Rückversicherung eines Schiffes

ПЕРЕСТРАХО́ВЫВАТЬ rückversichern; überversichern

ПЕРЕСЧЁТ *m* **1.** (*счёт за́ново*) Nachrechnung *f*, Nachzählung *f*, Durchrechnen *n* **2.** (*перево́д в други́е едини́цы*) Umrechnung *f*

в пересчёте на (*назва́ние валю́ты*) umgerechnet auf *Akk.*

производи́ть ~ (*напр. валю́ты в рубли́*) umrechnen

~ валю́ты в валю́ту платежа́ Währungsumrechnung *f* in Valuta der Zahlung

~ валю́ты по парите́ту Währungsumrechnung *f* nach Parität

ПЕРЕСЧИ́ТЫВАТЬ 1. (*счита́ть за́ново*) nachrechnen, nachzählen, durchrechnen **2.** (*переводи́ть в други́е едини́цы*) umrechnen

ПЕРЕСЫЛА́ТЬ übersenden, senden; überweisen; zukommen lassen

~ де́ньги Geld *n* überweisen

~ докуме́нты Dokumente *n pl* schicken (senden, zukommen lassen)

ПЕРЕСЫ́ЛКА *f* Übersendung *f*, Versand *m*; Überweisung *f*

~, беспла́тная kostenlose (freie) Übersendung, Übersendung ohne Bezahlung

~ де́нег Geldüberweisung *f*

~ за счёт отправи́теля Überweisung (Versand) auf Kosten des Absenders

~ по почте Postsendung *f*, Sendung mit (per) Post
~ товаров Warenversand *m*
~ через банк Überweisung über die Bank
ПЕРЕТА́РКА *f* Umverpackung *f*, Umpacken *n*; Wiederverpackung *f*, Neuverpacken *n*
ПЕРЕУКЛА́ДКА *f* Umlagerung *f*
ПЕРЕУПАКО́ВКА *f* Umverpackung *f*, Umpacken *n*; Wiederverpackung *f*, Neuverpacken *n*
ПЕРЕУПАКО́ВЫВАТЬ umpacken; wiederverpacken, neu verpacken
ПЕРЕУСТУПА́ТЬ weiter abtreten, zedieren
~ вексель Wechsel *m* indossieren (girieren)
~ право vom Recht abtreten
~ чек Scheck abtreten (begeben)
ПЕРЕУСТУ́ПКА *f* Abtretung *f*, Überlassung *f*; Zession *f*; Rückzession *f*
~ а́вторского права Abtretung vom Urheberrecht
~ изобрете́ния Abtretung von der Erfindung
~ пате́нта Patentabtretung *f*, Patentzession *f*
~ права Abtretung *f* vom Recht
~ товарного знака Abtretung vom Warenzeichen
ПЕРЕУЧЁТ *m* 1. (*о векселях*) Rediskontierung *f*; Rediskont *m*; Rediskontieren *n* 2. (*о товарах*) Inventur *f*, Bestandsaufnahme *f*
делать ~ Inventur *f* machen (leisten, vornehmen)
ПЕРЕУЧИ́ТЫВАТЬ 1. (*о векселях*) rediskontieren, rückdiskontieren 2. (*о товарах*) Inventarbestand *m* aufnehmen
ПЕРЕХО́Д *m* Übergang *m*; Überführung *f*
~ границы (*товаром*) Durchkreuzung *f* der Grenze
~ на другу́ю моде́ль Umstellung *f* auf ein anderes Modell
~ на метри́ческую систе́му Übergang auf das metrische System
~ ри́ска случа́йной ги́бели или повреждения товара с продавца на покупателя Überführung der Gefahr des zufälligen Untergangs oder der Beschädigung der Ware vom Verkäufer auf den Käufer
~ через пору́чни су́дна (*о товаре*) Umladung *f* (Passieren *n*) der Ware über Geländer des Schiffes

ПЕ́РЕЧЕНЬ *m* Verzeichnis *n*, Register *n*; Liste *f*; Aufstellung *f*
включи́ть в ~ in die Liste aufnehmen
вноси́ть в ~ in die Liste eintragen
составля́ть ~ Verzeichnis aufstellen
~ докуме́нтов Dokumentenverzeichnis *n*, Register der Dokumente
~ запасны́х часте́й Verzeichnis der Ersatzteile
~ затра́т Ausgabenverzeichnis *n*
~ изде́лий Erzeugnisliste *f*
~ отгру́женных това́ров Register (Liste) der versandten Waren, Warenfrachtliste *f*
~ расхо́дов Ausgabenverzeichnis *n*; Kostenregister
~ ри́сков, охва́тываемых по́лисом Verzeichnis der Risikos, die von Police umfaßt werden
~ тари́фов Tarifverzeichnis *n*, Tarifenliste *f*
~ това́ров и услу́г Verzeichnis der Waren und Dienstleistungen, Waren- und Dienstleistungsliste *f*
~ фирм Firmenregister *n*
ПЕРЕЧИСЛЕ́НИЕ *n* 1. (*перевод денег*) Überweisung *f*, Übertragung *f*, Transfer *m* 2. (*перечень*) Aufzählung *f*
~ де́нег Geldüberweisung *f*, Geldsendung *f*
~ на счёт Überweisung (Übertragung) auf ein Konto
~ с депози́та Transfer vom Depositum (von der Anlage)
~ со счёта Transfer vom Konto
~ су́ммы Übertragung (Überweisung) einer Summe (eines Betrages)
~, телегра́фное Überweisungstelegramm *n*, Überweisung eines Telegramms
ПЕРИ́ОД *m* Periode *f*, Zeitraum *m*, Zeitabschnitt *m*, Zeitspanne *f*; Zyklus *m*; Zeit *f*
в тече́ние (*всего или месячного*) пери́ода im Laufe der (ganzen) Periode, (des ganzen Monats)
за ~ в ... дней im Zeitabscnitt von ... Tagen, im Laufe von ... Tagen, im Zeitraum von ... Tagen
к концу́ пери́ода zum Abschluß der Периоде
предоставля́ть льго́тный ~ Schonfrist *f* gewähren
продлева́ть ~ Frist *f* verlängern
~, бюдже́тный Haushaltsperiode *f*

~ вы́платы Auszahlungsperiode *f*
~, гаранти́йный Garantieperiode *f*, garantierte Periode
~, договорный Vertragszeitraum *m*
~, долгосро́чный langfristige Periode
~ инкасса́ции Inkassoperiode *f*
~, испыта́тельный Prüfungsperiode *f*
~ консигна́ции Konsignationsperiode *f*
~, льго́тный Schonfrist *f*
~ обслу́живания Dienstleistungsperiode *f*
~ обуче́ния Studienzeit *f*
~ окупа́емости Rückflußdauer *f*
~, отчётный Berichtsperiode *f*, Berichtszeitraum *m*
~ повы́шенного спро́са Periode gesteigerter Nachfrage
~ погаше́ния Rückzahlungszeit *f*; Rückzahlungsfrist *f*; Schuldentilgungszeit *f*
~ пода́чи те́ндеров Zeitraum der Tenderbereitstellung
~ поста́вки Lieferungszeit *f*
~, преддоговорный Vorvertragsperiode *f*
~ пролонга́ции Periode (Zeit) der Prolongierung, Prolongierungszeit *f*
~ спа́да Rückschlagsperiode *f*
~, теку́щий Berichtsperiode *f*, Berichtszeitraum *m*
~ учёта Periode der Buchführung; Inventurperiode *f*
~, фина́нсовый Finanzperiode *f*
~, эксплуатацио́нный Betriebsdauer *f*, Nutzungsdauer *f*

ПЕРСОНА́Л *m* Personal *n*; Belegschaft *f*, Beschäftigte *sub pl*
нанима́ть ~ Personal einstellen (in Dienst nehmen)
обеспе́чивать персона́лом mit Personal versorgen
отозва́ть ~ Personal abberufen
~, администрати́вно-управле́нческий Leitungs- und Verwaltungspersonal *n*
~, администрати́вный Verwaltungspersonal *n*
~, вспомога́тельный Hilfspersonal *n*, Nebenpersonal *n*
~, высококвалифици́рованный hochqualifiziertes Personal
~ зака́зчика Personal des Auftraggebers (des Bestellers)
~, инжене́рно-техни́ческий ingenieurtechnisches Personal
~, инжене́рный Ingenieurpersonal *n*

~ информацио́нной слу́жбы Personal des Informationsdienstes
~, компете́нтный kompetentes (sachkundiges) Personal
~, обслу́живающий Bedienungspersonal *n*, Wartungspersonal *n*
~, операти́вный Operativpersonal *n*, operatives Personal
~, о́пытный Erfahrungspersonal *n*, erfahrenes Personal
~ покупа́теля Käuferpersonal *n*
~ продавца́ Verkäuferpersonal *n*
~, руководя́щий leitendes Personal; Leitungskräfte *f pl*
~, техни́ческий technisches Personal
~, торго́вый Handelspersonal *n*, Beschäftigte im Handel
~, управле́нческий Leitungskräfte *f pl*; Verwaltungspersonal *n*
~, шта́тный hauptamtliches (hauptberufliches, festangestelltes) Personal
~, эксплуатацио́нный Bedienungspersonal *n*

ПЕРСПЕКТИ́ВА *f* Perspektive *f*, Aussicht *f*
~, долгосро́чная langfristige Perspektive
~ запрода́ж Vorverkaufsaussicht *f*
~ и́мпорта Importaussicht *f*, Importmöglichkeit *f*
~, краткосро́чная kurzfristige Perspektive, Nahperspektive *f*

ПЕРСПЕКТИ́ВЫ *f pl* Perspektiven *f pl*, Aussichten *f pl*
обсуди́ть ~ Perspektiven besprechen
определи́ть ~ Perspektiven bestimmen
рассма́тривать ~ Perspektiven einschätzen (beurteilen, prüfen)
~ сотру́дничества Perspektiven der Zusammenarbeit
~, торго́вые Handelsaussichten *f pl*
~, экономи́ческие Wirtschaftsaussichten *f pl*

ПЕЧА́ТЬ *f* 1. (*оттиск для удостовере́ния чего́-л.*) Siegel *n*, Stempel *m* 2. (*пресса*) Presse *f*
вы́йти из печа́ти im Druck erscheinen; veröffentlicht sein
заверя́ть печа́тью mit Stempel bescheinigen
поста́вить ~ Siegel (Stempel) aufdrücken, ansiegeln
появи́ться в печа́ти im Druck erscheinen

~ бáнка Banksiegel *n*
~, гéрбовая Wappenstempel *m*
~, коммéрческая Kommerzstempel *m*
~ организáции Stempel einer Organisation
~, периодúческая periodische Presseerzeugnisse, Periodika *pl*
~, фúрменная Firmenstempel *m*

ПИРС *m* Pier *m* (*f*)
вывозúть груз с пúрса Last *f* (Ladung *f*) vom Pier abfahren (abtransportieren)
доставля́ть груз к пúрсу Last *f* (Ladung *f*) zum Pier zustellen (bringen)

ПИСЬМÓ *n* Brief *m*, Schreiben *n*
адресовáть ~ Brief adressieren
направля́ть ~ Brief an *jemanden* richten
отправля́ть ~ Brief absenden (schicken)
подтвержда́ть получéние письмá Erhalt *m* des Briefes bestätigen
получáть ~ Brief bekommen (erhalten)
посылáть ~ Brief senden (schicken)
~ налóженным платежóм Nachnahmebrief *m*
~ с напоминáнием о платежé Mahnschreiben *n*, Mahnbrief *m*
~, аккредитúвное Akkreditivschreiben *n*
~, гарантúйное Garantiebrief *m*, Garantieschreiben *n*, Bürgschaftsschreiben *n*
~, деловóе Geschäftsbrief *m*
~, заказнóе Einschreiben *n*, eingeschriebener Brief
~, заказнóе с уведомлéнием о вручéнии Einschreibebrief *m* mit der Empfangsbestätigung
~, залóговое Pfandschreiben *n*, Verpfändungsbrief *m*
~, инструктúвное Instruktion *f*, Instruktionsbrief *m*
~, информациóнное Informationsschreiben *n*
~, кáссовое Kassenbrief *m*, Kassenschreiben *n*
~, официáльное offizielles (amtliches, behördliches) Schreiben
~, повтóрное Nachfaßbrief *m*
~, реклáмное Werbebrief *m*
~, рекомендáтельное Empfehlungsbrief *m*, Empfehlungsschreiben *n*
~, служéбное Dienstschreiben *n*
~, сопроводúтельное Begleitbrief *m*, Begleitschreiben *n*
~, срóчное Eilbrief *m*
~, уведомúтельное schriftliche Benachrichtigung, schriftliche Mitteilung
~, цéнное Wertbrief *m*
~, циркуля́рное Rundschreiben *n*

ПИСЬМÓ-ДОВÉРЕННОСТЬ *n* Vollmacht *f*
ПИСЬМÓ-ЗАКÁЗ *n* Bestellschreiben *n*, Auftragsschreiben *n*, Bestellbrief *m*
ПИСЬМÓ-ОБЯЗÁТЕЛЬСТВО *n* Verpflichtungsbrief *m*, Verpflichtungsschreiben *n*
ПИСЬМÓ-ПОДТВЕРЖДÉНИЕ *n* Bestätigungsschreiben *n*
ПИСЬМÓ-ПОРУЧÉНИЕ *n* schriftliche Bürgschaftserklärung
ПИСЬМÓ-ПРИГЛАШÉНИЕ *n* Einladungsbrief *m*, Einladungsschreiben *n*

ПЛАН *m* Plan *m*, Plansoll *n*, Planziel *n*; Entwurf *m*
включáть в ~ in den Plan einschließen (aufnehmen)
в соотвéтствии с плáном in Übereinstimmung mit dem Plan
выполня́ть ~ Plan erfüllen
корректúровать ~ Plan korrigieren (verbessern)
осуществля́ть ~ Plan verwirklichen (realisieren)
отставáть от плáна vom Plan zurückbleiben
пересмáтривать ~ Plan nachprüfen (durchsehen, kontrollieren)
разрабáтывать ~ Plan ausarbeiten (entwickeln)
согласóвывать ~ Plan koordinieren (vereinbaren)
составля́ть ~ Plan aufstellen (abfassen)
утвержда́ть ~ Plan bestätigen (bewilligen, genehmigen)
финансúровать ~ Plan finanzieren
~, бюджéтный Haushaltsplan *m*
~, валю́тный Valutaplan *m*
~, внешнеторгóвый Außenhandelsplan *m*
~, встрéчный Gegenplan *m*
~ вы́воза Ausfuhrplan *m*
~, годовóй Jahresplan *m*
~, грузовóй (*размещéние грýза*) Ladeplan *m*
~ диверсификáции Plan der Diversifikation
~, долгосрóчный langfristiger Plan
~ закýпок Aufkaufsplan *m*, Einkaufsplan *m*

ПЛА

~ запрода́ж Vorverkaufsplan m, Abgabeplan m
~ и́мпорта Importplan m, Einfuhrplan m
~ капиталовложе́ний Investitionsplan m
~, краткосро́чный kurzfristiger Plan
~ кредитова́ния Kreditplan m
~ ма́ркетинга Marketingplan m
~ мероприя́тий по стимули́рованию сбы́та Maßnahmenplan m für Absatzförderung
~ оборо́та Umsatzplan m
~, операти́вный Operativplan m
~ отгру́зок Verladungsplan m, Verschiffungsplan m
~ перево́зок Plan des Gütertransports, Plan der Personenbeförderung; Transportplan m
~, перспекти́вный Perspektivplan m
~ погру́зки Verladeplan m
~ по реализа́ции проду́кции Plan der Realisierung der Produktion
~ поста́вок Lieferplan m, Ablieferungssoll n
~ при́были Gewinnplan m
~ размеще́ния гру́за на су́дне Plan der Frachtunterbringung im Schiff
~ рекла́мной кампа́нии Plan des Werbefeldzugs
~ сбы́та Absatzplan m; Vertriebsplan m
~, сво́дный Gesamtplan m, zusammenfassender Plan
~, среднесро́чный mittelfristiger Plan
~ финанси́рования Finanzplan m, Finanzierungsplan m
~ э́кспорта Exportplan m, Ausfuhrplan m

ПЛАН-ЗАЯ́ВКА m Bedarfsplan m

ПЛАНИ́РОВАНИЕ n Planung f, Planen n; Entwerfen n
~, бюдже́тное Haushaltsplanung f
~, валю́тное Valutaplanung f, Devisenplanung f
~, внутризаводско́е Betriebsplanung f, innerbetriebliche Planung
~ вы́пуска и сбы́та проду́кции Erzeugnis- und Vertriebsplanung f
~, долгосро́чное langfristige Planung
~, краткосро́чное kurzfristige Planung
~ ма́ркетинга Planung des Marketings
~, операти́вное Operativplanung f
~, перспекти́вное Perspektivplanung f, perspektivische Planung, Vorausplanung f
~, произво́дственное Produktionsplanung f

ПЛА

~, среднесро́чное mittelfristige Planung
~, стратеги́ческое strategische Planung
~, фина́нсовое Finanzplanung f

ПЛАН-ПАКЕ́Т m Plan-Paket n

ПЛА́ТА f Zahlung f, Bezahlung f, Auszahlung f; Lohn m; Вергütung f; Gebühr f; Entgelt n
без дополни́тельной пла́ты ohne Zusatzlohn (Mehrlohn, Zuschlagszahlung)
взима́ть пла́ту Gebühr erheben
вноси́ть пла́ту Zahlung leisten
за дополни́тельную пла́ту für den Zusatzlohn (die Zuschlagszahlung)
начисля́ть пла́ту Zahlung (Entlohnung f) anrechnen
повыша́ть пла́ту Gebühr (Lohn) erhöhen
свобо́дно от пла́ты за прово́з frachtfrei
снижа́ть пла́ту Lohn abbauen (drücken, kürzen)
устана́вливать пла́ту Gebühr (Lohn) festlegen (festsetzen)
~, акко́рдная Akkordlohn m
~, аре́ндная Pachtgeld n, Pacht f; Miete f, Mietzins m; Frachtgeld n, Fracht f
~, дополни́тельная Zuschlagszahlung f, Zuschlag m
~, ежеме́сячная Monatslohn m, Monatsgebühr f
~ за аре́нду Mietgebühr f; Pachtgebühr f
~ за ба́нковские услу́ги Gebühr für Bankkundendienst
~ за букиро́вку Raumbelegungsgebühr f
~ за буксиро́вку Schlepplohn m
~ за взве́шивание Waagegeld n
~ за выполне́ние прое́ктно-констру́кторских рабо́т Вергütung (Entlohnung) für Ausführung der Projektierungs- und Konstruktionsarbeiten
~ за грузовы́е опера́ции Вергütung (Entlohnung) für Ladearbeiten
~ за де́нежный перево́д Geldüberweisungsgebühr f
~ за доста́вку Bestellgebühr f, Zustellgebühr f
~ за комиссио́нные услу́ги Kommissionsgebühr f
~ за креди́т Kreditgebühr f
~ за наём Miete f, Mietgeld n, Mietsatz m
~ за обрабо́тку гру́за Güterabfertigungsgebühr f
~ за обслу́живание Servicegebühr f
~ за обуче́ние Schulgeld n; Studiengebühr f

~ за переадресовку груза Zahlung für Umadressierung der Last
~ за перевозку груза Beförderungsgebühr *f*
~ за перестановку на другой причал Gebühr (Vergütung) für Umstellung an eine andere Anlegestelle
~ за пересылку по почте Postsendungsgebühr *f*
~ за погрузку Ladegebühr *f*, Ladegeld *n*
~ за пользование контейнером Containergeld *n*
~ за пользование лихтером Leichterschiffgeld *n*
~ за пользование портовым складом Hafenlagergeld *n*
~ за предоставление займа Gebühren für Anleihegewährung
~ за предоставление инжиниринговых услуг Gebühren für Engineeringsdienst
~ за причал Kaigebühr *f*, Kaigeld *n*
~ за провоз Beförderungskosten *pl*, Transportkosten *pl*; Frachtgebühr *f*
~ за прокат Leihgebühr *f*; Verleihgebühr *f*; Leihmiete *f*
~ за простой (*судна, вагона*) Wartegeld *n*, Liegegeld *n*
~, заработная (*рабочих*) Lohn *m*; Arbeitslohn *m*; (*служащих*) Gehalt *n*, Besoldung *f*
~ за разгрузку Löschgeld *n*
~ за ремонт Reparaturgeld *n*
~ за спасение груза Bergegeld *n*, Bergelohn *m*
~ за стивидорные работы Stauungslohn *m*
~ за техническую документацию Zahlung für technische Dokumentation (Unterlagen)
~ за товар Zahlung für Waren
~ за транспортировку Transportentgelt *n*, Transportgebüren *f pl*
~ за упаковку Verpackungsgebühr *f*
~ за услуги Servicegebühr *f*, Dienstleistungentgelt *n*
~ за фрахт Frachtgebühr *f*
~ за хранение груза Aufbewahrungsgebühr *f*
~ наличными Barzahlung *f*
~ натурой Naturalentgelt *n*, Naturalvergütung *f*
~, повременная Zeitlohn *m*
~ по таксе Zahlung laut Taxe
~, провозная Transportgebühren *f pl*

~, фрахтовая Frachtgeld *n*
~, частями Zahlung in Raten
ПЛАТЕЖИ *m pl* Zahlungen *f pl*, Zahlungsleistungen *f pl*, (finanzielle) Leistungen *f pl*
возобновлять ~ Zahlungen wiederaufnehmen
прекратить ~ Zahlungen einstellen
принимать ~ Zahlungen annehmen (entgegennehmen)
~, текущие laufende Zahlungen
~, торговые Handelsabgaben *f pl*
ПЛАТЕЛЬЩИК *m* Zahler *m*, Zahlende *sub m*, Zahlungspflichtige *sub m*
~, аккуратный pünktlich Zahlende *sub m*
~, несостоятельный Zahlungsunfähige *sub m*
ПЛАТЁЖ *m* Zahlung *f*, Zahlungsleistung *f*; Bezahlung *f*, Begleichung *f*; Rückzahlung *f*; Einlösung *f*, Tilgung *f*
взыскивать ~ Zahlung einfordern (einziehen, beitreiben)
взыскивать наложенным платежом Nachnahme *f* einfordern (einziehen)
в счёт платежа Akontozahlung *f*
гарантировать ~ für die Zahlung bürgen
задерживать ~ mit der Zahlung im Rückstand sein; Zahlung verzögern
извещать о платеже über die Zahlung benachrichtigen, Zahlung mitteilen
напоминать о платеже an die Zahlung mahnen, Zahlung anmahnen
освобождать от платежа *jemanden* der Zahlungspflicht (von der Zahlung) entheben
осуществлять ~ Zahlung realisieren
отказываться от платежа Zahlung verweigern
отсрочить ~ Zahlung aufschieben (verschieben)
переводить ~ auf *jemanden* Zahlung anweisen
получать ~ по чёку Scheck *m* kassieren (einlösen)
получать ~ с аккредитива Zahlung vom Akkreditiv empfangen (erhalten), Zahlung durch Akkreditiv empfangen (erhalten)
предъявлять к платежу zur Zahlung vorlegen
принимать к платежу in Zahlung nehmen
приостанавливать ~ Zahlung einstellen
производить ~ Zahlung leisten (vornehmen)

просро́чить ~ mit der Zahlung in Verzug geraten
разреша́ть ~ Zahlung erlauben (bewilligen)
рассро́чивать ~ Zahlung stunden
ускоря́ть ~ Zahlung beschleunigen
утвержда́ть *что-л.* к платежу́ *etwas* zur Zahlung bewilligen (sanktionieren)
~, ава́нсовый Vorauszahlung *f*, Akontozahlung *f*, Vorschußzahlung *f*
~ акце́птом Zahlung durch Akzept
~, безнали́чный bargeldlose Zahlung
~, валю́тный Zahlung in Währung (in Valuta)
~ в иностра́нной валю́те Zahlung in fremder Währung (in fremder Valuta)
~ в национа́льной валю́те Zahlung in nationaler Währung (Valuta), Zahlung in Landeswährung
~ в оконча́тельный расчёт Restzahlung *f*
~ в рассро́чку Ratenzahlung *f*, Teilzahlung *f*, Abschlagszahlung *f*; Zahlung in Raten
~ в свобо́дно конверти́руемой валю́те Zahlung in frei konvertibler (konvertierbarer) Währung
~ в срок pünktliche (rechtzeitige) Zahlung; Zahlung zum Termin
~ в су́мме Zahlung im Betrag[e] (in der Summe) von...
~ в счёт погаше́ния задо́лженности Tilgungsleistung *f*, Tilgungszahlung *f*
~ в счёт причита́ющейся су́ммы Abzahlung *f* des zustehenden Betrages
~ в фо́рме ба́нковского перево́да Bankanweisung *f*, Banküberweisung *f*, Transfer *m*, Anweisung *f* auf die Bank
~ в фо́рме инка́ссо Inkassozahlung *f*
~ до поста́вки това́ра Zahlung vor der Warenlieferung
~, досро́чный vorfristige Zahlung
~, единовре́менный einmalige Zahlung
~, заде́ржанный verzögerte (verschleppte, hinausgeschobene) Zahlung
~ за счёт грузополуча́теля Zahlung auf Kosten des Frachtempfängers
~, компенсацио́нный Kompensationszahlung *f*, Ausgleichszahlung *f*
~, лицензио́нный Lizenzzahlung *f*
~, нали́чный Barzahlung *f*, Barleistung *f*, Zahlung in bar
~ нали́чными без ски́дки Barzahlung *f* (Zahlung in bar) ohne Skonto

~ нали́чными до сда́чи това́ра Barzahlung *f* (Zahlung in bar) vor der Warenabgabe
~ нали́чными по получе́нии това́ра Barzahlung *f* (Zahlung in bar) nach [dem] Warenempfang
~ нали́чными при вы́даче зака́за Barzahlung *f* (Zahlung in bar) bei [der] Auftragserteilung
~, нало́женный Nachnahme *f*
~ на счёт Zahlung für (auf) Rechnung
~, неме́дленный sofortige Zahlung, Sofortzahlung *f*
~ не́сколькими взно́сами Zahlung in einigen Raten (Einlagen)
~, неторго́вый nichtkommerzielle Zahlung
~ не́тто Nettozahlung *f*
~, оконча́тельный endgültige Zahlung, Endzahlung *f*, Schlußzahlung *f*
~, оста́точный restliche Zahlung, Restzahlung *f*
~, отде́льный einzelne Zahlung, Sonderzahlung *f*
~, отсро́ченный verzögerte Zahlung
~, паушалный Pauschalzahlung *f*
~, перево́дный Überweisungszahlung *f*
~ по безнали́чному расчёту bargeldlose Zahlung (Verrechnung); Überweisungsverkehr *m*
~ по ве́кселю Einlösung (Begebung *f*) eines Wechsels
~ по долгово́му обяза́тельству Begleichung *f* (Tilgung) der Schulden; Schuldenabtragung *f*, Schuldentilgung *f*
~ по доста́вке Lieferungsbezahlung *f*, Zahlung für Lieferung
~ по за́йму Anleihedienst *m*
~ по зака́зу Zahlung auf Bestellung
~ по контра́кту Zahlung laut Vertrag, Vertragszahlung *f*
~ по креди́ту Abdeckung *f* (Tilgung, Rückzahlung) eines Kredits
~ по лицензио́нному соглаше́нию Zahlung auf Lizenzvereinbarung
~ по откры́тому счёту Zahlung auf ein offenes Konto
~ по предъявле́нии докуме́нтов Sichtzahlung *f*
~, после́дующий [nach]folgende (darauffolgende) Zahlung
~ по́сле поста́вки Nachlieferungszahlung *f*, Zahlung nach der Lieferung
~ по счёту Begleichung (Bereinigung *f*) einer Rechnung

~ по требованию Zahlung auf Forderung
~ по чеку Einlösung eines Schecks
~, предыдущий vorherige Zahlung
~ при выдаче заказа Zahlung bei der Auftragserteilung
~, приостановленный eingestellte Zahlung
~ при подписании контракта Zahlung bei der Vertragsunterzeichnung
~, причитающийся zustehende Zahlung
~, просроченный überfällige (verspätete) Zahlung
~ против банковской гарантии Zahlung gegen Bankgarantie
~ против грузовых документов Zahlung gegen Verladedokumente
~ против доковой расписки Zahlung gegen Dockquittung
~ против документов Zahlung gegen Dokumente
~ против платёжных документов Zahlung gegen Zahlungsdokumente
~, разовый einmalige Zahlung
~ с аккредитива Zahlung aus dem Akkreditiv
~, страховой Versicherungsbeitrag *m*
~, трансфёртный Transferzahlung *f*, Verrechnungszahlung *f*
~ траттами Zahlung mit Tratten
~, частичный Ratenzahlung *f*, Teilzahlung *f*; Teilbetrag *m*
~ чеком Scheckzahlung *f*; Zahlung mit Scheck
~ через банк Bankinkasso *n*
~ через ... дней после отгрузки Zahlung einige Tage nach der Verladung
~ через ... дней после поставки Zahlung einige Tage nach der Lieferung
~ через ... дней с даты счёта Zahlung einige Tage ab dato der Rechnung
~, чистый Reinzahlung *f*, Nettozahlung *f*
ПЛАТЁЖЕСПОСОБНОСТЬ *f* Zahlungsfähigkeit *f*, Solvenz *f*, Bonität *f*
ПЛАТЁЖЕСПОСОБНЫЙ zahlungsfähig, solvent, zahlungskräftig, finanzkräftig
ПЛАТИТЬ zahlen, Zahlung leisten; bezahlen
~ вперёд im voraus zahlen, voraus(be)zahlen, Vorauszahlung leisten
~ в рассрочку in Raten zahlen (abzahlen)
~ сдельно auf (in) Akkord (stückweise) zahlen

ПЛАТФОРМА *f* Plattform *f*, Rampe *f*
~, грузовая Laderampe *f*, Verladerampe *f*
~, железнодорожная Flachwagen *m*
~, погрузочная Laderampe *f*, Verladerampe *f*
~, погрузочно-разгрузочная Lade- und Entladeplattform *f*
~, подъёмная Hebebühne *f*
~ ро-ро Ro-Ro-Plattform *f*
~, товарная Ladeplatz *m*; öffener Güterwagen, Flachwagen *m*
ПЛОМБА *f* Plombe *f*, Bleiverschluß *m*, Bleisiegel *n*
накладывать пломбу Plombe anlegen, unter Bleiverschluß legen
снимать пломбу Bleisiegel wegnehmen
срывать пломбу Plombe (Bleisiegel) brechen (abreißen)
~ отправителя Plombe des Absenders
~, таможенная Zollplombe *f*, zollamtliche Bleiplombe
ПЛОМБИРОВАТЬ plombieren; Plombe anlegen; mit einer Plombe versehen
ПЛОЩАДКА *f* Platz *m*; Bühne *f*, Rampe *f*; Fläche *f*
~ для проведения испытаний Prüfungsplatz *m*, Testplatz *m*
~ для складирования Stapelplatz *m*
~, закрытая geschlossene (zugedeckte) Bühne (Fläche)
~, открытая Freiladefläche *f*
~, перегрузочная Laderampe *f*, Ladebühne *f*
~, строительная Baustelle *f*, Bauplatz *m*
ПЛОЩАДЬ *f* Fläche *f*; Bodenfläche *f*; Platz *m*
предоставлять какую-л. ~ Platz (Fläche) gewähren (einräumen, bereitstellen)
~, выставочная Ausstellungsfläche *f*
~, демонстрационная Vorführungsfläche *f*
~ павильона Fläche (Platz) des Pavillons
~, полезная Nutzfläche *f*
~, производственная Produktionsfläche *f*
~, складская Lagerfläche *f*, Lagerplatz *m*
~, торговая Handelsfläche *f*, Handelsplatz *m*
~ ярмарки Jahrmarktplatz *m*, Messegelände *n*
ПОВЕРЕННЫЙ *m* Bevollmächtigte *sub m*; Treuhänder *m*; Anwalt *m*; Sachwalter *m*, Rechtsanwalt *m*

~ в дела́х Geschäftsträger m
~ в суде́ Prozeßbevollmächtigte sub m
~, официа́льный offizieller (amtlicher) Bevollmächtigter

ПОВРЕЖДЕ́НИЕ n Beschädigung f, Schädigung f, Beschädigen n; Schaden m
вызыва́ть ~ Schädigung verursachen
защища́ть от повреждения vor Schaden (Beschädigung) bewahren (schützen)
исправля́ть ~ Beschädigung (Schaden) beseitigen
обнару́живать ~ Schaden (Beschädigung) entdecken
получа́ть ~ beschädigt werden
предотвраща́ть ~ Beschädigung verhindern (verhüten, vermeiden)
предохраня́ть от повреждения vor Beschädigung schützen (verhüten)
причиня́ть ~ Beschädigung (Schaden) zufügen
устраня́ть ~ Beschädigung (Schaden) beseitigen
~, вне́шнее äußerliche Beschädigung
~ водо́й Wasserschaden m
~ в пути́ Beschädigung während der Beförderung (des Transports)
~ гру́за Beschädigung der Last
~ маркиро́вки Beschädigung der Markierung
~, механи́ческое mechanische Beschädigung, Maschinenbeschädigung f
~ насеко́мыми Beschädigung durch Insekten
~ на скла́де Beschädigung im Lagerhaus
~, пове́рхностное oberflächliche Beschädigung
~ при перева́лке гру́за Beschädigung beim Güterumschlag
~ при перерабо́тке гру́за Beschädigung bei (während) der Güterbehandlung
~ при погру́зке Beschädigung beim Verladen
~ при хране́нии Beschädigung bei der Lagerung (der Aufbewahrung)
~, скры́тое verborgene (versteckte) Beschädigung
~ та́ры Tarabeschädigung f
~ това́ра Warenbeschädigung f
~ упако́вки Verpackungsbeschädigung f
~, части́чное Teilbeschädigung f, Teilschaden m

ПОВЫША́ТЬ erhöhen
ПОВЫША́ТЬСЯ ansteigen, anwachsen; steigen, zunehmen

~ в цене́ im Preis steigen (aufschlagen), teurer werden

ПОВЫШЕ́НИЕ n Aufhebung f, Erhöhung f; Steigerung f; Hebung f; Verbesserung f; бирж. Hausse f
игра́ть на ~ бирж. haussen, haussieren спекули́ровать на повышении цен a la hausse engagiert sein; auf das Steigen spekulieren
~, ежего́дное jährliche Steigerung
~ зарпла́ты Erhöhung des Lohns; Aufbesserung f des Gehalts
~ изде́ржек Kostensteigerung f
~ и́мпортной кво́ты Steigerung der Importquote
~ ка́чества Qualitätserhöhung f, Qualitätsverbesserung f
~ комме́рческой эффекти́вности Erhöhung der Kommerzeffektivität
~ ку́рса валю́ты Steigerung des Währungskurses, Valutakurssteigerung f
~ нало́га Steuererhöhung f
~ рента́бельности Rentabilitätssteigerung f
~ себесто́имости Selbstkostensteigerung f
~ спро́са Nachfragesteigerung f
~ ста́вок Erhöhung des Satzes (der Rate, der Quote, der Taxe, des Tarifsatzes)
~ сто́имости Wertsteigerung f
~ тамо́женных по́шлин Zollerhöhung f, Erhöhung der Zollgebühren
~ тари́фа Tariferhöhung f
~ цен Preissteigerung f, Preisheraufsetzung f, Erhöhung der Preise
~ эффекти́вности Effektivitätszuwachs m, Nutzeffektssteigerung f, Erhöhung des Nutzeffekt[e]s

ПОГАША́ТЬ tilgen, begleichen, decken, zurückzahlen, löschen
~ долг в рассро́чку Schuld in Raten tilgen

ПОГАШЕ́НИЕ n Abtragung f, Abdeckung f, Deckung f, Tilgung f, Begleichung f, Löschung f
в ~ чего-л. zum Ausgleich, zur Tilgung
подлежа́ть погашению tilgbar, zahlbar, ablöslich sein
~ взно́сами Abzahlung f in Raten
~ в рассро́чку Abzahlung f (Zurückzahlung f) in Raten; Stundung f
~ в срок fristgemäße Tilgung
~ до́лга Schuldenabtragung f, Tilgung (Deckung) einer Schuld

~, досро́чное vorfristige Deckung einer Schuld
~ задо́лженности Löschung der Schulden (der Verschuldung)
~ креди́та Rückzahlung *f* eines Kredits
~ обяза́тельств по креди́ту Tilgung der Kreditverpflichtung
~ платеже́й Zahlungsausgleich *m*, Begleichung der Zahlungen
~ ссу́ды Darlehenstilgung *f*
~ частя́ми Tilgung in Raten

ПОГРУ́ЗКА *f* Beladen *n*, Beladung *f*, Laden *n*, Verladen *n*, Verladung *f*
во вре́мя погру́зки während der Beladung
заде́рживать погру́зку Beladung verzögern (aufhalten)
зака́нчивать погру́зку Beladung fertigmachen
начина́ть погру́зку Beladung beginnen (anfangen)
осуществля́ть погру́зку Beladung durchführen (erfüllen, verwirklichen)
предъявля́ть това́р к погру́зке Güter *pl* zum Beladen übergeben
производи́ть погру́зку Beladung durchführen
свобо́дно от расхо́дов по погру́зке verladekostenfrei
ста́вить су́дно под погру́зку Schiff *n* zur Befrachtung bereitstellen
~, автомати́ческая automatische Verladung
~ без упако́вки Verladung ohne Verpackung
~, бескра́новая Aufrollen *n* im Ro-Ro-Verkehr; Verladung ohne Kran
~ в ваго́н Verladung in Wagen
~ в ли́хтеры Umladen *n* in Leichter
~ в поря́дке о́череди Verladung der Reihe nach
~ в та́ре verpackte Verladung
~ в шта́бель Stapeln *n*
~ гру́за Lastverladung *f*
~, контейнерная Containerverladung *f*, Behälterverladung *f*
~ на борт су́дна Verladung an Bord des Schiffes
~ нава́лом lose (unverpackte) Verladung; Verladung von Sturzgütern
~ нали́вом Eingießen *n*, Tanken *n*
~ на па́лубу Laden an Deck des Schiffes
~ на паро́м Verladung auf Fähre
~ на самолёт Flugzeugverladung *f*

~ на су́дно Verschiffung *f*
~ на́сыпью Verladung von Schüttgütern
~ това́ра Warenverladung *f*

ПОГРУ́ЗОЧНО-РАЗГРУ́ЗОЧНЫЙ Be- und Entlade-, Lade- und Lösch-, Güterumschlags-

ПОГРУ́ЗОЧНЫЙ Belade-, Lade-, Verlade-

ПОГРУ́ЗЧИК *m* Lader *m*

ПОДА́ЧА *f* (*о докуме́нтах*) Beantragung *f*, Einreichung *f*, Einlegung *f*
~ апелля́ции Appellieren *n*
~ зая́вки Einreichung einer Anforderung; Beantragung, Einreichung eines Antrags
~ исково́го заявле́ния Klageerhebung *f*, Klageeinreichung *f*

ПОДБИРА́ТЬ auswählen
~ това́р в соотве́тствии со специфика́цией Ware entsprechend der Spezifikation auswählen

ПОДБО́РКА *f* Auswahl *f*, Zusammenstellung *f*, Sortiment *n*

ПОДВО́З *m* Anfuhr *f*, Antransport *m*, Zufuhr *f*

ПОДВОЗИ́ТЬ anfahren, antransportieren, heranbefördern, heranfahren

ПОДГОТО́ВКА *f* Vorbereitung *f*; Aufbereitung *f*
~ вы́ставки Vorbereitung der Ausstellung
~ докуме́нтов Vorbereitung (Aufbereitung) der Dokumente (der Unterlagen)
~ зая́вки Vorbereitung einer Anforderung (eines Antrags)
~ сте́нда Vorbereitung des Standes
~ строи́тельной площа́дки Baustelleneinrichtung *f*
~ това́ра к отгру́зке Vorbereitung der Waren zum Versand
~ экспози́ции Vorbereitung der Exposition
~ экспона́тов Vorbereitung der Exponate (der Ausstellungsstücke)

ПОДДЕ́ЛКА *f* Fälschung *f*, Falsifikat *n*, Verfälschung *f*
~ докуме́нтов Verfälschung der Dokumente
~ това́рного зна́ка Verfälschung des Warenzeichens; Warenzeichenfälschung *f*
~ че́ка Fälschung des Schecks, Scheckfälschung *f*

ПОДДЕ́РЖКА *f* Unterstützung *f*, Hilfe *f*, Beistand *m*

оказывать *кому-л.* поддержку jemandem Hilfe leisten; jemanden unterstützen, jemandem Unterstützung gewähren (geben)

оказывать финансовую поддержку finanzielle Hilfe (Unterstützung) leisten (erweisen)

получать поддержку Unterstützung bekommen (erhalten), Hilfe finden

пользоваться поддержкой Unterstützung genießen

~, денежная finanzielle (geldliche) Unterstützung, Subvention *f*

~ запродаж Vorverkaufsunterstützung *f*

~ заявки на получение визы Hilfe bei Visabeantragung

~, финансовая finanzielle (geldliche) Unterstützung

ПОДДО́Н *m* Palette *f*

перевозить на поддонах mit Paletten transportieten

~, грузовой Frachtpalette *f*, Stückgüterpalette *f*

~ для перевозки товаров Palette zum Transport von Stückgütern

~, решётчатый Lattenpalette *f*, Gitterpalette *f*

~, секционный Boxpalette *f*

~ с жёсткой стенкой Festwandpalette *f*

~ со складной стенкой Faltwandpalette *f*, Faltwandbehälter *m*

«ПОД КЛЮЧ» «schlüsselfertig»

выполнять проект «под ключ» Projekt *n* unter der Bedingung «schlüsselfertig» erfüllen

на условиях «под ключ» zu den Bedingungen «schlüsselfertig»

ПО́ДЛИННИК *m* Original *n*, Urtext *m*, Urschrift *f*

в подлиннике im Original

~ документа Original eines Dokumentes (eines Belegs)

ПО́ДЛИННОСТЬ *f* Echtheit *f*, Authentizität *f*

засвидетельствовать ~ gerichtlich (konsularisch) beglaubigen

~ документа Echtheit (Authentizität) eines Belegs

~ подписи Echtheit der Unterschrift

ПО́ДЛИННЫЙ echt, unverfälscht, authentisch

ПОДОТЧЁТНОСТЬ *f* Rechenschaftspflicht *f*

ПОДОТЧЁТНЫЙ abrechnungspflichtig, der Abrechnung unterliegend; rechenschaftspflichtig

ПОДПИСА́НИЕ *n* Unterzeichnung *f*

во время подписания контракта während der Vertragsunterzeichnung (der Kontraktunterzeichnung)

до подписания контракта vor der Vertragsunterzeichnung

при подписании контракта bei der Vertragsunterzeichnung

~ контракта Unterzeichnung des Vertrages (des Kontrakts)

~ протокола Unterzeichnung des Protokolls

~ соглашения Unterzeichnung des Abkommens

ПОДПИ́СКА *f* 1. (*на периодику*) Abonnement *n*, Subskription *f* 2. (*долговая*) Schuldverschreibung *f*

продавать по подписке im Abonnement verkaufen

~, аварийная Havarieverschreibung *f*, Havarierevers *m*, Havariebond *m*

~ на газету Zeitungsabonnement *n*, Zeitungsbezug *m*

ПО́ДПИСЬ *f* Unterschrift *f*

за подписью и печатью unter Unterschrift und Siegel

иметь право первой (второй) подписи Recht *n* auf erste (zweite) Unterschrift haben

представлять образец подписи Unterschriftsmuster *n* vorlegen

ставить ~ Unterschrift leisten

удостоверять ~ Unterschrift beglaubigen

~, бланковая Blankounterschrift *f*

~, вторая zweite Unterschrift

~, заверенная beglaubigte Unterschrift

~, первая erste Unterschrift

~, подлинная echte Unterschrift

~ уполномоченного лица Unterschrift der bevollmächtigten Person

ПОДРЯ́Д *m* Kontrakt *m*, Vertrag *m*, Auftrag *m*

выдавать ~ einen Auftrag erteilen

на условиях подряда zu den Vertragsbedingungen, zu den Auftragsbedingungen

~, бригадный Brigade-Vertrag *m*

~, генеральный Generalvertrag *m*, Generalkontrakt *m*

ПОДРЯ́ДЧИК *m* Auftragnehmer *m*; Hersteller *m*; Unternehmer *m*, Unternehmerfirma *f*

выступа́ть в ка́честве подря́дчика als Auftragnehmer auftreten
~, генера́льный Generalauftragnehmer m
~ на торга́х Bieter m, Ausschreibungsteilnehmer m
~, незави́симый unabhängiger Unternehmer
~, основно́й Hauptauftragnehmer m
ПОДСЧЁТ m Zählung f, Berechnung f; Überschlag m; Kalkulation f
вести́ ~ berechnen, kalkulieren, zählen
ошиба́ться в подсчёте Rechenfehler m machen
по предвари́тельным подсчётам nach vorläufigen Berechnungen, nach Schätzungen
прове́рить ~ nachzählen, nachrechnen
~ мест гру́за Zählung der Packstücke (der Frachtstücke, der Kolli)
~ расхо́дов Kostenerfassung f, Ausgabenkalkulation f
~ сто́имости Kostenrechnung f
~ су́ммы Berechnung der Summe
~ убы́тков Berechnung der Verluste
~ экономи́чности Wirtschaftlichkeitsrechnung f, Rentabilitätsrechnung f
ПОДСЧИ́ТЫВАТЬ berechnen, kalkulieren
ПОДТВЕРЖДА́ТЬ bestätigen; bescheinigen, quittieren; anerkennen
~ докуме́нтально mit einem Dokument belegen; dokumentarisch erhärten (bestätigen)
ПОДТВЕРЖДЕ́НИЕ n Bestätigung f; Bescheinigung f; Anerkennung f, Bekräftigung f
в ~ in (unter) Bestätigung
получи́ть ~ Bestätigung bekommen (erhalten)
по получе́нии подтвержде́ния nach Erhalt (Eingang) der Bestätigung
посыла́ть ~ Bescheinigung senden (schicken)
~, ба́нковское Bankbestätigung f
~ ви́зы Bestätigung des Visums
~ до́лга Anerkennung (Bekräftigung) einer Schuld
~ зака́за Auftragsbestätigung f
~ обяза́тельств Anerkennung (Bestätigung) der Verpflichtungen
~ отгру́зки Bestätigung der Verladung (der Verschiffung, des Versandes)
~, официа́льное offizielle Bestätigung
~, пи́сьменное schriftliche Bestätigung
~ платежа́ Zahlungsbestätigung f

~ получе́ния Eingangsbestätigung f, Empfangsbestätigung f
~ предложе́ния Angebotsbestätigung f
~ прете́нзии Bestätigung (Anerkennung) eines Anspruchs
~ приёмки Annahmebestätigung f
~, телегра́фное telegrafische Bestätigung, Telegrafenbestätigung f
~ те́лексом fernschriftliche Bestätigung
~ фа́ксом Bestätigung per Fax
~ цены́ Preisbestätigung f
ПОДТВЕРЖДЁННЫЙ bestätigt
ПОДЪЁМ m Aufschwung m; Hebung f
~ делово́й акти́вности Aufschwung der Geschäftstätigkeit
~ конъюнкту́ры Konjunkturaufschwung m
~, экономи́ческий wirtschaftlicher Aufschwung, Wirtschaftsaufschwung m
ПО́ЕЗД m Zug m
~, пассажи́рский Personenzug m
~, ско́рый Schnellzug m
~, това́рный Güterzug m
~, транзи́тный Durchgangszug m, D-Zug m
ПОЕ́ЗДКА f Fahrt f, Reise f
организова́ть пое́здку Reise organisieren
откла́дывать пое́здку Reise aufschieben (verlegen)
соверша́ть пое́здку Reise unternehmen; reisen
~, делова́я Geschäftsreise f, Handelsreise f
~, инспекцио́нная Inspektionsreise f
ПОЗИЦИОНИ́РОВАНИЕ n Positionierung f
~ това́ра на ры́нке Warenpositionierung auf dem Markt
ПОЗИ́ЦИЯ f 1. ком. Position f; Posten m 2. (точка зрения) Стеллунг f, Standpunkt m
перечисля́ть пози́ции Posten aufzählen
разбива́ть по пози́циям in Posten aufteilen (aufgliedern)
~, бюдже́тная Haushaltsposition f, Budgetposition f
~, дебито́рская Debitorenposition f
~, дли́нная lange Position
~, конкурентоспосо́бная Konkurrenzposition f
~, коро́ткая kurze Position
~, кредито́рская Kreditgeberposition f, Gläubigerposition f
~, откры́тая offene Position

ПОК

~ сýдна (*время, к которому судно может прибыть в порт*) Positionszeit *f* des Schiffes
~, товáрная Warenposition *f*
ПОКÁЗ *m* Schau *f*; Vorführung *f*, Demonstrierung *f*; Vorlage *f*; Zeigen *n*; Auslage *f*
подготáвливать ~ Schau vorbereiten
устрáивать ~ Vorführung veranstalten
~ на мéсте Vorführung am Ort
~ оборýдования Vorführung der Ausrüstung
~ образцóв Vorführung der Muster
~, откры́тый offene Vorführung
~ товáра Zeigen (Vorführung) der Waren; Warenauslage *f*
~ экспонáтов Zeigen (Vorführung) der Exponate
ПОКАЗÁТЕЛИ *m pl* Kennziffern *f pl*; Merkmale *n pl*; Ziffern *f pl*; Daten *n pl*
~ затрáт Kostenkennziffern *f pl*
~, произвóдственные Produktionsziffern *f pl*
~, тéхнико-экономи́ческие technisch-wirtschaftliche Kennziffern *pl*, *TWK*; technisch-ökonomische Kennziffern
ПОКАЗÁТЕЛЬ *m* Kennziffer *f*; Merkmal *n*; Kennzahl *f*; Ziffer *f*; Angabe *f*; Index *m*
служи́ть показáтелем als Index (als Kennziffer) dienen
~, гаранти́йный Garantieindex *m*
~, годовóй Jahreskennwert *m*
~, кáчественный qualitative Kennziffer, Gütekennziffer *f*, Gütekennwert *m*
~, коли́чественный quantitative Kennziffer, Mengenkennziffer *f*
~ конкурентоспосóбности Index der Konkurrenzfähigkeit
~, номинáльный Nominalindex *m*
~, оцéночный Bewertungskennziffer *f*
~, расчётный Berechnungskennziffer *f*
~ сезóнных изменéний Index der saisongebundenen (jahreszeitlichen) Veränderungen
~ спрóса Nachfrageparameter *m*
~, стóимостный Wertkennziffer *f*
~, финáнсовый Finanzkennziffer *f*
~, экономи́ческий ökonomische Kennziffer
ПОКРЫ́ТИЕ *n* 1. Deckung *f*, (*верхний слой*) Deckschicht *f* 2. (*оплата*) Abdeckung *f*, Deckung *f*, Tilgung *f*, Begleichung *f*, Ausgleichung *f*
без покры́тия ohne Deckung

ПОК

в кáчестве покры́тия als Deckung
в ~ zur Deckung, zur Bestreitung
обеспéчивать ~ Deckung garantieren (sichern; gewährleisten)
~ аккредити́ва Akkreditivdeckung *f*; Deckung eines Akkreditivs
~, валю́тное Devisendeckung *f*
~, водонепроницáемое wasserdichte Bedeckung
~, дéнежное Gelddeckung *f*
~ дефици́та Deckung des Defizits
~, дивидéндное Dividendendeckung *f*
~ дóлга Begleichung (Tilgung) einer Schuld
~ задóлженности по счёту Begleichung (Ausgleich) einer Rechnung
~, защи́тное Schutzdecke *f*, schützender Überzug
~ зóлотом Golddeckung *f*
~ накладны́х расхóдов Deckung der Gemeinkosten
~ óбщей авáрии Begleichung der großen Havarie
~, противоморóзное frostbeständige Deckschicht
~, расхóдов Kostendeckung *f*; Ausgleichung (Bestreitung) der Unkosten
~ страховóе Versicherungsschutz *m*
~ счёта Begleichung (Ausgleich) der Rechnung, Rechnungsausgleich *m*
~ убы́тков Deckung (Begleichung) von Verlusten; Verlustausgleich *m*
ПОКУПÁТЕЛЬ *m* Käufer *m*, Ankäufer *m*, Einkäufer *m*, Abnehmer *m*; Kunde *m*
обслýживать покупáтелей Kundschaft *f* (Käufer) bedienen
по вы́бору покупáтеля nach Wahl des Käufers
~, возмóжный potentieller Käufer
~, глáвный Hauptabnehmer *m*
~, крýпный Großabnehmer *m*, Großverbraucher *m*
~, маргинáльный marginaler Käufer
~, мéлкий Kleinabnehmer *m*, Kleinverbraucher *m*
~ на срок Terminkäufer *m*, *бирж.* Haussier *m*
~, платёжеспосóбный zahlungsfähiger, solventer, finanzkräftiger Käufer
~, постоя́нный Stammkunde *m*
~, потенциáльный potentieller Kunde
~, привилегирóванный privilegierter (bevorzugter) Kunde
~, рóзничный Kleinverbraucher *m*

ПОКУПА́ТЕЛЬНЫЙ Kauf-
покупа́тельная спосо́бность Kaufkraft *f*, Kauffähigkeit *f*
ПОКУПА́ТЕЛЬСКИЙ Käufer-
покупа́тельская неудовлетворённость Käuferunzufriedenheit *f*
покупа́тельское постоя́нство Käuferbeständigkeit *f*
ПОКУПА́ТЬ kaufen, abnehmen, beziehen
~ в ро́зницу im Kleinhandel (im Einzelhandel) kaufen
~ о́птом über den Großhandel beziehen, en gros kaufen (beziehen), im Großhandel kaufen
~ со сте́ндов на вы́ставке von Ausstellungsständen (in der Ausstellung) kaufen
ПОКУ́ПКА *f* Kauf *m*, Erwerb *m*, Abnahme *f*, Anschaffung *f*, Ankauf *m*, Einkauf *m*, Besorgung *f*, Bezug *m*
де́лать поку́пку Kauf (Einkauf) machen
~ в креди́т Kauf auf Kredit, Kreditkauf *m*, Zielkauf *m*
~ в рассро́чку Ratenkauf *m*, Teilzahlungskauf *m*; Ratengeschäft *n*, Kauf auf Teilzahlung
~ в ро́зницу Kleinkauf *m*, Kauf im Einzelhandel
~ за нали́чные Barkauf *m*
~ на вес Kauf nach Gewicht
~ на до́ллары Dollarkauf *m*, Kauf für Dollars
~ на про́бу Kauf auf (zur) Probe
~ на срок Zeitkauf *m*
~ по образцу́ Kauf nach Muster
~, про́бная Probekauf *m*
~, пряма́я direkter Einkauf
~, сезо́нная Saisoneinkauf *m*
~ с неме́дленной опла́той Einkauf mit sofortiger Zahlung
~ со скла́да Lagergeschäft *n*, Kauf ab Lager
~ с рук unter der Hand kaufen
~ това́ра Warenkauf *m*
~ тра́нспортных услу́г Transportdienstkauf *m*
~ че́рез посре́дника Kauf über Vermittler
ПО́ЛИС *m* Police *f*, Versicherungsschein *m*, Versicherungsurkunde *f*
аннули́ровать ~ Police annullieren (stornieren, für ungültig erklären)
выдава́ть ~ Police ausstellen
получа́ть ~ Police nehmen (bekommen)
продлева́ть ~ Police verlängern (prolongieren)

~ без объявле́ния страхово́й су́ммы unvalutierte (nicht taxierte) Police
~, бла́нковый Blankopolice *f*
~, валюти́рованный (*с объя́вленной страхово́й су́ммой*) valutierte (taxierte) Police
~, генера́льный Generalpolice *f*, laufende (offene) Police
~, группово́й Gruppenpolice *f*
~, морско́й Seeversicherungsschein *m*
~ на срок Zeitpolice *f*, Versicherungsschein auf Zeit
~ на усло́виях «свобо́дно от ча́стной ава́рии» Police zu den Bedingungen «Frei von besonderer Havarie»
~, невалюти́рованный (*с указа́нием преде́ла страху́емой су́ммы*) offene (unvalutierte, nicht taxierte) Police
~, недействи́тельный ungültige (unwirksame) Police
~, откры́тый offene (nicht taxierte, freie, untaxierte) Police
~ перестрахова́ния Rückversicherungspolice *f*
~, ра́зовый Namenspolice *f*
~, ре́йсовый Reisepolice *f*
~, сме́шанный gemischte Police
~, сро́чный befristete (fällige) Police
~, станда́ртный Musterpolice *f*, Typenpolice *f*
~ страхова́ния Versicherungsschein *m*, Versicherungspolice *f*
~ страхова́ния от всех ри́сков Versicherungspolice *f* gegen alle Risiken
~ страхова́ния экспо́ртных гру́зов Versicherungspolice *f* der Exportgüter
~, типово́й Typenpolice *f*, Musterpolice *f*
~, фрахто́вый Frachtpolice *f*
~, чи́стый Reinpolice *f*
ПОЛИ́ТИКА *f* Politik *f*
пересма́тривать поли́тику Politik überprüfen (korrigieren)
проводи́ть поли́тику Politik durchführen ([be]treiben)
~, валю́тная Valutapolitik *f*, Devisenpolitik *f*
~, внешнеэкономи́ческая Außenwirtschaftspolitik *f*
~, де́нежно-креди́тная Geld-Kreditpolitik *f*
~, диско́нтная Diskontpolitik *f*
~, дискриминацио́нная Diskriminierungspolitik *f*
~, инвестицио́нная Investitionspolitik *f*
~, креди́тная Kreditpolitik *f*

ПОЛ

~, лицензио́нная Lizenzpolitik *f*
~, нало́говая Steuerpolitik *f*
~ ограниче́ний Politik der Einschränkungen
~, пате́нтная Patentpolitik *f*
~, прави́тельственная Regierungspolitik *f*
~ протекциони́зма Protektionismuspolitik *f*
~ свобо́дной торго́вли Freihandelspolitik *f*
~ стимули́рования спро́са Politik der Nachfrageförderung *f*
~, тамо́женная Zollpolitik *f*
~, тари́фная Tarifpolitik *f*
~, торго́вая Handelspolitik *f*
~, фина́нсовая Finanzpolitik *f*
~ фи́рмы Firmenpolitik *f*
~, цено́вая Preispolitik *f*
~, экономи́ческая Wirtschaftspolitik *f*

ПОЛНОМО́ЧИЯ *n pl* Vollmacht *f*, Befugnisse *f pl*
в преде́лах полномо́чий innerhalb der Vollmachtsschranken
дава́ть ~ Vollmacht geben; *jemanden* bevollmächtigen
де́йствовать в преде́лах полномо́чий innerhalb der Vollmachtsschranken handeln
де́йствовать на основа́нии полномо́чий in Vollmacht handeln
делеги́ровать ~ Vollmacht delegieren
име́ть ~ Vollmacht (Befugnisse) zu *etwas* haben; zu *etwas* bevollmächtigt sein
передава́ть ~ *jemandem* die Vollmacht übereignen (übertragen)
получа́ть ~ Vollmacht bekommen
превыша́ть свои́ ~ seine Vollmacht überschreiten
~ аге́нта Vollmacht eines Agenten, Agentenbefugnisse *n pl*
~, неограни́ченные carte blanche, uneingeschränkte Vollmachten
~, официа́льные amtliche (offizielle) Vollmachten
~, широ́кие weitgehende Vollmacht

ПОЛНОТА́ *f* Vollständigkeit *f*, Gesamtheit *f*
~ докуме́нтов Dokumentensatz *m*
~ поста́вок voller Satz der Lieferungen
~ пу́нктов фо́рмулы изобрете́ния Vollständigkeit des Punktverzeichnisses der Erfindungsformel

ПОЛ

~ услу́г Vollständigkeit der Dienstleistungen

ПОЛОЖЕ́НИЕ *n* 1. (*состояние*) Lage *f*, Situation *f*; Stellung *f*, Stand *m*, Zustand *m*, Position *f* 2. (*условие, пункт*) Verordnung *f*, Ordnung *f*; Bestimmung *f*
занима́ть ~ в делов́ых круга́х Stellung in Geschäftskreisen einnehmen
информи́ровать о положе́нии über *Akk.* Lage (Situation, Zustand) informieren
уточня́ть ~ Richtlinie (Status) präzisieren
~, валю́тное Devisenlage *f*
~, иму́щественное Vermögensverhältnisse *n pl*
~, монопо́льное Monopolstellung *f*
~ на ры́нке Marktlage *f*, Zustand des Marktes
~ о вы́ставке Ausstellungsordnung *f*
~ о приёмке Annahmebestimmungen *f pl*
~, правово́е Rechtsstellung *f*, Rechtslage *f*
~, привилегиро́ванное Vorzugsstellung *f*
~, равнопра́вное gleichberechtigte (rechtsgleiche) Lage
~ с поста́вками Lieferungslage *f*
~ с финанси́рованием Lage mit Finanzierung
~, фина́нсовое Finanzlage *f*, finanzielle Lage
~, экономи́ческое Wirtschaftslage *f*, wirtschaftliche Lage
~, юриди́ческое Rechtslage *f*

ПОЛОЖЕ́НИЯ *n pl* Bestimmungen *f pl*; Positionen *f pl*
применя́ть ~ Bestimmungen anwenden
соотве́тствовать положе́ниям den Bestimmungen entsprechen
~ дополне́ния к контра́кту Bestimmungen zum Nachvertrag
~ контра́кта Vertragsbestimmungen *f pl*
~ соглаше́ния Bestimmungen eines Abkommens

ПОЛО́МКА *f* Bruch *m*; Schaden *m*; Beschädigung *f*; Panne *f*

ПОЛУФАБРИКА́ТЫ *m pl* Halbfabrikate *n pl*, Halbfertigerzeugnisse *n pl*, Zwischenprodukte *n pl*

ПОЛУЧА́ТЕЛЬ *m* Empfänger *m*, Bezieher *m*; Adressat *m*
~ гру́за Güterempfänger *m*, Empfänger von Waren (von Gütern)

ПОЛ   **ПОМ**   **П**

~ де́нег Geldempfänger *m*
~, коне́чный Endabnehmer *m*
~ креди́та Kreditnehmer *m*
~ лице́нзии Lizenznehmer *m*
~ перево́да Überweisungsempfänger *m*
~ письма́ Briefempfänger *m*
~ платежа́ Zahlungsempfänger *m*
~ това́ра Empfänger von Waren, Warenempfänger *m*
ПОЛУЧА́ТЬ erhalten, bekommen; einkassieren
ПОЛУЧЕ́НИЕ *n* Erhalt *m*, Empfang *m*; Aufnahme *f*; Bezug *m*
до получе́ния vor Empfang, vor Einzug
опла́чивать по получе́нии nach Empfang (Eingang) bezahlen
подтвержда́ть ~ Empfang bestätigen (quittieren)
по получе́нии nach Empfang (Eingang)
распи́сываться в получе́нии Empfang (Erhalt, Eingang) bescheinigen
регистри́ровать ~ Empfang registrieren
~ ви́зы Erhalt des Visums, Empfang des Visums
~ гру́за Empfang der Ladung (der Fracht, der Güter)
~ де́нег Einkassierung *f*
~ докуме́нтов Annahme (Empfang) von Dokumenten
~ за́йма Aufnahme *f* einer Anleihe
~ зака́за Erhalt eines Auftrags (einer Bestellung)
~ извеще́ния Erhalt einer Benachrichtigung
~ конкуре́нтных предложе́ний Einnahme (Empfang) der Konkurrenzangebote
~ креди́та Aufnahme eines Kredits
~ лице́нзии Aufnahme einer Lizenz
~ па́ртии това́ра Empfang einer Warenpartie
~ пате́нта Patenterhalt *m*
~ письма́ Empfang eines Briefes
~ платежа́ Zahlungsempfang *m*
~ со скла́да Annahme (Beziehung) ab Lager
~ средств Erhalt der Geldmittel
~ ссу́ды Erhalt des Darlehens (der Anleihe, des Kredits, des Vorschusses)
~ това́ра Empfang (Bezug) der Ware; Warenempfang *m*
~ уведомле́ния Avisierungsempfang *m*, Benachrichtigungsempfang *m*; Anzeigeempfang *m*

ПО́ЛЬЗОВАНИЕ *n* Benutzung *f*, Nutzung *f*, Gebrauch *m*
для ли́чного (о́бщего, официа́льного) по́льзования für individuellen (öffentlichen, offiziellen) Gebrauch
~, безвозме́здное unentgeltliche Nutzung
~, бессро́чное unbefristete Nutzung
~, вре́менное zeitweilige Nutzung
~, исключи́тельное ausschließliche Alleinnutzung *f*
~ на права́х аре́нды Nutzung auf Mietbasis (Pachtbasis)
~, неисключи́тельное nicht ausschließliche Nutzung, Nichtalleinnutzung *f*
~, части́чное Teilnutzung *f*, partielle Nutzung *f*
ПО́ЛЬЗОВАТЕЛЬ *m* Benutzer *m*; Nutzer *m*, Nutznießer *m*
~, второ́й Zweitbenutzer *m*
~, доброс́овестный gutgläubiger (gewissenhafter) Benutzer
~, коне́чный Endverbraucher *m*
~, пе́рвый Erstbenutzer *m*
~ проду́кции Produktionsbenutzer *m*; Produktionsverbraucher *m*
~ това́рного зна́ка Benutzer eines Warenzeichens
ПОМЕ́ТКА *f* Zeichen *n*, Vermerk *m*, Notiz *f*
с поме́ткой mit Vermerk, mit Zeichen
~ в коносаме́нте Vermerk im Konnossement
ПОМЕЩА́ТЬ 1. (*определя́ть ме́сто*) einlagern; inserieren; veröffentlichen; unterbringen 2. (*о капитале*) anlegen; unterbringen; investieren; deponieren
ПОМЕЩЕ́НИЕ *n* 1. (*ме́сто*) Raum *m* 2. (*о капитале*) Unterbringung *f*; Anlage *f*, Investierung *f*
предоставля́ть ~ Raum zur Verfügung stellen, mit dem Raum versorgen
сдава́ть ~ в аре́нду Raum vermieten
~, бага́жно-грузово́е Gepäck- und Ladungsraum *m*
~ вы́ставки Ausstellungsraum *m*
~, грузово́е Ladungsraum *m*, Frachtraum *m*
~, закры́тое geschlossener Raum
~ капита́ла Anlage *f* (Investition *f*, Unterbringung *f*) von Kapital; Kapitalanlage *f*, Kapitalinvestierung *f*
~, произво́дственное Betriebsraum *m*, Gewerberaum *m*
~, складско́е Lagerraum *m*, Lagerhaus *n*; Niederlage *f*

183

ПОМ

~, служе́бное Dienstraum *m*, Dienstzimmer *n*
~, торго́вое Handelsraum *m*
ПО́МОЩЬ *f* Hilfe *f*, Unterstützung *f*, Beistand *m*
ока́зывать ~ Hilfe leisten
~, безвозме́здная unentgeltliche Hilfe
~, де́нежная Geldunterstützung *f*, finanzielle Unterstützung; Subvention *f*
~, материа́льная materielle Hilfe (Unterstützung)
~, техни́ческая technische Hilfe
~, фина́нсовая Finanzhilfe *f*, finanzielle Unterstützung
~, экономи́ческая Wirtschaftshilfe *f*
ПОНИЖА́ТЬ senken, herabsetzen, ermäßigen; reduzieren
ПОНИЖА́ТЬСЯ sinken, abfallen, fallen, abflauen, abnehmen
ПОНИЖЕ́НИЕ *n* Senkung *f*, Herabsetzung *f*, Ermäßigung *f*, Reduzierung *f*; Rückgang *m*; Fallen *n*
игра́ть на ~ à la baisse spekulieren (spielen)
~ ка́чества Verschlechterung *f* der Qualität, Abnahme *f* der Qualität
~ конъюнкту́ры Konjunkturrückgang *m*
~ ку́рса Kursrückgang *m*
~ спро́са Nachfragerückgang *m*
~ ста́вки Diskontoteherabsetzung *f*, Tarifermäßigung *f*, Tarifsenkung *f*
~ цен Senkung der Preise, Preisermäßigung *f*, Preissenkung *f*, Preisherabsetzung *f*; Fallen im Preis; Verbilligung *f*
ПООЩРЕ́НИЕ *n* Anreiz *m*, Stimulierung *f*; Belohnung *f*, Prämierung *f*
~ и́мпорта Importförderung *f*
~, материа́льное materieller Anreiz, materielle Auszeichnung, Prämiierung
~, фина́нсовое finanzielle Stimulierung, finanzieller Anreiz
~ э́кспорта Exportförderung *f*
ПОПОЛНЕ́НИЕ *n* Ergänzung *f*; Auffüllung *f*, Erweiterung *f*
~ запа́сов Auffüllung *f* der Bestände
ПОПРА́ВКА *f* 1. (*исправление*) Korrektur *f*, Berichtigung *f*, Verbesserung *f* 2. (*к документу*) Abänderungsantrag *m*
вноси́ть попра́вку Korrektur vornehmen
отклоня́ть попра́вку Berichtigungsantrag ablehnen
принима́ть попра́вку Korrektur (Berichtigung) annehmen
~ в сто́рону повыше́ния Aufwärtsberichtigung *f*

ПОР

~ в сто́рону пониже́ния Abwärtsberichtigung *f*
~ в цене́ Preisangleichung *f*, Preiskorrektur *f*, Preisberichtigung *f*
~ к контра́кту Berichtigung zum Vertrag
~ на сезо́нные колеба́ния Berichtigung wegen Saisonschwankungen
ПОРОЖНЯ́К *m* Leergut *n*; Leertransport *m*; Leerzug *m*
ПОРТ *m* Hafen *m*
входи́ть в ~ in den Hafen einlaufen
выгружа́ть в порту́ im Hafen löschen (entladen)
доставля́ть груз в ~ Ware *f* (Güter *n pl*) in den Hafen liefern
заходи́ть в ~ Hafen anlaufen, in den Hafen einlaufen
назнача́ть ~ Hafen bestimmen (benennen)
прибыва́ть в ~ im Hafen ankommen
стоя́ть в порту́ im Hafen liegen
~ беспо́шлинного вво́за и вы́воза Freihafen *m*
~, блоки́рованный blockierter (gesperrter) Hafen
~ вво́за Importhafen *m*, Einfuhrhafen *m*
~ вы́грузки Entladehafen *m*, Löschhafen *m*
~ генера́льных гру́зов Generalcargohafen *m*, Generalladungshafen *m*, Generalguthafen *m*
~, грузово́й Frachthafen *m*
~, договорно́й Vertragshafen *m*
~ доста́вки Lösch[ungs]hafen *m*
~, закры́тый Dockhafen *m*, geschlossener Hafen
~ захо́да Anlaufhafen *m*, Anlegehafen *m*
~, контейнерный Containerhafen *m*
~, морско́й Seehafen *m*
~ назначе́ния Bestimmungshafen *m*, Endhafen *m*
~ отгру́зки Versandhafen *m*, Verschiffungshafen *m*
~, откры́тый offener Hafen
~ отправле́ния Abgangshafen *m*, Versandhafen *m*
~ перева́лки Umschlaghafen *m*, Umladungshafen *m*
~ перегру́зки Umschlaghafen *m*
~ по вы́бору покупа́теля der vom Käufer auserwählte Hafen
~ погру́зки Ladehafen *m*, Verschiffungshafen *m*
~ поста́вки Anlieferungshafen *m*
~ припи́ски Heimathafen *m*

~ происхождения Herkunftshafen *m*, Hafen des Ursprungslandes
~ разгрузки Entladehafen *m*, Löschhafen *m*
~ регистрации Heimathafen *m*
~, речной Binnenhafen *m*, Flußhafen *m*
~, свободный Freihafen *m*
~, сезонный Saisonhafen *m*
~, согласованный vereinbarter Hafen
~, торговый Handelshafen *m*
~, транзитный Transithafen *m*
ПОРТО *n* (*почтовый сбор*) Porto *n*, Postgebühr *f*
ПОРТО-ФРАНКО (*порт беспошлинного ввоза и вывоза товаров*) Freihafen *m*, frei Hafen
ПОРТ-УБЕЖИЩЕ *m* Nothafen *m*, Schlupfhafen *m*
ПОРТФЕЛЬ *m* 1. Mappe *f*, Aktenmappe *f*, Aktentasche *f* 2. (*заказов*) Bestand *m*
~, вексельный Wechselbestand *m*
~ заказов Auftragsmappe *f*, Orderbestand *m*
ПОРУЧЕНИЕ *n* Auftrag *m*, Anweisung *f*, Order *f*
давать ~ einen Auftrag erteilen; *jemanden* mit etwas *Dat.* beauftragen
по поручению im Auftrag von *Dat.*
~, банковское Bankauftrag *m*, Bankorder *f*
~, денежное Geldanweisung *f*, Geldüberweisung *f*
~, импортное Importauftrag *m*
~, инкассовое Inkassoauftrag *m*
~, комиссионное Kommission *f*, Kommissionsauftrag *m*
~ на открытие аккредитива Akkreditiv-Eröffnungsauftrag *m*
~ на перевод Überweisungsauftrag *m*
~ на покупку Kaufauftrag *m*, Kauforder *f*
~ на совершение сделок Auftrag auf einen Geschäftsabschluß
~, отгрузочное Ladeauftrag *m*
~, переводное Überweisungsauftrag *m*
~, платёжное Zahlungsauftrag *m*, Zahlungsanweisung *f*
~, расчётное Rechnungsauftrag *m*
~, транспортное Speditionsauftrag *m*
ПОРУЧИТЕЛЬ *m* Bürge *m*, Garant *m*, Gewährsmann *m*
выступать поручителем für *jemanden* bürgen
~, главный Hauptbürge *m*

~ по векселю Wechselbürge *m*, Avalist *m*
~, совместный Gesamtbürge *m*
ПОРУЧИТЕЛЬСТВО *n* Bürgschaft *f*, Haftung *f*, Gewährleistung *f*, Sicherheit *f*; Kaution *f*
давать ~ Bürgschaft (Kaution) leisten, sich für *jemanden* verbürgen
~, банковское Bankbürgschaft *f*
~, вексельное Wechselbürgschaft *f*
~, имущественное Kaution, Vermögensbürgschaft *f*
~, кредитное Kreditbürgschaft *f*
~, совместное gemeinsame Bürgschaft
ПОРЧА *f* Beschädigung *f*, Schaden *m*; Verderb *m*, Verderbnis *f*
~ груза Ladungsbeschädigung *f*
~, скрытая verborgene Beschädigung
~ товара Warenverderb *m*, Warenbeschädigung *f*
ПОРЯДОК *m* Ordnung *f*; Verfahren *n*
в акцептном порядке als Akzept
в арбитражном порядке bei (durch) Schiedsgericht
в порядке возмещения убытков durch die Entschädigung
в порядке очереди der Reihe nach
в судебном порядке auf gerichtlichem Wege
в установленном порядке ordnungsmäßig
~ аттестации Eignungsprüfungsordnung *f*, Attestverfahren *n*; Bescheinigungsverfahren *n*
~ валютных отчислений Verfahren (Prozedur *f*) von Währungsabführung
~ выгрузки Entladungsverfahren *n*
~ выдачи патентов Patenterteilungsverfahren *n*
~ выдачи экспортных лицензий Verfahren der Exportlizenzerteilung
~ замены арбитра Ersatzmethode *f* eines Arbiters (eines Schiedrichters)
~ назначения арбитра Einsetzungsmethode *f* eines Arbiters (eines Schiedsrichters)
~, новый международный экономический neue internationale Wirtschaftsordnung
~ обжалования Berufungsordnung *f*, Appellationsordnung *f*
~ осуществления платежей Zahlungsverfahren *n*
~ погашения Tilgungsverfahren *n*, Rückzahlungsverfahren *n*

ПОС

~ получе́ния лице́нзии Lizenzerwerbverfahren n
~ поста́вок Lieferungsordnung f
~ предъявле́ния прете́нзии Reklamationsverfahren n
~ проведе́ния эксперти́зы Expertiseverfahren n
~ расчётов Rechenverfahren n, Rechenweg m
~ регистра́ции Registrierungsverfahren n
~ сда́чи-приёмки Übernahme-Übergabeverfahren n
~ страхова́ния Versicherungsverfahren n
~, установи́вшийся routinemäßige Ordnung
~, устано́вленный festgelegte (festgesetzte) Ordnung
~ фрахтова́ния Befrachtungsverfahren n, Charterungsverfahren n
~ хране́ния Lagerungsverfahren n
ПОСЕТИ́ТЕЛЬ m Besucher m; Gast m
~ вы́ставки Messegast m
~, зарубе́жный ausländischer (fremder) Gast, Auslandsgast m
обслу́живание посети́телей Bedienung f der Besucher
ПОСЕЩЕ́НИЕ n Besuch m
организова́ть ~ Besuch organisieren (veranstalten)
~ вы́ставки Messebesuch m, Ausstellungsbesuch m
~ я́рмарки Jahrmarktsbesuch m, Messebesuch m
ПОСЛЕ́ДСТВИЯ n pl Folgen f pl, Ergebnisse n pl, Auswirkungen f pl
~, вытека́ющие из чего-л. die sich aus etwas Dat. ergebenden Folgen
~ заде́ржки Verzugsfolgen f pl
~, правовы́е Rechtsfolgen f pl
~, фина́нсовые Finanzfolgen f pl, finanzielle Folgen
ПОСЛЕПРОДА́ЖНЫЙ Nachverkaufs-
ПОСРЕ́ДНИК m Mittler m, Vermittler m; Kommissionär m; Makler m; Vermittlungsagent m
выступа́ть в ка́честве посре́дника als Vermittler auftreten
покупа́ть без посре́дника ohne Vermittler kaufen
покупа́ть че́рез посре́дника mittels des Vermittlers kaufen; über (durch) Vermittler kaufen
~ в биржевы́х сде́лках Börsenvermittler m, Börsenmakler m

ПОС

~ в креди́те Kreditmakler m
~ в платежа́х Zahlungsmakler m
~, ма́ркетинговый Marketingmakler m, Vertriebsvermittler m
~, торго́вый Zwischenhändler m, Handelsmakler m
~, уполномо́ченный bevollmächtigter Makler
~, фина́нсовый Finanzvermittler m
ПОСРЕ́ДНИЧЕСТВО n Vermittlung f, Vermittlerschaft f
брать на себя́ ~ Vermittlung übernehmen
при посре́дничестве durch Vermittlung
че́рез ~ durch Vermittlung
~ при заключе́нии сде́лок Vermittlung beim Geschäftsabschluß; Geschäftsvermittlung f
~, торго́вое Handelsvermittlung f
ПОСТА́ВКА f Lieferung f, Anlieferung f, Zulieferung f
в счёт поста́вки a conto der Lieferung
выполня́ть поста́вку Lieferung erfüllen (ausführen)
гаранти́ровать поста́вку Lieferung garantieren
заде́рживать поста́вку Lieferung verzögern
изменя́ть сро́ки поста́вки Lieferfristen f pl (Liefertermine m pl) ändern
исключа́ть из поста́вки aus der Lieferung ausschließen
наруша́ть сро́ки поста́вки Lieferfristen f pl (Liefertermine m pl) verletzen
осуществля́ть поста́вку Lieferung leisten (realisieren)
откла́дывать поста́вку Lieferung verlegen
переноси́ть срок поста́вки Lieferfrist f verschieben
прекрати́ть поста́вку Lieferung abbrechen (stoppen)
принима́ть поста́вку Lieferung annehmen
приостана́вливать поста́вку Lieferung einstellen
продава́ть с бу́дущей поста́вкой mit späterer (künftiger) Lieferung verkaufen
продлева́ть срок поста́вки Lieferfrist f verlängern; Liefertermin m aufschieben
просро́чить поста́вку Lieferfrist f überschreiten
соблюда́ть сро́ки поста́вки Lieferfrist f einhalten, fristgemäß (termingemäß) liefern

страхова́ть поста́вку Lieferung versichern
счита́ться да́той поста́вки als Datum der Lieferung gelten
ускоря́ть поста́вку Lieferung beschleunigen
~ автомаши́нами Lieferung auf dem Landwege
~, бу́дущая künftige Lieferung, spätere Lieferung
~ в ваго́не Lieferung im Wagen (mit der Eisenbahn)
~ в креди́т Kreditlieferung *f*, Lieferung auf Kredit
~ в погаше́ние задо́лженности Tilgungslieferung *f*
~ в согласо́ванном ассортиме́нте Lieferung in übereinstimmendem Sortiment (in vereinbartem Sortiment)
~ в срок fristgemäße (termingemäße, rechtzeitige) Lieferung
~, встре́чная Gegenlieferung *f*
~, гаранти́рованная Garantielieferung *f*, garantierte Lieferung
~, договорная Vertragslieferung *f*
~, досро́чная vorfristige Lieferung
~, заде́ржанная verzögerte Lieferung
~, компенсацио́нная Kompensationslieferung *f*
~, компле́ктная komplette Lieferung
~ на осно́ве соглаше́ния Lieferung auf Grund eines Abkommens
~ на усло́виях креди́та Lieferung zu den Kreditbedingungen
~ на усло́виях СИФ Lieferung zu den Bedingungen cif
~ на усло́виях СФР Lieferung zu den Bedingungen CFR
~ на усло́виях ФОБ Lieferung zu den Bedingungen FOB; FOB-Lieferungen *f pl*
~, некомпле́ктная unkomplette Lieferung
~, неме́дленная Sofortlieferung *f*, prompte (sofortige, unverzügliche) Lieferung
~, непо́лная Minderlieferung *f*
~, несвоевре́менная nicht fristgemäße (nicht termingemäße) Lieferung
~, оконча́тельная Endlieferung *f*
~ па́ртиями Lieferung in Partien (in Posten)
~ «под ключ» «schlüsselfertige» Lieferung
~ по контра́кту Kontraktlieferung *f*, Lieferung laut Kontrakt

~, по́лная Gesamtlieferung *f*
~, после́дняя letzte Lieferung, Endlieferung *f*
~, после́дующая nachfolgende Lieferung
~, просро́ченная verzögerte (verspätete) Lieferung
~, ра́зовая einmalige Lieferung
~ самолётом Lieferung auf dem Luftwege (mit Flugzeug)
~, своевре́менная rechtzeitige Lieferung
~, сро́чная Sofortlieferung *f*, sofortige (prompte) Lieferung
~ това́ров Warenlieferung *f*
~, части́чная Teillieferung *f*, Teilsendung *f*
~, экспо́ртная Exportlieferung *f*, Ausfuhrlieferung *f*
ПОСТА́ВКИ *f pl* Lieferungen *f pl*; Belieferung *f*
возобнови́ть ~ Lieferugen erneuern (wiederaufnehmen)
~, взаи́мные gegenseitige Lieferungen
~, регуля́рные regelmäßige Lieferungen
~ че́рез ра́вные промежу́тки вре́мени Lieferungen in regelmäßigen Zeitabständen
ПОСТАВЛЯ́ТЬ liefern, anliefern, beliefern
ПОСТАВЩИ́К *m* Lieferant *m*, Lieferer *m*; Lieferbetrieb *m*
~, генера́льный Hauptlieferant *m*, Generallieferant *m*
~, гла́вный Hauptlieferant *m*
~, еди́нственный Alleinlieferant *m*, einziger Lieferant
~, зарубе́жный Auslandslieferant *m*
~, исключи́тельный ausschließlicher Lieferant
~, конкурентоспосо́бный konkurrenzfähiger Lieferant
~, опто́вый Großhändler *m*, Großlieferant *m*
~, основно́й Hauptlieferant *m*
~ сырья́ Rohstofflieferant *m*
~ това́ров Warenlieferant *m*
ПОСТУПЛЕ́НИЕ *n* (*материалов, изделий*) Eingang *m*, Eingehen *n*; Einlaufen *n*
~ зака́зов Eingang von Aufträgen
~ това́ра Wareneingang *m*
ПОСТУПЛЕ́НИЯ *n pl* (*денежные*) Einkünfte *pl*, Einnahmen *f pl*, Erlös *m*; Aufkommen *n*
~, бюдже́тные Haushaltseinnahmen *f pl*

~, валю́тные Deviseneinnahmen *f pl*, Devisenerlös *m*
~, де́нежные Geldeingang *m*
~, ка́ссовые Kasseneingang *m*
~, лицензио́нные Lizenzeinnahmen *f pl*, Erlös aus Lizenzen
~, нали́чные Bargeldeingänge *m pl*
~ от э́кспорта Exporteinnahmen *f pl*, Exporterlös *m*
~ платеже́й Zahlungseinnahmen *f pl*, Zahlungseingang *m*
~, чи́стые Nettoeinnahmen *f pl*
~, э́кспортные Exporteinnahmen *f pl*
ПОСЫ́ЛКА *f* 1. (*почто́вая*) Sendung *f*, Paket *n* 2. (*па́ртия това́ра*) Sendung *f*
отде́льной посы́лкой im Einzelpaket, mit getrennter Sendung
отправля́ть посы́лкой mit Sendung schicken
отправля́ть посы́лку Sendung schicken ([ab]liefern)
~ нало́женным платежо́м Nachnahmesendung *f*
~ образцо́в Mustersendung *f*
~, почто́вая Postpaket *n*, Poststück *n*
~, рекла́мная Werbungssendung *f*
~, це́нная Wertsendung *f*; Wertpaket *n*
ПОТЕНЦИА́Л *m* Potential *n*
~ возмо́жностей сбы́та Potential von Absatzmöglichkeiten
~, инвестицио́нный Investitionspotential *n*
~, комме́рческий Handelspotential *n*
~, произво́дственный Industriepotential *n*
~ ры́нка Marktpotential *n*
~, экономи́ческий Wirtschaftspotential *n*
ПОТЕ́РИ *f pl* Verluste *m pl*
без поте́рь ohne Verluste
компенси́ровать ~ Verluste kompensieren (entschädigen, ausgleichen)
нести́ ~ Verluste erleiden
~ валю́ты Devisenverluste *m pl*, Devisenausfall *m*
~, курсовы́е Kursverluste *m pl*
~ на ра́знице валю́тных ку́рсов Verluste durch Währungskursunterschiede (durch Währungskursdifferenzen)
~ от бра́ка Verluste durch Ausschuß, Ausschußverluste *m pl*
~ от просто́ев Verluste durch Stillstandszeiten
~ при перево́зке Versandverluste *m pl*
~ при пересы́лке по́чтой Verluste durch Postversand

~ при транспортиро́вке Transportverluste *m pl*
~ при хране́нии Lagerverluste *m pl*
~, произво́дственные Produktionsverluste *m pl*
~, складски́е Lagerverluste *m pl*
~, фина́нсовые finanzielle Verluste
ПОТЕ́РЯ *f* Verlust *m*, Einbuße *f*, Abgang *m*, Schwund *m*; Schaden *m*
возмести́ть поте́рю Verlust entschädigen
компенси́ровать поте́рю Verlust kompensieren (entschädigen, ausgleichen)
приводи́ть к поте́ре zu einem Verlust bringen; Verlust nach sich ziehen
~ в ве́се Gewichtsverlust *m*, Manko *n*, Gewichtsabgang *m*; Gewichtsschwund *m*; Gewichtsmanko *n*
~ ме́ста гру́за Verlust eines Packstückes
~ ожида́емой при́были Verlust des vorgesehenen (zu erwartenden) Gewinns
~, по́лная Vollverlust *m*, Totalverlust *m*
~ пра́ва прете́нзии Verfall *m* des Anspruchrechts
~ при́были Gewinnverlust *m*
~ това́ра Warenverlust *m*
~, части́чная Teilverlust *m*
~, чи́стая Reinverlust *m*
ПОТО́К *m* Fluß *m*, Strom *m*
~, де́нежный Geldstrom *m*
~, информацио́нный Informationsfluß *m*, Datenfluß *m*
~, креди́тный Kreditstrom *m*
~ това́ров Warenfluß *m*, Warenstrom *m*
~, транзи́тный Transitverkehr *m*
~, тра́нспортный Verkehrsmittelstrom *m*
ПОТРЕБИ́ТЕЛЬ *m* Verbraucher *m*; Abnehmer *m*, Käufer *m*; Beziehen *m*; Konsument *m*
вку́сы потреби́телей Käufergeschmäcke *m pl*
запро́сы потреби́телей Verbraucheransprüche *m pl*, Abnehmerwünsche *m pl*
~, гла́вный Hauptabnehmer *m*, Hauptverbraucher *m*
~ информа́ции Informationsverbraucher *m*
~, комме́рческий Kommerzverbraucher *m*
~, коне́чный Endabnehmer *m*, Endverbraucher *m*, Endbezieher *m*
~, ма́ссовый Massenabnehmer *m*, Massenverbraucher *m*; Massenkonsument *m*
~, опто́вый Großverbraucher *m*, Großabnehmer *m*

~, основно́й Hauptabnehmer *m*, Hauptbezieher *m*, Hauptkonsument *m*, Hauptverbraucher *m*
~, отде́льный einzelner Verbraucher
~, платёжеспосо́бный zahlungsfähiger Verbraucher
~, потенциа́льный potentieller Verbraucher, Potentialverbraucher *m*
~, преде́льный Spitzenverbraucher *m*, Höchstverbraucher *m*
~, ро́зничный Kleinverbraucher *m*, Kleinabnehmer *m*, Kleinbezieher *m*
ПОТРЕБИ́ТЕЛЬСКИЙ Verbrauchers-, Konsumenten-
потреби́тельская корзи́на Konsumentenkorb *m*
потреби́тельское поведе́ние Verbraucherverhalten *n*, Konsumentenverhalten *n*
потреби́тельское предпочте́ние Verbrauchervorzug *m*, Konsumentenvorzug *m*
~ спрос Verbrauchernachfrage *f*
ПОТРЕБЛЕ́НИЕ *n* 1. (*использование*) Verbrauch *m*; Konsum *m* 2. (*количество, необходимое для покрытия потребностей*) Verbrauch *m*, Konsumtion *f*
для вну́треннего потребле́ния für inländischen (einheimischen) Verbrauch
сокраща́ть ~ Konsum einschränken (beschneiden)
~, вну́треннее inländischer Verbrauch, Inlandsverbrauch *m*
~, годово́е Jahresverbrauch *m*
~, коне́чное Endverbrauch *m*
~, номина́льное Nominalverbrauch *m*
~, ограни́ченное beschränkter Verbrauch
~, произво́дственное Produktionsverbrauch *m*
~, теку́щее laufender Verbrauch, laufende Konsumtion
ПОТРЕБЛЯ́ТЬ verbrauchen, konsumieren
ПОТРЕ́БНОСТИ *f pl* Bedürfnisse *n pl*; Bedarf *m*
~ вну́треннего ры́нка Inlandsbedarf *m*
~ в капара́х Warenbedarf *m*
~ материа́льного произво́дства Bedarf an materieller Produktion, Bedürfnisse an materieller Produktion
~, потреби́тельские Verbraucherbedarf *m*, Konsumentenbedürfnisse *n pl*
~, произво́дственные Produktionsbedürfnisse *n pl*

~ ры́нка Marktbedürfnisse *n pl*
ПОТРЕ́БНОСТЬ *f* Bedarf *m*; Bedürfnis *n*
оце́нивать ~ Bedarf schätzen
сокраща́ть ~ Bedarf beschneiden
удовлетворя́ть ~ Bedarf decken (befriedigen)
~ в деньга́х Geldbedarf *m*
~ в и́мпорте Importbedarf *m*, Einfuhrbedarf *m*
~ в капита́ле Kapitalbedarf *m*, Bedarf an Kapital
~ в креди́те Kreditbedarf *m*
~ в материа́лах Materialbedarf *m*
~ в обслу́живании Bedienungsbedarf *m*
~ в сырье́ Rohstoffbedarf *m*
~ в услу́гах Bedarf an Dienstleistungen
~, годова́я Jahresbedarf *m*
~, непокры́тая ungedeckter Bedarf, Fehlbedarf *m*
~, реа́льная Realbedarf *m*
~, сезо́нная Saisonbedarf *m*
ПО́ЧТА *f* Post *f*, Korrespondenz *f*
отправля́ть по́чтой (по по́чте) per Post senden (schicken)
переводи́ть по по́чте per Post überweisen (anweisen)
пересыла́ть по́чтой (по по́чте) per (durch die, mit der) Post übersenden
посыла́ть заказно́й по́чтой eingeschrieben schicken
посыла́ть капита́нской по́чтой mit Schiffspost schicken
посыла́ть обра́тной по́чтой umgehend (postwendend) schicken
посыла́ть отде́льной по́чтой mit getrennter Post schicken
посыла́ть по по́чте durch die (mit der, per) Post senden
с обра́тной по́чтой mit umgehender Post (umgehend, postwendend) schicken
~, входя́щая ankommende (eingehende) Post, Eingangspost *f*, Briefeingang *m*
~, дипломати́ческая Diplomatenpost *f*
~, заказна́я eingeschriebene Korrespondenz
~, исходя́щая abgehende Post, Ausgangspost *f*
~, капита́нская Schiffspost *f*
~, обы́чная gewöhnliche Post
~, сро́чная Eilpost *f*
~, экстренная Extrapost *f*
ПО́ШЛИНА *f* Zoll *m*; Abgabe *f*, Gebühr *f*, Taxe *f*
без опла́ты по́шлиной unverzollt; zollfrei

взимать пошлину Zoll erheben (einnehmen)
исчислять пошлину Gebühr (Taxe, Zollgebühr) berechnen
облагать товар пошлиной Ware *f* verzollen, Ware *f* mit Zoll belegen
оплаченный пошлиной verzollt
оплачивать пошлину Zoll zahlen (entrichten)
освобождать от пошлины vom Zoll befreien
отменять пошлину Gebühr (Taxe) abschaffen
очищать товары от пошлины klarieren, zollklarieren, vom Zoll freimachen
платить пошлину Gebühr (Zoll) zahlen
повышать пошлину Zoll (Gebühr) erhöhen
подлежать обложению пошлиной der Verzollung unterliegen, zollpflichtig sein
понижать пошлину Zoll *m* senken
свободный от пошлины zollfrei
устанавливать пошлину на *что-л.* Zoll [satz] *m* auf *Akk.* festsetzen
~, адвалорная Wertzoll *m*, ad-valorem-Zoll *m*
~, антидемпинговая Antidumpingzoll *m*
~, арбитражная Gebühr des Schiedsverfahrens; Schiedsgerichtsgebühr *f*
~, валютная Währungsschutzzoll *m*
~, ввозная Importzoll *m*, Einfuhrzoll *m*
~, вывозная Exportzoll *m*, Ausfuhrzoll *m*
~, гербовая Stempelgebühr *f*
~, дискриминационная diskriminierende Abgabe
~, дифференциальная Differentialzoll *m*
~, договорная Vertragszoll *m*
~, дополнительная Nachzoll *m*; Zollnacherhebung *f*
~ за выдачу патента Gebühr für Patenterteilung
~ за правопередачу Abtretungsgebühr *f*, Zessionsgebühr *f*
~, запретительная Sperrzoll *m*, Prohibitivzoll *m*
~, импортная Einfuhrzoll *m*, Importzoll *m*
~, компенсационная Ausgleichszoll *m*
~, конвенционная Vertragszoll *m*
~, лицензионная Lizenzgebühr *f*
~, льготная Präferenzzoll *m*, Vorzugszoll *m*
~, охранная Schutzzoll *m*

~, патентная Patentgebühr *f*
~, покровительственная Schutzzoll *m*, Protektionszoll *m*
~, преференциальная Präferenzzoll *m*, Vorzugszoll *m*
~, протекционистская protektionistischer Zoll, Schutzzoll *m*
~, регистрационная Eintragungsgebühr *f*
~, смешанная zusammengesetzte (gemischte) Gebühr
пошлины, специфические (*с единицы длины, веса, объёма*) Sondergebühr *f*, spezifische Gebühr
~, таможенная Zoll *m*; Zollgebühr *f*, Zollspesen *pl*
~, транзитная Transitzoll *m*, Durchfuhrzoll *m*
~, фискальная fiskalischer Zoll, Fiskalzoll *m*
~, экспортная Ausfuhrzoll *m*, Exportzoll *m*
ПРАВИЛА *n pl* Ordnung *f*; Verordnungen *f pl*, Bestimmungen *f pl*, Regeln *f pl*, Vorschriften *f pl*
нарушать ~ Ordnung verletzen (übertreten)
подчиняться правилам sich den Verordnungen unterwerfen
применять ~ Regeln anwenden
разрабатывать ~ Regeln ausarbeiten (entwickeln)
следовать правилам Regeln einhalten, sich nach den Regeln richten
соблюдать ~ Regeln beachten (befolgen)
согласно правилам ordnungsgemäß, ordnungsmäßig
устанавливать ~ Regeln festsetzen
~ арбитража Arbitrageregeln *f pl*
~, аукционные Auktionsregeln *f pl*
~, биржевые Börsenregeln *f pl*, Börsengebräuche *m pl*
~, валютные Devisenbestimmungen *f pl*
~ выдачи патентов Regeln der Patenterteilung
~, действующие geltende Regeln
~, единые einheitliche Regeln, Einheitsregeln *f pl*
~ инкассо коммерческих документов Regeln für Inkasso von Wertpapieren
~, карантинные Quarantänebestimmungen *f pl*
~ конкуренции Konkurrenzregeln *f pl*
~, лицензионные Lizenzvorschriften *f pl*

~ маркиро́вки Markierungsvorschriften *f pl*
~ определе́ния ве́са та́ры Vorschriften für Bestimmung des Verpackungsgewichts
~ оформле́ния гара́нтии Regeln der Garantieausfertigung
~ оформле́ния креди́та Form *f* der Kreditausreichung
~ перево́зки Beförderungsvorschriften *f pl*
~ по́льзования Gebrauchsanweisung *f*
~, порто́вые Hafenregeln *f pl*
~ приёмки Abnahmebestimmungen *f pl*
~ прове́рки Kontrollregeln *f pl*, Prüfungsregeln *f pl*
~ процеду́ры Verfahrensregeln *f pl*
~, санита́рные Hygienevorschriften *f pl*
~ страхова́ния Versicherungsregeln *f pl*
~ судопроизво́дства Schiedsverfahren *n*
~, тамо́женные Zollbestimmungen *f pl*, Zollvorschriften *f pl*
~, тари́фные Gebührenordnung *f*, Tarifordnung *f*
~ те́хники безопа́сности Sicherheitsvorschriften *f pl*
~, техни́ческие technische Vorschriften
~ торго́вли Handelsordnung *f*, Handelsvorschriften *f pl*
~ транспортиро́вки Beförderungsbestimmungen *f pl*
~ упако́вки Verpackungsvorschriften *f pl*
~, устано́вленные зако́ном durch das Gesetz festgelegte Bestimmungen; gesetzliche Bestimmungen
~ хране́ния Verwahrungsvorschriften *f pl*
~ эксплуата́ции Betriebsvorschriften *f pl*
~ экспортного контро́ля Exportkontrollregeln *f pl*
ПРА́ВИЛЬНОСТЬ *f* Richtigkeit *f*
подтвержда́ть ~ счёта Richtigkeit der Rechnung (des Kontos) bestätigen
проверя́ть ~ расчётов Richtigkeit von Zahlungen (Verrechnungen) prüfen
~ докуме́нтов Richtigkeit der Dokumente (der Unterlagen)
~ маркиро́вки Richtigkeit der Markierung
~ платежа́ Richtigkeit der Zahlung
~ расчётов Richtigkeit der Verrechnungen
~ упако́вки Richtigkeit der Verpackung
~ фо́рмы проте́ста Richtigkeit der Protestform
~ цен Preisrichtigkeit *f*, Richtigkeit der Preise

ПРАВЛЕ́НИЕ *n* Leitung *f*, Direktion *f*, Verwaltung *f*
~ би́ржи Börsenverwaltung *f*
~ совме́стного предприя́тия Verwaltung (Leitung) des Gemeinschaftsunternehmens
~ фи́рмы Direktion (Leitung) einer Firma
ПРАВА́ *pl* Rechte *n pl*
защити́ть ~ Rechte verteidigen
наделя́ть права́ми Rechte verleihen, mit Rechten belasten
определя́ть ~ Rechte bestimmen
охраня́ть ~ Rechte wahren
признава́ть ~ Rechte anerkennen
~ и обя́занности сторо́н Rechte und Pflichten der Seiten
специа́льные ~ заи́мствования, *сокр.* СПЗ Sonderziehungsrechte *n pl*, SDR- special drawing rights *engl.*
ПРА́ВО *n* 1. (*возмо́жность де́йствовать каки́м-л. о́бразом*) Recht *n* 2. (*нау́ка*) Recht *n*, Rechtskunde *f*
без пра́ва перево́да ohne Überweisungsrecht
без пра́ва переда́чи nicht übertragbar, ohne Übertragungsrecht
без пра́ва регре́сса ohne Regreßrecht
дава́ть ~ на *что-л.* jemandem Recht zu etwas geben (verleihen, einräumen); jemanden zu etwas *Dat.* berechtigen (bevollmächtigen)
име́ть ~ вы́бора това́ра Recht auf Waren[aus]wahl haben
испо́льзовать ~ Recht ausüben
лиша́ться пра́ва Recht verlieren (einbüßen)
наруша́ть ~ Recht brechen (verletzen)
обеспе́чивать ~ Recht sichern
оспа́ривать ~ Recht bestreiten
отказа́ться от пра́ва auf das Recht verzichten
передава́ть ~ Recht übertragen
переуступа́ть ~ Recht weiterabtreten
получа́ть ~ Recht erhalten
по́льзоваться пра́вом von seinen Rechten Gebrauch machen, Recht genießen (gebrauchen, benutzen)
предоставля́ть ~ *jemandem* Recht auf *etwas Akk.* einräumen; Befugnis *f* erteilen
применя́ть залоговое ~ на груз Pfandrecht *n* auf Gut ausüben

приобретáть ~ сóбственности Eigentumsrecht *n* erwerben
сохранять ~ Recht beibehalten (wahren) с прáвом регрéсса mit Regreßrecht
терять ~ на *что-л.* Recht auf *etwas* verlieren, des Rechtes auf *etwas* verlustig gehen
уступáть ~ Recht abtreten
утрáчивать ~ Recht verlieren
~, áвторское Urheberrecht *n*
~, агéнтское Vertretungsrecht *n*
~ аннулúрования контрáкта Recht auf Stornierung eines Vertrages
~, вéксельное Wechselrecht *n*
~ вéто Vetorecht *n*
~, вéщное dingliches Recht, Sachenrecht *n*
~ владéльца Recht eines Besitzers; Besitzerrecht *n*
~ возврáта Remissionsrecht *n*
~ въéзда Einreiserecht *n*
~ выбора Wahlrecht *n*, Optionsrecht *n*
~ выкупа Rückkaufsrecht *n*
~, граждáнское Zivilrecht *n*
~ дáвности Recht der Ersitzung; Verjährungsrecht *n*
~, дéйствующее geltendes Recht
~, договóрное Vertragsrecht *n*
~ закýпки Einkaufsrecht *n*
~, залóговое Pfandrecht *n*
~ замéны Ersatzrecht *n*
~, имýщественное Vermögensrecht *n*
~, исключúтельное ausschließliches Recht *n*
~ истцá Klägerrecht *n*
~, коммéрческое Handelsrecht *n*
~ конфискáции Beschlagnahmerecht *n*
~, лицензиóнное Lizenzrecht *n*
~, международное Völkerrecht *n*
~, монопóльное Monopolrecht *n*
~ на взыскáние убытков Recht auf Verlustentschädigung
~ на вклад Recht auf Anlage (auf Guthaben)
~ на вознаграждéние Recht auf Vergütung
~ на груз Recht auf Fracht (auf Ladung)
~ на изобретéние Recht auf Erfindung, Erfindungsrecht *n*
~ на компенсáцию Recht auf Kompensation (auf Entschädigung)
~ на образéц Recht auf Muster
~ на осмóтр Besichtigungsrecht *n*

~ на пай Anteilsrecht *n*
~ на патéнт Patentrecht *n*
~ на переустýпку Abtretungsrecht *n*
~ на получéние валюты Recht auf Währungsanspruch
~ на получéние дивидéнда Recht auf eine Dividende
~ на получéние патéнта Recht auf Patenterhalt
~ на получéние пéни Recht auf Verzugszinsen, Vertragsstrafe
~ на претéнзию Anspruchsrecht *n*
~ на продáжу Verkaufsrecht *n*
~ на эксплуатáцию Betriebsrecht *n*
~ обжáлования Beschwerderecht *n*
~ оборóта Regreßrecht *n*, Rückgriffsrecht *n*
~ осмóтра Besichtigungsrecht *n*
~, патéнтное Patentrecht *n*
~ патентовладéльца Recht des Patentinhabers
~ пéрвого выбора Recht der «ersten Wahl»
~, первоочереднóе wichtigstes (vordringliches) Recht
~ переадресóвки Umadressierungsrecht *n*
~ перепродáжи Recht auf Wiederverkauf
~ пóдписи Unterschriftsvollmacht *f*
~ покупáтеля Käuferrecht *n*
~, полуисключúтельное halbausschließliches Recht
~ пóльзования Nutzungsrecht *n*, Gebrauchsrecht *n*
~ посрéдника Recht des Vermittlers (des Maklers)
~ предъявлéния úска Klageerhebungsrecht *n*
~ преждепóльзования Vornutzungsrecht *n*
~, преимýщественное Vorzugrecht *n*
~ преимýщественной покýпки Vorzugsrecht *n* auf Einkauf
~, прецедéнтное auf Präzedenzfällen beruhendes Recht
~ продавцá Verkäuferrecht *n*
~ протéста Einspruchsrecht *n*
~ расторжéния договóра Vertragskündigungsrecht *n*
~ регрéсса Regreßrecht *n*, Rückgriffsrecht *n*
~ реэкспорта Reexportrecht *n*
~ сбыта Absatzrecht *n*
~ сóбственности Eigentumsrecht *n*

~ совмéстного пóльзования Mitbenutzungsrecht n
~ суброгáции Subrogationsrecht n
~ субститýта Substitutenrecht n, Ersatzmannsrecht n, Recht des Unterbevollmächtigten
~, торгóвое Handelsrecht n
~ удержáния (*имýщества*) Eigentumsvorbehaltsrecht n
~ фрахтовáтеля Befrachtersrecht n
~, эмиссиóнное Emissionsrecht n
~, юридúческое juristisches (gesetzliches) Recht
ПРАВОНАРУШÉНИЕ n Rechtsverletzung f, Rechtsbruch m
ПРАВООТНОШÉНИЯ pl Rechtsverhältnis n
~ сторóн Rechtsverhältnis der Partner
ПРАВОПЕРЕДÁЧА f Rechtsübertragung f
ПРАВОПРЕДШÉСТВЕННИК m Rechtsvorläufer m, Rechtsvorgänger m
ПРАВОПРЕÉМНИК m Rechtsnachfolger m
ПРАВОСПОСÓБНОСТЬ f Rechtsfähigkeit f
ПРÁЙМ-РЭЙТ f (*учётная стáвка для первоклáссных денéжных обязáтельств*) Vorzugsdiskontsatz m
ПРÁКТИКА f Praxis f
в соотвéтствии с прúнятой прáктикой praxisbezogen, in Übereinstimmung mit angenommener Praxis
осуществлять на прáктике in der Praxis verwirklichen
отступáть от прáктики von der Praxis abweichen
применять на прáктике praktisch anwenden, in Praxis umsetzen
~, арбитрáжная Schiedsgerichtspraxis f
~, деловáя Geschäftspraxis f, Geschäftsbräuche m pl, Handelspraktiken f pl
~, коммéрческая Geschäftspraxis f, kommerzielle Praxis
~, лицензиóнная Lizenzpraxis f
~ мáркетинга Marketingpraxis f
~, международная Weltpraxis f, internationale Praxis
~, обычная gewöhnliche (übliche) Praxis
~, ограничúтельная деловáя beschränkende (restriktive) Geschäftspraxis
~, патéнтная Patentpraxis f
~, правовáя Rechtspraxis f
~, рыночная Marktpraxis f

~, торгóвая Handelspraxis f
~ ценообразовáния Preisbildungspraxis f
ПРЕÁМБУЛА f Präambel f
ПРЕВЫШÉНИЕ n Überschuß m; Überschreitung f
~ вéса Übergewicht n
~ дохóдов над расхóдами Überschuß der Einnahmen über die Ausgaben; Einnahmenüberschuß m
~ úмпорта над экспортом Importüberschuß m, Einfuhrüberschuß m
~ кредúта Überschreitung des Kredits
~ полномóчий Überschreitung der Vollmacht
~ предложéния над спрóсом Überangebot n
~ спрóса над предложéнием Nachfrageüberhang m, Unterangebot n
~ стóимости Überwertung f
~ экспорта над úмпортом Exportüberschuß m, Ausfuhrüberschuß m
ПРЕДÉЛ m Grenze f; Schranke f, Limit n; Rahmen m
в предéлах контрáкта im Rahmen des Vertrages
в предéлах стóимости im Rahmen der Wertschätzung
выходúть за предéлы *чего-л.* Grenzen (Schranken) überschreiten
изменяться в предéлах от ... до ... sich im Rahmen von ... bis... verändern
колебáться в предéлах от ... до ... im Bereich von... bis... schwanken
~ задóлженности Verschuldungsgrenze f
~ затрáт Ausgabengrenze f
~ кредúта Kreditgrenze f
ПРЕДЛАГÁТЬ anbieten, offerieren, ein Angebot (eine Offerte) unterbreiten; vorschlagen
ПРЕДЛОЖÉНИЕ n (*цéны, товáров*) Angebot n, Offerte f; Vorschlag m
аннулúровать ~ Angebot annullieren (stornieren)
вносúть ~ Antrag m stellen; Vorschlag machen
дéлать ~ Angebot erteilen (machen, unterbreiten)
запрáшивать ~ Angebot einholen
изучáть ~ Angebot prüfen
обсуждáть ~ Angebot behandeln (besprechen)
отвергáть ~ Angebot abweisen (ausschlagen, zurückweisen)

отзыва́ть ~ Angebot zurückziehen
отка́зываться от предложе́ния Angebot ablehnen (zurückweisen); von der Annahme eines Angebots Abstand nehmen
отклоня́ть ~ Angebot ablehnen
передава́ть ~ Angebot (Vorschlag) übergeben
пересма́тривать ~ Angebot überprufen (nachprüfen)
подтвержда́ть ~ Angebot bestätigen
представля́ть ~ Angebot unterbreiten
принима́ть ~ Angebot annehmen (akzeptieren)
рассма́тривать ~ Angebot (Vorschlag) prüfen (einschätzen)
спрос и ~ Angebot n und Nachfrage f
~, ба́зисное Basisangebot n
~ без обяза́тельств freibleibendes (unverbindliches) Angebot
~, встре́чное Gegenangebot n, Gegenofferte f; Gegenvorschlag m
~, вы́годное einträgliches (gewinnbringendes) Angebot
~, действи́тельное gültiges Angebot
~, инициати́вное Initiativvorschlag m
~, комме́рческое kommerzielles Angebot
~, конкуре́нтное Konkurrenzangebot n
~ на ... Angebot (Offerte) für (über) Akk.
~ на поста́вку Lieferungsangebot n
~ на това́ры Warenangebot n
~, оконча́тельное endgültiges Angebot
~ о прода́же Verkaufsangebot n
~ о финанси́ровании Vorschlag auf Finanzierung
~, патентоспосо́бное patentfähiges Angebot
~, первонача́льное ursprüngliches Angebot
~ платежа́ Zahlungsangebot n
~ поку́пки за нали́чные Kaufangebot n für Bargeld
~, после́днее letztes Angebot
~, предвари́тельное Vorangebot n
~, прие́млемое annehmbares Angebot
~ са́мой высо́кой цены́ (на аукцио́не) höchstes Gebot, Meistgebot n; Höchstpreisangebot n
~ са́мой ни́зкой цены́ Niedrigstpreisangebot n
~ с приложе́нием образцо́в bemustertes Angebot
~, твёрдое festes (fixes) Angebot, Festangebot n, verbindliches Angebot
~ услу́г Dienstanerbieten n

~ цены́ Preisangebot n; Angebotsabgabe f
ПРЕДМЕ́Т m 1. (потребле́ния) Gegenstand m, Artikel m 2. (объе́кт) Gegenstand m
~ вво́за Importartikel m, Importgut n, Einfuhrartikel m, Einfuhrgut n
~ вы́воза Exportartikel m, Exportgut n, Ausfuhrartikel m, Ausfuhrgut n
~ догово́ра Vertragsgegenstand m, Vertragsobjekt n
~ зака́за Gegenstand des Auftrags (der Bestellung)
~ зая́вки Gegenstand der Forderung (der Bestellung)
~ изобрете́ния Erfindungsgegenstand m, Gegenstand der Erfindung
~ и́мпорта Importartikel m, Importgut n, Einfuhrware f, Importware f
~ контра́кта Vertragsgegenstand m, Vertragsobjekt n
~ лице́нзии Lizenzgegenstand m
~ перегово́ров Gegenstand (Thema) der Verhandlungen
~ поста́вки Gegenstand der Lieferung
~ спо́ра Streitgegenstand m, Streitobjekt n
~ э́кспорта Exportartikel m, Exportgut n, Exportware f, Ausfuhrartikel m
ПРЕДМЕ́ТЫ m pl Gegenstände m pl, Artikel m pl
~ вво́за Einfuhrartikel m pl, Einfuhrgüter n pl
~ вы́воза Ausfuhrartikel m pl, Ausfuhrgüter n pl
~ дли́тельного по́льзования langlebige Wirtschaftsgüter, Gebrauchsgüter n pl
~, запрещённые к вы́возу zur Ausfuhr (zum Export) verbotene Güter
~ и́мпорта Einfuhrartikel m pl, Einfuhrgüter n pl
~ ли́чного потребле́ния Konsumgüter n pl (Gegenstände) des persönlichen Bedarfs
~, ма́ссовые Massenbedarfsartikel m pl, Massenbedarfsgüter n pl
~ не пе́рвой необходи́мости weiche Waren, non-essential goods engl.
~ пе́рвой необходи́мости harte Waren, Gegenstände des täglichen Bedarfs, essential goods engl.
~ торго́вли Handelsartikel m pl, Handelswaren f pl
~ э́кспорта Ausfuhrartikel m pl, Ausfuhrgüter n pl

ПРЕДОСТАВЛЕ́НИЕ n Gewährung f, Überlassung f, Einräumung f; Bereitstellung f, Zuweisung f
~ ава́нсов Bevorschussung f
~ аге́нтских полномо́чий Ausstattung f mit Agentenvollmachten
~ акце́пта Akzeptvorlage f
~ ба́нковского обслу́живания Bereitstellung des Bankkundendienstes
~ ви́зы Visaerteilung f
~ в распоряже́ние Bereitstellung f, Zurdispositionsstellung f
~ гара́нтии Sicherheitsgewährung f, Garantiestellung f
~ гру́за Güterbereitstellung f
~ за́йма Darlehensgewährung f
~ информа́ции Informationserteilung f
~ ко́мплекса услу́г Dienstkomplexleistung f
~ консультацио́нных услу́г Bereitstellung der Konsultationsdienste
~ креди́та Kreditgewährung f, Krediteinräumung f, Kreditierung f
~ лице́нзии Lizenzgewährung f
~ льгот Gewährung von Vergünstigungen
~ но́у-ха́у Know-how-Bereitstellung f
~ овердра́фта overdraft-Gewährung f, Gewährung des Überziehungskredits
~ полномо́чий Ausstattung f mit Vollmachten
~ прав Rechtsgewährung f, Rechtseinräumung f
~ ски́дки Rabattgewährung f
~ средств Bereitstellung finanzieller Mittel
~ ссу́ды Beleihung f
~ техноло́гии Bereitstellung der Technologie
~ услу́г Bereitstellung der Dienstleistungen
~ финанси́рования Bereitstellung der Finanzierung
~ фина́нсовых ресу́рсов Gewährung der Finanzmittel (der Finanzressourcen)
~ целевы́м назначе́нием zweckbestimmte (zweckgebundene) Gewährung

ПРЕДОСТАВЛЯ́ТЬ überlassen; gewähren, bewilligen; zur Verfügung stellen, bereitstellen

ПРЕДПИСА́НИЕ n Vorschrift f, Anordnung f; Anweisung f
~ об отгру́зке Versandvorschrift f
~, тамо́женное Zollvorschrift f

ПРЕДПИСА́НИЯ n pl Vorschriften f pl, Anweisungen f pl, Instruktionen f pl

выполня́ть ~ Anweisungen (Vorschriften) beachten (befolgen)
приде́рживаться предписа́ний sich an die Anweisungen (Vorschriften) halten
руково́дствоваться предписа́ниями sich nach den Vorschriften (Anweisungen) richten
согла́сно предписа́ниям laut Vorschriften (Anweisungen); vorschriftsmäßig, verordnungsmäßig
~, арбитра́жные Arbitrageanweisungen f pl, Arbitragevorschriften f pl
~, валю́тные Devisenregelung f
~ порто́вых власте́й Vorschriften (Anweisungen) von Hafenbehörden
~ по хране́нию Sicherungsvorschriften f pl
~, тамо́женные Zollvorschriften f pl, zollamtliche Vorschriften

ПРЕДПОЧТЕ́НИЕ n Vorzug m; Präferenz f
~, потреби́тельское Gebrauchsvorzug m; Verbrauchspräferenz f

ПРЕДПРИНИМА́ТЕЛЬ m Unternehmer m, Geschäftsmann m
~, добросо́вестный vertrauenswürdiger (gewissenhafter) Unternehmer
~, ме́лкий Kleinunternehmer m
~, ча́стный Privatunternehmer m

ПРЕДПРИНИМА́ТЕЛЬСТВО n Unternehmerschaft f, Unternehmertum n
~, совме́стное gemeinsame Unternehmerschaft, Mitunternehmerschaft f
~, торго́вое Handelsunternehmertum n
~, ча́стное Privatunternehmerschaft f, Privatunternehmertum n

ПРЕДПРИЯ́ТИЕ n Betrieb m; Unternehmen n; Geschäft n
владе́ть предприя́тием Geschäft besitzen
закрыва́ть ~ Betrieb stillegen
ликвиди́ровать ~ Geschäft auflösen (schließen, liquidieren)
модернизи́ровать ~ Betrieb modernisieren
открыва́ть комме́рческое ~ Geschäftsunternehmen n eröffnen (gründen)
реконструи́ровать ~ Betrieb modernisieren (umgestalten)
руководи́ть ~ Geschäft leiten (führen, verwalten)
учреди́ть ~ Geschäft gründen (stiften)
финанси́ровать ~ Unternehmen finanzieren
~, акционе́рное Aktienunternehmen n

~, аре́ндное Pachtbetrieb *m*
~, веду́щее Leitbetrieb *m*
~, ве́нчурное Risikounternehmen *n*
~, внедре́нческое Einführungsbetrieb *m*
~, **внешнеторго́вое** Außenhandelsbetrieb *m*, Außenhandelsunternehmen *n*
~, головно́е Leitbetrieb *m*
~, госуда́рственное Staatsbetrieb *m*, staatliches Unternehmen
~, де́йствующее produzierender Betrieb
~, дочѐрнее Tochterunternehmen *n*
~, импорти́рующее Importbetrieb *m*
~, комме́рческое Handelsunternehmen *n*
~, конкури́рующее Konkurrenzunternehmen *n*
~, кооперати́вное genossenschaftlicher Betrieb
~, кру́пное Großbetrieb *m*, Großunternehmen *n*
~, ма́лое Kleinbetrieb *m*, Kleinunternehmen *n*
~, нерента́бельное unrentabler Betrieb, unrentables Unternehmen
~, опто́вое Großhandelsbetrieb *m*
~, подконтро́льное unter Kontrolle stehender Betrieb
~ подря́дчика Unternehmerfirma *f*
~, подсо́бное Nebenbetrieb *m*, Hilfsbetrieb *m*
~, произво́дственное Produktionsbetrieb *m*
~, промы́шленное Industriebetrieb *m*, Industrieunternehmen *n*
~, рента́бельное rentabler Betrieb, rentables Unternehmen
~, ро́зничное Einzelhandelsbetrieb *m*, Einzelhandelsgeschäft *n*
~, совме́стное Gemeinschaftsunternehmen *n*
~, торго́вое Handelsbetrieb *m*, Handelsunternehmen *n*
~, тра́нспортное Transportbetrieb *m*, Transportunternehmen *n*
~, ча́стное Privatbetrieb *m*, Privatunternehmen *n*, Privatgeschäft *n*
~, экспеди́торское Speditionsbetrieb *m*, Speditionsgeschäft *n*
~, экспорти́рующее Exportbetrieb *m*
ПРЕДПРИЯ́ТИЕ-КОНКУРЕ́НТ *n* Konkurrenzbetrieb *m*
ПРЕДПРИЯ́ТИЕ-ПАРТНЁР *n* Partnerbetrieb *m*
ПРЕДПРОДА́ЖНЫЙ vorverkäuflich, Vorverkaufs-

ПРЕДСЕДА́ТЕЛЬ *m* Vorsitzende *sub m*; Präsident *m*
~ арбитра́жной коми́ссии Obmann *m*, Superarbiter *m*
~ правле́ния Vorsitzender der Verwaltung; Präsident der Verwaltung
~ сове́та директоро́в Vorsitzender des Verwaltungsrates
ПРЕДСТАВИ́ТЕЛЬ *m* Vertreter *m*, Repräsentant *m*
выступа́ть в ка́честве представи́теля als Vertreter auftreten
назнача́ть представи́теля den Vertreter ernennen (bestimmen)
уполномо́чивать представи́теля einen Vertreter bevollmächtigen
~ ба́нка Vertreter einer Bank
~, генера́льный Generalvertreter *m*
~, еди́нственный Alleinvertreter *m*
~ заво́да Betriebsvertreter *m*
~ зака́зчика Vertreter des Bestellers
~, комме́рческий Handelsvertreter *m*
~ отве́тчика *юр.* Vertreter des Beklagten
~, официа́льный offizieller Vertreter, Amtsvertreter *m*; amtlicher Vertreter
~ покупа́теля Vertreter des Käufers
~, полномо́чный bevollmächtigter Vertreter
~ поставщика́ Vertreter des Lieferanten
~ продавца́ Vertreter des Verkäufers
~ с исключи́тельными права́ми Vertreter mit ausschließlichen Rechten
~ стороны́ Vertreter der Seite (des Partners, der Partei)
~ страхово́й компа́нии Vertreter der Versicherungsgesellschaft
~, торго́вый Handelsvertreter *m*
~ фи́рмы Firmenvertreter *m*, Geschäftsvertreter *m*
ПРЕДСТАВИ́ТЕЛЬСТВО *n* Vertretung *f*; Repräsentation *f*
име́ть ~ Vertretung haben
~, аге́нтское Agentur *f*
~ иностра́нной фи́рмы ausländische Firmenvertretung (Geschäftsvertretung)
~, монопо́льное Alleinvertretung *f*
~ с исключи́тельными права́ми Vertretung (Agentur) mit ausschließlichen Rechten
~, торго́вое Handelsvertretung *f*
ПРЕДСТАВЛЕ́НИЕ *n* (*предъявле́ние*) Vorlegung *f*, Vorzeigung *f*, Vorlage *f*
по представле́нии unter Vorlage
про́тив представле́ния докуме́нтов gegen Vorlage von Dokumenten

~ докуме́нтов Vorlage von Dokumenten
~ к акце́пту Vorlage zum Akzept
~ контрпредложе́ния Vorlegung eines Gegenangebots (einer Gegenofferte)
~ к платежу́ Vorlegung zur Zahlung
~ описа́ния Vorlage einer Beschreibung
~ предложе́ния Vorlegung (Vorlegen n) eines Angebots (einer Offerte)
~ проду́кции Präsentation *f* (Vorstellung) der Produktion

ПРЕДУПРЕЖДЕ́НИЕ n 1. (*извещение*) Benachrichtigung *f*, Mitteilung *f* 2. (*предостережение*) Warnung *f*, Mahnung *f*, Verwarnung *f* 3. (*предотвращение*) Verhütung *f*
без предупрежде́ния ohne Warnung (Verwarnung, Mitteilung)
получа́ть ~ Benachrichtigung bekommen (erhalten)
посыла́ть ~ Benachrichtigung senden (schicken)
~ об обжа́ловании Ankündigung *f* (Appelation *f*) einer Berufung
~, официа́льное offizielle Warnung
~, пи́сьменное schriftliche Warnung
~ от поврежде́ния Verhütung *f* der Beschädigung

ПРЕДЪЯВИ́ТЕЛЬ m Vorzeiger m, Vorweiser m, Überbringer m
~ ве́кселя Vorzeiger eines Wechsels, Wechselinhaber m, Präsentant m, Wechselüberbringer m
~ коносаме́нта Vorzeiger eines Konnossements, Konnossementinhaber m
~ облига́ции Obligationsinhaber m
~ письма́ Überbringer eines Briefes, Briefüberbringer m
~ че́ка Scheckübergringer m, Scheckinhaber m

ПРЕДЪЯВЛЕ́НИЕ n Vorweisung *f*, Vorzeigung *f*, Vorlegung *f*, Vorlegen n, Präsentierung *f*; Erhebung *f*
плати́ть по предъявле́нии «auf Sicht» (gegen Vorlage, bei Vorzeigung) zahlen
по́сле предъявле́ния «nach Sicht»
~ ве́кселя Präsentierung (Vorlage) eines Wechsels
~ гру́зов к перево́зке Frachtlieferung *f* zum Transport
~ докуме́нтов Vorweisen (Vorlegen) der Dokumente (der Unterlagen)
~ и́ска Klageerhebung *f*
~ к акце́пту Vorlegung zum Akzept (zur Annahme)

~ коносаме́нта Vorlage eines Konnossements
~ к платежу́ Vorlage zur Zahlung
~ прете́нзии Erhebung (Geltendmachung *f*) eines Anspruchs
~ счёта Rechnungsvorlage *f*

ПРЕДЪЯВЛЯ́ТЬ vorweisen, vorzeigen; vorlegen, präsentieren; erheben

ПРЕЖДЕПО́ЛЬЗОВАНИЕ n frühere (vorhergehende) Benutzung

ПРЕЗЕНТА́ЦИЯ *f* Präsentierung *f*, Präsentation *f*, Vorlegung *f*
~ това́ра Präsentation (Vorstellung *f*) der Ware

ПРЕЗИДЕ́НТ m Präsident m
~ фи́рмы Leiter m einer Firma

ПРЕИМУ́ЩЕСТВО n Vorzug m, Vorrang m; Vorteil m; Privileg n, Sonderrecht n
дава́ть ~ Vorteil bieten; Vorzug geben
име́ть ~ Vorteil (Vorzug) haben
лиша́ться преиму́щества des Vorteils verlustig gehen, Vorteil einbüßen (verlieren)
оце́нивать преиму́щества Vorteile m pl einschätzen
получа́ть ~ Vorteile m pl verschaffen (erlangen)
по́льзоваться преиму́ществом sich eines Vorteils bedienen; vom Vorteil Gebrauch machen

ПРЕЙСКУРА́НТ m Preisverzeichnis n, Preisliste *f*
выпуска́ть ~ Preisliste herausgeben
составля́ть ~ Preisliste aufstellen (ausarbeiten)
~, ба́зисный Grundpreisliste *f*
~ на услу́ги Servicepreisliste *f*
~ на э́кспортные това́ры Exportwarenpreisliste *f*
~, после́дний letzte Preisliste
~, рекла́мный Werbepreisliste *f*
~, станда́ртный Standardpreisliste *f*
~ с це́нами СИФ cif-Preisliste *f*
~ с це́нами ФОБ fob-Preisliste *f*
~ тари́фов Tarifpreisliste *f*
~, теку́щий tägliche Preisliste

ПРЕКРАЩЕ́НИЕ n Einstellung *f*; Aufhören n; Abbruch m; Auflösung *f*; Erlöschen n
~ де́йствия контра́кта Erlöschen eines Vertrages
~ де́йствия лице́нзии Erlöschen einer Lizenz

~ действия обстоя́тельств Aufhören der Einwirkung der Umstände
~ действия пате́нта Erlöschen der Wirkung eines Patents
~ де́ла Einstellung des Verfahrens
~ платеже́й Zahlungseinstellung *f*
~ поста́вок Lieferstopp *m*, Einstellung der Lieferungen
~ прода́жи Verkaufsstopp *m*
~ рабо́ты Arbeitseinstellung *f*, Einstellen *n* der Arbeit
~ торго́вли Handelssperre *f*, Handelsstopp *m*; Geschäftsschluß *m*

ПРЕМИА́ЛЬНЫЕ *pl* Prämiengelder *n pl*

ПРЕ́МИЯ *f* 1. (*вознаграждение*) Prämie *f*, Bonus *m*, Preiszuschlag *m*, Vergütung *f* 2. (*взнос страхователя страхующему учреждению*) Versicherungsprämie *f*, Aufgeld *n*
~, биржева́я Bonus *m*, Preiszuschlag *m*
~, валю́тная Aufgeld *n*
~, вывозна́я Ausfuhrprämie *f*, Exportvergütung *f*, Exportbonus *m*
~, единовре́менная Pauschalprämie *f*
~ за ка́чество Qualitätsvergütung *f*, Qualitätsbonus *m*
~ за опцио́н Bezugsprämie *f*
~ за риск Risikoprämie *f*
~ за страхова́ние креди́та Rückversicherungsprämie *f*
~, и́мпортная Importprämie *f*, Einfuhrprämie *f*, Importbonus *m*
~, обра́тная *бирж.* Rückprämie *f*
~, паушáльная Pauschalprämie *f*
~, поощри́тельная Leistungsprämie *f*
~ по по́лису Prämie für Police
~, предвари́тельная *бирж.* Vorprämie *f*
~ по сро́чным сде́лкам при игре́ на повыше́ние *бирж.* Vorprämie *f*
~ по сро́чным сде́лкам при игре́ на пониже́ние *бирж.* Rückprämie *f*
~, страхова́я Versicherungsprämie *f*
~, целева́я Zielprämie *f*
~, э́кспортная Exportprämie *f*, Exportbonus *m*, Ausfuhrvergütung *f*

ПРЕТЕ́НЗИЯ *f* Anspruch *m*, Forderung *f*; Beanstandung *f*; Reklamation *f*
заявля́ть прете́нзию Anspruch erheben; Reklamation vorbringen; beanstanden, reklamieren
име́ть прете́нзию Anspruch machen
обосно́вывать прете́нзию Anspruch begründen
оспа́ривать прете́нзию Anspruch bestreiten
отверга́ть прете́нзию Anspruch zurückweisen
отзыва́ть прете́нзию Anspruch zurückziehen
отка́зываться от прете́нзии Anspruch aufgeben; auf eine Forderung verzichten; von einer Forderung Abstand nehmen
отклоня́ть прете́нзию Anspruch ablehnen
передава́ть прете́нзию в арбитра́ж Anspruch an das Schiedsgericht einreichen (übergeben)
предъявля́ть прете́нзию Anspruch erheben (geltend machen; vorbringen)
признава́ть прете́нзию Anspruch anerkennen, Forderung annehmen
принима́ть прете́нзию Anspruch annehmen
рассма́тривать прете́нзию Anspruch prüfen (behandeln)
счита́ть прете́нзию обосно́ванной Anspruch für begründet (motiviert) halten
удовлетворя́ть прете́нзию Anspruch zufriedenstellen, dem Anspruch stattgeben
урегули́ровать прете́нзию Anspruch regeln
~ в связи́ с недопоста́вкой това́ра Anspruch wegen der Minderlieferung
~ в связи́ с отклоне́нием коли́чества поста́вленного това́ра от коли́чества, обусло́вленного в контра́кте Anspruch wegen Abweichung der gelieferten Warenmenge von der vertraglichen Menge
~, встре́чная Gegenklage *f*, Gegenanspruch *m*
~, де́нежная Geldforderung *f*
~ на возмеще́ние убы́тков Schadenersatzanspruch *m*
~, необосно́ванная unbegründeter (unmotivierter) Anspruch
~, обосно́ванная begründeter (motivierter) Anspruch
~, официа́льная offizieller Anspruch
~ по ка́честву Mängelrüge *f*; Qualitätsreklamation *f*
~ по коли́честву Mengenanspruch *m*, Mengenreklamation *f*
~ по контра́кту Vertragsanspruch *m*
~ по платежу́ Zahlungsforderung *f*

ПРЕФЕРЕНЦИА́ЛЬНЫЙ Präferenz-

ПРЕФЕРЕ́НЦИИ *f pl* (*льготные условия*) Präferenzen *f pl*; Begünstigungen *f pl*
~, торго́вые Handelspräferenzen *f pl*

ПРЕЦЕДЕ́НТ *m* Präjudiz *n*, Präzedenzfall *m*
ПРИБА́ВКА *f* Zuschlag *m*; Zulage *f*, Zulegen *n*
~ к зарпла́те Lohnzulage *f*, Gehaltserhöhung *f*
~ к фра́хту Primage *f*, Primgeld *n*
~ к цене́ Preiszuschlag *m*
ПРИ́БЫЛЬ *f* Gewinn *m*; Profit *m*; Nutzen *m*, Vorteil *m*
дава́ть ~ Gewinn bringen (abführen, eintragen)
извлека́ть ~ Gewinn (Nutzen, Vorteil) ziehen
обеспе́чивать ~ Gewinn sichern
получа́ть ~ Gewinn haben, profitieren
приноси́ть ~ Gewinn bringen (ergeben)
продава́ть с при́былью vorteilhaft (nutzbringend) verkaufen
распределя́ть ~ Gewinn verteilen
увели́чивать ~ Gewinn erhöhen (vermehren)
~, бала́нсовая Bilanzgewinn *m*
~, биржева́я Börsenprofit *m*
~, валова́я Bruttogewinn *m*, Bruttoprofit *m*, Gesamtgewinn *m*
~, вероя́тная möglicher Gewinn
~ в фо́рме проце́нта Profit in Zinsform
~, доба́вочная Mehrprofit *m*, Mehreinnahme *f*, Überprofit *m*
~ до упла́ты нало́га Gewinn vor Steuerabzug
~ за вы́четом нало́га Gewinn nach Steuerabzug
~ за счёт улучше́ния ка́чества Profit durch Qualitätsverbesserung
~, избы́точная Mehrgewinn *m*
~, курсова́я Kursgewinn *m*
~, максима́льная Maximalprofit *m*, Höchstprofit *m*
~, минима́льная Minimalgewinn *m*, Mindestgewinn *m*
~ на едини́цу проду́кции Gewinn pro Stück
~, объя́вленная ausgewiesener Gewinn
~, ожида́емая voraussichtlicher Gewinn
~, оста́точная Restgewinn *m*
~ от а́жио Agiogewinn *m*
~ от инвести́рованного капита́ла Gewinn aus Anlagekapital (Investition)
~ от капиталовложе́ния Investitionengewinn *m*
~ от прода́ж Veräußerugsprofit *m*
~ от рекла́мы Werbeeinnahmen *pl*
~, оце́ночная Bewertungsgewinn *m*
~, расчётная Berechnungsgewinn *m*
~, ры́ночная Marktgewinn *m*
~, складска́я Lagergewinn *m*
~, сме́тная Abschätzungsgewinn *m*, Bewertungsgewinn *m*
~ торго́вая Handelsgewinn *m*, Handelsprofit *m*
~, упу́щенная entgangener Profit
~, чи́стая Nettogewinn *m*, Nettoprofit *m*, Reingewinn *m*
ПРИ́БЫЛЬ-БРУ́ТТО *f* Bruttogewinn *m*
ПРИ́БЫЛЬ-НЕ́ТТО *f* Nettogewinn *m*, Reingewinn *m*
ПРИ́БЫЛЬНОСТЬ *f* Rentabilität *f*, Vorteilhaftigkeit *f*
ПРИ́БЫЛЬНЫЙ gewinnbringend, rentabel; profitabel, lukrativ; vorteilhaft
ПРИВИЛЕ́ГИЯ *f* Privileg *n*, Sonderrecht *n*, Vorrecht *n*; Vorteil *m*, Vorzug *m*
по́льзоваться привиле́гиями Privilegien (Vorrechte) genießen
~, исключи́тельная Sonderrecht *n*, ausschließliches Privileg
~, торго́вая Handelsprivileg *n*, Handelsvorrecht *n*; Handelsfreiheit *f*
~, экономи́ческая Wirtschaftsprivileg *n*
ПРИВЛЕЧЕ́НИЕ *n* Einbeziehung *f*; Heranziehung *f*, Heranziehen *n*; Beschaffung *f*; Annahme *f*
~ де́нежных средств Geldbeschaffung *f*
~ иностра́нных инвести́ций Heranziehung ausländischer Investitionen
~ клие́нтов Kundenwerbung *f*
~ креди́тных ресу́рсов Heranziehung von Kreditquellen
~ материа́льных ресу́рсов Heranziehung (Anwendung *f*) von materiellen Ressourcen
~ покупа́телей Käuferwerbung *f*
~ рабо́чей си́лы Arbeitskräftewerbung *f*, Arbeitskräftebeschaffung *f*
~ средств Beschaffung von Mitteln
~ управле́нческого о́пыта Auswertung *f* der Erfahrungen auf dem Gebiet der Leitungstätigkeit
~ фина́нсовых ресу́рсов Heranziehung von Finanzmitteln
ПРИВЫ́ЧКИ *f pl* Gewohnheiten *f pl*
~, покупа́тельские Käufergewohnheiten *f pl*
ПРИГЛАШЕ́НИЕ *n* Einladung *f*; Aufforderung *f*
получа́ть ~ Einladung bekommen (erhalten)

ПРИ

посыла́ть ~ Einladung senden (schikken)
принима́ть ~ Einladung annehmen
~, ли́чное persönliche Einladung
~ на приём Einladung zum Empfang
~ на уча́стие в вы́ставке Einladung zur Teilnahme an der Ausstellung
~ на уча́стие в торга́х Einladung zur Teilnahme an der Versteigerung
~, откры́тое offene Einladung
~, официа́льное offizielle Einladung
ПРИГО́ДНОСТЬ f Brauchbarkeit f, Eignung f, Tauglichkeit f, Verwendbarkeit f
~ для торго́вли Eignung für Handel, Tauglichkeit zum Handel
~ к прода́же Tauglichkeit (Eignung) für Verkauf
ПРИГО́ДНЫЙ brauchbar, tauglich, geeignet, nutzbar; sachdienlich
~ для э́кспорта für den Export geeignet
~ к прода́же verkaufsfähig, für den Verkauf geeignet
~ к употребле́нию gebrauchsfähig
ПРИЁМ m Annahme f, Aufnahme f; Empfang m; Verfahren n, Methode f
~ вкла́дов Depositenannahme f, Annahme von Einlagen
~ гру́за Ladungsabnahme f, Ladungsannahme f
~ докуме́нтов Dokumentenannahme f, Dokumentenempfang m
~ на склад Einlagerung f, Einlagern n
ПРИЁМКА f Abnahme f, Annahme f; Übernahme f
отка́зываться от приёмки това́ра auf die Warenannahme verzichten; Warenabnahme f verweigern (ablehnen)
подгота́вливать к приёмке zur Abnahme bereitstellen
соверша́ть приёмку Abnahme (Annahme) leisten
~ в срок fristgemäße (termingemäße, rechtzeitige) Annahme
~ документа́ции Annahme der Dokumentation
~, заводска́я Werksabnahme f
~ зака́зчиком Abnahme vom Besteller
~, оконча́тельная Endabnahme f
~, предвари́тельная Vorabnahme f
~ това́ра Warenannahme f
ПРИЁМЩИК m Abnehmer m, Abnahmebeauftragte sub m
ПРИ́ЗНАК m Merkmal n; Kennzeichen n; Zeichen n
служи́ть при́знаком als Merkmal dienen

ПРИ

~, запатенто́ванный patentiertes Merkmal
~ новизны́ Neuheitsmerkmal n
~, основно́й Hauptmerkmal n
~, отличи́тельный Unterscheidungsmerkmal n
~, патентоспосо́бный patentfähiges Merkmal
ПРИКА́З m Befehl m, Order f; Anordnung f, Anweisung f, Verordnung f
«на́шему прика́зу» (огово́рка в ве́кселе) «an unsere Order»
«не прика́зу» (огово́рка в ве́кселе) «nicht an Order»
отдава́ть ~ Befehl erteilen (geben)
плати́ть «прика́зу» «an Order» zahlen
получа́ть ~ Befehl empfangen (erhalten)
«прика́зу» (огово́рка в ве́кселе) «an Order»
«со́бственному прика́зу» (огово́рка в ве́кселе) «an eigene Order»
~ ба́нка о платеже́ Zahlungsorder f der Bank
~ на прода́жу Verkaufsantrag m, Verkaufsorder f
~ о перево́де (де́нег) Überweisungsorder f
~ о платеже́ Zahlungsbefehl m
~ о поку́пке Kaufantrag m, Kauforder f
~ о приостано́вке платежа́ Stoppzahlungsorder f
ПРИКА́ЗЫВАТЬ befehlen, anordnen
ПРИЛИ́В m Zufluß m, Zufließen n, Zustrom m
~ валю́ты Währungszustrom m
~ де́нег Geldzufluß m, Geldzustrom m
~ капита́ла Kapitalzufluß m, Kapitalzustrom m
ПРИЛОЖЕ́НИЕ n Beilegen n; Beilage f, Anlage f
~ к контра́кту Anlage zu dem Vertrag
~ к предложе́нию Anlage zu einem Antrag, Beilage zu einem Angebot
~, рекла́мное Werbebeilage f
~, техни́ческое technische Anlage
ПРИ́МА-ВЕ́КСЕЛЬ m Primawechsel m, Erstausfertigung f
ПРИМЕНЕ́НИЕ n Anwendung f, Verwendung f, Gebrauch m
в применении к ... in Anwendung auf ...Akk.
найти́ широ́кое ~ große Anwendung finden
~ автоматиза́ции Verwendung der Automatisierung

~, коммерческое Kommerzanwendung *f*
~, конечное Endgebrauch *m*
~ лицензии Lizenzverwendung *f*
~, ограниченное beschränkte Verwendung
~ опыта Erfahrungsanwendung *f*
~, промышленное industrielle Verwendung
~ пункта о неустойке Anwendung (Gebrauch) der Klausel «Konventionalstrafe»
~ санкции Anwendung (Gebrauch) der Sanktion
~ технологии Technologieanwendung *f*
~ торговых обычаев Gebrauch der Handelsgewohnheiten (der Handelssitten)
ПРИМЕНЯТЬ anwenden, verwenden, gebrauchen
ПРИНИМАТЬ 1. (*получать*) abnehmen, annehmen, empfangen, in Empfang nehmen 2. (*посетителей*) aufnehmen; zulassen 3. (*соглашаться*) annehmen, sich mit *Dat.* einverstanden erklären
ПРИНУДИТЕЛЬНЫЙ erzwungen; Zwangs-
ПРИНЦИП *m* Prinzip *n*, Grundsatz *m*
~ выбора Auswahlprinzip *n*
~ материальной заинтересованности Prinzip der materiellen Interessiertheit
~ приоритета Prioritätsprinzip *n*, Vorrechtsprinzip *n*
~ равной выгоды Prinzip des gleichen Nutzens
ПРИНЦИПАЛ *m* Auftraggeber *m*, Agenturgeber *m*; Prinzipal *m*
за счёт принципала auf Kosten des Prinzipals
от имени приципала im Namen des Prinzipals
ПРИНЦИПЫ *m pl* Prinzipe *n pl*, Prinzipien *n pl*
определять ~ делового сотрудничества Prinzipien der Arbeitsgemeinschaft bestimmen
~ маркетинга Marketingprinzipien *n pl*
~ ценообразования Prinzipien der Preisbildung
~, экономические ökonomische Prinzipien
ПРИНЯТИЕ *n* Annahme *f*, Aufnahme *f*, Empfang *m*, Entgegennahme *f*
~ векселя к платежу Wechselannahme *f*, Wechselakzept *m*
~ документов Aufnahme von Dokumenten

~ заказа Annahme (Entgegennahme *f*) eines Auftrags (einer Bestellung)
~ к перевозке Übernahme *f* zur Beförderung
~ на борт Anbordnahme *f*
~ на склад Einlagerung *f*
~ поручения к исполнению Annahme eines Auftrages zur Erfüllung
~ предложения Annahme eines Angebots (einer Offerte)
~ проекта Annahme eines Projekts (eines Entwurfs)
~ спора к рассмотрению Annahme eines Streitfalls für (gerichtliche) Behandlung
~ условий Annahme der Bedingungen
~ чека к оплате Annahme eines Schecks zur Einlösung
ПРИОБРЕТАТЬ erwerben, anschaffen
ПРИОБРЕТЕНИЕ *n* Erwerbung *f*, Erwerb *m*; Erzielung *f*; Beschaffung *f*
~ активов Aktivenbeschaffung *f*, Aktivenerwerb *m*
~ лицензии Lizenzerwerb *m*
~ патента Patenterwerb *m*
~ собственности Eigentumserwerb *m*
ПРИОРИТЕТ *m* Priorität *f*, Vorrang *m*; Vorzug *m*
пользоваться приоритетом Vorrecht *n* genießen
устанавливать ~ Priorität festlegen
~, авторский Urheberpriorität *f*
~ заявки Bestellungspriorität *f*
~ изобретения Erfindungspriorität *f*, Priorität einer Erfindung
~, конвенционный Konventionspriorität *f*
~ патента Patentpriorität *f*
~ товарного знака Priorität eines Warenzeichens
ПРИОРИТЕТНЫЙ Prioritäts-
ПРИОСТАНОВКА *f* Einstellung *f*; Unterbrechung *f*, Stockung *f*; Stillegung *f*; Lahmlegung *f*
~ выполнения обязательств по контракту Einstellung von Vertragsverpflichtungen
~ гарантийных испытаний Einstellung (Unterbrechung) der Garantieprüfung
~ платежей Einstellung (Unterbrechung, Abbruch *m*) der Zahlungen
ПРИПЛАТА *f* Zuschlag *m*; Nachzahlung *f*, Zuschub *m*
ПРИРОСТ *m* Zunahme *f*, Zuwachs *m*, Vermehrung *f*, Wachstum *n*; Anwachsen *n*

ПРИ

~ дохо́да Einkommenszuwachs m
~ капита́льных вложе́ний Zunahme der Investitionen
~ проду́кции Produktionszunahme f
~ сто́имости Wertzunahme f, Wertzuwachs m

ПРИ́СТАНЬ f Anlegestelle f, Anlegeplatz m, Liegeplatz m
выгружа́ть на ~ am Kai löschen (ausladen)
«с при́стани» «ab Kai», «ab Quai»
~, перегру́зочная Umladeplatz m, Umschlagsplatz m, Verladeplatz m
~, разгру́зочная Abladeplatz m
~, тамо́женная Zollkai m
~, това́рная Warenkai m, Warenanlegeplatz m
~, ча́стная Privatkai m

ПРИТО́К m Zufluß m, Zustrom m; Eingang m
~ де́нежных средств Zufluß von Geldmitteln
~ дохо́дов Zufluß von Einkommen
~ зака́зов Auftragseingang m
~ капита́ла Kapitalzufluß m
~ ресу́рсов Ressourcenzufluß m

ПРИТЯЗА́НИЕ n Anspruch m, Anrecht n; Forderung f
выдвига́ть ~ Anspruch erheben
отка́зываться от притяза́ния auf eine Forderung verzichten, Forderung aufgeben
предъявля́ть ~ на что-л. Anspruch auf etwas Akk. erheben
~, встре́чное Gegenanspruch m, Gegenforderung f
~, зако́нное Rechtsanspruch m
~ на вы́дачу пате́нта Anspruch auf Patenterteilung
~ на пра́во со́бственности Anspruch auf Eigentumsrecht
~ на приорите́т Prioritätsanspruch m
~, неправоме́рное unrechtmäßiger Anspruch
~, обосно́ванное begründeter Anspruch
~, пате́нтное Patentanspruch m

ПРИХО́Д m (*доход*) Zugang m, Einnahme f; Guthaben n
запи́сывать в ~ als Einnahme buchen, in Einnahme bringen
~ и расхо́д *бухг.* Soll und Haben, Kredit und Debet, Einnahmen und Ausgaben

ПРИХО́ДОВАТЬ gutschreiben, als Einnahme verbuchen

ПРО

ПРИЧА́Л m Anlegestelle f, Anlegeplatz m, Ankerplatz m
выгружа́ть това́р на ~ Fracht f am Kai löschen
назнача́ть ~ Anlegeplatz (Schiffsladeplatz m) bestimmen
перемени́ть ~ Anlegeplatz (Schiffsladeplatz m) verändern (wechseln)
предоставля́ть ~ Anlegeplatz geben (sichern)
скла́дывать что-л. у прича́ла am Kai löschen (ausladen)
«с прича́ла» ab Kai
ста́вить су́дно к прича́лу Schiff n an den Anlegeplatz bringen
~, грузово́й Frachtanlegestelle f, Frachtanlegeplatz m
~ для погру́зочных рабо́т Anlegeplatz (Anlegestelle) zum Löschen
~ для разгру́зочных рабо́т Anlegeplatz (Anlegestelle) für Ausladung (Entladung)
~, контéйнерный Containerladeplatz m
~ по указа́нию фрахтова́теля (отправи́теля, получа́теля) Ladeplatz m auf Anweisung des Befrachters (des Absenders, des Empfängers)
~, речно́й Flußanlegeplatz m

ПРИЧИ́НА f Grund m, Ursache f; Anlaß m; Motiv n, Beweggrund m
изуча́ть причи́ны Ursachen f pl untersuchen
находи́ть причи́ну Ursache finden
устана́вливать причи́ну Ursache feststellen
явля́ться причи́ной als Ursache dienen
~, гла́вная Hauptgrund m
~ дефе́кта Schadensursache f
~ заде́ржки Hinderungsgrund m
~ наруше́ния Verletzungsgrund m, Übertretungsgrund m
~ неиспра́вности Schadensfaktor m, Schadensursache f
~ отка́за Grund für Verzicht (Absage)
~, техни́ческая technischer Grund
~ уще́рба Schadensursache f
~, фина́нсовая finanzielle Ursache, Finanzursache f

ПРИЧИТА́ЮЩИЙСЯ zustehend, zukommend

ПРО́БА f 1. Probe f, Muster n, Probestück n 2. (*испытание, проверка*) Probe f, Prüfung f, Versuch m, Test m

брать пробы Proben *f pl* (Muster *n pl*) entnehmen (nehmen, ziehen)
заказывать товар на пробу Ware *f* zur Probe (auf Probe, probeweise) bestellen
отбирать пробы Proben *f pl* entnehmen
покупать на пробу zur Probe (auf Probe) kaufen
~, арбитражная Arbitrageprobe *f*
~, контрольная Kontrollprobe *f*
~, товарная Warenprobe *f*
ПРОБЕ́Г *m* Laufweg *m*, Laufstrecke *f*; Fahrt *f*
~, балластный Ballastfahrt *f*
~, возвратный порожний Rückleerfahrt *f*
~, испытательный Probelauf *m*, Testlauf *m*
~ контейнеров, порожний Containerleerfahrt *f*
~ порожний Leerfahrt *f*
~, пробный Probelauf *m*
ПРОБЛЕ́МА *f* Problem *n*; Frage *f*
изучать проблему Problem studieren (prüfen)
иметь проблемы Probleme *n pl* haben
обсуждать проблему Problem besprechen
предвидеть проблемы Probleme voraussehen
преодолевать проблему Problem bewältigen
рассматривать проблему Problem behandeln (studieren)
ставить проблему Problem stellen
сталкиваться с проблемой auf ein Problem stoßen
устранять проблему Problem beseitigen
~, валютно-финансовая Finanz- und Währungsproblem *n*
~, ключевая Schlüsselproblem *n*
~, неотложная dringendes (unaufschiebbares) Problem
~, непредвиденная unvorhergesehenes Problem
~, основная Hauptproblem *n*
~, техническая technisches Problem
~ транспортировки груза Gutbeförderungsproblem *n*, Guttransportproblem *n*
~, транспортная Transportproblem *n*
~, финансовая finanzielles Problem, Finanzproblem *n*
~, экономическая ökonomisches (wirtschaftliches) Problem
ПРО́БНЫЙ Probe-, probemäßig

ПРОВЕДЕ́НИЕ *n* Durchführung *f*, Verwirklichung *f*, Erledigung *f*
~ испытаний Versuchsdurchführung *f*
~ операций Tätigung *f* der Geschäfte
~ по книгам Buchung *f*
~ работ Erledigung (Ausführung *f*) der Arbeiten
~ тендеров Durchführung der Ausschreibung (der Tender)
~ экспертизы Begutachtung *f*, sachverständige Untersuchung
ПРОВЕ́РКА *f* Prüfung *f*; Nachprüfung *f*; Überprüfung *f*; Kontrolle *f*; Inspektion *f*; Probe *f*, Test *m*
осуществлять проверку Prüfung vornehmen (durchführen)
~ веса Gewichtskontrolle *f*
~, визуальная visuelle Inspektion
~ в нормальное рабочее время Prüfung (Kontrolle) während der normalen Arbeitszeit
~ в производственных условиях Prüfung (Kontrolle) unter den Betriebsbedingungen (unter den Betriebsverhältnissen)
~, выборочная Stichprobe *f*, stichprobenweise Kontrolle
~ груза Güterkontrolle *f*
~ документов Einsichtnahme *f* in die Dokumente; Prüfung der Dokumente (der Unterlagen)
~ запасов Kontrolle (Prüfung) der Lagerbestände
~, инспекционная Inspektionsprüfung *f*
~ качества Güteprüfung *f*, Qualitätskontrolle *f*
~ количества Mengenprüfung *f*, Quantitativkontrolle *f*
~ кредитоспособности Prüfung (Kontrolle) der Kreditfähigkeit
~ на месте Kontrolle an Ort und Stelle
~ отчётности Kontrolle der Berichterstattung
~ патентоспособности Prüfung (Kontrolle) der Patentfähigkeit
~, плановая planmäßige Kontrolle, Planungskontrolle *f*
~ полномочий Prüfung der Vollmachten
~, регламентная Geschäftsordnungskontrolle *f*
~ соответствия техническим условиям Kontrolle der Übereinstimmung mit den technischen Bedingungen
~ счёта Rechnungsprüfung *f*
~, текущая laufende Prüfung

~ товáра Warenkontrolle *f*, Warenprüfung *f*
~ товáра при погрýзке и вы́грузке Warenkontrolle *f* bei der Ladung und Ausladung
~ финáнсового положéния Kontrolle (Prüfung) der Finanzlage
~ хóда изготовлéния оборýдования Kontrolle der Herstellung der Ausrüstung
~ хранéния Lagerungskontrolle *f*

ПРОВÉС *m* Fehlgewicht *n*, Gewichtsmanko *n*

ПРОВÓДКА *f* (*запись*) *бухг.* Buchen *n*, Buchung *f*; Buchungssatz *m*
дéлать бухгáлтерскую провóдку buchen
~, дебетóвая Debetbuchung *f*; Debetgutschrift *f*
~, крéдитовая Kreditbuchung *f*; Kreditgutschrift *f*
~ по счёту Buchung (Eintragung *f*) auf das Konto

ПРОВÓЗ *m* Transport *m*, Beförderung *f*
оплáчивать ~ Transport (Beförderung) bezahlen
~ грýзов Frachtbeförderung *f*, Ladungsbeförderung *f*
~ на самолёте Beförderung mit dem Flugzeug
~, обрáтный Rücktransport *m*, Rückfracht *f*
~ по желéзной дорóге Eisenbahnfracht *f*

ПРОГНÓЗ *m* Prognose *f*, Voraussage *f*, Vorhersage *f*
~, долгосрóчный langfristige Prognose
~, конъюнктýрный konjunkturelle Prognose, Konjunkturprognose *f*
~, краткосрóчный kurzfristige Prognose
~ ры́нка Marktprognose *f*
~ спрóса Nachfrageprognose *f*, Bedarfsprognose *f*
~, экономи́ческий ökonomische (wirtschaftliche) Prognose

ПРОГНОЗИ́РОВАНИЕ *n* Prognostizierung *f*, Prognosebildung *f*; Prognostik *f*
~ деловóй акти́вности Prognostizierung der Geschäftstätigkeit
~, долгосрóчное langfristige Prognostizierung
~ конъюнктýры Konjunkturprognosebildung *f*
~, краткосрóчное kurzfristige Prognostizierung

~ расхóдов Ausgabenprognosebildung *f*
~ сезóнных колебáний Prognostizierung von Saisonsschwankungen
~, среднесрóчное mittelfristige Prognostizierung
~ товáрного ры́нка Prognostizierung des Warenmarktes
~, экономи́ческое ökonomische (wirtschaftliche) Prognostizierung

ПРОГРÁММА *f* Programm *n*
выполня́ть прогрáмму Programm erfüllen
намечáть прогрáмму Programm entwerfen (aufzeichnen)
осуществля́ть прогрáмму Programm verwirklichen
пересмáтривать прогрáмму Programm überprüfen
подготáвливать прогрáмму Programm vorbereiten
предлагáть прогрáмму Programm vorschlagen
разрабáтывать прогрáмму Programm ausarbeiten
согласóвывать прогрáмму Programm vereinbaren
составля́ть прогрáмму Programm aufstellen
утверждáть прогрáмму Programm bestätigen
финанси́ровать прогрáмму Programm finanzieren
~, бáзисная Basisprogramm *n*
~ визи́та Besuchsprogramm *n*
~ выполнéния рабóт по контрáкту Programm der vertraglichen Arbeitserledigung
~ вы́ставки Ausstellungsprogramm *n*
~ диверсификáции Diversifizierungsprogramm *n*, Programm zur vielseitigen Entwicklung
~, долгосрóчная langfristiges Programm
~ закýпок Einkaufsprogramm *n*
~ и́мпорта Importprogramm *n*, Einfuhrprogramm *n*
~ испытáний Prüfungsprogramm *n*
~ капиталовложéний Investitionsprogramm *n*
~ лицензи́рования Lizenzprogramm *n*
~ льгóтного кредитовáния Programm der Vorzugskreditierung
~ мáркетинга Marketingprogramm *n*
~ мероприя́тий по реклáме и стимули́рованию сбы́та Programm von Werbungs- und Absatzförderungsmaßnahmen

~ мероприятий по увеличению продаж Programm für Verkaufssteigerung
~, оперативная Operativprogramm *n*
~ оценки Einschätzungsprogramm *n*
~, первоочередная dringendstes (wichtigstes) Programm
~ продаж Verkaufsprogramm *n*
~, производственная Produktionsprogramm *n*
~ работ Arbeitsprogramm *n*
~ развития Entwicklungsprogramm *n*
~ рекламной кампании Werbefeldzugsprogramm *n*
~ сбыта Absatzprogramm *n*
~ сертификации Zertifikatsprogramm *n*
~, совместная gemeinsames Programm
~ увеличения сбыта Programm der Absatzsteigerung *f*
~ управления Leitungsprogramm *n*
~ финансирования Finanzierungsprogramm *n*
~, целевая Zielprogramm *n*
~ экспорта Exportprogramm *n*, Ausfuhrprogramm *n*
ПРОГРЕСС *m* Fortschritt *m*, Progreß *m*
ПРОДАВАТЬ verkaufen; veräußern, vertreiben, absetzen
ПРОДАВАТЬСЯ verkauft werden, zum Verkauf liegen
~ легко schnellen Absatz finden
~ медленно langsam verkauft werden
~ нарасхват reißend abgeben
~ хорошо schnell verkauft werden
ПРОДАВЕЦ *m* Verkäufer *m*, Händler *m*
за счёт продавца auf Kosten des Verkäufers
по выбору продавца nach Wahl des Verkäufers
по распоряжению продавца auf Anordnung des Verkäufers
ПРОДАЖА *f* Verkauf *m*; Abgabe *f*; Absatz *m*, Vertrieb *m*
быть в продаже verkäuflich sein; zu verkaufen sein, im Verkauf sein
быть пригодным для продажи für Verkauf geeignet sein
выпускать в продажу zum Verkauf bringen (anbieten); feilbieten
выставлять на продажу zum Verkauf ausstellen (aufstellen); feilbieten
изымать из продажи außer Verkauf setzen, einen Verkauf rückgängig machen
одобрять для продажи zum Verkauf genehmigen (billigen)

поступать в продажу in den Verkauf gelangen; auf den Markt kommen
разрешать для продажи handelsfrei sein
расширять продажу Verkauf (Handel) ausdehnen (erweitern)
снимать с продажи einen Verkauf rückgängig machen; aus dem Verkauf ziehen
специализироваться на продаже sich auf Verkauf spezialisieren
увеличивать продажу Absatz erhöhen (vergrößern)
~ без предварительного осмотра Verkauf ohne Vorprüfung
~, биржевая Verkauf an der Börse
~ в бланк Blankoverkauf *m*
~ векселя Begebung *f* eines Wechsels
~ в кредит Verkauf gegen Kredit (Ziel), Kreditverkauf *m*, Zielverkauf *m*
~ в рассрочку Verkauf auf Teilzahlung; Ratenverkauf *m*
~, встречная Gegenverkauf *m*
~, вынужденная Zwangsverkauf *m*, erzwungener Verkauf
~ за наличный расчёт Barverkauf *m*, Kassaverkauf *m*
~, комиссионная Kommissionsverkauf *m*
~, конкурентоспособная konkurrenzfähiger Verkauf
~, монопольная Alleinverkauf *m*, Alleinvertrieb *m*
~ на вес Verkauf nach Gewicht
~ на доллары Verkauf für Dollars
~ на срок Fixverkauf *m*, Zeitverkauf *m*, Terminverkauf *m*
~ на условиях «как есть» Verkauf zu den Bedingungen «Wie es ist» («as is» *engl.*)
~ на условиях СИФ Verkauf zu den Bedingungen cif
~ на условиях ФОБ Verkauf zu den Bedingungen fob
~ на экспорт Exportverkauf *m*, Auslandsverkauf *m*
~ ноу-хау Know-how-Verkauf *m*
~ образцов Musterverkauf *m*
~, оптовая Großhandelsverkauf *m*, Verkauf in großen Mengen
~ по каталогу Verkauf nach einem Katalog
~ по описанию Verkauf nach der Beschreibung
~ по сниженным ценам Verkauf zu herabgesetzten (reduzierten) Preisen

ПРО

~, посре́дническая Vermittlungsverkauf m, Zwischenverkauf m
~ потреби́тельских това́ров Verkauf von Verbrauchswaren (von Konsumtionsgütern)
~ пра́ва на пате́нт Patentrechtsverkauf m, Verkauf des Patentrechtes
~, принуди́тельная Zwangsverkauf m
~, пряма́я Direktverkauf m
~, ро́зничная Einzelhandelsverkauf m, Verkauf im Kleinen, Kleinhandel m
~ с аукцио́на Auktion f, Versteigerung f, Verkauf an den Meistbietenden
~ с заво́да Verkauf ab Werk
~ с молотка́ Auktion f, Versteigerung f
~ с нагру́зкой zusammengeschnürt (zusammengebunden, in Verbindung mit etwas) verkaufen
~ с неме́дленной поста́вкой Verkauf mit sofortiger Lieferung
~ со ски́дкой Verkauf mit einem Rabatt (mit einem Nachlaß)
~ со скла́да Verkauf ab Lager
~ со сте́нда Verkauf vom Stand
~ с отсро́чкой платежа́ Verkauf mit Zahlungsziel, Zielverkauf m
~, спекуляти́вная Spekulationsverkauf m
~ с при́былью Verkauf mit Gewinn
~ с торго́в Auktion f, Versteigerung f, Verauktionierung f, Subhastation f
~ това́ра Warenverkauf m, Warenabsatz m
~ тра́нспортных услу́г Verkauf von Transportleistungen
~, усло́вная Verkauf unter Vorbehalt
~ че́рез посы́лочную торго́влю Versandhandel m
ПРОДА́ЖНЫЙ Verkaufs-; verkäuflich; absatzfähig
ПРО́ДАННЫЙ verkauft
ПРОДАЮ́ЩИЙСЯ käuflich, erhältlich
ПРОДВИЖЕ́НИЕ n Einführung f; Beförderung f, Aufstieg m
~ това́ра на ры́нок Einführung einer Ware auf dem Markt
ПРОДЛЕВА́ТЬ verlängern, prolongieren; hinauszögern
ПРОДЛЕ́НИЕ n Verlängerung f, Prolongation f; Aufschub m
~ аккредити́ва Prolongation (Verlängerung) eines Akkreditivs
~ ве́кселя Prolongation eines Wechsels
~ ви́зы Verlängerung eines Visums
~ гаранти́йного пери́ода Verlängerung der Garantiezeit

ПРО

~ креди́та Kreditverlängerung f
~ морато́рия Prolongation (Verlängerung) eines Moratoriums
~ соглаше́ния Prolongation (Verlängerung) eines Abkommens
~ сро́ка Fristverlängerung f, Terminverlängerung f
~ сро́ка гара́нтии Verlängerung der Garantiefrist
~ сро́ка де́йствия Verlängerung der Gültigkeitsdauer
~ сро́ка платежа́ Verlängerung (Aufschub) der Zahlungsfrist
~ сро́ка поста́вок Verlängerung (Prolongierung) der Lieferungsfrist
~ сро́ка тра́тты Prolongation einer Tratte (eines gezogenen Wechsels)
ПРОДОВО́ЛЬСТВИЕ n Lebensmittel pl, Nahrungsmittel pl
ПРОДОЛЖИ́ТЕЛЬНОСТЬ f Dauer f, Fortdauer f, Zeitdauer f
~ визи́та Besuchsdauer f
~ использования Gebrauchsdauer f
~ проведе́ния вы́ставки Ausstellungsdauer f
~ просто́я Stillstandsdauer f, Standzeit f
~ рабо́ты Arbeitszeit f, Betriebsdauer f, Betriebszeit f
~ слу́жбы Lebensdauer f
~ сро́ка слу́жбы Nutzungsdauer f, Nutzungszeit f
~ эксплуата́ции Betriebsdauer f
~ я́рмарки Messe [zeit] dauer f
ПРОДУ́КТ m Produkt n, Erzeugnis n
~, валово́й вну́тренний Bruttoinlandsprodukt n
~, валово́й национа́льный Bruttonationalprodukt n
~, высокока́чественный hochwertiges Produkt, Produkt von hoher Qualität
~, дорогостоя́щий hochwertiges (teueres) Produkt
~, заморо́женный Gefrierprodukt n; Gefrierkonserve f
~, запатенто́ванный patentiertes (patentgeschütztes) Produkt
~, коне́чный Endprodukt n, Finalprodukt n; Enderzeugnis n, Finalerzeugnis n
~, непатентоспосо́бный patentunfähiges Produkt
~ оте́чественного произво́дства Inlandsprodukt n
~, патентоспосо́бный patentfähiges Продукт

~, пе́рвичный Erstprodukt *n*, Primärprodukt *n*
~, побо́чный Nebenprodukt *n*, Nebenerzeugnis *n*; Nachprodukt *n*
~, промы́шленный Industrieerzeugnis *n*
ПРОДУКТИ́ВНОСТЬ *f* Produktivität *f*, Leistungsfähigkeit *f*
ПРОДУКТИ́ВНЫЙ produktiv, leistungsfähig
ПРОДУ́КТЫ *m pl* Produkte *n pl*, Erzeugnisse *n pl*
~ животново́дства tierische Erzeugnisse; Erzeugnisse der Viehwirtschaft
~, необрабо́танные rohe (unbearbeitete) Produkte
~, основны́е Hauptprodukte *n pl*, Haupterzeugnisse *n pl*
~ пита́ния Nahrungsmittel *pl*
~, продово́льственные Nahrungsmittel *pl*, Lebensmittel *pl*
~ расти́тельного и живо́тного происхожде́ния pflanzlich-tierische Produkte
~, скоропо́ртящиеся leichtverderbliche Produkte
ПРОДУ́КЦИЯ *f* Erzeugnisse *n pl*; Produktion *f*
внедря́ть проду́кцию на ры́нок Erzeugnisse auf den Markt bringen
выпуска́ть проду́кцию produzieren, herstellen, erzeugen
представля́ть проду́кцию Erzeugnisse anbieten
разраба́тывать но́вую проду́кцию neue Erzeugnisse entwickeln
реклами́ровать проду́кцию 1. die Produktion durch Reklame empfehlen 2. die Produktion reklamieren (*объявля́ть реклама́цию*)
храни́ть проду́кцию Produktion aufbewahren
экспорти́ровать проду́кцию Erzeugnisse ausführen (exportieren)
~, аттесто́ванная attestierte Erzeugnisse
~, валова́я Bruttoproduktion *f*
~, выпуска́емая Erzeugnisse, die hergestellt werden
~, высокока́чественная hochwertige (qualitätsgerechte) Erzeugnisse, Erzeugnisse von hoher Qualität
~, высокотехнологи́чная hochtechnologische Produktion
~, гото́вая Fertigerzeugnisse *n pl*
~, дорогостоя́щая teuere (viel kostende) Erzeugnisse

~, име́ющая сбыт realisierbare Erzeugnisse
~, и́мпортная Importerzeugnisse *n pl*, Einfuhrartikel *m pl*
~, конкурентоспосо́бная konkurrenzfähige (wettbewerbsfähige) Erzeugnisse
~, материалоёмкая materialintensive Produktion
~, наукоёмкая wissenschaftsintensive Produktion
~, нека́чественная unqualitative Erzeugnisse
~, не находя́щая сбы́та unabsetzbare Erzeugnisse
~, не подлежа́щая хране́нию nicht lagerfähige Erzeugnisse
~, нестанда́ртная nicht standardisierte Erzeugnisse
~, нове́йшая die [aller] neueste (moderne) Erzeugnisse
~, оте́чественная Inlandsproduktion *f*, einheimische Produktion; Inlandserzeugnisse *n pl*
~, по́льзующаяся спро́сом absetzbare Produktion
~, станда́ртная standardisierte Erzeugnisse
~, това́рная Warenproduktion *f*
~, фи́рменная Markenerzeugnisse *n pl*, Markenproduktion *f*
~, э́кспортная Exportproduktion *f*, Ausfuhrerzeugnisse *n pl*
ПРОДУЦЕ́НТ *m* Produzent *m*, Erzeuger *m*, Hersteller *m*
ПРОЕ́ЗД *m* Fahrt *f*, Reise *f*; Durchfahrt *f*, Durchreise *f*
~ автотра́нспортом Fahrt auf den Landstraßen
~ во́дным тра́нспортом Fahrt auf dem Wasserwege
~ возду́шным тра́нспортом Fahrt auf dem Luftweg, Fahrt mit Lufttransport
~ железнодоро́жным тра́нспортом Fahrt mit (auf) der Eisenbahn
ПРОЕЗДНЫ́Е *pl* (*де́ньги*) Reisegeld *n*, Fahrgeld *n*, Reisespesen *pl*
ПРОЕ́КТ *m* Projekt *n*, Entwurf *m*; Vorschlag *m*; Vorhaben *n*
выполня́ть ~ Projekt (Entwurf) erfüllen
выполня́ть ~ «под ключ» Projekt (Entwurf) «schlüsselfertig» erfüllen
одобря́ть ~ Projekt billigen
осуществля́ть ~ Projekt verwirklichen
отка́зываться от прое́кта Projekt (Entwurf) ablehnen (verweigern)

ПРО

оце́нивать ~ Entwurf einschätzen (beurteilen)
пересма́тривать ~ Projekt überprüfen (korrigieren)
представля́ть ~ Projekt vorlegen
разраба́тывать ~ Projekt ausarbeiten
рассма́тривать ~ Projekt einschätzen (prüfen)
составля́ть ~ Projekt aufnehmen (aufstellen, ausarbeiten)
утвержда́ть ~ Projekt bestätigen
уча́ствовать в прое́кте am Projekt teilnehmen (sich beteiligen)
финанси́ровать ~ Projekt finanzieren
~ бюдже́та Haushaltsentwurf m, Soll-Etat m; Haushaltsvoranschlag m
~ догово́ра Vertragsentwurf m
~, долгосро́чный langfristiges Projekt
~ контра́кта Kontraktentwurf m
~, краткосро́чный kurzfristiger Entwurf
~, оконча́тельный endgültiger Entwurf
~ оформле́ния Vorführungsentwurf m, Zurschaustellungsentwurf m, Gestaltungsentwurf m
~ пла́на Planansatz m; Planentwurf m, Planvorschlag m
~, предвари́тельный Vorentwurf m, Vorprojekt n, Vorplanssatz m
~, приорите́тный Prioritätsentwurf m
~ резолю́ции Entwurf (Projekt) des Beschlusses
~ реше́ния Beschlußentwurf m, Beschlußprojekt n
~, совме́стный gemeinsamer Entwurf
~ соглаше́ния Abkommensentwurf m
~ строи́тельства Bauentwurf m, Bauprojekt n
~, техни́ческий technisches Projekt
~, эксперимента́льный Experimentalprojekt n; experimentelles Projekt
~, эски́зный Vorprojekt n, Vorentwurf m
ПРОЕКТИ́РОВАНИЕ n Projektierung f, Projektieren n
~, автоматизи́рованное automatisierte Projektierung
~, техни́ческое technische Projektierung
~, типово́е Typenprojektierung f
~, эксперимента́льное experimentale (experimentelle) Projektierung
ПРОЕКТИ́РОВЩИК m Projektant m
~, генера́льный Generalprojektant m
ПРОИЗВОДИ́ТЕЛЬ m Produzent m, Erzeuger m, Hersteller m
~, веду́щий Grundproduzent m; führender (leitender) Produzent

~, иностра́нный fremder (ausländischer) Produzent, Auslandsproduzent m
~, кру́пный Großproduzent m, Großerzeuger m, Großhersteller m
~, маргина́льный marginaler Produzent
~, ме́лкий Kleinproduzent m, Kleinerzeuger m, Kleinhersteller m
~ промы́шленных това́ров Produzent von Industriewaren
~ сырья́ Rohstofferzeuger m, Rohstoffhersteller m
ПРОИЗВОДИ́ТЕЛЬ-ЛИЦЕНЗИА́Р m Produzent und Lizenzgeber m
ПРОИЗВОДИ́ТЕЛЬНОСТЬ f Leistung f; Leistungsfähigkeit f; Produktivität f
гаранти́ровать ~ Leistung garantieren (gewährleisten)
достига́ть гаранти́йной производи́тельности Garantieleistung f erreichen
поднима́ть ~ Leistung erhöhen
увели́чивать ~ Leistung erhöhen (steigern)
~, высо́кая Hochleistung f
~, гаранти́рованная garantierte Leistung
~, максима́льная Höchstleistung f, Spitzenleistung f
~, номина́льная Nennleistung f
~ обору́дования Leistungsfähigkeit f (Kapazität f) der Ausrüstung
~, прое́ктная projektierte Leistung, Projektsleistung f, Entwurfsleistung f
~, расчётная rechnerische (theoretische) Leistung
~, сме́тная veranschlagte Leistung
~, сре́дняя Normalleistung f, Durchschnittsleistung f
~, факти́ческая Istleistung f
ПРОИЗВОДИ́ТЕЛЬНЫЙ leistungsfähig, produktiv; Produktions-
ПРОИЗВОДИ́ТЬ produzieren, herstellen, erzeugen
ПРОИЗВО́ДСТВЕННЫЙ Produktions-; Arbeits-; Betriebs-, betrieblich
ПРОИЗВО́ДСТВО n 1. (*изготовление*) Produktion f, Herstellung f, Erzeugung f 2. (*отрасль*) Industriezweig m 3. (*ведение дела*) Verfahren n
внедря́ть в ~ in Produktion (Herstellung, Erzeugung) einführen
заверша́ть ~ Herstellung vollenden
заде́рживать ~ Produktion verzögern
занима́ться произво́дством produzieren
испо́льзоваться в произво́дстве in der Produktion verwendet werden

налáживать ~ Produktion organisieren (in Gang bringen)
начинáть ~ Produktion beginnen (aufnehmen)
организóвывать ~ Produktion organisieren
осваивать ~ in die Produktion übernehmen
осуществлять ~ Erzeugung (Herstellung) verwirklichen (durchführen, realisieren)
плани́ровать ~ Produktion planen
прекращáть ~ Produktion einstellen (stillegen)
приостанáвливать ~ Produktion lahmlegen
приступáть к произвóдству Produktion von... aufnehmen
пускáть в ~ in die Produktion übernehmen (überleiten)
расширять ~ Produktion erweitern (ausweiten, ausdehnen)
снимáть с произвóдства aus der Produktion ziehen
сокращáть ~ Produktion einschränken
специализи́роваться в произвóдстве ... sich in der Produktion spezialisieren
увели́чивать ~ Produktion heben (steigern, vergrößern)
ускорять ~ Produktion beschleunigen
~, арбитрáжное Schiedsgerichtsverfahren n, Arbitrageverfahren n
~, безотхóдное abfallfreie Produktion
~, бесперебóйное kontinuierliche Produktion
~, вспомогáтельное Hilfsproduktion f
~, высокорентáбельное hochrentable (hochwirtschaftliche) Produktion
~, коммéрческое kommerzielle Produktion, Handelsproduktion f
~, конкурентоспосóбное konkurrenzfähige Produktion
~, крупносери́йное Großserienfertigung f, Großserienproduktion f
~, кустáрное Kleingewerbe n, Hausindustrie f
~, мáссовое Massenproduktion f, Massenfertigung f, Massenfabrikation f
~, мéлкое Kleinproduktion f, Kleinfertigung f, Kleinfabrikation f
~, на экспорт Exportproduktion f
~, незавершённое unvollendete Produktion
~, óпытное Versuchsproduktion f

~, отéчественное Inlandsproduktion f, inländische (einheimische) Produktion
~ по апелляции Appellationsverfahren n
~ по дéлу Sachverfahren n
~ по закáзу Produktion auf Bestellung
~, потóчное Fließfertigung f, Taktfertigung f
~, при́быльное gewinnbringende Produktion
~ продýкции на экспорт Exportproduktion f
~, промы́шленное Industrieproduktion f, Industrieerzeugung f
~, сери́йное Serienfertigung f, Serienproduktion f
~, совмéстное Gemeinschaftsproduktion f
~, специализи́рованное spezialisierte Produktion
~, товáрное Warenproduktion f
~, фабри́чное Fabrikproduktion f, Fabrikation f
~, цикли́чное periodische (wechselnde) Produktion; Zyklusproduktion f
ПРОИСХОЖДÉНИЕ n Herkunft f; Ursprung m
живóтного происхождéния tierischer Herkunft
иностранного происхождéния fremder Abstammung
отéчественного происхождéния einheimischer Herkunft
~ издéлия Herkunft (Ursprung) des Erзеugnisses
~, коммéрческое kommerzielle Herkunft, Kommerzherkunft f
~ товáра Ursprung (Herkunft) einer Ware
ПРОКÁТ m Vermietung f, Vermieten n; Verleih m, Verleihen n
~ автомоби́лей Vermietung von Kraftwagen
~ контéйнеров Vermietung von Containern
ПРОЛОНГАЦИÓННЫЙ Prolongations-
ПРОЛОНГÁЦИЯ f Prolongation f; Verlängerung f; Stundung f
~ аккредити́ва Prolongation eines Akkreditivs
~ вéкселя Prolongation eines Wechsels
~ креди́та Prolongation eines Kredits
~ срóка Prolongation (Verlängerung) einer Frist
~ страховáния Verlängerung der Versicherung
~ трáтты Prolongation einer Tratte

ПРО   ПРО

ПРОЛОНГИ́РОВАННЫЙ prolongiert; verlängert
ПРОЛОНГИ́РОВАТЬ prolongieren, verlängern; stunden
ПРОМЕДЛЕ́НИЕ *n* Verzögerung *f*, Verzug *m*, Zögerung *f*, Zögern *n*
  без промедле́ния ohne Verzögerung
  ~ поста́вки Lieferungsverzug *m*, Lieferungsverzögerung *f*
ПРО́МЫСЕЛ *m* Gewerbe *n*; Gewerbebranche *f*
  ~, куста́рный Heimgewerbe *n*, Hausgewerbe *n*; Heimarbeit *f*
  ~, торго́вый Handelsgewerbe *n*
ПРОМЫ́ШЛЕННОСТЬ *f* Industrie *f*
  ~, автомоби́льная Automobilindustrie *f*, Kraftfahrzeugindustrie *f*
  ~, вое́нная Kriegsindustrie *f*, Rüstungsindustrie *f*
  ~, га́зовая Gasindustrie *f*
  ~, горнодобыва́ющая Bergbau *m*
  ~, кру́пная Großindustrie *f*
  ~, машинострои́тельная Maschinenbauindustrie *f*, Maschinenbau *m*
  ~, ме́стная örtliche Industrie
  ~, металлурги́ческая Hüttenindustrie *f*, metallurgische Industrie
  ~, нефтедобыва́ющая Erdölförderung *f*, erdölfördernde Industrie
  ~, нефтеперераба́тывающая Erdölverarbeitung *f*, erdölverarbeitende Industrie
  ~, нефтехими́ческая Petrolchemie *f*, petrolchemische Industrie
  ~, обраба́тывающая Veredelungsindustrie *f*, verarbeitende Industrie
  ~, оте́чественная inländische (einheимische) Industrie
  ~, пищева́я Lebensmittelindustrie *f*, Nahrungsindustrie *f*
  ~, производя́щая потреби́тельские това́ры Konsumgüterindustrie *f*, Verbrauchsgüterindustrie *f*
  ~, производя́щая сре́дства произво́дства Produktionsmittelindustrie *f*
  ~, строи́тельная Bauindustrie *f*
  ~, тексти́льная Textilindustrie *f*
  ~, тяжёлая Schwerindustrie *f*
  ~, фармацевти́ческая Arzneimittelindustrie *f*, Pharmaindustrie *f*, pharmazeutische Industrie
  ~, хими́ческая Chemieindustrie *f*, chemische Industrie
  ~, электро́нная elektroniscehenindustrie *f*

  ~, электротехни́ческая elektrotechnicshe Industrie *f*
  ~, энергети́ческая Energieindustrie *f*
ПРОПА́ЖА *f* Verschwinden *n*; Verlust *m*
  ~ па́ртии това́ра Verschwinden (Verlust) einer Warenpartie
ПРО́ПУСК *m* 1. (*документ*) Ausweis *m*, Passierschein *m* 2. (*прохождение*) Durchlaß *m*
  брать ~ Ausweis (Passierschein) ausstellen lassen
  выдава́ть ~ Ausweis aushändigen
  ~ на това́р Wareneinlaßgenehmigung *f*; Warenbegleitschein *m*
  ~ на я́рмарку Messeausweis *m*
  ~, тамо́женный Warrant *m*, Zollfreischein *m*; Lagerschein *m*
  ~ това́ра че́рез грани́цу Zollabfertigung *f* der Ware
  ~ това́ра че́рез тамо́жню Zollabfertigung *f* der Ware
  ~, транзи́тный Durchfuhrschein *m*, Transitschein *m*
ПРОРАБО́ТКА *f* Durcharbeitung *f*, Ausarbeitung *f*
ПРОСПЕ́КТ *m* Prospekt *m*, Werbeschrift *f*
  зака́зывать ~ Prospekt bestellen
  рассыла́ть проспе́кты Prospekte versenden (verschicken)
  ~, вы́ставочный Ausstellungsprospekt *m*
  ~, рекла́мный Werbeprospekt *m*
  ~, фи́рменный Firmenprospekt *m*
ПРОСРО́ЧЕННЫЙ abgelaufen; ungültig; überschritten; verfallen; überfällig
ПРОСРО́ЧКА *f* Verzug *m*, Überschreitung *f*, Versäumnis *n*
  ~ в упла́те проце́нтов Zinsverzug *m*
  ~ платежа́ Zahlungsverzug *m*
  ~ погаше́ния Tilgungsverzug *m*
  ~ поста́вки Lieferfristüberschreitung *f*
ПРОСТО́Й *m* Stillstand *m*, Stilliegen *n*, Ausfall *m*; Wartezeit *f*, Haltezeit *f*; Liegezeit *f*, Liegetage *f pl*
  опла́чивать ~ Wartezeit bezahlen
  тре́бовать упла́ты за ~ Bezahlung *f* für die Wartezeit fordern (verlangen)
  ~ ваго́на Standzeit *f*
  ~ в рабо́те Arbeitsausfall *m*; Stillstand; Wartezeit, Haltezeit *f*
  ~ в связи́ с ремо́нтом Stillstand wegen der Reparaturarbeiten
  ~, непредви́денный unvorhergesehenes Stilliegen
  ~ обору́дования Stillstand (Wartezeit) der Ausrüstung

~ по техни́ческим причи́нам technisch bedingte Wartezeit
~ су́дна Liegezeit, Liegetage
ПРОСТРА́НСТВО n Raum m
~, еди́ное экономи́ческое einheitlicher Wirtschaftsraum
ПРОСЧИ́ТЫВАТЬСЯ sich verrechnen, sich verzählen
ПРО́СЬБА f Bitte f; Anliegen n; Ersuchen n; Gesuch n
выполня́ть про́сьбу Bitte erfüllen
обраща́ться с про́сьбой sich an jemanden mit einer Bitte wenden; Bitte an jemanden richten
отзыва́ть про́сьбу Bitte (Gesuch) widerrufen
отклоня́ть про́сьбу Bitte ablehnen (abweisen, zurückweisen)
по про́сьбе auf (nach) Ersuchen; auf die Bitte hin
согла́сно про́сьбе der Bitte gemäß, laut Bitte
удовлетворя́ть про́сьбу Bitte erfüllen
~ об отсро́чке Stundungsgesuch n; Fristgesuch n
~, официа́льная offizielle Bitte
~, пи́сьменная schriftliche Bitte
~, повто́рная wiederholte (nochmalige) Bitte
ПРОТЕКЦИОНИ́ЗМ m Protektionismus m, Schutzzollsystem n
ПРОТЕКЦИОНИ́СТСКИЙ protektionistisch
ПРОТЕ́СТ m Protest m, Einspruch m, Verwahrung f
заявля́ть ~ Protest erheben; protestieren
отзыва́ть ~ Protest widerrufen
рассма́тривать ~ Protest prüfen
соверша́ть ~ Protest einlegen (einreichen)
подпи́сано под проте́стом unter dem Protest unterschrieben
~ ве́кселя Wechselprotest m
~ ве́кселя из-за неакце́пта Wechselprotest m mangels Annahme
~ ве́кселя из-за неплатежа́ Wechselprotest m mangels Zahlung
~, встре́чный Gegenprotest m
~, капита́нский Seeprotest m, Verklarung f
~, морско́й Seeprotest m, Verklarung f
~, пи́сьменный schriftlicher Protest
~, судово́й Schiffsprotest m

ПРОТЕСТОВА́ТЬ protestieren, Protest m einlegen; Protest m (Einspruch m) erheben
ПРОТИВОЗАКО́ННЫЙ widerrechtlich, gesetzwidrig, ungesetzlich
ПРОТИВОПРА́ВНЫЙ rechtswidrig
ПРОТОКО́Л m Protokoll n
подпи́сывать ~ Protokoll unterschreiben (unterzeichnen)
составля́ть ~ Protokoll aufnehmen (aufstellen)
~ ава́рии Schadensprotokoll n
~, годово́й Jahresprotokoll n
~ инвентариза́ции Inventurprotokoll n, Inventarisationsprotokoll n
~ испыта́ния Prüfprotokoll n, Prüfungsprotokoll n
~ о гото́вности обору́дования к испыта́нию Protokoll über die Prüfbereitschaft der Ausrüstung
~ о гото́вности обору́дования к пу́ску в эксплуата́цию Protokoll über Inbetriebnahmebereitschaft der Ausrüstung
~, оконча́тельный Endprotokoll n, endgültiges Protokoll
~ о наме́рениях Absichtsakte f
~ осмо́тра Besichtigungsprotokoll n
~ о сотру́дничестве Protokoll über die Zusammenarbeit
~ о товарооборо́те Protokoll über den Warenumsatz
~ перегово́ров Protokoll n über Verhandlungen
~ прие́мки Abnahmeprotokoll n
~ сда́чи-прие́мки Abgabe- und Annahmeprotokoll n
~, техни́ческий Prüfungsprotokoll n
ПРОФЕССИОНА́ЛЬНЫЙ beruflich, Berufs-
ПРОФЕ́ССИЯ f Beruf m
ПРОФИЛА́КТИКА f Prophylaxe f, Vorbeugung f; (маши́ны) Wartung f
ПРОФО́РМА f (предвари́тельный, ориентиро́вочный) pro forma lat.
~ коносаме́нта Proforma-Konnossement n
~ контра́кта Musterformular n eines Vertrages, Proforma-Vertrag m
~ ча́ртера Proforma-Chartervertrag m, Musterformular n eines Chartervertrages
ПРОФО́РМА-СЧЁТ m Proforma-Rechnung f
ПРОЦЕДУ́РА f Verfahren n, Verfahrensweise f; Prozedur f

ПРО

слéдовать процедýре der Prozedur folgen
соблюдáть прáвила процедýры Prozedurregeln f pl befolgen
упрощáть процедýру Prozedur vereinfachen
устанáвливать процедýру Prozedur festlegen (bestimmen)
~, арбитрáжная Arbitrageprozedur f
~ вы́дачи патéнта Prozedur der Patenterteilung
~ обжáлования Appellationsprozedur f
~ отгрýзки Verschiffungsprozedur f
~ оформлéния разрешéния Prozedur der Erlaubniserteilung
~ оформлéния счетóв Prozedur der Rechnungsausstellung
~ оцéнки (Ab)schätzungsprozedur f
~ передáчи товáра Prozedur der Warenübergabe
~ проведéния испытáний Prozedur der Prüfungsdurchführung (der Testierung)
~ разгрýзки Entladungsprozedur f
~ регистрáции Anmeldeprozedur f
~ сертификáции Prozedur der Zertifikatsausstellung
~, тамóженная Zollabfertigungsprozedur f
~ торгóв Ausschreibungsverfahren n, Versteigerungsverfahren n

ПРОЦÉНТ m 1. (сотая доля числа) Prozent n, Prozentsatz m; vom Hundert 2. (доход с капитала) Zins m, Zinsen m pl; Zinssatz m, Zinsrate f
за вы́четом процéнта abzüglich Zinsen
повышáть учётный ~ Diskontsatz m erhöhen
понижáть учётный ~ Diskontsatz m abbauen
~, бáнковский Banksatz m, Bankzins m, Diskontsatz m, Bankdiskont m
~, биржевóй Börsenzins m
~, высóкий hohe Zinsen, hohes Prozent
~ за кредúт Zinsen pl für Kredit
~ за просрóчку Verzugszins m
~, комиссиóнный Provisionssatz m
~, льгóтный Vorzugszins m, ermäßigter Zinssatz
~ на сýмму Summenzins m
~, нúзкий niedriger (geringer) Zins
~, отсрóченный aufgeschobener Zins
~ по дебетóвому сáльдо Debetsaldozins m
~ по кредúту Kreditzinsen pl, Habenzinsen pl

ПРО

~ по кредúту в рассрóчку Ratenzahlungskreditzins m
~ по кредúтовому сáльдо Kreditsaldozins m
~ покры́тия Tilgungssatz m
~ по овердрáфту Zinsen für Kontoüberziehung, Zinssatz für überzogene Kosten
~ потéрь Verlustquote f
~ прúбыли Gewinnquote f, Gewinnmarge f
~, пролонгациóнный Prolongationszins m
~ рентáбельности Rentabilitätsrate f, Prozent der Rentabilität
~, рéнтный Rentenprozent n
~, ссýдный Zinsfuß m, Leihzins m, Zinssatz m
~, твёрдый fester Zins
~ устанóвленный закóном gesetzlicher Zins
~, учётный Diskontsatz m, Diskontfuß m
ПРОЦÉНТНЫЙ prozentual, Prozent-; verzinslich, zinstragend
ПРОЦÉНТЫ m pl Prozente n pl; Zinsen m pl
без процéнтов zinsfrei, zinslos
взимáть ~ Prozente erheben (entrichten)
включáя ~ einschließlich der Zinsen
в процéнтах in Prozent zu Dat.
в размéре ... процéнтов in Höhe von ... Prozent
выплáчивать ~ Prozente auszahlen
дебетовáть ~ Prozente belasten
занимáть без процéнтов zinsfrei leihen
занимáть под ~ auf Zinsen leihen
накáпливать ~ Zinsen anhäufen (ansammeln)
начислять ~ Zinsen zuschlagen; verzinsen
платúть ~ Zinsen vergüten
платúть ... процéнтов годовы́х ... Prozent jährlicher Zinsen zahlen
получáть ~ Zinsen erheben (einnehmen)
приносúть ~ Zinsen [ein]bringen
~, накóпленные angesammelte (angehäufte) Zinsen
~, начúсленные berechnete Zinsen
~, неуплáченные fällige Zinsen; Zinsrückstände m pl
~, оплáченные bezahlte Zinsen
~ по вклáдам Depositalzinsen m pl, Einlagezinsen m pl
~ по задóлженности Schuldzinsen m pl
~ по зáймам Darlehenszinsen m pl

~ просроченные rückständige Zinsen
~, простые normale Zinsen
~, ростовщические Wucherzinsen m pl
~, сложные Zinseszinsen m pl
ПРОЦЕСС m 1. (*ход, развитие*) Prozeß m, Vorgang m, Verfahren n; Verlauf m, Entwicklung f 2. *юр.* Prozeß m, Rechtsstreit m, Verfahren n
внедрять ~ Prozeß einführen
запатентовать ~ Prozeß patentieren
использовать ~ Prozeß anwenden
осваивать ~ Prozeß einführen
оценивать ~ Prozeß auswerten
пользоваться процессом Prozeß gebrauchen (verwenden)
разрабатывать ~ Prozeß entwickeln
~, автоматизированный automatischer (automatisierter) Prozeß
~, арбитражный Arbitrageverfahren n, Verfahren vor dem Schiedsgericht
~, запатентованный patentierter Prozeß
~ изготовления Fertigungsprozeß m, Produktionsvorgang m
~ продажи Verkaufsprozeß m, Verkaufsvorgang m
~, производственный Produktionsprozeß m, Herstellungsvorgang m
~ роста Wachstumsprozeß m
~ сертификации Zertifizierungsprozeß m
~, судебный Gerichtsverfahren n
~, технологический technologischer Prozeß, Fertigungsablauf m
~, усовершенствованный verbesserter (verfeinerter) Prozeß
~, экономичный wirtschaftlich vorteilhafter (rentabler, sparsamer) Prozeß
~ эксплуатации Ausbeutungsprozeß m, Exploitationsprozeß m
ПУБЛИКАЦИЯ f Publikation f, Veröffentlichung f; Bekanntmachung f
~ для деловых кругов Publikation für Geschäftskreise
~, зарубежная Auslandspublikation f
~, неофициальная nicht offizielle (inoffizielle) Publikation
~ объявлений Bekanntmachung f
~, официальная offizielle Publikation
~ патента Patentveröffentlichung f
~, рекламная Werbepublikation f
~ товарного знака Veröffentlichung des Warenzeichens
~, торговая Handelspublikation f
ПУБЛИКОВАТЬ veröffentlichen, publizieren; bekanntmachen

ПУЛ m Pool m; Interessengemeinschaft f
объединять в ~ in den Pool vereinigen
~ грузовой Frachtpool m
~, долларовый Dollar-Pool m
~, золотой Gold-Pool m
~, лицензионный Lizenzpool m
~, патентный Patentpool m
~, проката поддонов Palettenpool m
~, судоходный Schiffsfrachtpool m
ПУНКТ m 1. (*статья контракта*) Punkt m, Klausel f, Passus m, Paragraph m 2. (*место*) Ort m, Punkt m, Platz m, Stelle f, Station f
включать ~ в контракт Punkt (Klausel, Passus, Paragraph) in den Vertrag einschließen
вычёркивать ~ Punkt (Klausel, Paragraph) ausstreichen
исключать ~ из контракта aus dem Vertrag einen Punkt ausschließen
~ ввоза Einfuhrpunkt m, Einreisestelle f
~ вывоза Ausfuhrpunkt m, Ausreisestelle f
~ выгрузки Entladestelle f
~ договора Vertragspassus m, Vertragsklausel f
~ доставки Lieferungsort m
~, карантинный Quarantänestation f
~, конечный Endstation f
~ контракта Kontraktklausel f
~ назначения Bestimmungsort m
~ об изменении цены Preisveränderungsklausel f
~, обменный (*валюты*) Wechselstelle f
~ об условиях платежа Klausel über die Zahlungsbedingungen
~ о действии непреодолимой силы Höhere-Gewalt-Klausel f
~ о забастовках Klausel (Punkt) «Streik»
~ о колебании цен Klausel (Punkt) «Preisschwankungen»
~ о пересмотре цен Klausel (Punkt) «Preisüberprüfung»
~ о повышении цены Hausseklausel f
~ о предварительной оплате Vorbezahlungklausel f
~ о пропорциональном распределении страховой ответственности Havarieklausel f
~ отгрузки Verladestelle f, Versandort m
~ отправления Abgangsort m, Abgangspunkt m
~ о штрафной неустойке Klausel (Punkt) «Konventionalstrafe»

ПУС

~ патéнтной фóрмулы Patentformelklausel *f*
~, перевáлочный Umschlagpunkt *m*, Umladestelle *f*
~, перегрýзочный Umladepunkt *m*, Umladestelle *f*
~, передáточный Vermittlungspunkt *m*
~, пограни́чный Grenzübergangsstelle *f*
~ погрýзки Verladestelle *f*
~, приёмный Annahmestelle *f*
~, пропускнóй Passierstelle *f*, Übergangsstelle *f*
~, разгрýзочный Entladestelle *f*
~ соглашéния Punkt (Klausel, Paragraph) des Abkommens
~, спóрный Streitpunkt *m*, Streitklausel *f*
~ статьи́ Punkt (Paragraph, Ziffer *f*) eines Artikels

ПУСК *m* Inbetriebnahme *f*, Inbetriebsetzung *f*; Anlauf *m*
~ в промы́шленное произвóдство Anlauf der Industrieproduktion
~ в эксплуатáцию Inbetriebnahme
~ предприя́тия Inbetriebnahme (Inbetriebsetzung) eines Unternehmens
~, прóбный Probeanlauf *m*, Probelauf *m*

ПУТ

ПУТЬ *m* Weg *m*, Straße *f*, Bahn *f*, Fahrbahn *f*
в пути́ unterwegs; auf der Reise
~, вóдный Wasserweg *m*, Wasserstraße *f*
вóдным путём auf dem Wasserwege
~, железнодорóжный Gleis *n*, Schienenweg *m*
~, запаснóй Reserveweg *m*
морски́м путём auf dem Seewege, auf dem Schiffahrtswege
~, морскóй Seeweg *m*, Schiffahrtsweg *m*
~, обрáтный Rückweg *m*
~, прямóй gerader (direkter) Weg
~, речнóй Binnenwasserstraße *f*
пути́ сообщéния Verkehrswege *m pl*, Verkehrsstraßen *f pl*
~, сухопýтный Landweg *m*
сухопýтным путём auf dem Landwege
~, торгóвый Handelsstraße *f*, Handelsweg *m*
~, транзи́тный Transitweg *m*, Transitstraße *f*
~, трáнспортный Transportweg *m*, Durchgangsweg *m*, Beförderungsstrecke *f*, Fahrstrecke *f*

Р

РАБО́ТА *f* Arbeit *f*, Tätigkeit *f*, Beschäftigung *f*, Arbeitsleistung *f*, Leistung *f*
выполня́ть рабо́ту Arbeit ausführen (leisten, verrichten)
заверша́ть рабо́ту Arbeit beenden (vollenden, erledigen)
наблюда́ть за рабо́той Arbeit beaufsichtigen (überwachen)
нала́живать рабо́ту Arbeit einrichten (organisieren, regeln)
нанима́ть на рабо́ту in Arbeit anstellen (nehmen, einstellen)
начина́ть рабо́ту mit der Arbeit beginnen
обеспе́чивать эффекти́вную рабо́ту effektive Arbeit gewährleisten (sichern)
опла́чивать рабо́ту Arbeit bezahlen
откла́дывать рабо́ту Arbeit aufschieben (verlegen)
оце́нивать рабо́ту Arbeit bewerten (schätzen)
переде́лывать рабо́ту Arbeit neu machen
поруча́ть рабо́ту *jemanden* mit einer Arbeit beauftragen
прекраща́ть рабо́ту Arbeit einstellen (niederlegen)
принима́ть на рабо́ту in Arbeit nehmen (anstellen)
принима́ть рабо́ту Arbeit annehmen
приостана́вливать рабо́ту Arbeit einstellen (niederlegen)
производи́ть рабо́ту Arbeit leisten
ускоря́ть рабо́ту Arbeit beschleunigen
~, авари́йная Havariearbeit *f*
~, акко́рдная Akkordarbeit *f*; Gedingearbeit *f*
~, брига́дная Brigadearbeit *f*
~ в воскре́сные и пра́здничные дни Arbeit an Sonn- und Feiertagen
~ в две сме́ны Zweischichtarbeit *f*, Arbeit in zwei Schichten
~ в ночно́е вре́мя Nachtarbeit *f*
~ в обы́чное рабо́чее вре́мя Arbeit in üblicher Arbeitszeit
~ вы́ставки Arbeit (Tätigkeit) der Ausstellung
~ на комиссио́нной осно́ве Arbeit auf der Kommissionsgrundlage
~, пате́нтная Patentarbeit *f*
~, пла́тная bezahlte Arbeit
~ по гра́фику Arbeit nach dem Tagesplan (nach dem Schichtplan)
~ по контра́кту Arbeit laut (nach) Vertrag
~ по на́йму Verdingung *f* als Lohnarbeiter
~ по обслу́живанию Bedienung *f*, Service *m*
~ по освое́нию и эксплуата́ции Erforschungs- und Ausbeutungsarbeiten *f pl*
~ по погру́зке и вы́грузке Be- undAusladearbeiten *f pl*
~ по трудово́му догово́ру Arbeit nach dem Arbeitsvertrag
~, ремо́нтная Reparaturarbeit *f*
~, сверхуро́чная Überstundenarbeit *f*, Überstunden *f pl*
~, сде́льная Akkordarbeit *f*, Stücklohnarbeit *f*
~, сезо́нная Saisonarbeit *f*
~, сме́нная Schichtarbeit *f*
~, совме́стная gemeinsame Arbeit (Tätigkeit)
~, тра́нспортно-экспеди́торская Transport-Speditionsarbeit *f*
~, управле́нческая Verwaltungsarbeit *f*
~, шефмонта́жная Chefmontagearbeit *f*
~, экспеди́торская Speditionsarbeit *f*
~, я́рмарки Arbeit der Messe (des Jahrmarkts)

РАБО́ТНИК *m* Beschäftigte *sub m*
~ тамо́жни Zollbeamte *sub m*
~ торго́вого предприя́тия Verkäufer *m*
~, торго́вый Beschäftigte *sub m* im Handel

РАБОТОДА́ТЕЛЬ *m* Arbeitgeber *m*

РАБ

РАБО́ТЫ *f pl* Arbeiten *f pl*
  координи́ровать ~ Arbeiten koordinieren
  ~, грузовы́е Ladearbeiten *f pl*
  ~, иссле́довательские и изыска́тельские Ermittlungs- und Forschungsarbeiten *f pl*
  ~, о́пытно-констру́кторские Versuchs- und Konstruktionsarbeiten *f pl*
  ~, перева́лочные Umladearbeiten *f pl*, Umschlagsarbeiten *f pl*
  ~, погру́зочно-разгру́зочные Be- und Entladearbeiten *f pl*
  ~, погру́зочные Ladearbeiten *f pl*
  ~, подря́дные Arbeiten *pl* auf vertraglicher Grundlage
  ~ по худо́жественному оформле́нию Arbeiten an künstlerischer Gestaltung
  ~, прое́ктно-изыска́тельские Projektierungs- und Entwicklungsarbeiten *f pl*
  ~, прое́ктно-констру́кторские Projektierungs- und Konstruktionsarbeiten *f pl*
  ~, прое́ктные Projektierungsarbeiten *f pl*
  ~, пусковы́е Inbetriebnahmearbeiten *f pl*
  ~, пу́ско-нала́дочные Einrichtungs- und Inbetriebnahmearbeiten *f pl*
  ~, разгру́зочные Ausladearbeiten *f pl*, Entladearbeiten *f pl*
  ~, регла́ментные reglementierte (durch Vorschriften geregelte) Arbeiten
  ~, спаса́тельные Rettungsarbeiten *f pl*, Bergungsarbeiten *f pl*
  ~, стивидо́рные Stauen *n*
  ~, строи́тельно-монта́жные Bau- und Montagearbeiten *f pl*
  ~, строи́тельные Bauarbeiten *f pl*
  ~, субподря́дные Nachauftragsarbeiten *f pl*

РАБО́ЧИЙ *m* Arbeiter *m*; Werktätige *sub m*
  нанима́ть рабо́чих Arbeiter einstellen (anstellen)
  увольня́ть рабо́чих Arbeiter entlassen (kündigen)
  ~, авари́йный Havariearbeiter *m*
  ~, вре́менный nicht ständig (zeitweilig) beschäftigter Arbeiter
  ~, квалифици́рованный Facharbeiter *m*
  ~, наёмный Lohnarbeiter *m*
  ~, неквалифици́рованный ungelernter Arbeiter
  ~, подсо́бный Hilfsarbeiter *m*
  ~, порто́вый Hafenarbeiter *m*; Docker *m*
  ~, сезо́нный Saisonarbeiter *m*

РАЗ

  ~, складско́й Lagerarbeiter *m*, Speicherarbeiter *m*
  ~, тра́нспортный Transportarbeiter *m*

РАБО́ЧИЙ-ОПЕРА́ТОР *m* Operátor *m*

РА́ВЕНСТВО *n* Gleichheit *f*; Paritát *f*
  ~ спро́са и предложе́ния Gleichheit der Nachfrage und des Angebots

РАВНОВЕ́СИЕ *n* Gleichgewicht *n*
  ~, де́нежное monetäres Gleichgewicht
  ~, конкуре́нтное Konkurrenzgleichgewicht *n*
  ~, ры́ночное Marktgleichgewicht *n*
  ~ спро́са и предложе́ния Gleichgewicht der Nachfrage und des Angebots
  ~, экономи́ческое wirtschaftliches Gleichgewicht

РАВНОПРА́ВИЕ *n* Gleichberechtigung *f*; rechtliche Gleichstellung *f*
  ~ в экономи́ческих отноше́ниях Gleichberechtigung in den Wirtschaftsbeziehungen

РАДИОРЕКЛА́МА *f* Werbesendung *f*, Werbefunk *m*

РАЗБИВА́ТЬ (*на кла́ссы, катего́рии*) verteilen, spalten in *Akk*.

РАЗБИ́ВКА *f* (*на кла́ссы, катего́рии*) Verteilung *f*, Spaltung *f*, Teilung *f*
  с разби́вкой на кла́ссы mit Spaltung (Teilung) in Klassen
  ~ по гру́ппам Spaltung (Teilung) in Gruppen
  ~ по разде́лам Spaltung (Teilung) in Zweige
  ~ по сто́имости Teilung dem Wert nach, wertmäßige Teilung
  ~ поступле́ний (*валю́тных*) Teilung (Verteilung) der Deviseneinnahmen
  ~ цен Verteilung der Preise

РАЗБИРА́ТЕЛЬСТВО *n* Gerichtsverhandlung *f*; gerichtliche Untersuchung
  проводи́ть ~ де́ла Gerichtsverhandlung durchführen
  ~, арбитра́жное Arbitrageverhandlung *f*
  ~ спо́ра Streitberatung *f*, Streitentscheidung *f*
  ~, суде́бное Gerichtsverhandlung *f*

РАЗБИРА́ТЬ 1. (*рассортиро́вывать*) auseinandernehmen, in seine Bestandteile zerlegen 2. (*раскупа́ть*) vollständig aufkaufen 3. (*рассле́довать*) untersuchen, klären

РАЗБЛОКИ́РОВАНИЕ *n* (*разрешение на использование или продажу*) Freigabe *f*

~ капитáла Freigabe des Kapitals
~ счёта Freigabe des Kontos
РАЗБЛОКИ́РОВАТЬ freigeben
РАЗБОНДИ́РОВАННЫЙ (*разрешённый для выдачи с таможенного склада после уплаты пошлины*) ohne Zollverschluß
РАЗВЁРТЫВАНИЕ *n* Entfaltung *f*; Entwicklung *f*
~ коммéрческого произвóдства Entwicklung der Kommerzproduktion
РАЗВИ́ТИЕ *n* Entwicklung *f*; Aufschwung *m*; Förderung *f*; Hebung *f*
препя́тствовать развитию торгóвли Hebung des Handels hemmen (erschweren)
содéйствовать развитию торгóвли den Handel fördern
~ взаимовы́годного товарообмéна Entwicklung des gegenseitig vorteilhaften Warenaustausches
~, коммéрческое Handelsentwicklung *f*
~ произвóдства Produktionsentwicklung *f*
~ сотрýдничества Entwicklung der Zusammenarbeit
~ торгóвли Handelsentwicklung *f*
~ торгóвой сéти Entwicklung des Handelsnetzes (des Versorgungsnetzes)
~ экономи́ческих свя́зей Entwicklung der Wirtschaftsbeziehungen (der ökonomischen Verhältnisse)
~ э́кспорта Ausfuhrentwicklung *f*
РАЗВОДНÉНИЕ *n* Verwässerung *f*
~ акционéрного капитáла Verwässerung des Aktienkapitals, Aktienkapitalverwässerung *f*
~ кýрсов Kursverwässerung *f*
РАЗГЛАШÉНИЕ *n* Verbreitung *f*, Enthüllung *f*
~ информáции Enthüllung der Information
~ секрéтов произвóдства Enthüllung des Betriebsgeheimnisses
~ спецификáций Enthüllung der Spezifikationen
РАЗГРАНИЧÉНИЕ *n* Abgrenzung *f*
РАЗГРУЖÁТЬ ausladen, abladen, entladen; löschen; entleeren
РАЗГРУ́ЗКА *f* Ausladen *n*, Ausladung *f*, Abladen *n*; Entladung *f*; Löschung *f*; Entleerung *n*
во врéмя разгрýзки während der Ausladung

задéрживать разгрýзку Ausladung verzögern
закáнчивать разгрýзку Ausladung beenden (zu Ende machen)
начинáть разгрýзку Ausladung beginnen (anfangen)
повреждáть при разгрýзке bei der Ausladung beschädigen
прекращáть разгрýзку Ausladung einstellen
производи́ть разгрýзку Ausladung leisten
разрешáть разгрýзку Ausladung erlauben
стáвить сýдно под разгрýзку Schiff zum Löschen (zum Ausladen) anlegen
~, бесплáтная kostenlose Ausladung
~, досрóчная vorfristige Ausladung
~ сýдна Löschung eines Schiffes
~ сýдна в железнодорóжные вагóны Ausladung des Schiffes in Eisenbahnwagen
~ сýдна на ли́хтер Löschung einer Schiffsladung in Leichter
~ товáра Warenausladung *f*
РАЗГРÝЗОЧНЫЙ Auslade-, Entlade-; Lösch-
РАЗДÉЛ *m* 1. (*отдел*) Abschnitt *m*, Teil *m*; Abteilung *f* 2. (*разделение*) Aufteilung *f*, Teilung *f*
~ вы́ставки Abteilung der Ausstellung
~ имýщества Teilung (Aufteilung) des Vermögens
~ парáграфа Teil eines Paragraphen
~ ры́нка Marktaufteilung *f*
~ ры́нков Aufteilung der Märkte
~ я́рмарки Messeabteilung *f*
РАЗДЕЛÉНИЕ *n* Teilung *f*; Aufteilung *f*, Verteilung *f*, Einteilung *f*
~ затрáт Kosteneinteilung *f*
~ патéнта Patentteilung *f*
РАЗЛИ́ЧИЕ *n* Unterschied *m*; Verschiedenheit *f*; Differenz *f*
без разли́чия ohne Unterschied
дéлать ~ Unterschied machen
содержáть ~ Unterschied enthalten
устраня́ть ~ Unterschied aufheben
~ в валю́тных кýрсах Unterschied (Differenz) in Devisenkursen (in Valutakursen)
~ в дохóдах Unterschied in den Einnahmen
~ в тéмпах рóста Unterschied in den Zuwachsraten

РАЗ

~ в ценах Preisunterschied *m*, Preisdifferenz *f*
РАЗЛИЧИ́ТЕЛЬНЫЙ unterscheidend, Unterscheidungs-
РАЗЛИ́ЧНЫЙ verschieden, unterschiedlich
РАЗМА́Х *m* Schwung *m*, Aufschwung *m*; Ausmaß *n*, Umfang *m*
~ колеба́ний валю́тного ку́рса Schwankungen *f pl* des Devisenkurses; Devisenkursschwankungen *f pl*
~ колеба́ний цен Preisschwankungen *f pl*
РАЗМЕ́Н *m* Wechsel *m*, Wechseln *n*; Einlösung *f*
~ де́нег Geldwechsel *m*, Geldwechseln *n*
РАЗМЕ́НИВАТЬ wechseln, einwechseln, einlösen
РАЗМЕ́Р *m* Größe *f*, Höhe *f*; Ausmaß *n*; Umfang *m*; Maß *n*
большо́го разме́ра von großem Umfang (Ausmaß)
в разме́ре ...% in Höhe von ...%
в разме́ре ... in Höhe von .., im Ausmaß.., im Umfang...
до разме́ра *(о сумме)* bis zur Größe der Summe
не по разме́ру nicht nach [der] Größe, nicht nach [dem] Umfang, nicht nach [dem] Format (Maß)
по разме́ру nach [der] Größe ([dem] Umfang, [dem] Format, [dem] Maß)
сортирова́ть по разме́ру nach [der] Größe sortieren
~ аре́ндной пла́ты Höhe der Pachtgebühr (der Mietgebühr)
~ ассигнова́ний Höhe der bewilligten Gelder (Summe)
~ взно́са Höhe (Betrag) einer Einlage (einer Abführung)
~ возмеще́ния убы́тков Schaden[s]betrag *m* der Vergütung
~ вознагражде́ния Zuschlagsatz *m*
~ вы́платы за сверхуро́чную рабо́ту Überstundengeldhöhe *f*
~ габари́тный Durchgangsprofilmaß *n*
~ гру́за Güterumfang *m*, Gütermaß *n*, Gütergröße *f*; Frachtstückmaß *n*, Frachtstückumfang *m*
~ дефици́та Größe (Umfang) des Defizits
~ дивиде́ндов Höhe der Dividende
~ дохо́да Einkommenshöhe *f*, Einkommensstand *m*

РАЗ

~ за́йма Anleiheumfang *m*, Anleihegröße *f*
~ зака́за Größe der Bestellung
~ зарпла́ты Höhe (Umfang) des Arbeitslohnes, Lohnhöhe *f*, Lohnumfang *m*
~ и́ска Anspruchsumfang *m*
~ капиталовложе́ний Investitionshöhe *f*, Investitionsumfang *m*
~ комиссио́нных Provisionshöhe *f*
~ компенса́ции Kompensationsumfang *m*, Entschädigungshöhe *f*
~ креди́та Kredithöhe *f*
~ лицензио́нного вознагражде́ния Höhe der Lizenzgebühr, Lizenzgebührhöhe *f*
~ надба́вки по репо́ртным опера́циям Reportsatz *m*, Prolongationsgebühr *f*
~, негабари́тный Lademaß *n* überschreitend; Übergröße *f*
~, нестанда́ртный nichtstandardisierte Größe
~ неусто́йки Höhe der Konventionalstrafe
~, номина́льный Nenngröße *f*, Sollgröße *f*
~ оборо́та Umsatzgröße *f*
~ о́бщей ава́рии Ausmaß der großen Havarie
~ опера́ций Geschäftsbetrag *m*
~ па́ртии Losgröße *f*
~ платежа́ Zahlungsbetrag *m*
~ пла́ты за просто́й Liegegeldsatz *m*
~ поврежде́ния Größe (Umfang) des Schadens
~ поста́вки Lieferungsmenge *f*, Lieferungsumfang *m*
~ поте́рь Verlustausmaß *n*, Verlustbetrag *m*
~ по́шлины Zollsatz *m*
~ пре́мии Prämienrate *f*
~ при́были Gewinnhöhe *f*
~ проце́нта Zinshöhe *f*, Zinssatz *m*; Prozentsatz *m*
~ расхо́дов Kostensatz *m*, Kostensumme *f*
~ роя́лти Tantiemehöhe *f*
~ ры́нка Marktumfang *m*, Marktvolumen *n*
~ ски́дки Rabatthöhe *f*, Rabattsatz *m*; Skontosatz *m*
~ ста́вки Satz *m*
~, станда́ртный Standardgröße *f*; Standardhöhe *f*
~ страхо́вки Deckungshöhe *f*, Versicherungshöhe *f*

~ страховóй прéмии Versicherungsprämienhöhe *f*
~ убы́тков Schadensbetrag *m*
~ упакóвки Verpackungsausmaß *n*
~ уцéнки Preisherabsetzungsrate *f*, Preisminderungsrate *f*, Preisermäßigungsrate *f*
~ ущéрба Schadenumfang *m*
~ фрáхта Frachtumfang *m*
~ штрáфа Höhe einer Strafe

РАЗМÉРЫ *m pl* Maße *n pl*, Abmessungen *f pl*; Maßangaben *f pl*
определя́ть ~ Maße bestimmen
~ валю́тных отчислéний Höhe der Währungsabführungen
~ в упакóвке Maßangaben *f pl* in Verpackung
~ инфля́ции Inflationsrate *f*
~ мéста (*грýза*) Maßangaben eines Frachtstücks (eines Kollos)

РАЗМЕЩÉНИЕ *n* Anlage *f*, Unterbringung *f*, Plazierung *f*; Verteilung *f*; Anordnung *f*
~ áкций Aktienanlage *f*, Aktienplazierung *f*
~ грýза Unterbringung (Anordnung) der Ladung
~ грýза в трю́ме Anordnung der Ladung im Schiffsraum
~ грýза на склáде Lagerung *f* der Ладung
~ зáйма Plazierung einer Anleihe
~ закáза Verteilung eines Auftrages (einer Bestellung)
~ закáзов по откры́тому кóнкурсу Auftragsverteilung *f* nach dem offenen Konkurs; Ausschreibung *f* von Aufträgen
~ капитáла Anlegung *f* (Anlegen *n*, Plazierung) des Kapitals
~ контрáктов Verteilung der Verträge (der Kontrakte)
~ на бортý Warenunterbringung *f* an Bord
~ облигáций Plazierung der Anleihescheine
~ реклáмы Inserieren *n*, Werbemachen *n*
~ срéдств Investierung *f* der Geldmittel
~ товáров в транзи́тном склáде Warenunterbringung *f* im Transitschuppen
~ экспонáтов Unterbringung der Экспонаte (der Ausstellungsstücke)

РАЗМОРÁЖИВАТЬ (*счёт*) freigeben
РАЗНАРЯ́ДКА *f* Order *f*, Disposition *f*; Zuteilung *f*
РÁЗНИЦА *f* Unterschied *m*, Differenz *f*, Spanne *f*; Disparität *f*
выплáчивать рáзницу Differenz bezahlen (begleichen, decken)
игрáть на рáзнице кýрсов auf Kursdifferenz (auf Kursunterschied) spekulieren
покрывáть рáзницу Differenz decken
составля́ть рáзницу Differenz betragen
спекули́ровать на рáзнице в кýрсах auf Kursdifferenzen spekulieren
уплáчивать рáзницу Differenz begleichen (bezahlen)
~, валю́тная Währungsdisparität *f*, Währungsdifferenz *f*
~ в вéсе Gewichtsunterschied *m*, Gewichtsdifferenz *f*
~ в издéржках Kostendifferenz *f*
~ в кáчестве Qualitätsunterschied *m*
~ в коли́честве Quantitätsunterschied *m*
~ в кýрсах Kursdifferenz *f*, Kursunterschied *m*
~ в процéнтной стáвке Zinssatzdifferenz *f*, Zinsfußunterschied *m*
~ в сýмме вы́ручки Differenz (Unterschied) in Erlössumme *f* (Ertragsumme *f*)
~ в цéнах Preisdifferenz *f*, Preisunterschied *m*
~ курсовáя Kursdifferenz *f*, Kursunterschied *m*
~ маржинáльная Marginalspanne *f*, Gewinnspanne *f*
~ мéжду кýрсами покупáтелей и продавцóв Unterschied (Differenz) zwischen dem Kauf- und Verkaufskurs
~ мéжду ценóй по сдéлке на нали́чный товáр и ценóй по сдéлке на срок Report *m*
~ стóимости Wertdifferenz *f*, Wertgefälle *n*
~, тари́фная Tarifdifferenz *f*, Tarifunterschied *m*

РАЗНОВИ́ДНОСТЬ *f* Modifikation *f*, Varietät *f*
~, конкурентоспосóбная konkurrenzfähige Varietät
РАЗНООБРÁЗИЕ *n* Vielfalt *f*, Vielfältigkeit *f*, Mannigfaltigkeit *f*
~ ассортимéнта Mannigfaltigkeit des Sortiments
~ материáлов Mannigfaltigkeit des Materials

~ товáров Vielfältigkeit (Mannigfaltigkeit) der Waren
РАЗНÓСКА *f* Eintragen *n*; Verteilen *n*
~ по счетáм Eintragen nach Rechnungen
~ товáров Hausieren *n*
РÁЗНОСТЬ *f* Unterschied *m*, Differenz *f*, Verschiedenheit *f*
~, дéмпинговая Dumpingdifferenz *f*
~ стóимости Wertdifferenz *f*
РÁЗОВЫЙ einmalig
РАЗОРÉНИЕ *n* Bankrotterklärung *f*
РАЗОРЯ́ТЬСЯ ruiniert (arm) werden; verarmen
РАЗРАБÓТКА *f* 1. *(темы, проекта)* Ausarbeitung *f*, Entwicklung *f*, Erarbeitung *f* 2. *(конструкции, модели)* Entwicklung *f*; Ausarbeitung *f*
~ издéлия Entwicklung eines Erzeugnisses
~ нóвого оборýдования Entwicklung einer neuen Ausrüstung
~ нóвой констрýкции Entwicklung einer neuen Konstruktion
~ проéкта Ausarbeitung eines Projektes (eines Entwurfs)
~ проéктной документáции Ausarbeitung der Projektdokumentation
~ процéсса Entwicklung eines Verfahrens (eines Prozesses)
~ стратéгии мáркетинга Ausarbeitung der Marketingstrategie
~ технолóгии Technologieentwicklung *f*
~ товáра Verbesserung *f* der Ware
~ товáра-новѝнки Entwicklung einer Warenneuheit
РАЗРАБÓТЧИК *m* Entwickler *m*, Entwicklungsingenieur *m*, Konstrukteur *m*
РАЗРÁВНИВАНИЕ *n* *(о грузе)* ordnungsgemäße Verstauung (Verladung)
фио с разрáвниванием fio (frei ein und aus) und ordnungsgemäße Verstauung
фоб с разрáвниванием fob (frei an Bord) und (frei) ordnungsgemäße Verstauung
фри-ин с разрáвниванием frei in (freies Einladen) und (frei) ordnungsgemäße Verstauung
РАЗРЕШÁТЬ erlauben, gestatten; bewilligen, genehmigen; lösen; beilegen, schlichten
~ для транспортирóвки Beförderung *f* bewilligen (genehmigen)

~ к продáже Verkauf *m* bewilligen (genehmigen)
~ товáр к отгрýзке Warenverladung *f* bewilligen (genehmigen; erlauben)
РАЗРЕШÉНИЕ *n* 1. *(право на что-л.)* Erlaubnis *f*, Bewilligung *f*, Genehmigung *f* 2. *(документ)* Erlaubnisschein *m*, Genehmigungsschein *m*, Lizenz *f* 3. *(улаживание, устранение)* Beilegung *f*
без разрешéния ohne Erlaubnis, ohne Bewilligung, ohne Genehmigung, ohne Erlaubnisschein, ohne Lizenz
выдавáть ~ Erlaubnis (Lizenz) ausgeben (ausstellen)
давáть ~ Erlaubnis geben
имéть ~ Erlaubnis haben
отказáть в разрешéнии Erlaubnis verweigern
получáть ~ Erlaubnis bekommen (erhalten)
предъявля́ть ~ тамóжни dem Zollamt eine Erlaubnis vorweisen (vorlegen)
с осóбого разрешéния mit Sondergenehmigung
с пѝсьменного разрешéния mit schriftlicher Genehmigung
~, валю́тное Devisengenehmigung *f*
~, генерáльное Globalgenehmigung *f*, Globallizenz *f*
~, именнóе Inhaberlizenz *f*
~, карантѝнное Quarantänegenehmigung *f*
~ конфлѝкта Beilegung eines Streits (eines Konflikts)
~ на беспóшлинный ввоз zollfreie Importgenehmigung, Einfuhrgenehmigung *f*, Einfuhrbewilligung *f*
~ на беспóшлинный транзѝт zollfreie Transitgenehmigung
~ на ввоз Einfuhrgenehmigung *f*, Importgenehmigung *f*, Importlizenz *f*
~ на въезд Einreisebewilligung *f*, Einreisegenehmigung *f*
~ на вы́воз Ausfuhrgenehmigung *f*, Exportgenehmigung *f*, Exportbewilligung *f*
~ на вы́дачу грýза Lastausgabegenehmigung *f*
~ на вы́езд Ausreisebewilligung *f*, Ausreisegenehmigung *f*
~ на ѝмпорт Einfuhrgenehmigung *f*, Importbewilligung *f*, Importlizenz *f*
~ на кредѝт Anweisung *f* über Ausreichung eines Kredits
~ на обрáтный ввоз Wiedereinfuhrgenehmigung *f*

~ на отгрузку Verladeerlaubnis *f*, Verladegenehmigung *f*
~ на перевод валюты Devisenüberweisungsgenehmigung *f*
~ на перевозку Transportbewilligung *f*, Beförderungserlaubnis *f*
~ на получение ссуды Anleiheaufnahmeerlaubnis *f*
~ на продажу Verkaufsgenehmigung *f*
~ на производство Produktionserlaubnis *f*, Produktionsgenehmigung *f*
~ на работу Erlaubnis zur Arbeit
~ на разгрузку Ausladeerlaubnis *f*, Ausladegenehmigung *f*
~ на рейс Fahrtgenehmigung *f*, Reisegenehmigung *f*
~ на транзит Transitgenehmigung *f*, Transiterlaubnis *f*, Durchfahrterlaubnis *f*
~ на экспорт Ausfuhrgenehmigung *f*, Exportbewilligung *f*
~, официальное offizielle (amtliche) Genehmigung
~, письменное Erlaubnisbrief *m;* schriftliche Erlaubnis
~, разовое einmalige Genehmigung
~ спора в арбитражном порядке Beilegung eines Streitfalls durch Schiedsgericht
~ спора, дружеское freundschaftliche Regelung eines Streitfalls
~ таможни на ввоз или вывоз Zolleinfuhrbewilligung *f* oder Zollausfuhrbewilligung *f*
~ таможни на вывоз груза со склада Zollausfuhrbewilligung *f* der Ladung ab Lager
РАЗРЫВ *m* Abbruch *m;* Aufhebung *f*, Auflösung *f;* Diskrepanz *f;* Spanne *f*
~, инфляционный Inflationsspanne *f*, inflatorische Spanne
~ между импортом и экспортом Spanne zwischen Ein- und Ausfuhr
~ между спросом и предложением Diskrepanz zwischen Angebot und Nachfrage
~ между ценами Preisspanne *f*
~ торговых отношений Abbruch der Handelsbeziehungen
РАЗРЯД *m* Kategorie *f;* Klasse *f;* Rang *m;* Stufe *f;* Gruppe *f;* Ordnung *f*
~ зарплаты Lohngruppe *f;* Gehaltsklasse *f*
~ очерёдности Ordnung der Reihenфolge
~, тарифный Tarifgruppe *f;* Tarifklasse *f*

РАЙОН *m* Rayon *m;* Bezirk *m;* Gebiet *n;* Bereich *m*
~, административный Verwaltungsrayon *m;* Verwaltungsdistrikt *m*, Verwaltungsbezirk *m*
~, деловой Geschäftszone *f*
~, пограничный Grenzzone *f*, die an der Grenze befindliche Zone
~, прибрежный Küstengebiet *n*, Küstenzone *f*
~, промышленный Industriegebiet *n*, Industriebezirk *m*, Industriezone *f*
~ сбыта Absatzgebiet *n*
~ снабжения Versorgungsbereich *m*
~, сырьевой Rohstoffgebiet *n*
~, торговый Handelsbezirk *m*, Handelsdistrikt *m*
~, экономический Wirtschaftsgebiet *n*
РАМБУРСИРОВАНИЕ *n (возмещение расходов)* Rembours *m*, Rückvergütung *f*
РАМБУРСИРОВАТЬ *(возмещать расходы)* remboursieren, rückvergüten
РАМБУРСНЫЙ *(о кредите)* Rembourskredit *m*
РАСКУПАТЬ aufkaufen
РАСПАКОВКА *f* Auspacken *n*
~ груза Frachtauspacken *n*
~ оборудования Auspacken der Ausrüstung
~ товара Warenauspacken *n*
РАСПАКОВЫВАТЬ auspacken
РАСПИСАНИЕ *n* Plan *m*, Stundenplan *m;* Liste *f*, Verzeichnis *n*, Fahrplan *m*
в соответствии с расписанием laut (nach) dem Stundenplan (Fahrplan), in Übereinstimmung mit dem Stundenplan
по расписанию laut (nach) dem Stundenplan
~ движения поездов Fahrplan *m*
~ движения судов Schiffsliste *f*
~ погрузки и разгрузки Plan der [Be]ladung- und Ausladung
~, тарифное Tarifliste *f*, Tarifverzeichnis *n*
~, штатное Stellenplan *m*
РАСПИСКА *f* Quittung *f*, Bestätigung *f*, Bescheinigung *f*, Emfangsbescheinigung *f;* Beleg *m*, Rechnungsbeleg *m*
выдавать расписку Quittung ausstellen
платить против расписки gegen Quittung zahlen
принимать товар под расписку eine Ware gegen Quittung abnehmen (annehmen)

сдавать товар под расписку eine Ware gegen Quittung abgeben (abliefern)
~ в получении груза Empfangsbestätigung f; Empfangsschein m; Quittung f
~ в получении займа Darlehensaufnahmebescheinigung f
~, депозитная Depositenschein m
~, доковая Dockquittung f
~, долговая Schuldschein m, Schuldverschreibung f, Zahlungsschein m
~ капитана Kapitänsquittung f; Bordbescheinigung f
~, ломбардная Pfandschein m, Leihhausschein m
~ об уплате долга Schuldschein m
~ о получении акций Aktienempfangsbestätigung f; Aktienaufnahmequittung f
~ о принятии груза на склад Lagerschein m
~ о принятии заявки Anmeldebestätigung f, Forderungsbestätigung f
~ о принятии на хранение Hinterlegungsschein m
~ о произведённом платеже Zahlungsschein m
~ получателя Abnehmersschein m
~ помощника капитана в принятии груза Steuermannsquittung f
~, складская Lagerschein m, Empfangsbestätigung des Lagerverwalters
~, сохранная Treuhandquittung f
~, тальманская Tallymannsschein m, Tallierungsschein m
~, таможенная Zollquittung f
~, штурманская Steuermannsquittung f
~ экспедитора Spediteursbescheinigung f
РАСПИСЫВАТЬСЯ unterschreiben, unterzeichnen
~ в получении чего-л. den Empfang (schriftlich) bestätigen (bescheinigen)
~ от имени кого-л. im Namen Gen. unterzeichnen
РАСПЛАТА f Bezahlung f, Auszahlung f; Verrechnung f; Abrechnung f
~ по долговым обязательствам Begleichung f der Schuldverpflichtungen
~ с кредиторами Abrechnung mit den Gläubigern (Kreditoren)
РАСПЛАЧИВАТЬСЯ bezahlen, begleichen; auszahlen; verrechnen
РАСПОЛОЖЕНИЕ n Anordnung f, Anordnen n, Aufstellung f, Verteilung f; Lage f
~ груза Verteilung der Güter (der Fracht)

~ складов Lageraufstellung f
~ товаров Warenaufteilung f
~ экспонатов Exponatenaufstellung f
РАСПОРЯЖЕНИЕ n Anordnung f, Verordnung f; Anweisung f; Befehl m; Verfügung f; Auftrag m
быть в распоряжении кого-л. jemandem zur Verfügung stehen
давать ~ Anordnung (Disposition f) geben
отменять ~ Anordnung (Disposition f) aufheben
получать ~ Anordnung bekommen (erhalten)
по распоряжению кого-л. auf jemandes Anordnung (Anweisung)
согласно распоряжению laut Anordnung, der Anordnung gemäß
~ банку Auftrag für die Bank
~ купить что-л. Auftrag etwas zu kaufen
~ об авизовании Anordnung zur Avisierung
~ об оплате Anordnung zur Bezahlung
~ об открытии аккредитива Anweisung zur Eröffnung eines Akkreditivs
~ о выдаче груза Auslieferungsauftrag m
~ о наложении ареста на товар Anordnung zur Beschlagnahme der Fracht
~ продать что-л. Anweisung (Befehl) etwas zu verkaufen
РАСПРЕДЕЛЕНИЕ n Verteilung f, Distribution f; Aufteilung f, Streuung f; Aufgliederung f
заниматься распределением verteilen; sich mit Verteilung beschäftigen
расширять ~ Verteilung erweitern
~ акций Verteilung der Aktien
~ ассигнований Verteilung der Haushaltsmittel
~ банковских ссуд Verteilung der Bankkredite
~ валютных рисков Verteilung der Valutarisikos
~ валюты Devisenverteilung f, Währungsverteilung f
~ выставочной площади Aufteilung der Ausstellungsfläche
~ доходов Einkommensverteilung f; Verteilung der Einnahmen
~ затрат Kostenverteilung f, Ausgabenverteilung f
~ капиталовложений Lenkung f der Investitionen

~, монопóльное Monopolverteilung *f*
~ óбщей авáрии Dispache *f* der großen Havarie
~ обязанностей Aufgabenverteilung *f*
~, оптóвое Engros-Streuung *f*, Großhandelsstreuung *f*
~ по райóнам regionale Verteilung
~ прѝбыли Gewinnausschüttung *f*, Gewinnverteilung *f*
~ продáж Verkaufsaufteilung *f*
~ продýкции Verteilung der Erzeugnisse
~ расхóдов Ausgabenverteilung *f*, Kostenverteilung *f*
~ рѝска Risikoverteilung *f*
~ спрóса Nachfrageverteilung *f*
~ товáров Warenstreuung *f*, Warenverteilung *f*
~ услýг Verteilung der Dienstleistungen
~ финáнсовых средств Verteilung der Geldmittel
~ чéрез сеть агéнтов Verteilung durch Vertreternetz

РАСПРЕДЕЛИ́ТЕЛЬ *m* Verteiler *m*, Disponent *m*

РАСПРЕДЕЛЯ́ТЬ verteilen, einteilen; lenken

РАСПРОДАВА́ТЬ ausverkaufen, restlos absetzen

РАСПРОДА́ЖА *f* Ausverkauf *m*
~, весéнняя Winterschlußverkauf *m*
~, осéнняя Sommerschlußverkauf *m*
~ по снѝженным цéнам Ausverkauf zu herabgesetzten Preisen
~, принудѝтельная Zwangsverkauf *m*
~, публѝчная öffentlicher Ausverkauf
~, сезóнная Saisonausverkauf *m*
~ товáрных остáтков Ausverkauf der Warenrestbestände
~ уценённых товáров Ausverkauf der preisgeminderten Waren

РАССМОТРÉНИЕ *n* Untersuchung *f*; Prüfung *f*; Durchsicht *f*; Behandlung *f*; Verhandlung *f*
быть (находѝться) на рассмотрéнии behandelt werden
представля́ть на ~ zur Durchsicht (zur Prüfung) vorlegen (unterbreiten)
принимáть спор к рассмотрéнию Streitfall *m* zur Klärung annehmen
~ запрóса Prüfung der Anfrage (des Anspruchs)
~ зая́вки Prüfung einer Forderung
~ претéнзии Prüfung einer Beschwerde (einer Reklamation)

РАССОРТИРÓВКА *f* Sortimentierung *f*
РАССОРТИРÓВЫВАТЬ sortieren, aussortieren
РАССРÓЧИВАТЬ abzahlen, in Raten zahlen; stunden
~ платёж Zahlung *f* stunden
РАССРÓЧКА *f* Stundung *f*, Aufschub *m*; Verlängerung *f*
в рассрóчку auf Abschlag, auf Teilzahlung, auf Ratenzahlung, in Raten, ratenweise
платѝть в рассрóчку in Raten (terminweise) zahlen
погашáть долг в рассрóчку Schuld *f* in Raten (ratenweise) tilgen
покупáть в рассрóчку auf Raten kaufen
предоставля́ть рассрóчку Aufschub gewähren, stunden
продавáть в рассрóчку auf Teilzahlung (Abzahlung, Raten) verkaufen; ratenweise verkaufen
с рассрóчкой mit Aufschub, in Raten
~ платежéй Zahlungsaufschub *m*, Stundung *f*

РАССТОЯ́НИЕ *n* Abstand *m*, Entfernung *f*, Distanz *f*; Strecke *f*

РАССЧИ́ТЫВАТЬ 1. (*производить расчёт*) errechnen, ausrechnen, berechnen 2. (*полагаться на кого-л.*) sich verlassen auf *jemanden Akk.*

РАССЧИ́ТЫВАТЬСЯ Rechnung *f* machen; abrechnen; begleichen

РАССЫЛА́ТЬ versenden, verschicken

РАССЫ́ЛКА *f* Versendung *f*, Versand *m*
~ каталóгов Versendung der Kataloge
~ образцóв Versendung der Muster
~ проспéктов Versendung der Prospekte

РАСТОРГА́ТЬ aufheben, lösen, annullieren, stornieren, kündigen

РАСТОРЖÉНИЕ *n* Aufhebung *f*, Auflösung *f*, Annullierung *f*, Stornierung *f*; Kündigung *f*
~ договóра Kündigung eines Vertrages
~ контрáкта Auflösung eines Kontrakts
~ чáртера Kündigung eines Chartervertrages

РАСТРА́ТА *f* Unterschlagung *f*
~ дéнег Unterschlagung des Geldes

РАСТРА́ЧИВАТЬ ausgeben, verausgaben; unterschlagen

РАСТРУ́СКА *f* Verschütten *n*, Verstreuen *n*; Gewichtsverlust *m*
~ грýза Verschütten der Fracht

РАСФАСО́ВАННЫЙ in Gewichtspakkungen
РАСФАСО́ВКА *f* Abwägen *n* und Abpakken *n*
РАСФАСО́ВЫВАТЬ abwägen und abpacken
~ това́р Ware *f* abwägen und abpacken
РАСХО́Д *m* 1. Ausgabe *f;* Aufwand *m;* Verbrauch *m* 2. *бухг.* Soll *n,* Passiv *n,* Debet *n*
провести́ статью́ расхо́да *бухг.* Kostenposition *f* buchen
спи́сывать в ~ zu den Ausgaben rechnen (buchen), auf *jemandes* Debet bringen, als Kosten buchen
~ де́нег Geldaufwand *m,* Kostenaufwand *m*
~, завы́шенный *(в счёте)* Mehrberechnung *f*
~ иностра́нной валю́ты Devisenaufwand *m*
~ материа́ла Materialverbrauch *m,* Materialaufwand *m,* Werkstoffverbrauch *m*
~, нормати́вный Normverbrauch *m*
~ сырья́ Rohstoffverbrauch *m*
~ то́плива Brennstoffverbrauch *m;* Kraftstoffverbrauch *m*
РАСХОДОВА́НИЕ *n* Verausgabung *f;* Ausgabe *f;* Aufwendunug *f;* Verbrauch *m;* Verwendung *f*
~ де́нег Verausgabung (Ausgabe) des Geldes
~ ресу́рсов Ressourceneinsatz *m,* Ressourcenverbrauch *m*
~ сырья́ Rohstoffverbrauch *m,* Rohstoffeinsatz *m*
~, части́чное Teilausgabe *f;* Teilverbrauch *m*
РАСХО́ДОВАТЬ ausgeben, verausgaben; verbrauchen
РАСХО́ДЫ *m pl* Ausgaben *f pl,* Aufwendungen *f pl,* Kosten *pl;* Auslagen *f pl;* Spesen *pl;* Gebühren *f pl*
без расхо́дов kostenfrei, kostenlos, spesenfrei
брать на себя́ ~ Kosten auf sich nehmen (übernehmen)
включа́я все ~ einschließlich alle Kosten
возмеща́ть ~ Kosten (Spesen) ersetzen (vergüten, zurückerstatten)
за вы́четом расхо́дов nach Abzug der Kosten, abzüglich der Kosten
завыша́ть ~ Kosten überhöhen
компенси́ровать ~ Kosten kompensieren (entschädigen)

нести́ ~ Kosten tragen
ограни́чивать ~ Kosten beschränken
опла́чивать ~ Kosten tragen
относи́ть ~ на *чей-л.* счёт Kosten auf *jemandes* Rechnung setzen (einem Konto zuschreiben)
оце́нивать ~ Kosten veranschlagen (abschätzen)
повле́чь за собо́й ~ Kosten nach sich ziehen
покрыва́ть ~ Kosten decken (bestreiten)
принима́ть на себя́ ~ Kosten auf sich nehmen
производи́ть ~ Kosten tragen
распределя́ть ~ Kosten umlegen (verteilen)
рассчи́тывать ~ Kosten berechnen (kalkulieren)
свобо́дно от расхо́дов и ри́ска frei von Kosten und Risiko
свобо́дно от расхо́дов по вы́грузке kostenfreie Ausladung (Löschung)
свобо́дно от расхо́дов по погру́зке, укла́дке и размеще́нию kostenfreie Entladung, Verstauung und Unterbringung
сокраща́ть ~ Kosten einschränken (herabsetzen, reduzieren)
увели́чивать ~ Kosten erhöhen (vermehren)
финанси́ровать ~ Kosten finanzieren
~, авари́йные Schadenskosten *pl*
~, администрати́вно-управле́нческие Verwaltungskosten *pl,* Leitungs- und Lenkungskosten *pl*
~, администрати́вные Verwaltungskosten *pl,* Verwaltungsausgaben *f pl*
~, арбитра́жные Schiedsgerichtskosten *pl*
~, ба́нковские Bankspesen *pl*
~, бро́керские Maklergebühren *f pl*
~, бюдже́тные Haushaltsausgaben *f pl,* etatmäßige Ausgaben
~, валю́тные Devisenaufwand *m*
~, госуда́рственные Staatsausgaben *f pl,* staatliche Ausgaben
~, де́нежные Geldausgaben *f pl,* finanzielle Aufwendungen
~, дисбурсме́нтские Hafenkosten *pl*
~, дополни́тельные zusätzliche Ausgaben, Mehrausgaben *f pl;* zusätzliche Kosten, Mehrkosten *pl*
~ за счёт *кого́-л.* Ausgaben auf *jemandes* Kosten (zu *jemandes* Lasten)

~ за счёт *чего-л.* Ausgaben auf Kosten von *etwas*
~, инвалютные Devisenaufwand *m*
~, капитáльные Investitionskosten *pl*
~, командирóвочные Dienstreisekosten *pl*
~, компенсациóнные Kompensationskosten *pl*
~, консультациóнные Konsultationsgebühren *f pl*
~, кóсвенные indirekte Kosten
~ на дýшу населéния Kosten pro (je) Kopf der Bevölkerung
~, накладнье Unkosten *pl*, Spesen *pl*, Nebenkosten *pl*
~ на мáркетинг Marketingkosten *pl*
~ на материáлы Materialausgaben *f pl*, Materialkosten *pl*
~ на обрабóтку грýзов в портý Güterabfertigungskosten *pl* im Hafen
~ на патентовáние Patentierungsgebühren *f pl*
~ на размещéние грýза *(на судне)* Frachtverstauungskosten *f pl*
~ на реклáму Werbekosten *pl*
~ на ремóнт Reparaturkosten *pl*
~ на тáру Ausgaben (Kosten) für Tara
~ на техни́ческое обслýживание Wartungsausgaben *f pl*
~ на транспортирóвку Transportkosten *pl*
~ на упакóвку Verpackungskosten *pl*
~, непредви́денные unvorhergesehene Kosten, Extraausgaben *f pl*
~, непроизводи́тельные unproduktive Ausgaben (Kosten)
~, общеавари́йные Großhavariekosten *pl*
~, ориентирóвочные Proformagebühren *f pl*
~, первоначáльные Anschaffungskosten, Originalkosten *pl*
~, плáновые Plankosten *pl*, Soll-Ausgaben *f pl*
~, побóчные Nebenkosten *pl*, Nebenspesen *pl*
~ по взвéшиванию Wiegegeld *n*
~ по возврáту товáра Rücksendungskosten *f*
~ по вы́грузке Entladungskosten *pl*, Löschkosten *pl*
~ по вырáвниванию грýза в трюмáх сýдна ordnungsgemäße Verstauungskosten *pl*

~, погрýзочно-разгрýзочные Be- und Entladekosten *pl*
~ по дисконти́рованию Diskontierungsgebühren *f pl*
~ по достáвке *(товара)* Warenbezugskosten *pl*
~ по инкáссо Inkassospesen *pl*, Einzugsspesen *pl*
~ по и́ску die mit einer Klage verbundenen Kosten
~ по обслýживанию Bedienungskosten *pl*
~ по отпрáвке грýза Speditionskosten *pl*, Speditionsspesen *pl*
~ по оформлéнию документáции Gebühren *pl* für Dokumentenabfertigung
~ по оцéнке товáра Bewertungsgebühren *f pl*
~ по перевáлке Umschlagkosten *pl*
~ по перевóзке Transportkosten *pl*, Frachtspesen *pl*
~ по перегрýзке Umschlagskosten *pl*, Umladungskosten *pl*
~ по пересы́лке Übersendungskosten *pl*
~ по погрýзке Verladekosten *pl*; *(на судно)* Verschiffungskosten *pl*
~ по протéсту Protestkosten *pl*
~ по разгрýзке Entladungskosten *pl*, Löschkosten *pl*
~ по ремóнту Reparaturkosten *pl*
~ по сбы́ту Absatzkosten *pl*, Vertriebskosten *pl*
~ по склади́рованию Lagerkosten *pl*, Einlagerungskosten *pl*, Lagerspesen *pl*
~ по смéте veranschlagte Kosten
~ по спасéнию грýза Bergungskosten *pl*
~ по страховáнию Versicherungskosten *pl*
~ по трáнспорту Transportkosten *pl*, Transportspesen *pl*, Beförderungskosten *pl*
~, потреби́тельские Verbraucherkosten *pl*, Konsumentenkosten *pl*
~ по уклáдке грýза в трюм Verstauungskosten *pl*
~ по упакóвке Verpackungskosten *pl*
~ по фрáхту Frachtkosten *pl*
~ по хранéнию Lagerkosten *pl*, Lagerspesen *pl*
~ по чáртеру Charterkosten *pl*
~, почтóво-телегрáфные Portokosten *pl*, Portoauslagen *f pl*; Porto *n*
~, почтóвые Postspesen *pl*, Porto *n*
~, представи́тельские Repräsentationskosten *pl*

~, произво́дственные Produktionskosten pl, Betriebskosten pl
~, прямы́е direkte Kosten
~, путевы́е Reisekosten pl, Reiseausgaben f pl
~, расту́щие steigende (wachsende) Kosten
~, сверхсме́тные außerplanmäßige Kosten
~, свя́занные с измене́нием аккредити́ва Akkreditivänderungskosten pl
~, свя́занные с откры́тием аккредити́ва Akkreditiveröffnungskosten pl
~, свя́занные с подтвержде́нием аккредити́ва Akkreditivbestätigungskosten pl
~, складски́е Lagerkosten pl, Einlagerungsspesen pl
~, служе́бные Dienstausgaben f pl; Hilfskosten pl
~, сме́тные veranschlagte Kosten
~, стивидо́рные Stauerkosten pl
~, суде́бные Gerichtskosten pl
~, тамо́женные Zollausgaben f pl, Zollgebühren f pl
~, теку́щие laufende Kosten (Ausgaben)
~, торго́вые Handelsausgaben f pl, Handelskosten pl, Geschäftskosten pl
~, тра́нспортные Transportkosten pl, Transportspesen pl, Beförderungskosten pl
~, управле́нческие Verwaltungskosten pl
~, фина́нсовые finanzielle Aufwendungen
~, фрахто́вые Frachtkosten pl, Frachtspesen pl
~, экспедицио́нные Speditionskosten pl, Speditionsspesen pl
~, эксплуатацио́нные Betriebskosten pl

РАСЦЕ́НКА f 1. (цена́, разме́р опла́ты) Preis m, Taxe f, Tarif m 2. (назначе́ние цены́) Abschätzung f, Schätzung f, Preisschätzung f, Taxierung f 3. (ве́домость) Überschlag m, Kostenanschlag m
дава́ть расце́нку Abschätzung (Taxierung f) geben
устана́вливать расце́нку Abschätzung (Taxierung) festsetzen (bestimmen)
~, зона́льная Zonenpreisschätzung f
~, конкуре́нтная Konkurrenzabschätzung f
~, однора́зовая einmalige Abschätzung
~, предвари́тельная Vorpreisschätzung f
~ проду́кции Produktionsschätzung f

~, сде́льная Lohnsatz m je Menge, Stücklohnsatz m
~ това́ра festgesetzter Preis einer Ware
~ тонна́жа Tonnageschätzung f

РАСЦЕ́НЩИК m Taxator m

РАСЧЁТ m 1. (вычисле́ние, калькуля́ция) Rechnung f, Berechnung f; Kalkulation f, Veranschlagung f 2. (упла́та) Abrechnung f, Verrechnung f; Begleichung f, Bezahlung f
в оконча́тельный ~ zur vollständigen Begleichung
в по́лный ~ zur vollen Begleichung
в расчёте на ду́шу населе́ния (je) pro Kopf gerechnet
в расчёте на едини́цу (je) pro eine Einheit gerechnet
де́лать ~ Rechnung machen (begleichen)
за нали́чный ~ gegen Barzahlung, gegen bar
из расчёта ausgehend von..., unter Berücksichtigung Gen.; gerechnet
из расчёта ...% годовы́х ...% jährlich gerechnet
осуществля́ть ~ по аккредити́ву Verrechnung aus dem Akkreditiv vornehmen
~, безнали́чный bargeldlose Verrechnung, bargeldloser Verkehr, Überweisungsverkehr m
~ в иностра́нной валю́те Devisenabrechnung f
~ в креди́т Verrechnung gegen Kredit
~ в фо́рме инка́ссо Inkassoverfahren n; Lastschriftverfahren n
~ деме́реджа Standgeldverrechnung f; Überliegegeldabrechnung f
~ до поста́вки това́ра Verrechnung (Berechnung) vor der Warenlieferung
~, ежего́дный Jahresabrechnung f; jährliche Abrechnung
~, ежекварта́льный Vierteljahresabrechnung f; vierteljährliche Abrechnung
~, ежеме́сячный Monatsabrechnung f, monatliche Abrechnung
~ за това́р Warenbezahlung f, Zahlung f für Ware
~ изде́ржек Kostenberechnung f
~, кли́ринговый Verrechnungsverkehr m, Clearingverrechnung f
~, нали́чный Barzahlung f, Barleistung f, Zahlung f in bar
~ нали́чными до сда́чи това́ра Barzahlung f vor der Warenabgabe

~ наличными при выдаче заказа Barzahlung *f* bei der Auftragserteilung
~, немедленный sofortige (unverzügliche; umgehende) Abrechnung
~, окончательный Endabrechnung *f*, endgültige Abrechnung
~ платы за простой Zahlungsberechnung *f* für Liegezeit
~ по аккредитиву Verrechnung aus dem Akkreditiv
~ по курсу Berechnung zum Kurs; Zahlungsausgleich *m* zum Kurs
~ по общей аварии Große-Havarieberechnung *f*; Dispache *f*
~ по открытому счёту Abrechnung nach dem offenstehenden Konto
~ по поставкам Bezahlung für Lieferungen
~ посредством чеков Zahlung *f* mittels Scheck; Scheckverfahren *n*
~ по тарифу tarifmäßige Abrechnung
~, предварительный vorläufige Berechnung, Voranschlag *m*
~, пробный Probeverrechnung *f*, Versuchsverrechnung *f*, Testverrechnung *f*
~ процентов Berechnung von Prozenten, Prozentrechnung
~ путём денежных переводов Bezahlung (Begleichung) durch Geldüberweisung
~ путём инкассо Lastschriftverfahren *n*
~ путём телеграфных и почтовых переводов Bezahlung durch Geldüberweisung
~ рентабельности Rentabilitäts(be)rechnung *f*
~ роялти Ausrechnung *f* (Kalkulation) von Lizenzgebühren
~, сводный Gesamtberechnung *f*
~ себестоимости Selbstkostenberechnung *f*
~ сметной стоимости Kostenanschlag *m*, Kalkulation
~ ставок Satzberechnung *f*
~ тарифов Berechnung der Tarifsätze
~ технико-экономического обоснования Berechnung der technisch-ökonomischen Begründung
~, финансовый finanzielle Berechnung, Finanzberechnung *f*
~ фрахта Frachtberechnung *f*
~ цен Preisberechnung *f*
~ цены на основе принципа безубыточности Preisberechnung nach Prinzip (auf Grundlage) «Arbeiten ohne Verlust»

~ цены по методу «прямые издержки плюс прибыль» Preisberechnung *f* nach Methode «direkte Kosten plus Gewinn»
~ экономической эффективности Nutzensberechnung *f*, Nutzeffektsberechnung *f*
РАСЧЁТНО-КАССОВЫЙ Abrechnungs-, Kassen-
РАСЧЁТНЫЙ berechnet, rechnungsmäßig; Berechnungs-, Abrechnungs-
РАСЧЁТЫ *m pl* Zahlungen *f pl*, Bezahlungen *f pl*; Abrechnungen *f pl*; Verrechnungen *f pl*, Verrechnungsverkehr *m*; Zahlungsverkehr *m*
~, банковские Bankzahlungen *f pl*, Banküberweisungen *f pl*
~, валютные Devisenzahlungen *f pl*, Devisenverrechnungen *f pl*
~ в валюте клиринга Abrechnungen *f pl* (Bezahlung *f*) in Clearingwährung
~, взаимные gegenseitige Verrechnungen
~, двусторонние bilateraler Verrechnungsverkehr
~, денежные Zahlungen (Verrechnungen) in Geld
~ между банками Verrechnungsverkehr zwischen Banken
~, международные internationaler Zahlungsverkehr (Verrechnungsverkehr)
~, многосторонние multilateraler Verrechnungsverkehr
~ по биржевым сделкам Börsengeschäftsabrechnungen *f pl*
~ по внешним операциям Zahlungsverkehr für Außengeschäfte
~ по займам Darlehensabrechnungen *f pl*
~ по клирингу Clearingverrechnung *f*, Clearingverkehr *m*, Zahlungen im Clearingverkehr
~ по контракту Vertragszahlungen *f pl*, Vertragsabrechnungen *f pl*
~ по кредиту Kreditbezahlungen *f pl*, Kredittilgung *f*
~ с покупателями Zahlungen an Käufer; Verbindlichkeiten gegenüber Käufern
~, текущие laufende Verrechnungen
РАСШИРЕНИЕ *n* Erweiterung *f*, Ausdehnung *f*; Verbreitung *f*, Zunahme *f*, Anwachsen *n*; Ausbau *m*
~ ассортимента товаров Sortimentserweiterung *f* der Waren
~ границ рынка Ausdehnung der Marktgrenzen

РАЦ

~ зо́ны де́йствия Erweiterung der Handlungszone
~ креди́тных отноше́ний Erweiterung der Kreditverhältnisse
~ объёма торго́вли Ausdehnung des Handelsumfangs
~ предприя́тия Betriebserweiterung *f*, Ausbau des Betriebs
~ прода́ж Absatzgewinnung *f*, Absatzausweitung *f*, Verkaufsausweitung *f*
~ произво́дства Produktionserweiterung *f*, Produktionsausdehnung *f*
~ ры́нка Marktgewinnung *f*, Marktentwicklung *f*
~ сбы́та Absatzbelebung *f*, Absatzsteigerung *f*
~ свя́зей Ausbau (Ausdehnung, Ausweitung) der Beziehungen
~ сотру́дничества Erweiterung *f* der Zusammenarbeit
~ спро́са Ausdehnung (Ausweitung) der Nachfrage
~ торго́вых отноше́ний Ausdehnung (Ausweitung) der Handelsbeziehungen
~ экономи́ческих отноше́ний Erweiterung der wirtschaftlichen Beziehungen

РАЦИОНИ́РОВАНИЕ *n* Rationierung *f*, Zuteilung *f*
~ креди́та Zuteilung des Kredits

РАЦИОНАЛИЗА́ЦИЯ *f* Rationalisierung *f*

РАЦИОНАЛИЗИ́РОВАТЬ rationalisieren

РЕАЛИЗАЦИО́ННЫЙ realisierbar

РЕАЛИЗА́ЦИЯ *f* 1. (*прода́жа*) Realisierung *f*, Absatz *m*, Verkauf *m* 2. (*осуществление на практике*) Realisierung *f*, Verwirklichung *f*, Ausführung *f*
~ догово́ра Ausführung (Erfüllung) des Vertrages
~ пла́на Verwirklichung des Plans
~ проду́кции Realisierung der Produktion
~ сто́имости Realisierung des Werts; Wertrealisierung *f*
~ това́ра Warenrealisierung *f*
~ це́нных бума́г Realisierung der Wertpapiere

РЕАЛИЗО́ВЫВАТЬ realisieren, absetzen, verkaufen; verwирклichen

РЕВАЛОРИЗА́ЦИЯ *f* Aufwertung *f*
РЕВАЛОРИЗИ́РОВАТЬ aufwerten
РЕВАЛЬВА́ЦИЯ *f* Revalvation *f*
РЕВАЛЬВИ́РОВАТЬ revalvieren

РЕГ

РЕВИ́ЗИЯ *f* 1. (*обсле́дование с це́лью прове́рки*) Revision *f*, Überprüfung *f*, Untersuchung *f* 2. (*пересмо́тр*) Durchsicht *f*, Nachprüfung *f*
~ бала́нса Bilanzrevision *f*
~ ба́нковской отчётности Revision der Bankberichterstattung
~, вне́шняя unabhängige Revision
~, вну́тренняя eigene (innere) Revision
~ ка́ссы Kassenrevision *f*
~ ма́ркетинга Marketingrevision *f*
~ на ме́сте Revision an Ort und Stelle (am Platz)
~, о́бщая Gesamtprüfung *f*, Gesamtrevision *f*
~ отчётности Rechnungsprüfung *f*
~ счето́в Kontorevision *f*, Rechnungsrevision *f*
~, фина́нсовая Finanzprüfung *f*, Finanzkontrolle *f*

РЕВИЗОВА́ТЬ 1. (*обсле́довать*) nachprüfen; einer Prüfung unterziehen 2. (*пересма́тривать*) revidieren, überprüfen

РЕВИЗО́Р *m* Revisor *m*, Buchprüfer *m*, Rechnungsprüfer *m*
~, вне́шний unabhängiger (selbständiger) Revisor
~, вну́тренний eigener (innerer) Revisor
~, гла́вный Hauptrevisor *m*
~, прися́жный vereidigter Bücherrevisor (Buchprüfer)

РЕВОЛЬВЕ́РНЫЙ (*автомати́чески возобновля́емый*) revolvierend (*sich automatisch erneuernd*)

РЕГИ́СТР *m* Register *n*; Verzeichnis *n*, Liste *f*
~ акционе́рных компа́ний Verzeichnis der Aktiengesellschaften
~ зака́зов Liste der Aufträge
~ платёжных докуме́нтов Verzeichnis der Zahlungsdokumente
~, торго́вый Handelsregister *n*

РЕГИСТРА́ЦИЯ *f* Registrieren *n*, Registrierung *f*; Einschreibung *f*, Aufzeichnung *f*
аннули́ровать регистра́цию Registrierung annullieren
производи́ть регистра́цию Registrierung durchführen (leisten)
~ в бухга́лтерских кни́гах Registrieren in den Geschäftsbüchern
~ докуме́нтов Registrierung der Dokumente (der Unterlagen)
~ зая́вки Registrierung einer Bestellung (einer Forderung)

~ изобретения Registrieren der Erfindung
~ лицензии Lizenzeintragung *f*
~, обязательная obligatorische Registrierung
~ патента Patenteintragung *f*
~ пользователя Registrierung des Benutzers
~ посетителей Registrierung der Besucher
~ прибытия и выбытия Registrieren der Ankunft und der Ausfahrt
~ совместного предприятия Registrierung des Gemeinschaftsunternehmens
~ товарного знака Warenzeichenregistrierung *f*
~ участников Registrierung der Teilnehmer
РЕГИСТРИ́РОВАТЬ registrieren, eintragen, einschreiben
РЕГРЕ́СС *m* 1. (*обратное требование*) Regreß *m*, Rückgriff *m* 2. (*экономический спад*) Regreß *m*, Rückwärtsentwicklung *f*, Rückschritt *m*
без права регресса ohne Regreßrecht
без регресса ohne Regreß
иметь право регресса Regreßrecht *n* haben (besitzen)
обеспечивать право регресса Regreßrecht *n* [ver]sichern
осуществлять право регресса Regreßrecht *n* verwirklichen
с правом регресса mit Regreßrecht
с регрессом mit Regreß
РЕГРЕССА́НТ *m* (*лицо, предъявляющее обратное требование по векселю или чеку*) Regredient *m*, Regreßnehmer *m*, Regressant *m*
РЕГРЕССА́Т *m* (*лицо, к которому предъявляется обратное требование по векселю или чеку*) Regressat *m*
РЕГРЕ́ССНЫЙ Regreß-
РЕГУЛИ́РОВАНИЕ *n* Regulieren *n*, Regulierung *f*; Regeln *n*, Regelung *f*; Erledigung *f*; Lenkung *f*
~ валютного курса Valutakursregulierung *f*
~, валютное Valutaregulierung *f*
~, государственное staatliche Lenkung, Staatslenkung *f*
~, денежное Geldregulierung *f*
~ импорта Importregelung *f*, Einfuhrregelung *f*
~, налоговое Steuerregulierung *f*, Steuerregelung *f*

~ нормы процента Zinssatzregulierung *f*
~, правовое rechtliche Regulierung
~ рынка Marktregulierung *f*, Makrtlenkung *f*; Marktorganisation *f*
~, тарифное Tarifregelung *f*, Tarifregulierung *f*
~ цен Preisregelung *f*, Preislenkung *f*, Preisregulierung *f*
~, экономическое Wirtschaftsregelung *f*
РЕДИСКО́НТ *m* (*переучёт векселей*) Rediskont *m*
РЕДИСКОНТИ́РОВАТЬ rediskontieren
РЕЕ́СТР *m* Register *n*, Verzeichnis *n*, Liste *f*
вести ~ Register führen
включать в ~ ins Register eintragen; registrieren
~ наименований фирм Firmenregister *n*
~, патентный Patentregister *n*
~ промышленных образцов Industriemusterverzeichnis *n*
~ товарных знаков Warenzeichenliste *f*
~, торговый Handelsregister *n*
РЕЖИ́М *m* Regime *n*, Verfahren *n*; Behandlung *f*; Arbeitsweise *f*
пользоваться режимом наибольшего благоприятствования Regime der Meistbegünstigung haben (genießen)
предоставлять ~ наибольшего благоприятствования Regime der Meistbegünstigung gewähren
~, валютный Devisenregelung *f*, Devisenbewirtschaftung *f*
~, льготный Vorzugsregime *n*
~ наибольшего благоприятствования Regime der Meistbegünstigung
~, преференциальный Präferenzregime *n*
~, таможенный Zollregime *n*, Zollverfahren *n*
~ экономии Sparsamkeitsprinzip *n*
~, эксплуатационный Betriebsweise *f*, Betriebsverhältnisse *n pl*
РЕЗЕ́РВ *m* Reserve *f*, Vorrat *m*; Ersatz *m*; Rückhalt *m*
держать в резерве *etwas* in Reserve (im Vorrat) haben
помещать в ~ zur Reserve zurückstellen
~, автоматически возобновляемый automatisch wiederaufgenommene Reserve
~ банка Bankreserve *f*
~ банка, обязательный erforderliche Bankreserve *f*
~, денежный Geldreserve *f*

РЕЗ

~ для выкупа или погашения Reserve für Rückkauf oder Tilgung
~ для расширения предприятия Reserve für Produktionserweiterung
~ для уплаты налогов Reserve für Steuerentrichtung
~ для уплаты процентов Reserve für Zinszahlung
~, кассовый Kassenreserve *f*
~, ликвидный liquide (flüssige, verfügbare) Reserve
~ на амортизацию Amortisationsreserve *f*; Tilgungsreserve *f*
~ на накладные расходы Gemeinkostenreserven *f pl*, Reserven für Gemeinkosten
~ на непредвиденные расходы Extrakostenreserven *f pl*, Rückstellungen *f pl* für Unvorhergesehenes
~ на погашение задолженности Reserve für Schuldlöschung
~ на покрытие возможных убытков Reserve für Deckung von etwaigen Verlusten
~, обязательный Pflichtreserve *f*
~, страховой Versicherungsreserve *f*
~, установленный законом gesetzlich festgelegte Reserve
РЕЗЕРВИРОВАТЬ reservieren, bevorraten, aufbewahren; zurücklegen
РЕЗЕРВНЫЙ Reserve-, Vorrats-; Hilfs-
РЕЗЕРВЫ *m pl* Reserven *f pl*; Rücklage(n) *f* (*pl*); Rückstellungen *f pl*
держать ~ Reserven halten
получать из резервов aus Reserven bekommen
создавать ~ Reserven bilden
увеличивать ~ Reserven vergrößern
финансировать из резервов aus Reserven finanzieren
~, быстрореализуемые schnell realisierbare Reserven
~, валютные Währungsreserven *f pl*, Valutareserven *f pl*, Devisenreserven *f pl*
~, государственные Staatsreserven *f pl*
~, материальные materielle Reserven *f pl*
~ производства betriebliche Reserven
~, скрытые stille Reserven
~ специального назначения Sonderrücklage *f*
РЕЗИДЕНТ *m* Inländer *m*, Deviseninländer *m*
РЕЗУЛЬТАТ *m* Resultat *n*, Ergebnis *n*; Befund *m*

РЕК

в результате *чего-л.* im Ergebnis *Gen.*, infolgedessen; in der Folge
иметь желаемый ~ gewünschtes Resultat haben
оценивать ~ Resultat einschätzen
получать ~ Resultat bekommen (erhalten)
~ испытаний Versuchsergebnis *n*
~, конечный Endresultat *n*, Endergebnis *n*; Endwert *m*
~ осмотра Besichtigungsresultat *n*
~ переговоров Resultat (Ergebnis) der Verhandlungen
~, предварительный vorläufiges Resultat
~ проверки Prüfergebnis *n*, Prüfungsbefund *m*, Prüfungsresultat *n*
~ экспертизы Befund eines Gutachtens
РЕЗЮМЕ *n* Resümee *n*, Zusammenfassung *f*
~, краткое kurzes Resümee
~, профессиональное professionelles Resümee
РЕИМПОРТ *m* Reimport *m*, Wiedereinfuhr *f*
РЕИМПОРТИРОВАТЬ reimportieren, wiedereinführen
РЕИНВЕСТИЦИИ *f pl* Reinvestitionen *f pl*, Wiederanlagen *f pl*
РЕЙНДЖ (*порты определённого района в обзорах фрахтового рынка*) Range *f engl.*
РЕЙС *m* (*автомашины, судна*) Fahrt *f*; (*самолёта*) Flug *m*
во время рейса während der Fahrt (des Flugs)
выполнять ~ verkehren, befahren; (*о самолёте*) die Linie befliegen
~ в один конец Hinfahrt *f*; Hinflug *m*
~, грузовой Frachtfahrt *f*; Frachtflug *m*
~, обратный Rückfahrt *f*; Rückflug *m*
~, очередной nächstfolgende Fahrt, nächstfolgender Flug
~ по расписанию Fahrt (Flug) nach dem Zeitplan
~, специальный Sonderfahrt *f*; Sonderflug *m*
~, чартерный Charterfahrt *f*
РЕЙТИНГ *m* rating *engl.*; Schätzung *f*
РЕКВИЗИРОВАТЬ requirieren, beschlagnahmen
РЕКВИЗИТЫ *m pl* (*обязательные данные в официальном документе*) notwendige (erforderliche) Angaben
~, вексельные Wechselangaben *f pl*
~, отгрузочные Versandangaben *f pl*

~, трáнспортные Transportangaben *f pl*
~ фи́рмы Firmenangaben *f pl*
~ цéнной бумáги Angaben eines Wertpapiers
РЕКВИЗИ́ЦИЯ *f* Requirierung *f*, Requisition *f*, Beschlagnahme *f*
РЕКЛА́МА *f* Werbung *f*; Reklame *f*; Anzeige *f*
готóвить реклáму Reklame vorbereiten
дéлать реклáму Reklame machen
закáзывать реклáму Reklame bestellen
осуществля́ть реклáму Werbung betreiben
размещáть реклáму Reklame plazieren (unterbringen)
финанси́ровать реклáму Werbung finanzieren
~, аудиовизуáльная audiovisuelle Reklame; Werbung durch Bild und Ton
~, беспла́тная kostenlose Werbung, Reklame ohne Bezahlung
~ в афи́шах Anschlagwerbung *f*
~ в витри́нах Schaufensterwerbung *f*
~ в газéтах Zeitungswerbung *f*, Zeitungsanzeigen *f pl*
~ в журнáлах Zeitschriftenwerbung *f*
~ в кинó Filmwerbung *f*, Kinoreklame *f*
~ в коммéрческой прéссе Werbung in der Kommerzpresse
~ в рóзничной торгóвле Einzelhandelswerbung *f*
~, информати́вная informatorische Werbung, Informationsreklame *f*, Informationswerbung *f*
~, классифици́рованная klassifizierte Werbung
~, коммéрческая Handelswerbung *f*, Geschäftsreklame *f*, geschäftliche Werbung
~, назóйливая aufdringliche (zudringliche) Reklame
~, нару́жная Außenwerbung *f*
~, ненавя́зчивая unaufdringliche Werbung
~, печáтная Werbung durch Druckerzeugnisse
~, плакáтная Plakatwerbung *f*
~ по рáдио Rundfunkwerbung *f*; Radiowerbesendung *f*
~ по телеви́дению Fernsehwerbung *f*
~, почтóвая Postreklame *f*, Werbung durch Post
~, прямáя Direktwerbung *f*, gezielte Werbung
~, световáя Lichtreklame *f*, Lichtanzeige *f*, Leuchtschriften *f pl*

~, скры́тая indirekte Werbung, ungezielte Werbung
~, текстовáя Textwerbung *f*
~, товáрная Warenwerbung *f*
~ товáров и услу́г Waren- und Servicewerbung *f*
~, торгóвая Handelswerbung *f*; Handelsreklame *f*
~, у́личная Straßenreklame *f*
~ фи́рмы Firmenwerbung *f*
~, цветнáя Farb(en)reklame *f*, Buntreklame *f*
~, чёрно-бéлая schwarz-weiße Reklame
~, экспортная Exportwerbung *f*
РЕКЛАМА́ЦИЯ *f* Reklamation *f*, Beanstandung *f*, Einspruch *m*; Mängelrüge *f*
~ в отношéнии кáчества Mängelrüge *f*, Qualitätsreklamation *f*
~ в отношéнии коли́чества Mengenreklamation *f*
~ по цéнам Geldforderung *f*; Preisbeanstandung *f*
предъявля́ть реклама́цию Reklamation geltend machen (vorbringen); reklamieren, beanstanden, Einspruch erheben
РЕКЛАМИ́РОВАНИЕ *n* Werbung *f*
~ в коммéрческой прéссе Werbung in der Handelspresse
~ на трáнспорте Transportwerbung *f*
~ нóвых товáров Werbung neuer Waren
~ техни́ческих достижéний Werbung technischer Errungenschaften
~ товáра на вы́ставке Werbung der Waren auf der Ausstellung
РЕКЛАМИ́РОВАТЬ 1. (*заявлять претензию*) reklamieren, beanstanden, Einspruch *m* erheben, Mängel *m pl* rügen; Reklamation *f* geltend machen 2. (*делать рекламу*) werben, Werbung (Reklame) treiben
РЕКЛАМОДА́ТЕЛЬ *m* Werbeträger *m*
РЕКОМЕНДА́ЦИЯ *f* 1. (*благоприя́тный о́тзыв о ком-л. или о чём-л.*) Empfehlung *f*, Referenz *f*. 2. (*совет*) Empfehlung *f*, Empfehlen *n*, Rat *m*
давáть рекомендáцию Empfehlung (Rat) geben
представля́ть рекомендáцию Empfehlung vorlegen
соблюдáть рекомендáции Empfehlungen (Ratschläge) befolgen
~, бáнковская Bankreferenz *f*
~, пи́сьменная schriftliche Empfehlung

231

РЕКОНВЕ́РСИЯ f Rekonversion f
РЕКОНСТРУ́КЦИЯ f Rekonstruktion f; Umgestaltung f; Wiederaufbau m
РЕМА́РКЕТИНГ m Remarketing m
РЕМИ́ССИЯ f (*освобождение от штрафа; юр.* — *отказ от права*) Remission f
РЕМИТЕ́НТ m Remittent m
РЕМИТИ́РОВАНИЕ n (*перевод денег, чека, тратты*) Überweisung f
РЕМИТИ́РОВАТЬ (*переводить деньги по почте*) remittieren, überweisen
РЕМО́НТ m Reparatur f, Instandsetzung f; Renovierung f; Ausbesserung f
быть в ремо́нте in Reparatur sein
посыла́ть на ~ zur Reparatur senden
производи́ть ~ Reparaturarbeiten f pl ausführen
ста́вить на ~ zur Reparatur stellen, in einer Reparatur überholen lassen
~, авари́йный Havariereparatur f, Schadenreparatur f
~, гаранти́йный Garantiereparatur f
~, капита́льный Generalreparatur f, Generalrenovierung f
~, пла́новый planmäßige Reparatur
~, профилакти́ческий vorbeugende Reparatur
~, теку́щий laufende Reparatur, Instandhaltungsreparatur f
РЕМОНТИ́РОВАТЬ reparieren, instand setzen, renovieren, ausbessern; überholen
РЕНОВА́ЦИЯ f Renovation f, Renovierung f; (vollständige) Erneuerung; Neubau m; Modernisierung f
~ обору́дования Renovation (Erneuerung) der Ausrüstung
~ основны́х фо́ндов vollständige Erneuerung der Grundfonds
РЕ́НТА f Rente f; Leibrente f
получа́ть ре́нту Rente beziehen
~, абсолю́тная absolute Rente
~, госуда́рственная Staatsrente f
~, де́нежная Geldrente f
~, дифференциа́льная Differentialrente f
~, натура́льная Naturalrente f, Produktenrente f
~, чи́стая Reinrente f
РЕНТА́БЕЛЬНОСТЬ f Rentabilität f, Wirtschaftlichkeit f
повыша́ть ~ Rentabilität erhöhen (steigern)
~ вложе́ний Einlagenrentabilität f

~ затра́т Rentabilität der Ausgaben (der Kostenaufwände)
~ прода́ж Verkaufsrentabilität f
~, произво́дства Rentabilität der Produktion; Produktionsrentabilität f
~, расчётная errechnete (geplante, rechnerischermittelte) Rentabilität
РЕНТА́БЕЛЬНЫЙ rentabel, wirtschaftlich; gewinnbringend, vorteilhaft
РЕ́НТИНГ m (*краткосрочная аренда машин и оборудования*) Renting n engl.
РЕОРГАНИЗА́ЦИЯ f Reorganisation f; Reorganisierung f; Umstellung f; Neugestaltung f
РЕПАТРИА́ЦИЯ f (*о доходах*) Repatriierung f, Rückführung f, Rückgabe f
РЕПАТРИИ́РОВАТЬ repatriieren, zurückführen, abziehen
РЕПО́РТ m бирж. 1. (*отсрочка сделки*) Prolongation f eines Geschäfts; Report m 2. (*отсрочка расчёта по фондовой сделке*) Report m, Kontango n 3. (*надбавка к цене за отсрочку*) Kursaufschlag m, Zinsaufschlag m im Reportgeschäft
РЕПОРТИ́РОВАНИЕ n (*операция по репорту*) Reportgeschäft n, Repressivmaßnahmen f pl, Vergeltungsmaßnahmen f pl
РЕПРЕССА́ЛИИ f pl (*карательные меры*) Repressalien f pl, Repressivmaßnahmen f pl, Vergeltungsmaßnahmen f pl
РЕПРИ́ЗА f (*повышение биржевого курса после спада*) Reprise f
РЕСТРИ́КЦИЯ f (*ограничение*) Restriktion f
~, и́мпортная Importrestriktion f
~, креди́тная Kreditrestriktion f
~ торго́вли Handelsbeschränkung f
~ э́кспорта Exportbeschränkung f
РЕСУ́РСЫ m pl Ressourcen f pl, Vorräte m pl; Rohstoffquellen f pl, Schätze m pl
объединя́ть ~ Ressourcen vereinigen
привлека́ть ~ Ressourcen heranziehen (hinzuziehen)
расхо́довать ~ Ressourcen verbrauchen
эконо́мить ~ Ressourcen sparen
~, валю́тные Valutamittel n pl, Devisenmittel n pl, Devisenbestände m pl
~, де́нежные Geldmittel n pl, finanzielle Mittel, Finanzressourcen f pl
~, дефици́тные Defizitressourcen f pl
~, креди́тные Kreditquellen f pl

~, материа́льные materielle Ressourcen, vorhandene materielle Werte
~, ограни́ченные beschränkte Ressourcen
~, произво́дственные Produktionsressourcen *f pl*, Produktionsaufkommen *n*
~, свобо́дные freie Ressourcen
~ сырья́ Rohstoffvorräte *m pl*, Rohstoffquellen *f pl*
~, технологи́ческие technologische Ressourcen
~, трудовы́е Arbeitskräfteressourcen *f pl*, vorhandene Arbeitskräfte
~, фина́нсовые finanzielle Mittel (Ressourcen); Geldmittel *n pl*, Geldquellen *f pl*, Finanzressourcen *f pl*
~, энергети́ческие Energiequellen *f pl*
РЕТРА́ТТА *f* (*обратный переводный вексель*) Rückwechsel *m*, Retourwechsel *m*
РЕТУ́Р *m* (*обратный переводный вексель*) Rückwechsel *m*, Retourwechsel *m*
РЕФА́КЦИЯ *f* (*скидка с цены*) Refaktie *f*
РЕФЕРЕ́НЦИЯ *f* Referenz *f*, Empfehlung *f*
~, ба́нковская Bankreferenz *f*, Bankempfehlung *f*
РЕФИНАНСИ́РОВАНИЕ *n* Refinanzierung *f*
РЕФИНАНСИ́РОВАТЬ refinanzieren
РЕФЛЯ́ЦИЯ *f* Reflation *f*
РЕФО́РМА *f* Reform *f*
~, де́нежная Geldreform *f*
~, нало́говая Steuerreform *f*, Abgabenreform *f*
~, экономи́ческая Wirtschaftsreform *f*
РЕФРИЖЕРА́ТОР *m* Kühlwagen *m;* Kühlschiff *n;* Kühlbehälterwagen *m*
РЕЦЕ́ССИЯ *f* (*спад*) Rezession *f*, Krise *f;* Flaute *f*
РЕШЕ́НИЕ *n* 1. (*вывод, заключение*) Schluß *m*, Entschluß *m* 2. (*постановление*) Beschluß *m;* Entscheidung *f;* Urteil *n* 3. (*задачи*) Lösung *f;* Regelung *f*
выноси́ть ~ Urteil fällen, Schlüsse *m pl* ziehen
выполня́ть ~ Beschluß erfüllen
находи́ть ~ Lösung (Entscheidung) finden
обжа́ловать ~ Beschwerde *f* (Berufung *f*) gegen ein Urteil einlegen; appellieren
откла́дывать ~ Beschluß aufschieben (verlegen)

отменя́ть ~ Beschluß abschaffen (aufheben, widerrufen)
подтвержда́ть ~ Beschluß bestätigen
подчини́ться реше́нию sich dem Beschluß unterordnen
предлага́ть ~ Beschluß (Lösung, Regelung) anbieten (vorlegen)
принима́ть ~ Beschluß fassen; beschließen
~, арбитра́жное Schiedsspruch *m*, Entscheidung der Arbitrage
~, компроми́ссное Kompromißlösung *f;* Zwieschenlösung *f*
~, оконча́тельное endgültiges Urteil, endgültiger Beschluß
~ спо́ра Streitbeilegung *f*, Streitschlichtung *f*
~ суда́ Urteil *n*, Gerichtsurteil *n*, Rechtsspruch *m*
~ эксперти́зы Entscheidung der Expertise
РЕЭ́КСПОРТ *m* Reexport *m*, Wiederausfuhr *f*
РЕЭКСПОРТИ́РОВАТЬ reexportieren, wiederausführen
РИКА́МБИО *n* (*обратный вексель*) Rikambio *m*, Rückwechsel *m*, Rikambiowechsel *m*
РИМЕ́ССА *f* (*переводный вексель*) Rimesse *f*
РИСК *m* Risiko *n*, Gefahr *f*, Wagnis *n*
без ри́ска для кого́-л., чего́-л. ohne Risiko für *jemanden*, für *etwas*
брать на себя́ ~ Risiko übernehmen
де́лать *что-л.* на свой ~ auf eigenes Risiko (auf eigene Gefahr) handeln
за свой счёт и ~ auf eigene Kosten und Gefahr, für eigene Rechnung und Gefahr
застрахо́вывать от ри́ска gegen Gefahr (gegen Risiko) versichern
на ~ покупа́теля или продавца́ auf Risiko des Käufers oder des Verkäufers
нести́ ~ Risiko tragen
подверга́ть ри́ску dem Risiko (der Gefahr) aussetzen
предусма́тривать ~ sich des Risikos bewußt sein; Risiko vorsehen
~, валю́тный Währungsrisiko *n*, Valutarisiko *n*
~, застрахо́ванный versicherte Gefahr, versichertes Risiko
~, комме́рческий Handelsrisiko *n*, Kommerzrisiko *n*
~, креди́тный Kreditrisiko *n*

~, курсово́й Kursrisiko n
~ неакце́пта Nichtakzeptrisiko n
~, незастрахо́ванный nicht versicherte Gefahr, nicht versichertes Risiko
~ неопла́ты полу́ченного това́ра Inkassorisiko n, Zahlungsrisiko n
~ неплатежа́ Inkassorisiko n, Zahlungsrisiko n
~ несча́стного слу́чая Gefahr eines Unfalls, Unfallrisiko n
~ обесце́нения валю́ты Abwertungsrisiko n, Währungsabwertungsrisiko n
~ поврежде́ния това́ра Gefahr der Warenbeschädigung
~ покупа́теля Käuferrisiko n
~ поло́мки Bruchrisiko n
~ поте́ри Verlustrisiko n
~ потреби́теля Abnehmerrisiko n, Kundenrisiko n, Käuferrisiko n
~ предпринима́теля Unternehmerrisiko n
~ продавца́ Verkäufersrisiko n
~ прода́жи в креди́т Kreditverkaufsrisiko n
~ производи́теля Herstellerrisiko n
~ случа́йной ги́бели това́ра Gefahr des zufälligen Warenunterganges
~, совоку́пный Gesamtrisiko n, Gesamtgefahr f
~, страхово́й Versicherungsrisiko n
~, тра́нспортный Transportgefahr f, Transportrisiko n
~ убы́тка при предоставле́нии ссу́ды Kreditrisiko n
~, фина́нсовый Finanzrisiko n
~, фрахто́вый Frachtrisiko n
~, экономи́ческий wirtschaftliches Risiko
РИСКОВА́ТЬ riskieren, wagen, ein Risiko eingehen
РИСКОИНВЕСТИ́ЦИИ f pl Risikoinvestitionen f pl
РО́ЗНИЦА f Kleinhandel m, Einzelhandel m, Warenverkauf m in kleinen Mengen
покупа́ть в ро́зницу im Kleinhandel (im Einzelhandel) kaufen
продава́ть в ро́зницу im Kleinhandel (im Einzelhandel) verkaufen
РО́ЗНИЧНЫЙ Einzelhandels-, Kleinhandels-
РО́ЛИК m (рекла́мный) Werbespot m
РОЛЛО́ВЕР-КРЕДИ́Т m (креди́т для рефинанси́рования) Roll-over-Kredit m
РО-РО roll-on/roll-off engl.; aufrollen, hinabrollen; transportieren

РО́СПИСЬ f Verzeichnis n, Liste f, Register n, Tabelle f; Befund m
~, досмо́тровая Zollbefund m; Inspektionsbefund m, Beschaubefund m
РО́ССЫПЬЮ unverpackt, lose
груз ~ Fracht f (Ladung f) lose (geschüttet)
РОСТ m Wachstum n, Anstieg m, Vergrößerung f; Zunahme f; Zuwachs m; Steigerung f
стимули́ровать ~ запрода́ж Abgabezuwachs m (Kaufanstieg m) stimulieren
~ задо́лженности Schuldenzunahme f, Schuldenzuwachs m
~ заку́пок Ankaufszuwachs m
~ за́нятости Beschäftigungswachstum n
~ зарпла́ты Lohnanstieg m, Gehaltsanstieg m
~ изде́ржек Kostensteigerung f
~ инвести́ций Wachstum der Kapitalanlagen
~ ку́рса Kursanstieg m, Kurssteigerung f
~ нало́гов Steuerwachstum n
~ потреби́тельского спро́са Käufernachfragesteigerung f, Wachstum (Zuwachs) der Käufernachfrage
~ расхо́дов Kostenzunahme f, Ausgabenwachstum n
~ сто́имости Wertanstieg m, Wertzunahme f
~ тари́фа Steigerung (Erhöhung f) des Tarifsatzes
~ товарооборо́та Steigerung des Warenumsatzes
~ торго́вли Handelswachstum n
~ цен Preisanstieg m, Preissteigerung f
РОСТОВЩИ́К m Wucherer m
РОСТОВЩИ́ЧЕСКИЙ wucherisch, Wucher-
РО́ЯЛТИ n Lizenzgebühr f, Tantiemen f pl, Royalty n
выпла́чивать ~ Lizenzgebühr auszahlen
устана́вливать разме́р ~ Lizenzgebührensatz m festlegen (bestimmen)
~, догово́рное вертраглицхер Ertragsanteil
~ за но́у-ха́у know-how royalty engl., Know-how-Tantiemen f pl
~, рассчи́танное в % от прода́жной цены́ Tantiemen, berechnet in % vom Verkaufspreis
~, рассчи́танное в % от чи́стого дохо́да Tantiemen, berechnet in % vom Reingewinn
~ с объёма проду́кции Tantiemen vom Produktionsvolumen

~, ступéнчатое abgestufte Tantiemen
РУКОВОДИ́ТЕЛЬ m Leiter m
~ делегáции Leiter einer Delegation
~ организáции Leiter einer Organisation
~ отдéла Leiter einer Abteilung; Abteilungsleiter m
~ предприя́тия Betriebsleiter m, Betriebsdirektor m
~ проéкта Leiter eines Projekts
~ произвóдства Betriebsleiter m, Werkleiter m
~ слу́жбы материáльно-техни́ческого снабжéния Abteilungsleiter m für materiell-technische Versorgung
~ трáнспортного отдéла Leiter der Transportabteilung
~ филиáла фи́рмы Leiter der Filiale (der Zweigstelle) einer Firma
РУКОВÓДСТВО n 1. (заведование, управление) Leitung f, Verwaltung f, Führung f, Leitungstätigkeit f, Lenkung f 2. (инструкция) Anleitung f, Instruktion f, Anweisung f 3. (руководители) Leitung f, Führung f, Administration f
осуществля́ть ~ leiten, führen
под руководством unter Leitung, unter Führung
~, административное Administration, Verwaltung
~ завóда Betriebsleitung f
~, оперативное operative Leitung
~ по монтажу́ Montageanleitung f
~ по применéнию Anwendungsinstruktion f, Gebrauchsanweisung f
~ по ремóнту Reparaturanweisung f
~ по технолóгии произвóдства Produktionstechnologianleitung f, Know-how-Anweisung f
~ по ухóду и техни́ческому обслу́живанию Anweisung (Anleitung) zur Wartung und Pflege
~ по эксплуатáции Betriebsanleitung f, Bedienungsanleitung f
~ предприя́тием Betriebsleitung f, Geschäftsführung f
~ строи́тельством Bauleitung f
~ фи́рмы Leitung f einer Firma
РУЧА́ТЕЛЬСТВО n Bürgschaft f; Garantie f, Haftung f, Kaution f, Gewährleistung f
РЫ́НОК m Markt m; Absatzgebiet n, Absatzbereich m

влия́ть на ~ den Markt beeinflussen, auf den Markt einwirken
внедря́ть товáр на ~ Waren f pl auf den Markt einführen
выбрáсывать товáр на ~ Waren f pl auf den Markt werfen
выпускáть на ~ (товары) Waren f pl auf den Markt werfen (bringen); Markt mit Waren beliefern
вытесня́ть с ры́нка vom Markt verdrängen
выходи́ть на ~ auf den Markt kommen
госпóдствовать на ры́нке den Markt beherrschen; auf dem Markt herrschen
дели́ть ры́нки die Märkte teilen
завоёвывать ~ den Markt erobern
изучáть ~ den Markt forschen
контроли́ровать ~ den Markt unter Kontrolle haben
монополизи́ровать ~ den Markt monopolisieren
наводня́ть товáрами den Markt mit Waren überschwemmen (überhäufen, überfüllen)
находи́ть ры́нки сбы́та Absatzmärkte m pl eröffnen (erschließen)
определя́ть конъюнкту́ру ры́нка Marktlage f (Marktkonjunktur f) bestimmen
осваивать ~ den Markt erschließen
получáть дóступ на ~ Zugang m (Zutritt m) zum Markt bekommen
появля́ться на ры́нке auf dem Markt erscheinen
проникáть на ~ auf den Markt eindringen
расширя́ть ~ den Markt entwickeln (ausdehnen, erweitern)
сохраня́ть ~ den Markt behalten
торговáть на ры́нке auf dem Markt handeln
удовлетворя́ть запрóсы ры́нка Marktbedürfnisse pl (Marktinteressen pl) befriedigen
~, акти́вный aktiver (tätiger) Markt
~ áкций Aktienmarkt m
~ биржевы́х товáров Börsenwarenmarkt m
~, валю́тный Devisenmarkt m
~, внебиржевóй Markt außerhalb der Börse
~, внéшний Außenmarkt m, Auslandsmarkt m, ausländischer Markt
~, вну́тренний Binnenmarkt m, Inlandsmarkt m, inländischer Markt

~, второстепе́нный Nebenmarkt m
~, вя́лый flauer Markt
~, гла́вный Hauptmarkt m
~, де́нежный Geldmarkt m
~ долгосро́чного ссу́дного капита́ла Markt des langfristigen Leihkapitals; Kapitalmarkt m
~ евровалю́т Eurodevisenmarkt m, Eurodollarmakrt m
~ евродепози́тов Eurodepositenmarkt m
~ еврокреди́тов Eurokreditenmarkt m
~, закры́тый geschlossener Markt
~, зарубе́жный Auslandsmarkt m, Außenmarkt m, ausländischer Markt
~ зо́лота Goldmarkt m
~ капита́ла Kapitalmarkt m
~ ка́ссовых сде́лок Markt der Kassageschäfte
~, колониа́льный Kolonialmarkt m
~ комме́рческих бума́г Anlagepapiermarkt m, Markt der Geschäftspapiere
~, конкурентоспосо́бный konkurrenzfähiger Markt
~, контре́йлерный Huckepackmarkt m
~, контро́льный Kontrollmarkt m
~ короткопробе́жных перево́зок Markt des Güternahverkehrs; Güternahverkehrsmarkt m
~, креди́тный Kreditmarkt m
~ лине́йного тонна́жа Linientonnagemarkt m
~ маши́н и обору́дования Maschinen- und Ausrüstungsmarkt m
~, междунаро́дный internationaler Markt
~, мирово́й Weltmarkt m
~ нали́чного това́ра Markt verfügbarer Ware
~, насы́щенный gesättigter Markt
~, неусто́йчивый labiler (instabiler) Markt
~, ограни́ченный beschränkt aufnahmefähiger Markt
~, организо́ванный organisierter Markt
~, откры́тый offener Markt; Freihandverkauf m

~, перенапряжённый üßerlasteter (überspannter) Markt
~, перспекти́вный Perspektivmarkt m; aussichtsvoller Markt
~ покупа́теля Käufermarkt m
~ по перепрода́же Weiterverkaufsmarkt m
~ по сде́лкам на срок Optionsmarkt m
~ потреби́тельских това́ров Konsumwarenmarkt m
~, про́бный Prüfmarkt m
~ продавца́ Verkäufermarkt m
~ продово́льственных това́ров Lebensmittelmarkt m
~ промежу́точных продавцо́в Zwischenverkäufermarkt m
~ сбы́та Absatzmarkt m, Absatzgebiet n
~, свобо́дный freier Markt
~, сельскохозя́йственный Agrarmarkt m
~ с повыша́тельной тенде́нцией Markt mit Haussetrend
~ с понижа́тельной тенде́нцией Markt mit Baissetrend
~ ссуд Anleihemarkt m, Anlagenmarkt m
~, страхово́й Versicherungsmarkt m
~ сырьевы́х това́ров Rohstoffmarkt m
~ та́нкерного фло́та Tankermarkt m
~, торго́вый Handelsmarkt m
~, тра́нспортный Transportmarkt m
~, тру́дный schwerer Markt
~ услу́г Servicemarkt m, Dienstleistungsmarkt m
~, усто́йчивый fester Markt; Markt frei von Schwankungen
~, учётный Diskontmarkt m, Geldmarkt m
~, фина́нсовый Finanzmarkt m, Kapitalmarkt m
~, фо́ндовый Wertpapiermarkt m, Effektenmarkt m
~, фрахто́вый Frachtenmarkt m
~ це́нных бума́г Markt der Wertpapiere Effektenmarkt m
~, экспортный Ausfuhrmarkt m, Exportmarkt m

С

САЛЬДИ́РОВАНИЕ Saldierung *f*, Kontenausgleich *m;* Rechnungsabschluß *m*
~ счёта Rechnungsabschluß *m*; Abschluß *m* des Kontos

САЛЬДИ́РОВАТЬ saldieren, den Saldo ziehen; das Konto ausgleichen (abschließen)

СА́ЛЬДО *n* Saldo *m*, Saldobetrag *m;* Rechnungsabschluß *m*
выводи́ть ~ Rechnung *f* ausgleichen, Saldo ziehen
опла́чивать ~ счёта Saldokonto *n* bezahlen (begleichen)
~, акти́вное Aktivsaldo *m*, Sollsaldo *m*, Debetsaldo *m*, Gewinnsaldo *m*
~ ба́нковского счёта Bankkontensaldo *m*
~, дебето́вое Debetsaldo *m*, Sollsaldo *m*, Aktivsaldo *m*
~ к перено́су Saldovortrag *m*
~, креди́товое Kreditsaldo *m*, Habensaldo *m*, Passivsaldo *m*
~, отрица́тельное Habensaldo *m*, Kreditsaldo *m*, Passivsaldo *m*
~ платёжного бала́нса Zahlungsbilanzsaldo *m*
~, положи́тельное Aktivsaldo *m*, Debetsaldo *m*, Sollsaldo *m*
~ с перено́са Saldoübertrag *m*
~ счёта Kontosaldo *m*

САМООКУПА́ЕМОСТЬ *f* Rentabilität *f*, Eigenwirtschaftlichkeit *f*

САМОПОГРУ́ЗКА *f* Selbstbeladung *f*, Selbstverladung *f*
на усло́виях самопогру́зки zu [den] Bedingungen der Selbstbeladung

САМОФИНАНСИ́РОВАНИЕ *n* Selbstfinanzierung *f*, Eigenfinanzierung *f*

СА́НКЦИИ *f pl* Sanktionen *f pl*, Zwangsmaßnahmen *f pl*
вводи́ть ~ Sanktionen einführen
отменя́ть ~ Sanktionen rückgängig machen
применя́ть ~ Sanktionen verhängen
снима́ть ~ Sanktionen aufheben
~, догово́рные vertragliche Zwangsmaßnahmen
~ за наруше́ние Sanktionen wegen der Verletzung
~ за невыполне́ние контра́ктных обяза́тельств Sanktionen wegen der Nichterfüllung der Vertragsverpflichtungen
~, торго́вые Handelssanktionen *f pl*
~, штрафны́е Strafsanktionen *f pl*
~, экономи́ческие wirtschaftliche Sanktionen

СБАВЛЯ́ТЬ ermäßigen, herabsetzen; abziehen, vermindern
~ це́ну den Preis herabsetzen (ermäßigen, mindern)

СБАЛАНСИ́РОВАНИЕ *n* Bilanzierung *f;* Ausgleich *m*
~ дефици́та Defizitausgleich *m*
~ поста́вок Lieferungsausgleich *m*

СБАЛАНСИ́РОВАННОСТЬ *f* Bilanz *f*
~, бухга́лтерская Buchhaltungsbilanz *f*
~ взаи́мных обяза́тельств Ausgleich *m* der gegenseitigen Verpflichtungen

СБАЛАНСИ́РОВАТЬ bilanzieren, bilanzierbar machen; ausgleichen

СБЕРЕЖЕ́НИЯ *n pl* Ersparnisse *f pl*; Spargelder *n pl*, Sparguthaben *n*
~ валю́тных средств Ersparnisse der Devisenmittel
~ в ликви́дной фо́рме flüssige (liquide) Ersparnisse
~, чи́стые reine Ersparnisse

СБОР *m* Eintreibung *f*; Kassieren *n*; Einnahme *f*; Gebühr *f*, Abgabe *f*; Steuer *f*; Akzise *f*
взима́ть акци́зный ~ Akzise *f* einziehen (beitreiben)
начисля́ть ~ Gebühr (Steuer) anrechnen (berechnen)
опла́чивать ~ Gebühr (Einnahme, Steuer) bezahlen

237

СБО

подлежа́ть опла́те сбо́ром gebührenpflichtig sein
свобо́дный от сбо́ра gebührenfrei, abgabenfrei
~, арбитра́жный Schiedsgerichtsgebühr *f*
~, аукцио́нный Auktionsgebühren *f pl*, Versteigerungsgebühren *f pl*
~, букси́рный Schleppgebühr *f*
~, ввозно́й Einfuhrsteuer *f*, Einfuhrgebühren *f pl*
~, ве́ксельный Wechselgebühr *f*
~, весово́й Wägegeld *n*, Wägegebühr *f*
~, ге́рбовый Stempelgebühr *f*, Stempelsteuer *f*
~, грузово́й Ladegebühr *f*, Gewichtsgebühr *f*
~, до́ковый Dockgebühr *f*, Dockgeld *n*
~, доро́жный Straßenabgabe *f*
~, железнодоро́жный Eisenbahnabgabe *f*, Eisenbahngebühr *f*
~ за вы́грузку Entladegebühr *f*, Löschgebühr *f*
~ за доста́вку Zustellgebühr *f*
~ за инка́ссо Inkassogebühr *f*
~ за отгру́зку Abladegebühren *f pl*
~ за оформле́ние докуме́нтов Ausfertigungsgebühr *f*
~ за перегру́зку Umladungskosten *pl*, Umschlagsgebühr *f*
~ за погру́зку Verladungsgebühr *f*
~ за по́льзование кра́ном Krangebühr *f*
~ за по́льзование при́станью Kaigebühr *f*
~ за предоставле́ние ссу́ды Beleihungsgebühr *f*, Beleihungseinnahme *f*
~ за прое́зд че́рез мост Brückengeld *n*
~ за прохо́д че́рез кана́л Kanalgebühr *f*
~ за разгру́зку Entladegebühr *f*; Löschgebühr *f*
~ за склади́рование това́ра Lagergebühr *f*, Lagerkosten *pl*
~ за стоя́нку в порту́ Kielgeld *n* im Hafen
~ за стоя́нку у сте́нки Kaigebühren *f pl*, Kaigeld *n*
~ за страхову́ю эксперти́зу Versicherungsexpertisegebühr *f*
~ за тамо́женную очи́стку Verzollungsgebühr *f*
~ за транзи́тный прово́з Transitgebühr *f*
~ за хране́ние на скла́де Lagergebühr *f*, Lagermiete *f*, Lagerkosten *pl*
~, каранти́нный Quarantänegelder *n pl*, Quarantänespesen *pl*

СВЕ

~, комиссио́нный Kommissionsgebühr *f*, Kommission *f*, Provision *f*
~, ко́нсульский Konsulargebühr *f*
~, ли́хтерный Leichtergebühr *f*
~, лицензио́нный Lizenzgebühr *f*
~, ло́цманский Lotsengebühr *f*
~, ма́клерский Maklergebühr *f*
~, нало́говый Steuereinnahme *f*, Steuererhebung *f*
~, па́спортный Paßgebühren *f pl*, Paßsteuer *f*
~, пате́нтный Patentgebühr *f*
~, погру́зочный Verladungsgebühr (en) *f pl*
~, порто́вый Hafengeld *n*, Hafenabgabe *f*
~, почто́вый Postgebühr *f*, Porto *n*
~, прича́льный Kaigebühr *f*, Kaigeld *n*
~, регистрацио́нный Registriergebühr *f*, Eintragungsgebühr *f*
~, речно́й Flußgebühr *f*
~, санита́рный sanitäre Abgaben
~, страхово́й Versicherungsgebühr *f*
~, сюрве́йерский Besichtigungsgebühr *f*
~, тамо́женный Zollgebühr *f*, Zoll *m*
~, тонна́жный Schiffsgebühr *f*, Tonnagesteuer *f*
~, торго́вый Handelseinnahme *f*
~, фрахто́вый Frachtgebühr *f*, Frachtgeld *n*
~, экспеди́торский Speditionsgebühr *f*
~, я́корный Ankergebühr *f*, Ankergeld *n*

СБЫТ *m* Absatz *m*, Vertrieb *m*, Verkauf *m*
име́ть ~ einen Absatz finden
не име́ть сбы́та keinen Absatz finden
стимули́ровать ~ Absatz fördern (stimulieren)
~ за грани́цей Auslandsabsatz *m*, Auslandsvertrieb *m*
~, ма́ссовый Massenabsatz *m*, Massenvertrieb *m*
~, монопо́льный Alleinverkauf *m*, Alleinvertrieb *m*
~ на вне́шних ры́нках Absatz auf dem Außenmarkt (auf dem Auslandsmarkt)
~ на вну́треннем ры́нке Absatz auf dem Binnenmarkt (auf dem Inlandsmarkt)
~, опто́вый Absatz en gros, Großhandelsabsatz *m*
~ проду́кции Produktionsabsatz *m*
~ това́ра Warenabsatz *m*

СВЕ́ДЕНИЕ *n* (*соедине́ние в це́лое*) Abschluß *m*, Ausgleich *m*; Zusammenfassung *f*

~ баланса Bilanzausgleich m
~ счетов Rechnungsabschluß m
~ финансовых расчётов Finanzausgleich m
СВЕРХПОСТАВКА f Überlieferung f
СВЕРХПРИБЫЛЬ f Mehrprofit m, Extraprofit m, Überprofit m
СВЕРХСМЕТНЫЙ den Kostenanschlag übersteigend
СВЕРХСТАЛИЯ f Überliegezeit f
СВЕРХТАРА f Übertara f, Supertara f, Zuschlagstara f
СВЕРХУРОЧНЫЕ pl Überstundengeld n
платить ~ Überstundengeld zahlen
СВЕРЯТЬ kontrollieren, überprüfen; vergleichen
~ количество груза при погрузке и выгрузке Gütermenge f bei der Be- und Entladung kontrollieren (vergleichen)
СВИДЕТЕЛЬСТВО n Bescheinigung f; Attest n; Zeugnis n; Zertifikat n; Schein m
выдавать ~ Attest ausstellen
оформлять ~ Zertifikat ausfertigen (anfertigen)
представлять ~ Bescheinigung vorlegen (vorweisen; einreichen)
~, авторское Urheberschein m; Erfinderzeugnis n
~, весовое Gewichtszertifikat n
~, ветеринарное Veterinärschein m
~, вкладное Depositenschein m
~, гарантийное Garantieschein m
~, депозитное Depositenschein m
~, долговое Schuldschein m
~, залоговое Pfandschein m
~, карантинное Quarantäneschein m
~ об испытании Prüfzertifikat n, Prüfungsschein m, Testzeugnis n
~ об осмотре Prüfprotokoll n, Besichtigungsprotokoll n
~ об отправке Versandschein m
~ об уплате таможенной пошлины Zollquittung f
~ о допущении ценных бумаг к обращению на бирже Börsenzulassung f von Wertpapieren
~ о заводском испытании Werksprüfungsschein m
~ о качестве Qualitätszertifikat n, Qualitätszeugnis n
~ о перегрузке Umladungsschein m
~ о повреждении Schadenbescheinigung f
~ о подлинности Echtheitszertifikat n

~ о поручительстве Bürgschaftsurkunde f
~ о происхождении (товара) Ursprungszeugnis n
~, ордерное складское Orderlagerschein m
~ о реимпорте Reimprotschein m
~ о страховании Versicherungsschein m
~, санитарное Sanitätsbescheinigung f
~, складское Lagerschein m
~, сохранное Depotschein m, Verwahrschein m
~, страховое Versicherungsschein m
~, таможенное Zollquittung f, Zollempfangsbescheinigung f
СВИДЕТЕЛЬСТВОВАТЬ bescheinigen; beweisen, bezeugen
СВИНГ m (предел взаимного кредитования) Swing m
СВИТЧ m бирж. 1. (ликвидация обязательств по одним ценным бумагам и заключение сделок по другим) 2. (операция по использованию блокированного счёта) Switch m, Switchgeschäft n, Devisenarbitrage f
СВОБОДНО 1. (без ответственности за убытки) frei, franko 2. (бесплатно) kostenlos, unentgeltlich
~ вдоль борта судна frei längsseits Schiff
~ для ввоза einfuhrfrei
~ на борт[у] frei an Bord, fob (free on board) engl.
~ от аварии frei von Havarie
~ от всякой аварии frei von allen Havarien
~ от выгрузки freies Löschen, freies Entladen
~ от налога steuerfrei; abgabenfrei
~ от ответственности frei Haftung
~ от платы за провоз frachtfrei
~ от пошлины zollfrei
~ от расходов spesenfrei
~ от расходов по выгрузке freies Löschen, freies Entladen
~ от расходов по погрузке freies Einladen, freies Beladen
~ от расходов по погрузке и выгрузке freies Einladen und Löschen
~ от риска risikofrei
~ от сборов gebührenfrei, abgabenfrei
~ от уплаты диспача frei Eilgeld
~ от частной аварии frei von besonderer (partikulärer) Havarie

239

СВО

СВОБО́ДНО КОНВЕРТИ́РУЕМЫЙ frei konvertierbar

СВО́ДНЫЙ gesamt, zusammengefaßt; zusammengestellt

СВОЕВРЕ́МЕННОСТЬ f Rechtzeitigkeit f
~ платеже́й Rechtzeitigkeit der Zahlungen
~ поста́вки Rechtzeitigkeit der Lieferung

СВОП m (*нали́чная ку́пля или прода́жа с одновре́менным заключе́нием контрсде́лки на срок*) Swapgeschäft n

СВЯ́ЗИ f pl Beziehungen f pl, Verbindungen f pl; Verkehr m
на осно́ве прямы́х свя́зей auf Grund der Direktbeziehungen
подде́рживать ~ Beziehungen unterhalten (pflegen)
развива́ть ~ Beziehungen entwickeln
расширя́ть ~ Beziehungen erweitern
укрепля́ть ~ Beziehungen festigen
устана́вливать ~ Beziehungen herstellen (aufnehmen)
~, взаимовы́годные gegenseitig vorteilhafte Beziehungen
~, внешнеторго́вые Außenhandelsbeziehungen f pl, Außenhandelsverbindungen f pl
~, делов́ые Geschäftsbeziehungen f pl, Geschäftsverkehr m
~, дли́тельные Dauerverbindungen f pl, langfristige Verbindungen
~, договорны́е vertragliche Verbindungen, Vertragsverbindungen f pl
~, дру́жеские freundschaftliche Beziehungen, Freundschaftsbeziehungen f pl
~, кооперацио́нные Kooperationsbeziehungen f pl
~, междунаро́дные internationale Beziehungen
~, произво́дственные Produktionsbeziehungen f pl, Betriebsbeziehungen f pl
~, прямы́е Direktbeziehungen f pl
~, торго́во-экономи́ческие Handels-Wirtschaftsbeziehungen f pl
~, торго́вые Handelsbeziehungen f pl
~, хозя́йственные wirtschaftliche Beziehungen
~, экономи́ческие Wirtschaftsbeziehungen f pl

СВЯЗЬ f Verbindung f; Verkehr m
~, телегра́фная Fernschreibverkehr m, Fernschreibverbindung f, Telegrafenverkehr m
~, те́лексная Telexverbindung f

СДЕ

~, телефа́ксная Faxverbindung f
~, телефо́нная Fernsprechverbindung f, Fernsprechverkehr m

СДАВА́ТЬ abgeben; abliefern; aufgeben; vermieten
~ в аре́нду vermieten; verpachten; in Pacht geben

СДА́ЧА f 1. (*поста́вка това́ра*) Lieferung f, Ablieferung f; Abgabe f; Aufgabe f 2. (*в аре́нду, внаём*) Vermieten n, Verпachten n
производи́ть сда́чу чего́-л. etwas vermieten (verpachten); etwas abliefern
~ в аре́нду помеще́ния Vermieten n, Vermietung f
~ гру́за на склад Einlagerung f der Ladung (der Fracht)
~ на хране́ние Aufbewahrungsaufgabe f
~ по частя́м Lieferung in Teilen (in Raten)
~ това́ра Warenübergabe f, Warenlieferung f
~, части́чная Teillieferung f, Teilübergabe f

СДА́ЧА-ПРИЁМКА f Abgabe f und Übernahme f
производи́ть сда́чу-прие́мку това́ра Warenübernahme leisten (vornehmen)

СДЕ́ЛКА f Geschäft n, Transaktion f; Abmachung f; Abkommen n; Vertrag m
аннули́ровать сде́лку Geschäft annullieren (stornieren, für ungültig erklären)
заключи́ть сде́лку Geschäft (ab-)schließen (tätigen)
отка́зываться от сде́лки Geschäft ablehnen
предлага́ть сде́лку Geschäft anbieten; offerieren
соверша́ть сде́лку Geschäft tätigen
~, аукцио́нная Versteigerungsgeschäft n
~, ба́нковская Bankgeschäft n, Banktransaktion f
~, ба́ртерная Bartergeschäft n, Tauschgeschäft n
~, биржева́я Börsengeschäft n, Börsentransaktion n
~, валю́тная Devisengeschäft n
~, взаимовы́годная gegenseitig vorteilhaftes Geschäft
~, внешнеторго́вая Außenhandelsgeschäft n, Außenhandelstransaktion f
~, двусторо́нняя bilaterales (zweiseitiges) Geschäft
~, де́нежная Geldgeschäft n

~, долгосро́чная langfristiges Geschäft
~ за нали́чный расчёт Bargeschäft n, Barabschluß m; Geschäft gegen bar
~, и́мпортная Importgeschäft n, Einfuhrgeschäft n
~, ка́ссовая Kassageschäft n, Kassaabschluß m
~, комме́рческая Handelsgeschäft n, Transaktion f
~, компенсацио́нная Kompensationsgeschäft n
~, консигнацио́нная Konsignationsgeschäft n
~, краткосро́чная kurzfristiges Geschäft
~, ку́пли-прода́жи Kaufgeschäft n, Handelskauf m, Kaufvertrag m
~, ликвидацио́нная Auflösungsgeschäft n, Liquidationsgeschäft n
~, лицензио́нная Lizenzgeschäft n, Lizenzvertrag m
~, ломба́рдная Lombardgeschäft n
~ на нали́чный това́р Promptgeschäft n, Sofortgeschäft n, Lokogeschäft n, Spotgeschäft n
~ на реа́льный това́р Promptgeschäft n; Effektivgeschäft n
~ на срок Termingeschäft n, Geschäft auf Termin (auf Zeit)
~ на ульти́мо Ultimogeschäft n
~ на усло́виях предыду́щего контра́кта Geschäft zu den Vorvertragsbedingungen
~ на фрахтова́ние тонна́жа Charterungsgeschäft n, Befrachtungsgeschäft n
~ на э́кспорт Exportgeschäft n, Ausfuhrgeschäft n
~, обме́нная Tauschgeschäft n, Bartergeschäft n
~, обра́тная Gegengeschäft n, Deckungsgeschäft n
~, онко́льная on-call-Geschäft n
~, офсе́тная Offset-Geschäft n, Verrechnungsgeschäft n
~ оффшо́р Offshore-Geschäft n
~ по поруче́нию Auftragsgeschäft n
~, посре́дническая Vermittlungsgeschäft n
~, ра́зовая Einzelgeschäft n
~, рээ́кспортная Reexportgeschäft n
~, ры́ночная Geschäft (Transaktion) auf dem Markt
~ своп Swapgeschäft n, Devisenleihgeschäft n
~ с ма́ржей Margegeschäft n

~ с неме́дленной поста́вкой Geschäft (Abkommen) mit Sofortlieferung (mit Promptlieferung); Sofortgeschäft n
~ с обра́тной пре́мией Rückprämiengeschäft n
~, спекуляти́вная Spekulationsgeschäft n, Spekulation f
~ с платежо́м в рассро́чку Teilzahlungsgeschäft n
~ спот Spotgeschäft n
~ с пре́мией Prämiengeschäft n
~, сро́чная Termingeschäft n, Geschäft auf Termin (auf Zeit)
~, товарообме́нная Warenaustauschgeschäft n
~, торго́вая Geschäft n, Handelsgeschäft n, Handelsakt m; Handelsvertrag m
~, тра́нспортно-экспеди́торская Transport-Speditionsgeschäft n
~, убы́точная Verlustgeschäft n
~, учётная Diskontgeschäft n
~, фикти́вная Scheingeschäft n
~, фина́нсовая Finanztransaktion f
~, фо́ндовая Effektengeschäft n
~, фрахто́вая Frachtgeschäft n, Frachtabschluß m
~, фью́черсная Termingeschäft n, Geschäft auf Termin (auf Zeit)
~, хе́джевая Hedge-Geschäft n
~, э́кспортная Exportgeschäft n, Ausfuhrgeschäft n

СЕБЕСТО́ИМОСТЬ f Selbstkosten pl, Herstellungskosten pl; Selbstkostenpreis m
вы́ше себесто́имости über Selbstkosten, über dem Selbstkostenpreis
ни́же себесто́имости unter Selbstkosten, unter dem Selbstkostenpreis
по себесто́имости nach (zu) Selbstkosten
снижа́ть ~ Selbstkosten senken
~ едини́цы проду́кции Selbstkosten der Produktionseinheit
~, нормати́вная Normativselbstkosten pl, Normativkosten pl
~, по́лная Gesamtselbstkosten pl
~ проду́кции Selbstkosten der Erzeugnisse
~, расчётная errechnete Selbstkosten
~, сме́тная Selbstkostenvoranschlag m
~, факти́ческая Ist-Selbstkosten pl

СЕГМЕ́НТ m Segment n
~ ры́нка для ма́ркетинга определённого това́ра Marktsegment n für den Marketing der bestimmten Ware

СЕГ СИЛ

СЕГМЕНТА́ЦИЯ *f* Segmentation *f*
~, демографи́ческая demographische Segmentation, Demographiesegmentation *f*
~ ры́нка Marktsegmentation *f*
~ ры́нка по ка́честву това́ра Marktsegmentation *f* nach der Warenqualität
СЕЗО́Н *m* Saison *f*; Jahreszeit *f*
~, весе́нний Frühjahrssaison *f*
~, зи́мний Wintersaison *f*
~, ле́тний Sommersaison *f*
~ наибо́льшего спро́са Saison des Höchstbedarfs
~, осе́нний Herbstsaison *f*
~ сбы́та Absatzsaison *f*, Verkaufssaison *f*
СЕЗО́ННЫЙ Saison-; jahreszeitlich; saisonbedingt
СЕКУ́НДА *f* (*второй экземпляр переводного векселя*) Sekunda *f*, Zweitausfertigung *f*
СЕПАРА́ЦИЯ *f* Separation *f*
~ гру́за Separation der Fracht (der Ladung)
СЕ́РВИС *m* Service *m*, Kundendienst *m*, Dienstleistungen *f pl*
~, информацио́нный Informationsdienst *m*
~, послепрода́жный Kundendienst nach dem Verkauf
~, предпрода́жный Kundendienst vor dem Verkauf
~, эксплуатацио́нный Betriebsservice *m*, Betriebswartung *f*
~, экспортный Exportkundendienst *m*
СЕРИ́ЙНЫЙ serienmäßig, Serien-; reihenweise, reihenmäßig
СЕ́РИЯ *f* Serie *f*
се́риями serienweise, serienmäßig
СЕРТИФИКА́Т *m* Zertifikat *n*, Bescheinigung *f*, Schein *m*, Urkunde *f*, Zeugnis *n*; Attest *n*
выпи́сывать ~ Zertifikat ausstellen
име́ть ~ Urkunde haben (besitzen)
представля́ть ~ Zeugnis vorlegen
~, авари́йный Havarieschein *m*
~ ана́лиза Analysenzertifikat *n*
~, валю́тный Devisengenehmigung *f*
~ ве́са Wiegeschein *m*
~, ветерина́рный veterinäres (tierärztliches) Zeugnis
~, вкладно́й Einlage-, Deposit-, Hinterlegungsschein *m*
~, грузово́й Frachtgutschein *m*
~, депози́тный Depositenzertifikat *n*
~, зало́говый Pfandschein *m*
~ испыта́ний Prüfzeugnis *n*

~, каранти́нный Quarantänezertifikat *n*
~ ка́чества Qualitätszertifikat *n*, Qualitätszeugnis *n*
~ коли́чества Quantitätszertifikat *n*, Quantitätszeugnis *n*
~, ко́нсульский Konsulatsbestätigung *f*
~, нало́говый Bescheinigung über Gewährung einer Steuersubvention
~ о гото́вности това́ра Warenbereitschaftsbescheinigung *f*
~ оконча́тельной прие́мки Bescheinigung über endgültige Annahme; Endannahmebescheinigung *f*
~ о переда́че объе́кта Akt *m* über Übergabe des Objekts; Objektübergabeakt *m*
~ о прие́мке Abnahmezertifikat *n*, Abnahmebescheinigung *f*, Abnahmeprotokoll *n*
~ отбо́ра проб Bescheinigung über Entnahme der Probe; Musterprobenzertifikat *n*, Warenprobenzertifikat *n*
~, платёжный Zahlungszertifikat *n*
~ происхожде́ния (*товара*) Ursprungszeugnis *n*
~, санита́рный sanitäres Zeugnis, Sanitätszeugnis *n*
~, страхово́й Versicherungszertifikat *n*
~ сюрве́йера Bericht *m* des Surveyors (des Havariekommissars)
СЕРТИФИКА́ЦИЯ *f* Zertifizierung *f*
~ проду́кции Erzeugniszertifizierung *f*
СЕ́ТКА *f* Netz *n*
~, тари́фная Tarifnetz *n*, Tarifstaffelung *f*
СЕТЬ *f* Netz *n*; System *n*
~, аге́нтская Agentennetz *n*, Vertreternetz *n*
~, ди́лерская Dealernetz *n*, Jobbernetz *n*
~ магази́нов цепно́го подчине́ния Verkaufsstellennetz *n*
~, сбытова́я Absatznetz *n*
~, се́рвисная Servicenetz *n*
~, торго́вая Handelsnetz *n*
СИ́ЛА *f* Kraft *f*; Stärke *f*, Macht *f*; Gewalt *f*
в си́лу *чего-л.* infolge; kraft *Gen.*
вступа́ть в си́лу in Kraft treten
име́ть зако́нную, обяза́тельную си́лу Gesetzeskraft *f* haben; verbindliche Kraft haben
сохраня́ть си́лу in Kraft bleiben
теря́ть си́лу Kraft verlieren, außer Kraft sein
утра́чивать си́лу außer Kraft treten

242

СИН СКИ С

~, грузоподъёмная Tragfähigkeit *f*, Tragkraft *f*
~, законная Rechtskraft *f*, Gesetzeskraft *f*
~, непреодолимая höhere Gewalt, Force majeure
~, покупательная Kaufkraft *f*
~, рабочая Arbeitskraft *f*, Arbeitskräfte *pl*
СИНДИКАТ *m* Syndikat *n*; Konsortium *n*, Verband *m*
СИСТЕМА *f* System *n*; Verfahren *n*; Art; Anlage *f*
~, банковская Banksystem *n*
~ безналичных расчётов Clearing *engl.*, Abrechnungssystem *n*; System für Zahlungsausgleich
~, валютная Devisensystem *n*, Währungssystem *n*
~ валютных ограничений Devisenbewirtschaftung *f*, Devisenkontrolle *f*
~, вертикальная маркетинговая vertikales Absatzsystem (Vertriebssystem), senkrechtes Marketingsystem
~, денежная Geldsystem *n*, Geldordnung *f*
~, десятичная Dezimalsystem *n*
~ импортных контингентов Importquotensystem *n*, Importkontingentsystem *n*
~ клиринга Clearing *n*, Clearingverfahren *n*
~, контейнерная Containersystem *n*
~ контроля Kontrollsystem *n*, Prüfsystem *n*
~, кредитная Kreditsystem *n*
~ маркетинга Marketingsystem *n*, Absatzsystem *n*
~ маркетинговой информации System der Marketingsinformation
~ маркировки Markierungssystem *n*, Markierungsverfahren *n*
~ мер и весов Maß- und Gewichtssystem *n*
~, метрическая metrisches System
~ многосторонних расчётов System des Verrechnungsverkehrs; Multiverrechnungssystem *n*
~, налоговая Steuersystem *n*, Steuerwesen *n*
~ обмена Tauschsystem *n*, Tauschverkehrssystem *n*
~ обслуживания Servicesystem *n*; Bedienungssystem *n*
~ оплаты труда Lohnsystem *n*, Entlohnungssystem *n*

~ организации маркетинга Marktwirtschaftssystem *n*, Marketingssystem *n*
~ отчётности Berichtswesenssystem *n*
~ перевозок Transportsystem *n*, Transportverfahren *n*, Verkehrssystem *n*
~, премиальная Prämiensystem *n*
~ протекционистских таможенных пошлин Schutzzollsystem *n*
~, расчётная Berechnungssystem *n*
~ расчётов Bilanzsystem *n*
~ сбыта Absatzsystem *n*, Vertriebsverfahren *n*
~ связи Nachrichtensystem *n*, Kommunikationssystem *n*
~ скидок Rabattsystem *n*, Abzugsverfahren *n*
~, тарифная Tarifsystem *n*
~, транспортная Transportsystem *n*
~ управления Leitungssystem *n*, Verwaltungssystem *n*; Regelungssystem *n*, Steuerungssystem *n*
~ учёта Buchhaltungssystem *n*, Rechnungsverfahren *n*, Inventursystem *n*, Registrierungssystem *n*
~, финансовая Finanzsystem *n*
~, хозяйственная Wirtschaftssystem *n*, wirtschaftliches System
~ хранения товара System der Aufbewahrung der Waren; Lagerhaltungssystem *n*
~ цен Preissystem *n*
~ экономической информации System der ökonomischen Information
СКВОЗНОЙ durchgehend, Durchgangs-; direkt
СКИДКА *f* Rabatt *m*, Preisabschlag *m*, Preisabzug *m*, Preisnachlaß *m*, Nachlaß *m*, Abzug *m*; Preisminderung *f*; Skonto *n* (*m*), Abschlag *m*
без скидки ohne Rabatt
давать скидку в ... % Preisnachlaß ... % gewähren
делать скидку с цены *etwas* vom Preis nachlassen; einen Preisnachlaß gewähren
за вычетом скидки mit Abzug eines Rabatts (eines Preisnachlasses)
оплачивать наличными без скидки ohne Skonto (Kassenrabatt) zahlen
платить без скидки ohne Rabatt (ohne Preisnachlaß) zahlen
покупать со скидкой mit einem Rabatt (mit einem Preisnachlaß) kaufen

СКИ

пользоваться скидкой Abschlag erhalten
предоставлять скидку Rabatt (Preisnachlaß) gewähren, etwas rabattieren
продавать со скидкой mit einem Rabatt (Preisnachlaß) verkaufen
~, валютная Devisenbonus m
~, дилерская Dealerdiskont m, Händlerspreisnachlaß m; Funktionsrabatt m
~ для постоянных покупателей Treuerabatt m
~, дополнительная Zusatzrabatt m, Zusatzpreisnachlaß m
~ за безаварийность, страховая Versicherungsrabatt m
~ за более низкое качество Preisnachlaß bei Qualitätsmängeln
~ за досрочную оплату Vorauszahlungsrabatt m
~ за досрочную поставку Prämie f für vorfristige Lieferung
~ за количество Mengenrabatt m
~ за наличный расчёт Skonto n (m), Barzahlungsnachlaß m, Kassenrabatt m
~, коммерческая Handelsrabatt m
~, налоговая Steuerrabatt m, Steuernachlaß m, Steuerabzug m
~ на непредвиденные расходы Extrakostenrabatt m, Extraausgabenrabatt m
~ на перепродажу Weiterverkaufsabschlag m
~ на пробную партию Probenpartiediskont m, Probenpartieabschlag m
~ на сумму Abschlag auf eine Summe
~ на тару Taranachlaß m, Abschlag für Verpackung
~ на фрахт Frachtrabatt m, Frachtnachlaß m
~, особая Extrarabatt m, Ausnahmenachlaß m
~, отсроченная aufgeschobener (gestundener) Rabatt
~, прогрессивная progressiver Rabatt
~, простая einfacher Rabatt
~, розничная Einzelhandelsrabatt m, Einzelhandelsspanne f
~, сезонная Saisonrabatt m, Saisonabschlag m
~, скрытая verschleierter Rabatt (Abschlag)
~, сложная komplizierter (zusammengesetzter) Rabatt
~ с налога Steuerrabatt m
~ со стоимости Abschlag vom Wert, Preisnachlaß

СКЛ

~ со счёта Abschlag von der Rechnung, Kontoabschlag m
~, специальная Spezialabschlag m, Sondernachlaß m
~ с фрахта Frachtrabatt m, Frachtnachlaß m
~, ценовая Rabatt m, Preisnachlaß m; Preisabschlag m; Preisminderung f
~, экспортная Exportrabatt m, Ausfuhrrabatt m
СКЛАД m Lager n; Niederlage f; Depot n, Speicher m; Lagerhaus n, Lagerraum m; Magazin n
вывозить товар со склада Waren pl ab Lager ausführen
держать товар на складе Waren f pl lagern
заказывать товар со склада Waren f pl ab Lager bestellen
помещать товар на ~ Waren f pl verlagern
поставлять товар со склада Waren f pl ab Lager liefern
продавать товар со склада Waren f pl ab Lager verkaufen
хранить товар на складе Waren f pl lagern (speichern, aufbewahren)
~, бондовый Zollniederlage f
~, грузовой Güterlager n, Güterniederlage f
~, демонстрационный Demonstrationslager n
~ для тары Leergutlager n, Verpakkungsmittellager n
~ для транзитных грузов Transitlager n
~ для ценных грузов Wertfrachtlager n
~, железнодорожный Eisenbahnlager n
~, заводской Betriebsniederlage f, werkeigenes Lager
~, консигнационный Konsignationslager n
~, контейнерный Containerlager n, Behälterlager n
~, оптовый Großhandelslager n, Engroslager n
~, перевалочный Umschlaglager n
~, перегрузочный Umschlagplatz m
~, портовый Hafenlagerhaus n
~, приписной таможенный öffentliche Zollniederlage
~ разбондированных товаров Lager für lose (losgebundene) Waren
~, резервный Ausweichlager n
~, специализированный Speziallager n

~, тамо́женный Zollager *n*, Zollniederlage *f*, Zollspeicher *m*
~, това́рный Warenlager *n*, Warenspeicher *m*
~, торго́вый Handelslager *n*
~ транзи́тных това́ров Transitgutlager *n*, Transitwarenlager *n*
СКЛАДИ́РОВАНИЕ *n* Einlagerung *f*, Lagerhaltung *f*
СКЛАДИ́РОВАТЬ einlagern, lagern
СКЛА́ДЫВАТЬ abladen; einlagern; aufschichten; stapeln
~ това́р на при́стани Güter *n pl* am Ankerplatz (an der Anlegestelle) ausladen (entladen)
СКОЛЬЖЕ́НИЕ *n* Gleitung *f*
~ цен Preisgleitung *f*
СКОПЛЕ́НИЕ *n* Anhäufung *f*, Ansammlung *f*, Häufung *f*
~ гру́зов Güteransammlung *f*
~ судо́в Schiffanhäufung *f*
~ тра́нспорта Transportanhäufung *f*
СКОРОПО́РТЯЩИЙСЯ (*товар, груз*) leicht verderblich
СКО́РОСТЬ *f* Geschwindigkeit *f*, Schnelligkeit *f*; (*судна*) Fahrt *f*
~, грузова́я Gütergeschwindikeit *f*, Ladungsgeschwindigkeit *f*
~ оборо́та Umlaufgeschwindigkeit *f*; Zirkulationsgeschwindigkeit *f*
~ погру́зки Verladungsgeschwindigkeit *f*, Verladungsschnelligkeit *f*
~ разгру́зки Entladungsgeschwindigkeit *f*, Entladungsschnelligkeit *f*
СКУПА́ТЬ aufkaufen
СКУ́ПКА *f* Aufkauf *m*; Ankauf *m*
~ това́ров, спекуляти́вная Schieberankauf *m*, Spekulationsankauf *m*
СКУ́ПЩИК *m* Aufkäufer *m*
СЛИЯ́НИЕ *n* Fusion *f*, Zusammenschluß *m*, Vereinigung *f*; Zusammenlegung *f*
~ ба́нков Bankenfusion *f*
~ компа́ний Zusammenlegung von Gesellschaften
~ предприя́тий Vereinigung von Betrieben
СЛУ́ЖАЩИЙ *m* Angestellte *sub m*; Beamte *sub m*
СЛУ́ЖБА *f* Dienst *m*; Amt *n*; Dienststelle *f*, Büro *n*
~, авари́йная Notdienst *m*
~, аудиторская Auditordienst *m*, Wirtschaftsprüferdienst *m*, Revisorsdienst *m*
~, вспомога́тельная Hilfsdienst *m*

~, инспекцио́нная Inspektionsdienst *m*, Überwachungsdienst *m*
~, информацио́нная Informationsdienst *m*, Informationsstelle *f*; Nachrichtendienst *m*
~, каранти́нная Quarantänedienst *m*
~, консультати́вная Konsultationsdienst *m*
~, контро́льно-пропускна́я Kontroll-Passierdienst *m*; Kontroll-Passierstelle *f*
~ ма́ркетинга Marketingdienst *m*, Vertriebsdienst *m*
~, почто́во-посы́лочная Paketpostdienst *m*
~ прове́рки ка́чества Qualitätskontrolldienst *m*
~, тамо́женная Zolldienst *m*; Zollstelle *f*, Zollamt *n*
~, техни́ческая technischer Dienst; technischer Service
СЛУ́ЧАЙ *m* Fall *m*; Vorfall *m*, Ereignis *n*, Vorkommnis *n*; Zufall *m*
в слу́чае невыполне́ния im Falle der Nichterfüllung
в слу́чае неупла́ты im Falle der Nichtbezahlung
в слу́чае обнаруже́ния дефе́ктов im Falle der Auffindung der Defekte
~, спо́рный Streitfall *m*
~, страхово́й Versicherungsfall *m*
СМЕ́ТА *f* Anschlag *m*, Voranschlag *m*; Etat *m*
пересма́тривать сме́ту Anschlag rividieren (abändern)
по сме́те gemäß dem Anschlag
составля́ть сме́ту anschlagen, veranschlagen; Kostenanschlag *m* aufstellen
~, бюдже́тная Haushaltsplan *m*
~, дополни́тельная Ergänzungsetat *m*, Berichtigungsbudget *n*
~ дохо́дов Einkommensetat *m*
~ изде́ржек Ausgabenetat *m*
~, ориентиро́вочная Orientierungsplan *m*
~, по́лная ausführlicher Voranschlag
~ поступле́ний Eingangsvoranschlag *m*, Einnahmenvoranschlag *m*
~, предвари́тельная Planungsvoranschlag *m*; vorläufiger Finanzplan; Voranschlag *m*
~ расхо́дов Ausgabenetat *m*
~ сто́имости Kostenvoranschlag *m*, Kostenanschlag *m*
~, фина́нсовая Haushaltsplan *m*

СМЕ   **СОВ**

СМЕ́ТНЫЙ veranschlagt
СНАБЖА́ТЬ versorgen, beliefern, versehen
СНАБЖЕ́НИЕ n Belieferung f, Versorgung f
~, материа́льное Materialbelieferung f, Materialversorgung f
~, материа́льно-техни́ческое materialtechnische Versorgung f
~ продово́льствием Lebensmittelversorgung f, Nahrungsmittelversorgung f
~ ры́нка Marktbelieferung f
~ това́рами Versorgung (Belieferung) mit Waren
СНИЖА́ТЬ senken, ermäßigen, reduzieren, vermindern, herabsetzen
СНИЖЕ́НИЕ n Senkung f, Ermäßigung f, Herabsetzung f, Reduzierung f; Verminderung f; Kürzung f, Abbau m
~ зарпла́ты Lohnkürzung f, Lohnabbau m, Lohnsenkung f, Gehaltskürzung f
~ затра́т Kostensenkung f
~ ка́чества Qualitätsabfall m, Qualitätsminderung f
~ ку́рса до́ллара Dollarabwertung f
~ накладны́х расхо́дов Spesensenkung f, Gemeinkostenherabsetzung f, Unkostenermäßigung f
~ нало́гов Steuersenkung f, Steuerermäßigung f, Steuerherabsetzung f
~ производи́тельности Produktivitätssenkung f, Senkung der Leistungsfähigkeit
~ разме́ра по́шлин Zollsenkung f, Zollherabsetzung f
~ расхо́дов Kostensenkung f
~ рента́бельности Senkung der Wirtschaftlichkeit (der Rentabilität)
~ себесто́имости Selbstkostensenkung f, Selbstkostenverringerung f
~ спро́са Senkung der Nachfrage
~ сто́имости Wertherabsetzung f, Wertermäßigung f
~ тамо́женных по́шлин Zollsenkung f, Zollherabsetzung f
~ тари́фов Tarifermäßigung f, Tarifsenkung f
~ цен Preissenkung f, Preisherabsetzung f, Preisreduzierung f, Preisabbau m
~ эффекти́вности Senkung der Effektivität (der Rentabilität)
СНЯ́ТИЕ n Aufhebung f; Löschung f; (с рабо́ты) Entlassung f
~ средств со счёта Aufhebung der Mittel vom Konto

~ с учёта Berechnungsabzug m; Abschreibung f aus dem Geschäftsbuch
~ це́нной бума́ги с котиро́вки Außerkurssetzung f der Wertpapiere
СОБЛЮДЕ́НИЕ n Beachtung f, Befolgung f, Einhaltung f; Erfüllung f
~ инстру́кций Beachtung (Befolgung) der Vorschriften
~ обяза́тельств Erfüllung der Verpflichtungen
~ претензио́нного поря́дка Aufrechthaltung f des Reklamationsverfahrens
~ соглаше́ния Erfüllung eines Abkommens
~ сро́ков Einhaltung der Termine
~ форма́льностей Befolgung (Einhaltung) der Formalitäten
СОБРА́НИЕ n Versammlung f; Beratung f
проводи́ть ~ Versammlung abhalten
~ акционе́ров, о́бщее Hauptversammlung f
~ правле́ния Versammlung der Leitung (der Direktion)
~ учреди́тельное konstituierende Versammlung
СО́БСТВЕННИК m Eigentümer m; Eigner m, Besitzer m, Inhaber m
~ гру́за Eigentümer der Ladung
~ пате́нта Patentinhaber m
СО́БСТВЕННОСТЬ f Eigentum n; Besitz m
застрахова́ть ~ Eigentum versichern
передава́ть пра́во со́бственности Eigentumsrecht n übergeben
~, госуда́рственная Staatseigentum n, staatliches Eigentum
~, застрахо́ванная versichertes Eigentum
~, кооперати́вная genossenschaftliches Eigentum
~, недви́жимая Grundeigentum n, Immobilien pl, Liegenschaften f pl
~ фи́рмы Eigentum einer Firma
~, ча́стная Privateigentum n, privates Eigentum
СОВЕ́Т m (о́рган) Rat m; Vorstand m
~, администрати́вный Verwaltungsrat m
~ директоро́в geschäftsführender Vorstand; Direktorium n
~, наблюда́тельный Aufsichtsrat m
СОВЕ́ТНИК m Berater m, Ratgeber m; Rat m
~, комме́рческий Handelsrat m
~ по экономи́ческим вопро́сам Wirtschaftsberater m

СОВ **СОГ**

~, специа́льный Sonderberater *m*
~, техни́ческий technischer Berater
~, торго́вый Handelsrat *m*
~, фина́нсовый Finanzfachmann *m*, Finanzmann *m*
СОВЕЩА́НИЕ *n* Beratung *f*, Besprechung *f*; Konferenz *f*
проводи́ть ~ Beratung abhalten
~, конъюнкту́рное konjunkturelle Beratung, Konjunkturberatung *f*
~ по ма́ркетингу Marketingsberatung *f*
~, произво́дственное Produktionsberatung *f*
СОВЛАДЕ́ЛЕЦ *m* Miteigentümer *m*; Mitbesitzer *m*; Mitinhaber *m*, Kompagnon *m*; Gesellschafter *m*
СОГЛА́СИЕ *n* Einverständnis *n*, Einwilligung *f*, Zustimmung *f*; Bewilligung *f*; Einvernehmen *n*
без согла́сия ohne Zustimmung
дава́ть ~ на *etwas* bewilligen; Einwilligung zu *Dat.* geben
достига́ть по́лного согла́сия volles Einvernehmen erzielen
по взаи́мному согла́сию nach beiderseitigem Einverständnis
получа́ть ~ Zustimmung (Einwilligung) bekommen (erhalten)
с согла́сия mit Zustimmung; unter Einverständnis
~, взаи́мное gegenseitiges Einvernehmen
~ на приня́тие зака́за Einwilligung zur Einnahme eines Auftrags (einer Bestellung)
~ официа́льное offizielle (amtliche) Einwilligung
~, пи́сьменное schriftliche Einwilligung
~, предвари́тельное Vorzustimmung *f*; vorläufige (einleitende, vorherige) Einwilligung
СОГЛАСОВА́НИЕ *n* Abstimmung *f*, Koordinierung *f*; Übereinstimmung *f*; Vereinbarung *f*
~ пла́на Planabstimmung *f*, Plankoordinierung *f*
~ прое́кта контра́кта Abstimmung eines Vertragsentwurfs
~ усло́вий контра́кта Abstimmung (Vereinbarung) der Vertragsbedingungen
СОГЛАСО́ВЫВАТЬ abstimmen, koordinieren; vereinbaren
СОГЛАШЕ́НИЕ *n* Abkommen *n*; (вертра́гличе) Vereinbarung; Übereinkommen *n*; Abmachung *f*

аннули́ровать ~ Abkommen annullieren (stornieren, für ungültig erklären)
в ра́мках соглаше́ния im Rahmen des Abkommens
в соотве́тствии с соглаше́нием laut (auf) Vereinbarung; im Einverständnis (Einvernehmen) mit der Vereinbarung, vereinbarungsgemäß
выполня́ть ~ Abkommen (Vereinbarung) erfüllen (ausführen)
достига́ть соглаше́ния sich mit *jemandem* verständigen
заключа́ть ~ Abkommen (Vereinbarung) abschließen
парафи́ровать ~ Abkommen (Vereinbarung) paraphieren
пересма́тривать ~ Abkommen korrigieren (prüfen)
продлева́ть ~ Abkommen (Vereinbarung) prolongieren (verlängern)
расторга́ть ~ Abkommen annullieren (aufheben, lösen, stornieren; kündigen; außer Kraft setzen)
соблюда́ть усло́вия соглаше́ния Vereinbarung beachten (befolgen; einhalten, erfüllen)
~, аге́нтское Agenturvereinbarung *f*
~, акко́рдное Akkordabkommen *n*, Akkordvereinbarung *f*
~, аре́ндное Pachtvertrag *m*
~, ба́ртерное Barterabkommen *n*, Kompensationsabkommen *n*, Kompensationsvereinbarung *f*
~, валю́тное Währungsabkommen *n*
~, внешнеторго́вое Außenhandelsabkommen *n*, Außenhandelsvereinbarung *f*
~, генера́льное Generalvereinbarung *f*
~, двусторо́ннее bilaterales (zweiseitiges) Abkommen
~, джентльме́нское Gentleman's Agreement *n*
~, долгосро́чное langfristiges Abkommen
~, карте́льное Kartelabkommen *n*, Kartelvereinbarung *f*
~, кли́ринговое Clearingabkommen *n*
~, компенсацио́нное Kompensationsabkommen *n*
~, консигнацио́нное Konsignationsabkommen *n*
~, краткосро́чное kurzfristiges Abkommen
~, креди́тное Kreditabkommen *n*
~, лицензио́нное Lizenzabkommen *n*, Lizenzvereinbarung *f*

~, межба́нковское Bankenabkommen n, Zwischenbankenabkommen n
~, междунаро́дное internationales Abkommen
~, многосторо́ннее multilaterales (mehrseitiges) Abkommen
~ на аре́нду Pachtvertrag m
~ об обслу́живании Dienstleistungsvertrag m
~ о взаи́мном зачёте платеже́й Vereinbarung über gegenseitige Zahlungsanrechnung
~ о наме́рении Absichtsvereinbarung f
~ о послепрода́жном обслу́живании Dienstleistungsnachvertrag m; Vertrag m über Nachverkaufsdienstleistung
~ о поста́вках Lieferabkommen n
~ о правопереда́че Abkommen (Vereinbarung) über Überweisungsrecht
~ о предоставле́нии монопо́льных прав Abkommen (Vereinbarung) über Einräumung der Monopolrechte
~ о разде́ле ры́нка Abkommen über Marktaufteilung
~ о совме́стном предприя́тии Abkommen (Vereinbarung) über Gemeinschaftsbetrieb
~ о сотру́дничестве Abkommen (Vereinbarung) über Zusammenarbeit
~ о тари́фах Tarifabkommen n, Tarifvereinbarung f, Tarifvertrag m
~ о торго́вле и платежа́х Abkommen über Handel und Zahlungen; Handels- und Zahlungsabkommen n
~, пате́нтное Patentvereinbarung f
~, платёжное Zahlungsabkommen n
~, преференциа́льное Vorzugsvereinbarung f
~, тамо́женное Zollkonvention f, Zollvertrag m
~, товарообме́нное Vereinbarung über den Warenaustausch
~, торго́вое Handelsabkommen n
~, фина́нсовое Finanzabkommen n
~, экономи́ческое Wirtschaftsabkommen n

СОДЕРЖА́НИЕ n 1. (*уход, хранение*) Erhaltung f, Instandhaltung f; Unterhalt m, Unterhaltung f 2. (*количество*) Gehalt m
~, валю́ты, золото́е Goldgehalt m der Währung
~ гру́за Instandhaltung der Güter (der Ladung)

~ при́месей Zusatzinhalt m, Beimischungsinhalt m
~, проце́нтное prozentualer Gehalt, Prozentgehalt m; Prozentsatz m
СОДЕРЖИ́МОЕ n Inhalt m; Gehalt m
~ я́щика Inhalt einer Kiste (eines Kastens, eines Faches)
СОЗДА́НИЕ n Schaffung f; Gründung f, Stiftung f; Bildung f; Anlegung f
~ запа́сов Anlegung von Vorräten (Reserven)
~ сме́шанного о́бщества Stiftung (Gründung) der gemischtwirtschaftlichen Gesellschaft
СОКРАЩЕ́НИЕ n Kürzung f; Verminderung f, Herabsetzung f, Reduzierung f, Rückgang m; Einschränkung f; Drosselung f
~ ассигнова́ний Kürzung von Finanzmitteln (von bewilligten Geldern)
~ бюдже́та Haushaltskürzung f, Haushaltsherabsetzung f
~ запа́сов Bestandsabbau m
~ и́мпорта Importschrumpfung f
~ нало́гов Steuerermäßigung f, Steuerherabsetzung f, Steuersenkung f
~ произво́дства Einschränkung (Kürzung, Drosselung) der Produktion; Betriebseinschränkung f
~ разме́ра по́шлин Zollabbau m, Zollsenkung f, Zollherabsetzung f
~ расхо́дов Herabsetzung (Reduzierung, Verminderung) der Kosten
~ резе́рвов Bestandsabbau m, Reserveabbau m, Reserverückgang m
~ ры́нка Kontraktion f (Einengung f) des Marktes
~ спро́са Nachfragerückgang m, Nachlassen n der Nachfrage
~ числа́ зака́зов Auftragsrückgang m
~ э́кспорта Exportschrumpfung f
СО́ЛО-ВЕ́КСЕЛЬ m (*вексель, имеющий только подпись векселедателя*) Solawechsel m, eigener (trockener) Wechsel, Eigenwechsel m
СООБЩЕ́НИЕ n 1. (*известие; сообщение*) Mitteilung f, Benachrichtigung f; Nachricht f; Meldung f 2. (*связь*) Verbindung f; Verkehr m; Kommunikation f
~, автомоби́льное Kraftverkehr m
~, во́дное Verkehr zu Wasser, Wasserverkehr m
~, возду́шное Luftverkehr m
~, грузово́е Güterverkehr m

~, железнодорожное Bahnverkehr *m*, Eisenbahnverkehr *m*; Bahnverbindung *f*
~, морское Überseeverkehr *m*
~ о местонахождении судна Meldung über die Lage des Schiffes
~ о принятии предложения Mitteilung über die Annahme des Angebots
~, официальное offizielle Meldung (Mitteilung)
~, паромное Prahmverkehr *m*, Fähredienst *m*
~ по телексу Fernschreibverkehr *m*, Fernschreibverbindung *f*, Telexverbindung *f*
~ по [теле]факсу Faxverbindung *f*
~ по телефону Fernsprechverkehr *m*, Fernsprechverbindung *f*; telefonische Mitteilung (Nachricht)
~, прямое Durchgangsverkehr *m*, direkter Verkehr, direkte Verbindung
~, регулярное regelmäßige (reguläre) Verbindung
~, рекламное Werbemitteilung *f*, Werbemeldung *f*, Reklamemitteilung *f*
~, сквозное durchgehende Verbindung; durchgängiger Verkehr
~, смешанное gebrochener Verkehr
~, сухопутное Landverkehr *m*, Verkehr zu Lande
~, транзитное Durchgangsverkehr *m*, Transitverkehr *m*

СООТВЕ́ТСТВИЕ *n* Übereinstimmung *f*, Entsprechen *n*, Kongruenz *f*
в соответствии с ... entsprechend, gemäß *Dat.*; in Übereinstimmung mit *Dat.*
~ качества товара качеству образца Übereinstimmung der Warengüte mit der Mustertreue
~ товара стандарту Übereinstimmung der Ware mit dem Standard (mit der Norm)

СООТНОШЕ́НИЕ *n* Wechselverhältnis *n*, Verhältnis *n*; Relation *f*, Beziehung *f*
~ валют Währungsrelation *f*
~ валютных курсов Währungskursrelation *f*
~ затрат Aufwandsrelation *f*
~ спроса и предложения Verhältnis von Angebot und Nachfrage
~ стоимости Wertverhältnis *n*, Wertrelation *f*
~ цен Preisverhältnis *n*, Preisrelation *f*

СОПОСТАВИ́МОСТЬ *f* Vergleichbarkeit *f*

СОПОСТАВИ́МЫЙ vergleichbar

СОПОСТАВЛЕ́НИЕ *n* Gegenüberstellung *f*, Vergleich *m*
~ затрат Kostenvergleich *m*
~ цен Preisvergleich *m*

СОПРОВОДИ́ТЕЛЬНЫЙ (*о документе*) Begleit-

СОРТ *m* Sorte *f*, Qualität *f*; Wahl *f*
~, базисный Basissorte *f*, Grundsorte *f*
~, второй zweite Sorte (Wahl)
~, высший die beste Qualität (Sorte)
~, низкий niedrige (schlechte, geringe) Qualität (Sorte)
~, обычный коммерческий handelsübliche Sorte (Qualität)
~, первый erste Sorte (Wahl)
~, рыночный Handelssorte *f*
~, средний mittlere Sorte, Durchschnittsqualität *f*
~, стандартный Standardsorte *f*, Standardqualität *f*, Normqualität *f*
~, товарный Warensorte *f*
~, ходовой gängige Sorte

СОРТАМЕ́НТ *m* (*ассортимент, преимущественно в металлургической промышленности*) Sortiment *n*, Auswahl *f*; Walzsortiment *n*, Walzprogramm *n*

СОРТИМЕ́НТ *m* (*ассортимент, преимущественно в лесной промышленности*) Holzsortiment *n*

СОРТИРОВА́ТЬ sortieren, auslesen; ordnen

СОРТИРО́ВКА *f* Sortierung *f*, Sortieren *n*, Auslesen *n*
производить сортировку sortieren, aussortieren; ordnen
~, предварительная Vorsortieren *n*
~, ручная manuelles Sortieren, Handsortieren *n*

СОРТИРО́ВЩИК *m* Ausleser *m*, Sortierer *m*

СО́РТНОСТЬ *f* Sorte *f*, Qualität *f*; Güteklassenstruktur *f*
~, пониженная mindere (niedere, geringere) Qualität

СОСТА́В *m* (*совокупность людей*) Gliederung *f*, Struktur *f*, Zusammensetzung *f*; Bestand *m*; Personal *n*
~ делегации Zusammensetzung einer Delegation
~ правления Zusammensetzung des Vorstandes (der Verwaltung)
~, руководящий Führungskräfte *f pl*

СОСТАВЛЕ́НИЕ *n* Aufstellung *f*, Ausarbeitung *f*; Entwerfen *n*; Abfassung *f*; Zu-

sammenstellung *f*, Bildung *f*, Aufmachung *f*
~ баланса Aufstellung (Abfassung) einer Bilanz, Bilanzaufstellung *f*
~ диспаши Aufmachung einer Dispache
~ документа Entwerfen eines Dokumentes
~ заявки Abfassung einer Bestellung
~ каталога Katalogisierung *f*
~ маршрута Festlegung *f* einer Reiseroute (eines Reiseweges)
~ описания изобретения к патенту Ausarbeitung der Erfindungsbeschreibung zum Patent
~ описи Aufstellung eines Verzeichnisses
~ плана Aufstellung (Ausarbeitung) eines Plans, Planaufstellung *f*
~ проектно-технической документации Vorbereitung *f* der technischen Projektierungsdokumentation
~ сметы Veranschlagung *f*, Aufstellung eines Kostenanschlags
~ фактуры Fakturieren *n* (Fakturierung *f*, Aufmachung) einer Rechnung

СОСТОЯНИЕ *n* 1. Zustand *m*, Beschaffenheit *f*; Stand *m*; Lage *f* 2. (*капитал*) Vermögen *n*; Habe *f*
в неисправном (плохом, рабочем, хорошем) состоянии in defektem (schlechtem) Zustand; im Betriebszustand, in gutem Zustand
~ взаимных расчётов Zustand (Stand) der gegenseitigen Aufrechnung
~ груза Zustand der Ladung (der Fracht)
~ запасов Zustand (Lage) der Vorräte
~ маркировки Zustand der Markierung
~, надлежащее gute Beschaffenheit
~, недоброкачественное defekte (schadhafte, minderwertige) Beschaffenheit (Qualität)
~ поставок Lieferungsstand *m*
~ рынка Marktlage *f*
~ спроса Bedarfslage *f*
~ товара Beschaffenheit der Ware
~ цен на рынке Preislage *f* auf dem Markt

СОТРУДНИК *m* Mitarbeiter *m*

СОТРУДНИЧЕСТВО *n* Mitarbeit *f*, Mitwirkung *f*; Zusammenarbeit *f*, Kooperation *f*, Kooperierung *f*
налаживать ~ Zusammenarbeit organisieren
осуществлять ~ Zusammenarbeit verwirklichen

поддерживать ~ Zusammenarbeit unterstützen
предлагать ~ Zusammenarbeit anbieten (bieten)
расширять ~ Mitarbeit ausbauen
укреплять ~ Zusammenarbeit festigen
~, взаимовыгодное gegenseitig vorteilhafte Zusammenarbeit
~, внешнеторговое Außenhandelszusammenarbeit *f*; Zusammenarbeit auf dem Außenhandelsgebiet
~ в области маркетинга Zusammenarbeit auf dem Gebiet des Marketings
~, деловое Arbeitsgemeinschaft *f*; geschäftliche Zusammenarbeit
~, долговременное langfristige Zusammenarbeit
~, международное internationale Zusammenarbeit
~, многостороннее mehrseitige (multilaterale) Zusammenarbeit
~ на взаимовыгодной основе Zusammenarbeit auf der gegenseitig vorteilhaften Grundlage
~ на коммерческих условиях Zusammenarbeit zu kommerziellen Bedingungen (zu den Geschäftsbedingungen)
~ на компенсационной основе Zusammenarbeit auf der Kompensationsgrundlage (auf der Kompensationsbasis)
~ на подрядных условиях Zusammenarbeit zu den Vertragsbedingungen
~ на условиях «под ключ» Zusammenarbeit zu den Bedingungen «schlüsselfertig»
~ на условиях «продакшн шеринг» Zusammenarbeit zu den Bedingungen «production sharing»
~, научно-техническое wissenschaftlich-technische Zusammenarbeit
~, производственное Betriebskooperation *f*, industrielle Kooperation
~, равноправное gleichberechtigte Zusammenarbeit
~, разностороннее vielseitige Zusammenarbeit
~ с зарубежными партнёрами Zusammenarbeit mit ausländischen Partnern
~, технико-экономическое technisch-ökonomische Zusammenarbeit
~, техническое technische Zusammenarbeit
~, торгово-экономическое Zusammenarbeit in Handel und Wirtschaft

СОХ

~, фина́нсовое finanzielle Zusammenarbeit
~, экономи́ческое wirtschaftliche Zusammenarbeit
СОХРАНЕ́НИЕ *n* Erhaltung *f*, Wahrung *f;* Aufbewahrung *f*, Verwahrung *f*
~ гру́за Aufbewahrung der Ladung (der Fracht)
~ пате́нта в си́ле Erhaltung des Patentes in Kraft
СОХРА́ННОСТЬ *f* Unversehrtheit *f*
обеспе́чивать ~ Unversehrtheit sichern
~ гру́за Sicherheit *f* (Unversehrtheit) der Ladung
~ ка́чества Unversehrtheit der Qualität
~ от поврежде́ния (по́рчи) Schutz *m* (Unversehrtheit) vor Beschädigung (vor Verderb)
~ това́ра Unversehrtheit der Ware
СОЮ́З *m* Bund *m*, Bündnis *n;* Vereinigung *f*, Verein *m;* Union *f*
~, валю́тный Währungsunion *f*
~, платёжный Zahlungsunion *f*
~ предпринима́телей Unternehmerverband *m*, Unternehmervereinigung *f*
~, тамо́женный Zollunion *f*, Zollverband *m*, Zollbund *m*
СПАД *m* Rückgang *m*, Rückschlag *m;* Krise *f;* Flaute *f;* Fallen *n*, Nachlassen *n*
испы́тывать ~ vom Rückschlag betroffen sein; den Rückschlag erleiden
предотвраща́ть ~ den Rückschlag verhindern
~ биржевы́х ку́рсов Rückfall *m* der Börsenkurse
~ в торго́вле Handelsrückgang *m*, Handelsabschwächung *f*, Handelsrezession *f*
~ делово́й акти́вности Geschäftsrückgang *m*
~ конъюнкту́ры Konjunkturabschwächung *f*, Nachlassen der Konjunktur
~ произво́дства Rückgang der Produktion
~, экономи́ческий Wirtschaftskrise *f*, wirtschaftlicher Rückschlag
СПЕКУЛЯ́НТ *m бирж.* Börsenspekulant *m*, Jobber *m*
~, игра́ющий на повыше́ние Haussier *m*, Preistreiber *m*
~, игра́ющий на пониже́ние Kontermineur *m*, Preisdrücker *m*, Baissier *m*
~ це́нными бума́гами Wertpapierspekulant *m*

СПЕ

СПЕКУЛЯТИ́ВНЫЙ *бирж.* Schieber-, spekulativ
СПЕКУЛЯ́ЦИЯ *f бирж.* Schiebung *f;* Spekulation *f*
~ а́кциями Aktienschwindel *m*
~, биржева́я Börsenspekulation *f*, Jobberei *f*
~, валю́тная Devisenschwindel *m;* Valutaspekulation *f*
СПЕЦИАЛИЗА́ЦИЯ *f* Spezialisierung *f*
~, произво́дственная Spezialisierung der Produktion; Produktionsspezialisierung *f*
~, торго́вая Spezialisierung des Handels, Handelsspezialisierung *f*
~, у́зкая enge Spezialisierung
СПЕЦИАЛИ́СТ *m* Spezialist *m*, Fachmann *m*
~, иностра́нный ausländischer Fachmann
~, квалифици́рованный Fachmann
~ по комме́рческим вопро́сам kaufmännischer Fachmann
~ по ма́ркетингу Marketingspezialist *m*, Marktfachmann *m*
~ по рекла́ме Werbefachmann *m*
~ по техни́ческим вопро́сам technischer Expert[e] (Fachmann)
СПЕЦИА́ЛЬНОСТЬ *f* Beruf *m;* Fach *n;* Fachrichtung *f*
СПЕЦИФИКА́ЦИЯ *f* Spezifikation *f;* Spezifizierung *f*, Aufstellung *f*, Stückliste *f*
гото́вить специфика́цию die Spezifikation vorbereiten
получа́ть специфика́цию die Spezifikation bekommen (erhalten)
представля́ть специфика́цию die Spezifikation vorlegen
соотве́тствовать специфика́ции einer Spezifikation entsprechen
составля́ть специфика́цию die Spezifikation aufstellen (zusammenstellen)
~ ассортиме́нта Spezifikation des Sortiments
~, весова́я Gewichtsspezifikation *f*
~ гру́за Frachtstückliste *f*
~ зака́за Spezifizierung eines Auftrags
~ изде́лия Spezifizierung eines Erzeugnisses
~ ка́чества Gütespezifikation *f*, Qualitätsspezifizierung *f*
~ к счёту Rechnungsspezifikation *f*
~ материа́лов Spezifikation des Materials (des Stoffes)

СПЕ

~ на запчáсти Spezifikation der Ersatzteile
~ на оборýдование Ausrüstungsspezifikation *f*
~ на сырьевы́е товáры Rohstoffspezifikation *f*
~, отгрýзочная Versandspezifikation *f*, Verschiffungsspezifikation *f*
~, патéнтная Patentspezifizierung *f*
~, помéстная Stückliste *f*
~, расцéночная Preisliste *f*
~, тари́фная Tarifliste *f*
~, упакóвочная Packliste *f*
СПЕЦИФИЦИ́РОВАННЫЙ spezifiziert
СПИСÁНИЕ *n* Abschreibung *f*; Ausbuchung *f*; Buchung *f*; Abbuchung *f*
~ по амортизáции Amortisation *f*
~ срéдств со счёта Abbuchung *f*, Lastschrift *f*
СПИ́СОК *m* Liste *f*, Verzeichnis *n*, Aufstellung *f*; Register *n*
включáть в ~ ins Register eintragen; registrieren
готóвить ~ die Liste vorbereiten
составля́ть ~ ein Verzeichnis erstellen
~ адресáтов Adressatverzeichnis *n*, Empfängerliste *f*
~ арби́тров Schiedsrichterliste *f*
~ грýзов Güterverzeichnis *n*
~, запрети́тельный verbietende Liste, Verbotsliste *f*
~, контрóльный Überwachungsliste *f*
~ материáлов Materialliste *f*, Liste der Stoffe
~, ограничи́тельный einschränkende Liste, Restriktionsliste *f*
~ покупáтелей Käuferliste *f*
~ поставщикóв Lieferantenverzeichnis *n*, Lieferantenliste *f*
~ постоя́нных посети́телей би́ржи Börsenbesucherverzeichnis *n*, Börsenbesucherliste *f*
~ потреби́телей Verbraucherliste *f*
~ рекламодáтелей Liste der Anzeigenkunden
~ товáров Warenverzeichnis *n*, Warenliste *f*
~ товáров, запрещённых для э́кспорта Liste (Verzeichnis) der für Export verbotenen Waren
~ товáров, не облагáемых пóшлиной Freiliste *f*
~, упакóвочный Verpackungsliste *f*, Verpackungsschein *m*
~ учáстников Teilnehmerliste *f*

СПО

~ учáстников торгóв Liste der Teilnehmer an der Ausschreibung
~ экспонáтов Exponatenverzeichnis *n*
СПИ́СЫВАТЬ (*долг, сýмму*) gutschreiben, buchen
~ со счёта vom Konto abbuchen, (ein Konto) belasten
СПÓНСОР *m* Sponsor *m*; Geldgeber
СПОР *m* Streit *m*, Streitfall *m*; Rechtsstreit *m*, Rechtssache *f*
передавáть ~ в арбитрáжную коми́ссию Streitfall ans Schiedsgericht (an die Arbitragekommission) einbringen
передавáть ~ на рассмотрéние Streitfall für Schiedsspruch einbringen (vorweisen)
принимáть ~ к рассмотрéнию Streitfall für Entscheidung annehmen
разрешáть ~ в арбитрáжном поря́дке Streitfall durch Schiedsgericht regeln
рассмáтривать ~ Streitfall entscheiden (schlichten, lösen)
урегули́ровать ~ Streit (Rechtssache) beilegen (schlichten, regeln)
~, валю́тно-финáнсовый Devisenstreitigkeit *f*
~, имýщественный vermögensrechtliche Streitigkeit
~, патéнтный Patentstreit *m*
~ по контрáкту Vertragsstreitigkeit *f*
~ по претéнзии Anspruchsstreitigkeit *f*, Reklamationsstreitigkeit *f*
~, правовóй Rechtsstreit *m*
~, торгóвый Handelsstreit *m*
СПÓСОБ *m* Methode *f*, Verfahren *n*; Weise *f*, Art *f*; Mittel *n*
~ возмещéния Vergütungsverfahren *n*, Vergütungsmethode *f*
~ вознаграждéния Belohnungsverfahren *n*, Entschädigungsverfahren *n*, Art und Weise der Entschädigung
~, запатентóванный patentierte Methode
~ изготовлéния Produktionsverfahren *n*, Herstellungsverfahren *n*
~ использования Anwendungsmodus *m*; Handhabung *f*
~ маркирóвки Markierungsart *f*
~ отгрýзки Verladungsverfahren *n*
~, патентоспосóбный patentfähiges Verfahren
~ перевóзки Transportart *f*, Beförderungsart *f*
~ платежá Zahlungsart *f*, Zahlungsweise *f*
~ погрýзки Beladungsverfahren *n*

~ по́льзования Gebrauchsanweisung *f*
~ поста́вки Lieferungsverfahren *n*
~ примене́ния Anwendungsweise *f*
~ произво́дства Produktionsverfahren *n*, Produktionsweise *f*, Herstellungsverfahren *n*
~ разгру́зки Entladungsverfahren *n*, Entladungsweise *f*
~ рекла́мы Werbemethode *f*
~ стимули́рования сбы́та Verkaufsförderungsmethode *f*
~ транспортиро́вки Beförderungsart *m*
~ упако́вки Verpackungsart *f*
~ учёта Buchungsverfahren *n*, Rechnungslegung *f*
~ финанси́рования Finanzierungsart *f*
~ хране́ния Aufbewahrungsweise *f*, Anweisung *f* für die Lagerung
~, экономи́чный wirtschaftliches Verfahren
~, эффекти́вный effektive (rentable, wirksame) Art
СПОСО́БНОСТЬ *f* Fähigkeit *f*, Vermögen *n*; Begabung *f*, Talent *n*
~, грузоперераба́тывающая Frachtverladevermögen *n*, Güterverladevermögen *n*
~, покупа́тельная Kaufkraft *f*, Kauffähigkeit *f*
~, провозна́я Leistungsfähigkeit *f*, Transportfähigkeit *f*
~, пропускна́я Durchlaßfähigkeit *f*, Aufnahmefähigkeit *f*
СПОТ *бирж.* (*с немедленной поставкой*) Spotgeschäft *n*; spot loading *engl.*
СПРА́ВКА *f* Auskunft *f*, Ermittlung *f*; Bescheinigung *f*; Beleg *m*
обраща́ться за спра́вкой um Auskunft bitten
составля́ть спра́вку Auskunft aufstellen (vorbereiten)
СПРА́ВОЧНИК *m* Handbuch *n*, Nachschlagebuch *n*
~, рекла́мный Werberegister, Werbeeintragungsbuch *n*
~, тари́фный Tarifbuch *n*, Tarifverzeichnis *n*
~, торго́вый Handelsbuch *n*, Geschäftsbuch *n*
~, фи́рменный Firmenadreßbuch *n*
СПРОС *m* Nachfrage *f*, Bedarf *m*
име́ть ~ gefragt sein
не име́ть спро́са nicht gefragt sein
по́льзоваться спро́сом sich einer Nachfrage erfreuen

превыша́ть ~ die Nachfrage übersteigen
удовлетворя́ть ~ die Nachfrage decken
~, акти́вный aktive Nachfrage
~, вну́тренний Inlandsnachfrage *f*, Nachfrage auf dem Binnenmarkt
~, вя́лый flaue Nachfrage
~, инвестицио́нный Investitionsbedarf *m*, Investitionsnachfrage *f*
~ на валю́ту Währungsnachfrage *f*
~ на и́мпорт Importnachfrage *f*
~ на капита́л Kapitalbedarf *m*; Kapitalnachfrage *f*
~ на креди́т Kreditnachfrage *f*
~ на ры́нке Marktnachfrage *f*
~ на това́ры Nachfrage nach Waren, Bedarf an Waren, Warenbedarf *m*, Warennachfrage *f*
~ на экспорт Exportnachfrage *f*
~, ограни́ченный beschränkte Nachfrage
~, платёжеспосо́бный zahlungsfähige (kaufkräftige) Nachfrage
~, покупа́тельный Kaufnachfrage *f*
~, потенциа́льный potentiale (potentielle) Nachfrage
~, потреби́тельский Verbrauchernachfrage *f*, konsumtive Nachfrage
~, сезо́нный Saisonnachfrage *f*, jahreszeitliche Nachfrage
~, совоку́пный Gesamtnachfrage *f*
~, усто́йчивый ständige Nachfrage
СРЕДНЕВЗВЕ́ШЕННЫЙ (*о валютном курсе*) Durchschnittskurs-
СРЕДНЕСРО́ЧНЫЙ mittelfristig
СРЕ́ДСТВА *n pl* 1. (*капитал*) Mittel *n pl*, Gelder *n pl* 2. (*предметы, орудия для осуществления какой-л. деятельности*) Mittel *n pl*
вкла́дывать ~ Mittel anlegen (investieren)
выделя́ть ~ Mittel bereitstellen (zuweisen)
замора́живать ~ Mittel einfrieren (festlegen)
затра́чивать ~ Mittel aufwenden (ausgeben, verausgaben)
испо́льзовать ~ Mittel anwenden (benutzen)
перераспределя́ть ~ Mittel umverteilen (neuverteilen)
предоставля́ть ~ Mittel Durchschnittskurs- zur Verfügung stellen
привлека́ть ~ Mittel beschaffen
~, ба́нковские Bankfonds *m pl*, Bankvermögen *n*, Geldmittel *n pl* auf der Bank

~, бюдже́тные Budgetmittel n pl, Haushaltsmittel n pl, Budget n
~, валю́тные Devisenmittel n pl
~, вло́женные angelegte (investierte) Mittel
~, госуда́рственные staatliche Mittel (Gelder)
~, де́нежные Geldmittel n pl, Gelder
~, депони́рованные deponierte Mittel
~, заёмные fremde (geliehene) Mittel
~, заморо́женные gesperrte Mittel, gesperrte Fonds
~, инвестицио́нные Investitionsmittel n pl
~, креди́тные Kreditmittel n pl
~, ликви́дные liquide (flüssige) Mittel
~, нали́чные Barmittel n pl, Bargeld n
~, неликви́дные nicht liquide (nicht flüssige) Mittel
~, оборо́тные Umlaufmittel n pl, Betriebskapital n
~, основны́е Grundmittel n pl
~, перева́лочные Umschlagsmittel n pl
~, перево́зочные Beförderungsmittel n pl, Transportmittel n pl
~, платёжные Zahlungsmittel n pl
~, погру́зочно-разгру́зочные Be- und Entlademittel n pl
~ предприя́тия Betriebsmittel n pl, Fonds m des Betriebes
~, привлечённые fremde (geliehene) Mittel, fremde Fonds
~ произво́дства Produktionsmittel n pl, Investitionsgüter n pl
~, разгру́зочные Entlademittel n pl
~ распростране́ния рекла́мы Werbeträger m pl
~, свобо́дные frei verfügbare (flüssige) Mittel
~, со́бственные eigene Mittel, Eigenmittel n pl
~, тра́нспортные Verkehrsmittel n pl, Beförderungsmittel n pl, Transportmittel n pl
~, упако́вочные Verpackungsmittel n pl
~, фина́нсовые finanzielle Mittel, Finanzen pl

СРОК m Termin m; Frist f; Zeitpunkt m; Zeitdauer f, Dauer f; Zeitspanne f
в ~ termingerecht, termingemäß, zum Termin; fristgemäß
в преде́лах сро́ка im Zeitraum, in Zeitschranken

изменя́ть ~ Termin verändern
на ~ auf Termin; auf bestimmte Zeit; auf die Dauer
назнача́ть ~ Termin ansetzen (festsetzen); befristen
не соблюда́ть ~ Termin nicht einhalten
отодвига́ть ~ Termin verlegen
переноси́ть ~ Termin verschieben
пересма́тривать ~ Datum n (Termin) verlegen (verschieben)
по истече́нии сро́ка nach Fristablauf
покупа́ть на ~ auf Zeit kaufen
при наступле́нии сро́ка bei Fälligkeit, bei Fälligkeitstermin
продава́ть на ~ auf Zeit verkaufen
продлева́ть ~ Termin hinausschieben (verlängern)
просро́чить ~ Termin überschreiten (versäumen)
соблюда́ть ~ Termin einhalten
ука́зывать ~ Termin (Frist) nennen (angeben)
устана́вливать ~ Termin (Frist) festsetzen (bestimmen)
~ акце́пта Annahmetermin m
~ аре́нды Pachtzeit f
~ ве́кселя Laufzeit f eines Wechsels
~ вкла́да Dauer (Termin) der Einzahlung
~ возвра́та де́нег Rückzahlungsfrist f
~ вы́грузки Entladefrist f; Löschzeit f
~ выполне́ния контра́кта vertragliche Leistungsfrist; Zeit (Frist) der Vertragsausführung
~ гара́нтии Garantiefrist f
~ го́дности Lebensdauer f, Gebrauchsdauer f
~ да́вности юр. Verjährungsfrist f
~ де́йствия Gültigkeitsdauer f, Geltungsdauer f
~ для заявле́ния прете́нзии Einspruchsfrist f, Reklamationsfrist f
~ для пода́чи апелля́ции Berufungsfrist f
~ для пода́чи зая́вки Termin für die Angebotsabgabe
~, до́лгий lange Frist
~ за́йма Laufdauer f einer Anleihe (eines Darlehens)
~ испыта́ний Testzeit f, Prüfdauer f
~, календа́рный Kalenderzeit f
~ консигна́ции Konsignationszeit f, Zeit (Dauer) der Warenabfertigung
~, коро́ткий kurze Frist

~ креди́та Kreditlaufzeit f, Kreditfrist f, Kreditdauer f
~, льго́тный Sonderfrist f, Nachfrist f, Schutzfrist f
~, наступи́вший eingetretener Termin
~, нормати́вный Normativfrist f
~ обжа́лования Appellationsfrist f, Berufungsfrist f
~, оговорённый в контра́кте die im Vertrag vereinbarte Frist, vertraglich vereinbarte Frist
~ окупа́емости Rückflußdauer f, Rücklaufzeit f
~ опла́ты Bezahlungsfrist f
~ отгру́зки Verladefrist f, Zeitpunkt der Verladung (der Verschiffung)
~ отпра́вки Versandtermin m, Abfertigungstermin m
~ пате́нтной охра́ны Patentschutzdauer f
~ платежа́ Zahlungstermin m, Zahlungsfrist f, Zahlungszeit f
~ погаше́ния Tilgungsfrist f
~ погру́зки Ladetermin m, Verladungsfrist f
~ полномо́чий Zeitdaur der Vollmachten (der Befugnisse)
~ по́льзования Nutzungsdauer f
~ поста́вки Lieferfrist f, Liefertermin m, Lieferungsfrist f, Lieferungstermin m
~, продлённый verlängerter Termin, verlängerte Frist
~ рабо́ты Arbeitsdauer f
~ разгру́зки Entladefrist f; Löschfrist f
~, расчётный Abrechnungstag m
~ регистра́ции зая́вки Registrierungsfrist f einer Forderung
~ слу́жбы (станка, машины) Lebensdauer f
~ соглаше́ния Dauer f eines Abkommens
~, сре́дний durchschnittliche Zeit, Durchschnittsdauer f
~ ссу́ды Leihfrist f
~ страхо́вки Versicherungsperiode f
~ транспортиро́вки Transportdauer f, Transportzeit f
~ тра́тты Laufzeit einer Tratte
~, устано́вленный festgelegte Zahlungsfrist
~ хране́ния Lagerfrist f; Dauer der Verwahrung
~ эксплуата́ции Nutzungsdauer f, Betriebszeit f

СРО́ЧНЫЙ (с определённым сроком) Termin-; Frist-; befristet
ССУ́ДА f Darlehen n, Kredit m; Anleihe f; Verleihung f
брать ссу́ду bei jemandem leihen; Anleihe machen
дава́ть ссу́ду jemandem eine Anleihe gewähren (leihen); ein Darlehen geben
погаша́ть ссу́ду Anleihe begleichen (abgelten, tilgen, löschen)
получа́ть ссу́ду Darlehen bekommen (erhalten)
предоставля́ть ссу́ду Anleihe gewähren (zur Verfügung stellen)
~, ба́нковская Bankkredit m
~, безвозвра́тная Darlehen ohne Rückzahlungsverpflichtung; verlorener Zuschuß
~, беспроце́нтная zinsloses (unverzinsliches) Darlehen, zinsloser Kredit
~, бессро́чная unbefristetes (fristloses) Darlehen
~, валю́тная Devisenkredit m
~, возвра́тная rückzahlbares Darlehen
~, де́нежная Gelddarlehen n; Geldanleihe f
~ до востре́бования täglich fälliges Darlehen; sofort fälliger Kredit
~, долгосро́чная langfristiges Darlehen
~, краткосро́чная kurzfristiges Darlehen
~, льго́тная Kredit zu Vorzugsbedingungen
~ на срок Darlehen auf bestimmte Zeit (auf die Dauer; auf Termin)
~, однодне́вная eintägiges Darlehen, Eintagsdarlehen n
~, онко́льная Kredit auf Abruf, jederzeit kündbarer Kredit
~ под гара́нтию Bürgschaftskredit m
~ под двойно́е обеспе́чение Darlehen auf Grund börsengängiger Wertpapiere
~ под долгово́е обяза́тельство Schuldscheindarlehen n
~ под зало́г Lombarddarlehen n, Lombardanleihe f
~ под платёжные докуме́нты Kredit gegen Zahlungsdokumente
~ под проце́нты Zinsdarlehen n
~, подтова́рная Warenbeleihung f, Warenkredit m
~ под това́рно-материа́льные це́нности Kredit gegen Waren-Materialbestände
~ под це́нные бума́ги Darlehen gegen Lombardierung von Wertpapieren

~, просроченная überfälliges Darlehen, überfälliger Kredit
~, процентная Zinsdarlehen n
~ с погашением в рассрочку Darlehen (Kredit) mit Abzahlung in Raten
~, среднесрочная mittelfristiges Darlehen
~, срочная fälliges Darlehen
~, целевая zweckgebundenes Darlehen, zweckgebundener Kredit

СТАБИЛИЗАЦИЯ f Stabilisation f; Stabilisierung f
~ валютного рынка Stabilisation des Devisenmarktes
~ курса валюты Stabilisation des Devisenkurses
~ цен Preisstabilisierung f

СТАБИЛЬНОСТЬ f Stabilität f, Beständigkeit f
~ рынка Marktstabilität f
~ цен Preisstabilität f
~, экономическая wirtschaftliche Stabilität

СТАВКА f Satz m; Rate f; Quote f; Taxe f
повышать ставку Rate (Quote) erhöhen
предоставлять особую ставку Sondersatz m gewähren
снижать ставку Satz (Rate, Quote) herabsetzen
~, аккордная Akkordsatz m
~ арендной платы Pachtrate f, Mietrate f
~, базисная Grundtarif m
~ банка, учётная Diskontsatz m, Diskontrate f
~ вознаграждения Provisionssatz m, Entgeltsatz m, Vergütungssatz m
~ демерреджа Überliegegeldrate f; Standgeldrate f
~, депозитная процентная Zinssatz m für Depositengelder
~ дисконта Diskontsatz m, Diskontrate f
~ диспача Eilgeldrate f
~, дневная Tages[lohn]satz m
~, единая тарифная Einheitstarifsatz m
~ зарплаты Lohnsatz m
~ зарплаты, основная Grundlohnsatz m
~ зарплаты, повременная Zeitlohnsatz m
~ зарплаты, почасовая Stundenlohnsatz m
~ зарплаты, сдельная Stücklohnsatz m
~ комиссионного вознаграждения Provisionssatz m
~, льготная Vorzugssatz m

~ налога Steuersatz m
~, обычная Normalsatz m, Grundsatz m
~, официальная offizieller (amtlicher) Kurs
~ переучёта (векселей) Rediskontsatz m
~, плавающая Pauschalsatz m
~, процентная Prozentsatz m; Zinssatz m, Zinsfuß m, Zinsrate f
~, рыночная Marktrate f
~, сквозная Direktsatz m
~, средневзвешенная Durchschnittssatz m
~, стивидорная Stauerrate f
~, страховая Versicherungsrate f, Versicherungssatz m
~ таможенной пошлины Zollsatz m
~, твёрдая fester Satz, Fixum n
~ учётного процента Diskontsatz m, Diskontrate f
~, фрахтовая Frachtrate f, Frachttarif m, Frachtsatz m

СТАВКИ f pl Sätze m pl, Raten f pl, Quoten f pl
пересматривать ~ Raten (Quoten) überprüfen
применять тарифные ~ Tarifsätze m pl anwenden
устанавливать ~ Raten festsetzen (festlegen)
~ денежного рынка Raten des Geldmarktes
~ за генеральный груз Sätze für Generalcargo (für Generalladung)
~ за перевозки на линейных судах Sätze für Beförderung mit den Linienschiffen
~ за перевозки на трамповых судах Sätze für Beförderung mit Trampschiffen
~ погрузочно-разгрузочных работ Sätze für Be- und Entladearbeiten
~ по долгосрочным обязательствам Sätze für langfristige Verpflichtungen
~ по кредитам Kreditsätze m pl, Kreditraten f pl, Kreditquoten f pl
~, тарифные Tarifsätze m pl, Tarifquoten f pl

СТАГНАЦИЯ f (застой) Stagnation f, Stillstand m

СТАГФЛЯЦИЯ f (стагнация при одновременном росте инфляции) Stagflation f

СТАЛИЙНОЕ ВРЕМЯ (период времени, указанный в чартере для погрузки и разгрузки судна) Liegezeit f, Liegetage m pl

подсчи́тывать ~ Liegezeit berechnen
СТАНДА́РТ *m* Standard *m*, Norm *f*
отвеча́ть мировы́м станда́ртам dem Welthöchststand (dem Weltniveau) entsprechen
соотве́тствовать станда́рту dem Standard entsprechen
~, госуда́рственный staatlicher Standard, COST
~, де́нежный Geldstandard *m*
~, заводско́й Werksnorm *f*
~, золото́й Goldstandard *m*, Goldwährung *f*
~ ка́чества Qualitätsstandard *m*
~, междунаро́дный internationaler Standard
~, мирово́й Welthöchststand *m*, Weltspitze *f*, Weltstandard *m*
~, официа́льный offizieller Standard
~ предприя́тия Betriebsstandard *m*
~, промы́шленный Industrienorm *f*
~, ры́ночный Marktnorm *f*, Marktstandard *m*
~, торго́вый Handelsnorm *f*, Handelsstandard *m*
~, узако́ненный legitimer Standard
СТАНДАРТИЗА́ЦИЯ *f* Standardisierung *f*, Normung *f*
~ выпуска́емой проду́кции Standardisierung der Produktion (der Erzeugnisse)
~ та́ры Standardisierung (Normung) der Verpackung (der Tara)
СТАНДА́РТНЫЙ Standard-, Norm-, standardisiert, genormt
СТА́НЦИЯ *f* 1. Station *f*; Bahnhof *m* 2. (*учреждение, предприятие*) Station *f*, Amt *n*
~, грузова́я Güterbahnhof *m*
~, железнодоро́жная Bahnhof, Eisenbahnstation *f*
~, коне́чная Endstation *f*, Endbahnhof *m*
~, конте́йнерная Containerstation *f*
~ назначе́ния Empfangsstation *f*, Bestimmungsbahnhof *m*
~ отправле́ния Abgangsbahnhof *m*, Versandbahnhof *m*, Versandstation *f*
~, перева́лочная Umschlagbahnhof *m*, Umladebahnhof *m*
~, пограни́чная Grenzbahnhof *m*, Grenzstation *f*
~ погру́зки Verladebahnhof *m*, Verladestation *f*
~ поста́вки Lieferstation *f*, Lieferbahnhof *m*

~, промежу́точная Unterwegsbahnhof *m*, Zwischenbahnhof *m*, Durchgangsstation *f*
~, сортиро́вочная Verschiebebahnhof *m*, Rangierbahnhof *m*
~, тамо́женная Zollbahnhof *m*, Zollstation *f*
~ техобслу́живания Wartungsdienst *m*, Reparaturwerkstaff *f*
~, това́рная Güterbahnhof *m*
~, транзи́тная Transitbahnhof *m*, Transitstation *f*
СТАРЕ́НИЕ *n* Veralten *n*, Verschleiß *m*; Alterung *f*
~ информа́ции Informationsalterung *f*
~ обору́дования Ausrüstungsveralten *n*, Ausrüstungsverschleiß *m*
СТАТИ́СТИКА *f* Statistik *f*
~, валю́тная Devisenstatistik *f*
~, мирова́я Weltstatistik *f*
~, торго́вая Handelsstatistik *f*
СТА́ТУС *m* Status *m*
~, комме́рческий Handelsstatus *m*
~, правово́й Rechtsstatus *m*, Rechtsstellung *f*
~, фина́нсовый finanzieller Status, Finanzstatus *m*
~ фи́рмы Status einer Firma
~, юриди́ческий Rechtsstatus *m*, Rechtsstellung *f*, Rechtslage *f*
СТАТЬЯ́ *f* (*пункт в документе*) Artikel *m*, Paragraph *m*, Punkt *m*; Posten *m*
включа́ть статью́ в догово́р einen Paragraphen in den Vertrag aufnehmen
вноси́ть статью́ в счёт einen Posten in die Rechnung eintragen
исключа́ть статью́ контра́кта einen Paragraphen des Vertrages ausschließen (streichen)
~ акти́ва Aktivposten *m*, Posten auf der Aktivseite
~ бала́нса Bilanzposition *f*, Bilanzposten *m*
~ бюдже́та Haushaltsposition *f*; Etatposition *f*
~ догово́ра Paragraph (Punkt) eines Vertrages, Vertragspunkt *m*
~ дохо́да Einnahmeposition *f*
~ и́мпорта Importartikel *m*, Einfuhrartikel *m*; Importposition *f*, Importposten *m*
~ контра́кта Paragraph (Punkt) eines Kontrakts
~ пасси́ва Passivposten *m*, Posten auf der Passivseite

СТЕ

~ расхо́дов Ausgabeposten *m*, Kostenposition *f*
~ э́кспорта Exportartikel *m*, Ausfuhrartikel *m;* Exportposition *f*, Exportposten *m*
СТЕЛЛА́Ж *m* (*вид биржево́й сде́лки*) Stellage *f*, Stellagegeschäft *n*
СТЕНД *m* Stand *m;* Ständer *m;* Schautafel *f*
занима́ть ~ Stand besetzen
обору́довать ~ Stand aufbauen
оформля́ть ~ Stand ausstatten
продава́ть со сте́нда am (vom) Stand verkaufen
~, вы́ставочный Ausstellungsstand *m*, Messestand *m*
~, демонстрацио́нный Demonstrationsstand *m*
~, информацио́нный Informationsstand *m*
~ на откры́той площа́дке Stand im Freien
~, постоя́нный [fort]dauernder Stand
~, рекла́мный Werbestand *m*
~, совме́стный gemeinschaftlicher (kombinierter) Stand
~ экспози́ции Ausstellungsstand *m*, Expo-stand *m*
СТЕНДИ́СТ *m* Standvertreter *m*
СТЕ́ПЕНЬ *f* Grad *m*, Stufe *f;* Maß *n*
в ра́вной сте́пени in gleichem Maße
до не́которой сте́пени in gewissem Grad, gewissermaßen
~ изно́са Abnutzungsgrad *m*, Verschleißgrad *m*
~ ка́чества Qualitätsgrad *m*, Qualitätsstufe *f*
~ ликви́дности Liquiditätsstand *m*
~ поврежде́ния Beschädigungsgrad *m*
~ ри́ска Risikograd *m*
~ эффекти́вности Wirkungsgrad *m*, Grad des Nutzeffekts
СТЕСНЕ́НИЕ *n* Beschränkung *f*, Einschränkung *f;* Knappheit *f*
~ в сре́дствах Beschränktheit *f* der Mittel, Knappheit an Mitteln
~ креди́та Kreditbremse *f*
СТИВИДО́Р *m* (*порто́вый гру́зчик*) Stauer *m*
СТИ́МУЛ *m* Anreiz *m*, Stimulus *m;* Ansporn *m*
служи́ть сти́мулом einen Anreiz geben
~ для капиталовложе́ний Anreiz zu Investitionen
~, материа́льный materieller Anreiz
~, фина́нсовый finanzieller Anreiz

СТО

СТИМУЛИ́РОВАНИЕ *n* Stimulierung *f*, Anreiz *m;* Förderung *f*
~, материа́льное materieller Anreiz, materielle Stimulierung
~ покупа́тельского спро́са Förderung der Käufernachfrage
~ сбы́та Absatzförderung *f*, Verkaufsförderung *f*
~ торго́вли Handelsförderung *f*
~, экономи́ческое wirtschaftliche Förderung, Wirtschaftsförderung *f*
~ э́кспорта Exportförderung *f*
СТИМУЛИ́РОВАТЬ stimulieren, anreizen; einen Impuls geben
СТО́ИМОСТНЫЙ wertmäßig, Wert-; kostenmäßig, Kosten-
СТО́ИМОСТЬ *f* Wert *m;* Kosten *pl;* Preis *m*
взы́скивать ~ с кого́-л. Kosten von jemandem einziehen
возмеща́ть ~ Wert ersetzen
кальку́ли́ровать ~ Kosten berechnen (kalkulieren)
опла́чивать ~ това́ра Warenkosten *pl* bezahlen
определя́ть ~ Wert festsetzen
повыша́ть ~ Kosten erhöhen (heraufsetzen)
подсчи́тывать ~ Kosten berechnen
покрыва́ть ~ Kosten decken
превыша́ть ~ Wert (Kosten) übersteigen
снижа́ть ~ Wert (Kosten) herabsetzen
уменьша́ться в сто́имости in Kosten sinken
~ авиафра́хта Luftfrachtkosten *pl*
~ автомоби́льной перево́зки Kraftverkehrskosten *pl*
~ арбитра́жа Arbitragekosten *pl*
~ аре́нды Pachtkosten *pl*, Mietkosten *pl;* Pachtpreis *m*, Mietpreis *m*
~, бала́нсовая Bilanzwert *m*, Bilanzkosten *pl*
~ в валю́те Wert in Valuta
~ в рубля́х Wert in Rubeln
~ в СКВ Wert in frei konvertierbarer Währung
~ доста́вки Lieferkosten *pl;* Anlieferungskosten *pl*
~ едини́цы обору́дования Wert einer Ausrüstungseinheit
~ за́йма Anleihekosten *pl*
~ зака́за Auftragswert *m*, Auftragskosten *pl*
~ заку́пок Kaufpreis *m*, Anschaffungskosten *pl*

СТО

~, зало́говая Pfandwert m
~ запа́сов Vorratskosten pl
~, запрода́жная Vorverkaufswert m
~, застрахо́ванная Versicherungswert m
~, зая́вленная Wertangabe f
~ изготовле́ния Produktionskosten pl, Herstellungskosten pl
~ изде́ржек Kostenwert m
~ и́мпорта Importkosten pl, Importwert m
~ капита́ла Kapitalwert m
~, комме́рческая Kommerzwert m
~ контра́кта Vertragswert m, Vertragskosten pl
~ креди́та Kreditkosten pl, Kreditwert m
~, курсова́я Kurswert m
~, ликвидацио́нная Liquidationswert m
~ лице́нзии Lizenzwert m, Kosten der Lizenz
~ маркиро́вки Markierungskosten pl
~ материа́лов Materialwert m, Werkstoffkosten pl
~ материа́льных затра́т Materialaufwandskosten pl
~, менова́я Tauschwert m
~ морско́го фра́хта Seefrachtkosten pl
~, нарица́тельная Nennwert m, Nominalbetrag m
~, номина́льная см. стоимость, нарицательная
~, норма́тивная Normativkosten pl
~, о́бщая Gesamtwert m, Gesamtpreis m; Gesamtkosten pl, Totalwert m
~, объя́вленная Wertangabe f
~, ориентиро́вочная Proforma-Kosten pl
~, оста́точная Restwert m, Nettowert m
~, оце́ночная Taxwert m, Schätzwert m, Anschaffungskosten pl
~, первонача́льная Neuwert m, Bruttowert m
~ перево́зки Beförderungskosten pl, Transportkosten pl
~ перегру́зки Umladungskosten pl, Umschlagskosten pl
~ перестрахова́ния Kosten der Rückversicherung
~ пересы́лки Versandkosten pl
~ погру́зки Verladekosten pl; (на су́дно) Verschiffungskosten pl
~ по контра́кту Vertragskosten pl, Kosten laut Vertrag
~ поку́пки Kaufpreis m, Anschaffungspreis m
~, покупна́я Kaufpreis m
~ поста́вки Kosten (Wert) der Lieferung

СТО

~, потреби́тельная Gebrauchswert m
~ предложе́ния Kosten eines Angebots
~, приба́вочная Mehrwert m
~, прода́жная Verkaufspreis m
~ проду́кции Produktenwert m, Produktwert m
~, прое́ктная projektierte Kosten
~ произво́дства Herstellungskosten pl, Produktionskosten pl
~ рабо́чей си́лы Wert der Arbeitskraft
~ разгру́зки Entladungskosten pl
~ расхо́дов Ausgabenkosten pl, Aufwandkosten pl
~, расце́ночная Verbaucherwert m, Konsumentenwert m
~, ры́ночная Marktwert m
~, сме́тная Sollkosten pl, veranschlagte Kosten
~, совоку́пная Gesamtwert m
~, сре́дняя Durchschnittswert m
~ страхова́ния Versicherungskosten pl
~, страхова́я Versicherungswert m
~ счёта-факту́ры Fakturabetrag m, Rechnungsbetrag m, Fakturenwert m
~ сырья́ Rohstoffkosten pl, Rohstoffwert m
~, тамо́женная Zollwert m
~ та́ры Verpackungskosten pl
~, теку́щая laufende Kosten
~ това́ра Warenwert m, Wert der Ware
~ транспортиро́вки Transportkosten pl, Beförderungskosten pl
~ тра́нспортной обрабо́тки Kosten für Transportabfertigung
~ укла́дки Verstauungskosten pl; Lagerungskosten pl
~ упако́вки Verpackungskosten pl
~ услу́г Dienstleistungskosten pl, Servicekosten pl
~, факти́ческая tatsächlicher Wert, Istwert m
~, факту́рная Fakturabetrag m, Rechnungsbetrag m
~ фра́хта Frachtkosten pl
~ хране́ния Lagerkosten pl
~, чи́стая Nettowert m
~ шти́вки Stauenkosten pl, Trimmarbeitenkosten pl
~, эксплуатацио́нная Betriebskosten pl
~ э́кспорта Exportwert m, Exportkosten pl

СТО́ИТЬ kosten

СТОКИ́СТ m (фирма, имеющая запасы продукции) Stockist m

СТО

СТОКНО́Т m (*подробная спецификация на пиломатериалы*) Stock-note f
СТОРНИ́РОВАТЬ *бухг.* (*исправлять ошибочную запись*) stornieren; berichtigen
СТО́РНО n Storno m; Berichtigung f
СТОРОНА́ f 1. (*поверхность предмета*) Seite f 2. (*участник*) Seite f; Partner m; Partei f
по про́сьбе одно́й из сторо́н auf die Bitte einer der Seiten
~ в догово́ре Vertragspartner m; vertragsschließende Seite (Partei)
~, вино́вная schuldige Seite
~ в спо́ре Seite f
~ в суде́ Partei f
~, заинтересо́ванная Interessent m; interessierte Partei (Seite)
~, заяви́вшая прете́нзию die einen Anspruch erhebende (stellende) Seite (Partei)
~, лицева́я Vorderseite f
~, нару́жная Außenseite f
~, оборо́тная Rückseite f
~, потерпе́вшая verlusttragende Seite
~, проти́вная Gegenpartei f, Gegenseite f
~, тре́тья die dritte Seite (Partei)
СТО́РОНЫ f pl (*участники*) Seiten f pl; Partner m pl, Parteien f pl
в интере́сах обе́их сторо́н im Interesse beider Seiten (Parteien)
по договорённости сторо́н laut Vereinbarung der Parteien (Partner, Seiten)
по обою́дному согла́сию сторо́н nach beiderseitigem Einvernehmen der Seiten (Partner, Parteien)
~, догова́ривающиеся Vertragspartner m pl, vertragschließende Seiten
~, сотру́дничающие mitarbeitende (zusammenarbeitende) Seiten
СТОЯ́НКА f (*судов*) Liegeplatz m, Anlegestelle f; (*автомашин*) Parkplatz m
меня́ть стоя́нку Anlegestelle f ändern
~, я́корная Ankerplatz m, Liegeplatz; Anlegestelle
СТРАНА́ f Land n; Staat m
~ изготовле́ния Herstellungsland n, Erzeugerland n
~ назначе́ния Bestimmungsland n, Empfängerland n

СТР

~ происхожде́ния (*товара*) Ursprungsland n, Herkunftsland n
~ транзи́та Transitland n, Durchfuhrland n
~ э́кспорта Exportland n, Ausfuhrland n
СТРАНА́-ИЗГОТОВИ́ТЕЛЬ f Herstellungsland n
СТРАНА́-ИМПОРТЁР f Einfuhrland n, Importland n
СТРАНА́-КРЕДИТО́Р f Gläubigerland n
СТРАНА́-ПОСТАВЩИ́К f Lieferland n, Verkäuferland n
СТРАНА́-ПОЛУЧА́ТЕЛЬ f Empfängerland n, Bezieherland n
СТРАНА́-ПРОДУЦЕ́НТ f Erzeugerland n
СТРАНА́-ПРОИЗВОДИ́ТЕЛЬ f Herstellerland n
СТРАНА́-УСТРО́ИТЕЛЬ f Veranstalterland n
СТРАНА́-УЧА́СТНИК f Teilnehmerland n
СТРАНА́-ЭКСПОРТЁР f Ausfuhrland n, Exportland n
СТРАТЕ́ГИЯ f Strategie f
~ внедре́ния на ры́нок (*товаров*) Strategie zur Einführung der Waren auf den Markt
~ ма́ркетинга Marketingstrategie f, Vertriebsstrategie f
~ рекла́мы Werbestrategie f
СТРАХОВА́НИЕ n Versicherung f
осуществля́ть ~ Versicherung abschließen (vornehmen)
предоставля́ть ~ Versicherung gewähren (verschaffen)
производи́ть ~ Versicherung durchführen (realisieren)
субсиди́ровать ~ Versicherung subventionieren (finanziell unterstützen)
~ валю́тного ри́ска Versicherung des Valutarisikos
~, взаи́мное Gegenseitigkeitsversicherung f, gegenseitige Versicherung
~, гаранти́йное Garantieversicherung f
~ гру́зов Gütertransportversicherung f
~ дви́жимого иму́щества Fahrnisversicherung f
~, двойно́е Doppelversicherung f
~, доброво́льное freiwillige Versicherung
~, иму́щественное Vermögensversicherung f

~ ка́рго (*страхование морского груза*) Kargoversicherung *f*
~ ка́ско (*страхование перевозочных средств*) Kaskoversicherung *f*
~ комме́рческих ри́сков Versicherung gegen Geschäftsrisikos
~ креди́та Kreditversicherung *f*
~, морско́е Seeversicherung *f*
~ недви́жимого иму́щества Immobilienversicherung *f*
~, обяза́тельное Pflichtversicherung *f*
~ от всех ри́сков A.A.R.-Versicherung (A.A.R., against all risks *engl.*)
~ от кра́жи Diebstahl(s)versicherung *f*, Versicherung gegen Diebstahl
~ от несча́стных слу́чаев Unfallversicherung *f*, Versicherung gegen Unfall
~ от неупла́ты Versicherung gegen Nichtbezahlung
~ от пожа́ра Feuerversicherung *f*
~ от по́лной ги́бели Totalverlustversicherung *f*
~ от поло́мки Bruchversicherung *f*
~ от поте́рь Schadensversicherung *f*
~ от стихи́йных бе́дствий Versicherung gegen Naturkatastrophen
~, паушальное Pauschalversicherung *f*
~ ри́сков Risikoversicherung *f*
~, социа́льное Sozialversicherung *f*
~, тра́нспортное Transportversicherung *f*
~ упу́щенной вы́годы Versicherung gegen entgangenen Gewinn
~ фра́хта Frachtversicherung *f*
~ це́нностей Versicherung der Wertsachen (der Wertgegenstände)
~, части́чное Teilversicherung *f*
~ э́кспорта Ausfuhrversicherung *f*
СТРАХОВА́ТЕЛЬ *m* Versicherungsnehmer *m*
СТРАХОВА́ТЬ versichern
СТРАХО́ВКА *f* Versicherungssumme *f*; Versicherung *f*, Garantie *f*; Sicherstellung *f*, Versicherungsprämie *f*
СТРАХОВО́Й Versicherungs-
СТРАХО́ВЩИК *m* Versicherungsgeber *m*, Versicherer *m*
СТРУКТУ́РА *f* Struktur *f*, Gefüge *n*
совершенствовать структу́ру Struktur vervollkommnen
~, администрати́вная Verwaltungsstruktur *f*
~ затра́т Kostenstruktur *f*
~ и́мпорта Importstruktur *f*, Einfuhrstruktur *f*

~ капиталовложе́ний Anlagekostenstruktur *f*, Investitionenstruktur *f*
~ ма́ркетинга Marketingstruktur *f*, Vertriebsstruktur *f*
~, организо́ванная organisierte (geordnete) Struktur
~ потреби́тельского спро́са Käufernachfragestruktur *f*
~ произво́дства Produktionsstruktur *f*
~ распределе́ния Verteilungsstruktur *f*
~ расхо́дов Ausgabenstruktur *f*, Kostenstruktur *f*
~ ры́нка Marktstruktur *f*
~ сбы́та Absatzstruktur *f*, Verkaufsstruktur *f*
~ сезо́нных колеба́ний Struktur der Saisonschwankungen
~ товарооборо́та Umsatzstruktur *f*
~ торго́вли Handelsstruktur *f*
~ управле́ния Leitungsstruktur *f*
~ финанси́рования Finanzierungsstruktur *f*, Finanzierungsordnung *f*
~ фи́рмы Struktur der Firma (der Gesellschaft)
~, экономи́ческая ökonomische Struktur
~ э́кспорта Exportstruktur *f*, Ausfuhrstruktur *f*
СУБАГЕ́НТ *m* Subvertreter *m*, Untervertreter *m*
СУБАРЕ́НДА *f* Subpacht *f*, Unterpacht *f*, Untervermietung *f*
СУББВЕ́НЦИЯ *f* (*вид финансового пособия*) Subvention *f*, Stützung *f*, Beihilfe *f*
СУБЛИЦЕНЗИА́Р *m* Unterlizenzgeber *m*, Unterlizenzerteiler *m*
СУБЛИЦЕНЗИА́Т *m* Unterlizenznehmer *m*, Unterlizenzinhaber *m*
СУБЛИЦЕ́НЗИЯ *f* Sublizenz *f*, Unterlizenz *f*
СУБПОДРЯ́Д *m* Nachauftrag *m*
брать ~ Nachauftrag nehmen
СУБПОДРЯ́ДЧИК *m* Nachauftragnehmer *m*, Unterauftragnehmer *m*
нанима́ть субподря́дчика Nachauftragnehmer anstellen (einstellen)
СУБПОСТА́ВКА *f* Unterlieferung *f*
СУБПОСТАВЩИ́К *m* Unterlieferant *m*
СУБРОГА́ЦИЯ *f* страх. (*переход прав страхователя к страховщику после уплаты последним страхового вознаграждения*) Subrogation *f*
СУБСИ́ДИИ *f pl* Subventionen *f pl*, Stützungsgelder *n pl*, Zuschüsse *m pl*
~, бюдже́тные Haushaltsubventionen *f pl*

СУБ

~, государственные staatliche Subventionen (Finanzhilfe)
СУБСИДИ́РОВАНИЕ *n* Subventionierung *f*
~ заку́пок Ankaufsubventionierung *f*, Subventionierung der Ankäufe
~ э́кспорта Subventionierung des Exports, Exportzuschüsse *m pl*
СУБСИДИ́РОВАТЬ subventionieren, finanziell unterstützen
СУБСИ́ДИЯ *f* Subvention *f*, Unterstützung *f*, finanzielle Beihilfe
дава́ть субси́дию finanzielle Hilfe leisten; Subvention gewähren
~, э́кспортная Exportsubvention *f*, Exportbeihilfe *f*
СУБСТРАХОВА́НИЕ *n* Unterversicherung *f*
СУБСЧЁТ *m* Unterkonto *n*; Subkonto *n*
СУБФРАХТОВА́НИЕ *n* Subschiffsfrachtvertrag *m*
СУБФРАХТОВА́ТЕЛЬ *m* Schiffsuntermieter *m*
СУБЧА́РТЕР *m* Unterfrachtvertrag *m*
СУД *m* Gericht *n*; Gerichtshof *m*; Gerichtsbehörde *f*
обраща́ться в ~ ans Gericht appellieren, den Rechtsweg einschlagen, sich ans Gericht wenden
передава́ть де́ло в ~ Sache *f* vor Gericht kommen lassen; Sache *f* vor Gericht bringen
подава́ть в ~ на кого-л. jemanden verklagen (gerichtlich belangen)
тре́бовать по суду́ auf gerichtlichem Wege fordern
~, апелляцио́нный Appellationsgericht *n*, Berufungsgericht *n*
~, арбитра́жный Schiedsgericht *n*, Arbitrage *f*
~, гражда́нский Zivilgericht *n*
~, кассацио́нный Kassationshof *m*, Berufungsgericht *n*, Gericht *n* der zweiten Instanz
~, комме́рческий Handelsgericht *n*
СУ́ДНО *n* Schiff *n*
адресова́ть ~ Schiff adressieren
грузи́ть ~ Schiff befrachten
грузи́ть на ~ an Bord des Schiffes laden, aufs Schiff laden
заде́рживать ~ Schiff beschlagnahmen
заменя́ть ~ Schiff ersetzen
зафрахто́вывать ~ Schiff chartern (mieten)

СУД

клари́ровать ~ Schiff abfertigen (klarieren)
назна́чить ~ Schiff bestimmen
нанима́ть ~ Schiff chartern (befrachten)
номини́ровать ~ Schiff nominieren (nennen)
осма́тривать ~ Schiff inspizieren (prüfen)
отружа́ть на су́дне mit (auf) dem Schiff befördern
отправля́ть на су́дне verschiffen
переадресо́вывать ~ Schiff umadressieren (neu adressieren)
перевози́ть на су́дне per Schiff befördern
предоста́вить ~ Schiff bereitstellen
разгружа́ть ~ Schiff löschen
размеща́ть на су́дне an Bord des Schiffes verstauen
ста́вить ~ к прича́лу Schiff an den Anlegeplatz bringen
ста́вить ~ на я́корь Schiff ankern
ста́вить ~ под разгру́зку Schiff zur Entladung bereitstellen
ста́вить ~ под погру́зку Schiff zur Beladung bereitstellen
фрахтова́ть ~ Schiff befrachten (chartern)
~, грузово́е Frachtschiff *n*, Lastschiff *n*, Frachter *m*
~ для перево́зки генера́льных гру́зов Großgüterschiff *n*
~ для перево́зки насыпны́х гру́зов Schüttgutfrachter *m*, Schüttgutfrachtschiff *n*
~, кабота́жное Küstenfahrzeug *n*, Küstenschiff *n*
~, контейнерное Containerschiff *n*, Spezialbehälterschiff *n*
~, крупнотонна́жное Großschiff *n*, Frachtschiff *n* für Schwergüter
~, морско́е Hochseeschiff *n*, Seeschiff *n*
~, наливно́е Tankschiff *n*, Tanker *m*
~, насыпно́е Schüttgutfrachter *m*, Schüttgutfrachtschiff *n*
~, нефтеналивно́е Tanker *m*, Tankschiff *n*, Öltanker *m*
~, паро́мное Fährschiff *n*
~, повреждённое beschädigtes Schiff
~ под погру́зкой Schiff unter Verladung
~, про́мптовое Promptschiff *n*; Sofortschiff *n*
~ регуля́рной судохо́дной ли́нии Schiff von regulärer Schiffslinie
~, ре́йсовое Linienschiff *n*

СУД СУМ С

~, рефрижерáторное Kühlschiff *n*
~, речнóе Flußschiff *n*
~ с бескрáновой погрýзкой Roll-on-Roll-off-Schiff *n;* Schiff mit direkter Autozu- und Abfahrt
~ с вертикáльной погрýзкой и вы́грузкой Schiff mit Hoch- und Abheben, Lift-on-lift-off-Schiff *n*, Lo-lo-Schiff *n*
~ с горизонтáльной погрýзкой и вы́грузкой Roll-on-Roll-off-Schiff, Schiff mit direkter Autozu- und Abfahrt
~, сухогрýзное Trockenfrachtschiff *n*, Trockenfrachter *m*
~, тамóженное Zollwachtschiff *n*
~, торгóвое Handelsschiff *n*
~, трáмповое Trampschiff *n*
~, трáнспортное Transportschiff *n*, Verkehrsschiff *n*

СУ́ДНО-КОНТЕЙНЕРОВО́З *n* Containerschiff *n*, Spezialbehälterschiff *n*

СУ́ДНО-ПАРО́М *n* Fährschiff *n*

СУДОВЛАДÉЛЕЦ *m* Reeder *m*, Schiffseigner *m*

СУДОХО́ДСТВО *n* Schiffahrt *f*
~, каботáжное Kabotage *f*, Küstenschiffahrt *f*
~, линéйное Linienschiffahrt *f*
~, междунарóдное internationale Schiffahrt
~, морскóе Seefahrt *f*, Seeschiffahrt *f*
~, рéйсовое Linienschiffahrt *f*
~, речнóе Binnenschiffahrt *f*, Flußschiffahrt *f*
~, торгóвое Handelsschiffahrt *f*
~, трáмповое wilde Fahrt, Trampschiffahrt *f*

СУДЬЯ́ *m* Richter *m*
~, третéйский Schiedsrichter *m*

СУ́ММА *f* Summe *f*, Betrag *m*
ассигновывáть сýмму Summe (Betrag) bewilligen
взы́скивать сýмму Summe beitreiben (erheben, einziehen)
возвращáть сýмму Summe rückerstatten (zurückzahlen)
возмещáть сýмму Summe ersetzen (erstatten, vergüten)
выплáчивать сýмму Summe zahlen (auszahlen)
заносить сýмму в дéбет или крéдит счёта eine Summe im Soll oder im Haben buchen
кредитовáть сýмму счёту eine Summe dem Konto gutschreiben
на сýмму ... im Werte von ..., für die Summe ...
оплáчивать сýмму Summe bezahlen
относить сýмму на счёт ... Konto *n* mit einer Summe belasten; einen Betrag auf die Rechnung setzen
отчи́тываться в сýмме Rechenschaft *f* für die Summe ablegen
переводи́ть сýмму Summe überweisen (übertragen)
перечислять сýмму на счёт Summe auf das Konto überweisen
плати́ть сýмму Summe zahlen (bezahlen)
подсчи́тывать сýмму Summe berechnen (kalkulieren)
покрывáть сýмму Summe decken
превышáть сýмму Summe übersteigen
расхóдовать сýмму Summe ausgeben (verausgaben)
составлять сýмму Summe betragen
спи́сывать сýмму в убы́тки Summe ausbuchen
удéрживать сýмму Summe einbehalten
уменьшáть сýмму Summe vermindern (verringern, verkleinern)
~, авáнсовая Vorschußsumme *f*, Vorschußbetrag *m*
~ аккредити́ва Akkreditivbetrag *m*
~ балáнса Bilanzsumme *f*
~, валовáя Bruttobetrag *m*, Bruttosumme *f*
~ взыскáния erhobener Betrag
~ возмещéния убы́тков Entschädigungssumme *f*
~, выкупнáя Ablösungsbetrag *m;* Rückkaufswert *m*
~ вы́платы Summe der Auszahlung
~, вы́плаченная ausgezahlte Summe
~, вы́рученная от продáжи Erlös *m* vom Verkauf, Verkaufserlös *m*
~, гаранти́йная Garantiesumme *f*, Haftsumme *f*
~ дéнег Geldsumme *f*, Geldbetrag *m*
~, договóрная vertragliche Summe, Vertragssumme *f*
~ дóлга Schuldsumme *f*, Schuldbetrag *m*
~ задáтка Vorschußsumme *f*, Anzahlungssumme *f*
~ зáйма Anleihesumme *f*
~ закáза Auftragssumme *f*
~ запродáж Vorverkaufssumme *f*
~, застрахóванная versicherte Summe
~ затрáт Kostensumme *f*, Kostenbetrag *m*
~, исковáя Streitwert *m*

263

СУМ

~, итоговая Gesamtsumme *f*, Gesamtbetrag *m*, Endsumme *f*
~ компенсации Entschädigungssumme *f*
~ контракта Vertragssumme *f*
~ к переносу *бухг.* Vortragssumme *f*
~ к получению offenstehende Summe, fälliger Betrag
~ кредита Kreditsumme *f*, Kreditbetrag *m*
~ наличными Barbetrag *m*, Bargeld *n*
~, нарицательная Nennbetrag *m*, Nominalbetrag *m*
~, начисленная angerechnete Summe
~, недоплаченная ausstehende (geschuldete) Summe, ausstehender (geschuldeter) Betrag
~, неоплаченная ausstehende Summe, Außenstände *m pl*
~, непогашенная nicht gelöschte (nicht getilgte, nicht gedeckte, nicht zurückgezahlte) Summe
~ нетто Nettobetrag *m*
~ неустойки Summe der Vertragsstrafe (der Konventionalstrafe)
~, номинальная Nominalbetrag *m*, Nennbetrag *m*
~, облагаемая налогом steuerpflichtiger Betrag
~, общая Gesamtsumme *f*, Gesamtbetrag *m*
~, отступная Abfindungssumme *f*, Abfindungsbetrag *m*
~, паушальная Pauschalsumme *f*, Pauschalbetrag *m*
~ переплаты überzahlter Betrag
~ платежа Summe der Zahlung (der Entrichtung, der Begleichung, der Tilgung, der Einlösung)
~, подлежащая получению fällige Summe
~, подлежащая уплате zahlbare Summe, die zu zahlende Summe
~, подотчётная abzurechnender Betrag
~, покупная Kaufsumme *f*, Kaufbetrag *m*
~, полученная empfangene Summe
~ поступлений Eingangssumme *f*
~ претензии Anspruchssumme *f*, Forderungssumme *f*
~ прибыли Gewinnsumme *f*
~, причитающаяся zustehender (fälliger, offenstehender) Betrag
~ прописью Summe in Buchstaben
~, равная ... Summe ist gleich ...
~ расходов Kostensumme *f*, Kostenbetrag *m*

СЧЁ

~ роялти Summe der Lizenzgebühr (der Tentieme)
~ сальдо Bilanzsumme *f*, Kontostandsumme *f*; Saldosumme *f*
~ сделки Summe der Transaktion (der Abmachung), Geschäftssumme *f*
~, сметная veranschlagte Summe, Haushaltsplansumme *f*, Voranschlagssumme *f*
~ с переноса *бухг.* Übertrag *m*
~, списанная со счёта vom Konto abgeschriebene (abgebuchte) Summe
~ ссуды Darlehenssumme *f*, Anleihe *f*, Leihsumme *f*
~, страховая Versicherungssumme *f*
~ счёта Fakturenbetrag *m*, Rechnungsbetrag *m*
~, твёрдая feste Summe
~ требований (*денежных*) Forderungssumme *f*
~ убытков Schadenssumme *f*, Verlustsumme *f*
~ уценки Summe der Preisreduzierung (der Preisherabsetzung)
~, фактическая Istsumme *f*, tatsächliche (wirkliche) Summe
~ фактуры Fakturenwert *m*
~ фрахта Frachtbetrag *m*
~ цифрами bezifferte Summe
~ чека Scheckbetrag *m*, Schecksumme *f*
~ штрафа Höhe *f* einer Geldstrafe
~, эквивалентная gleichwertige (äquivalente) Summe

СУММАРНЫЙ gesamt, Gesamt-; summarisch, summiert

СУММИРОВАТЬ summieren

СУПЕРАРБИТР *m* (*третейский судья*) Oberschiedsrichter *m*

СУПЕРКАРГО *m* (*представитель фрахтователя на тайм-чартерном судне; представитель владельца груза, сопровождающий его в пути*) Superkargo *m*

СУПЕРМАРКЕТ *m* Supermarkt *m*

СЧЁТ *m* 1. (*в банке*) Konto *n*, Guthaben *n* 2. (*накладная*) Rechnung *f*, Faktura *f*
брать деньги со счёта Geld *n* von dem Konto abheben
в ~ контракта a conto des Vertrages
вносить деньги на ~ Geld *n* aufs Konto einzahlen
выписывать ~ Rechnung ausstellen (ausfertigen, ausschreiben)
дебетовать ~ Konto belasten (debetieren)

за ~ *кого-л.* auf (für) *jemandes* Rechnung (Kosten); zu *jemandes* Lasten
закры́ть ~ Konto (Rechnung) abschließen; Konto löschen
засчи́тывать в ~ до́лга gegen Schuld anrechnen
име́ть ~ в ба́нке Konto bei (auf) der Bank haben
инкасси́ровать ~ Konto einziehen (einkassieren)
исправля́ть ~ Rechnung berichtigen
кредитова́ть ~ Konto gutschreiben (kreditieren)
опла́чивать ~ Rechnung bezahlen (begleichen)
открыва́ть ~ Konto eröffnen
относи́ть расхо́д за ~ фи́рмы Ausgaben *f pl* auf Kosten der Firma buchen
относи́ть су́мму на ~ Konto mit einer Summe belasten; einen Betrag auf die Rechnung setzen
оформля́ть ~ Rechnung ausfertigen (ausstellen)
переводи́ть су́мму на ~ Summe *f* auf ein Konto überweisen (transferieren)
переводи́ть су́мму с одного́ счёта на друго́й Summe *f* von einem Konto auf ein anderes überweisen (transferieren)
плати́ть в ~ су́ммы a conto einer Summe zahlen
плати́ть по счёту Rechnung begleichen (bezahlen)
подде́лывать ~ Rechnung fälschen (nachahmen)
покрыва́ть ~ Rechnung (Konto) begleichen (einlösen, ausgleichen, decken)
получа́ть де́ньги со счёта Geld *n* vom Konto abheben
поставля́ть в ~ *чего-л.* a conto *Gen.* ... liefern
представля́ть ~ Konto (Rechnung) vorlegen (vorzeigen)
предъявля́ть ~ к опла́те Rechnung zur Einlösung vorlegen (zur Honorierung präsentieren)
проверя́ть ~ Rechnung prüfen
про́тив счёта gegen Rechnung
разблоки́ровать ~ Konto freigeben
ревизова́ть ~ Konto (Rechnung) revidieren (nachprüfen)
сальди́ровать ~ Konto ausgleichen (abschließen)
сде́лать вы́писку счёта Kontoauszug *m* machen
снима́ть де́ньги со счёта Geld *n* vom Konto abheben
составля́ть ~ Rechnung ausfertigen (ausstellen, aufmachen; fakturieren)
спи́сывать со счёта vom Konto abbuchen
утвержда́ть ~ Konto (Rechnung) bestätigen (bewilligen)
храни́ть де́ньги на счёте Geld *n* auf dem Konto halten (deponieren)
~, ава́нсовый Vorschußkonto *n*
~, авари́йный Schadenrechnung *f*
~, акти́вный Aktivkonto *n*, Bestandskonto *n*
~, бала́нсовый Bilanzkonto *n*
~, ба́нковский Bankkonto *n*
~, беспроце́нтный zinsloses Konto
~, блоки́рованный Sperrkonto *n;* Sperrguthaben *n;* Festkonto *n*
~, бухга́лтерский Konto *n*
~, бюдже́тный Haushaltskonto *n*
~, валю́тный Devisenkonto *n*, Valutakonto *n*, Währungskonto *n*
~ в иностра́нном ба́нке Konto bei einer Auslandsbank
~, вы́ставленный ausgestellte Rechnung
~ дебито́ров Außenstände *m pl*, Debitorenkonto *n*
~, депози́тный Depositenkonto *n*, Hinterlegungskonto *n*
~, дисбурсме́нтский Auslagenaufstellung *f;* Auslagerechnung *f* des Schiffes
~ дохо́дов и расхо́дов Ertrags- und Aufwandskonto *n*
~, заве́ренный beglaubigtes Konto
~ за кварта́л Quartalrechnung *f*
~, закры́тый abgeschlossenes (gelöschtes) Konto
~ за прово́з гру́зов Frachtrechnung *f*, Transportrechnung *f*
~ за ремо́нт Reparaturrechnung *f*
~ за фрахт Frachtrechnung *f*
~, кли́ринговый Clearingkonto *n*, Verrechnungskonto *n*
~, комме́рческий Kommerzrechnung *f*, Handelsrechnung *f*
~, ко́нсульский Konsularfaktura *f*
~, контокорре́нтный Kontokorrentkonto *n*, laufendes (tägliches) Konto
~, корреспонде́нтский Korrespondenzkonto *n*
~ кредито́ра Konto des Kreditors
~, лицево́й Privatkonto *n*, lebendes Konto; persönliches Konto; Kundenkonto *n*

СЧЕ

~ ло́ро Lorokonto n
~ на и́мя Konto auf den Namen
~ накладны́х расхо́дов Gemeinkostenrechnung f, Unkostenrechnung f
~, неопла́ченный unbezahlte Rechnung
~ но́стро Nostrokonto n
~, о́бщий Gemeinschaftskonto n; Konsortialkonto n; Gesamtrechnung f
~, оконча́тельный Schlußrechnung f
~, онко́льный on-call-Konto, Konto für on-call-Geschäfte
~, опла́ченный bezahlte Rechnung
~, ориентиро́вочный Proformarechnung f
~, отде́льный Sonderkonto n
~, откры́тый offenstehendes Konto
~, перево́дный Konto für transferierbares Guthaben
~ переходя́щих сумм transistorisches (vorläufiges) Konto
~ подотчётных сумм Konto der abrechnungspflichtigen (der Abrechnung unterliegenden) Summen
~, предвари́тельный Proformarechnung f, vorläufige Rechnung; Interimsnote f
~ при́былей и убы́тков Gewinn- und Verlustkonto n; Gewinn- und Verlustrechnung f
~, просро́ченный überfälliges Konto
~, проце́нтный Zinskonto n
~ расхо́дов Kostenkonto n; Spesenrechnung f, Kostenrechnung f
~, расчётный Verrechnungskonto n
~, рублёвый Rubelkonto n
~, сберега́тельный Sparkonto n
~, специфици́рованный spezifizierte Rechnung

СЮР

~, ссу́дный Anleihekonto n; Darlehenskonto n
~, станда́ртный Standardkonto n
~, та́льманский Tallymannsrechnung f, Rechnung eines Ladungskontrolleurs
~, теку́щий laufendes (tägliches) Konto, Kontokorrent n; laufende Rechnung
~, трансфе́ртный Transferrechnung f, Übertragungsrechnung f
~, усло́вный fiktive Rechnung, Scheinrechnung f; Zielsparkonto n

СЧЕТОВО́Д m Buchhalter m, Kontenführer m; Rechnungsführer m

СЧЕТОВО́ДСТВО n Buchführung f, Kontenführung f; Rechnungswesen n

СЧЁТ-ФАКТУ́РА m Rechnung f, Faktura f

СЫРЬЁ n Rohstoff m, Rohstoffe m pl; Rohware f
~, втори́чное Altstoff m, Altmaterial n; Sekundärrohstoff m
~, дава́льческое beigestelltes Material, zur Verarbeitung gelieferte Rohstoffe
~, дефици́тное knapper (defizitärer) Rohstoff, Defizitrohstoff m
~, и́мпортное Importrohstoff m
~, ме́стное örtliche Rohstoffe; örtliches Rohstoffaufkommen
~, минера́льное mineralische Rohstoffe
~, расти́тельное pflanzlicher Rohstoff, Pflanzenrohstoff m
~, стратеги́ческое strategischer Rohstoff

СЮРВЕ́ЙЕР m мор. страх. Surveyor m, Havariekommissar m, Schiffssachverständige sub m
вызыва́ть сюрве́йера Surveyor einladen (auffordern)

Т

ТА́БЕЛЬ (*учётный листок*) Kontrolliste
ТАБЛИ́ЦА *f* Tabelle *f*, Tafel *f*; Liste *f*; Verzeichnis *n*
вноси́ть в табли́цу in Tabelle eintragen
составля́ть табли́цу Tabelle aufstellen
~, курсова́я Kurszettel *m*
~, нало́говая Steuertabelle *f*
~ перево́да мер Umrechnungstafel *f*
~ проце́нтов Zinstabelle *f*
~, расчётная Rechentabelle *f*, Berechnungsblatt *n*, Berechnungstafel *f*
~, сво́дная Aufstellung *f*, Verzeichnis *n*
~, спра́вочная Auskunftstabelle *f*, Referenztabelle *f*
~ тари́фных ста́вок Tarifsatzverzeichnis *n*
ТАЙМ-ЧА́РТЕР *m* (*договор на аренду торгового судна на определённый срок*) Zeitcharter *m*
ТАЙМШИ́Т *m* (*ведомость учёта времени, затраченного на погрузку и разгрузку*) Zeitaufstellung *f*; time sheet *engl.*
ТА́КСА *f* Taxe *f*; Gebühr *f*; Tarif *m*, Zahlungssatz *m*
~ за пересы́лку по по́чте Portotaxe *f*, Portosatz *m*
~ за разгово́р по телефо́ну Ferngesprächgebühr *f*
~, транзи́тная Transitgebühr *f*, Durchgangszoll *m*
ТАКСА́ТОР *m* Taxator *m*, Taxierer *m*, Abschätzer *m*
ТАКСИРО́ВКА *f* (*калькуляция, расчёт*) Taxierung *f*, Taxation *f*, Abschätzung *f*, Bewertung *f*
ТА́КТИКА *f* Taktik *f*
~, ма́ркетинговая Marketingtaktik *f*, Vertriebstaktik *f*
ТАЛО́Н *m* Abschnitt *m*; Talon *m*, Kupon *m*
отрыва́ть ~ Talon abreißen (abschneiden, abtrennen)
~, гаранти́йный Garantieabschnitt *m*, Garantieschein *m*

~, отрывно́й abtrennbarer Abschnitt
~, страхово́й Versicherungsschein *m*
ТА́ЛЬМАН (ТА́ЛЛИМАН) *m* (*счётчик при погрузке и выгрузке*) Tallymann *m*
ТАМО́ЖЕННИК *m* Zollbeamte *sub m*
ТАМО́ЖНЯ *f* Zollamt *n*, Zollabfertigungsstelle *f*; Zollhaus *n*
оформля́ть вы́воз с тамо́жни Zollabfuhr *f* abfertigen (erledigen)
провози́ть че́рез тамо́жню durch Zollabfertigungsstelle bringen
проходи́ть че́рез тамо́жню Zollabfertigungsstelle passieren
~, железнодоро́жная Eisenbahnzollamt *n*
~, морска́я Seehafenzollamt *n*
ТА́НКЕР *m* Tanker *m*, Tankschiff *n*
перевози́ть в та́нкере im Tanker befördern (transportieren)
~ для перево́зки гру́за на́сыпью, нава́лом или нали́вом Tankschiff *n* zur Beförderung von Schüttgut, Massengut oder Fließgut
~ для перево́зки нефтегру́зов Öltanker *m*
~ для перево́зки хими́ческих проду́ктов Tanker für Chemieprodukte
~, крупнотонна́жный Großtanker *m*, Riesentanker *m*, Supertanker *m*
ТА́НКЕР-БУНКЕРО́ВЩИК *m* Bunker *m*; Kohlenbunker *m*
ТА́НКЕР-ЗАПРА́ВЩИК *m* Tankwartschiff *n*
ТА́НКЕР-РУДОВО́З *m* Erzschiff *n*
ТА́РА *f* 1. (*упаковка*) Tara *f*, Verpackung *f*, Packmaterial *n* 2. (*вес упаковки*) Tara *f*, Taragewicht *n*, Verpackungsgewicht *n*
возвраща́ть та́ру Tara (Verpackung) zurücksenden
грузи́ть без та́ры ohne Verpackung beladen (befrachten)
маркирова́ть та́ру Verpackung markieren (signieren)

ТАР

определя́ть вес та́ры Taragewicht n bestimmen
упако́вывать в та́ру verpacken, einpakken, packen
~, возвра́тная Leihverpackung f
~, закры́тая geschlossene Tara
~, инвента́рная Verpackungsinventar n
~, карто́нная Papptara f, Kartontara f
~, крупногабари́тная Großverpackung f, Großemballage f
~, металли́ческая Metalltara f
~, многооборо́тная mehrmals verwendbare Verpackung, Mehrwegpackung f
~, мя́гкая weiche Verpackung
~, не подлежа́щая возвра́ту Unleihverpackung f
~, оборо́тная die zurückliefernde Tara, Retourtara f
~, подлежа́щая возвра́ту Leihverpakkung f
~, полиэтиле́новая Polyäthylentara f
~, поро́жняя Leergut n
~, про́чная haltbare Tara
~, ра́зовая Einwegverpackung f
~, стекля́нная Verpackungsglas n; Glasverpackung f
~, тра́нспортная Transportverpackung f
ТАРИ́Ф m 1. (ста́вка) Tarif m, Tarifsatz m; Gebühr f; Preis m 2. (пе́речень) Tarifverzeichnis n, Gebührenverzeichnis n; Zollverzeichnis n
изменя́ть ~ Tarif ändern
опла́чивать по тари́фу tarifmäßig bezahlen
отменя́ть ~ Tarif kündigen
поднима́ть ~ Tarif erhöhen
снижа́ть ~ Tarif ermäßigen (senken, reduzieren)
устана́вливать ~ Tarif festsetzen (festlegen, bestimmen)
~, автоно́мный autonomer Tarif, Generaltarif m, Maximaltarif m
~, аге́нтский Vertretertarif m
~, ба́зисный Basistarif m, Grundtarif m
~ возду́шных грузовы́х перево́зок Luftfrachttarif m, Luftfrachtsatz m
~, ги́бкий beweglicher (flexibler) Tarif
~, госуда́рственный staatlicher Tarif, Staatstarif m
~, грузово́й Gütertarif m, Frachttarif m
~, двухколо́нный Doppeltarif m
~, де́йствующий aktiver Tarif
~, дискриминацио́нный diskriminierender Tarif, Diskriminierungstarif m

ТЕН

~, дифференциа́льный Differentialtarif m
~ для стран, по́льзующихся режи́мом наибо́льшего благоприя́тствования Tarif für Länder mit dem Prinzip der Meistbegünstigung; Meistbegünstigungstarif m
~, еди́ный einheitlicher Tarif, Einheitszoll m
~, железнодоро́жный Eisenbahntarif m
~, запрети́тельный Sperrtarif m, Prohibitivtarif m
~, зона́льный Zonentarif m
~, кара́тельный Straftarif m
~, комбини́рованный kombinierter (gemischter) Tarif
~, конвенцио́нный Konventionaltarif m, vereinbarter Zolltarif
~, конференциа́льный Konferenzsatz m
~, лине́йный Linientarif m
~, льго́тный Vorzugstarif m, Sondertarif m
~, междунаро́дный internationaler Tarif
~, морско́й Seeschiffahrtstarif m
~ на перево́зку Frachttarif m
~ на транзи́тные гру́зы Transitfrachttarif m, Durchgangsgütertarif m
~, одноколо́нный einspaltiger Tarif, Einspaltentarif m
~, осо́бый Sondertarif m, Spezialtarif m
~, покрови́тельственный Schutztarif m
~, сквозно́й Durchgangstarif m
~, сло́жный kombinierter Tarif
~, тамо́женный Zolltarif m, Zollsatz m
~, та́рный Frachttarif m für Tara, Tarasatz m
~ тра́нспортный Transporttarif m
~, э́кспортный Ausfuhrtarif m
ТЕМП m Tempo n
замедля́ть ~ рабо́ты Arbeitstempo n verzögern (verlangsamen)
ускоря́ть ~ das Tempo beschleunigen
~ инфля́ции Tempo der Inflation; Inflationstempo n
~ рабо́ты Arbeitstempo n
~ разви́тия Entwicklungstempo n
~ ро́ста Wachstumstempo n, Zuwachstempo n
ТЕНДЕ́НЦИЯ f Tendenz f; Trend m
име́ть тенде́нцию Tendenz haben
проявля́ть тенде́нцию Tendenz haben, tendieren, zu etwas Dat. neigen
~ к повыше́нию (цен, биржевы́х курсо́в) steigende (anziehende) Tendenz;

tendenzielle Steigerung; Haussetendenz *f*
~ к пониже́нию (*цен, биржевых курсов*) sinkende (fallende) Tendenz; tendenzieller Fall; Baissetendenz *f*
~ к ро́сту Wachstumstendenz *f;* Wachstumstrend *m*
~, прогресси́вная progressive Tendenz, Progressivtendenz *f*, Fortschrittstendenz *f*
~, ры́ночная Markttendenz *f*
~, усто́йчивая stabile (feste, dauerhafte; beständige) Tendenz
~ цен Preistendenz *f*
ТЕ́НДЕР Tender *m*
направля́ть ~ den Tender nachsenden
объявля́ть ~ den Tender bekanntgeben
представля́ть ~ den Tender einreichen (vorlegen)
~ на получе́ние подря́да Tender für einen Werkvertrag
~ на поста́вку обору́дования Tender für die Lieferung der Ausrüstung
~, объя́вленный angekündigter Tender
~, по́лный voller Tender
ТЕРМИНА́Л *m* Terminal *m engl.*
~ для грузовы́х судо́в Terminal für Frachtschiffe
~, контейнерный Containerterminal *m*
~, морско́й Seeterminal *m*
~, специализи́рованный spezialisierter Terminal
ТЕРРИТО́РИЯ *f* Territorium *n*, Gebiet *n;* Gelände *n*
~ вы́ставки Ausstellungsgelände *n*
~ для склади́рования Lagerungsgelände *n*, Vorratshaltungszone *f*
~, договорная vertragliches Gelände, Vertragsgelände *n*
~, складска́я Lagergelände *n*
~, тамо́женная Zollgebiet *n*
~ я́рмарки Messegelände *n*
ТЕ́ХНИК *m* Techniker *m*
ТЕ́ХНИКА *f* 1. (*приёмы*) Technik *f;* Verfahren *n* 2. (*оборудование*) Technik *f*, technische Mittel
овладева́ть те́хникой Technik meistern
~, разгру́зочная Entladungsanlagen *f pl*
~ упако́вки Verpackungstechnik *f*
~ эксплуата́ции Betriebstechnik *f;* Wartungstechnik *f*
ТЕХНО́ЛОГ *m* Technologe *m*
ТЕХНОЛО́ГИЯ *f* Technologie *f*, technologischer Prozeß, Fertigungsverfahren *n*
владе́ть техноло́гией Technologie beherrschen

испо́льзовать техноло́гию Technologie verwenden (nutzen)
применя́ть техноло́гию Technologie anwenden (verwenden, gebrauchen)
~, ба́зовая Basistechnologie *f*
~, безотхо́дная abfallfreie Technologie
~, интенси́вная intensive Technologie
~, капиталоёмкая investitionsintensive (anlageintensive) Technologie
~, ко́мплексная komplexe Technologie, Komplextechnologie *f*
~, наукоёмкая wissenschaftsintensive Technologie
~, прогресси́вная Besttechnologie *f*, fortgeschrittene Technologie
~, ресурсосберега́ющая Hilfsquellen einsparende Technologie
~, трудоёмкая arbeitsaufwendige (arbeitsintensive) Technologie
~, трудосберега́ющая arbeitsparende Technologie
~, энергосберега́ющая energiesparende Technologie
ТЕХОБСЛУ́ЖИВАНИЕ *n* (technische) Wartung *f*
ТИ́ТУЛ *m* (*право на имущество*) Titel *m*
~, зако́нный Gesetzestitel *m*
~ на дви́жимое иму́щество Mobiliartitel *m*, Mobiliarvermögenstitel *m*
~ на недви́жимое иму́щество Immobilientitel *m*, Grundbesitztitel *m*
~, правово́й Rechtstitel *m*
~ со́бственности Eigentumstitel *m*, Vermögenstitel *m;* Besitztitel *m*
ТОВА́Р *m* Ware *f;* Artikel *m*, Handelsartikel *m;* Handelsgut *n*
апроби́ровать ~ Ware approbieren (billigen; genehmigen)
бракова́ть ~ (*признавать негодным*) Ware aussondern; (*определять сорт, качество*) Qualität der Ware bestimmen
брать ~ на коми́ссию Ware zur Veräußerung nehmen
ввози́ть ~ Ware einführen (importieren)
внедря́ть ~ на ры́нок Ware auf den Markt einführen
возвраща́ть ~ Ware zurücksenden (zurückliefern)
выбра́сывать ~ на ры́нок Ware auf den Markt werfen (bringen)
вывози́ть ~ Ware ausführen (exportieren)
выгружа́ть Ware ausladen

ТОВ

грузи́ть ~ Ware verladen
декларировать ~ (*на таможне*) Ware deklarieren
демонстри́ровать ~ Ware demonstrieren (ausstellen, zur Schau stellen)
держа́ть ~ на скла́де Ware auf dem Lager halten
доставля́ть ~ Ware anliefern (liefern, zustellen)
забира́ть ~ Ware abholen
зака́зывать ~ Ware bestellen
закла́дывать ~ Ware verpfänden
застрахо́вывать ~ Ware versichern
изгота́вливать ~ Ware produzieren (herstellen)
импорти́ровать ~ Ware importieren (einführen)
испы́тывать ~ Ware prüfen
маркирова́ть ~ Ware markieren (signieren)
нужда́ться в това́ре Ware brauchen
облага́ть ~ по́шлиной Ware verzollen
опла́чивать ~ Ware bezahlen
оставля́ть ~ у себя́ Ware behalten
отгружа́ть ~ Ware verladen
отка́зываться от това́ра auf die Ware verzichten
отправля́ть ~ на консигна́цию Güter *n pl* (Ware) zur Abfertigung schicken
оце́нивать ~ Ware bewerten (einschätzen)
очища́ть ~ от по́шлины Ware klarieren
перевози́ть ~ Ware befördern (transportieren)
перегружа́ть ~ Ware umladen (umstauen, umschlagen)
перепродава́ть ~ Ware weiterverkaufen (wieder verkaufen)
переучи́тывать ~ Ware inventarisieren
подгота́вливать ~ к погру́зке Ware versandfertig machen
покупа́ть ~ Ware kaufen
покупа́ть ~ о́птом Ware über den Großhandel beziehen (en gros kaufen)
покупа́ть ~ с бу́дущей поста́вкой Ware mit der nächsten Lieferung kaufen
получа́ть ~ Ware bekommen (erhalten, beziehen)
поставля́ть ~ Ware liefern
посыла́ть ~ Ware senden (schicken, zukommen lassen)
представля́ть но́вый ~ neue Ware präsentieren (zur Vorschau stellen)
принима́ть ~ Ware abnehmen (übernehmen)

ТОВ

принима́ть ~ по ка́честву Ware der Qualität nach abnehmen
приобрета́ть ~ Ware erwerben (kaufen)
продава́ть ~ Ware verkaufen
производи́ть ~ Ware herstellen
производи́ть ~ на э́кспорт Ware zum Export (für den Export) herstellen
разреша́ть ~ к отгру́зке Ware zum Versand bewilligen (genehmigen)
распродава́ть ~ Ware ausverkaufen
реализова́ть ~ Ware realisieren
реклами́ровать ~ 1. (*создавать рекламу*) Ware werben (durch Werbung einführen, empfehlen) 2. (*предъявлять рекламацию*) Ware reklamieren (beanstanden)
склади́ровать ~ Ware lagern (einlagern)
снабжа́ть това́ром mit Waren versorgen
снима́ть ~ с прода́жи Ware aus dem Verkauf ziehen
страхова́ть ~ Ware versichern
торгова́ть това́ром mit Ware handeln
упако́вывать ~ Ware verpacken (einpacken)
упако́вывать ~ для возду́шной, морско́й или сухопу́тной перево́зки Ware für Luft-, See- oder Landtransport verpacken
храни́ть ~ Ware aufbewahren (verwahren)
экспони́ровать ~ Ware ausstellen (in einer Ausstellung zeigen)
экспорти́ровать ~ Ware ausführen (exportieren)
~, аукцио́нный Auktionsware *f*
~ без упако́вки unverpackte (lose) Ware
~, биржево́й Börsenware *f*
~, быстрореализу́емый leicht verkäufliche (schnell verkäufliche) Ware
~, ввози́мый Einfuhrware *f*, Importware *f*
~ в пути́ unterwegs befindliche Ware; schwimmende Ware
~ в упако́вке verpackte Ware
~ высо́кого ка́чества hochwertige Ware, Ware ausgezeichneter Qualität
~ гото́вый к отпра́вке die zum Versand bereite Ware
~, дефе́ктный mit Mängeln behaftete Ware; fehlerhafte Ware
~, забрако́ванный aussortierte Ware, Ausschußware *f*; Ramschware *f*
~, заказно́й bestellte Ware
~, залежа́лый überlagerte (liegengebliebene) Ware; Ladenhüter *m*

~, заложенный verpfändete Ware
~, застрахованный versicherte Ware
~, импортный Importware f, Einfuhrware f, Importartikel m, Einfuhrartikel m
~, конкурентный (конкурентоспособный) konkurrenzfähige Ware
~, консигнационный Konsignationsware f
~, контрабандный Schmuggelware f, Schleichware f, eingeschmuggelte Ware
~, котирующийся на бирже börsenfähige (börsengängige) Ware, Börsenware f
~, легковоспламеняющийся leicht entflammbare Ware
~, наличный Warenbestand m, disponible (verfügbare) Ware; Promptware f, Lokoware f
~, насыпной (насыпью) geschüttete Ware, Schüttgut n
~, невостребованный nicht abgeholte Ware
~, недоброкачественный geringwertige (fehlerhafte, mangelhafte) Ware, Ware von geringer Qualität
~, недопоставленный nicht vollständig gelieferte Ware
~, незатаренный unverpackte (lose) Ware
~, неконкурентоспособный nicht konkurrenzfähige Ware
~, неотгруженный nicht versandte Ware
~, не пользующийся спросом schlecht gehende Ware; keinen Absatz findende Ware
~, непоставленный nicht gelieferte Ware
~, непригодный для торговли zum Verkauf untaugliche (ungeeignete) Ware
~, непроданный unverkaufte Ware
~, неупакованный unverpackte Ware
~, неходовой nicht gängige (unverkäufliche) Ware
~ низкого качества Ware von geringer Qualität, Ware zweiter Wahl
~, новый neue Ware
~, огнеопасный feuergefährliche Ware
~, отгруженный versandte Ware
~, патентованный patentierte Ware
~, перспективный perspektivische Ware, Perspektivware f
~, пломбированный таможней Ware unter Zollversiegelung
~, повреждённый beschädigte Ware; verdorbene Ware

~, подготовленный к отправке zum Versand vorbereitete Ware
~, пользующийся большим спросом stark gefragte Ware
~, пригодный для торговли zum Verkauf geeignete Ware
~, проданный verkaufte Ware
~, расфасованный abgewogene und abgepackte Ware
~, реальный Promptware f, Lokoware f
~, рекламируемый reklamierte (durch Werbung eingeführte) Ware
~, реэкспортный Reexportware f
~ россыпью lose (geschüttete) Ware
~ сезонного характера saisonbedingte (saisonale) Ware, Saisonware f
~, скоропортящийся leichtverderbliche Ware
~ с немедленной сдачей Ware mit Promptlieferung
~ со склада Ware ab Lager
~, сыпучий Schüttware f, Schüttgut n
~, сырьевой Rohware f, Rohstoff m
~, транзитный Transitware f, Transitgut n, Durchfuhrware f
~, труднореализуемый schwer absetzbare (verkäufliche) Ware
~, упакованный verpackte Ware
~, уценённый preisgeminderte Ware; Ware zu herabgesetzten Preisen
~, фирменный Markenware f, Markenartikel m
~, ходкий gängige (marktfähige, stark gefragte) Ware
~, штучный Stückware f
~, экспортный Exportware f, Ausfuhrware f; Exportartikel m, Ausfuhrartikel m; Exportgut n, Ausfuhrgut n

ТОВАРИЩЕСТВО n Gesellschaft f; Genossenschaft f; Gemeinschaft f
~, коммандитное Kommanditgesellschaft f
~, кооперативное Genossenschaft ohne Nachschußpflicht, Kooperativgenossenschaft f
~, полное offene Handelsgesellschaft OHG
~ с неограниченной ответственностью Gesellschaft mit unbeschränkter Haftung, GmuH
~ с ограниченной ответственностью Gesellschaft mit beschränkter Haftung, GmbH

ТОВАРОВЕД m Warensachverständige sub m, Warenexperte m

ТОВ

ТОВАРОДВИЖЕ́НИЕ n Warenbewegung f
ТОВАРООБМЕ́Н m Warenaustausch m, Güteraustausch m, Güterverkehr m
на осно́ве товарообме́на auf Grund des Warenaustausches
~, постоя́нный ständiger Warenaustausch m
~, прямо́й Tauschhandel m, Baratt m
ТОВАРООБОРО́Т m Warenumlauf m, Warenumschlag m; Warenumsatz m
~, валово́й Gesamtwarenumsatz m, Bruttowarenumsatz m
~, опто́вый Großhandelsumsatz m
~, ро́зничный Einzelhandelsumsatz m
ТОВАРООТПРАВИ́ТЕЛЬ m Absender m einer Ware, Warenabsender m, Warenabfertiger m
ТОВАРОПОЛУЧА́ТЕЛЬ m Empfänger m (Bezieher m, Käufer m) einer Ware, Warenempfänger m
ТОВАРОПРОИЗВОДИ́ТЕЛЬ m Warenproduzent m
ТОВА́РЫ m pl Waren f pl; Artikel m pl; Güter n pl
обме́ниваться това́рами Waren (Güter) austauschen
~, бытовы́е Haushaltswaren f pl
~, взаимодополня́ющие gegenseitig ergänzende Waren
~ дли́тельного по́льзования langlebige Waren (Güter), Waren (Güter) mit langer Lebensdauer
~, запрещённые для э́кспорта mit Ausfuhrverbot belegte Waren
~, запрещённые к вво́зу mit Einfuhrverbot belegte Waren
~ и́мпульсного спро́са Waren impulsiver Nachfrage (impulsiven Bedarfs)
~ иностра́нного происхожде́ния Waren ausländischen Ursprungs
~ кратковре́менного по́льзования kurzlebige Waren (Güter), Waren mit kurzer Lebensdauer
~ культу́рно-бытово́го назначе́ния Waren des kulturellen Bedarfs und langlebige Konsumgüter
~, ма́ссовые Massenbedarfsartikel m pl, Massenbedarfsgüter n pl
~ ма́ссового произво́дства Massenproduktionswaren f pl
~, мо́дные Modewaren f pl
~ недли́тельного по́льзования nicht langlebige Waren (Güter)
~, обяза́тельные Pflichtwaren f pl

ТОП

~ оте́чественного произво́дства Waren (Güter) der Inlandsproduktion
~ пе́рвой необходи́мости Waren des täglichen Bedarfs (des Grundbedarfs)
~, потреби́тельские Konsumgüter n pl, Verbrauchsgüter n pl, Gebrauchsartikel m pl
~ предвари́тельного вы́бора Vorauswahlwaren f pl
~, представи́тельские Repräsentationsartikel m pl
~, прести́жные Prestigeartikel m pl; Prestigewaren f jpl
~, продово́льственные Lebensmittel n pl, Ernährungsgüter n pl; Nahrungs- und Genußmittel n pl
~ произво́дственного назначе́ния produktionsbestimmte Waren, Waren für die produktive Konsumtion
~, промы́шленные Industriewaren f pl, Industriegüter n pl
~, разбонди́рованные ausgepackte Waren
~, ро́зничные Einzelhandelswaren f pl; Kleinhandelswaren f jpl
~ сери́йного произво́дства Serienproduktionsgüter n pl
~ с торго́вой ма́ркой Waren mit der Handelsmarke
~, стратеги́ческие strategische Güter
~ фабри́чного произво́дства Fabrikproduktionsgüter n pl
~ широ́кого потребле́ния Massenbedarfsartikel m pl, Gebrauchsgüter n pl
ТОННА́Ж m Tonnage f; Frachtraum m
буки́ровать ~ Tonnage frachten
обеспе́чивать ~ Tonnage sichern (sicherstellen)
предоставля́ть ~ Tonnage bereitstellen
фрахтова́ть ~ Tonnage befrachten (chartern)
~, валово́й Brutto-Tonnage f
~, грузово́й Frachtguttonnage f, Ladungstonnage f
~, зафрахто́ванный befrachtete Tonnage
~, лине́йный Linientonnage f
~, наливно́й Tankertonnage f
~, о́бщий Gesamttonnage f
~, реги́стровый Registertonnage f
~, тра́мповый Tramptonnage f
~, чи́стый Nettotonnage f
ТО́ПЛИВО n Brennstoff m; Heizstoff m; Treibstoff m
~, бу́нкерное Bunkerbrennstoff m

~, жи́дкое flüssiger Brennstoff
~, твёрдое fester Brennstoff
~, я́дерное Kerntreibstoff m
ТОРГИ́ m pl Ausschreibung f; Auktion f, Versteigerung f
назнача́ть ~ Ausschreibung ankündigen (anmelden)
объявля́ть ~ zur Ausschreibung einladen
проводи́ть ~ Ausschreibung abhalten
уча́ствовать в торга́х an der Ausschreibung teilnehmen (sich beteiligen)
~, закры́тые geschlossene (interne) Auktion (Ausschreibung)
~, междунаро́дные internationale Auktion (Ausschreibung)
~, объя́вленные angekündigte (angezeigte) Ausschreibung
~, откры́тые offene Ausschreibung
~, переквалификацио́нные Umschulungsausschreibung f
~, публи́чные öffentliche Ausschreibung
~ с ограни́ченным число́м уча́стников beschränkte Ausschreibung
ТОРГОВА́ТЬ handeln, Handel treiben
ТОРГОВА́ТЬСЯ mit *jemandem* um *etwas Akk.* handeln
ТОРГО́ВЕЦ m Händler m, Handelsmann m; Kaufmann m
~, биржево́й Börsenhändler m
~, маргина́льный Marginalhändler m
~, ме́лкий Kleinhändler m
~, опто́вый Großhändler m, Großkaufmann m
~, ро́зничный Einzelhändler m
~, ры́ночный Markthändler m
~ това́рами Warenhändler m
ТОРГО́ВЛЯ f Handel m
вести́ торго́влю handeln, Handel treiben
занима́ться торго́влей den Handel treiben
начина́ть торго́влю den Handel anfangen
ограни́чивать торго́влю den Handel beschränken
организо́вывать торго́влю den Handel organisieren
осуществля́ть торго́влю den Handel betreiben
поощря́ть торго́влю den Handel begünstigen (fördern)
развива́ть торго́влю den Handel erweitern (entwickeln, fördern)
расширя́ть торго́влю den Handel erweitern

~, ба́ртерная Baratthandel m; Tauschhandel m; Bartergeschäft n
~, биржева́я Börsenhandel m
~, взаимовы́годная gegenseitig vorteilhafter Handel
~, «ви́димая» «sichtbarer» Handel
~, вне́шняя Außenhandel m
~, вну́тренняя Binnenhandel m, Inlandshandel m
~, встре́чная Gegenhandel m
~, вя́лая flauer Handel, stockender Handel
~, госуда́рственная staatlicher Handel
~, двусторо́нняя zweiseitiger (bilateraler) Handel
~, кабота́жная Küstenhandel m
~, компенсацио́нная Kompensationshandel m
~, контраба́ндная Handel mit Schmuggelware
~, лицензио́нная Lizenzhandel m
~, мснова́я Tauschhandel m
~, мирова́я Welthandel m
~, монопо́льная Alleinhandel m
~, «неви́димая» «unsichtbarer» Handel
~, опто́вая Großhandel m, Engroshandel m
~, опто́во-ро́зничная Groß- und Kleinhandel m
~ паке́тами а́кций Aktienpakethandel m
~, пате́нтная Handel mit Patenten
~, посре́дническая Zwischenhandel m
~, посы́лочная Versandhandel m
~, пригани́чная Grenzhandel m
~ реа́льным това́ром *бирж.* Effektenhandel m
~, реэ́кспортная Reexporthandel m
~, ро́зничная Einzelhandel m, Kleinhandel m
~, свобо́дная Freihandel m
~, сезо́нная Saisonhandel m
~ това́рами Warenhandel m
~, транзи́тная Transithandel m, Durchgangshandel m, Durchfuhrhandel m
~, тра́нспортная Speditionsgeschäft n
~ услу́гами Servicehandel m
~, ча́стная Privathandel m
~ че́рез аге́нтов Handel mittels Agenten
~, э́кспортная Exporthandel m, Ausfuhrhandel m, Ausfuhrgeschäft n
ТОРГО́ВЫЙ Handels-
ТОРГПРЕ́Д m Handelsvertreter m
ТОРГПРЕ́ДСТВО n Handelsvertretung f
ТРАКТА́ЦИЯ f Proformageschäft n

ТРАМП *m* (*судно для перевозки грузов по любым направлениям*) Trampschiff *n*, Trampdampfefr *m*, Tramp *m*

ТРАНЗИ́Т *m* Transit *m*, Durchgang *m*, Durchfuhr *f*; Transitverkehr *m*, Durchfuhrverkehr *m*

~, грузово́й Lasttransit *m*; Frachttransit *m*

~, обра́тный Rücktransit *m*

ТРА́НСПОРТ *m* Transport *m*; Beförderung *f*; Transportmittel *n pl*; Verkehrsmittel *n pl*; Verkehr *m*

отгружа́ть сме́шанным тра́нспортом mit gemischtem Transport verladen

отправля́ть железнодоро́жным тра́нспортом mit Eisenbahntransport versenden (abschicken)

перевози́ть возду́шным тра́нспортом auf dem Luftwege befördern

~, автомоби́льный Autotransport *m*, Kraftverkehr *m*, LKW-Transport *m*, Kraftfahrzeugverkehr *m*

~, внутризаводско́й innerbetrieblicher Transport

~, во́дный Schiffstransport *m*, Transport per Schiff; Schiffsverkehr *m*

~, возду́шный Luftverkehr *m*; Lufttransport *m*

~, грузово́й Gütertransport *m*; Güterverkehr *m*

~, железнодоро́жный Eisenbahntransport *m*; Eisenbahnverkehr *m*, Eisenbahnwesen *n*

~, морско́й Seeschiffahrt *f*, Seeverkehr *m*; Seetransport *m*

~, речно́й Flußschiffahrt *f*, Binnenschiffahrt *f*; Binnenschiffstransport *m*

~, сме́шанный gemischter Transport (Verkehr)

ТРАНСПОРТИ́РОВАТЬ transportieren, befördern

ТРАНСПОРТИРО́ВКА *f* Beförderung *f*, Transportieren *n*, Transport *m*

выде́рживать транспортиро́вку Beförderung aushalten

обеспе́чивать транспортиро́вку Transportieren sichern (garantieren)

осуществля́ть транспортиро́вку befördern, transportieren

упако́вывать *что-л.* для возду́шной, морско́й или сухопу́тной транспортиро́вки *etwas* für Luft-, See- oder Landtransport verpacken

~, автомоби́льная Autotransport *m*, Kraftfahrzeugtransport *m*

~, возду́шная Luftbeförderung *f*, Lufttransport *m*, Transport auf dem Luftwege

~ гру́зов Güterbeförderung *f*

~, конте́йнерная Containertransport *m*

~, морска́я Seetransport *m*

~, сухопу́тная Landtransport *m*

ТРА́НСПОРТНО-ЭКСПЕДИ́ТОРСКИЙ Spedítions-

ТРА́НСПОРТНЫЙ Transport-; Verkehrs-

ТРАНСФЕ́РТ *m* (*перевод денежных сумм*) Transfer *m*, Übertragung *f* (Überweisung *f*) im Geldverkehr

~, ба́нковский Banküberweisung *f*

~, бла́нковый Blankoindossament *n*

~, креди́тный Kredittransfer *m*, Kreditüberweisung *f*

~ при́были Gewinntransfer *m*

ТРАССА́НТ *m* (*лицо, выставившее тратту*) Trassant *m*, Aussteller *m*, Wechselaussteller *m*

ТРАССА́Т *m* (*лицо, на которое выставлена тратта*) Trassat *m*, Bezogene *sub m*, Akzeptant *m*

ТРАССИ́РОВАНИЕ *n* (*выставление тратты*) Zahlung *f* durch Tratte

ТРАССИ́РОВАТЬ (*выставлять тратту*) trassieren, einen Wechsel ziehen

ТРА́ТА *f* (*расход*) Ausgabe *f*; Verbrauch *m*

~ де́нег Ausgabe des Geldes

ТРА́ТТА *f* (*переводный вексель*) Tratte *f*

акцептова́ть тра́тту Tratte akzeptieren

выпи́сывать тра́тту Tratte ausschreiben (ausfertigen)

выставля́ть тра́тту на *кого-л.* Tratte (Wechsel) auf *jemanden* ziehen

выставля́ть тра́тту сро́ком на... дней Tratte (Wechsel) für... Tage ausstellen

выставля́ть тра́тту сро́ком на... дней по́сле предъявле́ния Tratte (Wechsel) für... Tage nach Sicht ausstellen

инкасси́ровать тра́тту Tratte (Wechsel) einziehen (einkassieren)

опла́чивать тра́тту Tratte (Wechsel) einlösen (honorieren)

опротесто́вывать тра́тту Tratte (Wechsel) zu Protest gehen lassen

передава́ть тра́тту Tratte übertragen (indossieren)

переучи́тывать тра́тту Tratte (Wechsel) rediskontieren

плати́ть тра́ттой mit Tratte (Wechsel) bezahlen

платить против представления тратты gegen Trattenvorlage (Wechselvorlage) bezahlen
представлять тратту Tratte vorlegen
представлять тратту для акцепта Tratte (Wechsel) zur Annahme (zum Akzept) vorlegen
представлять тратту на инкассо Tratte (Wechsel) zum Inkasso (Einzug) vorlegen
предъявлять тратту Tratte vorlegen (präsentieren)
пролонгировать тратту Tratte prolongieren (verlängern)
~, авансовая Vorschußtratte *f*
~, акцептованная akzeptierte Tratte, akzeptierter Wechsel; Handelsakzept *n*
~, банковская Banktratte *f*, Bankwechsel *m*
~, документированная belegte (belegmäßige) Tratte
~, долгосрочная langfristige Tratte
~, коммерческая Handelstratte *f*, Handelswechsel *m*
~, краткосрочная kurzfristige Tratte
~, неакцептованная nicht akzeptierte Tratte
~, недокументированная nicht belegte Tratte
~, неоплаченная nicht eingelöste (unbezahlte) Tratte
~, оплаченная eingelöste (bezahlte) Tratte
~, предъявительская Sichttratte *f*, Sichtwechsel *m*
~, пролонгационная Prolongationstratte *f*, Prolongationswechsel *m*
~ с оплатой после предъявления nach Sicht (auf Verlangen) zahlbare Tratte
~, срочная befristete Tratte
~, торговая Handelstratte *f*
ТРЕБОВАНИЕ *n* 1. (*просьба в категорической форме*) Forderung *f*; Ansuchen *n* 2. (*заявка, официальный документ*) Bestellung *f*, Bestellzettel *m* 3. (*притязание*) Anspruch *m*, Forderung *f*
выдвигать ~ Anspruch stellen (erheben)
выполнять ~ Anspruch (Forderung) erfüllen
заявлять ~ Anspruch erheben; Forderung geltend machen (vorbringen)
настаивать на своём требовании auf seiner Forderung bestehen
оспаривать ~ Anspruch bestreiten
отвергать ~ Anspruch ablehnen
отказать в требовании Forderung zurückweisen
отказаться от требования von seiner Forderung Abstand nehmen
отклонять ~ истца Forderung eines Klägers ablehnen
по первому требованию auf erste Forderung, auf ersten Abruf
по требованию auf *jemandes* Ansuchen (Forderung); auf Abruf; auf Verlangen
предъявлять ~ Anforderung stellen
признавать ~ Anspruch anerkennen
удовлетворять ~ Anspruch (Forderung) befriedigen (erfüllen)
~ возврата уплаченной суммы Forderung der Rückzahlung (der bezahlten Summe)
~, встречное Gegenforderung *f*
~, денежное Geldforderung *f*
~ заказчика Forderung eines Bestellers (eines Auftraggebers)
~, исковое Klageanspruch *m*
~ истца Forderung eines Klägers
~ на закупку Einkaufsforderung *f*
~ на материалы Forderung nach Material
~ на отпуск товаров со склада Lagergeschäftsforderung *f*
~ об уплате Zahlungsanspruch *m*, Zahlungsforderung *f*
~, обязательное strenge Anforderung
~ о возмещении убытков Schadenersatzforderung *f*
~, платёжное Zahlungsanspruch *m*; Zahlungsforderung *f*
~, преимущественное bevorrechtigte Forderung
~, претензионное Forderung aus noch nicht geklärtem Anspruch
~ уплаты Zahlungsaufforderung *f*
ТРЕБОВАНИЯ *n pl* (*правила, условия, обязательные для выполнения, норма*) Forderungen *f pl*, Anforderungen *f pl*, Bedingungen *f pl*, Normen *f pl*; Ansprüche *m pl*
отвечать требованиям den Forderungen entsprechen
соответствовать требованиям den Anforderungen entsprechen
удовлетворять требованиям den Anforderungen gerecht werden

~ в отношéнии кáчества Qualitätsanforderungen *f pl*
~ в отношéнии колúчества Quantitätsanforderungen *f pl*
~, квалификациóнные berufliche Anforderungen
~ контрáкта Vertragsforderungen *f pl*
~ к поставля́емой продýкции Anforderungen an [die] Erzeugnisse, die geliefert werden
~ к приёмке Annahmeanforderungen *f pl*
~ к рабóчим характерúстикам Anforderungen an Operationscharakteristik (an Betriebseigenschaften)
~ к размéрам Ausmaßanforderungen *f pl*
~ к транспортирóвке Anforderungen an Transport
~ к упакóвке Verpackungsanforderungen *f pl*
~ ры́нка Erfordernisse *n pl* des Marktes, Marktbelange *m pl*
~, технúческие technische Bedingungen
~, технологúческие technologische Forderungen
~, эксплуатациóнные betriebsmäßige Anforderungen
ТРÉЙДЕР *m* (*торговец, биржевой маклер*) Händler *m*, Börsenmakler *m*
ТРЕСТ *m* Trust *m*
ТРИ́ММИНГ *m* (*размещение груза на судне*) Trimmen *n*
ТРУ́ДНОСТИ *f pl* Schwierigkeiten *f pl*
встречáться с трýдностями auf Schwierigkeiten stoßen
испы́тывать ~ Schwierigkeiten haben

преодолевáть ~ Schwierigkeiten überwinden (aus dem Wege räumen)
стáлкиваться с трýдностями auf Schwierigkeiten stoßen
~ в котирóвке Schwierigkeiten in Notierung
~ в получéнии информáции Schwierigkeiten im Erhalten der Information
~, платёжные Zahlungsschwierigkeiten *f pl*
~, технúческие technische Schwierigkeiten
~, финáнсовые finanzielle Schwierigkeiten, Finanzschwierigkeiten *f pl*
~, экономúческие wirtschaftliche Schwierigkeiten
~, эксплуатациóнные Betriebsschwierigkeiten *f pl*
ТРЮМ *m* Schiffsraum *m*, Laderaum *m*
выгружáть из трю́ма Laderaum (Stauraum *m*) löschen
грузúть в ~ in Stauraum laden, den Laderaum beladen
размещáть груз в трю́ме Ladung *f* (Fracht *f*) im Stauraum verteilen
~, грузовóй Frachtschiffsraum *m*
~, рефрижерáторный Kühlladeraum *m*
ТУРИ́ЗМ *m* Reiseverkehr *m*; Tourismus *m*
~, деловóй Geschäftsreiseverkehr *m*
~, инострáнный Fremdenverkehr *m*
~, международный internationaler Reiseverkehr (Tourismus)
ТЯЖЕЛОВÉС *m* (*о грузе*) Schwergut *n*

У

УБЕ́ЖИЩЕ *n* Zufluchtsort *m*
~, нало́говое «Steueroase» *f*, «Steuerparadies» *n*
У́БЫЛЬ *f* Abgang *m*, Abnahme *f*, Verringerung *f*; Ausfall *m*; Verlust *m*, Manko *n*, Schwund *m*
~ ве́са во вре́мя перево́зки Masseverlust *m* (Masseschwund *m*) beim Transportieren
~, есте́ственная natürlicher Schwund, natürlicher Verlust
УБЫ́ТКИ *m pl* Schäden *m pl*, Verluste *m pl*
взы́скивать ~ Schäden eintreiben, Schadenersatz *m* realisieren
возмеща́ть ~ Schäden ersetzen (wiedergutmachen), den Schadenersatz leisten
нести́ ~ Schäden erleiden (tragen)
оце́нивать ~ Schäden abschätzen (bewerten)
повле́чь ~ Schäden beeinflussen (nach sich ziehen)
покрыва́ть ~ Schäden decken (begleichen)
предотвраща́ть ~ Schäden verhüten
причиня́ть ~ Schäden zufügen (verursachen)
терпе́ть ~ Verluste davontragen; Schäden erleiden
~, авари́йные Havarieschäden *m pl*
~, ко́свенные indirekte Verluste
~, материа́льные materielle Verluste
~ от о́бщей ава́рии Großhavarieverluste *m pl*
~ от части́чной ава́рии Kleinhavarieverluste *m pl*
~, оценённые geschätzte Verluste
~, свя́занные с заде́ржкой поста́вки die mit dem Lieferverzug verbundenen Verluste

~, согласо́ванные и зара́нее оценённые die vereinbarten und im voraus abgeschätzten Schäden
~, фина́нсовые finanzielle Verluste, Finanzverluste *m pl*
УБЫ́ТОК *m* Verlust *m*, Schaden *m*, Nachteil *m*, Einbuße *f*
продава́ть с убы́тком mit Verlust verkaufen
торгова́ть в убы́ток verlustbringend handeln
~, страхово́й Versicherungsschaden *m*
~, части́чный Teilschaden *m*, Teilverlust *m*
~, чи́стый Reinverlust *m*, Nettoverlust *m*
УВЕДОМЛЕ́НИЕ *n* Benachrichtigung *f*, Avisierung *f*; Anzeige *f*, Avis *m(n)*; Meldung *f*; Mitteilung *f*
без уведомле́ния ohne Benachrichtigung
впредь до уведомле́ния bis zur Benachrichtigung
получа́ть ~ Avis (Anzeige, Ankündigung *f*) erhalten
посыла́ть ~ Meldung schicken (senden)
по уведомле́нии unter Avis (Anzeige)
~, ба́нковское Bankavis *m(n)*
~ об аккредити́ве Anzeige eines Akkreditivs, Akkreditivanzeige *f*
~ об и́ске Forderungsanzeige *f*
~ об отгру́зке Verladeanzeige *f*, Verladeavis *m(n)*
~ об отпра́вке Versandanzeige *f*, Versandavis *m(n)*
~ о гото́вности Bereitschaftsmeldung *f*
~ о дене́жном перево́де Geldüberweisungszettel *m*
~ о кредитова́нии Gutschriftanzeige *f*
~ о платеже́ Zahlungsanzeige *f*
~ о погру́зке Verladeanzeige *f*
~ по по́чте Benachrichtigung per Post
~ по телегра́фу telegrafische Benachrichtigung

277

~ по те́лексу Benachrichtigung per Telex
~ по телефо́ну telefonische Benachrichtigung, Benachrichtigung per Telefon
~ по фа́ксу Benachrichtigung per Fax
~, сро́чное dringende (eilige) Benachrichtigung, Sofortbenachrichtigung *f*
УВЕЛИЧЕ́НИЕ *n* Vergrößerung *f*, Erweiterung *f;* Steigerung *f*, Erhöhung *f;* Vermehrung *f*
~ ве́са Gewichtserhöhung *f*
~ дохо́дов Einnahmenvermehrung *f*
~ и́мпорта Importsteigerung *f*
~ капиталовложе́ний Steigerung der Investitionen (der Kapitalanlagen)
~ кво́ты Quotenerhöhung *f*, Quotenheraufsetzung *f*
~ надба́вки к цене́ Erhöhung des Preiszuschlags
~ нало́гов Steuererhöhung *f*
~ поста́вок Ausweitung *f* der Lieferungen
~ производи́тельности Steigerung der Produktivität
~ сбы́та Absatzsteigerung *f*
~ цен Preissteigerung *f*
УДЕРЖА́НИЕ *n* Abzug *m*
до удержа́ния нало́га vor dem Steuerabzug
по́сле удержа́ния нало́га nach dem Steuerabzug
~ из платеже́й Gehaltsabzug *m*, Lohnabzug *m*
~ нало́гов Steuerabzug *m*
~, прогресси́вное Abzug mit progressivem Charakter, progressiver Abzug
~, пропорциона́льное proportionaler Abzug
~ су́ммы Abzug einer Summe
УДЕШЕВЛЕ́НИЕ *n* Verbilligung *f*, Preisherabsetzung *f*
УДОВЛЕТВОРЕ́НИЕ *n* Befriedigung *f*, Zufriedenstellung *f*, Erfüllung *f;* Genugtuung *f;* Zufriedenheit *f*
к взаи́мному удовлетворе́нию zur gegenseitigen Zufriedenheit
к удовлетворе́нию всех сторо́н zur allenseitigen Zufriedenheit
с удовлетворе́нием mit Genugtuung, mit Befriedigung
~, встре́чное gegenseitige Leistung *f*
~ и́ска Erfüllung einer Klage
~ потре́бностей Befriedigung der Bedürfnisse

~ прете́нзии Anerkennung *f* eines Anspruchs
~ про́сьбы Erfüllung einer Bitte
~ спро́са Deckung *f* des Bedarfs, Bedarfsdeckung *f;* Deckung *f* der Nachfrage
~ тре́бований Erfüllung der Forderungen
~, части́чное Teildeckung *f*
УДОРОЖА́НИЕ *n* Verteuerung *f*
~ това́ров Warenverteuerung *f*
УДОСТОВЕРЕ́НИЕ *n* **1.** (*документ*) Bescheinigung *f*, Schein *m*, Ausweis *m*, Zeugnis *n* **2.** (*засвидетельствование*) Beglaubigung *f*, Bescheinigung *f*, Bezeugung *f*
выдава́ть ~ Ausweis (Bescheinigung) ausstellen
предъявля́ть ~ ли́чности Personalausweis *m* vorzeigen
~ ли́чности Personalausweis *m*
~ по́дписи Unterschriftbeglaubigung *f*, Beglaubigung der Unterschrift
~, санита́рное Sanitätsbescheinigung *f*
УКАЗА́ТЕЛЬ *m* (*и́ндекс*) Anzeiger *m;* Index *m*, Register *n*, Liste *f*, Verzeichnis *n*
заноси́ть в ~ in die Liste eintragen
~ лице́нзий Lizenzverzeichnis *n*
~, пате́нтный Patentverzeichnis *n*, Patentregister *n*
~, сво́дный Gesamtverzeichnis *n*
~ това́рных зна́ков Warenzeichenindex *m*
~ цен Preisliste *f*, Preisverzeichnis *n*
УКЛА́ДКА *f* **1.** (*товара на борту судна или в трюме*) Stauen *n*, Trimmen *n* **2.** (*товара в штабеля*) Aufstapelung *f*
~ в рефрижера́торном помеще́нии Verstauung *f* im Kühlraum
~ в я́щики Verpackung *f* in Kasten (Kisten)
~ гру́за на палле́ты Stapelung *f* der Ladung auf Paletten
УКЛА́ДЫВАТЬ trimmen, stauen; einlagern; verpacken
УМЕНЬШЕ́НИЕ *n* Abnahme *f*, Rückgang *m*, Einschränkung *f;* Verminderung *f*, Verringerung *f;* Herabsetzung *f*
~ ве́са Gewichtsabnahme *f*
~ дохо́дов Ertragsminderung *f*
~ капиталовложе́ний Einschränkung (Verminderung) der Kapitalanlagen
~ расхо́дов Aufwandsenkung *f*, Aufwandsverringerung *f*

~ стóимости Kostensenkung *f*
~ цен Preissenkung *f*, Herabsetzung der Preise
УПАКÓВКА *f* 1. (*тара*) Verpackung *f*, Emballage *f* 2. (*действие*) Verpacken *n*, Einpacken *n*
без упакóвки ohne Verpackung, unverpackt
включáть упакóвку Verpackung einschließen
в отдéльной упакóвке in getrennter (separater) Verpackung; in Sonderverpackung
в упакóвке verpackt, in Verpackung
маркировáть упакóвку Verpackung (Tara) markieren (signieren)
осуществлять упакóвку verpacken
перевозйть без упакóвки или в упакóвке verpackt oder unverpackt befördern (transportieren)
платйть за упакóвку Verpackung (Tara) bezahlen
проверять упакóвку Verpackung (Tara) prüfen (kontrollieren)
производйть упакóвку verpacken, einpacken
~, безвозврáтная nicht wiederverwendbare (verlorene) Verpackung
~ в корóбки Schachtelverpackung *f*
~ в мешкй Absacken *n*
~, внéшняя Außenverpackung *f*, äußere Verpackung
~, внýтренняя Innenverpackung *f*, innere Umhüllung
~ в ящики Kastenverpackung *f*, Kistenverpackung *f*
~, герметйчная hermetische Verpackung
~ грýза Verpackung der Fracht (der Ladung, der Güter)
~, дефéктная defekte (beschädigte; mangelhafte) Verpackung
~, заводскáя Originalpackung *f*
~ за счёт покупáтеля Verpackung auf Kosten des Käufers
~, защйтная Schutzverpackung *f*
~, ймпортная Importverpackung *f*
~, картóнная Kartonverpackung *f*
~, контéйнерная Containerverpackung *f*
~, многорáзовая wiederverwendbare Verpackung, Mehrwegverpackung
~, морскáя seemäßige Verpackung
~, мягкая weiche Verpackung
~, надлежáщая sachgemäße Verpackung
~, нарýжная Außenverpackung *f*, äußere Verpackung

~, нестандáртная nichtstandardisierte Verpackung
~, подáрочная Geschenkpackung *f*
~, приѓодная для морскóй перевóзки Seeverpackung *f*, seemäßige Verpackung
~, стандáртная standardisierte Verpackung
~ товáра Warenverpackung *f*
~, тра́нспортная Transportverpackung *f*, Frachtgutverpackung *f*
~, фабрйчная Originalpackung *f*
~, экспортная Exportverpackung *f*
УПАКÓВЩИК *m* Packarbeiter *m*, Packer *m*
УПАКÓВЫВАТЬ einpacken, packen, verpacken
УПЛÁТА *f* Zahlung *f*, Bezahlung *f*; Auszahlung *f*; Deckung *f*, Begleichung *f*; Einlösung *f*
в счёт уплáты a conto der Zahlung, als Akontozahlung
в уплáту дóлга zum Ausgleich der Schuld
засчйтывать в уплáту дóлга zum Ausgleich der Schuld anrechnen (verrechnen)
освобождáть от уплáты jemanden der Zahlung entheben
отказываться от уплáты Zahlung absagen (ablehnen)
подлежáть уплáте der Zahlung unterliegen
производйть уплáту Zahlung leisten, Einzahlung machen
с уплáтой вперёд mit Vorauszahlung; vorauszahlbar, pränumerando
с уплáтой при достáвке zahlbar bei Lieferung (auf Lieferung)
трéбовать уплáты Zahlung fordern
~ вознаграждéния Honorierung *f*, Auszahlung der Entlohnung
~ в рассрóчку Teilzahlung *f*, Ratenzahlung *f*
~ дéнежного возмещéния Auszahlung der Geldentlohnung
~ дóлга Schuldenrückzahlung
~, досрóчная vorfristige Zahlung
~ комйссии Kommissionszahlung *f*
~ налóгов Entrichtung *f* der Steuer
~ натýрой Naturalzahlung *f*, Naturalleistung *f*
~, немéдленная sofortige (prompte, umgehende) Zahlung, Zahlung ohne Aufschub
~ пóшлины Verzollung *f*

УПЛ УСЛ

~ при поставке Zahlung bei der Lieferung
~ процентов Zinszahlung *f*, Zahlung von Zinsen
~ сбора Zahlung der Gebühren (der Vergütung)
~, своевременная rechtzeitige (fristgemäße, termingemäße) Zahlung
~ суммы Zahlung (Bezahlung) einer Summe
~ фрахта Frachtnachnahme *f*, Frachtbarzahlung *f*
~, частичная Teilzahlung *f*
УПЛАЧИВАТЬ zahlen, bezahlen, Zahlung leisten; decken, begleichen; entrichten; honorieren
УПОЛНОМОЧЕННЫЙ Beauftragte *sub m*, Bevollmächtigte *sub m*
УПРАВЛЕНИЕ 1. (*отдел; администрация*) Administration *f*, Verwaltung *f*, Amt *n*, Behörde *f* 2. (*руководство*) Leitung *f*, Lenkung *f*, Führung *f*
~, главное Hauptverwaltung *f*
~ маркетингом Marketingverwaltung *f*
~ оперативной деятельностью Leitung (Führung) der operativen Tätigkeit
~ порта Hafenverwaltung *f*, Hafenamt *n*
~ предприятием Betriebsleitung *f*, Betriebslenkung *f*, Betriebsführung *f*
~ производством Leitung (Lenkung) des Produktionsprozesses
~, таможенное Zollverwaltung *f*
~, транспортное Verwaltung des Verkehrswesens
~, финансовое Finanzamt *n*, Finanzbehörde *f*
УПРАВЛЯЮЩИЙ *m* Leiter *m*; Verwalter *m*, Manager *m*; Geschäftsführer *m*, Disponent *m*
~, главный Hauptverwalter *m*
~ отделом кредитования Leiter der Kreditabteilung
~ отделом маркетинга Leiter der Vertriebsabteilung
~ отделом сбыта Leiter der Absatzabteilung
~ по импорту Importleiter *m*, Leiter der Importabteilung
~ по кадрам Kaderleiter *m*
~ по экспорту Exportleiter *m*, Leiter der Exportabteilung
~ производством Betriebsleiter *m*, Produktionsleiter *m*
УРЕГУЛИРОВАНИЕ *n* Regelung *f*; Erledigung *f*; Beilegung *f*

~ долгов Schuldenregelung *f*
~, дружественное freundschaftliche Regelung
~, компромиссное Kompromißregelung *f*, Ausgleichsregelung *f*
~ претензии Anspruchsregelung *f*
~ расчётов Ausgleich *m* der Berechnungen
~ спора Beilegung *f* eines Streitfalls
~ цен Preisregelung *f*
УРОВЕНЬ *m* Niveau *n*, Höhe *f*, Stand *m*; Stufe *f*; Ebene *f*
на высоком уровне auf hohem Niveau, niveauvoll
на уровне мировых стандартов mit Weltniveau
~ благосостояния Lebensstandard *m*, Lebensniveau *n*
~ валютного курса Währungskursstand *m*
~ деловой активности Stand der Geschäftstätigkeit
~ дохода Ertragslage *f*
~ запродаж Vorverkaufsstand *m*
~ издержек Aufwandshöhe *f*
~ обслуживания Dienstleistungsniveau, Serviceniveau
~ производства Produktionsstand *m*, Produktionsniveau *n*
~ процента на денежном рынке Zinshöhe *f* (Zinssatz *m*) auf dem Geldmarkt
~ рентабельности Rentabilitätsrate *f*
~ риска Risikohöhe *f*
~ сбыта Vertriebshöhe *f*
~ ставок (*тарифных*) Tarifniveau *n*
~, технический technisches Niveau, technischer Entwicklungsstand
~ торговой наценки Höhe der Handelsspanne
~ цен Preisniveau *n*; Preislage *f*
УСЛОВИЕ *n* Bedingung *f*; Voraussetzung *f*; Klausel *f*; Vorbehalt *m*
покупать при условии скидки в ... % unter der Bedingung eines Rabatts von ... % kaufen
покупать с условием предварительного осмотра и одобрения unter (mit) Vorbehalt der Vorprüfung und Billigung kaufen
при условии unter der Bedingung
~ о переуступке Abtretungsklausel *f*, Weiterzessionsklausel *f*
~ о повышении или понижении цены Preiserhöhungs- oder Preissenkungsklausel *f*

~ о порядке уплаты фрахта Frachtklausel *f*
~ «от всех рисков» *страх.* Bedingung (Klausel) «gegen alle Risiken»
УСЛО́ВИЯ *n pl* Bedingungen *f pl;* Voraussetzungen *f pl;* Verhältnisse *n pl;* Umstände *m pl*
включа́ть ~ Bedingungen einschließen
в соотве́тствии с усло́виями entsprechend den Bedingungen
выдвига́ть ~ Bedingungen stellen
выполня́ть ~ контра́кта Vertragsbedingungen *f pl* erfüllen (einhalten)
выставля́ть ~ Bedingungen stellen (auferlegen)
договариваться об условиях sich über Bedingungen vereinbaren; über die Bedingungen einig werden
изменя́ть ~ Bedingungen ändern
на вы́годных усло́виях zu vorteilhaften (günstigen) Bedingungen
наруша́ть ~ Bedingungen verletzen
на усло́виях аре́нды zu Mietbedingungen, zu Pachtbedingungen
на усло́виях ба́нковского креди́та zu Bankkreditbedingungen
на усло́виях взаи́мности auf der Grundlage der Gegenseitigkeit
на усло́виях генера́льного подря́да zu den Bedingungen des Bauhauptvertrages
на усло́виях консигна́ции zu den Konsignationsbedingungen
на усло́виях креди́та zu den Kreditbedingungen
на усло́виях «под ключ» zu den Bedingungen: «schlüsselfertig»
обсужда́ть ~ Bedingungen besprechen
огова́ривать ~ Bedingungen vereinbaren (vorbehalten)
отверга́ть ~ контра́кта Vertragsbedingungen ablehnen
отступа́ть от усло́вий контра́кта Vertragsbedingungen verletzen; von Vertragsbedingungen abgehen
пересма́тривать ~ Bedingungen abändern (korrigieren)
поставля́ть това́р на усло́виях ФОБ Ware *f* zu den Bedingungen fob liefern
по усло́виям контра́кта laut Vertragsbedingungen
предлага́ть ~ Bedingungen anbieten (bieten)
предоставля́ть ~ Bedingungen gewähren
предусма́тривать ~ Bedingungen vorsehen
приде́рживаться усло́вий Bedingungen einhalten, sich an die Bedingungen halten
принима́ть ~ auf Bedingungen eingehen, Bedingungen annehmen
рассма́тривать ~ Bedingungen prüfen (untersuchen)
соблюда́ть ~ Bedingungen einhalten
согласо́вывать ~ контра́кта Vertragsbedingungen abstimmen (vereinbaren)
соглаша́ться на ~ auf Bedingungen eingehen
соотве́тствовать усло́виям den Bedingungen entsprechen
торгова́ть на усло́виях консигна́ции auf der Grundlage der Konsignation handeln
формули́ровать ~ Bedingungen abfassen (formulieren)
~, авари́йные Havariebedingungen *f pl*
~ аккредити́ва Akkreditivbedingungen *f pl*
~ аре́нды Pachtbedingungen *f pl,* Mietbedingungen *f pl*
~ аукцио́на Auktionsbedingungen *f pl,* Versteigerungsbedingungen *f pl*
~, взаимовы́годные gegenseitig vorteilhafte Bedingungen
~ гара́нтии Garantiebedingungen *f pl*
~ догово́ра Vertragsbedingungen *f pl,* vertragliche Bedingungen
~ долгово́го обяза́тельства Bedingungen der Schuldverschreibung
~, еди́ные einheitliche Bedingungen, Einheitsbedingungen *f pl*
~ заво́да-изготови́теля Bedingungen des Herstellerbetriebs
~ зака́за Auftragsbedingungen *f pl*
~ инка́ссо Inkassobedingungen *f pl*
~ испыта́ний Prüfbedingungen *f pl,* Testbedingungen *f pl*
~, комме́рческие kommerzielle Bedingungen
~ коносаме́нта Konnossementsbedingungen *f pl*
~ консигна́ции Konsignationsbedingungen *f pl*
~ контра́кта Vertragsbedingungen *f pl*
~ креди́та Kreditbedingungen *f pl*
~ ку́пли-прода́жи Handelsbedingungen *f pl,* Kaufgeschäftsbedingungen *f pl,* Kauf- und Verkaufsbedingungen *f pl*
~, лине́йные Linienbedingungen *f pl;* Streckenbedingungen *f pl*

УСЛ

~, лицензио́нные Lizenzbedingungen *f pl*
~, льго́тные Vorzugsbedingungen *f pl*
~ ме́ны Tauschbedingungen *f pl*
~, неприе́млемые unannehmbare Bedingungen
~, о́бщие Gesamtbedingungen *f pl*, allgemeine Bedingungen
~, обяза́тельные verbindliche Bedingungen, Pflichtbedingungen *f pl*
~ отгру́зки Verladebedingungen *f pl*
~ отпра́вки Versandbedingungen *f pl*
~ перево́зки Frachtbedingungen *f pl*, Transportbedingungen *f pl*
~ платежа́ Zahlungsbedingungen *f pl*
~ поку́пки Bezugsbedingungen *f pl*
~ по́лиса Policebedingungen *f pl*
~ поста́вки Lieferbedingungen *f pl*
~ предложе́ния Angebotsbedingungen *f pl*
~ приёмки Abnahmebedingungen *f pl*
~ прода́жи Verkaufsbedingungen *f pl*
~ прода́жи с аукцио́на Versteigerungsbedingungen *f pl*
~, произво́дственные Produktionsbedingungen *f pl*
~, равнопра́вные gleichberechtigte (rechtlich gleichgestellte) Bedingungen
~ расчёта Verrechnungsbedingungen *f pl*
~ ры́нка Marktbedingungen *f pl*, Marktlage *f*, Marktverhältnisse *n pl*
~ сде́лки Geschäftsbedingungen *f pl*
~ сотру́дничества Bedingungen der Zusammenarbeit
~, специа́льные spezielle Bedingungen
~, станда́ртные Standardbedingungen *f pl*
~ страхова́ния Versicherungsbedingungen *f pl*
~, техни́ческие technische Bedingungen
~, типовы́е Standardbedingungen *f pl*
~ торго́вли Geschäftsbedingungen *f pl*; terms of trade *engl.*
~, тра́нспортные Transportbedingungen *f pl*
~ уча́стия в вы́ставке Bedingungen zur Teilnahme an der Ausstellung
~ финанси́рования Bedingungen der Finanzierung
~, фина́нсовые finanzielle Bedingungen, Finanzbedingungen *f pl*
~ фра́хта Frachtbedingungen *f pl*
~ хране́ния Lagerungsbedingungen *f pl*
~ ча́ртера Chartervertragsbedingungen *f pl*

~, ча́стные Privatbedingungen *f pl*
~, экономи́ческие Wirtschaftsbedingungen *f pl*, ökonomische Bedingungen
~, эксплуатацио́нные Betriebsbedingungen *f pl*, Betriebsverhältnisse *n pl*
УСЛУ́ГИ *f pl* Dienstleistungen *f pl*, Dienste *m pl*; Leistungen *f pl*
воспо́льзоваться услу́гами Dienste in Anspruch nehmen
ока́зывать ~ Dienste erweisen (leisten)
опла́чивать ~ Dienstleistungen bezahlen
по́льзоваться услу́гами von Dienstleistungen Gebrauch machen
предлага́ть ~ Dienstleistungen anbieten; seine Dienste antragen
предлага́ть паке́т услу́г Dienstleistungspaket *n* anbieten
предоставля́ть ~ Dienstleistungen gewähren
прибега́ть к услу́гам Dienstleistungen in Anspruch nehmen
реклами́ровать ~ Dienstleistungen empfehlen
~ аге́нта Dienste eines Agenten (eines Handelsvertreters)
~ аге́нтства Dienste einer Agentur (einer Vertretung)
~, ауди́торские Revisordienste *m pl*, Auditordienste *m pl*, Rechnungsprüferdienste *m pl*
~, ба́нковские Kundendienst *m* der Bank
~, беспла́тные unentgeltliche (kostenlose) Dienstleistungen
~, взаи́мные Gegendienste *m pl*
~, гаранти́йные Garantieleistungen *f pl*
~, инжини́ринговые Engineeringleistungen *f pl*
~, комме́рческие kommerzielle Leistungen; Kommerzleistungen *f pl*
~, ко́мплексные Komplexdienstleistungen *f pl*
~, конкуре́нтные Konkurrenzdienste *m pl*; Wettbewerbsdienste *m pl*
~, консультацио́нные Konsultationsdienste *m pl*
~, ма́ркетинговые Marketingleistungen *f pl*
~, пла́тные Dienstleistungen gegen Entgelt
~ по организа́ции прода́жи Dienstleistungen im Verkauf
~ по перево́зке Transportdienste *f pl*, Beförderungsdienste *m pl*

~, посрéднические Vermittlungsleistungen *f pl*
~ по страховáнию Versicherungsleistungen *f pl*
~ по фрахтовáнию Befrachtungsdienste *m pl*, Charterungsdienste *m pl*
~, предпринимáтельские Unternehmerdienste *m pl*
~, технúческие technische Dienste
~, трáнспортные Transportleistungen *f pl*
~, управлéнческие Verwaltungsdienste *m pl*
~, финáнсовые finanzielle Dienstleistungen
~, экспéртные Sachverständigerdienstleistungen *f pl*
УСОВЕРШÉНСТВОВАНИЕ *n* Vervollkommnung *f;* Vervollständigung *f;* Verbesserung *f*
внедря́ть ~ Verbesserung einführen
разрабáтывать ~ Verbesserung ausarbeiten
УСТÁВ *m* Statut *n*, Satzung *f;* Ordnung *f;* Vorschrift *f*
~ акционéрного óбщества Statut (Satzung) einer Aktiengesellschaft
~, биржевóй Börsenordnung *f*
~ совмéстного предприя́тия Statut (Satzung) eines Gemeinschaftsbetriebs
УСТАНОВЛÉНИЕ *n* Festsetzung *f*, Bestimmung *f*, Festlegung *f*
~ ассортимéнта Sortimentsbestimmung *f*
~ едúной ценú с учётом расхóдов по достáвке Festsetzung des einheitlichen Preises mit Berücksichtigung der Beförderungskosten
~ зонáльных цен Zonenpreisstellung *f*, Zonenpreissetzung *f*
~ кýрса валю́ты Währungskursfestsetzung *f*, Währungsnotierung *f*
~ оплáты за услýги Festsetzung des Dienstleistungsentgeltes
~ цен для стимулúрования сбы́та Preis [fest] setzung *f* zur Absatzförderung
~ цен на оснóве закры́тых торгóв Preissetzung *f* auf der Grundlage der geschlossenen Ausschreibungen
~ цены́ на оснóве ýровня текýщих цен Preissetzung *f* auf der Grundlage des laufenden Preisniveaus
~ цены́ с оплáтой расхóдов по достáвке Preissetzung *f* mit Vergütung (Bezahlung) der Zustellungskosten

УСТÓЙЧИВОСТЬ *f* Stabilität *f;* Festigkeit *f;* Beständigkeit *f*
~ кýрса валю́ты Währungskursstabilität *f*, Valutakursstabilität *f*
~ цен Preisstabilität *f*
УСТУ́ПКА *f* 1. (*отказ от чего-л., в пользу кого-л.*) Abtretung *f*, Überlassung *f;* Zugeständnis *n* 2. (*скúдка*) Preisermäßigung *f*, Preisnachlaß *m*, Skonto *n*, Rabatt *m*
дéлать устýпку Zugeständnis machen
добивáться устýпок Zugeständnisse *n pl* erzielen
пойтú на устýпку Zugeständnis machen
предоставля́ть устýпку zugestehen
~ в ценé Preisermäßigung *f*, Preisnachlaß *m*
~, патéнтная Abtretung der Nutzungsrechte an einem Patent
УСТУ́ПКИ *f pl* Zugeständnisse *n pl*
~, налóговые Steuerzugeständnisse *n pl*
~, нетарúфные nicht tarifische Zugeständnisse
~, специáльные Spezialzugeständnisse *n pl*, Sonderzugeständnisse *n pl*
~, тарúфные Tarifzugeständnisse *n pl*, Gebührenzugeständnisse *n pl*
УСУ́ШКА *f* Trockenverlust *m*, Masseschwund *m*
УТВЕРЖДÉНИЕ *n* (*одобрéние*) Bestätigung *f;* Bewilligung *f*
представля́ть на ~ zur Bestätigung vorlegen
~ балáнса Bilanzgenehmigung *f*
~ бюджéта Haushaltsbewilligung *f*
~ договóра Ratifikation des Vertrages
~ докумéнтов Bewilligung (Bestätigung) der Dokumente
УТÉЧКА *f* Abfluß *m*, Abfließen *n;* Leckage *f*
предотвращáть утéчку информáции Enthüllung *f* (Verlust *m*) der Information verhindern (vorbeugen)
~ валю́ты Währungsabfluß *m*
~ грýза Verlust *m* der Fracht (der Ladung)
~ дéнежных срéдств Geldmittelabfluß *m*, Geldabwanderung *f*
~ информáции Informationsverlust *m*, Informationsabfluß *m*
~ капитáла Kapitalabfluß *m*, Kapitalabwanderung *f*
УТРÁТА *f* Verlust *m*, Einbuße *f*
~ грýза Frachtverlust *m*

УТР

УТРУ́СКА *f* Masseverlust *m* (Masseschwund *m*) durch Verschütten
~ гру́за Ladungsschwund *m* durch Verschütten
УХО́Д *m* (*за маши́нами*) Pflege *f*, Wartung *f*; Instandhaltung *f*
обеспе́чивать техни́ческий ~ technische Wartung (Pflege) versichern
~ за обору́дованием Pflege (Wartung) der Ausrüstung
~, техни́ческий technische Wartung
УХУДШЕ́НИЕ *n* Verschlechterung *f*; Erschwerung *f*; Verschlimmerung *f*
~ ка́чества Güteverschlechterung *f*
~ усло́вий Verschlimmerung der Bedingungen
УЦЕ́НКА *f* Preisherabsetzung *f*, Preisminderung *f*, Preisreduzierung *f*
предоставля́ть уце́нку Preisherabsetzung gewähren
согласо́вывать разме́р уце́нки Rate *f* der Herabsetzung vereinbaren
~, соразме́рная angemessene Preisherabsetzung
~ това́ра Abwertung *f* der Ware
УЧА́СТИЕ *n* Teilnahme *f*, Beteiligung *f*, Mitarbeit *f*, Mitwirkung *f*; Anteil *m*
отка́зываться от уча́стия в *чём-л.* auf die Teilnahme an *etwas Dat.* verzichten
предлага́ть ~ в *чём-л.* Teilnahme an *etwas Dat.* anbieten (bieten)
принима́ть ~ в *чём-л.* an *etwas Dat.* teilnehmen (sich beteiligen)
с уча́стием иностра́нной фи́рмы unter Beteiligung (Teilnahme) von einer fremden Firma
~ в акционе́рном капита́ле Aktienkapitalanteil *m*
~ в аукцио́не Teilnahme an einer Auktion
~ в вы́ставке Teilnahme (Beteiligung) an einer Ausstellung
~ в испыта́ниях Teilnahme (Beteiligung) an den Prüfungen
~ в предприя́тии Beteiligung an einem Betrieb
~ в при́былях Gewinnbeteiligung *f*
~ в разрабо́тке прое́кта Teilnahme an der Ausarbeitung (Entwicklung) eines Projekts
~ в расхо́дах Kostenbeteiligung *f*; finanzieller Beitrag *m*
~ в сде́лке Teilnahme an einem Geschäft

УЧЁ

~ в совме́стном предприя́тии Beteiligung an einem Gemeinschaftsbetrieb (an Joint-venture)
~ в торга́х Teilnahme an einer Versteigerung (Auktion)
~ в финанси́ровании Teilnahme an der Finanzierung
~, де́нежное finanzielle Beteiligung
~, долево́е Anteil *m*
~, фина́нсовое finanzielle Beteiligung
УЧА́СТНИК *m* Teilnehmer *m*, Teilhaber *m*; Beteiligte *sub m*; Partner *m*, Gesellschafter *m*
~ аукцио́на Teilnehmer an einer Auktion
~ вы́ставки Aussteller *m*
~ догово́ра Vertragsteilnehmer *m*
~ пане́ли Panelteilnehmer *m*, Teilnehmer am Panel
~ перегово́ров Teilnehmer an Verhandlungen
~ соглаше́ния Abkommensteilnehmer *m*, Teilnehmer am Abkommen
~ торго́в Ausschreibungsteilnehmer *m*, Bieter *m*, Submittent *m*
~ я́рмарки Teilnehmer an der Messe
УЧЁТ *m* 1. (*установле́ние нали́чия чего́-л.*) Rechnungsführung *f*, Buchführung *f*, Buchhaltung *f*, Rechnungswesen *n*; Inventur *f* 2. (*о ве́кселях*) Diskontierung *f*, Diskontieren *n*, Diskont *m* 3. (*регистра́ция*) Registrierung *f*, Registrieren *n*, Eintragung *f*
вести́ ~ Rechnung führen
взять на ~ registrieren, in die Liste eintragen (einschreiben)
предъявля́ть ве́ксель или тра́тту к учёту Wechsel *m* oder Tratte *f* diskontieren lassen
принима́ть ве́ксель к учёту Wechsel *m* in Diskont nehmen
проводи́ть ~ Inventur machen
производи́ть ~ ве́кселя Wechsel *m* diskontieren
с учётом сезо́нных колеба́ний unter Berücksichtigung der Saisonschwankungen
~, ба́нковский Bankdiskont *m*
~, бухга́лтерский Buchführung *f*, buchhalterische Erfassung
~ векселе́й Wechseldiskontierung *f*
~, де́нежный Geldrechnung *f*, wertmäßiger Nachweis
~ дохо́дов и расхо́дов Berechnung *f* der Einnahmen und Ausgaben

~ запа́сов Lagerbuchführung *f*
~ затра́т Aufwandsberechnung *f*
~ изде́ржек Kostenrechnung *f*
~, коли́чественный mengenmäßige Erfassung, mengenmäßiger Nachweis
~, операти́вно-техни́ческий operativ-technische Erfassung (Rechnungsführung)
~, операти́вный Erfassung *f* operativer Daten
~ опера́ций с со́бственным и привлечённым капита́лом Erfassung *f* der Geschäfte mit eigenem und beschaffenem Kapital
~ отклоне́ний от норм расхо́дов Nachweis *m* der Normabweichungen der Ausgaben
~, произво́дственный Betriebsabrechnung *f*, Betriebsstatistik *f*
~, складско́й Lagerbuchführung *f*
~, сортово́й Erfassung *f* nach Materialarten
~ спро́са statistische Erfassung der Nachfrage
~, статисти́ческий statistische Buchführung
~ тратт Trattendiskontierung *f*
~, управле́нческий Verwaltungserfassung *f*
~, хозя́йственный Rechnungswesen *n*
УЧИ́ТЫВАТЬ 1. (*устана́вливать нали́чие, коли́чество кого́-л., чего́-л.*) berechnen, kalkulieren, ausweisen 2. (*о векселя́х*) diskontieren, begeben, in Diskont nehmen 3. (*регистри́ровать*) registrieren, einschreiben, verzeichnen
УЧРЕДИ́ТЕЛЬ *m* Gründer *m*, Begründer *m*, Stifter *m*
УЧРЕЖДЕ́НИЕ *n* 1. Gründung *f*; Stiftung *f* 2. Institution *f*, Einrichtung *f*, Behörde *f*, Amt *n*, Anstalt *f*, Institut *n*
~, ба́нковское Bankanstalt *f*, Bankinstitut *n*, Bankunternehmen *n*

~, госуда́рственное staatliche Institution, staatliche Dienststelle
~, заку́почное Einkaufsagentur *f*, Einkaufsvertretung *f*
~, креди́тное Kreditanstalt *f*, Kreditinstitut *n*
~, страхово́е Versicherungsanstalt *f*
~, фина́нсовое Finanzamt *n*
УЩЕ́РБ *m* Verlust *m*, Schaden *m*, Einbuße *f*; Nachteil *m*
без ущерба (*для чего́-л.*) unbeschadet, ohne Schaden
возмеща́ть ~ Schaden ersetzen, Schadenersatz *m* leisten
в слу́чае уще́рба im Falle des Verlustes (des Schadens)
де́йствовать в ~ *кому́-л.* zu *jemandes* Nachteil handeln
застрахова́ть от уще́рба gegen Schäden versichern
компенси́ровать ~ Verlust kompensieren (ausgleichen)
наноси́ть ~ schädigen, Schaden zufügen
оце́нивать разме́р уще́рба Schadenshöhe *f* abschätzen (ermitteln)
причиня́ть уще́рб Schaden zufügen (verursachen)
~, большо́й großer (gewaltiger) Verlust (Schaden)
~ в ви́де упу́щенной вы́годы Schaden durch entgangenen Gewinn
~ всле́дствие неисполне́ния обяза́тельств Schaden infolge der Nichterfüllung der Verpflichtungen
~, де́нежный Geldverlust *m*
~, материа́льный materieller Schaden
~, нанесённый der zugefügte Schaden
~, невосполни́мый unersetzbarer (unersetzlicher) Schaden
~ от пожа́ра Brandschaden *m*, Feuerschaden *m*
~, части́чный Teilschaden *m*, Teilverlust *m*, teilweiser Schaden (Verlust)

Ф

ФА́БРИКА *f* Fabrik *f*, Werk *n*, Betrieb *m*
ФА́КТОР *m* **1.** (*агент*) Agent *m*, Vermittler *m*, Makler *m*, Kommissionär *m* **2.** (*обстоятельство в каком-л. процессе*) Faktor *m*, Moment *n*
~, вне́шний Außenfaktor *m*
~ вре́мени Zeitfaktor *m*
~, основно́й Hauptfaktor *m*, Grundfaktor *m*
~, ры́ночный Marktfaktor *m*
~ сбы́та Absatzfaktor *m*
~ сто́имости Wertfaktor *m*
~, экономи́ческий wirtschaftlicher Faktor, Wirtschaftsfaktor *m*
ФАКТО́РИНГ *m* Factoring *n*
ФАКТУ́РА *f* Faktur[a] *f*, Rechnung *f*
выдава́ть факту́ру Rechnung ausstellen
выпи́сывать факту́ру Faktur[a] ausschreiben, fakturieren
выставля́ть факту́ру Faktur[a] ausstellen (ausfertigen)
опла́чивать факту́ру Faktur[a] bezahlen
предъявля́ть факту́ру Faktur[a] vorlegen (vorweisen)
~, заве́ренная beglaubigte Faktur[a]
~, комме́рческая Handelsrechnung *f*, Warenrechnung *f*, Faktur[a]
~, ко́нсульская Konsulatsfaktur[a] *f*
~ на су́мму Faktur[a] im Werte von... (für die Summe...)
~ на това́р Warenrechnung *f*
~, оконча́тельная Originalrechnung *f*, Originalfaktur[a] *f*
~, предвари́тельная Proformarechnung *f*, provisorische Rechnung (Faktura)
ФАКТУ́РА-СПЕЦИФИКА́ЦИЯ *f* Faktura-Spezifikation *f*
ФАКТУРИ́РОВАНИЕ *n* Fakturierung *f*, Fakturieren *n*
ФАСОВА́ТЬ abpacken; abfüllen
ФАСО́ВКА *f* Abpacken *n*, Abfüllen *n*
~ това́ра Abpacken von Waren

ФИЛИА́Л *m* Filiale *f*, Zweigstelle *f*, Außenstelle *f*; Nebenstelle *f*
~ ба́нка Niederlassung *f* einer Bank; Bankfiliale *f*
~ компа́нии Zweigstelle (Zweigbüro *n*, Nebenbüro *n*) der Gesellschaft
~ предприя́тия Zweigwerk *n*, Filiale eines Betriebes
ФИНАНСИ́РОВАНИЕ *n* Finanzierung *f*, finanzielle Unterhaltung
гаранти́ровать ~ Finanzierung garantieren (gewährleisten)
догова́риваться о финанси́ровании über die Finanzierung übereinkommen
обеспе́чивать ~ Finanzierung sichern (sicherstellen)
прекраща́ть ~ Finanzierung einstellen (stoppen)
~, ба́нковское Finanzierung über eine Bank (durch eine Bank)
~, безвозвра́тное Finanzierung ohne Rückzahlungspflicht
~, бюдже́тное Haushaltsfinanzierung *f*
~, госуда́рственное Staatsfinanzierung *f*, staatliche Finanzierung
~, дефици́тное Defizitfinanzierung *f*
~, долгосро́чное langfristige Finanzierung
~, долево́е anteilmäßige Finanzierung
~ заку́пок Einkaufsfinanzierung *f*, Finanzierung der Einkäufe
~ из со́бственных средств Eigenfinanzierung *f*
~ и́мпорта Importfinanzierung *f*, Einfuhrfinanzierung *f*
~ капита́льных вложе́ний Investitionsfinanzierung *f*
~, компенсацио́нное Ausgleichsfinanzierung *f*
~, краткосро́чное kurzfristige Finanzierung
~, креди́тное Kreditfinanzierung *f*
~, междунаро́дное internationale Finanzierung

~, смéшанное gemischte Finanzierung
~, совмéстное gemeinsame Finanzierung; Gemeinschaftsfinanzierung *f*
~, среднесрóчное mittelfristige Finanzierung
~ торгóвли Handelsfinanzierung *f*
~, целевóе zweckbestimmte (zielgerichtete) Finanzierung
~ чéрез бáнки Finanzierung über (durch) Banken
~ экспóрта Exportfinanzierung *f*
ФИНАНСИ́РОВАТЬ finanzieren; Geld *n* geben
ФИНАНСИ́СТ *m* Finanzfachmann *m*; Geldgeber *m*, Finanzmann *m*, Finanzherr *m*
ФИНÁНСЫ *pl* Finanzen *f pl*, Finanzwesen *n*; Gelder *n pl*, Geldmittel *n pl*, Finanzmittel *n pl*
~, госудáрственные öffentliche Finanzen, staatliche Gelder
~, мéстные Ortsfinanzen *pl*, Lokalfinanzen *pl*
ФИ́РМА *f* Firma *f*; Geschäftshaus *n*, Handelshaus *n*
ликвиди́ровать фи́рму Firma abwickeln (liquidieren, auflösen)
осно́вывать фи́рму Firma gründen
представля́ть фи́рму Firma vertreten
регистри́ровать фи́рму Firma registrieren
руководи́ть фи́рмой Firma leiten
сотру́дничать с фи́рмой mit der Firma zusammenarbeiten
~, аге́нтская Vertreterfirma *f*
~, аре́ндная Pachtfirma *f*, Mietfirma *f*
~, ауди́торская Buchprüfungsfirma *f*, Revisionsfirma *f*
~, бáнковская Bankfirma *f*, Bankhaus *n*
~, брóкерская Maklerfirma *f*, Brokerfirma *f*
~, вéнчурная Wagnisgesellschaft *f*
~, внешнеторгóвая Außenhandelsfirma *f*
~, госудáрственная staatliche Firma
~, дочéрняя Tochterfirma *f*
~, инжини́ринговая Engineeringunternehmen *n*
~, иностра́нная ausländische (fremde) Firma, Auslandsfirma *f*
~, конкури́рующая konkurrierende Firma, Konkurrenzfirma *f*, Konkurrenzgeschäft *n*
~, консультациóнная Beratungsfirma *f*, Beratungsdienst *m*
~, ли́зинговая Leasing[s]gesellschaft *f*

~, мáркетинговая Marketingfirma *f*, Vertriebsfirma *f*
~, оптóвая Großnahdelsfirma *f*
~, патéнтная Patentagentur *f*, Patentvertretung *f*
~, подря́дная Auftragnehmerfirma *f*, Unternehmerfirma *f*
~, посрéдническая Vermittlerfirma *f*
~, посы́лочная Versandfirma *f*, Versandhaus *n*
~, произвóдственная Herstellerfirma *f*, Erzeugerfirma *f*
~, сбытовáя Vertriebsfirma *f*
~, страховáя Versicherungsgesellschaft *f*
~, торгóвая Handelsfirma *f*, Handelsgeschäft *n*, Handelshaus *n*
~, трáнспортная Transportgesellschaft *f*
~, трáнспортно-экспедициóнная Speditionsgesellschaft *f*, Speditionsfirma *f*
~, туристи́ческая Touristengesellschaft *f*, Reiseagentur *f*
~, упакóвочная Verpackungsfirma *f*, Packhaus *n*; Packerei *f*
~, чáстная Privatfirma *f*, Privatgeschäft *n*
~, экспóртная Exportfirma *f*, Exportgeschäft *n*; Exporteur *m*
ФИ́РМА-АРЕНДОДÁТЕЛЬ *f* Leasing(s)gesellschaft *f*, Vermieter *m*, Verpächter *m*
ФИ́РМА-ИЗГОТОВИ́ТЕЛЬ *f* Herstellerfirma *f*
ФИ́РМА-ПОДРЯ́ДЧИК *f* Vertragslieferant *m*, Unternehmerfirma *f*
ФИ́РМА-ПОСТАВЩИ́К *f* Lieferfirma *f*, Lieferant *m*
ФИ́РМА-ПРОДУЦÉНТ *f* Herstellerfirma *f*
ФИ́РМА-ПРОИЗВОДИ́ТЕЛЬ *f* Produzentfirma *f*
ФИ́РМА-УЧÁСТНИЦА *f* Teilnehmerfirma *f*
ФОНД *m* 1. (*денежные средства*) Fonds *m*; Geldmittel *pl*, Grundkapital *n* 2. (*запасы*) Vorräte *m pl*; Reserve *f*, Bestand *m*
создавáть ~ Fonds bilden
~, автоматически возобновля́емый Revolvingfonds *m*
~, амортизациóнный Amortisationsfonds *m*
~, валю́тный Valutafonds *m*, Devisenfonds *m*; Währungsausgleichsfonds *m*
~, выкупнóй Ablösungsfonds *m*
~, дéнежный Geldfonds *m*
~, золотóй Goldfonds *m*

ФОН

~, инвестицио́нный Investitionsfonds *m*
~ капита́льных вложе́ний Kapitalinvestitionsfonds *m*
~, компенсацио́нный Kompensationsfonds *m*
~ материа́льного поощре́ния Fonds für materielle Stimulierung, Stimulierungsfonds *m*
~ накопле́ния Akkumulationsfonds *m*
~, основно́й Grundfonds *m*, Anlagefonds *m*
~, пате́нтный Patentfonds *m*, Patentsammlung *f*
~ погаше́ния Tilgungsfonds *m*, Ablösungsfonds *m*
~, премиа́льный Prämienfonds *m*, Bonusfonds *m*
~ разви́тия произво́дства Fonds für die Entwicklung der Produktion
~, резе́рвный Reservefonds *m*
~, ры́ночный Marktfonds *m*
~ социа́льного обеспе́чения Fonds für soziale Fürsorge
~ социа́льного страхова́ния Fonds für soziale Versicherung
~ социа́льного разви́тия Fonds für soziale Entwicklung
~, страхово́й Versicherungsfonds *m*; Sicherungsfonds *m*, Sicherheitsfonds *m*
~, уста́вный Statutenfonds *m*
~ финанси́рования Finanzierungsfonds *m*
~, целево́й zweckgebundener Fonds
~ экономи́ческого стимули́рования Fonds für ökonomische Stimulierung (Förderung)

ФОНДИ́РОВАНИЕ *n* Kontingentierung *f*, Bewirtschaftung *f*; Erhalt *m* von Kontingenten
~ до́лга Kontingentierung der Schuld

ФО́НДЫ *m pl* 1. (*денежные средства*) Fonds *m pl* 2. (*ресурсы*) Vorräte *m pl*, Bestand *m* 3. (*ценные бумаги*) Wertpapiere *n pl*, Effekten *pl*
инвести́ровать ~ Kapital investieren (anlegen)
привлека́ть ~ Fonds anziehen
~, ба́нковские Bankfonds *m pl*
~, заморо́женные eingefrorene Fonds
~, инвестицио́нные Investitionsfonds *m pl*
~, креди́тные Kreditfonds *m pl*
~, ликви́дные Liquiditätsfonds *m pl*
~, перехо́дящие Rücklagefonds *m pl*
~ предприя́тия Betriebsfonds *m pl*

ФОР

~, произво́дственные Produktionsfonds *m pl*
~, резе́рвные Reservefonds *m pl*
~ финанси́рования Finanzierungsfonds *m pl*

ФО́РМА *f* 1. (*вид*) Form *f* 2. (*бланк*) Formular *n*
в надлежа́щей фо́рме in gehöriger Form
в пи́сьменной фо́рме in schriftlicher Form, schriftlich
в устано́вленной фо́рме formgemäß, formgerecht; laut Vordruck
~ докуме́нтов Form der Dokumente
~ коносаме́нта Konnossementsform *f*, Konnossementsformular *n*
~ контра́кта Form eines Vertrages
~ платежа́ Zahlungsmodus *m*, Zahlungsverfahren *n*
~, расчётная Verrechnungsart *f*; Zahlungsart *f*
~ расчётов, аккредити́вная Zahlung *f* mittels Akkreditiv, Akkreditivverfahren *n*
~ расчётов, инка́ссовая Zahlung *f* mittels Inkasso
~ расчётов, кли́ринговая Zahlung *f* mittels Clearing
~, станда́ртная Standardform *f*
~ торго́вли Handelsform *f*
~, юриди́ческая gesetzliche (rechtsgültige) Form
~ ча́ртера Charterform *f*

ФОРМА́ЛЬНОСТИ *f pl* Formalitäten *f pl*
выполня́ть ~ Formalitäten erfüllen
наруша́ть ~ Formalitäten verletzen
проходи́ть тамо́женные ~ Zollformalitäten erfüllen (erledigen)
соблюда́ть ~ Formalitäten einhalten
~, арбитра́жные Arbitrageformalitäten *f pl*
~, ба́нковские Bankformalitäten *f pl*
~, пограни́чные Grenzformalitäten *f pl*
~, портовы́е Hafenformalitäten *f pl*
~, санита́рные Sanitätsformalitäten *f pl*, sanitäre Formalitäten
~, страховы́е Versicherungsformalitäten *f pl*
~, тамо́женные Zollformalitäten *f pl*
~, юриди́ческие Rechtsformalitäten *f pl*, gesetzliche Formalitäten

ФО́РМУЛА *f* Formel *f*
~ изобрете́ния Erfindungsformel *f*
~ ма́ркетинга Marketingformel *f*
~ начисле́ния проце́нтов Verzinsungsformel *f*

~, патéнтная Patentformel *f*
~ эскалáции цен Preisgleitungsformel *f*
ФОРС-МАЖÓР *фр.* (*обстоятельства непреодолимой силы*) force majeure *франц.*; höhere Gewalt
ФОРФÉЙТИНГ *m* Forfaitierung *f*
ФРÁНКО *um.* (*свободный от оплаты расходов*) franko, frei, frachtfrei, kostenfrei, spesenfrei, ohne Spesen
ФРÁНКО-БÁРЖА *f* frei (franko) Prahm
ФРÁНКО-БОРТ *m* frei (franko) an Bord; free on board, fob *engl.*
ФРÁНКО-БÝНКЕР *m* frei (franko) Bunker
ФРÁНКО-ВАГÓН *m* frei (franko) Waggon; free on rail, for *engl.*
ФРÁНКО-ВЫ́СТАВКА *f* frei (franko) ab Ausstellung
ФРÁНКО-ГРАНИ́ЦА *f* frei (franko) Grenze
ФРÁНКО-ГРУЗОВИ́К *m* frei (franko) Fahrzeug; free on truck, fot *engl.*
ФРÁНКО-ЖЕЛЕЗНОДОРÓЖНАЯ СТÁНЦИЯ НАЗНАЧÉНИЯ frei (franko) Bestimmungsbahnhof
ФРÁНКО-ЗАВÓД *m* frei (franko) ab Werk; ex works *engl.*
ФРÁНКО-МÉСТО НАХОЖДÉНИЯ ТОВÁРА frei (franko) ab Haus, ab Standort, Loko
ФРÁНКО-НÁБЕРЕЖНАЯ *f* frei (franko) ab Kai; ex quay *engl.*
ФРÁНКО-ПОРТ НАЗНАЧÉНИЯ frei (franko) ab Kai, Bestimmungshafen *m*
ФРÁНКО-ПРИЧÁЛ *m* frei (franko) Anlegestelle
ФРÁНКО-СКЛАД *m* frei (franko) Lager
ФРÁНКО-СÝДНО *n* frei (franko) Schiff; free of steamer *engl.*
ФРÁНКО-ФÁБРИКА *f* frei (franko) ab Fabrik
ФРАНШИ́ЗА *f* Franchise *f*
~, безусловная bedingungslose Franchise
~, условная bedingte Franchise
ФРАХТ *m* 1. (*груз*) Fracht *f*, Ladung *f*, Frachtgut *n* 2. (*плата за провоз*) Fracht *f*, Frachtgebühr *f*; Frachtkosten *pl*, Beförderungskosten *pl*

взимáть ~ пропорционáльно прóйденному пути́ Fracht proportional der zurückgelegten Strecke eintreiben
повышáть ~ Fracht (Frachtgebühr) erhöhen (steigern)
получáть ~ Fracht (Frachtgebühr) bekommen (erhalten)
~ «ад валóрем» Fracht «ad valorem» (vom Wert)
~, аккóрдный Akkordfracht *f*, Pauschalfracht *f*
~, бáзисный Basisfracht *f*
~ в óба концá Aus- und Rückfracht *f*
~ в оди́н конéц Ausfahrtfracht *f*
~, двойнóй Doppelfracht *f*
~, дистанциóнный (*за расстояние*) Distanzfracht *f*
~, мёртвый Leerfracht *f*, Faulfracht *f*
~, морскóй Seefracht *f*
~, обрáтный Rückladung *f*; Rückfracht *f*
~, óбщий Gesamtfracht *f*
~, речнóй Binnenfracht *f*
~, сквознóй Durchfracht *f*, Durchgangsfracht *f*
~, трáмповый Tramptfracht *f*
~, транзи́тный Transitfracht *f*, Durchfracht *f*
ФРАХТОВÁНИЕ *n* Befrachtung *f*, Chartern *n*, Charterung *f*
~ в тайм-чáртер Zeitcharterung *f*
~ на круговóй рейс Rundreisecharterung *f*
~ на послéдовательные рéйсы aufeinanderfolgende Reisecharterung
~, рéйсовое Reisecharterung *f*
~ сýдна без экипáжа Befrachtung (Chartern) eines Schiffes ohne Besatzung
~ тоннáжа Befrachtung (Chartern) einer Tonnage
ФРАХТОВÁТЕЛЬ *m* Befrachter *m*
ФРАХТОВÁТЬ befrachten, in Fracht nehmen; chartern, mieten, heuern
ФРАХТÓВЩИК *m* Frachtführer *m*; Verfrachter *m*, Verschiffer *m*
ФРИ-ÁУТ *англ.* (*выгрузка за счёт фрахтователя*) free out and free discharge *engl.*; freies Löschen
ФРИ-ИН *англ.* (*погрузка за счёт фрахтователя*) free in *engl.*; frei in das Transportmittel

Х

ХА́ЙРИНГ *m англ.* Hiring *n*
ХЕДЖИ́РОВАНИЕ *n бирж.* (*срочная сделка для страхования цены или прибыли*) Hedge-Geschäft *n*, Sicherungsarbitrage *f*
~ поку́пкой Ankaufshedge-Geschäft *n*
~ прода́жей Verkaufshedge-Geschäft *n*
ХИЩЕ́НИЕ *n* Raub *m*, Entwendung *f*; Diebstahl *m*
~ гру́за Frachtentwendung *f*, Frachtraub *m*
~ из отде́льных мест гру́за Raub aus einzelnen Kolli
ХОДА́ТАЙСТВО *n* Antrag *m*, Gesuch *n*, Ersuchen *n*, Ansuchen *n*
обраща́ться с хода́тайством Gesuch stellen (einreichen)
подава́ть ~ Antrag (Gesuch) einreichen
удовлетворя́ть ~ Gesuch bewilligen (befürworten)
~ об отсро́чке Stundungsgesuch *n*
~ о возмеще́нии убы́тков Ersatzleistungsgesuch *n*, Schadenersatzgesuch *n*
~ о вы́даче пате́нта Patenterteilungsgesuch *n*
~ о проведе́нии эксперти́зы Gesuch um Durchführung eines Gutachtens
ХОЗЯ́ЙСТВО *n* 1. (*экономика*) Wirtschaft *f* 2. (*производство*) Betrieb *m* 3. (*производственная единица*) Wirtschaftsbereich *m*, Wirtschaft *f*
~, коллекти́вное Kollektivwirtschaft *f*
~, кру́пное Großwirtschaft *f*, landwirtschaftlicher Großbetrieb

~, мирово́е Weltwirtschaft *f*
~, рента́бельное rentable (gewinnbringende, vorteilhafte) Wirtschaft
~, ры́ночное Marktwirtschaft *f*
~, се́льское Landwirtschaft *f*
~, складско́е Lagerwirtschaft *f*; Lagerwesen *n*
~, тра́нспортное Transportwesen *n*, Verkehrswirtschaft *f*
ХРАНЕ́НИЕ *n* Lagerung *f*; Aufbewahrung *f*; Haltung *f*; Verwahrung *f*
находи́ться на хране́нии in Verwahrung sein
принима́ть на ~ in Verwahrung nehmen
сдава́ть на ~ in Verwahrung (in Depot) geben
~, беста́рное unverpackte Verwahrung, Verwahrung ohne Verpackung
~ в мешка́х Verwahrung in Säcken
~ в холоди́льнике Aufbewahrung im Kühlraum
~ гру́за Aufbewahrung (Lagerung) von Gütern, Güteraufbewahrung *f*
~, дли́тельное Dauerlagerung *f*
~ запа́сов Vorratshaltung *f*
~ запчасте́й Lagerung der Ersatzteile
~ нава́лом или насы́пью lose (unverpackte) oder geschüttete Lagerung
~ на тамо́женном скла́де Aufbewahrung im Zollager; Zollagerung *f*
~ под откры́тым не́бом Aufbewahrung im Freien
~ това́ров на скла́де Warenlagerung *f*
ХРАНИ́ЛИЩЕ *n* Lager *n*, Speicher *m*; Aufbewahrungsort *m*

Ц

ЦЕНА́ *f* Preis *m*
акцептова́ть це́ну den Preis akzeptieren
бази́ровать це́ну на *чём-л.* den Preis auf *etwas Dat.* basieren
включа́ть в це́ну това́ра in den Warenpreis einschließen
возмеща́ть це́ну Preis ersetzen
вычита́ть из цены́ vom Preis abrechnen (abziehen)
догова́риваться о цене́ den Preis abmachen
завыша́ть це́ну den Preis zu hoch festsetzen (überhöhen)
занижа́ть це́ну den Preis senken (herabsetzen; drosseln)
изменя́ть це́ну den Preis verändern
конкури́ровать по цене́ nach den Preisen konkurrieren
котирова́ть це́ну den Preis notieren
набавля́ть це́ну auf den Preis aufschlagen, zum Preis zuschlagen
назнача́ть це́ну den Preis festsetzen
осно́вывать це́ну на *чём-л.* den Preis auf *etwas Dat.* basieren
па́дать в цене́ im Preise sinken (fallen)
повыша́ться в цене́ im Preise steigen
повыша́ть це́ну den Preis steigern (erhöhen, heraufsetzen)
поднима́ться в цене́ im Preise steigen
поднима́ть це́ну den Preis erhöhen (heraufsetzen)
подсчи́тывать це́ну den Preis kalkulieren
подтвержда́ть це́ну den Preis bestätigen
покупа́ть или продава́ть по *какой-л.* цене́ zum Preis von... kaufen oder verkaufen
понижа́ться в цене́ im Preise sinken
по ры́ночной цене́ zum Marktpreis
по согласо́ванной цене́ zum vereinbarten Preis
по цене́ zum Preise
по цене́ дня zum Tagespreis
снижа́ть це́ну den Preis abbauen (herabsetzen, ermäßigen)
~, ба́зисная Basispreis *m*, Grundpreis *m*
~ без упако́вки Preis ohne Verpackung
~, биржева́я Börsenpreis *m*
~, бро́совая Schleuderpreis *m*, Dumpingpreis *m*
~, валова́я Bruttopreis *m*
~ в валю́те Preis in Valuta (in Devisen)
~, включа́ющая расхо́ды по доста́вке der Preis, der die Lieferungskosten einschließt
~ в конце́ биржево́го дня Schlußpreis *m*
~ в моме́нт откры́тия би́ржи Eröffnungskurs *m*, Anfangspreis *m*
~ вну́треннего ры́нка Inlandspreis *m*, Binnenpreis *m*
~, вы́годная günstiger (lohnender, vorteilhafter) Preis
~, выкупна́я Auskaufpreis *m*, Loskaufpreis *m*
~, гаранти́рованная Garantiepreis *m*, garantierter Preis
~, де́йствующая gültiger (geltender) Preis
~, де́йствующая на день отпра́вки am Absendetag gültiger (geltender) Preis
~, де́йствующая на день поста́вки am Liefertag gültiger (geltender) Preis
~, де́йствующая на день предложе́ния am Angebotstag gültiger (geltender) Preis
~, де́мпинговая Dumpingpreis *m*
~, ди́лерская Dealerpreis *m*
~ дня Tagespreis *m*
~, догово́рная Vertragspreis *m*, vertraglich vereinbarter Preis
~, ду́тая übertriebener Preis, Fantasiepreis *m*
~, еди́ная einheitlicher Preis, Einheitspreis *m*

291

19*

ЦЕН

~ завóда-изготовителя Preis des Herstellerbetriebs
~ за вычетом скидки Preis nach Skontoabzug
~, завышенная überhöhter Preis, Überpreis m
~ за единицу товáра Preis für eine Wareneinheit
~, закупочная Aufkaufpreis m, Einkaufspreis m, Kaufpreis m
~ за наличные Bar(zahlungs)preis m
~, заниженная zu niedrig festgesetzter Preis, herabgesetzter (ermäßigter) Preis
~, запрáшиваемая verlangter Preis
~, запродáжная Verkaufspreis m
~, зонáльная Zonenpreis m
~, импортная Importpreis m, Einfuhrpreis m
~, итóговая Gesamtpreis m
~, колéблющаяся schwankender Preis
~, коммéрческая Preis im Kommerzhandel
~, конкурéнтная Konkurrenzpreis m
~, контрáктная Vertragspreis m
~, котировáльная (котирóвочная) Börsenpreis m
~, льгóтная Vorzugspreis m, Sonderpreis m, ermäßigter Preis
~, максимáльная Höchstpreis m
~, минимáльная Mindestpreis m
~ мировóго рынка Weltmarktpreis m
~, монопóльная Monopolpreis m
~ на áкции, подписнáя Preis für den Bezug von Aktien
~ на день отгрýзки Preis am Verladungstag
~, нарицáтельная Nennpreis m
~ на товáр Warenpreis m
~, начáльная бирж. Anfangspreis m, Eröffnungspreis m
~ нéтто Nettopreis m
~, номинáльная Nominalpreis m, Sollpreis m
~, óбщая Gesamtpreis m
~, окончáтельная endgültiger Preis
~, оптóвая Großhandelspreis m
~, ориентирóвочная Orientierungspreis m, Richtpreis m
~, отправнáя (на аукциóне) Ausrufpreis m
~, отпускнáя Abgabepreis m; Werkspreis
~, официáльная offizieller Preis
~, паритéтная Paritätspreis m

~, паушáльная Pauschalpreis m
~, первоначáльная Anschaffungspreis m, Einstandspreis m
~, пересмóтренная überprüfter Preis
~, плáновая Planpreis m
~, повышенная erhöhter Preis
~, подписнáя Abonnementspreis m, Bezugspreis m
~, позициóнная Positionspreis m, Postenpreis m
~ по кáссовым сдéлкам Kassapreis m, Kassakurs m
~ покупáтеля Käuferpreis m, Preis des Käufers
~, покупнáя Kaufpreis m, Einkaufspreis m, Bezugspreis m
~ по прейскурáнту Listenpreis m
~ по себестóимости Selbstkostenpreis m
~ по срóчным сдéлкам Termingeschäftspreis m
~ постáвки Lieferpreis m
~ по тарифу Tarifpreis m
~, предéльная Grenzpreis m; Limitpreis m; Höchstpreis m
~, предлагáемая (на бирже) Geldkurs m
~ предложéния Angebotspreis m, Offertpreis m
~ предыдýщей сдéлки Preis des vorhergehenden Geschäfts
~, прейскурáнтная Listenpreis m
~, приблизительная Etwapreis m, annähernder Preis
~, приéмлемая angemessener (reeller) Preis
~ при закрытии биржи Schlußpreis m
~ при открытии биржи Eröffnungskurs m
~ при перепродáже Wiederverkaufspreis m
~ при продáже с торгóв Ausschreibungspreis m, Angebotspreis m
~ при уплáте наличными Barzahlungspreis m, Preis bei Barzahlung
~ продавцá Verkäuferpreis m, Preis des Verkäufers
~, продáжная Verkaufspreis m
~ производителя Erzeugerpreis m
~, расчётная Verrechnungspreis m
~, реализациóнная Verkaufspreis m
~, резервированная (на аукциóне) Mindestpreis m, Mindestgebot n
~, рóзничная Einzelhandelsverkaufspreis m (EVP); Einzelpreis m; Ladenpreis m

ЦЕН

~ рыночная Marktpreis *m*
~ свободного рынка Preis des freien Marktes
~ с выгрузкой на берег Preis mit Ausladung an Strand
~ с доставкой Preis mit Zustellung
~, сезонная Saisonpreis *m*
~, сметная Kalkulationspreis *m*, Schätzpreis *m*
~, сниженная herabgesetzter (ermäßigter, gesenkter) Preis
~, согласованная vereinbarter Preis
~ со скидкой Rabattpreis *m*, Nachlaßpreis *m*
~ со склада Preis ab Lager (ab Lagerhaus, ab Speicher)
~ с последующей фиксацией Preis mit nachfolgender Festsetzung
~ спот Spottpreis *m*, Lokopreis *m*, Kassapreis *m*
~, справочная Listenpreis *m*
~ с приплатой Preis mit Zuschlag
~ спроса Nachfragepreis *m*
~, стабильная Festpreis *m*, stabiler Preis
~, тарифная Tarifpreis *m*
~, твёрдая Festpreis *m*, fester Preis
~, текущая Effektivpreis *m*, efferktiver (laufender) Preis
~ товара Warenpreis *m*
~, торговая Handelspreis *m*
~, условленная vereinbarter (abgesprochener) Preis
~ услуг Dienstleistungspreis *m*, Preis für Dienstleistungen
~, устойчивая fester (stabiler) Preis
~, фабричная Fabrikpreis *m*, Werkpreis *m*
~, фактическая Effektivpreis *m*, faktischer (effektiver, laufender) Preis
~, фактурная Rechnungspreis *m*
~, фиксированная Produzentenpreis *m*
~ фрахта Frachtpreis *m*
~, экспортная Exportpreis *m*, Ausfuhrpreis *m*
ЦЕННИК *m* Preiskalalog *m*, Preisliste *f*
ЦЕННОСТИ *f pl* Werte *m pl*, Wertsachen *f pl*; Kostbarkeiten *f pl*
~, валютные Devisenwerte *m pl*, Valutawerte *m pl*
~, заложенные verpfändete Wertsachen
ЦЕНООБРАЗОВАНИЕ *n* Preisbildung *f*, Preisgestaltung *f*

ЦИК

~, конкурентное konkurrenzfähige Preisbildung
~, трансфертное Transferpreisbildung *f*
ЦЕНТР *m* Zentrum *n*, Mittelpunkt *m*
~, выставочный Ausstellungszentrum *n*
~, деловой Geschäftszentrum *n*
~, информационный Informationszentrum *n*
~, коммерческий Geschäftszentrum *n*, Handelszentrum *n*, Kommerzzentrum *n*
~, технический technisches Zentrum
~, торговый Handelszentrum *n*, Handelsplatz *m*
~, финансовый Finanzzentrum *n*
ЦЕНЫ *f pl* Preise *m pl*
взвинчивать ~ Preise in die Höhe treiben (hochtreiben, hochschrauben)
диктовать ~ Preise diktieren
калькулировать ~ Preise kalkulieren (berechnen)
корректировать ~ Preise korrigieren (berichtigen, anpassen, angleichen)
отражаться в ценах sich in Preisen auswirken
пересматривать ~ Preise überprüfen
пересчитывать ~ Preise nachkalkulieren
поддерживать ~ Preise stützen (unterstützen, unterhalten)
публиковать ~ Preise veröffentlichen
~, внутрифирменные innerbetriebliche Preise
~ в предложении Preise im Angebot
~, конъюнктурные Kojunkturpreise *m pl*
~ на потребительские товары Konsumgüterpreise *m pl*
~, неустойчивые schwankende (unfeste, unstabile) Preise
~, общедоступные erschwingliche Preise
~, публикуемые Preise, die veröffentlicht werden
~, регулируемые regelbare (lenkbare) Preise
~, скользящие gleitende Preise
~, сопоставимые vergleichbare (konstante) Preise
~ с разбивкой по позициям Preise mit Aufteilung in Positionen
~, стандартные Einheitspreise *m pl*
ЦЕССИЯ *f* юр. (уступка) Zession *f*, Abtretung *f*
ЦИКЛ *m* Zyklus *m*; Arbeitsablauf *m*
~, конъюнктурный Konjunkturzyklus *m*

ЦИР

~, произво́дственный Produktionszyklus *m*
~ това́ра, жи́зненный lebenswichtiger Warenzyklus
ЦИРКУЛЯ́Р *m* Rundschreiben *n*, Zirkular *n*
ЦИРКУЛЯ́ЦИЯ *f* Zirkulation *f*, Umlauf *m*, Kreislauf *m*
~ де́нег Geldzirkulation *f*
ЦИ́ФРЫ *f pl* Ziffern *f pl*, Zahlen *f pl*

ЦИФ

~ ци́фрами in Ziffern
~, валовы́е Gesamtziffern *f pl*, Gesamtzahlen *f pl*
~, контро́льные Kontrollziffern *f pl*
~, кру́глые runde Zahlen
~, пла́новые Planzahlen *f pl*
~ с попра́вкой на сезо́нные колеба́ния Ziffern mit Anpassung an Saisonschwankungen
~, сравни́тельные vergleichbare Ziffern (Zahlen)

Ч

ЧА́РТЕР *m* (*договор о фрахтовании*) Chartervertrag *m*, Charter *m*
брать су́дно в ~ Schiff *n* befrachten (chartern)
подпи́сывать ~ den Chartervertrag unterzeichnen (unterschreiben)
сдава́ть су́дно в наём по ча́ртеру Schiff *n* verfrachten (verchartern)
составля́ть ~ den Chartervertrag aufstellen
~ бэрбо́ут bare boat charter *engl.*; Vermietung *f* des Schiffes ohne Bemannung (ohne Besatzung)
~, генера́льный Vollcharter *m*, Großcharter *m*
~, лине́йный berth charter *engl.*; Reisecharter *m*
~, морско́й Marinecharter *m*
~ на срок Zeitcharter *m*, Pachtung *f* auf Zeit
~, откры́тый offener Charter
~, ре́йсовый trip charter *engl.*; Reisecharter *m*
~, речно́й Flußtransportcharter *m*
~, типово́й Standardcharter *m*
~, чи́стый reiner Charter
ЧА́СТНЫЙ privat, Privat-
ЧАСТЬ *f* Teil *m*; Anteil *m*
~ гру́за Teil der Fracht (der Ladung)
~, запасна́я Ersatzteil *m*(*n*)
~ контра́кта, неотъе́млемая untrennbarer Bestandteil *m* des Vertrages
~ при́были Tantieme *f*; Gewinnanteil *m*, Teil des Gewinns
~ проду́кции Produktionsteil *m*, Teil der Produktion
~ ры́нка Teil des Marktes
ЧЕК *m* Scheck *m*; Kassenbon *m*, Kassenzettel *m*
выпи́сывать ~ einen Scheck ausstellen
выпи́сывать ~ в *чью-л.* по́льзу zugunsten *jemandes* einen Scheck ausstellen

выпи́сывать ~ в су́мме einen Scheck im Betrag von... ausstellen
выпи́сывать ~ на банк einen Scheck auf eine Bank ausstellen
выпи́сывать ~ «прика́зу» einen Scheck «an Order» ausstellen
выпи́сывать ~ сверх оста́тка на теку́щем счету́ Konto *n* überziehen
выпла́чивать по че́ку einen Scheck einlösen
выставля́ть ~ einen Scheck ausstellen (ziehen)
индосси́ровать ~ einen Scheck indossieren (girieren)
инкасси́ровать ~ einen Scheck inkassieren
кросси́ровать ~ einen Scheck kreuzen (gegenkontrollieren)
опла́чивать ~ einen Scheck einlösen (honorieren)
опротесто́вывать ~ einen Scheck zu Protest gehen lassen
передава́ть ~ einen Scheck übertragen
пересыла́ть ~ einen Scheck übersenden
пересыла́ть де́ньги че́ком Geld per Schek überweisen
плати́ть че́ком mit Scheck zahlen
погаша́ть ~ einen Scheck tilgen (begleichen)
подде́лывать ~ einen Scheck fälschen (nachahmen, verfälschen)
подпи́сывать ~ einen Scheck unterzeichnen (unterschreiben)
получа́ть де́ньги по че́ку einen Scheck einkassieren (einlösen)
предъявля́ть ~ к опла́те einen Scheck zur Zahlung (zur Honorierung) vorlegen (präsentieren)
трасси́ровать ~ на банк einen Scheck auf eine Bank ausstellen
~, ба́нковский Bankscheck *m*
~ без пра́ва переда́чи nicht begebbarer (nicht übertragbarer) Scheck
~, бла́нковый Blankoscheck *m*

ЧЕК

~, вы́писанный на банк auf eine Bank ausgestellter Schek
~, доро́жный Reisescheck *m*
~, именно́й Namensscheck *m*, Rektascheck *m*
~, кросси́рованный gekreuzter Scheck
~ на и́мя Scheck auf Namen
~ на предъяви́теля Inhaberscheck *m*
~ на су́мму Scheck im Betrag von...
~, некросси́рованный Barscheck *m*, Kassenscheck *m*
~, неопла́ченный unbezahlter Scheck
~, опла́ченный bazahlter Scheck
~, опротесто́ванный zu Protest gegangener Scheck

ЧЕК

~, о́рдерный Orderscheck *m*
~, откры́тый offener Scheck, Barscheck *m*
~, пога́шенный getilgter (beglichener) Scheck
~, подде́льный gefälschter Scheck
~ по теку́щему счёту Kontokorrentscheck *m*
~, предъяви́тельский Inhaberscheck *m*, Überbringerscheck *m*
~, просро́ченный verfallener Scheck
~, расчётный Verrechnungsscheck *m*
ЧЕКОДА́ТЕЛЬ *m* Scheckaussteller *m*, Aussteller *m* eines Schecks
ЧЕКОДЕРЖА́ТЕЛЬ *m* Scheckinhaber *m*

Ш, Щ

ШЕФМОНТА́Ж *m* (*руководство монтажом*) Chefmontage *f*, Montageleitung *f*
обеспе́чивать ~ Chefmontage ausführen
осуществля́ть ~ Chefmontage erfüllen (ausführen, erledigen)
ШЕФПЕРСОНА́Л *m* Aufsichtspersonal *n*
~ продавца́ Aufsichtspersonal des Verkäufers
ШИПЧА́НДЛЕР *m* (*поставщик товаров на судно*) Schiffslieferant *m*
ШИФР *m* Chiffre *f*; (*счёта*) Kontennummer *f*; Kode *m*
~, бу́квенный Chiffre in Buchstaben
~ едини́цы обору́дования Chiffre der Ausrüstungseinheit
~, цифрово́й Chiffre in Ziffern
ШКАЛА́ *f* Skala *f*
~ вмести́мости Skala des Tonnengehalts des Schiffes; Volumenskala *f*
~ вы́грузки Entladungsskala *f*, Löschskala *f*
~, грузова́я Verpackungsgewichtsskala *f*, Frachtskala *f*
~, зарабо́тной пла́ты Lohnskala *f*, Tarifskala *f*
~ комиссио́нного вознагражде́ния Kommissionsvergütungsskala *f*
~ надба́вок и ски́док Zuschlag- und Rabattskala *f*
~ опла́ты Gehaltssätze *m pl*
~ распределе́ния расхо́дов Kostenzurechnungsskala *f*
~ сбо́ров Abgabenskala *f*, Gebührenskala *f*, Steuerskala *f*
~ ски́док Nachlaßskala *f*, Rabattskala *f*
~, скользя́щая gleitende Skala
ШОУ *n* Schau *f*
~, рекла́мное Werbeschau *f*
ШТАБЕЛИ́РОВАНИЕ *n* Stapelung *f*
ШТА́БЕЛЬ *m* Stapel *m*, Halde *f*
ШТАМП *m* Stempel *m*
ста́вить ~ Stempel setzen
~, бла́нковый Blankostempel *m*

~, гаранти́йный Garantiestempel *m*
~, кру́глый runder Stempel
~ совме́стного предприя́тия Stempel eines Gemeinschaftsbetriebs
ШТАТ *m* Personalbestand *m*, Personal *n*
зачисля́ть в ~ etatmäßig anstellen
сокраща́ть шта́ты den Personalbestand abbauen
~, основно́й Hauptpersonal *n*
~, постоя́нный Stammpersonal *n*
~, произво́дственный Betriebspersonal *n*
ШТЕ́МПЕЛЬ *m* Stempel *m*
ста́вить ~ stempeln, Stempel setzen (drücken)
~ ба́нка Bankstempel *m*, Stempel einer Bank
~, контро́льный Kontrollstempel *m*
~ перево́зчика Stempel des Frachtführers
~, почто́вый Poststempel *m*
ШТИ́ВКА *f* (*укладка груза*) Stauen *n*, Trimmen *n*, Trimmarbeit *f*
производи́ть шти́вку Stauen durchführen (leisten)
~, непра́вильная unrichtiges Stauen
~, специа́льная spezielles Stauen
ШТРАФ *m* Geldstrafe *f*, Strafe *f*
взы́скивать ~ Geldstrafe eintreiben (fordern, zahlen lassen)
налага́ть ~ *jemanden* mit einer Strafe belegen; *jemandem* eine Geldbuße auferlegen (verhängen)
начисля́ть ~ Strafe anrechnen (berechnen)
переводи́ть су́мму штра́фа Geldstrafe überweisen
плати́ть ~ Geldstrafe zahlen
погаша́ть ~ Geldstrafe begleichen (bezahlen)
подверга́ть штра́фу *jemanden* bestrafen, *jemandem* eine Geldstrafe auferlegen

ШТР

покрывать сумму штрафа Strafsumme *f* begleichen (decken)
~, денежный Geldstrafe *f*, Geldbuße *f*
~, договорный Vertragsstrafe *f*
~ за задержку поставки Strafe für den Lieferverzug
~ за задержку разгрузки Strafe für den Entladungsverzug
~ за невыполнение договора Konventionalstrafe *f*
~ за просрочку платежа Verzugszinsen *m pl*, Verspätungszinsen *m pl*; Pönale *n*
~ за простой Standgeld *n*

ЩИТ

~, таможенный Zollstrafe *f*
ШТРАФОВАТЬ Geldstrafe *f* auferlegen (verhängen); mit einer Geldstrafe belegen
ШТУКА *f* (*единица измерения количества товара*) Stück *n*
за штуку für ein Stück
ЩИТ *m* (*стенд*) Schild *n*, Tafel *f*; Schalttafel *f*
~ на выставке Schild auf der Ausstellung
~, рекламный Plakattafel *f*; Werbeschild *n*, Reklameschild *n*, Reklamewand *f*

Э

ЭКЗЕМПЛЯР *m* Exemplar *n;* Ausfertigung *f*
в двух (трёх, четырёх) экзем-плярах in zweifacher (dreifacher, vierfacher) Ausfertigung; in zwei (drei, vier) Ausfertigungen
выставлять тратту в трёх экземплярах Tratte *f* in drei Ausfertigungen ziehen
~ вéкселя Exemplar eines Wechsels, Wechselausfertigung *f*
~, вторóй Durchschrift *f*
~ докумéнта Exemplar eines Dokuments, Dokumentsausfertigung *f*
~, завéренный beglaubigtes Exemplar
~ коносамéнта Exemplar eines Konnossements
~ оригинáла Originalexemplar *n*, Originalausfertigung *f*
~, офóрмленный angefertigtes (abgefaßtes) Exemplar
~ перевóдного вéкселя, вторóй Sekundawechsel *m*
~ перевóдного вéкселя, пéрвый Primawechsel *m*
~, послéдний letzte Abschrift
~, рекламный Werbeexemplar *n*
~, сигнáльный Vorausexemplar *n*
~ тратты Exemplar einer Tratte, Trattenausfertigung *f*

ЭКОНÓМИКА *f* Ökonomik *f;* Wirtschaft *f*
~, бартерная Barterwirtschaft *f*, Tauschwirtschaft *f*
~, дефицитная verlustbringende Ökonomik *f*, Defizitökonomik *f*
~, конкурирующая konkurrenzfähige Ökonomik
~, мировáя Weltwirtschaft *f*
~, национáльная Nationalwirtschaft *f*, Nationalökonomie *f*
~, отстáлая rückständige (zurückgebliebene) Ökonomik
~, предпринимáтельская Unternehmerwirtschaft *f*

~ промышленности Industrieökonomik *f*
~, процветáющая gedeihliche (blühende) Wirtschaft
~, развивáющаяся sich entwickelnde Wirtschaft
~, рыночная Marktwirtschaft *f*
~ трáнспорта Transportwesen *n*, Transportwirtschaft *f*

ЭКОНОМИ́СТ *m* Ökonom *m*, Wirtschaftler *m;* Ökonomist *m*

ЭКОНОМИ́ЧЕСКИЙ ökonomisch, wirtschaftlich, Wirtschafts-

ЭКОНОМИ́ЧНОСТЬ *f* Wirtschaftlichkeit *f*, Rentabilität *f*

ЭКОНОМИ́ЧНЫЙ wirtschaftlich; rentabel; ökonomisch, sparsam

ЭКОНÓМИЯ *f* Einsparung *f;* Ersparnis *f;* Sparsamkeit *f;* Ökonomie *f*
добивáться эконóмии средств Mitteleinsparung *f* erstreben
получáть экономию на *чём-л.* Einsparung von (an) *etwas Dat.* erziehlen
соблюдáть экономию sparsam mit *etwas* umgehen; sparsam sein
~ валюты Deviseneinsparung *f*
~ в расхóдах Kosteneinsparung *f*
~ материáльных ресýрсов Materialressourceneinsparung *f*
~ на издéржках Kosteneinsparung *f*
~ на ценах Preiseinsparung *f*, Ersparnis von (an) Preisen
~ сырья́ Ersparnis von (an) Rohstoff; Rohstoffersparnis *n*
~ финáнсовых ресýрсов Finanzmitteleinsparung *f*, Einsparung an Finanzressourcen

ЭКОНÓМНЫЙ ökonomisch, wirtschaftlich; sparsam

ЭКСПÁНСИЯ *f* Expansion *f*, Ausbreitung *f*
~, внешнеторгóвая Außenhandelsexpansion *f*

ЭКС

~, кредитная Kreditausweitung *f*, Kreditexpansion *f*
~, экономическая wirtschaftliche Ausbreitung, Wirtschaftsexpansion *f*
ЭКСПЕДИТОР *m* (*агент по отгрузке и отправке товаров*) Spediteur *m;* Versender *m;* Versandleiter *m*
выступать в качестве экспедитора als Spediteur auftreten
~, генеральный Hauptspediteur *m*
~ груза Güterspediteur *m*
ЭКСПЕРТ *m* Experte *m*, Fachmann *m;* Gutachter *m*, Sachverständige *sub m*
консультироваться с экспертом den Experten konsultieren
~, коммерческий Handelsexperte *m*
~ патентного ведомства Patentsachverständige *sub m*
~ по перевозке грузов Fachmann für Güterbeförderung
~ по товарным знакам Experte für Warenzeichen
~ по экономическим вопросам Wirtschaftsexperte *m*
~, технический technischer Experte
~, торговый Handelsexperte *m*
~, транспортный Transportfachmann *m*
ЭКСПЕРТИЗА *f* Expertise *f*, Gutachten *n;* Untersuchung *f*, Prüfung durch Sachverständige
затребовать экспертизу Expertise fordern
назначать экспертизу Expertise anordnen
отправлять на экспертизу zur Expertise schicken (senden)
прекращать экспертизу Expertise unterbrechen, Prüfung einstellen
проводить экспертизу expertisieren, [be]gutachten
проходить экспертизу expertisiert werden, einer Expertise unterworfen werden
~, государственная amtliches Gutachten
~, заключительная Schlußprüfung *f*, Schlußexpertise *f*
~ на новизну Neuheitsprüfung *f*
~ на осуществимость Expertise auf Durchführbarkeit (Realisierbarkeit)
~ на патентоспособность Patentfähigkeitsprüfung *f*
~, независимая unabhängige Prüfung
~, патентная Patentexpertise *f*

ЭКС

~, техническая technische Prüfung
~, формальная formale Expertise
ЭКСПЛУАТАЦИЯ *f* Betrieb *m*, Einsatz *m;* Ausbeutung *f;* Förderung *f*
вводить в эксплуатацию in Betrieb nehmen, in Betrieb setzen
вступать в эксплуатацию in die Produktion gehen
надёжный в эксплуатации betriebssicher
находиться в эксплуатации im Betrieb sein
сдавать объект в эксплуатацию Objekt in Betrieb setzen (nehmen)
~, гарантийная Garantiebetrieb *m*, Garantieausbeutung *f*
~ завода Betriebsausbeutung *f*
~ машин Betrieb (Ausbeutung) der Maschinen
~, промышленная industrielle Ausbeutung
~ установки Betrieb einer Anlage
ЭКСПОЗИЦИЯ *f* Exposition *f*, Ausstellung *f*
организовывать экспозицию Exposition veranstalten
осматривать экспозицию Exposition besichtigen
показывать экспозицию Exposition zeigen (demonstrieren)
устраивать экспозицию Exposition veranstalten
~ витрины Auslage *f*, Schaufensterauslage *f*
~, выставочная Ausstellungsexposition *f*
~, коллективная kollektive Exposition
~, национальная nationale Exposition
~, совместная gemeinsame Exposition
ЭКСПОНАТ *m* Exponat *n*, Ausstellungsstück *n*
выставлять ~ das Exponat ausstellen
демонстрировать ~ das Exponat demonstrieren (vorführen, zeigen)
~, выставочный Ausstellungsgegenstand *m*, Ausstellungsstück *n*
~, действующий funktionierendes (funktionsfähiges) Exponat
~, конкурентоспособный konkurrenzfähiges Exponat
ЭКСПОНАТЫ *m pl* Exponate *n pl*
отбирать ~ Exponate auswählen
размещать ~ Exponate aufstellen (auslegen)

~ вы́ставки Ausstellungsexponate n pl
ЭКСПОНЕ́НТ m Aussteller m, Exponent m
~ вы́ставки Exponent einer Ausstellung, Aussteller m
~, гла́вный Hauptaussteller m
~, зарубе́жный Auslandsaussteller m
~, коллекти́вный Kollektivaussteller m
~, оте́чественный Inlandsaussteller m
ЭКСПОНИ́РОВАНИЕ n Demonstrierung f, Zurschaustellung f
ЭКСПОНИ́РОВАТЬ ausstellen, in einer Ausstellung zeigen, zur Schau stellen
Э́КСПОРТ m Export m, Ausfuhr f
занима́ться э́кспортом exportieren, ausführen
ограни́чивать ~ den Export beschränken
расширя́ть ~ den Export erweitern
сокраща́ть ~ den Export einengen (schrumpfen)
увели́чивать объём э́кспорта Exportvolumen n (Ausfuhrvolumen n) steigern
упако́вывать на ~ zum Export verpakken
финанси́ровать ~ den Export finanzieren
~, бро́совый Dumping n, Schleuderexport m, Ausfuhr (Export) zu Schleuderpreisen
~ маши́н и обору́дования Export der Maschinen und der Ausrüstung
~, неви́димый unsichtbarer Export
~, обра́тный Rückexport m; Reexport m
~ продово́льствия Nahrungsmittelausfuhr f
~, прямо́й Direktexport m, direkter Export
~ това́ров и услу́г Export von Waren und Dienstleistungen
~, традицио́нный traditioneller Export
~ услу́г Export von Dienstleistungen
ЭКСПОРТЁР m Exporteur m, Ausfuhrhändler m
~, еди́нственный Alleinexporteur m
~, исключи́тельный außergewöhnlicher Exporteur
~ продово́льственных това́ров Exporteur der Nahrungsmittel
~ промы́шленных това́ров Exporteur der Industrieerzeugnisse
~ сырьевы́х това́ров Exporteur der Rohstoffe
ЭКСПОРТИ́РОВАТЬ exportieren, ausführen
ЭКСПОРТНО-И́МПОРТНЫЙ Export- und Import-; Außenhandels-
Э́КСПОРТНЫЙ Export-, Ausfuhr-
ЭМБА́РГО n Embargo n, Handelssperre f
накла́дывать ~ Embargo verhängen, mit Embargo belegen, auf etwas Embargo legen
снима́ть ~ Embargo aufheben (beseitigen)
~ на э́кспорт Embargo über die Ausfuhr
~, экономи́ческое Wirtschaftsembargo n
ЭМИССИО́ННЫЙ Emissions-; Notenausgabe-
ЭМИ́ССИЯ f Emission f, Ausgabe f; Notenausgabe f; Begebung f
~ банкно́т Banknotenausgabe f
~ де́нег Geldemission f
~ долговы́х обяза́тельств Emission (Ausgabe) von Schuldpapieren
~ це́нных бума́г Emission (Ausgabe) von Wertpapieren
ЭМИТЕ́НТ m Emittent m, Ausgeber m
ЭСКАЛА́ЦИЯ f (шкала надбавок и скидок) Eskalation f
~ цен Eskalation der Preise
ЭТИКЕ́ТКА f Etikett n
без этике́тки ohne Etikett
накле́ивать этике́тку Etikett aufkleben
с этике́ткой mit Etikett
~, бума́жная Papieretikett n
~ гру́за Frachtzettel m, Ladungszettel m
~, кра́сная (для пожароопасных грузов) roter Aufkleber
~ ме́ста Frachtstücketikett n, Frachtstückschildchen n
~ с арти́кулом Etikett mit Warenartikel
~ с цено́й Preisetikett n
ЭФФЕ́КТ m Effekt m, Wirkung f, Nutzen m
~ рекла́мы Effekt (Wirkung) der Reklame (der Werbung)
~, экономи́ческий Nutzefferkt m, ökonomischer Nutzen
ЭФФЕКТИ́ВНОСТЬ f Effektivität f; Rentabilität f; Wirksamkeit f; Nutzeffekt m

ЭФФ

определя́ть ~ Nutzeffekt bestimmen (berechnen, nachweisen)
~ изобрете́ния Nutzeffekt der Erfindung
~ капиталовложе́ний Investitionseffektivität *f*, Nutzeffekt der Investitionen
~, комме́рческая geschäftlicher Nutzen; Kommerzeffektivität *f*
~ лицензи́рования Nutzen der Lizenzierung
~ патентова́ния Nutzeffekt der Patentierung

ЭФФ

~ прогнози́рования Nutzeffekt der Prognostizierung
~ произво́дства Effektivität der Produktion
~ рекла́мы Effektivität der Werbung (der Reklame)
~, экономи́ческая ökonomische Effektivität
~, эксплуатацио́нная Betriebseffektivität *f*; Betriebsleistung *f*
~ э́кспорта Exporteffektivität *f*

Ю

ЮРИСДИ́КЦИЯ *f* Jurisdiktion *f*, Rechtsprechung *f*; Gerichtsbarkeit *f*
обладáть юрисдикцией Jurisdiktion besitzen (haben)
подлежа́ть *чьей-л.* юрисди́кции *jemandes* Gerichtsbarkeit unterworfen sein; unter *jemandes* Gerichtsbarkeit stehen
подпада́ть под юрисди́кцию unter Gerichtsbarkeit fallen
~, госуда́рственная staatliche Gerichtsbarkeit
~, гражда́нская zivile Gerichtsbarkeit
~, иностра́нная fremde (ausländische) Gerichtsbarkeit
~, исключи́тельная ausschließliche (außerordentliche) Gerichtsbarkeit
~, о́бщая gesamte (allgemeine) Gerichtsbarkeit

ЮРИСКО́НСУЛЬТ *m* Justitiar *m*, Rechtsberater *m*

ЮРИ́СТ *m* Jurist *m*, Anwalt *m*

Я

ЯРЛЫ́К *m* Etikett *n;* Zettel *m;* Aufschrift *f;* Signatur *f*
наклéивать ~ Etikett aufkleben
~, бумáжный Papieretikett *n*
~, инвентáрный Inventaretikett *n*, Inventaranhängezettel *m*, Inventaranhänger *m*
~, металли́ческий Metalletikett *n*
~, отрывнóй Abreißanhängerzettel *m*
~ с обозначéнием цены́ (сóрта, дáты) изготовлéния Schildchen *n* mit Preisangabe (Sortenangabe, mit Angabe des Herstellungsdatums)
~, товáрный Warenschildchen *n*, Warenetikett *n*, Warenanhängezettel *m*

Я́РМАРКА *f* Messe *f;* Jahrmarkt *m*
осмáтривать я́рмарку Messe besichtigen
открывáть я́рмарку Messe eröffnen
принимáть учáстие в я́рмарке an der Messe teilnehmen (sich beteiligen)
~, весéнняя Frühjahrsmesse *f*
~, всеми́рная Weltmesse *f*
~, ежегóдная Jahresmesse *f*
~, междунарóдная internationale Messe
~ образцóв Mustermesse *f*
~, оптóвая Großhandelsmesse *f*
~, осéнняя Herbstmesse *f*
~, отраслевáя Fachmesse *f*, Branchenmesse *f*, Spezialmesse *f*
~, промы́шленная Industriemesse *f*
~, специализи́рованная Fachmesse *f*, Sondermesse *f*
~, торгóвая Handelsmesse *f*
~, традициóнная traditionelle Messe
~, юбилéйная Jubiläumsmesse *f*, Festausstellung *f*

Я́РМАРКА-ВЫ́СТАВКА *f* Jahrmarkt-Ausstellung *m*, Messe *f*, Schau *f*

Я́ЩИК *m* Fach *n;* Kiste *f;* Kasten *m*
упакóвывать товáр в я́щики Ware in Kisten (Kasten) verpacken
~, деревя́нный Holzkiste *f*
~ для морскóй перевóзки Überseekiste *f*
~, картóнный Pappkiste *f*, Kartonkiste *f*
~, металли́ческий metallische Kiste, Metallkiste *f*
~, многооборóтный vielmals verwendbare Kiste
~, негабари́тный übergroße Kiste
~ однорáзового пóльзования Kiste (Karton *m*) zur einmaligen Benutzung, Einwegkiste *f*
~, разбóрный zerlegbare Kiste
~, решётчатый Lattenverschlag *m;* Lattenkiste *f*
~, складнóй Faltkarton *m;* Faltkiste *f*
~, стандáртный Standardskiste *f*
~, упакóвочный Verpackungskiste *f*
~, фанéрный Sperrholzkiste *f*, Furnierkiste *f*
~, экспóртный Exportkiste *f*